北京汉阅传播
Beijing Han-read Culture

德意志皇帝史

皇权统治的兴盛 卷二

[德] 威廉·吉塞布莱希特 著

邱瑞晶 译

吉林出版集团股份有限公司

谨以此书献给德意志历史研究大师 G.H. 贝尔格及利奥波德·兰克

以示敬意与感激

前　言

正如现在普遍认可的那样，德意志皇权势力顺利地发展到了全盛时期，并在本册书中所涉及的时期内，进行了最为自由的发展。在紧接其后的斗争中，皇权统治势力虽然也获得过几场卓著的胜利，但却已经倍显疲态，以至于无法重新赢得与其理想一致的权力了，或者说无法长久地维持自己的霸权了。虽然说，本册书中描写的并非整个德意志皇帝时代中的最鼎盛时期——接下来的皇权统治时代为我们展现的发展和纠葛更加丰富多彩、引人入胜，但是，这的确是皇帝手中权力最强大、最兴盛的时代。

如果说，要将那个时代所有意义重大的历史现象都以其最新鲜的发展过程清晰地展现在光天化日之下，并由此使它们作为历史中的巅峰时刻永久地保持其特别的吸引力，那么这个时代对研究德意志皇帝时代的史作者们就有着非同凡响的意义，而且，若笔者出于对这个时代的偏爱为之多着笔墨，读者也会原谅他的。可能也是这个原因，笔者在事后发现，他对这一部分的描写比整个作品中的其他部分都要详尽，诚实地说，也比原计划要详细得多。

但是，不仅仅是因为对这一部分的偏爱才使笔者长久地流连于此；除此之外，还有另一个原因，那就是对这一时代研究的基础状况。施坦泽尔对解释这一时代所做的贡献再怎样赞扬都不为过，还有格夫勒雷尔（Gfrorer）的相关作品在一些方面也值得更多的认可；但尽管如此，笔者还是必须承认，自《日耳曼历史文献》和11世纪的原始文献之后，这些学者的这些作品对笔者来说是远远不够的，这就使得笔者每向前进一步，都必须从头开始进行原始文献的研究。他认为通过自己的钻研得出了重要的新成果，这些成果不仅仅是在细节上的——每本学术著作中都必不可少的那种，而是整体上的巨大成果；但是，随之也产生了这样一种愿望，或者说，更多的是一种义务，那就是不将这些成果当做未经证实的假说简单地罗列出来，而是要展现出其前因后果、来龙去脉。

至今为止，还从来没有哪部国家历史像这部一样，将如此重大的意淫赋予国家与主教之间的联系；就我们所知，还从来没有人尝试去证明，教会的改革潮流持续了整个11世纪，并且值得被作为这个世纪的标签；还从来没有人犀利地正视过，当时斯拉夫人势力的发展对德意志民族带来了怎样的威胁。我们对这段历史发展的观察视角与以往的有所偏差，于是我们对其中出场人物的理解也相应地有了差池。在这里，亨利二世出现在读者面前的形象与流传很广的那些描述截然不同。人们在此前加之于康拉德二世和亨利三世身上的无数光芒，我们不得不为之投上一些阴影，但在我们看来，这只是为了将这些伟大的皇帝们以更真实清晰的面目呈现出来。亨利三世执政时期不再是那一连串不间断的荣耀凯旋，取而代之的是，我们展现出了事物发展的转折点，这一转折点原本被人们错放到他去世之后，但其实在他执政的最后几年中就已经出现了。笔者早前就表达过，现在更是无比坚定地指出，他不愿以历史真相为代价换取新鲜的噱头，在这种情况下，求证对他来说就更为重要了，他要保证这些新的成果经过自己的深思熟虑、多番考量，并且都是真实的、正确的。即使是他与格夫勒雷尔一致的地方，由于两人的基本观点以及研究方法上的巨大差异，也无法不加解释地将之作为自己观点的依据。

由于上述原因对这一时代的研究达到了十分详尽的地步，因此，本部作品的第二卷以这一时代的历史作为其内容似乎是十分合适的。如果按照最初的计划，将亨利四世和亨利五世执政时代也囊括其中的话，这一卷的容量就难以掌握了。此外，本卷保留了与第一卷相同的结构，据我们所知也得到了认可。

自笔者撰写第一卷的前言已经过去了两年的时光，现在，他也许能够说，他最初将这部作品呈现给世人之时的期望实现了多少。他在前言中开诚布公地表达过，他唯一的目的就是将德意志民族最威名显赫的岁月呈现出来，并且他期待着，在一个较大的范围内促进德意志民族对其历史进程的积极参与。笔者满意地看到，他的意图得到了那些有远见的爱国人士的尊重和肯定，他怀着感激的心情看到对他的作品的探讨和参与；尤其是那些饱含热情的批评意见涉及到这部作品的理念，并宽容地对待已经出版面世的部分。分散在各处的德意志人能将他们的注意力集中到这样一部作品上，甚至连其他民族的大型报纸杂志也都对其积极关注和报道，这对笔者来说既是令人欣喜的肯定，同时也是一种急切的要求，要求他将全部精力都投入到这项未竟的事业中去。但面对这些激动人心的关注，他也不能隐瞒，到目前为止他的意图只实现了很少的一部分，一些该书原本针对的读者群还根本没有接触到这部作品，更不用说深入研读了。但是，每位作家在撰写通俗书籍时所期待的那种广泛反响，笔者在撰写这本彻彻底底关于德意志人的书时，期待它对德国人产生的影响，是远远没有达到的，这使笔者感到有必要按照从前和现在始终萦绕在他心头的理想更好地完成这部作品。直到今天，他依然坚持自己的信念，只要是他力所能及的，就要尽一切办法，生动地重现那个伟大时代的图景，用这本书仅仅震慑和吸引住德国读者的心灵和思想，发挥它的影响力，激发和鼓舞他们。笔者呈现给读者的一个个场景倾注了他的多少心血，在本卷书中就会体现出来，也将在接下去的几卷中更清晰地体现出来。

由于笔者对他从各方获得的友好协作和有力资助怀着感激之情，自然不能在这里省略不提。笔者尤其要公开地向少将兼总理先生封·劳默尔（von Raumer）表达深深的谢意。这不仅仅是因为他认可此书，将本书带入高校之中，带到了最能发挥其效用的地方，使它以最快的方式来到读者面前；他还为笔者开辟了一个极具吸引力且无比尊荣的工作圈子，使笔者能发挥光和热，这是笔者从未奢望或要求过的，并且还保证了笔者的自由，使笔者能不受干扰地实现自己对历史研究的热情。

至今为止，有无数不可克服的困难阻碍过这部作品的推进；而现在，条件好转了，我们的目标也能更快地实现了。

W.吉赛布莱希特

柯尼希斯堡，1857年8月25日

目　录

第四篇

亨利二世稳固国势

1002—1024年

1. 奥托三世去世后的帝国

正如萨克森宗族曾经在罗马强权面前保卫自己父辈们的自由、信仰和语言，在一个世纪之后，即在他们接受了基督教以及法兰克王国的秩序之后，他们再次从狂怒而野蛮的异教族群手中，挽救了基督教会及查理大帝的遗产。战利品自然而然地落入了胜者的手中。查理大帝的帝国从法兰克人那里转移到了萨克森人的控制中。教皇将罗马皇帝的冠冕戴到了萨克森贵族奥托大帝的头上。"坚若磐石的萨克森人啊，基于你们的忠诚，我们的祖先赐福使你们成为国王，又从国王成为造福世界的皇帝！"萨克森皇室家族的最后一员，亨利二世曾经这样说过。

奥托大帝首先将德意志宗族联合起来，形成一个统一的德意志民族，并由此将萨克森—法兰克帝国的中心迁移到欧洲的心脏位置。这个德意志民族就是帝国的核心，而德意志大地就是以德意志民族为基础的、神圣罗马帝国的中枢。如同一个位于西方中央的超大型堡垒保护着整个日耳曼—罗曼世界，守护着一种更高文明的传承，将它置于自己的城墙之内，使之免受敌人的侵袭，并很快将这些敌人也并入自己的疆界之中。在帝国的保护之下，意大利人和法兰西人才有了统一民族的意识，并且也是在这时，在这两个民族中诞生了民族体制。是在对帝国的依附关系中，斯堪的纳维亚以及斯拉夫宗族才形成了宗教及政治秩序，拉近了他们与西方开化民族间的距离。甚至连自由的马扎尔人也无法摆脱帝国对他们的影响；在帝国的支持下，他们的王权统治才建立起来，基督教信仰也在他们之中赢得了相对于异教信仰的胜利。罗马天主教会从长久的沉睡中苏醒过来，其影响范围远播整个西方世界；传教事业兴盛起来，并且取得了丰硕的成果。德意志帝国就如同一棵橡树拔地而起，根基牢牢抓住大地，奋力朝着天空的方向越长越高，底下虬曲的根茎伸向四面八方，同时用自己枝繁叶茂的树冠为人们营造一片树荫。

帝国是军事国家，同时也是宗教国家；它的帝王是欧洲伟大的军事将领，同时也是基督的执政官，他手中的剑是基督授予的，用来斩杀一切不义之举，并毁灭"一切异教徒和腐败的基督徒"。他的手中似乎掌握着一股与德意志宗族旧时习惯完全不可相提并论的、巨大的权力。在这样的情况下，皇权统治怎么可能不做出尝试，去突破至今为止人类力量的一切限制，从这一统治政权中建立起一个绝对的世界霸权呢？奥托一世的后代们就是向着这个目标而努力的。他们将政权的中心和驻地渐渐地从德意志土地迁移到意大利，从中就可以看出，他们向往的政权并不是此前那种只在德意志人中间著称的、有限的王侯势力。他们追求的不是王位的世袭权，也不仅仅是帝国的扩张和国家的统一；奥托三世作为希腊皇室公主所生的儿子，已经开始为一个称霸西方的皇权奠定下第一块基石，在他看来，这一皇权至少也要与拜占庭相媲美才行。

奥托大帝的儿子和孙子追逐着无比高远的目标，但他们还没能达成这些目标，力量就消弭了。更糟糕的是，他们在目视远方的时候，时常忘了近在眼前的身边事务！事实很快就表明了，他们既无法处理帝国的内部冲突，也无力统治继承得来的整个帝国。四面八方，内内外外，他们都陷在无尽的纠缠之中，勉强从中脱身。奥托三世梦想着，召唤出古代帝王的力量来统治他的世界，但直到他去世，这个世界也没有出现。

奥托王朝建立了以德意志民族为基础的神圣罗马帝国，这个帝国留存下来，作为受到上天庇佑的政权而使各族民众对之敬畏有加，这是一种历史的必然。但是，皇权统治要建立在法律的秩序上，这是维护皇权统治的基础，而奥托王朝却在此方面毫无建树。像卡洛林王朝君王们那样大规模地立法，他们甚至连尝试都没有尝试过。帝国这艘大船，在由动荡的政局和尚未确立的传统形成的汹涌波涛上摇晃着。

皇权统治建立的时期，正是整个西方发酵酝酿的时期。欧洲国家生活的方方面面都经历了变革；事物的走向逐渐明晰起来，获得了新的形态。国内各方势力间的关系不同了，族群间的差异也改变了。人们的整个生活都由推动采邑制度的那股巨大力量驱使着，向新的方向前进。骑士制度开始在世界范围内发展，旧式的地区自治自由在各地纷纷衰落。可能没有哪个地方的转变像在德意志大地上这样明显；从皇室领地到农人田地，人们都能真切地感受到那种慑人的震荡。古老的区域法令废除了；在各个大区之中，建立了宗教和世俗的统治政权。从前自由的区域联盟成员，大部分都成了世俗及宗教权贵手下的佃农；只有少数人得以直接受皇帝管辖，而无须侍奉某位领主。人们的阶层不再由他们所享自由的程度决定，而是由在国家军队中的地位、在采邑体系中的地位决定；坐在马鞍上的骑士与坐在犁车上的农民，这两者间的差距越来越大。而且，在此之前一直居住在田间地头、栖息在零散村落和树林覆盖的村庄中的德意志人，已经开始大量地搬迁进城堡与城市的围墙之内。在城市内才有的行业形成了，城市居民也与农民区分开来。

一场规模极大、影响极为深远的变革正在发生，而这样的变革是我们的民族闻所未闻的。这场变革并不由广泛适用的律法进行调整，也不是由掌控一切的统治者来领导，而只是根据当时的局势，常常是在强权的逼迫下发生的。皇帝们没有阻止这些变革——他们即使有再坚定的信念也没有阻止的能力，他们对这些变革更多的是推动和促进。人们不能因此而指责他们，但是，为了国家的稳定，他们本可以更好地利用这些变革。在社会局势的变化中，最大的赢家不是皇帝，而是贵族和神职人员。各地大兴土木，德意志大地上日新月异；但是，当奥托三世为自己修建行宫之时，伯爵和主教们的城堡也在峭壁山崖上拔地而起，他们将脚下富饶平原上的出产都收入了自己的粮仓。对权力和财产的渴望觉醒了；这种渴望以不可阻挡的力量控制了人们的心智。眼下的德意志人最喜爱的不再是游手好闲。他们无比忙碌，忙着仇恨和嫉妒，忙着明争暗斗，夺取无穷无尽的财富地产；没有哪一寸德意志土地能够从中幸免。奥托王朝忙于应付南方的战争，对这些热火朝天的争斗介入不够，因而也没有从中获得多少利益。

亨利一世和奥托大帝主要是借助于一支训练有素、骁勇善战、无比忠诚的邑臣军队，才建立起了他们的政权；在那个时代的纷争之中，他们国家的优势正是基于此，然而，这同时也是他们在内部发展上的弱点。这些强大的国家邑臣——当时有人曾将他们称为“国家的血与肉”，国家赢得的那些胜利中，有他们的功绩，但同时，他们也从丰厚的战利品中获得了不小的财富。除了从父辈那里继承而来的、完全享有所有权的财产之外，他们又不断获得新的邑产，不时还会得到国有地产这样丰厚的赏赐。战争使他们以惊人的方式富裕起来，他们用自己的财富供养了大量的随从、建造城堡、在城市周围修筑围墙，与其说是为了国家的安全，不如说是出于自我防卫的目的。随着皇帝势力的增长，他们自己的力量也在与日俱增。但是，只要这些邑产无法世袭，只要"国有财产的封赏只在执政期内有效"这一基本原则不变，那么他们的权力便是不稳固的。正如皇帝们一样，他们试图巩固、扩张自己的权力，试图在自己的辖区之内，使自己的权力更加完整，这是由事物发展的本质使然。正如皇帝们希望自己的王位能够世袭，邑臣们期待自己的邑产能够世袭；正如皇帝征服自己的疆土，邑臣们便试图将自己的土地（虽然这片土地甚至还未正式成为他的辖区）与别的地方隔绝开来。法兰西和勃艮第的王室邑臣们早已获得了这种世袭权，他们因此认为，自己至少也能够要求同等的权力。公爵、边疆伯爵以及伯爵们开始渐渐遗忘，他们原本是国家官员；他们认为，并非是国王成就了他们，而是他们成就了国王。采邑主与他们利益相一致的时候，他们就对他保持忠诚和亲切，然而，一旦他们认为，自己拥有的权力遭到一星半点儿的损害，他们这群强大而傲慢的人便会立即疏远神为他们指定的主人，变得毫不客气。只有在一定的条件下，他们才认为自己必须对他尽到有限的一些义务；除此之外，他们认为自己与采邑主是平等的，与他一样是拥有高度自由的人。

　　这样一来，内战一触即发。在奥托王朝的历史中有着一长串这样的内战，并且大多时候，这些心怀不满的权贵们的领头人还来自于统治家族之中。法兰克的继承习俗曾经确保了王室家族的所有成员都能从父辈的遗产中分得一杯羹；而德意志帝国则按照推选的结果全部落入一人手中。国王的亲兄弟和远房兄弟们、叔伯和内兄弟们与国内其他的权贵们别无二致，但他们往往是权贵之中势力最强、野心最大、最为高傲的；他们通过叛乱争夺自认为拥有的权力，这样的事已经发生得太频繁了。与奥托王朝的君主们争夺王位的往往就是与他们血缘最近的亲属们！而这些争斗又为帝国的局势带来怎样危险的转折啊！幸而命运的眷顾使这些叛乱都被镇压下去，但是这些纷争已经削弱了国家的实力，并且留下了长久的消极影响。

比起皇帝的特权，从高阶贵族那里受到更多攻击的，是教会的特权及其庞大的地产。皇帝和教皇势力以同样的方式、受到同一个敌人的攻击，因而结成了联盟，为双方赢得了不可估量的优势。以这样的方式，主教们才得以在一定程度上确保了教会财产的安全，并同时获得了对各项国家事务直接的、不受限制的影响力。神职人员的教养、精明和干练正是国家需要的；正如当时一位作家所说的那样，他们是"唯一能够在那个时代将国家之船毫发无伤地指引到安全海港的领航员"。

那个时代的主教们大多是名门贵族，生活在世俗的国家事务之中，常常亲自带领手下的邑臣加入到皇帝的军队之中，与民众们共同作战，他们并非是福音书中要求的那样，是人们"精神的牧人"；但在他们之中存在许多有着高远志向、高尚观念以及对世界局势了如指掌的人。坚韧不拔、孜孜以求、奋进向上以及饱经风霜的经验，这些品质是当时的主教群体中广泛存在的，这是在任何其他的阶层之中都没有的。虽然这一阶层的成员并不等同于神最重要的信徒，但他们也是地上的盐①，也发挥着自己的作用。毋庸置疑的是，这些宗教王侯们为德意志民族立下了不朽的功绩，为这个国家创造了不可估量的福祉；而他们也相应地获得了巨大的报偿，虽然这种报偿不能使他们自己或他们的家人直接获益，而是使他们所在教会获益。他们的豁免权逐年增长，已经上升到了整个伯爵领地的范围；而且他们不断获得新的特权和赏赐，皇帝们无比慷慨地授予他们特别权力。的确，当时的主教们大多是凭借自己的忠诚不渝和甘于奉献获得这些恩泽的。那些一再翻越阿尔卑斯山的精良部队大多数都是从主教邑臣中产生的；尤其是内战，主要就是在主教们的支援下得以平息的。但是，人们要是认为，他们只是为皇室勤勉奉献的官员，那就错了！对他们来说，自己教会的福祉终究比国家的利益更为重要。圣马丁、圣莫里茨、圣安德烈或者其他的守护圣徒对他们的要求比皇帝的言语和命令重要得多。当继任君王登基时，往往以国家利益的名义肆意动用教会财产，常常会将前任君王虔诚侍奉的

---

① 译者注：典出《圣经·马太福音》中的山上宝训。原文为："你们是世上的盐。盐若失了味，怎能叫它再咸呢？以后无用，不过丢在外面，被人践踏了。"在这里可理解为神职人员发挥自己的能力和才干，就如盐不失去咸味，发挥盐的功用一样。

圣人撤去，这是神职人员们不愿看到的。他们非常清楚，按照皇帝的恩宠来安排主教管区的人事，这是与古老的教会规章相违背的。他们还没有完全遗忘，除了皇帝以外，他们在尘世间还有另外一位君主。曾经，盎格鲁—萨克逊僧侣与圣伯多禄及其继任者之间曾建立起紧密的联系，这一纽带现在松弛了，但并没有完全瓦解；"伪依西多禄诏令"被搁置到一旁，但并没有被完全销毁。教皇西尔维斯特二世也尚在人世，法兰西的僧侣们将那些久已尘封的教会法条重新展现在世人面前。

主教们所拥有的世俗势力是无法与公爵和伯爵们相比的。眼下，公爵和伯爵们也拥有着庞大的邑臣军队，固若金汤的城池和堡垒；此外，他们依靠良好的管理大多有着稳定的收入和富足的金库。教会的势力无论是从表面上看，还是在现实中，都是皇权势力对抗世俗王侯的一道壁垒，但是，这些神职人员的势力有朝一日也可能成为世俗王侯对抗皇权的武器。事实已经清晰地展现出来，皇帝并非在任何地方都能期待神职人员对他唯命是从。美因茨的维里吉斯不就固执地在他的皇帝学生面前维护自己的权力吗！奥托三世去世之后没几年，马格德堡的大教堂教长就向他的国王表明，统治者的肆意妄为会抹杀人民的自由，如果人们遵从国王所有的命令，那么剩下的就只是一个自由的假象了。[1]此后不久，梅斯主教又斗胆在罗马教皇面前控诉国王。就这样，皇权在高阶神职人员中的力量也已经受到了限制。

在帝国内部，皇帝只有在非德意志土地上还能够保有奥托一世曾经那样统领一切的影响力。然而，自卡拉布里亚那场不幸的战役之后，皇帝对异族的统治权就变得越来越孱弱无力了；对西方各民族的最高统治权一步步缩水。丹麦人不再承认对皇帝的依附，奥托一世建立的主教管区几乎只剩下一个空名。大多数文登宗族摆脱了德意志人加之于他们身上的桎梏以及随之而来的基督教信仰；他们在长达二十载的斗争中重新获得自由。只有奥博德里特恩人和瓦格里人保留了基督教信仰，因而对帝国还有一定程度的依赖，但他们与帝国之间的

---

① 教长瓦尔特哈德（Walthard）在说这番话时援引了诗人卢坎（Lucanus）的话，但却令人惊讶地歪曲了卢坎的本意。比较卢坎《法沙利亚》（*Pharsalia*）第三章第145页及提特玛尔的著作第五章。

关系也是不稳定且摇摆不定的。然后还有两位英明不朽的王侯在东面建立起了强大的王国，他们从奥托三世那里得到了一定的帮助，奥托三世这样做原本是想将皇权势力推上无法企及的高度，但实际上却是在自掘坟墓。"勇敢者"波列斯瓦夫（Boleslaw Chrobry）所建立的波兰王国和圣伊什特万建立的匈牙利王国，这两者都削弱或消弭了德意志政权和德意志教会在当地的影响力，而原本德意志已经在这些地方站稳了脚跟，并且还有开启更广阔未来的可能。在此期间，德意志最高统治权在西法兰克王国的最后一丝光芒也暗淡下去了。长久以来只是凭借奥托王朝的庇护才保住法兰西王位的卡洛林支系被从统治者的位置上排挤出来，并很快在德意志的疆域内消亡殆尽了；而新的卡佩家族则从头开始，以法兰西民族的独立为基础建立王权。同时，在意大利也再次产生了对自由的本族王权的向往。当地的权贵认为阿尔杜安是一个敢于尝试的人，他能够为意大利担负起于格·卡佩那样的角色，并建立一个新的王室。奥托三世去世时，整个意大利都处在动乱之中，德意志与罗马之间的所有联系都暂且中断了。意大利民族开始意识到自己的力量，并想要看到一个本族人能够按照他们自己的方式进行独立的统治。圣伊什特万在发布诏令时说："各个民族都按其各自的法令才是最好的统治方法。"

当时，奥托大帝曾为德意志民族开辟的广阔势力范围缩小到了怎样的程度啊！所有留下他赫赫英名的土地都在缩减；各地贵族比以往任何时候都更争强好胜，竞相抓住赢取功名和财富的机会，而神职人员们受到阻碍，他们为之勤勉付出的传教工作无法继续。很快，消退的外部势力就为帝国内部带来了悲惨的后果。贵族手中的军事力量在帝国之外无法获得满足，转而重新投身内部纷争。德意志各州没有一个能够继续保持和平的。提特玛尔的《梅泽堡编年史》忠实地反映了那个时代的史实，他感叹道："我们的先辈，永远对其君王保持忠诚的英勇骑士，他们将自己争斗的欲望都发泄在异族身上，而不是像现在风行的这样，将怒火倾泻在自己的国家之上。"在这些内部纷争中，贵族们再次变得猖狂起来，而神职人员们失去了传教的工作之后，渐渐忘却了自己的崇高使命，而是过分地沉沦于世俗的欲望之中。哈伯施塔特主教阿努尔夫写道："我们的前辈，圣明的神父们，将他们的精力全部投入到拯救灵魂的事业中去，而我们只顾念着肉体凡胎；他们为天堂而努力，我们却争夺着世俗的财富。"不只是皇权的衰落使得国家王侯们飞扬跋扈起来；帝国的习俗风气也在腐化，并且由此渐渐瓦解着国家的基础。

　　这对帝国的未来无疑是无比危险的预兆，尤其是古老风尚即将在我们的民族中衰落的迹象，必定使深明大义之士充满了忧虑。德意志人在意大利认识到了一切生命的享乐以及一个粗野民族背负的所有罪孽。随着教育程度的提高和贸易往来的增进，对身外之物的向往也在与日俱增。对富裕与奢侈的追求蔓延得越来越广，也波及到了民族中较高的阶层。占有欲增长成了无法满足的贪婪，金子开始对德意志人的心灵产生无法抗拒的力量。正如在男性中一样，腐朽的风俗在女性中同样迅速地传播开去。曾经贤良淑德的贵族女性们开始用丑陋饰品夸张地装扮自己，学会了卖弄风情的媚术，放纵自己，随心所欲地生活。对她们中的许多人来说，淫乱与不贞已经成为可以饶恕的罪孽，在这些歧途之上，她们不断陷入一桩又一桩暴行之中。这些德意志的女人已经为谋杀亲夫和孩子的恶行遭到了报应。我们之后就会提到一位"德意志的美狄亚（Medea）"①——伯爵夫人阿德拉（Adela）。而她并不是个例。梅泽堡的提特玛尔对于他所处的时代控诉最多的，就是无数误入歧途的少女和不忠不贞的女子，她们"耽于对迷人的阿多（Ado）②与温柔的伊阿宋（Iason）的爱恋，以自己名正言顺的夫婿为耻，并最终将自己交到那些风流公子罪恶的手中"。在1027年法兰克福的教会代表会议上，两名贵族女性戈德伦（Goderun）和维勒库玛（Willekuma）接受了审判：她们中的一人被指控谋杀了齐格弗里德伯爵，另一人被指控对其亲生儿子的死负有责任。长久以来，女子的爱和女子的话语对德意志人来说有着多大的魔力，女性美德的衰落对这个民族生活的伤害就有多

───────────

① 译者注：美狄亚为希腊神话中的人物。为了帮助自己的爱人伊阿宋杀害了自己的亲弟弟，随后又欺骗伊俄尔科斯王国的公主们杀死她们自己的父亲，让伊阿宋获得王位，然而伊阿宋却移情别恋，她于是杀死自己的两个孩子泄愤。美狄亚后来嫁给国王埃勾斯，阻止他与其子忒修斯相认，之后又与自己所生的儿子默多斯一起推翻了埃勾斯的统治。

② 译者注：指的可能是神话人物阿多尼斯（Adonis），掌管每年植物生死轮回的神，面貌俊美，常用于指美男子。

深刻。

当然，一个民族的传统美德并没有那么脆弱，它不是走道中的积雪，只要春风一吹就融化殆尽了，它不可能突然就遭到摧毁。古老日耳曼人蕴含在骨髓深处的力量，还没有被击溃一丝一毫；没有哪个民族比德意志民族更具有骑士的美德；气概豪迈、坚定不移、英勇无畏，这些品质是与他们的名字连在一起的。随着文化修养的提高，还有其他一些精神品质还将在或已在德意志民族身上体现出来。然而，不可否认的是，纯粹与贞洁、真实与简朴、忠与爱的美德——这些最温柔也最强大的、曾使塔西佗最为惊诧与艳羡于日耳曼人的美德，已经在很大程度上减退了；并且恰恰是在那些能够决定整个民族命运的较高阶层之中，这种退化更为明显。皇帝的统治政权和世界地位最核心的基础在于风俗道德的优秀与纯洁，这一点越是确定，那么道德腐化的征兆对于帝国的存亡、对于欧洲的未来就有着越大的威胁。

皇帝之位仍旧存在，皇帝威严仍散发荣光，但它的根基已经不再稳固了。围绕在奥托三世想象中的罗马帝国周围的虚假光芒，比起与他同时代的人，对后世之人的蒙蔽更为严重。当奥托大帝一支最后的传人也经历了悲惨的结局，当时的人们清楚地看到，帝国陷入了怎样危急的处境之中。无论谁会成为他的继任者，在旧有的基础上重新巩固帝国的艰巨使命都会落到那人的肩头。而且，完成这项使命的环境的确是最为艰险不利的。在此之前，父亲的权力都会毫无保留地传给儿子；而眼下是一个世纪以来的第一次，代替民众行使选举权的帝国王侯们终于可以使用自己的权力，对受选王侯提出条件，并且，他们中的大多数都不愿意空着双手放弃这次命运的垂青。此外，很快就出现了多位竞争王位的竞选人，随之而来的便是内部分裂的威胁，甚至连国家的统一都成了问题。德意志民族的尊严、世界的福祉都被摆到了天平之上！

2. 亨利二世登基

奥托三世去世的消息还没有传遍德意志的县镇，三位贵族男子就已经迫不及待地向帝国王位伸出了手。这三人分别是巴伐利亚公爵亨利，他是与死去皇帝关系最近的亲属；威名赫赫的迈森边疆伯爵艾卡德，他是德意志贵族中的佼佼者；还有富裕的施瓦本公爵赫尔曼，他是个心软的人，总是听从别人在他耳边的絮语而不是自己的心声。此外，年轻的厄伦弗里德也有登上王位的想法，他是王室领地伯爵赫尔曼的儿子，也是奥托三世的内兄，皇帝在临死之际还向众王侯推荐了厄伦弗里德；但他没有加入竞选大战。

巴伐利亚的亨利是第一个，也是将自己的意图最明确地昭告世人的竞争者；他继承了父亲和祖父野心勃勃的追求，期待着自己也许能够获得比他们更大的成就。在杰出的雷根斯堡主教沃夫冈手下，他接受了优良的教育，天赋的资质得到了很好的培养。他从早年开始就对教会极为顺从虔诚，因此很受神职人员的赏识。他也赢得了巴伐利亚当地民众的敬重，因为他多年来一直很好地治理着这片土地。他一直记得自己父亲最后的告诫，所以没有按照家族一贯的做法，而是始终保持着对他那位皇帝堂兄的忠诚，即使是纷争之中，他也将这份忠诚坚持到底。他尚未满30岁，凭借他的年轻可以期待他充满精力地执掌朝政；更何况他又像他的父亲及祖父一样，聪慧机敏而且果断坚决。他的心中也有着一份雄心壮志。但并不是他已经立下的那些功绩使他能够参与到王位的竞争中去，更重要的原因是他与奥托家族的亲缘关系。奥托大帝的家族支系绝嗣之后，他认为自己作为亨利一世次子的嫡孙有权继承王位。

实际上，如果人们将德意志王位看作是利奥多尔芬家族的世袭遗产，那么亨利对皇权的要求就是无可辩驳的。可能有所争议的只有一个人，那就是克恩顿公爵奥托，他是奥托大帝长女路特嘉德的儿子。但是奥托公爵没有表现出一丝一毫想要加入竞选的意思。亨利找他商量此事时，他马上就表示，不愿将治理帝国朝政的重担放到自己的肩上，而且他会尽自己所能帮助亨利当选。而年迈的公爵也的确兑现了这个承诺；即使在他的儿子康拉德，也站到其岳父施瓦本公爵赫尔曼阵营中去的时候，奥托也没有违背承诺。受到奥托方面的保证，并且得到所有巴伐利亚公爵和主教的认同，亨利径直朝着他的目标出发，像取回自己的世袭财产那样，毫不犹豫地争取皇权。

亨利在珀林（Polling）迎候皇帝遗体的运送队伍，随后又随队伍一起经过奥格斯堡，前往多瑙河畔的纽因堡（Neuburg），早在那时，他就毫不隐瞒地向王侯们坦白了自己的意图，将自己视作王位名正言顺的继承人。他要求每个人都立即承诺，将推选他为皇帝的继任者；他控制着皇帝的遗体，皇帝的整个葬礼似乎都由他一人操持；他将象征帝国权力的信物也掌握在自己手中，将科隆大主教亨利贝特投入牢笼，因为亨利贝特暗中将圣矛先行送走了。直到亨利贝特向他承诺交出圣矛，并将自己的兄弟作为担保人质交给他，他才将亨利贝特释放。等他手中握有所有的帝国信物之后，他才在自己的内兄亨利的请求下，交出了皇帝的遗体，放送葬队伍继续前行；但他没有再费心与各位王侯告别，没有再次提醒他们，要将推选自己的事情记在心上。

　　然而，即使是在这样一系列行动之后，亨利也没能获得预期的效果。只有奥格斯堡主教一人兑现了对他的承诺；大主教亨利贝特及其他王侯们只是声明，他们会尊重大多数人的选择。我们听说，他们发现许多人都对亨利心怀不满；尤其是因为他们都认为自己有着自由的选举权，而亨利却为了自己的继承权四处施压。除此之外，他还体弱多病；生来就从自己的父辈那里遗传了胃绞痛的毛病，常常连续几个星期都无法处理繁重的事务。他的妻子是莱茵地区的齐格弗里德伯爵之女库妮古德（Kunigunde），是皇室的远亲，两人结婚至今膝下无子。齐格弗里德伯爵有许多孩子，但却没有留下丰厚的遗产。这整个家族后来被称为卢森堡家族（Luxemburg），但这个名号是在数十年后才获得的，当时的他们都将富有而强大的巴伐利亚公爵看作他们的吉星，库妮古德对其丈夫的影响力越大，他们就将越高的期望加之于亨利的身上。

　　在此期间，边疆伯爵艾卡德也以亨利竞争者的姿态出现了。他没有像亨利那样的继承权可以利用，但他的赫赫功绩也因此更具有说服力。在奥托二世执政期间的战斗中，他就已经出色地击退了阿拉伯人，后来，在奥托三世幼年时，他又立下大功，使奥托三世能够保住王位；当时他是与亨利的父亲相争，而现在，他与亨利本人成了竞争对手。作为对他功绩的报偿，他父亲曾经失去的迈森边疆伯爵领地重新交到了他的手中，并且他在这里与文登人和波西米亚人厮杀，获得了在其他边区都无法企及的威名。通过激烈的交战，他从波西米亚人手中夺取了迈森的堡垒，将奥托一世设立的主教管区重新建立起来；上卢萨蒂亚的米尔岑人（Milzener）臣服在他的刀剑之下；连续的胜利使他长驱直入波西米亚人的中心地带，波列斯拉夫二世公爵也不得不向他低头，后来他那个恶毒又无能的儿子，即被称为"红公爵"的波列斯拉夫三世，向艾卡德许下了邑臣誓言。骁勇善战的波兰公爵"勇敢者"波列斯瓦夫与艾卡德有很近的亲戚关系，而这层亲戚关系又因为他的儿子赫尔曼与波兰女子的联姻更进了一层；此外，两位卓越的王侯惺惺相惜，结下了牢固的友谊。

无论是从皇帝方面，还是民众那里，艾卡德也都不缺少赞誉和肯定；民众们将他推举为图林根公爵，而皇帝则将大部分封赏给他的邑产都转变成了他的私有财产。当艾卡德在罗马击败克莱欣蒂斯、攻陷圣天使堡时，宫廷之中没有哪个世俗大臣能在地位上与他相提并论的。按照提特玛尔的描述："艾卡德是帝国的荣光，是祖国的中流砥柱，是家族的期望，是敌人的噩梦——如果他能够自制，那他就是一个完美的人了。"如果正值壮年的艾卡德能够登上王位，那他一定能为国家带来兴盛。

图林根人一定会无条件地支持艾卡德竞争王位。他对东萨克森的王侯们也很有信心，因为他们中最具影响力的几位都是他的近亲。他娶了斯瓦娜希尔德为妻，她是赫尔曼·彼林的女儿、边疆伯爵提特玛尔的遗孀，所以他也就成了贝尔哈德公爵的内兄，以及掌管东边区的年轻边疆伯爵格罗的继父。在此之前，掌握统治权的一直是萨克森人；如果萨克森人想要继续将皇权保留在自己的宗族内，那么除了他之外，就没有更合适的人选了。当奥斯特法伦的权贵们听到奥托三世辞世的消息而在弗洛萨（Frosa）（距离马格德堡不远）聚集起来时，对帝国的局势进行了讨论，并且他们的目光随即落到了艾卡德身上，而艾卡德也毫不避讳地将自己争取王位的意图昭告众人。参加这场集会的除了其他的主教和本地权贵，还有贝尔哈德公爵、大主教吉塞勒、边疆伯爵格罗和洛泰尔。除了洛泰尔以外，他们所有人都倾向于艾卡德。

边疆伯爵洛泰尔来自于施塔德（Stade）的伯爵家族，拥有北边区的采邑，在很久以前曾与艾卡德结下了仇怨。他们原本关系十分亲近，甚至还约定成为亲家，让他们的嫡子长女联姻。但是，随着艾卡德的地位越来越高，他女儿路特嘉德与洛泰尔的儿子维尔纳之间的婚配已经满足不了他对未来的要求了；在没有充足理由的情况下，他想方设法要解除这个已经定下的婚约。年轻的维尔纳担心失去自己的新娘，在父亲洛泰尔的默许下拐走了路特嘉德，但很快他就被迫交出新娘，并不得不低声下气地请求原谅。这件事是三年前发生的；自那之后，洛泰尔从未忘记过他遭受的辱骂，而现在报复的时刻来到了。他看到萨克森的王侯们都做好了准备，要支持艾卡德竞争王位，他就找到了其中最具威望的几个人，暗中与他们交涉，在他们前往维尔拉（Werla）出席新一届的会议之前，劝说他们不要单独或共同做出有关选举的承诺。只有艾卡德拒绝做出这样的承诺，并且当他意识到洛泰尔的意图之后，他气愤地脱口而出："边疆伯爵洛泰尔，你为何要与我作对？"洛泰尔回答说："你没有意识到吗？你的车上缺少了第四个轮子。"艾卡德对弗洛萨的期望就这样落空了。他错过了最有利的时机，没能达成自己的目标，而后来他登上王座的希望就变得越来越渺茫了。

边疆伯爵洛泰尔随即与他的舅舅里克贝特（Rikbert）悄悄前往班贝格找到亨利公爵。里克贝特曾被奥托三世革去了伯爵之位，我们并不清楚其中的缘由。他们向亨利公爵禀报了萨克森的情势以及艾卡德的意图。亨利以最优的待遇迎接了这两位边疆伯爵，他向里克贝特担保会将他的伯爵领地归还给他，使这两人成为自己的利益共同体。他们两人建议亨利派遣一名代表前往维尔拉，将萨克森的权贵们拉拢到他这一边，尤其是奥托三世的两个姐妹索菲和阿德莱德，她们在萨克森民众中享有极高的声望，赢得她们的支持有着重要的意义。亨利听从了他们的建议，立即派了一名手下的邑臣前往维尔拉，而这位邑臣也出色地完成了这项任务。他向所有人承诺，凡是支持亨利当选的人都将获得丰厚的回报，在场的王侯们郑重地向天起誓，在所有事务上都为亨利效力，帮助亨利获得他"应得的"继承权。奥托三世的姐妹们也完全站到了亨利这边，这样一来，整个皇室家族都加入了亨利的阵营。

这一切发生的时候艾卡德都不在场，但他很快就得到了消息。他先是压抑下自己的不满，但像他这样一个人是没有办法长久地控制自己、掩藏愤怒的。他最憎恶的就是皇帝的两位姐妹，他以一种粗暴的方式让她们体会到了他的怒火。在萨克森的人们宣布支持亨利的会议当晚，她们为支持者们准备了一场宴会。宾客们还没有到来，艾卡德就与贝尔哈德公爵、哈伯施塔特主教阿努尔夫和他的其他几个朋友一起闯进了宴会厅，他们自说自话地坐在摆满佳肴的宴会桌前，吃着为其他人准备的菜品。这一有违骑士精神的行为引发了众人对艾卡德的反感，很快他就发现，自己在维尔拉完全失去了萨克森人的支持。他因此决定前往杜伊斯堡，在那里与赫尔曼公爵及其追随者们会面，并想要与他们联合起来反对亨利。

在此期间，施瓦本公爵赫尔曼也表明了竞争王位的意图。赫尔曼与亨利是亲戚；他的妻子吉尔贝嘉（Gerberga）是勃艮第国王的女儿，也是亨利母亲吉瑟拉的继姐妹。作为太皇太后阿德莱德的侄女，吉尔贝嘉使她的丈夫也成了皇室家族的亲戚，而当赫尔曼将他的女儿玛蒂尔德嫁给了克恩顿公爵奥托的儿子法兰克的康拉德之后，亲缘关系就又加了一层。但赫尔曼对王位的继承权是无法与亨利相比的，而他也没有能与艾卡德相媲美的功绩。在这样的情况下，他还是在其他人的教唆下打起了王位的主意——这其中大多是莱茵地区的主教和较年轻的王侯们。对赫尔曼的追随者来说，他身上最令人赞赏的优点是他的温和、顺从、谦逊与虔诚；他们期望赫尔曼能成为一位仁慈宽厚的国王，给他们自由的空间，好让他们为自己谋利益。此外，赫尔曼还坐拥无数金银和土地；施瓦本和阿尔萨斯为他提供了丰富的资源，并且他的勃艮第内兄鲁道夫国王也一定会给予他支持。

赫尔曼陪同奥托三世的遗体护送队伍来到亚琛；4月5日，出席葬礼的施瓦本和下洛林权贵们同意支持赫尔曼为王，尤其是科隆的亨利贝特积极地推动着赫尔曼的当选。在此后不久，他收到了边疆伯爵艾卡德请他前往杜伊斯堡的信息，但他拒绝了，和自己的竞争对手进行商讨又能在实际上带来什么益处呢。艾卡德的计划再次落空，他决定返回家乡。在返程途中，他在希尔德斯海姆受到了贝尔瓦德主教国王般的礼遇。而他在帕德博恩受到的接待就没有那么盛大了，那里的主教雷泰尔（Rethar）试图劝诫和警告他，要他放弃自己鲁莽的追求。随后，当他在齐格弗里德伯爵的属地诺德海姆（Nordheim）投宿时，伯爵夫人埃瑟琳德（Ethelinde）就警告他要注意自己的人身安全。她告诉艾卡德，她的继子齐格弗里德和本诺（Benno）连同其他多位德高望重的领主正密谋反对他，并在路上跟踪他。她请求他在诺德海姆留宿，或者至少不要按照原来的计划取道珀尔德。但艾卡德并没有因此而胆怯；他还是按照原路前进，但他将自己的武装侍从紧紧地聚集在身边。密谋者们等待着艾卡德的出现，但他们却没有找到合适的时机在路上对他动手；因此他们暗中跟随他来到珀尔德，决定等夜幕降临在这里行刺艾卡德。

当艾卡德到达珀尔德之后，用完晚餐准备就寝；他就寝的地方在一间地面平整的房间里。他的几个手下守在他的身边，其他人则在不远的大厅中休息。大厅中的人们刚刚进入梦乡，密谋者们就闯了进来，控制住了睡眼惺忪的人们。打斗发出了巨大的响声，艾卡德从床上跳起来，将自己的衣物扔进火炉里，好让火焰烧得更旺，能照亮周围的黑暗，随后他打开了窗户。但敌人有的从窗户攀爬上来，有的破门而入，已经将他团团围住，他身边忠臣的仆从赫尔曼也倒在了血泊之中。艾卡德身边守卫着的少数几个侍卫被制伏了；只有他一人还在坚持反抗，直到齐格弗里德的长矛刺中了他的脊背。他也倒在地上，咽下了最后一口气。敌人们践踏了他的尸体，砍下了他的头颅。

那个时代最杰出的战将艾卡德就这样走到了生命的尽头，人们很快就感受到，失去他是多么痛苦的一件事。齐格弗里德及其盟友们血腥的行径即使对他们同时代的人来说也是黑暗恶毒的。一些人认为，他们这是在为皇帝的两位姐妹报仇，想要获得她们的感激。其他人则认为亨利公爵是这场刺杀背后的始作俑者；除了竞争对手的死亡为他带来的好处，一些人相信亨利早就想要报复艾卡德，因为他曾经由于这位强大战将受到过奥托三世的谴责。从事情的发展可以看到，谋杀艾卡德的罪人似乎逍遥法外、没有受到任何惩罚，但亨利公爵极有可能与这场谋杀有所关联。这一事件成为了亨利公爵的人生中最黑暗幽深的篇章。

没过多久，不仅仅在国内，尤其是在文登边区、波西米亚和波兰，艾卡德之死带来的影响就体现出来了。英勇无畏、雄心勃勃的波兰人波列斯瓦夫并没有为朋友的亡故而感到哀伤，而是喜不自胜，因为德意志边境唯一能对他产生威胁的悍将就此陨落了。他相信，他的时机终于到了；他很快集结起自己的军队，控制了易北河右岸的整个东边区，夺取了米尔岑人土地上的鲍岑（Bautzen）并拿下了施特雷拉（Strehla）的堡垒，这一堡垒由于地处易北河过渡带而对他极其重要。迈森的居民们被波列斯瓦夫用金钱买通，他们发起暴动反抗驻扎在当地的德意志军队，城内的伯爵带着他的手下在动乱中勉强撤退出来，迈森人随后便为波兰人打开了城门。以埃尔斯特河（Elster）为界的所有土地都落入了波列斯瓦夫的手中，并且他在各地的德意志堡垒中都驻扎了波兰军队。当萨克森王侯们终于开始思考对策的时候，东边区的大部分土地以及整个迈森边区都已经在他的掌控之下了。但精明的波兰公爵自有应对之法，他向萨克森王侯们派去使者，告诉他们自己已经与亨利公爵达成了共识；只要亨利公爵登上王位，他就会遵从他的决定；如果没能成功的话，他承诺会按照萨克森王侯们的意志行事。王侯们听信了他的谎言，甚至还对他表现出了不恰当的亲和友好、卑躬屈膝之态。

艾卡德为帝国收复的文登地区再次沦陷，这不仅对帝国来说是件大事；这还威胁到了波西米亚公爵，因为他的土地越来越多地被波兰公爵的辖区所包围。波兰公爵已经掌握了西里西亚、克罗巴迪亚和摩拉维亚，现在在易北河地区也站稳了脚跟，这将是他进入波西米亚腹地最便捷的通道。波西米亚公爵意识到，这背后的意图是要彻底消灭他的政权，因此他与亨利建立了紧密的联系。

亨利的追随者队伍不断壮大。巴伐利亚人、克恩顿人以及巴伐利亚边区的权贵们都站在他这边，波西米亚人支持他，有一部分萨克森人在维尔拉已经决定把票投给亨利，另一部分也在艾卡德死后转而支持亨利。现在，贝尔哈德公爵和希尔德斯海姆和哈伯施塔特的主教们都表示支持亨利，这样一来，即使大主教吉塞勒和其他一些领主加入了赫尔曼的阵营，亨利也不以为意了。6月初，亨利带领一支巴伐利亚军队出现在法兰克地区时，这里的人们也全都来到了他的阵营中。为了前往沃尔姆斯，他想要渡过莱茵河，但赫尔曼公爵带兵占领了对面的莱茵河岸，阻止他渡河。亨利于是佯装撤退，来到洛尔施（Lorsch），蒙蔽了施瓦本人，从而渡过了莱茵河，并在沃尔姆斯受到了良好的接待。他在这里会见了大主教维里吉斯。毫无疑问，亨利早在之前就与维里吉斯达成了共识。维里吉斯作为国内最重要的宗教王侯和大总理，他这一次也支持按照继承顺位来决定王位人选，这对亨利是最为重要的，几乎有着决定性的意义。这样一来，曾经极力反对亨利父亲、并将他拉下马的维里吉斯现在成了亨利最积极的支持者。维里吉斯对法兰克的宗教及世俗权贵们有着极大的影响力，并且其势力范围还远远超出了法兰克的边界。精明的沃尔姆斯主教布克哈德也站到了亨利这边，因为他得到了亨利的承诺，他将不用再与其他伯爵们（他们是在莱希费尔德战役中牺牲的康拉德的后裔）共享沃尔姆斯，而是单独掌握该城的统治权。亨利为了兑现这个诺言做出了许多牺牲，但他由此获得了一个重要且忠诚的支持者。

亨利从沃尔姆斯赶往美因茨，并于6月6日在那里由在场的法兰克、上洛林和巴伐利亚大臣们推选为国王，并在同一天接受了大主教维里吉斯的涂油礼和加冕礼。所有在场的王侯们都向他许下了邑臣誓言，并作为国家邑臣从他那里重新接受了采邑。就这样，亨利在一个不同寻常的地点、以不同寻常的方式、由少数几个宗族选举成为国王之后，他就接受了国王的头衔，并认为自己完整地拥有了这个继承而来的国家。但实际上并非如此。萨克森人感到不满，因为选举和加冕都在他们不知情、不在场的情况下进行了；赫尔曼公爵仍是战备状态，他的追随者除了施瓦本和阿尔萨斯，还遍布在下洛林。

在加冕礼之后，新任国王随即离开了美因茨；6月10日，他就重新回到了沃尔姆斯，并渡过莱茵河踏上了归程。在这之后，他紧接着攻入了施瓦本，他的军队从北向南席卷了这片土地。他就这样一直来到了博登湖畔。在此期间，赫尔曼提出分割国家的建议遭到亨利的严厉拒绝，赫尔曼带兵向斯特拉斯堡进发，因为那里的主教将票投给了他的对手。斯特拉斯堡遭到包围；在女婿康拉德的协助下，赫尔曼夺取了这座城市，而斯特拉斯堡也遭受了惨重的损失；就连主教教堂中的珍宝也遭到了劫掠和毁坏。在这次洗劫之后，坊间传闻赫尔曼想要前往博登湖，在那里与亨利公开战斗、决一胜负。亨利等候了多日，但他的对手迟迟没有出现；最终他于6月29日出发，踏上了归程。他的朋友们建议他，为了斯特拉斯堡遭受的暴行向支持赫尔曼的巴塞尔和库尔主教报仇，亨利反感地拒绝了这一提议，只是在前往法兰克的回程中，将途中所有公爵名下的地产都夷为平地。

7月10日，亨利来到了班贝格，这是他最爱流连的地方。但他只在这里停留了很短一段时间，因为事态迫使他赶快前往图林根和萨克森。当他踏进图林根边界时——7月20日他来到了离耶拿不远的基希贝格（Kirchberg），年迈的威尔汉姆伯爵以及当地的其他权贵们迎面向他走来。在艾卡德死后，威尔汉姆伯爵成了图林根最有威望的人。他们所有人都心悦诚服地拥护新任国王，而国王则取消了长久以来令人厌恶的、上缴给国家财政部门的豚税。在此后，国王出发前往梅泽堡，这是他父辈们的城市。

　　萨克森的权贵们纷纷来到了梅泽堡，于7月23日隆重地迎接了国王的到来。他们心甘情愿地拥护他，但他们当然也要维护自己的选举权和本州的权利。贝尔哈德公爵作为萨克森州的发言人站了出来，向国王表达了民众们的意图和要求。亨利面对他们的要求，以循循善诱的话语向萨克森的人们作出承诺，并赢得了他们对前几任国王一样的忠诚，他答应给予萨克森人特别的保护作为回报；他立即对他们重点强调的愿望做了回应，但他加了一句"在不伤害国家尊严的前提下"。他不是在违背他们意志的情况下，而是在他们的邀请和一致同意下，作为国王来到了萨克森的，并且认可他们的选举权；此外，他许诺保有他们州的所有权利，对于他们那些通情达理的请求，只要是他力所能及的，他就会时刻注意。随后在众人的欢呼声中进行了选举，贝尔哈德公爵将圣矛移交到亨利手中，并由此将萨克森的统治权也交给了亨利，接着，所有的国家邑臣都向他许下了效忠的誓言。德意志大帝还从来没有人受到过类似的拥护。各个条件经过权衡，各条利益逐一列明，各方采邑随即分封。

　　波兰的波列斯瓦夫公爵也来到了梅泽堡，加入了拥立国王的队伍，他遵守了自己的承诺，将他所占领边区的决定权交给新任的国王。他期望能从国王手中获得这些土地作为他的邑产；为此他驻扎在迈森的城堡中，向国王送上无数金银财宝。但亨利意识到，这些边区如果落到波兰人手中会对国家造成怎样的威胁，因而坚决地拒绝了波兰公爵送上的钱财。波列斯瓦夫被迫将米尔岑人和卢萨蒂亚人的土地交给国王，只要求将迈森边区及其堡垒作为采邑分封给他的继兄古恩泽林（Gunzelin）[①]，也就是遭到谋杀的边疆伯爵艾卡德的兄弟。由于

---

① 他们之间的亲戚关系并不明确；可能是波列斯瓦夫的母亲，波西米亚的杜布拉芙卡，在之前曾与边疆伯爵君特（即艾卡德及古恩泽林父亲）是夫妻。古恩泽林和艾卡德两人可能也是继兄弟。

自己的期许没能实现，波兰公爵怀着不满在梅泽堡与一个人达成了共识，这个人在皇帝那里享有不小的威望，但同时又怀着对他深深的愤怒。这个人就是巴本贝格家族的亨利，一个卓尔不群、具有骑士精神的男子，他管理着诺德高所在的边区，虽然有着世仇，但在此之前他一直以各种方式帮助亨利成为国王。但他的支持是国王通过巨大的承诺争取而来的；他从亨利那里得到保证，一旦亨利当上国王，就会将巴伐利亚分封给他。加冕礼后不久，他还就这一承诺提醒过国王，但国王以巴伐利亚人旧有的选举权为借口避重就轻，将分封采邑的时间无限期推迟，并将巴伐利亚权贵们的赞同也作为兑现诺言的条件。边疆伯爵亨利认为这就是经过粉饰的拒绝，同时也是最恶意的食言；他无法忍受国王出尔反尔，觉得自己受了侮辱，于是更加不能抵抗波兰公爵引诱的言辞。这两人暗中策划的袭击，似乎马上就传到了宫廷中，人们都很害怕这样的事件一旦发生将带来严重的、令人唏嘘不已的后果。

波列斯瓦夫公爵带着丰厚赏赐与国王辞别时，他在边疆伯爵亨利的陪同下从宫廷城堡中骑马出来，他突然看到一支武装队伍封锁了城堡的外门。他的出路被挡住了，边疆伯爵冒着生命危险为他的朋友杀出一条路来。公爵就这样突围了；而他的侍卫们都倒在了城门前，骑士们在厮杀中都负了伤。在贝尔哈德公爵的干预下这些波兰人才保住了性命。

这简直是桩闻所未闻的遭遇，而事件的始作俑者身上却再次蒙上了一层看不透的黑暗！多亏了史作者提特玛尔我们才能了解到这件事的经过，他严正声明国王在此事中是清白的。但可以确定的是，波列斯瓦夫无法打消这种念头，他认为国王亨利想要通过这场刺杀夺取他的性命。从这一刻起，他就成了国王无法和解的仇敌，并随即怀着怒火开始实施报复。他与边疆伯爵亨利分别时，答应在他需要的时候向他提供支援。当他在回程途中来到易北河时，他放火烧了施特雷拉，将许多在边区中定居的德意志人囚禁起来，并按照派出使者前往萨克森，游说那里德高望重的权贵们反对国王。

时间到了7月底，国王离开梅泽堡，经过格罗纳（Grona）前往科维（Korvei），并于8月9日在那里与他的妻子库妮古德团聚。他们一同前往帕德博恩，库妮古德于8月10日在那里接受了大主教维里吉斯的祝圣和加冕成为王后。在同一天，奥托三世的姐妹索菲也接受祝圣成为甘德斯海姆的修道院院长，而且为她进行祝圣的是维里吉斯，而希尔德斯海姆的主教聪明地推说由于时间关系不能出席。当时，帕德博恩举行了大型的庆典，但可惜的是，典礼遭到了干扰。国王的巴伐利亚随侍队伍和萨克森民众之间发生了严重的冲突，甚至使国王堡也染上了鲜血。如果没有贝尔哈德公爵从中斡旋，这将演变成一场可怕的屠杀，很可能会对国家统一造成难以想象的恶劣后果。

在此之后，国王于8月18日前往莱茵河畔的杜伊斯堡，他期待在那里得到下洛林领主们的拥护。但只有少数主教出现在他面前；最后，科隆的亨利贝特也踟蹰着出现了，他不仅由于遭到囚禁的事情还对国王心怀怒意，而且国王没有按照惯例，而是心急火燎地在美因茨加冕，也让他感到不满，但他终究还是压制住了这些情绪。最终，国王决定，对于那些没有前来的权贵们，他要到他们各自的辖区去拜访他们。他走遍了下洛林，渐渐赢得了人们的支持；9月8日，所有当地的权贵们都在亚琛向他宣誓效忠，而国王也郑重地登上了查理大帝的王座。但并非所有人都乐见其成；一些人想到奥托三世对亚琛的恩泽，流下了痛苦的泪水。人们还不知道亨利是个什么样的人呢。

随后，国王回到莱茵河畔，返回了法兰克。他想要在这里过冬，打算在开春时向在施瓦本的赫尔曼发起进攻，迫使他投降屈服。但赫尔曼已经怀疑起了自己的实力，想到了妥协。亨利经过施派尔前往布鲁萨尔（Bruchsal）时，10月1日，这位施瓦本公爵谦卑地出现在国王面前，请求他的仁慈。亨利确实仁慈地对待了赫尔曼，也没有剥夺他的公爵领地和王国邑产。

就这样，在战胜了竞争对手之后，亨利经由奥格斯堡前往雷根斯堡，那里是他巴伐利亚公爵领地的首府。伴随了无穷无尽的欢呼，他受到了雷根斯堡主教、神职人员及所有民众的迎接。11月和12月他都停留在雷根斯堡，他向巴伐利亚民众显示了，虽然有了新的臣民但他也没有忘记旧时的忠臣们，而且更加要褒扬和敬重他们。圣诞节前后，国王前往法兰克福，并在法兰克福庆祝了圣诞节，赫尔曼公爵按照祖辈的习俗在王室宴会上侍奉国王。

1003年新年伊始，亨利就在赫尔曼公爵的陪同下赶往上洛林，那里是唯一一个还未将他视为国王的德意志州。迪特里希公爵的母亲是聪慧的贝娅特里克斯，迪特里希在王位的争斗中没有加入任何阵营；他现在又怎么会对亨利的幸运当选有所异议呢？国王于6月中旬在蒂登霍芬（Diedenhofen）大型地方会议上，他与当地所有的权贵们都出席了。所有人都在这里向新的君主宣誓效忠，而新国王也以威严庄重的姿态出现在众人面前，让他们知道，他们会拥有一位怎样的国王。亨利离开蒂登霍芬后，来到了亚琛，他将下洛林的众领主们也都召集到了那里。1月23日奥托三世的忌日，他在奥托三世的墓前郑重地悼念了将国家继承给他的前任国王。他对德意志各州的巡游完成了，他赢得了所有德意志宗族的认可，清楚了所有可能使国家发生内部分裂的威胁。亨利重新巩固了国家的统一，这比人们所能期望的还要迅速；事实证明，人们无法在肆意地毁坏德意志宗族之间的纽带。

当时的一名意大利神职人员曾写过一首歌谣，这首歌谣流传至今，对当时的事态描绘得不错。其中说道："不偏不倚，对抗天命。不足三月，纷争尽息，不刀不枪，亨利称王。世人从四面八方赶来，齐聚在亨利王座之前。巴伐利亚得胜；法兰克称臣；施瓦本阴谋落空，无奈俯首；洛林宣誓效忠；图林根忠诚不渝；骁勇的萨克森也赶来表忠心；斯拉夫人重又戴上耻辱的枷锁，一如既往缴税纳贡。意大利——国王的伟大母亲，也站起来发声：'亨利速速前来！一切都等着你的决断；在你的时代可不能让阿尔杜安这样的人存在！'五湖四海的人们都涌向亨利；日耳曼尼亚和倔强的比利时为他而屈膝，利奥主教[①]翻越阿尔卑斯山，巴伐利亚成了他的第二故乡。"

人们并不像溜须拍马的诗人所描写的那样，如此心甘情愿地听从亨利的号令。但他至今为止的确已经获得了极大的成就；他坚持实现了自己的继承权，也在实际上赢得了德意志各地区人们的广泛认可。但这是怎么做到的呢？他并不是像前任的国王们那样，通过所有宗族的共同选举而登上王位——他从一个宗族来到另一个宗族，凭借极大的承诺和妥协他才确保了自己的当选，而在这些承诺和妥协中有一部分是他不能也不愿兑现的。他通过谋杀和战争消灭了自己的竞争对手。他没有按照父辈们神圣的传统在亚琛接受加冕，而是在美因茨

---

① 指韦尔切利的利奥。

以一种新的方式戴上了王冠。萨克森人将他们当地的朝政交给他，如同交给一名采邑官员。在德意志这样一个骄傲的民族中，这样建立起来的统治政权是不可能马上赢得稳固的基础的。每个人都能够预见到，在亨利执政期间少不了内部的争斗。

3. 稳固国内局势

早在1003年年初，事实就已经向世界证明了，德意志政权在西方民族中的威望下降到了何种程度。1月末，当国王从亚琛前往马斯特里赫特时，意大利传来了最令人担忧的消息。

a. 伦巴底和波西米亚沦陷

在奥托三世去世之后，伊夫雷亚的阿尔杜安随即卷土重来，他很快便在整个伦巴底引发了反对德意志政权的动乱。在他的旧时追随者的基础之上，又有新的支持者加入进来；就连与他结仇最深的主教们，由于无人援助庇护，也无法再抵挡这个疯狂暴烈的男人了。就这样，德意志土地上的继承人还未确定，阿尔杜安就已经于1002年2月15日在帕维亚接受加冕，成了意大利的国王。阿尔杜安执政初期似乎是沿着奥托三世的脚印前行。货币上的纹样保持不变，就连皇帝的头衔也没有改变。总理的职务仍在科莫主教手中，而在阿尔杜安的任职文书中，也依旧标注着年轻的奥托皇帝曾经钟爱的、异想天开的头衔。现在，尤其对伦巴底的主教们，阿尔杜安展现出了奥托王朝的国王们那样的大度，在米兰大主教出使君士坦丁堡回来后，他待他彬彬有礼，甚至通过信誓旦旦的承诺赢得了他的支持。但同时，阿尔杜安凶残暴力的本性已经再也隐藏不下去了。他对主教们的怨恨很快就重新爆发出来，米兰大主教和科莫、克雷莫纳、皮亚琴察、帕维亚的主教们，尤其是遭到不公待遇的布雷西亚（Brescia）主教，他们不久之后就又向往着，能摆脱阿尔杜安的专制暴政了。

还有一些伦巴底的主教和领主们从未屈服于新的专制统治者。奥托皇帝和西尔维斯特教皇的朋友，即韦尔切利主教利奥，就是阿尔杜安不可和解的仇敌，他勇敢地坚持反抗阿尔杜安；拉韦纳的大主教弗里德里希也是一样，他有着萨克森血统，并因此反对意大利民族的崛起。维罗纳和摩德纳（Modena）的两位主教也加入了反对阿尔杜安的阵营；前者有克恩顿公爵的庇护，后者则有德意志党派的中流砥柱边疆伯爵特道尔多（Tedald）的保护。特道尔多的父亲阿佐曾经陪同女皇阿德莱德前往卡诺莎（这项功绩使他获得了丰厚的报酬），特道尔多继承了父亲的势力，拥有当时摩德纳和雷焦（Reggio）的伯爵领地。他的家族随着德意志人政权的发展迅速地平步青云，而现在，他也坚定地保持着对德意志政权的忠诚，并迫切地期待着，能与阿尔杜安的对手们一起重建德意志政权在意大利的最高地位。所以，亨利获得王位之后，就马上收到了来自意大利的迫切请求，请求他带兵翻越阿尔卑斯山；韦尔切利主教利奥亲自赶往雷根斯堡，将来自意大利的期许传达给新任国王。

由于亨利一时无法离开德意志大地，他命令克恩顿的老公爵奥托带领一支军队前往伦巴底平原，而奥托公爵管辖的边区正是受阿尔杜安威胁最为严重的地区。擅长骑术的伯爵厄恩斯特（Ernst）来自巴本贝格家族，他是奥地利边疆伯爵亨利的弟弟。他陪同着奥托公爵于1002年年末踏上了征程；来自克恩顿、奥地利和弗留利的军队集结起来，但军队人数并不多，骑士不足500人。阿尔杜安担心遭到攻击，派人把守着意大利的各个入口；他自己前往维罗纳，夺下了维罗纳城，并占领了阿迪杰河畔的克劳森（Klausen）。他长驱直入来到特伦托（Trient），期待在那里与德意志军队相遇。但这里根本没有敌人的踪影，于是，阿尔杜安回到维罗纳附近，并在那里度过了圣诞节。德意志人取道布伦塔河（Brenta）河谷，来到了一处关隘，他们想要从这里翻越欧加内（Euganei）丘陵并由此进入低地。然而，这一关隘也被阿尔杜安的人占领了，他们得到消息，知道阿尔杜安本人也在不远的地方。于是，他们随即派出使者去到阿尔杜安那里，要求放他们通过关隘，或者就在关隘这边进行一场公平的较量。但阿尔杜安扣留了使者们，第二天一早带着一支远远超过德意志人的军队出发了，中午时分他们到达了关隘，出其不意地对敌人发起了进攻。在英勇地抵抗过后，德意志人被迫逃离。意大利的战士们战胜了德意志人，这是个举世震惊的事件；这助长了阿尔杜安的狂妄气焰，巩固了他的政权。在德意志大地上的人们听到战败的消息非常痛心；令人刮目相看的是，新任国王面对这个糟糕的消息保持了充满男子气概的冷静和理智，后来当奥托公爵和奥地利伯爵厄恩斯特前来见他的时候，他甚至尝试着安慰他们，并通过特别的封赏表达对他们的敬意。

就算王国在意大利所受的耻辱对亨利的影响再深，眼下也必须放弃报复。因为东方天空已经阴云密布，一场暴风骤雨即将来临。波兰人波列斯瓦夫已经将手伸向了波西米亚，并且还在国内与国王的所有敌人都建立联系。

在波西米亚，事态以难以置信的速度发展着，形成了对波兰人极其有利的态势。"红公爵"波列斯拉夫以专制暴君般的凶残手段对待他的人民和自己的家族。他命人对哥哥亚罗米尔（Jaromir）实行了宫刑，他本来想要将第二个名叫乌德利希（Udalrich）[①]的哥哥溺死在水池中；但由于这场谋杀失败了，他就将自己的兄弟和母亲一起赶出了国内。波西米亚人最终暴动起来，驱逐了公爵，并将居住在波兰的弗拉迪沃伊（Wladiwoi），他是公爵家族的血亲，当时正在流放之中，波西米亚人将他推上君主的位置。弗拉迪沃伊赶往雷根斯堡向国王亨利宣誓效忠（1002年11月），想要以此确保自己的统治权。但即使这样，他的统治也很快走到了尽头；他这个一团糟的酒鬼很快就沉沦在了自己的欲望之中，几个星期之后就撒手人寰了，而民众们也对此喜闻乐见。波西米亚人随后邀请亚罗米尔和乌德利希回到自己的国家，并将统治权交到了被驱逐公爵的两位兄弟手中。红公爵本人在此期间已经逃往了德意志，来到了施韦因富特（Schweinfurt）边疆伯爵亨利的身边。边疆伯爵是波兰公爵的同盟和好友，是这个臭名昭著的波西米亚人的宿敌，于是随即命人将红公爵投入了城堡的地牢中；但后来他很快又释放了他，并且派人护送他安全地前往波兰公爵那里。边疆伯爵看到，这个受到驱逐的人现在出色地侍奉着他的波兰朋友，并且支持他们反对国王达到这个共同目的。亚罗米尔和乌德利希还没来得及整顿政务，波兰公爵波列斯瓦夫就率领着一支强大的军队攻入了波西米亚，并将红公爵波列斯拉夫作为他的保护对象送回了波西米亚。但遭到驱逐使这位暴君疯狂的怒

---

① 译者注：按照原名奥尔德日赫（Oldrich），德语中称乌德利希。

火有增无减；在极短的时间内，他又使得所有的民众对他怨声载道，民众们不得不恳求波兰公爵让他们摆脱这个暴虐的君主。波兰人波列斯瓦夫很乐意实现波西米亚人的这个愿望。他不怀好意地让波列斯拉夫与他会面；他命人在会面的地点伏击波列斯拉夫，灼瞎了他的双眼。瞎了眼的波列斯拉夫失去了政权，被赶出了国家；而波列斯瓦夫自己则赶往布拉格，波西米亚的民众在那里隆重地迎接了他，将他拥护为自己的公爵。1003年3月，"勇敢者"波列斯瓦夫就已经将波西米亚收入囊中，并由此完成了他多年来追求的目标。

　　在与波西米亚势力的斗争中，波兰王国的地位提升了；与德意志国王的联系为这场斗争提供了资源，而现在，波兰王国获得了彻底的胜利。波西米亚和波兰统一到了当时最英勇果敢的战将手中；波兰人波列斯瓦夫向往着建立一个世人闻所未闻的斯拉夫王国。从波罗的海到亚得里亚海，从易北河到伏尔加河，再到第聂伯河，所有的斯拉夫宗族分散居住在其间，他长远的目光便包罗了这一切；他期待他们所有人都能臣服在他的剑下，并联合起来成为一个王国。波西米亚人的幸福时光已经过去了，皮亚斯特王朝的星宿在普热米斯尔王朝的夜空中已经开始闪耀着微弱的光芒。之前的一系列成功使波列斯瓦夫的自信日渐增长！他已经摆脱了对帝国的依附；得胜而归的斯拉夫人不会再继续侍奉那个伪德意志人，不会继续向其缴税纳贡了。他坚决地投入战斗，与所有反对他的势力作战；他想要成为自己的主宰，想要亲自戴上国王的冠冕，就像罗马方面将王冠授予虔诚的马扎尔人那样。说到底，他也是罗马的一位使徒啊。正是在他的庇护下，罗马的异教族群派出的使者才得以去往最遥远的北方和东方；教堂和修道院才在教士和僧侣从未涉足过的地方拔地而起。很快，他的使节就来到了罗马；他提出，只要教皇确保他能够拥有国王之位，就向圣伯多禄纳贡。这个波兰人宁愿向圣伯多禄的继任者纳税，也不愿向德意志国王进贡。

　　现在，德意志之名的尊严又该何去何从呢？在意大利沦陷之后，紧接着就失去了波兰和波西米亚；险恶的敌人们为他们的胜利而欢腾不已。然而，对于亨利所处的险境来说，这还不是最糟糕的。他已经清楚地明白，敌人也会从自己的国家之中出现，也会在国家内部蠢蠢欲动，也会使尚未稳定下来的政权面临瓦解的边缘。他所有的敌人都是波兰人的朋友，而他们之中，大多数都是他需要仰仗依靠的人，他无法失去他们的忠诚。波列斯瓦夫已经将手伸向了他身边最亲近的人们；国内最具声望的人们都与他步调一致。国王亨利不是个软弱无能的人，然而面对这无休无止的排挤，他决定做出最大的让步。几个月前，他曾拒绝过波兰人的要求，现在，1003年的复活节前后，他来到萨克森重新在暗中与波兰人展开了谈判，并提出将波西米亚作为国王邑产分封给波兰人。但是，波列斯瓦夫虽然在不久还积极地想要拥护亨利，现在的他不想再做德意志人的邑臣了；他高傲地拒绝了国王所有的提议。他已经做好了战斗的准备，他在德意志的盟友们也纷纷站了出来。

b. 边疆伯爵亨利的反叛

还没等亨利反应过来，叛乱就从国家内部爆发开来了。巴伐利亚及其边区是这场暴动最严重的地区。而举起反叛大旗的正是那些功名赫赫的骑士们；正是亲自为国王开辟了登基之路的功臣们。边疆伯爵亨利首先站出来反抗他出尔反尔的君主，他也是暴动的领袖和中心；边疆伯爵的堂兄弟，杰出的奥地利伯爵厄恩斯特紧随其后，虽然不久前国王还不计较他在意大利的失利，对他非常敬重。令世人震惊的是，国王自己的亲兄弟也公开与之对立，他可能与边疆伯爵一样期望得到巴伐利亚公爵的领地，却也被欺骗了，于是加入了反叛者的阵营。亨利家族曾经亏欠奥托家族的一切，现在的亨利都要在他的兄弟身上赎罪。真正举起武器的尚且只有亨利、厄恩斯特和布鲁诺，但范围更广的暴动已经蔓延到了国内各个地方，波及到了王室中最重要的人们。

虽然腹背受敌，但国王亨利很快就凭借其犀利的目光看到了他唯一的出路，那就是坚定果敢地面对和处理这一内部的暴乱。如果边疆伯爵一鼓作气幸运地获得最初的胜利，那么之前因为害怕失败而暗藏在各地的强大敌人便会纷纷暴动起来。因此在圣灵降临节①之后，国王亨利立即赶往巴伐利亚，集结起一支军队，向边疆伯爵发起进攻。边疆伯爵守卫着自己的城堡，与他的盟友们一起撤回城墙之后。但在8月时，这些城池就一个接一个地落入了国王的手中。首

---

① 这一年的圣灵降临节，国王是在哈伯施塔特度过的。

先是亚梅达尔（Amerdal）①，接着是克罗伊森（Creussen）②——边疆伯爵的妻子和孩子都逃往了那里，而守城的是边疆伯爵的兄弟布克哈德。边疆伯爵赶来支援克罗伊森，却是徒劳的；他的军队遭到袭击，而奥地利的厄恩斯特也被敌军逮捕了。边疆伯爵好不容易才在这场大败中保住了性命；布克哈德险些没能救出边疆伯爵的妻儿。亚梅达尔和克罗伊森这两座城市都被夷为了平地。

在此期间，波列斯瓦夫攻入了边区，并朝迈森进发；自从他占领了波西米亚之后，迈森对他来说就更为重要了。他期待自己的兄弟古恩泽林能自愿地交出这座城市，但古恩泽林不信任他身边的人，并且害怕国王交了好运，会赢得所有的战役。因此，波兰人领军渡过了易北河；他们将施特雷拉和策伦（Zehren）之间的易北河左岸地区统统夷为平地，气势汹汹的波兰骑兵长驱直入，来到了迈森城前。但他们突然又撤军了；可能是波列斯瓦夫听到了边疆伯爵不幸战败的消息，也可能是小城米格尔恩（Mügeln）的抵抗使他失去了勇气。他领着自己的军队回到了易北河对岸，只是占领了米尔岑人的土地就作罢了。

边疆伯爵亨利已经意识到，这场较量他已经输了，他的行动失败了。那些与他一起策划组织了这场行动的强大盟友们，现在都收手了；他所有的堡垒都被攻陷了，波列斯瓦夫对边区的第一轮进攻也失败了。谋杀艾卡德的凶手齐格弗里德，他通过罪行得来的报偿蒙蔽了他的眼睛，只有他一个人还为边疆伯爵带来了援军，但边疆伯爵回绝了。他赶回自己的堡垒克罗纳赫（Kronach）③，亲手将这座堡垒付之一炬，接着，他与布鲁诺及他最后的追随者们一起逃亡波西米亚。施韦因富特的城堡是他家族当时的主要驻地，除此之外他所有的城堡都化作了灰烬或者被解除了武装。为了将施韦因富特也一并摧毁，国王派出了维尔茨堡主教和福尔达修道院院长。边疆伯爵年迈的母亲艾拉（Eila）逃到了城堡的教堂之中，并且宣称教堂的废墟将成为她的坟墓。这样一来，教堂至少被保留了下来；但城堡内的所有居所被全数摧毁，城墙也都倒塌了。

---

① 距离安贝格不远。
② 位于拜罗伊特旁。
③ 菲希特尔（Fichtel）山区的戈尔德克罗纳赫（Goldkronach）。

　　国王似乎彻底战胜了暴动的起义者，但波列斯瓦夫的势力并没有因此被消灭干净，他还是这些叛乱者的避难所和保护伞。因此国王决定在冬季就向他发起进攻，在佩萨尔特进行了秋季狩猎之后，国王来到了萨克森，他不仅在这里准备与波兰人开战，而且他还着手策划着其他的大计，彻底埋葬他的敌人。对他来说，没有什么比终结与文登人之间长达二十年的战乱、建立和平的关系来得更重要。而且眼下，文登人出乎意料地伸出了橄榄枝，因为与国王一样，波列斯瓦夫不断增长的势力对他们来说也是一样的令人恐惧。波兰人政权的辐射范围已经超出了波美拉尼亚，不断威胁着奥德河对岸的民族。面对这样的情况他们又能怎么办呢？他是不会放任他们拥有自治自由以及自己的信仰的；波列斯瓦夫的统治要比萨克森人的更加严厉，而他也更迫切地想要使异教徒皈依。文登宗族中的留提曾人（Liutizen）在982年的暴动中就已经展现出了他们的顽强，他们在无数的战役中不懈地维护着自己的自由和异教信仰。他们于1003年复活节派出使者，前往奎德林堡觐见国王，这些使者向国王展现出了极大的敬意。提特玛尔说："留提曾人从德意志的敌人成了国王最亲密的朋友。"他们与王国建立了一定程度上的依附关系，允许国王进入他们国内的多座堡垒，向他纳贡，并在遇到重大事件时请求国王为他们做出决断；此外，国王将当地的内部事务都留给他们自己决定，并确保他们能够自由地进行古老的偶像崇拜和血祭。他们尤其向他承诺提供军事支援来对抗他的敌人；即使他们现在抬着异教神祇向他派来援军，对国王来说也是求之不得的。

　　只有在包容异教信仰的前提下，德意志政权才得以在文登宗族间逐步建立起来，亨利有多么不情愿这样继续下去，从他当时对文登主教管区的担忧就可见一斑。这里的教会所遭受过的损失是众所周知的，其中就有梅泽堡主教管区的撤销和圣劳伦斯的报复。奥托三世多次尝试弥补这项罪过，但都败在了大主教吉塞勒的圆滑和阴险之下。亨利现在下定了决心，不惜一切代价与圣人们和解，并重建梅泽堡管区；而他在极短的时间内就达到了目标。虽然他与吉塞勒和解了，甚至在一些事情上还对他心存一些感激，但是他也没有太多顾及这位老奸巨猾的主教。1004年1月，当他在多恩堡（Dornburg）①设立宫廷时，他派出大主教维里吉斯前去拜访吉塞勒，并严正要求他重建主教管区。吉塞勒要求给他两天的时间考虑；然而，两天的时限还没有过去，死亡就先找上了他的门（1004年1月25日），国王前往马格德堡亲自确认大主教席位的归属。马格德堡大教堂的牧师们行使选举自由的特权，随即将大教堂教长瓦尔塔德（Walthard）推选为了大主教，但国王凭借巨大的承诺说服瓦尔塔德放弃主教之职，并劝说牧师们转而推选他的随行使塔基诺（Tagino）。塔基诺是巴伐利亚人，与国王一样，他也是圣人沃夫冈的学生，他多年来一直受到国王的重用，对国王也是唯命是从。吉塞勒的遗体还没有下葬，塔基诺就已经获得了国王的授职登上了主教之位（2月2日）。随后，国王和新任大主教迅速赶往梅泽堡。为了建起梅泽堡的主教管区，马格德堡、哈伯施塔特、蔡茨和迈森都必须相应地做出退让；2月6日，王室随行使维格贝特（Wigbert）接受祝圣成为梅泽堡主教，3月4日，一纸证明文书确认了主教管区的重建。

就这样，奥托大帝被毁的主教管区重新恢复了活力，随着该管区的重建，教会在文登人中的情况似乎也好转了。哈弗尔贝格和勃兰登堡的主教回到了自己的管区内，在那里基督教和异教信仰暂时自由地同时存在着；但通过传教和国王的胜利，基督教信仰的凯旋指日可待。因为传教事业似乎也复兴起来，而马格德堡方面再次看到了希望，能向东面开辟出一片广阔的天地。就是在当时，库埃尔富尔特（Querfurt）的布鲁诺出现在了梅泽堡，他是萨克森贵族，他是圣罗慕铎（Hl. Romuald）最积极进取的学生，他来到这里是为了沿着波西米亚人阿达尔贝特以殉教之死指明的道路走下去。布鲁诺从佩勒伊姆（Pereum）出发，赤着双脚徒步来到了罗马，从教皇西尔维斯特二世那里接受了祝圣成为异教徒中的大主教，并从他那里获得了主教佩带。他原本计划前往波兰，以期继续在东方的各个民族中扩张其主教管区。但是，当布鲁诺来到德意志时，与波列斯瓦夫之间的战争已经爆发了；作为德意志人并且是国王的近亲，波兰公爵又会怎样对待他呢？于是他来到国王的宫廷中，在那里获得了支持；他不得

---

① 多恩堡是当时一处常用的王室领地，如今还能在巴尔比（Barby）附近找到少量的遗迹。

不重新接受马格德堡大主教的祝圣，毫无疑问，这是因为他的管区并非直接接受罗马教皇的管辖，而是隶属于奥托大帝所设立的大主教管区之下。如果亨利能够顺利击溃波兰人的势力，那么格涅兹诺的大主教管区就保不住了，而马格德堡的辖区将再次扩展到西方教会势力所及的东方最远处。

　　国王在边区进行的一切行动都是针对波列斯瓦夫的，而波列斯瓦夫在此期间一直占领着米尔岑的土地，甚至在同时还放肆地向巴伐利亚发起进攻，然而并没有什么大的收获。2月中旬左右，亨利渡过易北河。他想要先将波兰人赶出边区，但是一场突如其来的融雪天气使他不得不踏上回程。他失望地暂且放弃了出兵，只是为边疆伯爵古恩泽林和其他边境上听他调遣的伯爵们留下了增援部队。他自己则前往梅泽堡。他在这里欣喜地听说，他的兄弟布鲁诺已经离开了波西米亚，正逃往匈牙利会见其内兄伊什特万国王，并期望得到他的原谅；而边疆伯爵亨利也已经真心地悔过，并决心对国王谦恭顺从。此后不久，边疆伯爵亨利就亲自来到宫廷中负荆请罪；他被判罚关押在吉比坎施泰因城堡（Giebichenstein）中，国王没有确定关押的时限，但国王承诺将归还他的财产。不出一年，他就重新回到了自己的边区中，并充满悔意地以骑士的忠诚继续侍奉国王。在边疆伯爵负荆请罪几个星期之后，布鲁诺也在匈牙利使者的陪同下来到国王面前；这当中尤其要感谢他的母亲吉瑟拉为他进言，使他没有受到任何惩罚。不久之后，布鲁诺就进入了神职阶层，他当上了总理，并于1006年获封奥格斯堡主教管区。奥地利伯爵厄恩斯特在克罗伊森遭到逮捕，国王一开始想要判他死刑；但在美因茨大主教急切的恳求下，改为了高额的罚金。这位出色的年轻人在之后也保持着对国王坚定不移的忠诚。

c. 亨利的第一次意大利之行

　　国王确定敌人已经逃不出自己的掌心，消除了所有可能再次引发内战的威胁，在这之后，他很快将精力放到了翻越阿尔卑斯山的征程上去。圣诞节时，维罗纳主教和其他意大利王国的权贵就来到珀尔德，出现在国王的宫廷中，请求他尽快翻越阿尔卑斯山，前往意大利。此后不久，罗马方面也派来一名使者；因为罗马也受到了阿尔杜安狂妄的威胁。亨利已经做好了准备，回应意大利的呼唤，暂且搁置与波列斯瓦夫之间的战争。平息了国内的暴动之后，最重要的事便是挽救意大利；皇帝之位以及德意志民族的整个未来都系于其上。

2月24日，亨利在梅泽就向王侯们表明了自己前往意大利的决定，他在马格德堡向圣莫里茨祈求出征顺利，接着他便向南方赶去。3月21日，在雷根斯堡的一场大型王侯会议上，国王将众人垂涎的巴伐利亚公爵领地交给了他的内兄亨利，国王不想看到在自己离开期间这片土地成为某个野心勃勃之人的战利品，不愿这片土地面对波列斯瓦夫的进攻无人守护。随后，他前往奥格斯堡，他在那里集结了一支由巴伐利亚人、施瓦本人、法兰克人和洛林人组成的军队。出发的时间到了，他与王后告别，王后作为代理执政官来到了萨克森，而保护她人身安全的任务则交给了大主教塔基诺。亨利从布伦纳山口翻越了阿尔卑斯山。棕枝主日时，他来到了特伦托，舟车劳顿的军队也在这里享受了片刻的休憩。

阿尔杜安等待着亨利的到来，他带着手下大部分的军队驻扎在维罗纳，他在阿迪杰河畔的克劳森布下重兵，使敌人几乎没有可能将之攻克。亨利得知了这个消息，并因此派出他的随行使赫尔米格（Helmiger）为正赶来支援克恩顿军队带去命令，让他们停下脚步，并占领从克恩顿境内的阿尔卑斯山脉通往布伦塔河谷的一处关隘。这一关隘十分陡峭险峻；因而不为人所注意，阿尔杜安也没有安排重兵把守。克恩顿的军队主要由步兵组成；他们趁着夜色攀爬上了关隘上方的高地，第二天一早德意志骑士们便攻打过来。阿尔杜安的人马徒劳地尝试着反击，一些人坠入了布伦塔河中，一些人为了保命成了逃兵。亨利得到关隘被打开的消息之后，便立即亲自带着剩下的物资和大部队出发了，他跟着克恩顿军队通过了关口，向下来到了布伦塔河畔的平原，4月13日至16日，他在那里的营地上度过了濯足节①、受难节②和复活节。4月18日，他借王室领地伯爵之口告诉所有军士，逃兵将受到国王的绝罚，而英勇作战者则将获得丰厚的褒奖，在此之后，他渡过布伦塔河再次安营扎寨，并派出侦察兵，窥探阿尔杜安的大本营。

---

① 译者注：复活节前的星期四，又称授命星期四。
② 译者注：复活节前的星期五，又称耶稣受难日。

　　亨利出其不意攻入意大利，在阿尔杜安的军队中引起了焦虑和恐惧。他们如同一盘散沙；在阿尔杜安自己也逃离了维罗纳之后，维罗纳城很快就为亨利打开了城门。留在特伦托的军队没有了阻碍，顺利地与国王会合；忠诚的边疆伯爵特道尔多也为他带来了伦巴底的援军；亨利带着一支浩浩荡荡的庞大军队继续前进。布雷西亚、贝加莫（Bergamo），最后就连国王的都城帕维亚都心甘情愿地为亨利打开了城门。从未向阿尔杜安屈服过的拉韦纳大主教弗里德里希，米兰大主教阿努尔夫，几乎所有的伦巴底主教以及许多当地的权贵们都加入了亨利的阵营，护送他前往帕维亚。5月15日，亨利来到了圣米迦勒教堂，人们通过举手的方式一致将他推举为意大利国王，将他送上了王位；所有在场的权贵都拥护他，米兰大主教为他施行涂油礼，使他成为伦巴底国王。这是德意志国王第一次特别在帕维亚接受加冕，也是意大利人第一次这样行使自己的选举权。奥托王朝的国王们认为自己生来就是意大利的国王；亨利则是通过伦巴底的选举赢得了王冠。

　　但无论当时的情况是怎样的，亨利没有在任何地方遇到反抗；他的现身所引发的反响，与一年前他派去的小部队所经历的遭遇完全不同；他几乎不费一刀一枪就夺取了国家和王位。藏匿在山上小堡垒中的阿尔杜安被亨利的人马团团围住，似乎已经被彻底打败了，这也保证了亨利以及德意志人对意大利的永久的占有。前往罗马、获得皇帝冠冕的坦途在亨利面前展开了，虽然眼下的亨利还不愿意踏上这条路。

　　国王和他的军队是这样认为的，但他们都被过于耀眼的光芒蒙蔽了双眼。在意大利确确实实存在着一个民族党派；他们大多不是国内的权贵，因为权贵们的一言一行全由利益决定，他们主要是低阶的采邑贵族以及城市市民。这一党派仇恨德意志人，并因此追随着阿尔杜安；由于他们还没有被消灭，也没有放弃他们的谋划，在加冕礼当晚就发生了一起出人意料的事件。

　　天色渐晚，一些帕维亚人在酒精的作用下与德意志人起了冲突。很快，城内的所有民众都起来反对德意志人，他们举起武器，冲向国王的城堡。科隆大主教亨利贝特试着从一个窗口向人群喊话，以此平复混乱的众人，但毫无作用；雨点般的石块和箭头将他打了回去。组成国王近卫队的少数骑兵英勇守护着王室领地，抵挡涌来的人群，直到散布在城中各处的德意志人集合起来，接过了守卫王室领地的重任。他们成功地击退了一些市民，但越来越密集的石块和弓箭使他们无法继续驱赶市民，也将他们的队伍打散了。在此期间，夜幕已经降临，德意志人为了更好地观察战场，将国王堡近旁的房子都点了火。德意志军队大部分都驻扎在城外，其中大多是施瓦本人、法兰克人和洛林人；他们也收到了城内暴乱的消息。他们随即快马加鞭赶向城内，却发现城门紧锁，壁垒和城墙均有重兵把守。暴风雨来临了，激烈的战斗蔓延开来，王后的兄弟吉赛尔贝特在战斗中受了重伤。国王堡上、壁垒上和城门前，战斗持续了一整夜；最后，城门终于被突破了，德意志军队涌入狭窄的街道。城内居民逃进各家的宅院；他们扔出的石块和箭头杀死了许多德意志人，直到德意志军队将他们的房屋付之一炬，希望用熊熊火焰埋葬叛乱者。城内房屋大多是木制的，火势蔓延得很快。整个帕维亚城几乎成了一片火海，数千人惨死在烈焰之中。这座城市遭受到了严厉的惩罚，国王的心才软了下来。他命令人们停止纵火和谋杀，并保证会原谅幸存者。他来到"金色天空中的圣伯多禄"教堂（St. Pietro in cielo d'oro）旁的小堡垒中，并在帕维亚的废墟中又停留了十天。

吞噬了伦巴底王城的火焰继续燃烧着。恐惧与惊讶笼罩着整个意大利，所有尚未拥护国王的城市都竞相派来使者；人们战战兢兢地向国王做出承诺、许下誓言、呈送人质。在离帕维亚不远的彭特朗戈（Pontelungo），国王召开了一场王国会议，按照他的想法整顿了意大利的局势。为了表达对圣安波罗修的敬意，他短暂访问了米兰，在此之后，他再次返回了彭特朗戈，解散了会议，向众人宣告了自己返回阿尔卑斯山另一侧的意图，但说自己很快便会再来。他在科莫度过了圣灵降临节（6月4日），图西亚各个城市派来的使者也在这里向国王宣誓效忠了；此后，他很快踏上了回程。惊恐控制着整个意大利，而亨利想要利用这段时间，从波兰人手里将波西米亚的土地夺回来。他从科莫尔湖出发，穿过众多通往莱茵河河谷的关隘中的一个，并于6月中旬来到了施瓦本。

亨利的竞争者赫尔曼二世公爵经历了这番耻辱，不久之后就去世了（1003年5月4日），而他的公爵领地则移交给了未成年的儿子小赫尔曼。这样一个孩子似乎是不可能在这样紧要的情况下确保施瓦本的安定的；因此，国王分别在苏黎世和斯特拉斯堡的两场地方会议上采取了必要的措施，以维护施瓦本的和平。接着，他在美因茨短暂停留了几天之后，经由东法兰克前往萨克森。

d. 德意志政权在波西米亚及边区的重建

国王要重新出征讨伐波兰人的消息已经传遍了萨克森、图林根和巴伐利亚的每个角落。8月19日，萨克森和图林根联军要在梅泽堡集结，国王想要亲自领兵冲锋陷阵。到了预定的日期，他来到梅泽堡。他谨慎地保守着进攻计划的秘密，因为波列斯瓦夫甚至在国王身边都安插了暗探。他命人将一大批舟船集结到迈森和里萨（Riesa）之间的易北河上，让人误以为他要将矛头再次指向米尔岑地区；但在此之间，他已经从萨勒河径直来到了厄尔士山区（Erzgebirge），当时那里被称为米利奎地（Miriquidui），也就是黑色树林的意思。滂沱大雨挡住了他的去路，波列斯瓦夫于是获得了时间，在山区的入口布下了弓箭手。但亨利的战士们突出重围，国王的军队没费太多力气就攻入了波西米亚。由于波列斯瓦夫在这里的统治十分薄弱，人们很快就承认了亨利的统治。斯拉夫宗族之间的仇恨比起德意志人有过之而无不及。波西米亚人早就厌倦了波兰人的统治，由于被驱赶出去的公爵家族后裔亚罗米尔公爵也在德意志军队中，各地的人们都欣喜地迎接德意志人的到来。在巴伐利亚人从另一个方面赶来增援之后，亨利领兵来到萨勒河畔；那里的居民随即消灭了当地的波兰驻军，为亨利打开城门。当时有一个谣言在四处传播，说波列斯瓦夫已经在布拉格被自己的手下刺杀了；但这个消息是被刻意传播开来的，就是为了让德意志人放松警惕，很快消息被证明是假的，国王于是派出亚罗米尔公爵带着国王军队中的精英以及聚集在他身边的波西米亚群众，以最快的速度赶往布拉格；不论是死是活，都要将波列斯瓦夫找到。当天夜晚，亚罗米尔就出发了，但他还是与那个波兰人擦肩而过；波列斯瓦夫逃离了波西米亚，后来也再没能夺得这片土地。布拉格的人们心甘情愿地为亚罗米尔打开城门，簇拥着他来到了高堡（Wyschehrad）之中，拥护着他登上古老的王侯宝座，他们将他立为公爵，让他接受了民众的宣誓效忠。国王亨利紧随其后也来到了布拉格；在波西米亚人热烈的欢呼中，他被接入了高堡，来到了圣乔治教堂，他在那里郑重地将波西米亚的公爵领地分封给了亚罗米尔。

9月8日，国王还在高堡，接着他解散了巴伐利亚的士兵们，带着萨克森军队，与带领波西米亚人的亚罗米尔公爵一起踏上了前往米尔岑地区的艰险之路。这一年的战争从哪里开始就要在哪里结束。米尔岑地区的中心城市鲍岑遭到包围，但这座城市进行了英勇的抵抗，就连国王本人也命悬一线。在这样的情况下，德意志军队的怒火燃烧起来；他们要将这座城市的每个角落都燃烧干净，幸亏边疆伯爵古恩泽林从中干涉，鲍岑才逃过了与帕维亚同样的命运。最终，在波列斯瓦夫公爵的明确命令下这座城市终于投降；波兰驻军撤退，德意志军队入驻城内。波列斯瓦夫同时也失去了米尔岑的土地；所有的文登边区都重新归于德意志人的统治之下。国王凯旋而归，带领着疲惫的军队渡过易北河踏上归途。10月8日，他已经来到了马格德堡，在萨克森享受着好不容易得来的安宁，度过了冬季。

国王结束了硕果累累的一年，他率领着军队一路从易北河畔来到美因河、多瑙河，从多瑙河前往波河，又从波河去往莱茵河，从莱茵河赶向萨勒河与伏尔塔瓦河（Moldau）[1]，最终又从那里返回易北河畔。国家内部最险峻的阴谋被扼杀了，国王的威严重新建立起来，意大利屈服了，波西米亚和米尔岑地区摆脱了波列斯瓦夫的掌控，而在此之前不可战胜的波列斯瓦夫被迫狼狈逃亡。在许多人眼中，亨利这一路顺风顺水，注定要为奥托大帝的光辉大业更添光辉，势不可当地使德意志王权的一切敌对势力都束手就擒。

e. 亨利与波兰人的第一轮战役

"勇敢者"波列斯瓦夫在1004年的一系列战斗中丢了脸面，但他的势力并没有被彻底消灭；只要发动新的进攻似乎就能将他推向毁灭的边缘，国王亨利因此在第二年做出了必要的部署。8月15日，军队再次受命会集到萨克森，这次的集结点定在易北河右岸、离马格德堡不远的莱茨考（Leitzkau）。征募来的士兵们在预定的日子集合起来，国王亲自领兵，大军随即出发，长驱直入来到了

---

① 译者注：即德语中所说的莫尔道河。

卢萨蒂亚的多布里卢格科（Dobrilugk），巴伐利亚和波西米亚的军队分别由各自的公爵亨利和亚罗米尔带领，加入了国王的大军。在接下来的行军途中，波列斯瓦夫故意改换路标，将大军引入了荒野和施普雷瓦尔德（Spreewald）的沼泽之中。但最终，人们还是在施普雷河畔找到了一处能够安营扎寨的好地方。9月6日，这里展开了一场战役，令人痛心的是，多位英勇的德意志骑士在这场战役中丧生在波兰人的弓箭之下。当德意志人渡过施普雷河时，留提曾人也加入了他们的队伍；他们在队列中高举的异教偶像，使德意志主教们感到毛骨悚然。在他们到达的第二天，国王的军队顺利来到了奥德河与博德河交汇之处。德意志人在博德河畔扎下营帐；波列斯瓦夫则带着一支大军在克罗森（Crossen）对面的奥德河岸，好阻止敌人渡河，防止他们进入波兰地界。德意志人试图连舟成桥横渡奥德河，但8天过去了都没有成功。最终，探子们发现了一处便捷的渡口，随后便有6000人从这里渡到了河对岸。波列斯瓦夫得到这个消息后，由于他想要尽可能避免与德意志人的正面交锋，他留下物资逃离了驻地。留提曾人渡河时耽搁了一段时间，使德意志人没能跟上敌人的脚步。当他们终于全部渡河之后，已经赶不上如同"受惊的鹿群"般逃窜的波兰人了。

　　亨利带兵一路前行，所到之处均变为荒野，他们深入波兰腹地，途中没有遇到一个敌人。9月22日，他来到了缅济热奇（Meseritz），几天之后到达了波兹南附近。一支部队在这里分散开来寻找食物时，遭到了波兰人的伏击，损失惨重。波列斯瓦夫虽然以这样的方式获得了一些胜利，但在自己的国家中遭到追击的他还是希望能与亨利和解，并且也为此而努力着。在波列斯瓦夫的请求下，国王将大主教塔基诺及其他几位他的亲信派往波兹南；他们在这里进行了商议，并达成了和解。按照协议，波列斯瓦夫公爵必须放弃波西米亚及受他侵袭的边区，并重新承认对帝国的依附，但他之前征服的克罗巴迪亚、西里西亚和摩拉维亚还是留给了他。米尔岑的土地没有移交给可疑的古恩泽林，而是从迈森划分出来，由国王任命赫尔曼伯爵成为当地的边疆伯爵。这位赫尔曼伯爵的父亲就是英勇的艾卡德，而他也是波兰公爵的女婿。

　　在这次的征程中，亨利率领德意志军队深入东部，比前任的国王们走得更远；完美地树立了国家的威严！德意志政权彻底夺回了边区的统治权；狂妄的波兰王侯屈服下来，被迫放弃了他侵占的土地——但和解的结果几乎引起了所有人的不满！波西米亚和留提曾人都想看到波列斯瓦夫被彻底毁灭，他们害怕波列斯瓦夫会实施报复；而一些德意志人则希望，至少要使波列斯瓦夫重新恢复到奥托三世的格涅兹诺之行前的状态，回到他还对王国缴税纳贡的时候，回到他对骄傲的萨克森君主们卑躬屈膝，而德意志教士们不受阻碍地自由通行在他的辖区之内；但另一些人在暗中还与国王勇敢而强大的对手站在同一阵营，他们害怕国王严苛的统治，看到国王获得胜利使他们充满忧愁。马格德堡的光辉前景也走到了尽头；德意志向东部的传教之路又一次被阻断了。但无论这些反对和解的人怎么说，结果都告诉我们，亨利聪明地达成了力所能及的目标。

接下来的一个冬天，亨利是在萨克森度过的，在此期间他着手进一步稳定了边区的秩序。他常常与文登人在韦尔本（Werben）、阿尔内堡和瓦勒斯勒本（Wallersleben）会晤，并且在商谈中始终保持着国王和最高统治者的威严。在此之前，文登人的劫掠一直使萨克森人苦不堪言，亨利国王为之画上了句点，并使文登人对此做出了补偿；他命人将两名文登人首领及其侍从绞死了。德意志人在文登边界上的城堡也重建起来，并得到修缮保养。

f. 亨利与弗里斯兰人、弗兰德的巴尔杜安以及前往勃艮第的战役

正当国王在东部维护王国威严之时，他也已经注意到了西方。尤其是西弗里斯兰和下洛林的局势要求他尽快前往当地。北海海岸仍然遭到诺曼人不断的侵袭。他们乘着轻便的小舟来到莱茵河与斯海尔德河（Schelde）的汇流处，使得当地原本的居民们纷纷背井离乡，那里几乎成了荒地。一小批无赖恶棍在这里定居下来，并在那里干着海盗的抢劫营生，给往来于北海上的商人造成了不小的损失。在这片土地上，一直为自己的生存而奋力斗争着的弗里斯兰人民固执而倔强，国王任命的伯爵们难以驾驭他们，而在他们旁边，弗兰德强大的边疆伯爵们又伺机而动，试图向这个方向扩张自己的辖区，移动国境，这就使这里的局势更加复杂了。1005年，国王在大斋期停留在蒂尔（Thiel）时已经完全掌握了这里的情况。蒂尔是当时奈梅亨（Nymwegen）与多德雷赫特

（Dortrecht）之间一处重要的贸易地点，享有特别的权力和自由，许多船只都从这里驶向英格兰。王后的姐妹路特嘉德伯爵夫人也向国王控诉，她的丈夫阿努尔夫伯爵在与弗里斯兰人的战斗中牺牲了，而她的儿子迪特里希却无法继承丈夫留下的属地和国家邑产。后来，国王在这年的夏天率领舰队向西弗里斯兰，也就是今天的荷兰发起进攻，逼迫他们按照伯爵夫人的正当要求归还其属地。但眼下，国王必须在春季再次来到这一地区，因为弗兰德的边疆伯爵巴尔杜安（Balduin）在此期间入侵了王国的边境。

边疆伯爵巴尔杜安是法兰克王国国王罗贝尔强大的邑臣之一，他倚仗着自己广阔的属地飞扬跋扈，与他的父辈一样想要扩张自己的领地。他利用德意志帝国的混乱局势，将阿努尔夫伯爵从瓦朗谢讷（Valenciennes）驱逐出去，并夺取了这座城市；由于他的妻子奥吉娃（Ogiva）是王后库妮古德的亲戚，他便更加确信自己能够躲过制裁。但亨利不愿任凭一个强盗在自己国家里逍遥法外，在多次要求巴尔杜安交出赃物无果后，国王决定出兵讨伐他。这场战争与亨利之前领导过的战争有所不同，但同样难度不小。巴尔杜安是位强悍的王侯；他的麾下有着一支人数众多且精通各种兵法的邑臣军队；他的辖区内遍布着固若金汤的城市和堡垒。如果他能成功地取得国王罗贝尔或是法兰克王国一些好战的王公大臣的支持，就能轻而易举地重新激起西法兰克王国旧时对洛林的向往。所以，亨利的第一要务便是切断巴尔杜安与那一方面的所有联系。年迈的列日主教诺特克（Notker）受命拜访罗贝尔国王之后，两位国王于1006年夏天的马斯河（Maas）河畔进行了一场会晤。在这次会面中，罗贝尔国王不仅保证不会向巴尔杜安提供支援，甚至还同意向德意志人提供援助，攻打巴尔杜安。实际上，巴尔杜安很快就遭到了罗贝尔国王和诺曼底公爵理查德从西面而来的攻击，同时，亨利的军队又从东面制约他，并于9月将他围困在了瓦朗谢讷城内。军队一再尝试突破城门，但始终没有成功。虽然四面受敌，巴尔杜安还是以极大的勇气和耐力坚持了下来，使他的对手最终放弃，空手而归。亨利增强了军力，在第二年夏天再次向弗兰德人发动了攻势。当亨利再次向王国的西方边境行军时，甚至还有多名萨克森主教也加入了他的军队。德意志人渡过斯海尔德河；他们于8月19日占领了根特（Gent），并从这里出发继续攻打巴尔杜安的领地，直到他最终支持不住屈服下来，承诺满足国王的要求并归还瓦朗谢讷。直至后来，国王在洛林的纷争之中为了留住巴尔杜安，不让他加入敌对阵营，又将瓦朗谢讷作为王国邑产再次分封给他，并于1012年又在此基础上追加了瓦尔赫伦岛（Walchern）。从这时起，弗兰德边疆伯爵就一直占有着帝国的重要采邑，这整片土地后来被称为"帝国的弗兰德"（Reichsflandern）。

就这样，国王不论在东方还是西方都保卫了帝国的疆土，也捍卫了德意志与帝国之名。在他与巴尔杜安针锋相对的同时，他也与法兰克王国的国王罗贝尔建立了长期的同盟，这一联盟的基础是对彼此独立政权的完全认可，由此确保了帝国的一些利益，恰如他当时就做到的那样，不费一刀一枪便为帝国获得了可观的扩张，并且也为进一步的扩张开辟了道路。

1006年夏季，国王亨利讨伐巴尔杜安回来后，他前去拜访了母亲的兄弟，膝下无子的勃艮第国王鲁道夫三世。这位孱弱的王侯在强大而猖狂的邑臣面前，几乎无法掌握政权，于是他想趁此机会，试图从外甥身上为摇摇欲坠的政权找到靠山；由于这位鲁道夫是勃艮第王室家族最后一名男性后裔，他便向亨利许以继承王权的可能性，轻而易举地说服了他。接下来，国王亨利按照协议维护着勃艮第的局势，并且边境城市巴塞尔也作为担保抵押给了他，在德意志的王位之争中，巴塞尔当地的主教就是站在亨利这边的。在亨利接下来的执政过程中，他也始终在为获得勃艮第王国而努力。在他小心翼翼维持着与法兰克王国和平的同时，他想方设法要让勃艮第留在德意志帝国之中，虽说勃艮第从地理位置及主要由罗曼民族构成的居民来看更多地倾向于西法兰克王国。勃艮第使德意志帝国又经历了多场争斗，但毫无疑问的是，获取这块土地对德意志民族的势力地位有着极其重要且深远的意义。亨利栽下的这棵大树，使其他人也得享荫凉。这位明智的君王，不仅是王国的守护者，同时也是使之发展壮大的人。

4. 班贝格主教管区的建立

在这条艰险的道路上，幸运却罕见地始终陪伴着年轻的国王。他光荣地战胜了所有内部和外部的敌人，他的地位似乎在各个方面都得以巩固。而班贝格的主教管区就是这些胜利所留下的永恒丰碑，这一主教管区的建立所带来的影响可与奥托大帝建立文登主教管区相比。

建立这一主教管区的意义并不在于它改变了在德意志土地上存在百年之久的教区分割；其本质意义更多在于，它为德意志的生活、习俗和语言向东方传播创造了条件、发挥了作用。

在主教管区建立之前，美因河上游和雷德尼茨河流域大多是荒地。曾经定居在那里的法兰克殖民者和易北河北面的萨克森人，由于10世纪的暴风骤雨几乎全部离开了那里；那里少得可怜的居民中大多是斯拉夫人，只有他们在这片危险贫乏的土地上坚持了下来。只在少数地方生长着云杉树林，也只有小型城堡零散地分布在其中，而这些城堡几乎都是属于巴本贝格家族的伯爵们的，一部分是为了防御波西米亚边境的不测，一部分是为了监管境内的斯拉夫农民而建立的。这一切在主教管区的建立之后就变得完全不同了！班贝格及周围的土地发展成了富饶多产的地区，并且德意志式的体系在那里完全占了上风。教会将德意志农民带到这片土地上，凭借他们的耐心与勤奋这里成了福佑的丰饶之地。不仅使这里的物质生活变得越来越富裕，人们的精神生活也硕果累累。班贝格很快就成了备受德意志神职人员向往的修习之地，德意志艺术和科学在各个方面上都受到资助扶持。一个强大的真正按照日耳曼人的体系生活的族群在这里被培植起来，这个族群很快便进一步开枝散叶，夺取养分，压制此前生长在这里的其他野草杂枝。在美因河、阿尔特米尔河（Altmühl）和波西米亚之间的土地上，残存的斯拉夫体系渐渐消失殆尽，于是，新生的、充满原始活力的德意志生活在各处都获得了发展的空间。当时先建起了菲尔特（Fürth），在班贝格建立数十年之后才有了纽伦堡。随着时间的推移，维尔茨堡的斯拉夫殖民者也消失了。德意志的语言和习俗向着班贝格以东发展，超出了山脊构成的边界传播到波西米亚。德意志人在奥赫热河（Eger）流域也进行了耕种，这可能是在国王亨利一次替亚罗米尔公爵出征，赢得胜利之后的结果。大约一个世纪之后，一位班贝格主教来到了波罗的海沿岸，为身处偏远之地的文登宗族传播基督教福音，为他们的彻底日耳曼化做好了准备。说起班贝格主教管区的建立，人们常常认为它的价值只是一个狂热君王的虔诚之举；但它的价值实则受到了上天最多的赐福。

建立一个主教管区在德意志帝国并非小事。伟大的奥托纵使利用他全部的皇权，也是费尽心力才建起马格德堡的大主教管区，并将哈伯施塔特教区下一部分划分到马格德堡的辖区内啊！如果国王亨利在他执政的第五年就开始着手完成伟大帝王花费二十载达成的事业，那么这首先就展现出了他不畏艰险的勇气，同样也显示出他强烈的自信。亨利为了实现目标所使用的方法、所走的道路，向我们明确揭示了这位备受误解的君王真实的本质。

巴本贝格家族在童子路易执政期间垮台之后，他们的一部分城堡和地产没有被作为邑产分封出去，而是留在王室手中。其中就包括在福克费尔德（Volkfeld）县的巴本贝格和奥拉赫（Aurach）两座城堡，奥托二世于973年将这两座城堡连同所有下属的地块都赏赐给了亨利国王的父亲作为他自由支配的私有财产。儿子从父亲那里继承了这些土地，年少时就喜爱在班贝格停留，为了改善和美化这座城堡不遗余力。在与库妮古德结婚时，他将这里转给妻子作为其家当，作为国王他也一如既往以各种形式改善这片属地。后来，与库妮古德诞下继承人的希望越来越渺茫，他产生了一个想法，那就是将班贝格献给教会并在这里建立一个主教管区。按照他的习惯，他将这个计划藏在心中酝酿了许久，并为这一计划的实现做好了一切准备。他开始建造一座拥有两个低下礼拜堂的主教座堂，孜孜不倦地满足一座主教教堂所需的一切。但是，为了使新的主教管区有足够的下属辖区，他最需要的就是使维尔茨堡和艾希施泰特的主教们让出一部分位于福克费尔德和拉登茨高（Radenzgau）的辖区。由于维尔茨堡主教亨利是科隆大主教亨利贝特的兄弟，也是他一直以来最坚定和积极的支持者，而艾希施泰特的梅津高德（Megingaud）主教又完全是个顽固不化的人，并且本身也是王室成员，在这样的情况下，国王亨利更不能立即要求他们交出自己的辖区了。

1007年，国王终于公开了他的意图。5月6日是他的生日，他将自己在福克费尔德和拉登茨高的所有地产都赠送给了班贝格的教会，并宣布将于圣灵降临节时在美因茨召开一场教会代表会议，并期望能在这场会议上贯彻自己的计划。4位大主教和13名主教出席了会议，他们之中也有维尔茨堡主教，而艾希施泰特主教则缺席了会议。国王先是与维尔茨堡主教进行了私下的协商，事实上国王也确实说服了他做出让步，为此，国王不仅将迈农边区（Meinunger Mark）150胡符[①]的土地给了他，还答应可以将他的主教管区升格为大主教管区，而班贝格也将下属于他。就这样，主教放弃了相应的辖区，作为履行约定的担保将自己的主教权杖交到了国王手中。主教放弃辖区的决定很快就通报给了参会的人们，会议通过了这一决议，并与国王一起将他的两名随行使派往罗马，争取教皇对新建主教管区的同意，并申报教区边界相应的改动。为了支持会议呈报的这一申请，维尔茨堡主教本人撰写了一份书信，而教皇若望十八世也没有提出任何异议就认可了亨利国王的新教区。6月，教皇在圣彼得教堂内的一场教会代表会议上讨论了此事。新主教管区的建立不仅在此次会议上得到许可，还通过教皇的训谕受到圣伯多禄的特别保护；此外，训谕中还说，班贝格主教应当听从上级的大主教的命令，谦恭顺从。这里所说的上级大主教指的只可能是美因茨的大主教；因此，维尔茨堡主教的希望也就破灭了，他自己也意识到，国王用无法实现的诺言欺骗了他。

实际上，亨利既没有认真考虑过要将维尔茨堡升格为大主教管区，也没有这个能力这样做。如果他那样做的话，就是严重侵犯了美因茨大主教的权利；一个像维里吉斯那样的人，为国王登基立下了汗马功劳，是不会任凭国王这样对待他的。我们知道，维里吉斯为了捍卫自己对甘德斯汉姆的权力，曾掀起过怎样的浪潮，而前不久，他为了使贝尔瓦德主教留在国王身边又郑重地放弃了自己对甘德斯海姆的权力，也是付出了不小的代价。1007年1月5日，在国王的见证下，一座新的修道院教堂在甘德斯海姆由维里吉斯和贝尔瓦德共同赐福落成，正是在这场典礼上，维里吉斯将自己对甘德斯海姆的权力移交给了希尔德斯海姆的主教。因此，国王现在无法要求这位在朝堂与教会中都位高权重的大主教再做出更大的牺牲；他的诺言实际上就是引诱维尔茨堡主教掉入陷阱的诱饵。

---

① 译者注：面积单位，1胡符相当于7～15公顷。

国王获得教皇训谕之后，他随即加快了建立新主教管区的进程。所有可能对之产生威胁的因素，他都努力将之铲除。他的兄弟布鲁诺前不久被提拔为奥格斯堡主教，国王获得了他的同意；他也赢得了国内的公爵和伯爵们的认可[1]；最终，他召开了一场在德意志大地上最具政治意味的教会代表会议，为建立主教管区的开端赋予了一种别样的意义。

1007年11月1日，这场宗教代表会议在法兰克福召开。国王不仅要求全体德意志主教都前来参加此次会议；由于他已经将意大利和勃艮第王国视为自己的囊中之物，他也通知那里的神职人员们前来参会，召开会议通知甚至传到了他内兄的王国匈牙利。就这样，四位德意志、两位勃艮第及一位匈牙利大主教现身法兰克福的会议上；除此之外，还有众多德意志、勃艮第和意大利的主教们到场。国王的兄弟奥格斯堡主教布鲁诺也在参会人员之列。同样来到会场的还有艾希施泰特主教，虽然他没有被说服放弃自己教区中任何一部分，以至国王最终只好作罢。而维尔茨堡主教则缺席了此次会议。像他这样受了欺骗，必然会想到报复；他想要一鼓作气在国王的愿望即将成真的瞬间将其毁灭。因此，他派出自己的随行使贝伦加尔去参加那场宗教代表会议，并让他在会上对建立新的主教管区提出严正抗议。

国王为了获得人们对新主教管区的赞美而召开了这场权臣云集的会议，但现在他却突然陷入了最悲惨的窘境。维尔茨堡主教的抗议虽然不能彻底阻止主教管区的成立，但却能够设置阻碍或是无限推迟教区的建立；国王必定将自己的一切都放在了赢取全体参会人员的支持上，所以他粗暴地压下了维尔茨堡单方面的抗议。只有显示出真真切切的谦恭，他才能够获得全体与会主教们的支持和赞同。因此，教会代表会议刚刚开始，他就如同一个寻求庇护的人那样扑倒在参会众人的面前。大主教维里吉斯将国王扶起来，国王便开始用他独特的、几乎无人能抗拒的演说天赋向大家叙述，他留下亲生后嗣的希望是多么渺茫，[2]因而要将神与基督作为自己的继承人，他早就已经有了这个愿望，并因

---

① 这可能是1007年10月22日在亚琛召开的一次国家会议上进行的。

② 流传至今的祈祷书中显示，亨利并没有完全失去诞下后嗣的希望。这本祈祷书是他命人为班贝格所作的，其中有为国王、其妻子及其后裔所作的祷告。

此求得维尔茨堡主教的赞同在班贝格建立一个新的主教管区，他希望，今天能将这个愿望变为现实。他继续说道："因此我求助于你们，虔诚的神父们，我请求你们：不要因为这位主教的缺席，就使我的美好愿景毁于一旦，这位主教对我提出的要求是我无法实现的；更何况他将主教权杖交给我，标志着他赞同我的意图，这显然说明，他不是出于良知，而是由于没能获得提拔而心生怨念，所以才没有出席会议。但愿所有参会者都能记在心中，他是因为自己的野心，才派出一个愚蠢的使者试图阻止圣母教堂的建立。为了确保教区的建立，我的妻子、我的亲兄弟和其他王室继承人都做出了贡献，他们付出的这一切，我都会以对他们来说恰当的方式加以回报。就连那位缺席的主教，如果他原先出现并兑现自己的诺言，我也很愿意补偿他的损失，当然是在你们赞同的情况下。"

国王说完这番话之后，维尔茨堡主教的使者贝伦加尔站起身来。他解释说，他的主教只是由于害怕国王才没有出现在会场，并且主教从未同意减少自己的教会管区；他呼吁参会的众人不要理会国王的计划，并警告他们，这样的恶行将带来严重的后果；他还坚持在众主教面前宣读了维尔茨堡所拥有的古老特权。他的话对参会者并非毫无影响，但国王已经对主教们的动摇司空见惯，他再次扑倒在他们面前，动情地请求他们支持他的新教区。最后，当美因茨大主教征求与会众人的意见时，马格德堡大主教首先表示，国王要设立新的主教管区已经不存在任何阻碍了，而所有在场的人也都附和了这一观点。最终，整个大会书面同意了班贝格享有教皇授予的特权，并签名确认了代表大会的决议。

虽然班贝格大教堂还没有完工，但新的主教管区很快就成立了。这里的第一任主教是埃博哈德，他是国王的亲戚，在此之前一直作为国王的总理尽忠职守，在教区成立的同一天他接受了维里吉斯的祝圣。同时，国王签发了29份文书，通过这些文书，他将六家修道院归于教区之下，并给教区赏赐了多块土地，既有在班贝格附近的，也有距离班贝格较远的、位于施瓦本、阿尔萨斯、巴伐利亚和克恩顿的土地。

与此同时，国王还是不能得到维尔茨堡主教的赞同。心怀愤怒的他藏匿在教区中最偏僻的地方；国王要求他前去觐见，他不予回应，他的朋友和同僚们赶来找他，想要劝他放弃无用而危险的抵抗，他也都避而不见；他们写信给他，也都得不到回复。

我们找到了一封极引人注目的书信，是当时别人写给维尔茨堡主教的。写信的人是哈伯施塔特主教阿努尔夫，他与其他人一样，已经徒劳地尝试了多次，想要与他的同僚谈谈。在这封信中，阿努尔夫恳切地想要将他从深深的愤怒和固执的愤懑中唤醒。他写道："你是第一个，或者说是第一批将亨利公爵推选为君主的人之一，那时他还不是国王；你费尽全力坚持对他的选择。你们之间的相处一直温柔而友爱；没有人比你更加积极勤勉、尽忠职守，也没有人比他更懂得认可你的这份情谊；这份内心最深处的友情将你们联系起来，变得不可分离。不论喜悦悲伤，甚至面对生命危险，你从没有放弃对他的忠诚。在你为他立下这些汗马功劳，并由此赢得了他的恩惠、友谊和敬爱之后，你现在又怎么能将自己置于这种境地呢？你为什么好端端的敬酒不喝，却偏要饮罚酒呢？用以下犯上的罪引火烧身是十分危险的。我听闻，你不听书信和使者传来的消息，也不受安抚、承诺和请求的动摇，拒绝回应国王的警告。但是，如果你拒绝出现在他面前，又怎么在他的国家中担任主教呢？这样指控放到了法官们面前，他们又会怎么说呢！保护自己，等到事情发生消极的转变就太晚了，趁早使它向好的方向发展，不要把你的坚强变成固执，将它变成坚持吧。你为何要将他对你的感激变为怨恨，把友情变为敌意，把仁慈变为刻薄。你所向往的一切，如同人们相信的那样，你都能够在他那里实现。他难道没有在这片土地上授予你这样权力，使所有人都听从你的话语吗？我们将希望就寄托在你的身上，如果你这样下去，以后还有谁能替我们以及其他人在他面前说话呢！心如果坚定，便无一时狂热；谁若是逾越了界限，便是放纵；放纵即一时狂热，而狂热便是缺陷。我就写到这里。即使你不为自己考虑，至少也要为信任你的人们考虑。因为你的主教管区可能会面临着危险；如果你顽固坚持一开始的做法，那么你的管区可能遭到进攻和分割，这样一来，它可能就此消失，或直到很久以后才得以重建。和那些真心关怀你的人谈谈吧：和你精神上的父亲和兄弟大主教维里吉斯谈谈，和你的亲生兄弟大主教亨利贝特谈谈，然后再和沃尔姆斯主教布克哈德以及其他的友人们谈谈，不要轻视他们给你的建议。他们所有人对于你的命运都感同身受，他们是不会将你引上歧途的，因为你若是走错了一步只会使他们心中负疚。你今天的遭遇，明天很可能就发生在他们任何一个人身上。因此，你不要担心，他们自己不愿去做的事也不会建议你去做的。"

在这封信接下去的内容中，阿努尔夫阐述了，要让这件事恢复到之前的样子是极不可能的，并且援引了使徒的教诲，说明人们应当顺从于神定的君主。有人会提出异议，认为只有在君主主张正义时才需要顺从于他，对于这个观点，他是这样回应的："如我们所知的那样，圣明的神父们，我们的前辈，教会的辖区交到他们的手中，一旦这些省区发展壮大，他们不再能凭一己之力巡视和监管所有的土地，就会请来别的教士进行协助，并从一个主教管区中划分出两个或三个新的管区，他们不仅不将之视为不公，甚至还在极大程度上认为是正义和有益的；一个人做不到的事情，两个或三个人能够更好地完成。现在的情况当然完全不同，充满了错误混乱。他们当时能够全身心地救赎灵魂，而我们只能顾及到肉体；他们为天堂而努力，我们则为尘世的财产而争夺。然而这在实际上是不必要的，因为我们只要注视着天堂，就不会缺少世俗的财富。然而，人们现在孜孜以求的、你害怕受了亏欠的，都只是短暂易逝的收获，而你的这些收获并没有减少。按照我所听说的来看，国王已经给予你的比起你失去的要多得多，并且他将来还会给你更多，如果你现在出现在他的宫廷之中并按照同僚给你建议去做的话，那他可能即刻就会付诸行动。你允许的话，我想帮你回忆起关于此事你曾经对我说的话。你难道不记得了吗？我们去年一同前往班贝格，你将我叫到身边，就好像早已预见到了这件事一样，对我说，如果国王在这里建立一个新的主教管区，一定会用丰厚的馈赠来弥补你教会的损失，因为这里都是树林，又居住着斯拉夫人，你从这个区域只能得到有限的收入，而你也很少来到你管区之中这片偏远的土地上。为什么当时你眼中的小事一桩现在对你来说就这么难呢！我希望，你现在能够明白，我并不是苛求你行不义之事，也不劝服你要顺从国王胜于顺从神，我只是要求你，按照神的意志，爱戴和尊敬国王，向他显示出你的宽宏大量。虽然他没有命令你这样去做，而是请求你，回报你。除此之外，如果你与另一个人分担，那身上背负的重责便会轻得多，如果少一些灵魂需要托付于你，那你有朝一日为神汇报解释时也会轻松得多。"

最终，阿努尔夫还阐述道，即使是不信神的王侯，只要他的命令没有伤害宗教信仰，那么人们就应当遵从；而国王亨利所要求的，既不有悖于信仰，而且这一切还都是为了显示出他对教会的爱。"国王在出席会议的代表面前所做的那番动情而精彩的讲话就告诉我们，由于神没有赐给他子嗣，剥夺了他由后代继承遗产的权利，他心甘情愿将主视为他的继承人。而且，他万分谦卑地请求在场的人在这件事上帮帮他的忙。如果你在场的话，你也一定会倍感同情的。"

最终，在他的兄弟亨利贝特的共同劝说下，亨利主教终于改变了想法。他按照国王的旨意来到他的面前，而国王也仁慈地重新接受了他。1007年冬季直到1008年年初，国王亨利都停留在萨克森，此后他来到了维尔茨堡。在国王生辰那天，所有的纷争似乎都平息了下来。1008年5月7日，维尔茨堡主教签发了一份证明文书，确认自己经教会神职人员及所有民众的同意，永远放弃部分辖区。相对应地，国王不仅将之前假意承诺的地产真的给了他，而且还增加了新的赠地。

直到1012年，班贝格大教堂才得以建成。国王将教堂揭幕落成的日子定在自己40岁生日那天，并早早地做好了一切准备，要将这场典礼办得别具一格。三十多位主教聚集到班贝格参加这场庆典；国内所有的权贵重臣都纷纷现身。奥托三世皇帝的姐妹索菲和阿德莱德也到场了，甚至连教皇也从罗马派来了使者。在众人的见证下，阿奎莱亚宗主教若望于1012年5月6日为散发着王室气派的新教堂揭幕，典礼之后就是大型的宴会，国王在这场宴会上还以仁慈之心与多位敌人和解了。教堂落成之后，埃博哈德主教随即再次求助于圣伯多禄座席，请求教皇确认其主教权利。1013年1月21日的一封教皇训谕应允了他的请求。几乎在同一时间，国王又将埃博哈德主教任命为意大利王国的大总理，这样一来，班贝格主教管区的地位也相应地提高了。1014年，亨利接受加冕成为皇帝时，他也想着自己最爱的教区；在加冕当日，他用多块德意志的偏僻土地向圣伯多禄座席换取了意大利的一座城堡，随后他将这座城堡赠予了班贝格。

与此同时，顽固的艾希施泰特主教去世了，亨利于是想到，要将之前没能从艾希施泰特教区划分出来的那部分拿走。他将一位来自班贝格教会的神职人员任命艾希施泰特主教，此人出身低微，这也一反国王平时的行事作风；他希望这个名叫古恩佐（Gunzo）的人不会给他制造新的麻烦。但是，古恩佐受到他手下的神职人员和仆从们的煽动，还是继续给国王添堵，国王便暴怒起来。不幸的主教受到了这样的训斥："你又怎么了？你难道不知道吗？我将出身低微的你任命为主教，为的就是能够贯彻那些在你的前任、我的堂兄那里无法贯彻的想法吗？如果你还想保住教区，还想从我这里获得恩惠，就不要让我再听说你做出类似的事情。"听了这话，古恩佐沉默了，在没有获得教区神职人员同意的情况下，将教区内位于佩格尼茨河对岸的一部分割让了出去。

1020年复活节，当新的圣史蒂芬教堂在班贝格落成之时，这座城市展现出前所未有的辉煌。此外，按照亨利的愿望，教皇亲自翻越阿尔卑斯山前来，在众多大主教和主教的见证下主持了落成典礼。没有什么能与当日庆典的隆重相比，亨利想要以此为他的教区赋予任何人都不可触及的重要意义。这天，他再次将班贝格郑重地置于圣伯多禄座席的庇佑之下，而教皇也很愿意接受他的进贡和奉献。通过1020年5月1日的一封诏令，教皇将班贝格作为圣伯多禄的财产封给埃博哈德主教及其继任者，条件是他们每年都向罗马教皇进贡一匹挽具精良的白马作为租金。当年边疆伯爵格罗请求罗马教皇庇佑格尔恩罗德修道院时每年支付的租金别无二致；班贝格主教与他的上级主教美因茨大主教之间的关系并没有通过这一事件而改变，亨利此举只是想保证自己教区的安全。

新的主教管区当然也不能缺少一座雄伟的修道院，为此亨利也已经做了思量。在班贝格的一处高地上，一座修道院破土动工，而这座修道院将献祭给大天使米迦勒。人们最初将这座修道院称为恩格尔斯贝格的米迦勒修道院（Michaelskloster auf dem Engelsberg），修道院最初拥有十五座下属分院，其中一部分是从黑斯费尔德（Hersfeld）和福尔达的修道院划分而来的。相关的证明文书早在1015年2月就在法兰克福签发了，但是，直到1017年5月才在法兰克福和沃尔姆斯完成。修道院的修建工作直到1021年才结束，而落成典礼则是由美因茨和科隆大主教共同主持的。

国王极为细致地安排着班贝格管区的方方面面，管区收入始终分配给主教、修道院院长及大教堂教士，内臣的侍奉工作得到确定，当地领主的权力受到限制，殖民的事宜也得到了整顿。没有哪件事是随意为之，而几乎都是突破了当时的陋习，甚至通过书面记录长久地确定下来。从中，人们可以看出国王有踏实肯干的一面。在这千头万绪之中，他的妻子总是他的身旁协助着他，同时她在她丈夫的支持下，建立起了富足的考丰根修道院（Kloster Kaufungen）。像在所有别的事情上一样，他们在这件事上也是同心协力；亨利在一封文书中说道，自己和妻子两个人是一体的。库妮古德没有控制国王；虽然她对他有着极大的影响力，但她却更多地以他的意愿和安乐为优先。她的名字能与丈夫的名字始终联系在一起，这是她应得的。而班贝格大教堂至今仍让人怀想起这对夫妻。

5. 亨利二世的朝政

我们可以明显地看出，国王亨利刻意不失时机地效仿先皇。在他晚年签发的证明文书中，他还常常念及奥托三世，他作为他忠臣的邑臣，甚至在他安眠于墓中之后仍对他尽忠职守。但是，他并没有因此而停止开辟与先皇们不同的其他道路，而且他自己的道路正是与他们之前的追求背道而驰的。我们知道，奥托三世喜欢在文书的铅封上宣告罗马帝国的成立；亨利执政第一年铅封上铭文是："法兰克王国成立。"这两位统治者朝政的区别也从中明确地体现出来。奥托三世的罗马帝国幻象动摇了德意志帝国的根基，而新国王的意图正是将德意志帝国振兴起来。

如果将亨利二世与他伟大的曾祖父亨利一世——这个王国的创立者相比，乍看之下两人可能很相似，但其实并不相同。关注于近旁的、触手可及的目标，永不懈怠的毅力以及取之不竭的耐心，务实的心性，这些都是亨利二世从曾祖父那里继承来的品质；提升德意志民族的地位对两位王侯来说都不是重点。奥托王朝将德意志世界霸权的中心越来越多地向意大利迁移，奥托三世最终还将金光闪闪的罗马选作了自己的皇室驻地，而在此之后，亨利一世当初建立王国的地方，在亨利二世这里再次成了政权的中心。粗野的萨克森大地曾经使心高气傲的奥托三世望而却步，而对我们的亨利来说，虽然他更爱巴伐利亚家乡那个水草丰美、能够纵情享乐的家乡；但作为国王，他最乐于停留、最常停留的还是亨利一世曾传给他祖父的萨克森城堡，梅泽堡、珀尔德、阿尔特施泰特（Altstädt）、格罗纳和戈斯拉；按照他的规划，戈斯拉的规模很快就发展壮大了。在东面，有与斯拉夫民族的纷争，在西面，有好战的洛林人，为了捍卫王国边境，他的执政生涯中充满了在各地进行的战争，这正与亨利一世一模一样。眼下，德意志民族最突出的第一要务又成了保卫边疆，而曾经令奥托国王们魂牵梦萦的世界霸权理想则变得不那么重要了。当然，亨利是不会放弃意大利的——他从未使德意志人的政权有所缩减，并始终向往着扩张德意志的疆土，于是，正如我们所见，德意志帝国的政权在一定程度上稳定下来之后，他随即赶往了阿尔卑斯山脉的另一边。然而，他在完成了自己的最初的目标之后，很快就又回来了！后来，他又先后两次前往意大利，顺利地来到了这片土地的最南部，但他从来没有在这里长时间地逗留，总是解决了最紧急的事情之后就离开了。提特玛尔告诉我们，每次他归来，家乡的人们都对他笑脸相迎。他不是在罗马，而是从萨克森、巴伐利亚和法兰克的王室领地监管着西方世界。

　　但不仅仅是因为这个原因，使亨利二世配得上德意志帝国创建者的名号，同时也是因为亨利不遗余力地在德意志大地上建立起了一个稳定的司法系统和法律秩序。他在这方面的努力是贯穿他二十余年执政生涯的一条线索，也是至今为止被人们所忽略的。通过法律和正义，也通过教会的神圣途径，猖狂贵族们随心所欲的暴政得到了控制，被压迫的底层民众得到了保护，王权提升成了所有人的保护力量：这是贯穿亨利二世执政岁月始终的伟大政治理念。当然，亨利不想也不能够建立起一座全新的宪法广厦，不想也不能通过广泛的立法清除旧的、建立新的——这不仅是当时的社会状况和德意志民族天性所不允许的，以国王谨慎而务实的心性也无法做到。当时在匈牙利所发生的一切，在波兰也以类似的方式发生了，而这在当时的德意志人中却是不可能发生。但亨利也着手做了一件事，即使成文法令有悖于先辈们的习俗，他还是将那些不成文的习惯根据需求以法律的形式确定下来。同时他也考虑到，要使动荡不安的国家局势告一段落，将混乱的利益关系梳理一番。就这样，深受动摇的王权又振兴起来，并且获得了一股新的力量，以至于德意志王权在此后不久就迎来了前无古人、后无来者的鼎盛时期。

采邑体系即使没有彻底清除老式的民族自由和早先的国家秩序，也在各地压抑了它们的存在；各式各样的雇佣关系决定着人们的生活与追求，也渐渐形成了自然习惯和偶然作为。从王室的第一邑臣到最底层的农奴，一条巨大的锁链联系着人们彼此间的义务以及不同的主仆关系；这条锁链也将民族中一小部分保留着自由阶级特权和私有财产的人包括在其中。这条锁链就是联系整个国家的纽带，但又不像肢干那样稳固，不能保证其长久的存在。无论是国家王侯与国王之间，还是低阶邑臣或家臣与他们的邑主之间，抑或是佃农和市民与他们的地主、领主之间，都尚不存在法定的关系。主人的恩赏或惩罚往往都是由仆从们的命运决定的，只有在基于习惯的、不成文的宫廷及雇佣条例中，才能找到一些不够强大的武器，来对抗飞扬跋扈、暴虐无度的主人。此外，采邑制度在民族中造成的间隙也越来越大；正如我们所见，以武器制造为生的骑士阶层与放下武器、从事和平时期农业劳作或城市手工业的大部分人距离越来越远；前者越来越多地进入统治和管理阶级，而后者则成了受奴役和压迫的人。社会的变革使得国家的内部所有的阶级和所有关系都发生相应的改变，而这场改变将深入国家政治和私人生活的核心之中。

在这场内部变革中获益的首先是贵族们，他们凭借专属的军事权力对所有的国家内部事务享受极大的优先权。贵族确实是国家的物质核心，国家基于他们的战斗力建立起来，并且只有依靠他们才能抵御四面八方蠢蠢欲动的敌人。这个国家最初是一个军事国家，它首先必须拥有一个有力的武士阶层来维持自己的存在，而这个阶层完全清楚自己的意义，也非常懂得如何利用自己的影响力获取更多利益。尤其是国王身边的那些高阶贵族，国王本身也从他们之中脱颖而出的，他们最是懂得其中的奥妙。所有的国家官员都掌握在王室邑臣的手中，国家地产的绝大部分都分封给了他们，征战和掠夺带来的战利品也大多成了他们的囊中之物。他们已经开始逐渐将自己管理的辖区演变为自己的统治领地，他们行使自己的权力更像是独立的自治者，而不是被授予职权的官员；越来越多剩下的自由民众自愿或被迫地成为他们的仆役。他们虽然是国王的邑臣，但他们同时也作为邑主领导着众多的侍从，在一些情况下，他们的侍从队伍甚至与国王的不相上下。除此之外，由于本地利益将德意志人在内部紧密联系起来，通过这种受限的权力关系将他们与外界隔绝开来，而贵族们正是这样以各种方式促进了德意志人这种根深蒂固的倾向。

王室邑臣以风卷残云之势敛取不可限量的大权，想要阻止他们，就只有通过从他们中间脱颖而出的王权，使他们从内心深处认同这是一个独立统一的国家，以此应对他们的争权掠地。其实，这一民族王权才刚刚通过德意志土地和民族的统一建立起来，它渐渐地将最高的统治权力全部掌握到了自己手中，并在广泛而血腥的战斗中击败了国内的诸多王侯。但是，它自己的根基也深深埋藏在采邑制度之中，所以它没有能力通过自己建立的社会关系改变这一制度。国家贵族仍是采邑贵族，并且他们的目标和目的也没有改变。国家势力只要短暂弱化，便会被用来扩张他们自己的势力，精明的他们就这样一步步获得了越来越广阔的土地。尤其是在奥托三世需要摄政的漫长时间恰恰为大邑臣们的统治欲望创造了时机，而他们当然也不会白白浪费大好良机。

在过去的几个世纪中，这个国家从无数小型的民族社群中渐渐合并形成，如果高阶贵族们达到了最终的目标，那么这个国家就会逐渐分裂成为许多小型的采邑政权，而名义上的王权与这些小政权之间只存在一条薄弱的纽带，就如同勃艮第和法兰克王国那样。但实际上，贵族离实现这个目标还很远，德意志王权也尚未沦落到软弱无力、无计可施的境地，不用被迫放任邑臣们争权夺利、篡改律法。对于王权，这些领主的势力还是摇摆不定的，他们权力的界限没有确定，他们与其辖区内的赦免权享有者之间的关系也没有规定；所有的一切都取决于掌权者们瞬息万变的势力发展状况。然而，在从旧的利益关系向新的利益关系转变的过渡阶段，恰恰是权力局势的不确定性创造除了最大的自由发展空间；邑臣与王权之间、邑臣与邑臣之间以及邑臣与他们的仆从之间不可忽视的争端正源自于此。他们彼此的权力争斗一再演变为新的血海深仇。国家王侯作为国家的最高官员第一要务就是维护国家和平，但首先破坏国家和平、破坏公正为自己辩护的人也往往就是他们。这些领主们的整个人生常常充满了与邻近地区的冲突、对受保护者的暴行以及对王权的反叛。在他们夺取了底层民众的自由之后，傲慢、好斗、自私以及由此引发的、古日耳曼人间的血海深仇在此刻都重新觉醒了，并且恰恰觉醒在这个民族最位高权重的人中间。亨利登基之后，他发现没有哪个州的和平是受到有力保护的；整个国家之中都充满了仇恨冲突，而在争端发生的地方，很快也会出现盗贼和拦路的强盗。出行的危险、烧杀劫掠以及领主们过分严苛的对待都使劳苦大众们苦不堪言。

新国王面对这些傲慢张狂的国家贵族时展现出的权威是无法与其先辈们相比的。奥托大帝凭借撼动寰宇的作为及由此赢得的皇位，使自己的地位居于贵族阶层无法企及的高度，虽然他的家族也出自这个阶层；他就是那光芒万丈的朝阳，使群星都黯然失色。奥托的皇室后裔们在襁褓之中时，其地位就已经远远高于其他的德意志王侯们。而这位新的统治者对德意志王侯们来说，是与他们地位相当的人。既没有高贵的出身赋予他光环，也没有特别强大的实力，更没有公认的功绩赋予其高于他人影响力；而他获取王位的方式也不同以往，违背了所有习俗和惯例，更加减弱了他的权威。凭借着脚踏实地的政绩，他才使德意志王侯们渐渐臣服于他。

很快，亨利以其犀利的洞察力认识到了，他不可能继续像奥托一世那样建立以个人为中心的政权。王侯们在奥托三世孩童时期获得了对国家事务的参与权，后来他们并没有在实际上放弃这些权力，如果他想要保住政权，那只有让王侯们继续保有这些权力。因此，亨利从执政开始就让公爵和伯爵们定期参与到审判和立法的事务之中，正如奥托皇帝们曾经做的那样。并且他还在所有的国家事务中征求他们的意见，并参考他们的意见做出自己的决定。在一部国家法律的开头，他这样说道："我们所有忠实的朋友都知道，我们始终在尊敬的邑臣们赞同的情况下，为国家做出合适的决定。"因此，在亨利召开的众多地方和国家会议上、在他执政的最后几年中，他几乎每年都将国内各地的权贵们召集到自己的身边。可以确定的是，亨利在王侯参政的情况下，大多数时候还是顺利地实现了自己的意图。但他之所以能做到这点，不是通过强权和命令，而是通过他缜密的心思和罕见的语言天赋。显然，他也非常懂得通过隐瞒来实现自己的目的；即使是他身边的人，也常常不知道他意欲何为。

　　由于奥托王朝相对家长式的绝对统治向一个受国家各阶层制约的王权过渡，国家王侯们对朝政保持一定的参与，因此他们必然会对国家邑产的世袭权力提出一定的要求。如果继续尝试在根本上反对这一诉求，可能会为国家的朝政带来不可弥合的裂痕。因此，亨利将国家邑产的世袭权力在整体上作为基础确定下来，虽然他自己从未对先王们的权力完全放手，并至少在一个事件中严肃地争取过这些权力[①]。在此期间，他已经习惯性地将空缺出来的旗帜采邑分封给继承人中第一顺位的男子；只是在大多数情况要求获得采邑的人支付高昂的代价。北边区的边疆伯爵洛泰尔去世之后，他的遗孀戈蒂拉（Godila）不得不支付两百镑白银才使他的儿子得以获得对应的采邑。提特玛尔非常贴切地描述了当时的状况，他说，萨克森人狄奥多里克"按照法律并通过王后和几位王侯的进言"获得了他父亲的伯爵领地；世袭权力和宫廷恩泽共同发挥着作用。这也解释了，为什么一些文献中会记录道，贝尔哈德二世公爵"凭借世袭权"继承了其父在萨克森公爵领地的地位，而另一方面又称贝尔哈德获得采邑都要归功于帕德博恩主教的美言。较为底层的采邑在此期间已经完全成了世袭财产，虽然只能继承给直系的下一代，但已经有了明确的记录来证明。在亨利签发的一张源于1013年的证明文书中已经能够找到"世袭采邑"这个德语表达。

　　在这一方面，国王越是向贵族们妥协，他就在其他方面对他们越是强硬。他用有力的手腕维护底层民众不受贵族们的肆意伤害，并再一次严格地使国家王侯对他们的职务负起责任。他果敢坚决地制约着骑士们复仇的欲望。他不断地尽力调解人们的纷争；但如果他们始终不愿意和解的话，那么他们就会尝到惹怒国王的严重后果。他甚至坐在王座上平静地倾听穷苦人对重臣们的控诉，并亲自或委派别人对不义之人进行严格的审判。有许多贵族城堡是为了奴役平民而建起来的，他命人将这些城堡拆除并禁止重建。他在执政之初就立即在蒂登霍芬召开了一次地方会议，当时有许多针对施瓦本和上洛林公爵的控告；这两位领主受到国王的严厉斥责，按照提特玛尔的说法，他们被迫认识到，自己必须向所有法律的订立者屈服。

[①]　那是在康拉德公爵死后，1012年在克恩顿发生的。

国王监管的重中之重就是各地的和平。由于施瓦本的公爵领地移交给了一个未成年的孩童，他亲自于1005年来到了当地，并命令众人在苏黎世宣誓维护施瓦本和平。几年之后（1011年），轮到了萨克森的权贵们按照王命维持五年的和平，彼此之间不允许相争；国王以其崇高的权力宣誓，在他有生之年不再允许施行了暴力的贵族逍遥法外；在提特玛尔主教看到，这句誓言相对于当时的局势来说恐怕是一种自不量力。在其他的州省，亨利也举行了类似的活动。这些都是宣誓保持地方和平的先例，后来德意志的国家历史中又出现了许多其他的例子。

亨利尝试着去维护国家的和平，他凭借的不只是誓言的神圣效力，同时也通过成文法律的明确规定。我们找到了一份引人注意的国王诏令，亨利在这封诏令中禁止了洛尔施修道院和沃尔姆斯主教管区的侍奉人员们再因为旧日的恩怨寻衅滋事，并将对破坏和平者进行严厉惩罚；对于福尔达和黑斯费尔德修道院之间的冲突，他也下达了相似的命令。这两份诏令中都透露出对地方和平的深切担忧；在那个特别时期，对应的惩罚也特别严厉，它可能夺人性命、伤及身体发肤。国王以法律武器维护重要的权力，他在一封诏书中这样说：“我这样严令禁止，就是希望没有人再胆敢将已经判定为正义的事情在作为纷争的由头，这是重中之重。”

这些是德意志帝国第一批关于地方和平的书面规定，与之息息相关的是沃尔姆斯主教布克哈德在同一时间做出的规定，他通过这项引人注目的规定首先为其教区内的佃农引入了平等的劳务权利。布克哈德说：“由于贫苦之人的不断控诉，由于许多人的暴行，施暴者侵犯了贫弱者诸多不同的权利，底层民众的权利诉求受到压抑，这些施暴者就像疯狗一样撕扯着圣伯多禄的农人，于是，我，主教布克哈德，在我的神职人员、邑臣和所有的农奴们建议之下，命人写下这些律法；这样，领主、代理领主、家臣或是任何一个掌权之人都不能再给佃农增加新的负担或要他们遵守新的规定，不论富裕贫穷，他们眼前的律法将是一致的，赏罚将是共同的。”除了许多关于婚姻、财产、继承权等的规定之外，还能找到一些针对为私利进行争夺、破坏和平者的严格规定。没有国王的明确许可，这些开创了德意志成文地方法先河的法令就无法获得其效力，毫无疑问的是，这些法令其实完全符合亨利的想法。

而且，将这些公布了的惩罚威胁切实贯彻，国王亨利既不缺少意愿，也不缺少坚定的信念。他严格得几乎有些冷酷；不仅仅是对强盗和拦路劫犯他决不姑息，对于国内位高权重的贵族们，如果他们违背他和法律，也决不轻饶。两位边疆伯爵由于破坏地方和平被永久地革除了职务，一些德高望重的权贵靠着神职人员们恳求才勉强保住了性命。国王以胜利者的姿态进入高堡时，年迈的弗赖辛根主教戈德沙尔克（Godeschalk）向他布道，在全体民众的面前要他牢记在心，他的胜利并没有因为他对敌人的冷酷而受到玷污。提特玛尔主教虽然对这位国王赞赏有加，但他也没有忽略，在一场判决中，国王严厉地惩罚了维希曼伯爵并当面斥责他行了不义之事，而民众们都在暗中窃窃私语，认为是接受主涂油抹膏的那个人犯了罪。当时，国内的权贵们劝说迈森的边疆伯爵古恩泽林，要他向国王服软，听凭其赏罚，而国王不仅剥夺了他的采邑，还将他用链子锁起来，古恩泽林直到八年之后才奇迹般地摆脱了禁锢。

如果这样严厉的一位君主都要花费二十年的时间才能平息权贵们的嚣张气焰，那么我们就可以看出，由此带来的伤害已经深入国家的骨髓，而地方势力也扎根已深。亨利几乎不间断地与他们进行着斗争，他不得不用上他所能想到的一切办法和资源，才能贯彻自己的理念。

他去哪里找这些办法和资源呢？并不是像奥托王朝多多少少存在的那样，使用拉帮结派的政策。亨利担心会有一股新的势力在国内发展起来，居于其上，所以他从未真正加入支持过哪个群体或党派。有一段时间，库妮古德的兄弟们似乎对他产生了决定性的影响，但在他们还没有意识到自己的力量之前，他们就受到了国王长达数年的讨伐。从来没有哪个王侯亲族能够长久地获得国王的青睐；在国内的世俗权贵之中，几乎没有一个人是完全受到国王信任的。他将最大的恩惠给予屈服的敌人，也就是那些已经领教过他的严苛和冷酷的人。就这样，在他征服了巴本贝格家族之后，便开始提拔他们；奥地利的厄恩斯特曾遭到死刑判决，后来获封了施瓦本的公爵领地。

奥托一世在他执政前半段尤其推崇家族裙带政策，亨利对此更是抗拒。亨利没有自己的孩子，在他死后国家将留给谁，这个问题并不使他忧心。他坚决地维护自己的王位所有权，对王位之后的归属却毫不在意。他将自己唯一的兄弟布鲁诺也送入了神职阶层。在他整个执政期间，他始终与血缘关系最近的亲戚，即克恩顿公爵奥托的后裔们，生活在紧张的关系中；公爵领地的继承权唯一一次没有留在这个家族之中，就是因为他将克恩顿的公爵领地从这个法兰克家族手中夺走的。王室领地伯爵厄伦弗里德是奥托三世的内兄，他与国王的关系十分疏远，直到他生命的最后几年，才从国王那里得到了一些恩惠。亨利从不在自己的家族中寻找可以依靠的人，更少仰仗于他妻子的亲族。他治理国家，并不是将国家当作家族或个人的财产，他将国家看作是上天封予他的采邑，他听凭神做出决定，在他死后也将这份采邑移交给神。

帮助亨利对抗强大贵族的主要是神职人员们，也就是国内的主教们。他贯彻几经发展的体系带来了令人瞩目的效果，通过神职势力来制衡国内的世俗贵族，通过教会的威望及其充足的资源来保护王权势力。他所走的并不是新的道路；奥托大帝就曾与他的弟弟布鲁诺一起走上了这条道路，而且在后来也没有彻底离开这条道路，虽然并没有自始至终严格地沿着这条路前行。而他以先王们所没有的坚定和决绝沿着这条路前进，从不允许受到迷惑而偏离其轨迹。他相信，只有与德意志主教们紧密地联合在一起，共同对抗地方势力，才能够保全和强化自己的力量；他格外积极地提拔主教们，让他们居于与世俗权贵们相同的地位，甚至让他们成为比世俗重臣更有威望的王侯。在一封引人注目的证明文书中，国王自己也说，只有让主教们与他共同分担，他这一生所要背负的重担才能够减轻。

亨利的政权是王室与德意志教会最紧密的纽带。那么，由这一纽带联系起来的两股势力是互相平等、不相上下的吗？或者说，也许占据统治地位的是教会，而国王是侍奉于教会的，正如法兰克福宗教代表会议之后展现出来的那样？又或者，是国王操纵着教会，让它为自己的目的服务呢？国王的宗教建设和他在内部对教会的态度势必会引出这些问题。

比起别的德意志州，巴伐利亚教会生活的腐化堕落持续了更长的时间。世俗利益成了分配主教管区的唯一依据，修道院大多落到了普通教徒的手上。僧侣生活几乎完全瓦解了，学术研究也彻底崩塌了。施瓦本人沃夫冈成了巴伐利亚的改革者，他是一名虔诚的僧侣，在洛林生活多年，并在思想上深受大主教布鲁诺的影响。沃夫冈将向匈牙利人传教视为自己的使命，972年，帕绍主教皮利格里姆劝他放弃这个打算，在皮利格里姆的推荐下，他成了雷根斯堡的主教。作为主教，他也没有脱下自己的僧衣，他作为僧侣生活在豪华的主教教廷之中。很快，他就以极大的热情投身于巴伐利亚宗教生活的改革，并在改革中获得了皮利格里姆主教和萨尔茨堡大主教弗里德里希的支持；就连亨利二世公爵，即亨利二世国王的父亲，在他的晚年也倾向于改革。沃夫冈常常叹息道："噢，如果我们这里有真正的僧侣就好了！"直到他将友好罗慕铎从特里尔的圣马里米（St. Marimin）修道院请到了雷根斯堡，让他来领导圣埃梅拉姆大修道院，他的心才平静下来。沃夫冈和罗慕铎很快就被人们盛赞为圣贤，而他们也当之无愧；他们对于自己的使命充满热情，并在各地都唤起了人们对新式宗教生活的向往。而曾经对奥托三世的宗教信仰产生巨大影响也正是这位罗慕铎。

巴伐利亚教会的改革尤其使修道院产生了飞速的进步。阿尔特艾希（Altaich）庞大而富足的修道院741年就建成了，曾经有一段时间，修道院中精英贤士云集，现在却一名僧侣也没有了，修道院变成了供世俗牧师①使用的机构，并作为采邑被分封给萨尔茨堡大主教；988年，在沃夫冈和皮利格里姆两位主教的建议下，亨利公爵也在这里制定了法规，并任命了一位名叫艾肯贝特（Erkenbert）的施瓦本人来对修道院进行改革。但是，也有一些人是反对这场改革的。修道院中的法政牧师们就不愿受这些规章的桎梏，几乎全部离开了修道院。一些墨守成规的主教们也反对革新。这些主教中就包括我们在上文中提到过的艾希施泰特主教梅津高德，他是公爵家族的近亲。关于这个古怪、易怒而粗野的人流传着成百上千的故事，从这些故事中人们也在一定程度上赞扬了他的正直坦率。人们常常看到他在绿意盎然的林中为人答疑解惑；他坐着进行神圣的仪式，并咒骂着将吵嚷着向他诉苦的人群赶回家去。骂骂咧咧也是他的另一种本色。他曾经去过意大利，由于他神职人员的身份，他获得了许可，可

---

① 译者注：世俗教士指那些没有立誓成为僧侣，也不属于任何修士兄弟会的修士。

以咒骂一百次，然而他很快用完了这限制的次数，他随即派了一名使者回去，请求再获准咒骂一百次；他的请求得到了批准，但这新的一百次也很快就被他骂完了。口腹的享受总让他欲罢不能，所以他总是缩短神事活动，好早些坐到餐桌前。他来到一座教堂中，由于那里的神职人员们迅速地结束了弥撒，他便给他们送去一块上好的肉排，并感谢他们周到的接待。相反，如果赞美诗的领唱人为了给祭典制造特别的气氛而用以艺术的唱法演绎赞美诗的话，这位主教就会发起怒来。他喊道："他们是故意要饿死我、渴死我。等这个傻瓜唱完一首歌，人们都能做完不止一场让神心满意足的弥撒了。"斋戒期的长时间修行更是使他备受折磨。每个星期天第一次祈祷时间，他都命人给大教堂牧师们送去一堆东西放在圣坛中间；他恳求他们看在他的面子上，赶快完成祭典，好让他早些坐到餐桌前。大教堂牧师们加快了速度，但对他来说却还是太慢了；在他们进行第三次祷告的时候，他已经做起了第九遍祷告，随后就冲向餐桌。还有其他一些像他这样的主教，所以沃夫冈和罗慕铎的改革意图会受到多方阻碍也并不令人惊奇。亨利二世公爵去世后，阿尔特艾希马上爆发了一场反对外来修道院院长的叛乱；人们向年轻的公爵，也就是后来的国王亨利控诉院长，而院长也切实地感受到这股敌意，被迫从修道院院长的位置上退了下来，并将阿尔特艾希移交给了之前提到的那位艾希施泰特主教，而在这个人的手中，修道院生活的发展是几乎没有希望的。

从这一事件来看，亨利似乎也站在严格和纯粹的教会秩序的对立面。但实际上，他只是避开了当时短暂的狂潮。当时有一位年轻的修道院兄弟生活在阿尔特艾希，以虔诚不渝而闻名，亨利费了许多心思，使他坐上了修道院的第一把交椅，从中可以看出亨利的真实想法。这个人就是戈德哈德（Godhard），他的父亲是修道院内一位有名望的官员，戈德哈德在这座修道院中长大成人，后来，大主教弗里德里希注意到了这个少年的杰出天赋，将他带到了意大利。从这次的意大利之行回来，戈德哈德被交给了一位名叫路特弗里德（Liutfried）的人手中接受进一步的教育，而路特弗里德正是当时巴伐利亚最著名的老师。晚些时候，戈德哈德回到了阿尔特艾希，对于那位外来的修道院院长严格的命令，他心甘情愿地遵守，他从头到脚都是一位模范僧人。即使是针对修道院院长的暴动发生时，他也保持对院长的忠诚，他也因此严肃认真地接受了公爵让他接管修道院的提议，以极大的决心在众多教会的大人物面前严厉斥责了弹劾修道院院长过程中存在的不公以及对所有教会秩序的嘲笑。然而即使这样，亨利仍一再对他施压，戈德哈德最终在修道院院长罗慕铎的建议下逃离，才避开了公爵进一步的催逼。但正是他的坚定意志彻底赢得了公爵的青睐，后来也始终关注着他，并以少年时就突显出来的那种韧劲，于两年后（997年）终于使戈德哈德重新接管了修道院。

从这以后，因为在那个时代的运动和思潮之中，公爵与新任的修道院院长形成了相近的想法，他们之间也建立起了互信的关系。亨利是在圣沃夫冈的管教下在雷根斯堡接受教育的，他凭借自己的天赋不仅掌握了当时主要的学术知识，还在精神上受到了老师的影响，承袭了他的那种严肃认真的品格。他并不像奥托三世那样，心中充满了对上天的狂热向往；他所追求的是教会的严格秩序、教会公认的教义和律令，虽然他由于自己的地位被困在世俗生活的烦忧之中，但这些秩序和教令每时每刻都渗透在他的思想和行动之中。清晰有序的教会生活形式能使性格严谨的他得到极大的满足；这样的教会生活同时也会成为国家生活的范本和模型。他所信任的人都是教会中那些严肃认真的人；除了修道院院长戈德哈德之外，那位被他提拔为马格德堡大主教的塔基诺也在这些人之中，而塔基诺也是在圣沃夫冈身边接受教育的。亨利还是公爵时就尤其重视对教会的虔诚奉献；他改善了雷根斯堡的修道院，重组了从公爵夫人海德薇希那里继承而来的施瓦本的施泰因修道院（Kloster Stein），也正因如此，他被视为这座修道院新的创建者。而他后来为梅泽堡和班贝格所做的一切我们也已经明了了。

鲜少有戴冠加冕之人会像亨利这样，与教会中的侍奉人员一样细致地监察和尊重教会的条例。从来没有人像他那样认真地遵守斋戒的规定，尽到所有的宗教义务，进行神圣的典礼仪式。为了能在那些声名远扬的圣徒墓前祷告，亨利走了许多路。圣瑟法斯（St. Servatius）的陵墓将他引到了马斯特里赫特，圣安波罗修的圣髑使他前往米兰，僧侣之父本笃的圣髑让他来到了卡西诺山。如果不在事前来到马格德堡向圣莫里茨祈求一切顺利，他就不会开始大的行动。

他在主教和修道院院长中寻找自己的参议和谋士，他与他们的交往就如同最亲近的友人。他们的话是最能够说服他的，即使是他们的责备他也能平心静气地接受，并会对他的生活作风产生持续的影响。一个被记录下来的例子告诉我们，残酷的时代偏爱粗野的把戏。当时的杂耍艺人云游四方，出现在宫廷庆典之中，为了娱乐大众，他们会将其中的一人涂上蜂蜜，然后送到熊的面前，饥饿的熊便会来舔食他身上的蜂蜜；而目瞪口呆的观众就是爱看这个不幸的人命悬一线的样子。国王也很喜欢这种野蛮的表演；但是，一名虔诚的僧侣向他展示了，这样的娱乐对于一名基督徒来说是多么不合适，听了他的话，国王随即下令终止了这项表演，而这位劝诫国王的人则是博珀，后来他成为了斯塔沃洛修道院的院长。国王以惊人的方式对主教们方方面面的要求做出妥协。他不仅在主教们的城市中削弱世俗官员的影响力，使主教们成为当地的独立城主，他还将一个或多个伯爵领地作为私产或采邑分封给他们的教会，这在奥托王朝是鲜少发生的事。对于海关、贸易和货币权利他更是慷慨，一些德意志主教管区将他作为管区内世俗权力的奠基人来赞颂。除此之外，几乎没有一个教会没有受到他丰厚的馈赠，从弥撒时穿的礼袍，到金器银器，再到典籍圣书！他的慷慨似乎无边无际；正如他自己所说，他将主的教会视为他自己全部私有财产的继承人。

亨利将教会的世俗势力提升到了难以置信的高度，他同时也尝试着消弭教会内部的糟粕，并努力使受到忽视的教会法律重新发挥其效力。没有人比他更清楚所有的教会制度，即使是细节他也十分重视。有一次，他在罗马发现一场弥撒仪式中有些偏差，虽然这些偏差无伤大雅，而且仪式的其他部分都符合章程，但直到教皇承诺停止这场弥撒，他才作罢。他想要让兰斯大主教为康布雷主教吉尔哈德祝圣，他亲自告诉兰斯大主教授职仪式时要说的话，让他按照德意志教会的老习俗，而不是法兰西人不堪的革新进行祝圣。他对旧时的教会法推崇备至；他说，这些教会法不是通过凡人之口，而是由圣灵亲自订立的。在之前，德意志大地上从未如此频繁地举行过宗教代表会议，而现在，大多数会议亨利都会亲自出席并极其严肃地使那些被忽视的章程重新得到重视。1004年，他在一场莱茵地区的教会代表会议上坚持废除了一桩婚姻，因为教会以血缘关系过近为由禁止了这桩婚姻。1005年，在多特蒙德的一场萨克森教会代表会议上，他大声控诉教会生活在多方面的腐化，并努力与主教们一起找出解决问题的方法和途径。神职人员使一般信徒们严守纪律最有效的方式——旧式的教会审判，卡洛林王朝时期这一方式几乎在德意志各地纷纷衰落了，而在亨利执政期间重新焕发了生机；主教重又定期在各自的教区内巡视在俗信徒们的生活，指责和惩罚违反教会秩序的行为。

可以确定的是，那部著名的教会法合集是在国王的影响下编纂的，这部由二十分册组成的合集在1012年和1023年间由沃尔姆斯主教布克哈德在修道院院长布鲁尼丘（Brunicho）和施派尔主教瓦尔特编纂而成。在沃尔姆斯旁一片宁静的云杉林中，布克哈德主教命人建起了一座礼拜堂和一间小屋；他喜欢在这里躲避尘世的生活，也在这里编纂那部耗费精力的巨著，一开始这部法典只是为一个教区写的，但它很快就在整个德意志都有了法律效力，甚至在整个西方的教会发展中都产生了极大的影响。自神职人员们试图在卡洛林王朝的废墟上建立起自己永恒的统治起，这是第一部较大规模的教会法律著作了。布克哈对那个时代的相关作品旁征博引；人们为他收集来资料，他不加查证便全部接纳，他只是刻意地跟随着依西多禄诏令伪造者的脚步，将当时的规定改到较早的时代。他也大量使用依西多禄诏令，毫不顾及其中的内容与他所处时代的教会法多有冲突。布克哈德的合集没有系统，也没有连贯性，许多地方都存在着明显的矛盾；但即使这样，这部作品也有着极大的意义，它再一次向世界呈现出，早前时代的神职人员们对教会生活有着怎样的理想，而现在的人们与他们当时已经达到的成就又有多少差距。

来自过去时代的镜像注定会发挥它的影响，而国王越是热切地追求教会的理想状态，它的影响力也就越大。亨利本人几乎就是神职人员中的一员。在上文提到过的那场在多特蒙德的教会代表会议上，国王与在场的神职人员们之间产生了兄弟般的情谊，他们发誓在他们中有人离世之前共行善事。亨利和他的妻子通过一项馈赠向帕德博恩的大教堂牧师们进行采买，并明确要求像其他的牧师们一样，从当地的主教那里定期获得衣物和日用品。在国王的晚年，他也反复表达过自己的意愿，希望能隐居在一所修道院的高墙之内。他从未真的下定决心，他无法抛弃王位，也不能离开妻子，但他也许偶尔会产生这样的渴望，在度过了波澜壮阔的一生之后，要在教堂宁静的屋宇之中、在虔诚的忏悔中度日，也许他也曾在动情的时刻将这种渴望化作言语。

国王与教会及神职人员之间的关系就是这样的。实际上，他被引入他们秩序之中的过程是真切而深刻的。但如果人们想要相信，他与神职人员结下了紧密的联系，就意味着他与神职阶层处在平等的地位，或者他甚至将自己置于他们之下，那么就大错特错了。查理大帝之后，就再没有哪位统治者像这位虔诚的亨利这样，使教会屈从于他的意志，以强硬的手腕指引教会的方向。他们与他结成联盟，就必须彻底地为国家的目的而服务。在前任统治者们对教会做出的馈赠中，有一部分没有得到他的认可。他为自己争取了对教会及其财产不受限的统治权。他在多份证明文书中都说过："主要由两股势力掌控着主神圣的教会：其一是皇权势力，其二是主教们的权威。"

亨利是怎样使用他对教会的权力的，这首先可以从他对各主教管区的人事任免上体现出来。提名主教是国王的职责，这是当时受到罗马认可的原则，但奥托国王们为不少教会都授予了自由的选举权，而且虽然说是自由选举，主教权杖还是往往被移交给牧师们青睐的人。亨利不在乎这一特权，牧师们的意愿对他来说也一文不值；即使当教会邑臣请求用一大笔钱换取他们青睐的人当选，在这种情况下，也对亨利毫无用处，平时的亨利可是对金钱的效用极为看重的。他只会把空缺的主教席位给予那些与他的宗教理念和国家利益最相符的人。在神事议事厅，他可以观察到年轻的贵族神职者是否尽忠职守、灵活聪颖；他将议事厅中的这些随行使们渐渐安排到了国内几乎所有的主教席位上。他们通常都对任职的教会，甚至对教会所在的州都十分陌生；他们越是在地方势力面前维护整体的国家利益，那么他们就越是对国王忠诚，在国王眼中他们也就更加干练，因为国王首先将主教席位看作是一个政治职位。公爵和伯爵与国王之间的原始关系不断瓦解，在领地内的势力不断减弱，那么主教们便要维护国家团结和民族统一。他们同时也是待命的钦差使臣，国王将他们派往王国各地，监管当地局势，控制反动势力。这样一来，唯一可能的结果就是，主教们在各地都与世俗权贵们处于险恶的对立态势。他们为了国王和国家经历了许多不幸，正如提特玛尔以他的亲身经验记录下来的那样，他控诉道："主教们和我们这些领导他们的人，都受到了伯爵们的暴力压迫。我们如果愿意背叛国王、损害他的权利而在所有事务中按伯爵们的意愿行事，那么他们可能就会展现出一点尊重、给一些甜头。但如果我们拒绝的话，他们就会蔑视我们，抢夺我们的财物，就好像这世上没有国王和天主的存在一样。"各处的地方势力都与作为王国官员的呼叫们展开了斗争。国王的本意正是要掀起这场斗争，最终，他也确实与主教们一起获得了斗争的胜利。

我们很容易就能从中看出，国王的神事议事厅、大主教布鲁诺的教会处在怎样的地位。虽然他们现在的学术生活比起奥托王朝似乎已经没有那样激动人心了，因为只有那些能够直接对政治和宗教有所助益的学科亨利才会重视，但神事议事厅的政治影响仍在不断增长。年轻的神职者人大多出身于名门望族，在国王身边接受教育，深受国王理念的影响，充满了对国王本人的崇敬，他们遵守相同的原则，以统一的方式处理事务。他们就这样来到王国各地，登上主教座席，并按照国王意愿来使用教区的财富和权力。为了维护自己的选举权，神职人员们常常在他们的主教去世之后，自己独立地进行选举，但亨利几乎从未承认过他们的选择；他通常会将当选者纳入自己的神事议事厅，并在晚些时候将此人派任到另一个管区。我们可以看到，这些人在新的管区到任后才会加盖印章，被认可为王国的主教。

关于国王允许主教教会拥有怎样的特权，当时的文件资料中满是抱怨，但要是说起他改革国内修道院并同时夺取其权利和财富时的那种暴君般的严酷，就会找到更多严重的控诉。他大刀阔斧地取消修道院的职能，并使之为自己的政治目的服务；他以改革者的身份用最为粗暴的方式介入修道院内神职事务。他尤其关注那些国内最大型、最富裕的修道院管区，但小型的修道院机构他也不放过。

10世纪虔诚的宗教倾向使修道院受益良多。修道院的资助者们为它们留下了不可估量的财富；它们拥有了广阔的土地和众多的人口，此外，通过特权税款也常常得以免除。虽然一些有名望的修道院院长会将自己的邑臣和家臣送入国家军队，并每年为国王献上礼金，但是一些其他的修道院管区，比如幸运的科维都无须尽这项义务，从整体上来说，这些支出只是修道院庞大收入中的九牛一毛。这些钱首先用于维持众多僧侣及修女们的生计，而这些僧侣和修女在修道院围墙内过着的是悠闲安逸的生活，与世俗生活相比，唯一的差别可能就是他们更加无忧无虑。由于这些修道院中的管理极为宽松，而那些向往宁静的人厌烦了当时的战乱喧嚣，修道院的大门如果向他们打开，让他们能与纷乱的世界隔绝开来，继续在安逸和闲适中度日，那么他们为此感到幸运，是再平常不过的事情；但即使是最高贵的人，过腻了这种平淡、甚至可以说贫乏的生活之后，也会离开这个围墙内的世界。不可否认，修道院在一个狂暴粗野的时代保住了艺术与科学最后的星星之火，他们为教会生活的振兴贡献了自己的一份力量，随着德意志民族的崛起，他们也获得了大展身手的时机，北方及东方的传教事业就是由修道院推动的。但是，幸福的日子过后，紧随而来的便是令人唏嘘的岁月；飞扬跋扈、骄奢淫逸、争权夺利、无所作为经常蔓延到修道院围墙之内，旧时的秩序大多伴随着圣本笃的制度被人遗忘了。德意志修道院生活的改革看似十分必要，但亨利进行改革的方式因为上述原因也有待商榷。

在亨利开始执政后不久，他就采取了措施。最先受到影响的就是著名的老修道院黑斯福德。1004年，黑斯福德的地产都被割去了一部分，特权遭到取消，一些僧侣还受到驱逐。第二年修道院院长去世后，上文中我们已经认识过的戈德哈德——阿尔特艾希修道院院长和国王的亲信，也接管了黑斯福德修道院，以在那里建立起严格的僧侣制度。他很快便对教士兄弟们坦白，他们要么按照自己的誓言履行义务，要么就离开修道院。50人就此离开了，留下的人只有寥寥两三个；但后来，大多数离开的人又受困境所迫回到了修道院，听从外来修道院院长的命令。戈德哈德将有序而节俭的作风带入修道院的日常生活之中，整顿了僧侣们的生活，树立起严格的风纪。虽然修道院有所损失，但他成功地整顿了修道院内的秩序，人们归功于他使修道院能迎来新的兴盛时期。他以最好的方式达成了国王的意图，此后不久，国王将泰根塞（Tegernsee）的修道院也交给了他。后来，在奥托一世筹建的一座教会机构中，也就是马格德堡的约翰尼斯修道院（Johanniskloster）发生了一件毁灭性的事件；院长遭到免职，修道院也降格为大教堂。在第二年，赖兴瑙也遭遇了与黑斯福德相似的命运；那里的僧侣也几乎全部离开了修道院。1007年班贝格主教管区的筹建在一天之内就剥夺了五家修道院的独立。就连福尔达修道院也没能逃过此劫，虽然它在国王执政之初做出过极大的贡献。福尔达的修道院院长于1013年被革职，洛尔施的修道院院长博珀接管了这一修道院管区；原本属于福尔达修道院的地产也被划分到各处；原本的僧侣们远走高飞，空无一人的修道院被洛尔施的僧侣们占据了。一年之后，萨克森土地上最古老而富足的科维修道院也遭受了不小的打击。亨利亲自前往那里，指导改革。在他暂时革去了修道院院长的职务之后，在那里的僧侣之中便爆发了一场起义，结果国王将其中的七人投入了监牢。国王的严苛的确在当时发挥了作用，但这种作用并不持久。第二年，国王便不得不再次前往科维。当他这一次革去修道院院长职务之后，所有的僧侣再次离开修道院，并纷纷还俗于尘世生活中。科维的修道院管区被交给了一名洛尔施的僧侣提特玛尔，国王命令他重树修道院的严格纪律。提特玛尔循序渐进，慢慢地才达成了目标，而科维的僧侣再也没有忘记国王的严酷。奥托二世筹建的著名修道院梅姆勒本也损失惨重，修道院院长离开了，僧侣们四散各地，财产转到了经过改革的黑斯福德修道院名下。边疆伯爵格罗挚爱的格尔恩罗德修道院也没能幸免，修道院失去了自由和独立，并与另一家女子修道院一起被置于奎德林堡修道院的管理之下。

克吕尼派在法兰西修道院中进行的改革一直受到德意志僧侣们的顽固反抗，现在国王大刀阔斧地介入风纪颓废的修道院生活，似乎只是延续从克吕尼派那里受到的启发。还有一点是肯定的，亨利与修道院院长奥迪罗的关系匪浅，而奥迪罗正是法兰西和勃艮第修道院著名的改革家。亨利在奥托三世的宫廷中就曾见过奥迪罗，后来他多次来往于阿尔卑斯山两侧，奥迪罗随即来到了他的身边。但是，亨利的这些改革终究是与克吕尼派的改革在精神和意图上不同的。虽然这些改革的本质都是宗教，但在教会运动已经发展壮大的巴伐利亚却更多地被视作一种倒退，而在其他德意志州宗教生活已经陷入了停滞状态。

正当国王还在以自己的方式对德意志内部的修道院生活进行改革时，克吕尼派的改革之火已经烧到了洛林，并在那里取得了不可阻挡的进展。但是，推动改革的并不是国王，而是凡尔登伯爵弗里德里希，他的父亲就是曾经英勇维护奥托三世、对抗洛泰尔国王的戈德弗里德。

弗里德里希伯爵的青年时期是在征战中度过的，赢得了无数荣耀并以其英雄气概治理着自己的伯爵领地。但在他的晚年，世俗的汲汲营营却使他感到不安；他试图通过罗马和耶路撒冷的两次朝圣之旅让自己平静下来，却没有用，最终他下定决心投身神职。他放下武器，来到了兰斯，希望在这里实现自己的愿望。他在这里找到了一位年轻而杰出的神职者，他名叫理查德，与弗里德里希志同道合。这两人决定再也不分开，并一起前往克吕尼，想向修道院院长奥迪罗请教如何修身养性。

但就算他们的愿望很强烈，奥迪罗也不愿意接收他们进入克吕尼，而是明确地要求他们去洛林，让他们在那里见识一下修道院制度的严格程度。聪慧的修道院院长认为，积跬步可至千里。于是，理查德陪着他的朋友来到凡尔登，两人进入了圣维托努斯（H. Vitonus）的修道院，圣维托努斯即圣瓦斯特（St. Vaast），他当时领导着一所爱尔兰修道院。很快，这两位受到克吕尼严格原则熏陶的僧侣就发现这个爱尔兰人的管理十分自由，让他们觉得有伤风化。就在他们想要离开修道院时，爱尔兰人去世了，而理查德被选为了他的继任者（1004年）。

理查德在圣维托努斯所进行的改革虽然严格却取得了成功，很快便吸引了广泛的注意。学生从各地涌来，挤满了修道院，凡尔登、列日和康布雷的主教们对这位法兰西主教卓有成效的改革予以支持，他的虔诚、精明和老练也使他赢得了强权者极大的青睐。弗兰德国王罗贝尔，弗兰德边疆伯爵巴尔杜安，后来还有亨利国王，都经常请这个杰出的人为他们出谋划策，并竞相将自己国内的修道院交给他来管理，人们给他起了个别名"神恩"。当时有所修道院将理查德视为自己的首脑，并同时形成了一个修道院联合会，按照克吕尼派的规定进行管理，并保持与克吕尼方面的紧密联系。为了完成大业，理查德需要别人的帮助，而除了年轻的神职人员博珀之外，他再也找不到更加踏实肯干的同僚了。这位博珀来自于法兰西的弗兰德，在应许之地漫游之后，他来到了兰斯的一座修道院起誓成了僧侣。理查德在一次旅途中认识了这位天赋极高的修道院兄弟，并将他带到了洛林。在那里，博珀按照克吕尼派的意思与理查德联合起来取得了极大的成功，并由此获得了亨利的青睐。1020年，亨利将施塔布罗修道院交给了他，几年后又将特里尔的圣马里米修道院交给了他，而这些都是洛林最富足的修道院。博珀坚定地在这里开始了他的改革，虽然其间有一些狂妄的僧侣起来反对他，但他还是将改革贯彻到底了。这是深入的克吕尼派改革在德意志的开端，这一开端将带来深远的影响，并很快便会与亨利从另一源头产生的追求交汇在一起。

没有人能够质疑，亨利对修道院的作为是有计划的。他在一份证明文书的开头自己也承认了："按照神的秩序，少数几位成员侍奉着一位领袖，所以我们做出决议，让较小的教会机构隶属于较大的之下。"但是，国王自己对教会秩序的意图却一字不提。有无法反驳的证据可以证明，这些改革同时也使修道院遭到了洗劫，国王将大部分从修道院那里收回的大批财产都用于国事政务。提特玛尔一向将国王亨利描绘成一名虔诚的君主，但他也承认这一点，并称这些不义之举定会受到神的审判。他认为，通过劫掠教会财产而建起的世俗建筑是无法长久存在的。然而，国王通过赏赐忠诚和无私奉献的主教们，也将许多从教会收回的财产重新还给了教会。如果修道院进行改革，并通过兵役和贡金展现他们对国王的遵从的话，修道院也能重新获得一些财产；但是，也有许多财产就这样永远留在了世俗之人的手中。在亨利人生最后的岁月里，圣马里米修道院一下子交出了6656胡符，大约200000摩尔干①的土地，这些土地后来被皇帝有条件地分封给了王室领地伯爵厄伦弗里德、公爵亨利和伯爵奥托，而这个条件就是他们要继续修道院之前一直服行的兵役。

在亨利生命的最后几天里，他通过一封引人注目的文书，将施托登史塔特（Stoddenstat）伯爵领地交给了经过改革的福尔达修道院。知道国王对修道院计划的人会毫不惊讶地看出其中的警示意味，他通过此举要求僧侣们，从此以后节俭地使用他们的财产！亨利说："这个世界很快就会将献祭给神的取回来。那些现在富得流油的修道院会是最先遭到劫掠的，这样救世主的话便会成真：由于罪恶增多，许多人的爱心就会冷淡。②"人们是应该在遥远的未来惊

---

① 译者注：面积单位，1摩尔干约等于1/4至1/3公顷。
② 《马太福音》第24章第12节。

叹这位君王的犀利的远见，还是该惊叹于他这一生的作为都是对险恶后世预言般的讽刺呢？在同一份证明文书中，还有类似的讽刺："教会必须拥有这些财宝，因为获得越多，就被索取更多。"他的确向国内的教会和修道院索取许多。主教和修道院院长们必须不断地在宫廷和战争事务中为国王服役，必须负担宫廷中大多数的花销；一部分是他们按照义务上缴的固定金额，还有一部分是他们以贡金的名义献上的更多钱财。如果他们拖欠这些贡金税款，将会激起他怎样的愤怒啊！如果有人胆敢空着双手前去见他，那几乎可以算是个奇迹。神职人员们不但不断地卷入与国内世俗权贵的争斗中，同时还必须首当其冲地担负起对外战争的责任。实际上，他们是国王手下真正的官员、总理、将领和使臣。这样一来，如果在国王大举改革的情况下，他们仍没有尽到宗教职位赋予他们的义务；如果面对国王的慷慨仁慈，他们的教会财产仍损失惨重，那也没有什么可惊奇的。很少有神职人员像大主教塔基诺那样对国王唯命是从的，也极少有人从国王那里受到更多的赏赐；但他的继任者称，他之所以接过大主教的重担，就是为了将几乎被消耗殆尽的马格德堡大主教管区从毁灭的道路中拯救出来。如果国王说，他通过将负担分配到主教们的肩上来减轻朝政的重担，那么人们可以看到，这是完全符合真实情况的。如果人们知道，国王索取的是他给予的两倍三倍，那么又会怎样看待国王对教会的仁慈呢！

亨利就是在侍奉教会的表现下这样统治着教会的。同世的人将亨利称为圣人，人们在洛尔施修道院中给了他僧侣之父的别名，没有别人能够像他这样强硬地插手教会的特权及财产。我们的眼前不禁浮现出丕平的形象——那位与教皇结成紧密联盟的丕平，他是温弗里德的保护人，是法兰克王国教会秩序的建立者，而他也允许了对法兰克王国教会最广泛的掠夺。

德意志的神职人员们依附于世俗权力，也没能逃脱这样的命运。国王要求他们尽到的义务与他们的宗教职务产生的矛盾，教会财产被用于世俗目的引起的痛苦，必须按照协议容忍留提曾人血腥的偶像崇拜而感到的不满，不得不任凭传教事业枯萎而自身的怨怼，他们一样不少地统统经历了。但是，他们却无法长久地拒绝侍奉国王、违背他的意志。国王的统治与奥托王朝的皇权势力联合起来，在他们的眼中有着超越俗世的荣光；他们不仅仅将国王视为一个受到主涂油赐福的君主，而是将他当作神在尘世间的执政官，即"基督的代理人（Vicarius Christi）"。在他们看来，持续地违背他的命令无异于反抗神的秩序。用自己的辩才支持这种令人痛苦的顺从，阿努尔夫主教并不是唯一的代表；耿直的梅泽堡主教提特玛尔就更加恳切地布道过同样的教义。除此之外，主教们还因为他们的权利和财富处处受到世俗权贵的嫉妒而心生厌恶。除了国王，他们还应该从谁那里——还能够从谁那里获得支持呢？由于他们的世俗野心早已被激发出来，他们心中难道不也对转瞬即逝的荣誉和利益存在着向往吗？而这种向往不正是在一定程度上迎合了亨利的意图吗？虽然国王以慷慨仁慈的面目给予他们资产时，大多是要求他们在税金之上再支付税金，但他们难道不是期盼着有一天从这份资产中获得更大的利益吗？

但是无论情况是怎样的，德意志主教们对国家和自己教会的利益关系都了解得十分清楚，亨利与他们的博弈也并不轻松。尤其是经历过奥托王朝的老一辈主教们都对亨利国王严苛的朝政有所抵触。他渐渐地获得了希尔德斯海姆主教贝尔瓦德彻底的支持。有治国之智的科隆大主教亨利贝特晚年被人们盛赞其贤明，虽然他为国王立下过一些重大的功劳，但国王始终怀着猜疑监视着他。直到1021年，大主教才与国王正式和解，而亨利贝特的传记作者以生动的色彩描绘出了当时的情景。国王在静谧的午夜时分来到独自祷告的大主教身边，跪倒在他的脚边，声泪俱下地请求他的原谅。我们已经知道，亨利的兄弟，也就是维尔茨堡主教，是多么顽固的一个人，他迟迟不愿顺遂国王的心愿。而且我们还知道，亨利没办法劝服他执拗的堂兄弟，也就是艾希施泰特主教梅津高德。这位主教经常以其独特的方式使国王意识到，他将自己视为与亨利地位相同的人。有一次，当亨利走过时，别的主教们处于对国王本人的崇敬站起身来，梅津高德却坐着不动；人们因此而指责他，但他回道："我是他的兄长，而无论是异教徒的书籍还是我们的圣经之中都有尊重长者之说。"另一次，国王在前往雷根斯堡的途中想要在艾希施泰特留宿，他要求主教给王室内府提供惯常的膳宿，国王的使者与主教争论内廷需要的酒量，而主教也对使者毫不客气。他说："小人！你的主人疯了吧。我自己都没有足够的用度，还要怎么去照料他呢！他的出身与他相同，但他却将我贬为一介贫穷的地方神父，现在还要我来供应他宫廷的花销。我该从哪儿去弄这么多车酒啊？我只有一只小小的酒桶，它是我亲爱的兄弟，受到诋毁的奥格斯堡主教[①]，他送来给我在弥撒上使用的。圣威利巴尔德啊！这里头的酒他一滴也不能喝。"主教随即给国王送去一些布，这是当时艾希施泰特大批制造的。他命人禀告国王："艾希施泰特主教只能给布，无法照料王室宫廷。"

然而，就连那些亨利亲自任命的主教们也常常使他陷入艰难的境地。也许没有谁比迈威尔克（Meinwerk）与国王走得更近，他是一位富有的萨克森神职者，是王室的亲戚。1009年，国王将变得贫穷的帕德博恩主教管区交给他，他通过自己的能力，也通过国王的一系列重大赏赐，使得帕德博恩变成了德意志富足的宗教机构之一。在为国王建言献策方面，迈威尔克无人能及。无论在宫廷中还是战场上，他都是最常侍奉在国王身边的人，他从国王那里获得的恩宠赏赐也是最为丰厚的；但他还是始终将自己教会的利益置于国家利益之上。国王以灵活而强硬的方式夺取教会的财产，迈威尔克就以更加灵活强硬的方式劫掠国家为自己的管区牟利。他以神圣的名义一再对自己的国王和朋友进行公开的盗窃。迈威尔克的传记作者不辞辛劳而心满意足地记录下了他的主人公对国王陛下所有的劫掠诡计。

有一次，亨利国王在帕德博恩庆祝圣诞，将惯常的祭品置于祭坛上，而主教愤怒地拒绝了这一祭品，并要求得到威斯特法伦的一处豪华的王室宫邸，他对这处地产垂涎已久了。国王不愿满足贪婪的主教，但最终还是妥协了，并将这块土地的馈赠证明放在了祭坛上。主教为自己的胜利而欢呼雀跃，他喊道："愿神和所有的圣人都报答你。"但国王却怀着怨气说道："你不断从我这里夺取财产、侵害国家，神和所有的圣人会惩罚你的。"主教对国王的怒火不以为意，他将馈赠证明高高举起，喊道："保佑你，亨利，你的这项事迹会为你打开天堂的大门！信徒们，你们看，这样的奉献是主所喜爱的！"在同一场节庆典礼上，迈威尔克宰杀了几头怀孕的母羊，并命人使用未出生的羊羔身上的毛皮为国王织造了一件外套，这件衣服看起来就像是貂皮一样。宫廷中的

[①] 指国王的兄弟布鲁诺。

人发现了这件事，并认为这羊皮是对国王的讥讽。国王亲自找主教谈话；但主教声称毛皮极其柔软，并用实物证明了这一点。他对国王说："为了装点你的终将死亡的肉体，我贫穷的主教管区花费了许多钱财，为了你的缘故，原本要穿羊毛、喝羊奶、食羊肉的大教堂牧师们以及教区的穷苦人们都受了我的欺骗；如果你不能把从我的教会夺走的一切都补偿回来，那么神终有一天会找你算账的。"国王大笑，道："如果我拿走过你教会的什么东西，我愿意四倍奉还。"他随即给了主教新的赏赐。另一次，迈威尔克从国王那里抢走了一件极其昂贵的外衣，国王可能知道，要将被抢走的外套要回来是不可能的，于是他便尝试着以自己的方式实施报复。他知道迈威尔克的拉丁语并不精进；于是，他找了一个便利的机会，在一名随行使的帮助下，在迈威尔克的弥撒书中将"pro famulis et famulabus"（为男女侍奉者）一句中的"fa"划去了。第二天，他要求主教为自己死去的双亲举行一场弥撒。对此一无所知的主教先是"pro mulis et mulabus"（为公骡子和母骡子）做了祈祷，后来才发现并改正了自己的错误。他就这样成了国王和宫廷的笑柄。亨利说："你该为我的父亲和母亲祈祷，而不是什么骡子。"主教勃然大怒，并将怒火发泄到国王的随行使身上，他将随行使鞭打了一顿，随后送回了他的主人身边。

迈威尔克的传记中还记录了其他关于他与国王之间关系的精彩故事；这些事情看上去并不可信，也没有亨利签发的任何一张文书可以让我们进一步勘探其中的始末。1017年，国王将位于黑森的内德尔（Neder）宫邸赏赐给了迈威尔克。在为此签发的证明文书开头，他说：人有两面，雄性的、控制的一面和雌性的、忍受的一面；他虽然警醒地思考了良久，但却几乎是在睡梦中完成做出这项馈赠的。这段独特的话语如果不是在说，国王是在不情愿但又无法拒绝的情况下，闭着眼睛赏赐迈威尔克的，还有别的什么言下之意呢？而常常在文件中因孜孜不倦的奉献而受到亨利称赞的人，被他称为"福音中的玛尔大"（Martha des Evangeliums）[①]的人，在受到反对者指控的情况仍受到亨利提拔、

———————————

① 译者注：玛尔大是玛利亚的姐妹，她在自己家中热情款待了耶稣和他的门徒，并且为服务众人投身于烦锁事务之中，而忘记了，像玛利亚那样聆听耶稣教诲才是更善的事。

获得丰厚报偿的人，同样是这位迈威尔克。根据国王自己的解释，这是为了鼓励其他人同样尽忠职守。

的确，国王所走的道路是布满荆棘的。他找不到一个人能够真正地为国家和民族的利益而奉献，就连那些主教们也不行。从命运的垂青中受到滋养、随着国家的壮大而产生的、千百种各不相同的利益追求从方方面面抑制着王权势力的发展。但在这样的情况下，国王还是成功地使这一切为自己所用。助他成功的尤其还有智慧、坚韧以及大度。时代需要一位宽宏大量的王者。但是，为了能够一直慷慨地给予，他就需要始终拥有充足的金库。因此，他不喜欢看到有人空着双手出现在他面前；不论是给世俗邑臣的采邑，还是对主教们受职，他都要求他们支付高昂的费用。同时代的人指责他永不满足的贪婪欲望；然而，他敛取这些财富不是为了自己，而是为了这个国家。

亨利的一生都在为政权操劳担忧。他本是个体弱多病的人，但当国家遇到仇敌时，他不会让自己有片刻的休息。从北到南，由东至西，他常常忍受着肉体上的病痛，以闪电般的速度驰骋在沙场之上。在没有子嗣的情况下，他依旧忠诚不渝、认真负责地履行自己的职责，那些为国家留下大批后裔的统治者，很少有人能够做到这点。他很少与人结下坚定不移、忠诚忘私的友谊，能够这样对待他的人更少；始终与他同心协力的只有他的妻子。在最初向他招手的那份幸运，终究没有一直垂青于他；然而，不幸却试炼出了他真正的价值。在这样的情况下，这个世界也终于不再吝啬对他的赞誉。像他这样的人，快乐的时光也很难使他的心情明朗起来，无休无止的劳苦当然很容易不时地使他感到不满，但他从不让阴霾长久地占据他的灵魂。即使在他的晚年，在身体上的病痛与对朝政的担忧中，他还是希望能够长寿。他喜欢像个骑士那样取乐，他乐于投身到火热的战斗之中，狩猎的乐趣吸引着他，骑士的游戏是他消遣的方式。他的宫廷豪华气派、光彩熠熠，超出了当时人们的认知；人们认为，巴格达的哈里发也没有像这样的王者气派。

罗马教会将亨利和库妮古德置于他们的圣人之列①，传说将国王描绘成一位身处紫室中的僧侣，一位戴着王冠的忏悔者；教会没有将库妮古德作为他的妻子，而是作为贞洁的修女置于他的身边，在祈祷及肉身的毁灭中与他一同飞升天堂。历史展现了国王亨利及其妻子不同的一面，它见证了亨利是德意志王座上最看重名誉、脚踏实地、行事彻底的统治者之一；它让我们深刻理解亨利的为人，看到他那种在那个时代并不多见的组织才华。像亨利这样有政治头脑的人不得不把自己的一生花费在国内外的战事之中，对德意志来说是一种极大的不幸。虽然他的战绩令人尊敬，但若是在和平年代，他将会创造更大的辉煌。

6. 亨利与"勇敢者"波列斯瓦夫的第二场战争及与卢森堡家族的仇恨

长久以来，德意志帝国一直对西面的斯拉夫宗族有着极大的吸引力；无论是向往或是厌恶，他们都关注着德意志的一举一动。伟大的波兰王侯通过他们的征战似乎为这个世界创造了一个新的中心，并产生了脱离德意志体系的念头。

细心的研究者被迷雾遮蔽了双眼，无法看清"荣耀者"波列斯瓦夫的形象。在那个时代，他的民族之中没有能够赏识波列斯瓦夫事迹的人，而由于德意志和波西米亚的民族仇恨，波兰的传说和教会的稗史又在后来扭曲了他的形象；波兰最古老的编年史是在波列斯瓦夫死后近一百年问世的，这其中对他的记叙已经充满了传说式的描述和神话般的夸张修饰。

这部编年史浓墨重彩地将波列斯瓦夫描绘成一位出自于战斗民族的骑士英雄。编年史中写道："如果提到波列斯瓦夫的城堡，哪里说得尽道得完呢？波兹南为他准备了1300名装甲骑士及4000名持骑士盾牌的侍从，格涅兹诺提供了

---

① 通过教皇尤金三世（Eugen Ⅲ）的一封诏令，亨利二世于1146年3月14日被封为圣徒。他的遗体由埃博哈德主教于1147年7月13日郑重地取出。教皇塞莱斯廷三世（Celestin Ⅲ）就曾想过，要将库妮古德的名字纳入罗马教会的圣人历中，依诺增爵三世通过一封谕令于1200年4月3日实现了他前任的这一意愿。

1500名骑士及5000名执盾侍从，布莱斯劳（Breslau）[①]为其提供了800骑士连同2000名执盾侍从，吉埃齐（Giecz）为其提供了300骑士及2000执盾侍从。当时波兰拥有的骑士数量比现在执盾侍从的数量还多；当时执盾侍从的数量比现在居民的数量还多。从别处而来的骑士也是波列斯瓦夫欢迎的客人；他以皇帝之子的名义向他们表示尊敬，宽厚仁慈地对待他们，好让他们留在自己身边、为自己效力，由此产生的任何损失他都慷慨地给予补偿。他常说，'我能够保住他们的性命，也能够救助他们于贫穷，我要用金钱填满死神的欲望。'就这样，他带着波兰和异国的骑士们朝着波西米亚和摩拉维亚，朝着萨克森和匈牙利，朝着波美拉尼亚和普鲁士进发；没有人能够与他们匹敌。在罗斯人的沙皇拒绝将自己的姐妹嫁给他之后，他还与沙皇进行了战斗。他包围了大基辅，迫使这座城市很快为他打开了城门。他大笑着抽出自己的剑，用剑挑开了金制的大门。他喊道，'现在，我的剑洞穿了城门，明晚，国王的姐妹就会成为我的情人。'骑士们从这场及其他的胜战中获得了丰厚的战利品，凯旋而归，这位英勇王侯的宫廷也散发出前所未有的光辉。每天都备有40桌丰盛佳肴款待诸位将士，还有许许多多略逊一筹的菜品是为仆从们准备的。宫廷中的人们穿的不是麻布罩衫和羊毛衣裙，而是丝绸礼袍和有金线刺绣的毛皮。贵族女性佩戴着头饰和链饰、手镯和颈链，这些饰品上的宝石闪烁着熠熠光彩，由于饰品太多太重，她们需要人搀扶着才不至于跌倒。金子在当时的波兰是与银子一样的，而人们对银子并不看重。"编年史作者就是这样描绘波列斯瓦夫及其宫廷的。但在这些英雄事迹之中还混合着其他的、从宗教传奇中移植而来的故事。编年史作者也记录了，波列斯瓦夫是怎样作为最虔敬的基督徒、教会最恭从的儿子来生活的；他将主教们称为自己的主人，在他们的面前总是恭敬地站立、从不入座；他是如何成为寡妇孤儿的父亲、最正直温和的法官、贫苦人忠诚的朋友和保护者的。敌人要是夺走了农民的一块糕点，他比失去了国内的一座城堡还要忧心。总而言之，编年史作者所描绘的波列斯瓦夫就是一位理想的基督教骑士国王。

而在那个时代德意志人笔下，尤其是在梅泽堡的提特玛尔笔下，这位王侯

---

① 译者注：即弗罗茨瓦夫，德语中称布莱斯劳。

全然是另一副面貌！在他们那里，波列斯瓦夫是个粗鄙的暴君，对自己的人民饲之以毒蝎；而他的民族当然也好似犟牛或是顽固的驴子一样，非暴力不能管制。提特玛尔记叙道，谁要是不遵守斋戒，波列斯瓦夫就命人打落他的牙齿；谁要是做了有伤风化的事情，就会被当众割势或是断肢。但他自己却完全沉沦于欲望与享乐之中。他的神职人员要是因此指责他，他才会赶忙为他们指控他的罪行忏悔。他不知感恩，德意志人向他及其父亲的恩惠善行，他反而恩将仇报；即使是在和平时期，他也不断地想要置德意志人于死地。他是一个没有信用与信仰的人，诡计多端，阴险狡诈，他的胜利更多得益于他的奸计，而非诚实和英勇。他是主的人质，是为了惩罚德意志民族的罪孽而来的。祝福那些狮口逃生的人吧！

　　我们从提特玛尔那里读到的句子就是从敌人口中说出的话，但即使这样，从这些话语中也能反映出一丝真相。波列斯瓦夫自己尚且还是半个野蛮人，就以令人胆寒的严苛要求他野蛮的民族遵守高规格的教会律令。他在德意志人这里学习进修；他自己成了一名学有所成的弟子，却对自己的师父忘恩负义。他的战剑是奥托三世赠予他的贵重礼物，他却用这把剑指向德意志人，同样的，他将所有从德意志人那里习得的和平之术，都用于伤害他们。还有另一点也是真真切切的，那就是，他为了毁灭自己的敌人无所不用其极。他凭借自己天生的、野蛮人最不缺少的直觉，探查出敌人的所有弱点，随后埋伏在旁，伺机给敌人致命一击；比起公开的战斗，他的诡计更多地对德意志人造成了长久的威胁。但是，诚实的提特玛尔没有看到，这个野蛮人的心中也有自由而高远的向往，他也做出了值得人们永远纪念的伟大事迹，白手起家缔造了一个伟大的王国，使他的民族充满骑士的英勇和英雄的气概；一种崇高的自豪以及对伟大成就的骄傲在他的胸腔中涌动；在德意志人的传教事业开始枯竭的时代，他终于成为了西方基督教的先驱。为圣阿达尔贝特开辟了道路，让他来到普鲁士异教徒中间的，除了波列斯瓦夫还有谁呢？后来，当阿达尔贝特的弟子库埃尔富尔特的布鲁诺及其同行者们继续向东方传教时，给予他们庇护和扶持的除了波列斯瓦夫又有谁呢？当布鲁诺和他的18位随行者在普鲁士和罗斯人边界殉教而终时（1009年2月14日），又是波列斯瓦夫将他们的圣髑保留并供奉起来。

当时的波兰，由于到处是大片的沼泽地和茂密的松树林，是个贫穷而人口稀少的国家。波列斯瓦夫嫉妒地看着已经走上了下坡路的波西米亚拥有水草丰美的富饶土地。他将战争中的俘虏大批地押送到自己的土地上，让这些农奴成为他广阔疆土中荒凉之处的人口。国家的实力全都基于王侯的军事力量，王侯从旧式的地区自由中脱颖而出，将所有的武装力量都占为己有。那里不存在采邑制度，没有宗教和世俗的豁免权，没有称霸一方的贵族，没有凭借特权而飞扬跋扈的教会。所有的权力都握在君王一人手中。他是唯一的将领，唯一的法官，教堂和修道院唯一的保护人；没有任何一种意志，任何一种利益，任何一种命令，高于他。波列斯瓦夫凭借他高瞻远瞩的军事思想满足了贵族——人民中的自由者，土地的所有人；虽然王侯也向奴隶和佃农征兵，但贵族们仍然构成这个民族实际上的武士阶层。贵族通常都是骑马作战；他们的装备较为粗陋，大多只有弓箭。虽然他们的伏击令人害怕，追击的敌人也很难赶上他们，但要是公开与敌人进行正面对垒，对这些贵族来说却是困难的；波列斯瓦夫从来没有这份胆量，与德意志的骑兵们在战场上厮杀较量。波列斯瓦夫使整个波兰都进入了战时状态。城堡就是各个辖区的中心；城堡伯爵（Castellane）就是最高官员，他们负责保卫边境，为公爵提供将士，但同时也以其名义进行审判并为其收缴税款。最主要的税捐是每年每胡符土地上缴一份小麦和一份燕麦，并运送到公爵的粮仓中；要缴纳这份税捐的只有那些免除了城堡徭役的人，而上缴的东西是用于供养哨兵队的。这是将亨利一世在萨克森边区执行的政策移植到了波兰的土地上。

波列斯瓦夫凭借其国家的统一和汇聚起来的力量，不仅找到了保护父亲的王国不受罗斯人及波西米亚人侵袭的方法，并且还为这个国家夺取了新的、更宽广的疆土。他已经统治了波美拉尼亚和西普鲁士，西里西亚、克罗巴迪亚和摩拉维亚；他的心头萦绕着建立一个理想，那就是要建立一个伟大的基督教斯拉夫王国。几年前，他占领了卢萨蒂亚人的土地和波西米亚时，他就已经相信，自己距离这个目标不远了；于是，他拒绝再向德意志国王服行邑臣的义务，并在罗马为自己争取到了王位。但波兹南的和平协议使一切令他骄傲的愿景都化作了泡影，他失去了最新获得的占领地，使他本人重新成了王国的仆人。这是沉重的一击；但这个男人并没有丧失掉力量和勇气。他不情愿地背负着身上的枷锁，顽强地等待着新的时机到来，好再次摆脱这桎梏。

这样一个时机比他所预期的来得更快。波兹南的和平协议从一开始就没能完全满足波西米亚人和留提曾人，他们始终害怕这个波兰人的报复，只有王国再次与波兰人刀兵相向，他们才能安下心来。1007年，国王在雷根斯堡庆祝复活节，波西米亚公爵以及留提曾人的使者来到了他的面前，他们声称得到消息，说波兰人又在酝酿着险恶的计划；波兰人甚至还试图用金钱和承诺收买他们民族，如果国王不立即出兵攻打波列斯瓦夫，他们就无法继续保证自己民族的忠诚了。当时亨利还没有降服弗兰德的巴尔杜安，在东面爆发新的战争可以说是正中下怀，但在他听取过国内大臣们的建议之后，他还是认为，必须避免他最重要的盟友被灭，于是决定开战。他随即派出了边疆伯爵赫尔曼，波列斯瓦夫的女婿，让他为岳丈送去宣战书。波列斯瓦夫徒劳地在边疆伯爵面前尝试着针对那些指控为自己辩解；而赫尔曼得到的任务只是开战。情势所迫，波列斯瓦夫只好应战，他呼喊道："基督是我的见证人，我现在所做的一切都是违背我的意愿的。"就这样，战争再次打响了，波兰人也受到了命运的垂青，国王无法亲自带兵打仗，因为他已经准备好了要去讨伐巴尔杜安。

国王将指挥波兰战争的任务交给了大主教塔基诺，但国内最精良的兵力都调往了弗兰德。萨克森的领主们抱着轻松的态度加入了这场并非他们自愿进行的战争。由于国王的缺席，人们在方方面面都缺乏真正的干劲和动力。就这样，萨克森军队还没有集结完毕，波列斯瓦夫就已经率领着他的骑兵队气势汹汹地攻入了边区，长驱直入来到了易北河边的马格德堡城前。他夺取了采尔布斯特（Zerbst）城堡，周围地区的居民中没有丧生在刀剑下的，都成了他的俘虏。这时，一支小型的萨克森终于集结完毕，渡过了易北河。波列斯瓦夫下令撤兵，萨克森人只是慢慢地跟在他后头。当他们前进到于特博格（Jüterbog）时，他们认为凭借自己的兵力不足以继续追击敌军，于是便灰溜溜地解散军队，而波兰人则重新在卢萨蒂亚站稳了脚跟并包围了鲍岑。遭到包围的鲍岑人一再向萨克森权贵派去使者，边疆伯爵赫尔曼亲自来到他们面前恳求他们为这个重镇提供支援，结果却都是徒劳；没有人愿意伸出援手，鲍岑最终只能被拱手让给波兰人，而波兰人保证了英勇的驻城士兵们能够带着他们财物自行撤退。整片米尔岑人的土地都随着鲍岑一起落到了波兰人的势力控制下，这样一来，波兰人重新在上卢萨蒂亚和下卢萨蒂亚获得了牢靠的立足之地。这场失败使国王心情沉重，他呼吁萨克森人站出来一雪前耻，但由于萨克森人一开始就不支持这场战争，他的号召没有得到任何响应。

在此期间，国王已经战胜了巴尔杜安，如果不是深深触及到王室家庭内部的冲突恰恰在此时爆发，严重地影响到这个国家的和平，国王原本可以亲自指导波兰大战的。

王后的兄弟们明目张胆，试图利用亨利的政权提高他们家族的地位；然而他们的意图却遭到了国王最坚决的反对，他憎恶裙带政策，也憎恶这个家族对王权构成威胁的一切发展。1006年，王后那干练的兄弟迪特里希不经国王的允许就违背惯例夺取了梅斯的主教座席，国王心中就已经产生了不满；然而，特里尔大主教利奥多夫去世之后（1008年复活节前后），迪特里希又将自己最年幼的弟弟，几乎还是孩童的阿达尔贝罗送上了特里尔的大主教之位，国王终于下定决心要行使自己的任免权，并挫一挫这位内兄的野心。虽然王后和巴伐利亚公爵亨利苦苦相求，国王还是拒绝为王后的兄弟授职，并将空缺出来的大主教之位授予了美因茨大主教管区的神职人员梅津高德。

但是，阿达尔贝罗仗着自己家族的势力，不愿遵从国王的命令。他占领了城中的王室领地，强迫管区中的邑臣们对他宣誓效忠，通过慷慨封赏教会地产赢得了强有力的支持，使特里尔城爆发了守城起义，截断了莫泽尔桥。特里尔人也想维护自己的选举权，响应由他们选出的主教。因此，国王率领着一小支部队，于1008年在科隆庆祝完圣灵降临节后不久，向起义的内兄和叛乱的城市发起进攻。周围的地区被夷为平地，特里尔城遭到重重围困；但他们都不向国王屈服，很快，国王撤回到莱茵河流域，去调集更多的军事力量。带领着集结完毕的大军，国王再次来到城前，围城从8月一直持续到11月。最终，特里尔的人们不得不向国王投降，并交出城池；只有王室领地还不退让，虽然饥饿已经严重蔓延开来。亨利公爵有了背叛的念头，他听闻驻城军队的困窘，心中大喜，却刻意隐瞒国王，甚至使他同意放城中驻军自由撤退。这样一来，国王只取得了一半的胜利。就在国王离开特里尔城为梅津高德授职，并在另一方面下令将阿达尔贝罗逐出教门时，特里尔人对国王许下了承诺，但他们却从未想过要遵守这个承诺。国王的军队才刚刚撤退，他们就再次接受了阿达尔贝罗，而阿达尔贝罗也在接下来的几年中统治着这个城市，而国王任命的大主教则被迫将科布伦茨作为驻地。

特里尔在不久前遭到诺曼人的侵袭，而没有完全从中恢复过来，就再次遭受了重创。如果这只是针对特里尔的也就罢了！梅斯的迪特里希野心勃勃，他公然站在自己兄弟这边，加入了反叛的阵营，很快，被国王留在洛林的亨利公爵也将自己的背叛昭告于天下。整个卢森堡家族都将矛头指向了国王；内战不断蔓延，这个家族的势力在洛林和阿尔萨斯覆盖的越是广泛，这场斗争就越令人忧心。洛林成了这场旷日持久的大战主要的战场，那里的人们叹息着回想起以往的黄金时代。

国王在珀尔德庆祝了圣诞节之后，在大斋期又来到莱茵河畔，随后他赶往施瓦本，以守护上德意志免受亨利公爵的侵袭。亨利公爵已经着手实施他的计划，他返回巴伐利亚，想要在这里也点燃叛乱的火焰。国王确保了施瓦本的安全后，在奥格斯堡庆祝了复活节。5月，他前往雷根斯堡，并在这里召开了一次大型的地方议会。虽然巴伐利亚的伯爵和领主们被迫向亨利公爵发誓三年内不选他人担任公爵——这个誓约是在国王的严格要求下做出的，但国王还是通过威胁和承诺，使他们打破了对公爵的誓言。王后的兄弟被剥夺了公爵之职，国王自己重新接管了这片土地。随后，国王从巴伐利亚出发前往萨克森，但他不是为了与波兰人开战，而是为了在那里集结一支可以带往洛林的军队。就连留提曾人也跟随着他到了这里。接着，他在夏季率领着大军向他的内兄发起进攻，并且他将这一次的矛头直指由迪特里希主教镇守的梅斯。梅斯城周边地区在惊惧之中遭受重创；房屋被焚毁，一座修道院遭到了异教的留提曾人的洗劫，耕地被摧毁，山坡上的葡萄园也都成了荒地。就这样，困境不断升级，800名教区内的仆人在没有经过主人同意的情况下便出逃远方，乞求一个栖身之所。即使这样，这座城市仍不屈服，最终，国王不得不结束了围城。在这一年的夏秋两季，洛林其他的地区也经历了战火的洗礼，比如被国王占领的萨尔布吕肯。双方僵持不下，谁都不能宣称自己取胜，双方最终商定了较长时间内的停火协议，这才结束了这一年的战事，在此之后，国王前往萨克森，又一次在珀尔德度过了圣诞节。

就在洛林纷扰不断的同时，萨克森的秩序也全都松懈瓦解了。最残酷的争斗爆发开来，其中最严重的就是东部边疆。北边区的边疆伯爵维尔纳与一位名叫德迪（Dedi）的伯爵有着宿怨，现在他重新向他举起武器，在半路上向他发起进攻并杀死了他。梅森的边疆伯爵古恩泽林与他的两个侄子开战，即边疆伯爵赫尔曼及其兄弟艾卡德。萨克森的主教们与东边区的边疆伯爵格罗也是仇家，他们将他的土地变成了荒野。与波列斯瓦夫的战争似乎被人们遗忘了，但他此前与萨克森的领主们大多有着紧密的联系，其中的多位还是他的亲戚；他们若是在彼此的争斗中败下阵来，怎么不会希望波列斯瓦夫为他们提供庇护呢？毫无疑问的是，他们中的许多人从来没有和这位王国的敌人断绝过来往；其中的一些人甚至遭到国王怀疑与波列斯瓦夫密谋反叛。

这个波兰人的长处正在于此，他是他的民族和土地的主人，而亨利在他自己的国家之中还要不断地与各方反对势力斗争，这些反对势力中一部分是与外部敌人勾结在一起，另一部分则是想要抢夺国王的胜利成果。如果不考虑亨利占优势的军事力量，那这是一场极其不公平的战争，他找不到别的盟友，没有直接的利益冲突能使别的人成为波兰人的敌人。除了引发这场争斗的波西米亚和留提曾，最主要是匈牙利国王伊什特万也加入了进来，他更多是出于对邻国势力不断增长的恐惧，而不是由于亲戚关系，为自己的内兄拿起武器与波兰人作战的。由于我们所使用的文献资料的本质，使我们不能一一弄清伊什特万作战的细节，但正是由于伊什特万的参战，才使得当时在德意志边境没有遇到任何敌手的波列斯瓦夫，却也没能获得大的进展。他满足于守住鲍岑和卢萨蒂亚边区，而不跨过易北河。当时，他的兵力可能主要放在对付匈牙利人上，他将斯洛伐克从匈牙利人手中夺走——我们不知道这具体发生在何时，并由此将他的国境从喀尔巴阡山脉向南推进到了多瑙河流域。

国王亨利决定，既然他的内兄们与他停火了，他就要利用这段时间好好地与波兰人打一仗。但是，在这之前先要恢复在萨克森边区的和平有序。1010年初，边疆伯爵维尔纳受到了审判，他的边区移交给了之前的边疆公爵的特里希的儿子贝尔哈德。此后不久，边疆伯爵古恩泽林经历了与之相比更加不幸的命运；由于破坏地方和平以及莫须有的叛国指控他被投入了大牢之中，而迈森也很快交到了边疆伯爵赫尔曼手中，这样一来，赫尔曼重新获得了其父管辖的整个边区。国王认为，边疆伯爵格罗的辖区被夷为平地，他已经受到了足够的惩罚，便没有对他另行发落。当边区的形势重新好转，而波列斯瓦夫想要夺取迈森城堡的军事行动也失败了之后，国王前往巴伐利亚，但在他离开之前他还下达了一条命令，萨克森军队须在8月集结起来，对波兰人发起新的战争，他承诺自己也会参加这场战斗。

　　萨克森军队于预定的时间在易北河畔的贝尔格尔恩（Belgern）集结起来；波西米亚人也在亚罗米尔公爵的带领下加入了大军。国王亲自负责大军的调度和指挥。在出兵之前，人们又与敌人进行了一次磋商。贝尔哈德公爵和马格德堡大教堂教长瓦尔塔德作为使臣来到波列斯瓦夫面前，但他们没能完成任务就回来了，因为他们发现这个敌人丝毫没有动摇的意思。就这样，国王的军队渡过了易北河，向卢萨蒂亚进发。但人们还没有跨过卢萨蒂亚边界，刚刚来到一个叫作亚里纳（Jarina）的地方，国王和大主教塔基诺就患上了重病。人们讨论了下一步的行动，认为国王应当与大主教一起在足够的人马掩护下返回易北河对岸，而剩下的军队则继续向着奥德河方向进攻。波列斯瓦夫已经从奥德河为界的土地上撤了出来，占领着格洛高（Glogau）[①]。因此，萨克森军队不受阻碍地一直行进到这座堡垒前，他们队伍齐整地经过了这座堡垒，接着穿过米尔岑人的土地踏上了归程。波兰人自信在人数上占优，要求发动攻势；但波列斯瓦夫却阻止他们贸然行动。他说："你们看到的这支军队固然人数少，但却都是英勇的精兵强将。我如果发起进攻，那么不论是输是赢，都会遭受损失，使得未来的兵力疲软，而国王很快就会集结起一支新的军队。"就这样，德意志军队的归程没有受到敌人的任何干扰。只有一场滂沱大雨拦住了他们的去路，但他们也没有遭受太大的损失，顺利地来到了易北河边。波西米亚人返回家乡；9

---

　　①　译者注：即格沃古夫，德语称格洛高。

月，萨克森人在施特雷拉渡河，随后便情绪高涨地向梅泽堡赶去，国王已经恢复了健康，在那里亲切地接待了他们。虽然并没有获得很大的胜利，但波列斯瓦夫原本已经将易北河流域看作自己的所有物，现在被请了出去，也算是一项成就。国王心中萦绕着一个想法，要刻不容缓地将卢萨蒂亚那些被摧毁的城堡重建起来，但是，很快就有其他的重要事务使他无暇顾及这些了。接下来的圣诞节和复活节，他都在法兰克度过，接着他在雷根斯堡停留了较长一段时间。7月初，他前往美因茨，并在那里召开了一次王国议会，他希望在这次会议上彻底调停他与内兄们之间的纷争。当然，这次会议没能完全解决这个问题，但他们签订了一份时效更长的停火协议，而卢森堡家族却没有好好遵守这份协议。当上洛林的迪特里希公爵、凡尔登主教海默（Heimo）以及美因茨的其他主教们离开时，卢森堡家族两兄弟亨利和迪特里希以及他们的追随者们①埋伏起来，并在奥登海姆（Odernheim）突然向他们发起攻击，使他们的大批侍从纷纷倒在血泊之中。主教们勉强逃过一劫，迪特里希公爵身受重伤遭到俘虏，看在与他的亲缘关系以及从前与卢森堡家族的情分上，公爵才留住了性命。在较长一段时间后，他才通过交换人质获得了自由。国王内兄们几乎就是在国王的眼皮底下实施了这场诡计，这使所有人都震惊了；一个世纪之后，人们还在传着这个故事，并且朋友之间还会用俗语互相祝愿永远不要去到奥登海姆。但是，国王随即于7月18日在特雷布尔（Tribur）得知了这个闻所未闻的事件，他强压下这场暴行在他心中引起的怒气。现在，他的矛头所要指向的不是他的内兄们，他还不愿意与他们平心静气地和解；他心中所想的是要结束与波兰人的战争。

冬季，国王返回萨克森，并很快开始着手准备针对波列斯瓦夫的新一轮战斗。1012年1月，他便命令萨克森的军士们重建莱布萨（Lebusa）的堡垒②，这是卢萨蒂亚土地上一处古老的堡垒，是亨利一世国王命人将其摧毁的。这座城

---

① 按照晚些时候的记载，王室领地伯爵厄伦弗里德也在这次的袭击行动中加入了卢森堡家族的联盟。

② 现在是位于达默（Dahme）和施里芬（Schlieffen）之间的一个村庄；人们现在还能在那里看到壁垒的残骸。

市原本是文登人的重镇之一，城市的范围很大，只有在迫不得已的情况下才会对堡垒进行翻新，并在其中留下大约千人的驻扎部队；国王希望在这里为接下来的行动建立起一个重要的据点。萨克森人却不是这样想的，而且不久之后，当国王至今为止最忠诚的盟友亚罗米尔公爵被他的兄弟乌德利希夺取了权位，走投无路逃往波兰公爵身边时，萨克森人就越发气馁了。但国王毫不动摇，坚持要发动战争，同时还努力在开战之前赢得国内反对者的支持。也正是这个原因使他再次来到了洛林，他在列日庆祝了复活节，并且他至少为双方的沟通和理解开辟了一条道路；他希望班贝格大教堂的落成典礼（5月6日）也能够成为一场和解的大典。他也通知了他的内兄们来参加这场令人欢欣鼓舞的庆典；他们现身典礼现场，但亨利和平的向往再次落空了，主要的原因似乎是迪特里希主教的执拗，他甚至带着对国王的埋怨求助于圣伯多禄座席。6月，国王虽然没能切断暴乱的动因，但在拉拢了一些反对者之后，国王回到了萨克森。他意识到，要想让他的内兄们屈服，就得在洛林再大战一场；而他也必须亲自参加这场战役。因此，对于波列斯瓦夫伸出的橄榄枝，他很快就展现出接受和平谈判的意愿。在塔基诺去世之后，瓦尔塔德被任命为马格德堡大主教，他在一个叫作希西亚尼（Sciciani）的地方与波兰人进行了会晤；但这一次的磋商也以失败告终，失败的原因我们不得而知。

于是，1012年夏季，国王不得不再次向他的内兄以及波兰人举起了武器。他亲自前往洛林；他将妻子留在萨克森作为执政官，并将统领军队的任务交给了大主教瓦尔塔德。与1009年一样，洛林的战争再次转化为对梅斯城的包围。这座城市被国王重重包围起来，城内的困境不断升级，最终不得不向国王屈服。但在此期间，国王在梅斯城前受到了来自萨克森的消息，这场胜利带来的喜悦随即被这个消息冲淡了。7月底，萨克森军队在易北河畔的贝尔格尔恩集结起来，但却遭遇了最险恶的预兆。大主教瓦尔塔德突患重病，没多久就去世了（8月12日）；人们认为，新的波西米亚公爵不能信任；与留提曾人之间的联盟瓦解了；一些萨克森人，比如遭到贬谪的边疆伯爵维尔纳，又如边疆伯爵赫尔曼的兄弟艾卡德，都公开加入了波兰人的阵营。在这样的情况下，即使是最优秀的军事也会丧失勇气，集结起来的军队还没有跨过易北河，就已经散开了。

在此期间，波列斯瓦夫再次进攻卢萨蒂亚，并包围了莱布萨。由于易北河突然涨水，萨克森人几乎不可能对城堡进行突袭；8月20日，城堡被攻占并遭到洗劫，大火焚烧了屋宇，整支驻城军队都被打垮了。卢萨蒂亚和米尔岑的土地又一次完全落入了波兰人的手中；萨克森人只保住了迈森和易北河沿岸。

9月，国王返回萨克森，并随即开始大力整顿军中秩序。在阿尔内堡的地方会议上，他重建了与留提曾人的友好关系。屠弱的亚罗米尔公爵从波兰人那里出逃来到国王面前，却没有在宫廷中受到预想中的待遇。因为他与波兰人串通一气，在没有告知国王的情况下，将一支掩护他的巴伐利亚军队杀害了，从而背上了罪行；由于这项指控，他被革去了公爵之位并被关押到了乌得勒支。国王期待他的兄弟乌德利希能够进行更加有力的统治，通知乌德利希前往梅泽堡，并在这里将公爵统治权授予了他，而他也自认为能够独断地统治。人们对国王这个引人注目的决定感到惊讶。他严酷地对待那些与波列斯瓦夫结盟的萨克森领主们，剥夺了他们的公权，这也令人感到惊讶并大有怨言。但秩序得到了重建，同时针对波列斯瓦夫的新一轮军事准备也走上了正轨。

在此期间，国王于11月11日在科布伦茨召开一场大型的教会代表会议，以宗教武器打击内部的敌人。国王亲自来到主教们中间，主教们通过了国王对他们的要求。迪特里希主教只有屈服才能重新获准举行弥撒；如果继续拒绝听从国王的号令，所有的反叛者都将遭到绝罚。梅斯城遭受的损失以及这场教会代表大会的决议终于使迪特里希和他的盟友们恢复了理智。他们来到国王面前，请求他能宽大处理。他命他们前往美因茨接受他的审判，他们中的一些人依命前去，恳求国王的宽恕并且也得偿所愿；就连迪特里希主教也与国王和解了。但是，反叛者中还有零星几个至今尚未屈服，但他们蛰伏在角落里，在眼下不会引起真正的担忧。

国王对暴动者的胜利很快就影响到了波兰人。当亨利按照自己的习惯在珀尔德度过圣诞节时，波兰人派来的一位和平使者出乎意料地出现在亨利面前。现在，波列斯瓦夫想要真正与他和解；当时的国王一心想要踏上罗马之行，对和解的向往不比波列斯瓦夫小。就这样，这次的磋商很快就有了积极的结果。

2月，波兰公爵的儿子米奇斯瓦夫①前往马格德堡，来到国王的宫廷驻地上向他许下了邑臣誓言。当时亨利从一场重病中恢复过来，他于4月24日前往格罗纳，因为一场王国议会定在那里举行。在这场会议上，他对自己的罗马征程进行了出发前的部署。随后，他回到了东部地区，并在梅泽堡庆祝了圣灵降临节。波列斯瓦夫公爵在这里面见了国王。这个果敢的波兰人常常将他的敌人打得落荒而逃，现在他在盛大而隆重的阵列中再一次为德意志国王执剑，陪同他前往教堂。他为国王呈上了贵重的礼物；他不仅收到了更为贵重的回礼，此外还获得了向往已久的土地作为邑产，即卢萨蒂亚及米尔岑地区。这样一来，国家虽然没有失去这些地区，但德意志人却失去了这些土地；波兹南的和平协议曾为他们保住了这些土地，而现在这场长达六年的战争又使之成为别人的囊中之物。这并不是人们希望这场战争带来的结果，这点国王不能否认；但以当时的国家局势来看，加之萨克森人对战争意兴阑珊，这场战争不可能取得更大的成果。

这两位老对手都是他们那个时代最强大的战将，他们在梅泽堡分别之后，便踏上了截然不同的道路。波列斯瓦夫将矛头指向了罗斯人的沙皇；亨利则为了能从圣伯多禄的继任者手中接过皇帝的冠冕，踏上了翻越阿尔卑斯山的行程。

7.亨利二世的罗马之行及皇帝加冕

传说，在1008年，国王曾梦见过一个奇怪的景象。在梦中，他身处雷根斯堡的圣埃梅拉姆修道院，正在他旧时的师长沃夫冈主教的墓前祈祷；而沃夫冈主教本人却向他走来，指示他去看附近墙上的字。那里只写着两个字："六后！"国王认为，六天之后自己就要死去了，于是投身于虔诚的事业中。但是六天过去了，什么事情也没有发生；六个月，六年，他都还好好地活着。在第七年的同一天，亨利在罗马接受加冕成为皇帝。

这个预知梦的实现对亨利本人以及与他同时代的人来说都是出乎意料的，他们都料定这个病恹恹的国王会度过短暂的一生。亨利的敌人们常常带着讥讽幸灾

① 译者注：即梅什科二世。

乐祸地到处宣扬，说国王的执政不可能长久，说他永远不可能赢得皇帝的冠冕。现在，他已经执政了十二个年头，并且一步一个脚印地向着皇帝之位迈进。

然而，在那样一个时间节点，他还没有彻底结束波兰战争，内部的敌人也完全镇压下去，在此之前他也没有显现出过多对皇帝头衔的渴望，究竟是什么驱使他前往罗马争取帝位的呢？与德意志内部局势一样，意大利的形势也对他的这个决定产生了重大的影响。

虽然他经历了重重考验，但他至今都占据着优势地位。波列斯瓦夫重新承认他是自己的邑主；他在内部的敌人一部分已经肃清，另一部分至少在目前放下了武器；除此之外，在为他效力的人中已经崛起了一个新的家族，他们为了自己的利益不得不维护王权。恰恰在过去的几年中，国王找到了合适的机会，将国内世俗政治及宗教的头号人物都换成了自己选择的人。1011年2月，萨克森的贝尔哈德一世公爵和美因茨大主教维里吉斯在很短的时间内先后去世了。萨克森从贝尔哈德公爵手中移交给了与他同名的儿子，而他似乎也继承了他父亲对国王的忠诚。而维里吉斯的继任者则是福尔达修道院院长埃卡恩巴德（Erkanbald），他是位寡言的僧侣，很懂得谦逊处事。同一年，克恩顿的康拉德公爵也离世了，在他的父亲奥托去世之后他曾作为公爵掌管了克恩顿七年的时间。康拉德留下了一个与他同名的儿子，但这个儿子还在孩童的年纪。国王没有按照习惯让这个孩子继位，而是将空缺出来的公爵之位授予了另一个家族的人。成为新任克恩顿公爵的人就是来自埃朋施泰纳（Eppensteiner）家族的阿达尔贝罗，他从父亲马克瓦德（Markward）那里继承了位于米尔茨河（Mürz）河谷的伯爵领地。一些年来，他掌管着克恩顿东部的一个边疆伯爵领地，并通过奥托三世和亨利二世的恩惠得到了大量的赠地和邑产。他的妻子是施瓦本公爵赫尔曼二世的女儿，也是刚刚去世的这位康拉德公爵遗孀的姐妹。1012年，年轻的施瓦本公爵赫尔曼三世没有留下子嗣就离开了人世。他的家族曾经从亨利一世国王那里获封施瓦本，经历了许多变数终于掌握了施瓦本的公爵权力，现在，随着赫尔曼三世的逝去，这个法兰克家族的男性后裔也就终结了。赫尔曼三世公爵还有多位姐妹在世；除了阿达尔贝罗的妻子布里吉塔（Brigitta），以及在康拉德公爵死后再嫁给弗里德里希伯爵（上洛林公爵迪特里希的儿子）

的玛蒂尔德，还有长姐吉瑟拉，她嫁给了巴本贝格骑士家族的厄恩斯特伯爵，即奥地利边疆伯爵亨利的兄弟。这些女性都是国王的姑母姨婆，她们从父亲那里继承了大量的财富，凭借自己在宫廷中的影响力占据了举足轻重的地位，尤其是她们对勃艮第遗产继承权的争夺更是不容小觑。最终，吉瑟拉为她的丈夫赢得了施瓦本的公爵领地；厄恩斯特公爵是曾是国王的反对者，受到镇压后与国王和解了，授予他公爵领地显得十分恰当。此后不久，随着下洛林公爵奥托的去世卡洛林家族的子嗣断绝了；他的死也使公爵之位又有了一个空缺，这在目前的特殊形势下对国王来说是至关重要的。他将这个公爵之位授予了英勇的凡尔登人戈德弗里德，那位离开尘世并将克吕尼派引入洛林的弗里德里希伯爵是他的一个兄弟。他的另一名兄弟赫尔曼当时是凡尔登伯爵，他后来也远离了俗世；而这一家的第四个兄弟则是安特卫普伯爵戈泽罗（Gozelo）。这个家族眼下仍是洛林最强大的支系，并且王室事务最牢靠的支柱之一。在差不多同一时期，由于马格德堡和汉堡的大主教座席也空缺出来了，国王违背神职势力及宗教邑臣的意愿，提拔了他的随行使格罗和乌万（Unwan），让他们坐上了萨克森州主教的头两把交椅。他们两人都是萨克森血统，但完全是按照亨利的治国方针接受任职的；此外，不莱梅的乌万作为帕德博恩主教迈威尔克的侄子也是国王的远亲。

通过这些任命和封赐，国王的治国意图得到了多方面的促进，但同时也必然为他招来了更多的新旧仇敌。在克恩顿发生的一切，使得奥托公爵的后代——莱茵河流域的法兰克最具名望的家族彻底与国王疏远了。国王提拔洛林的戈德弗里德，不仅再次激怒了卢森堡家族的兄弟及他们强大的内兄富有的吉尔哈德伯爵——他的地产和采邑遍布整个洛林和阿尔萨斯地区，而且还使得最位高权重的地方领主们都与他为敌，为首的就是鲁汶的兰伯特（Lambert）伯爵。可以预想得到，新的秩序将会再次引发内部斗争。过去几年中发生的一切已经证明，国王的威望是不足以长期地控制住德意志土地上的反动势力的。因此，若要使德意志王座再次像奥托大帝时期那样熠熠生辉，国王就需要提升到一个更加荣耀的地位，需要更高的祝圣和新的典礼。失去了帝权的荣光就无法将一统德意志贵族，正如失去了教皇的支持，国王就无法使神职势力听候他的差遣。这样看来，主要是德意志内部的局势驱使国王踏上罗马之行。

但意大利的局势也在催促亨利翻越阿尔卑斯山。国王第一次前往伦巴底的征程沉重打击了阿尔杜安，但并没有彻底消灭他的势力，德意志人一旦离开了伦巴底各城，他就再次出现在了世人的眼前。渐渐地，他在这里重新获得了认可；尤其是在帕维亚，那里的人们最是痛恨德意志人的统治。然而，阿尔杜安终究没能建立起一个稳固的统治政权。眼下，最强大的主教们加入到纷争的党派之中，他们利用混乱的局势为自己赢取更大的自主权利。米兰大主教阿努尔夫和拉韦纳大主教阿达尔贝特就是这样做的。在弗里德里希死后，阿达尔贝特未经国王的允许盗取了大主教之位并行使着大主教之权，而国王亨利则将空缺出来的大主教之位交给了亨利公爵的私生子阿诺德（Arnold）——他也是与阿达尔贝特有一半血缘关系的兄弟。相反地，伦巴底地位较低的主教们大多受到阿尔杜安的排挤，因而向阿尔卑斯山另一边寻求支持；他们是亨利最忠实的拥护者，且常常出入亨利的宫廷中。臣服于阿尔杜安的人主要是贵族。当地的小邑臣们向来与他是一条船上的人，但他在强大的领主中也不乏盟友。边疆伯爵奥特贝特曾为奥托一世开辟过前往罗马的道路，而现在他的儿子奥特贝特二世连同他的整个家族都与阿尔杜安暗中勾结。这位奥特贝特是埃斯特（Este）这户名门望族的祖先之一，有着王室领地伯爵和边疆伯爵的头衔；他的属地广泛遍布于伦巴底和托斯卡纳；在米兰和热那亚仍残存着他的伯爵势力，并且在于格公爵死后，图西亚的边疆伯爵领地也落到了他家族的一名亲戚阿达尔贝特三世手中。然而，世俗贵族在意大利的权力不仅受到了主教权威的限制，市民阶层势不可当的自由浪潮也使贵族们的势力无法扩张；托斯卡纳的众多城市已经拥有了使边疆伯爵们望尘莫及的权力与财富，比萨（Pisa）在贸易上已经可与阿马尔菲及威尼斯相比肩，并且以自己的力量抵御撒拉森人的侵袭。能与比萨相媲美的还有繁华的卢卡（Lucca），这里也是边疆伯爵的驻地。还有锦绣的商贸城市鲁尼（Luni），佛罗伦萨也毫不逊色。热亚那与托斯卡纳众城一较高下，它最突出的就是公民自由，而它的船只更是布满海面。所有这些城市都担心贵族们的势力会对它们新生的自由构成威胁，因而在当时坚定地支持国王亨利；在亚平宁山脉那一侧，没有任何大城市认可阿尔杜安的统治。意大利所处的局势是多么不可思议啊！有两位国王在名义上统治着这片土地，而与此同时米兰大主教还凭借自己的力量带领军队攻打阿斯蒂（Asti），将这座城市的辖区夷为平地，而托斯卡纳众城一会儿互相开战，一会儿又与阿拉伯人血战。

　　而这个时期的罗马到底处在一个怎样的地位呢？奥托三世去世时，罗马城彻底处在暴乱之中，但由他确立下来的外部形式并没有因此而丧失。罗马大贵族和罗马执政官继续存在着，只不过获得这些头衔的很快都变成了狭隘的罗马城市贵族。被奥托三世斩首的克莱欣蒂斯的儿子约翰·克莱欣蒂斯努力为自己争取大贵族之位。但他害怕阿尔杜安近在身边的势力，又害怕重蹈父亲的覆辙，小心翼翼不敢触怒德意志国王。他认可亨利是未来的皇帝，通过派遣使者和呈送礼品表达自己的敬意，但他也谨小慎微地预防着，希望国王不要来到罗马。之前几位教皇都是根据西方教会整体利益的需求受到提拔的，而现在，决定坐上圣伯多禄席位人选的却是狭隘的私利。在他的皇帝学生去世后不久，西尔维斯特二世就于1003年5月12日辞世了，在他之后若望十七世、若望十八世和色尔爵四世先后继位，他们在位时间都很短且都是罗马人。对于这几位教皇我们知之甚少，唯一明确的是，他们都自愿或不自愿地成了罗马大贵族的工具。后来，教皇色尔爵四世和克莱欣蒂斯于1012年相继离世后，一支贵族派系在罗马崛起，他们试图摧毁克莱欣蒂斯家族的统治政权；领导这一派系是图斯库鲁姆的伯爵们。在新教皇的选举过程中，各方的倾向随即显现出来。大多数人都支持图斯库鲁姆伯爵格列高利的儿子本笃，他是个天赋极高的聪慧教士，他的家族也在背后支持着他；而克莱欣蒂斯家族一派则支持一个名叫格列高利的小人物成为教皇。一场角逐在罗马城内两位教皇候选人中展开了；最终，命运让本笃八世登上了教皇的宝座，他按照古老的习俗接受了祝圣和加冕。随后，他率领着家族的军队攻破了克莱欣蒂斯家族的大部分城堡，并在罗马地区树立起了教皇统治。他的兄弟罗曼努斯和埃尔伯利希将自己称为罗马人的领事、公爵和议员，他将罗马城内的权利分配给了他们两人。由于"大贵族"之位的重要意义，这一头衔从克莱欣蒂斯家族手中移交到了图斯库拉纳（Tuskulaner）家族手中，虽然他们并没有马上接受这一头衔。

　　与此同时，落选的对立派教皇逃到了德意志国王的宫廷中。1012年圣诞节，亨利在珀尔德接见了他。亨利答应尽快前往罗马，在那里按照教会的规定解决此事，但他也禁止这个出逃的"教皇"在此期间行使任何职权，并取走了象征他教皇尊严的十字架。从这时起，亨利真正开始谋划起了罗马之行，但他丝毫不愿意，为了克莱欣蒂斯家族制造出来的落选者去和罗马名正言顺的教皇开战。很快，他派施派尔主教瓦尔特前往罗马，让他与本笃八世商谈皇帝加冕的事宜。瓦尔特出色地完成了任务。本笃已经坐拥罗马，亨利认可他为圣伯多禄名正言顺的继任者，而本笃也主动提出要为国王打开罗马城门，并在圣彼得大教堂内为他加冕。教皇和国王都通过合约以及誓言做出了保证。亨利就要以类似于奥托大帝那样的方式登上皇帝宝座了。

1013年夏季，国王寻访了莱茵河流域，又在当年秋天回到了萨克森，之后，他便和妻子一同赶往上德意志，罗马之行的军队已经在那里集结停当。这支军队人数不多，几乎全是由主教们筹集来的，但这样的规模已经足够与意大利的敌人作战了，更何况骑士们都对国王一片赤诚，个个干劲十足。这年冬季，军队一路上没有遇到任何阻挡就翻越了阿尔卑斯山。阿尔杜安不愿意再与德意志军队交战，退避在自己的堡垒中，他受到的打击太大，以至于许诺，愿意用意大利的统治权为他和他的孩子们换取亨利王国之中的一块伯爵领地。而我们的国王带着不屑回绝了这个懦弱的提议。

帕维亚一直以来就仇恨德意志人的统治，现在也不例外，想到能向亨利复仇，人们毫不迟疑地打开了城门。国王在这里度过了圣诞节；意大利的主教和修道院院长们从四面八方会聚到这里，他们都认为德意志人是能够让他们免受本地君王暴行残害的保护人。而亨利也正是以教会保护人的身份出现的。神职人员中那些思想严谨的派系都将亨利的到来看作是最大的希望；奥迪罗，这位修道院院长中的修道院院长，所有改革追求的核心人物，他也再次来到了亨利在帕维亚的宫廷，并且成为国王此次征程中如影随形的陪同者。

不再顾忌阿尔杜安的动态，亨利继续前往拉韦纳，他在那里会见了本笃教皇。1月，亨利与教皇一起召开了一场大型的教会代表会议；教会中的许多弊端遭到斥责，旧的糟粕被去除，被忽略的秩序得以重振。鸠占鹊巢的阿达尔贝特不得不让出了拉韦纳的大主教席位，国王的兄弟阿诺德得以重回大主教之位。所有意大利的主教和修道院院长都得到命令，罗列出各自教会被抢夺的财产，并陈述这些财产是何时、在怎样的情况下失去的，现在又落入了谁的手中。

教会代表会议结束后，本笃教皇赶在国王之前回到了罗马，为国王的隆重到来做准备。他在圣彼得大教堂的台阶上迎接国王，将一只帝国金球作为礼物交到亨利手中，这只金球象征着他所统治的世界，上面交错镶嵌着一圈圈珍贵的宝石，上面还装饰着一个闪闪发光的十字架。亨利明白金球上的十字架意味着什么，也懂得这些宝石就是基督教美德的象征。他细细打量了这件礼物，对教皇说："这真是件意味深长的作品啊，神父！你想要借此物件私下教导我怎样执政啊！"接着，他下令将金球连同其他礼物一起送往克吕尼；他说，那里的僧侣们远离了浮华的俗世，目光只停留在救世主的十字架上，比起陷在世俗纷争之中的他，将这些礼物给那些僧侣更合适。

2月14日，亨利和库妮古德的加冕典礼在圣彼得大教堂隆重举行了。两人在气势恢宏的阵列护送下来到了大教堂，他们的左右两边簇拥着12位罗马大臣。人们为"12"这个数字赋予了神秘的意义，因为在队列的排布上也运用了这个数字；6个剃过胡子的人穿着青年人的服饰，另外6个人则留着胡子并挂着拐杖。在罗马神职人员们的簇拥下，教皇从教堂门口向国王夫妇迎上来，他问国王是否愿意成为罗马教会忠诚的保护人，是否愿意向他和他的继任者在一切事务中证明自己的忠诚。国王回答了愿意之后，教堂的大门为他和他的妻子打开了。随后，两人按照先人的古老传统接受了祝圣，戴上了皇冠。亨利将至今为止作为国王佩戴的冠冕放在圣伯多禄的祭坛上，而这顶冠冕被悬挂于祭坛上作为永久的纪念。文献中没有记录，亨利是否还向圣伯多禄座席呈送了其他礼物；但如上文提到的那样，他在加冕典礼当天还惦念着班贝格主教管区，并用德意志的一些属地换取了教皇对他心爱教区的看顾。几乎毫无疑问的是，亨利在整体上公开承认了教皇的权力在督主教之上；但这没有阻止他在此后不久将拉韦纳城和督主教管区内的伯爵领地给了他的兄弟大主教阿诺德作为采邑，而这些土地之前已经给了吉尔贝尔，并且也无疑是属于他的继任者的。

整顿罗马的风纪，这是皇帝首先需要忧心的事。宗教事务在一场教会代表会议上得到处理，而世俗的政治事务在皇帝和教皇出席的一场大型会议上得到了安排。借助于亨利自己和本笃的军队，他攻破了坎帕尼亚（Campanien）那些嚣张贵族的城堡，并帮助教皇讨伐了克莱欣蒂斯党派的巢穴。终于又有一个手腕强劲的人来管控住罗马贵族们疯狂的行径了；因此，如果这些贵族心生不满并渴望反抗的话，也并不令人惊奇。2月22日爆发了一场动乱，领导这场动乱的是三位伦巴底贵族于格、阿佐和埃泽林，他们都是边疆伯爵奥特贝特的儿子。暴动者和德意志人之间的鏖战在圣天使桥上展开，直到夜间交战双方才分开，两边都死伤惨重，而第二天一早战斗就又重新开始了。最终获得这场战斗胜利的是德意志人；领导暴动的三兄弟落入了德意志人手中，皇帝对他们及许多被捕的罗马人进行了审判，将他们流放到了德意志大地上。

人们担心，边疆伯爵奥特伯特在这样的情况下会带着自己的所有支持者公开加入阿尔杜安的阵营，并在伦巴底为皇帝设置障碍。因此，皇帝以最快的速度离开了罗马，取道图西亚回到了伦巴底，并在帕维亚度过了复活节。在此期间，阿尔杜安并没有轻举妄动；虽然国王夺走了奥特贝特的王室领地伯爵之位，并将之授予了洛梅洛（Lomello）伯爵奥托，但即使这样，奥特贝特方面也没有任何动静。皇帝相信，他可以安全无恙地离开意大利了。在踏上回程之前，他还将古老而富足的博比奥修道院改为了一座主教教堂，并由此为意大利设立了一个新的主教管区。5月21日他在维罗纳，而庆祝圣灵降临节时他已经身处班贝格了。

虽然亨利赢得了皇帝的冠冕，也从意大利带回了无数的金银财宝，这次罗马之行给德意志人留下的印象却并不是那么好。人们已经开始思考在一次次南行之中丢掉性命的人数；人们体会到民族间的差异，并且认识到，德意志对意大利人的统治缺少稳固的根基。提特玛尔说："这片土地上的居民与我们的性情大有不同；他们喜用谋略诡计；外来之人在那里多会遭到冷遇，必须付出高昂的代价才能满足自己的需求，即使这样还时常受到欺诈。有多少人是在那里遭到毒害身亡的啊！"

虽然皇帝将许多俘虏押回了阿尔卑斯山这一边，伦巴底各个城市作为忠诚的保证而送来的人质也被皇帝带了回来，但他刚刚踏上归程，动乱就再次爆发起来。现在，边疆伯爵奥特贝特以及其他一些当地权贵都公然加入了阿尔杜安的军事力量。一场新的风暴首先向德意志的主教们袭来。利奥主教被从韦尔切利驱逐出来，彼得主教则被从诺瓦拉（Novara）驱逐出来，在巨大的困苦之中逃往德意志寻求皇帝的庇护；科莫及其他城市纷纷落入了阿尔杜安的手中。这场风暴虽然剧烈，但持续的时间却不长。利奥主教很快就顺利地夺回了自己的城池。阿尔杜安再次陷入了腹背受敌的状态之中。屡战屡败使他疲倦，身体和心灵都受到疾病的纠缠，他最终来到了位于都灵（Turin）的弗洛托亚里亚修道院（Kloster Fruttuaria）中，将象征自己王权的标识用具都放在了祭坛上，剃去胡须，穿上了修道院兄弟的服装。大约一年之后，1015年12月14日，他在这所修道院中离开了人世。皇帝命人对阿尔杜安的同党们进行了严厉的审判；即使他留下他们无用的性命，他们的土地和采邑也都被剥夺了，此外许多人还遭到流放、背井离乡。但宽容和谅解的时刻很快就到来了，遭到流放的人们渐渐都得到赦免，回到了意大利；许多人都收回了大部分的地产和采邑。边疆伯爵奥特贝特和他的儿子们也是这样，而埃泽林在吉比坎施泰因城堡中囚禁许久之后，最终于1018年1月25日得到释放。

从这时起，亨利在意大利的统治再也没有受到攻击挑衅。他通过德意志的钦差使臣管理那里的朝政，这些使臣长期驻扎在伦巴底、图西亚和督主教管区的大型城市中。皇帝不断对主教们施予恩惠和优待，试图以此限制世俗贵族的猖狂气焰；他同时也将当地主教管区的人事任免作为自己不可侵犯的权利，并将不少在他的神事议事厅中供职的德意志神职人员提拔为意大利的主教。意大利的权贵们必须经常翻越阿尔卑斯山参加皇帝的宫廷和国家会议；他在德意志大地上调解他们的争端，为意大利人授予圣职、分封采邑，并为阿尔卑斯山脉另一侧的国土订立法律。德意志重新成为皇权统治的中心。

8. 与"勇敢者"波列斯瓦夫的最后一战

意大利的彻底臣服是那次成功的罗马之行迟来的成果；它直接对德意志的内部局势产生了影响。在皇帝离开期间，德意志各地没有发生任何动乱；在亨利戴上了基督教最崇高的冠冕重新现身德意志大地之后，他的敌人越发不敢与他作对了。他的内兄们虽然还心怀怨恨、疏远宫廷，期待着事态会朝着对他们有利的方向转变，但他们已经放弃了使用武力达到这一目标的尝试。当亨利于1014年作为皇帝巡视德意志各州时，各地都是异乎寻常的祥和。他又可以考虑重新开始与波兰人的战事了，因为这个波兰人始终怀抱着创建独立的大斯拉夫王国的骄傲理想，他不仅正在一步步靠近这个理想，而且已经公然打破了他许下的邑臣誓言。

在1013年与德意志人和解之后，波列斯瓦夫随即投身于与罗斯沙皇的战争之中。这场战争中的对手也是曾与他较量过的宿敌。这位宿敌就是沙皇弗拉基米尔（Wladimir），他的祖母就是曾向奥托大帝的宫廷要求派遣德意志教士的奥莉加。一开始，弗拉基米尔与他的兄弟们共同统治；随着这些兄弟的陷落，他像波列斯瓦夫那样渐渐地开辟了一人统治的道路。他也想要建立一个大型的斯拉夫王国，并且他顺利地将大部分东部的斯拉夫宗族都归于自己的统治之下。他已经降服了沃里尼亚（Wohlynien）①和波多里亚（Podolien）②，并且他通过对切尔文地区③诸城和东加利西亚地区的征服成了波兰人的直接邻居。这个通过占领侵略得来的王国需要由基督教的秩序来维护和巩固。弗拉基米尔犹豫了许久，不知该选择西方还是东方的信仰；他最终选择了希腊人的信仰，并娶了拜占庭的皇室女子安娜为妻，而这位安娜也是德意志皇后狄奥法诺的妹妹。自此以后，波兰人与罗斯人之间不仅存在着统治权的争斗，还加上了由不同信仰而产生的敌意。弗拉基米尔还没彻底将基辅的异教神像摧毁并将基辅城建设成希腊基督教最大的中心城市，他就再一次将矛头指向了西方。与此同时，波列斯瓦夫成为波兰王国的君主；而保护他父亲打下的江山不受罗斯人的侵袭就是他上台执政的第一要务。在与德意志人长期作战的同时，波列斯瓦夫与沙皇签订了协议，沙皇一个名叫斯瓦托波尔克（Swatopolk）的养子娶了他自己的女儿。但正是这段婚姻引发新的矛盾。事情可能是像提特玛尔叙述的那样，斯瓦托波尔克受了他波兰岳父的怂恿，而针对他的沙皇父亲策划了反叛行动的

---

① 译者注：位于现今乌克兰西部的一个历史地区。
② 译者注：位于现今乌克兰中西部、西南部的一个历史地区。
③ 译者注：位于现今波兰中部的一个历史地区，名字来源于切尔文城堡（Tscherwen）。

话，也可能沙皇对儿媳的拉丁基督教信仰以及她对儿子的影响感到厌恶；沙皇命人将他的儿子、波兰儿媳及其告解神父科沃布热格（Kolberg）主教赖因伯恩（Reinbern）都投入了监牢，并使他们受到了极为屈辱的待遇。波列斯瓦夫作为父亲再也无法容忍了，于是，他与德意志人和解，并带兵向沙皇发起进攻。在德意志援军及佩切涅格人的支持下，他于1013年夏季深入罗斯人的领土，一路上造成了毁灭性的破坏，却没能取得长效的成果。此后不久，他不得不再次与沙皇讲和；在摈斥了伴随至今的妻子之后，他甚至娶了沙皇的女儿为妻。不久后，在1015年7月，沙皇弗拉基米尔去世了，斯瓦托波尔克夺取了基辅的政权，他尝试着通过谋杀和暴行压制住了自己的兄弟们，而在这当中他最主要的靠山便是他威名不减的岳父波兰公爵。在东面征战的同时，波列斯瓦夫也没有忽略西方的形势。亨利二世启程踏上罗马征程的时候，波列斯瓦夫就已经与圣伯多禄座席方面建立了新的联系；他的探子们出现在伦巴底，试图侦查当地民众对德意志人的看法。与此同时，在波西米亚爆发了一场针对乌德利希公爵的运动，通过血腥的镇压形势才得以控制。人们处处遭到这个波兰人的算计，他不仅拒绝派兵支援国王亨利，而且还阻止波西米亚人履行他们的邑臣义务。在皇帝离开德意志本土期间，波兰人的意图更是昭然若揭。当时，他派自己的儿子米奇斯瓦夫去见乌德利希公爵，提醒他与他们之间的亲戚关系，并提出要与他结盟，好一起抵抗他们共同的敌人。乌德利希有足够的理由拒绝了这个只能使他走上毁灭之路的提议。他命人拘捕了年轻的波兰王子及其侍从，将他们投入了监牢；他要以他们作为武器对抗波兰人的进攻。

皇帝刚刚回到德意志本土，他就要求乌德利希公爵交出米奇斯瓦夫。波西米亚人并不愿意交出这只"幼狮"，但由于皇帝承诺会保护他免受波兰人的报复，他最终还是屈服于皇帝的意志。波列斯瓦夫随后就对儿子获释向皇帝表达了感谢之情，并表示之后会以实际行动感谢皇帝，并请求他将自己的孩子送回。国王不愿失去眼下这个绝佳的机会，他要求波列斯瓦夫亲自到梅泽堡见他；如果波兰王同意的话，他想要在那里交出他的儿子。但波列斯瓦夫十分顽固，他拒绝亲自现身于皇帝面前；他非常清楚，自己已经违背了应尽的义务，无法从容不迫地接受他的审判。他试图通过承诺和多次派遣使者达到自己的目的，并且他至少做到了，让皇帝于1014年11月在梅泽堡在众位王侯的参议下进行商讨，再决定是否将年轻的米奇斯瓦夫交给他的父亲。有些人持反对意见，他们认为应当将这个年轻人留下来作为人质，好在将来牵制住不忠又易怒的波兰王；但大多数人是支持交出米奇斯瓦夫的，提特玛尔认为这些人都是受了贿赂，最终皇帝按照大多数人的意见做出了决断。在确保忠诚履行邑臣义务的前提下，波列斯瓦夫接回了儿子；然而，事实很快就证明了，他的保证只是谎言。皇帝每一次要求他前来觐见，他都推说德意志人拘留了他的儿子太长时间，他无法再相信德意志人的忠诚，而拒绝前去觐见。皇帝的倾向已经表现得非常明显了，他还是希望与波兰人和平相处的。如果他现在想要用暴力迫使这个不忠的邑臣重新履行他的义务，那么也没有人能够责怪他。但即使这样，他还是再一次选择了和善的道路。1015年年初，他停留在马格德堡，他在诸侯们面前抱怨了波列斯瓦夫的不忠，在场的王侯们一致决定要传讯波列斯瓦夫，让他或是为自己辩解，或是弥补自己的过错。将传讯的消息传达给波列斯瓦夫的是他的女婿边疆伯爵赫尔曼。赫尔曼带着使者踏上了前往波兹南的路途，而皇帝则动身前往法兰克和莱茵地区。复活节期间，亨利回到了萨克森，并在梅泽堡庆祝了节日。他在这里徒劳地期待着波列斯瓦夫的出现；就连边疆伯爵赫尔曼本人也尚未归来，而不久之后，他带着一名波兰使臣斯托涅维（Stoignew）出现了。

斯托涅维在亨利的宫廷中亲眼看见，卢森堡家族的人赤着双脚出现在他们的内兄皇帝面前，请求他的宽容并得到谅解；他看到波西米亚的公爵是如何殷勤地为皇帝效力的；但是他的脑中充满了阴谋诡计，一心只想破坏各民族间的和平，他趾高气扬地来到皇帝面前，而皇帝则被他的态度惹恼了，轻蔑地拒绝了波兰人呈上的礼物，让波兰人的使者带着他无情的答复回去复命，并命令波列斯瓦夫亲自来接受他的审判。虽然皇帝是公开对斯托涅维下达指示的，但他一心挑唆仇恨，故意篡改了皇帝的命令。边疆伯爵赫尔曼真心盼望着双方的和平相处，向皇帝揭发了这个小人挑拨离间的恶行。因此，波列斯瓦夫再次受到警告，要他亲自现身皇帝的法庭为自己辩护；皇帝只想听波兰王本人的陈述。按照奎德林堡编年史作者们的记录，皇帝随后要求波列斯瓦夫归还两年前分封给他的边区。然而，波兰王傲慢地回应皇帝，他是不会归还属于他的东西的，并且还会将尚且缺少的东西夺过来。新一轮的波兰战争势在必行了。

　　皇帝在威斯特法伦的伊姆斯豪森（Imshausen）庆祝了圣灵降临节，此后不久回到了萨克森东部。在圣约翰日后，他随即前往马格德堡，在圣莫里茨修道院为征程祈福。7月初，主力部队在易北河畔距离托尔高（Torgau）不远的地方集结起来，皇帝很快就命令大军渡河，接着便顺顺利利地经过了卢萨蒂亚人的土地来到了奥德河畔的克罗森（Krossen）①，而波兰军队则在年轻的米奇斯瓦夫带领下占领了河的对岸。在此期间，还有第二支萨克森军队在留提曾人陪同下，由贝尔哈德公爵率领，径直来到了奥德河下游，波列斯瓦夫亲自指挥着一支波兰军队在那里阻拦他们渡河。由波西米亚人和巴伐利亚人组成的第三路军队本该由乌德利希公爵和奥地利边疆伯爵亨利指挥，并且前去与皇帝的军队会师，而他们却根本没有出现在奥德河畔；波西米亚人由于鲍岑被围困沦陷受到了阻拦，而波兰又从摩拉维亚向边疆伯爵亨利发起进攻，使得他焦头烂额，也脱不开身。

　　皇帝在尝试拉拢米奇斯瓦夫未果之后，于8月3日率领自己的军队横渡了奥德河。波兰人在德意志军队渡河的过程中发起袭击、展开了攻势，但他们自己一方受到的损失却远远大于皇帝军队的。接着，波兰人便撤退了，德意志人占领了奥德河右岸，等待着其他两路军队前来会师。但是预定集结的日期已经过了，不仅波西米亚人和巴伐利亚人没有出现，就连贝尔哈德公爵率领的萨克森和留提曾军队也没有现身。公爵徒劳地等待了很久，想要寻找一个机会渡过奥德河，而波列斯瓦夫公爵带着他的骑兵多次阻碍了他们的行动。最终，他们虽然顺利渡河了，而波列斯瓦夫也按照他一贯的作风有意避开了正面的对垒并撤走了军队；但那时，贝尔哈德公爵已经错过了及时赶到皇帝面前的机会。因此，他带兵返回奥德河这一边，试图通过使者向皇帝报信。使者们也确实联络到了皇帝，而皇帝也在同一时间得知了波西米亚军队解散的消息。在这样的情况下，他也决定撤兵，因为在他看来，没有那些援军他的力量是不够强大的，

―――――――――

①　译者注：即奥德河畔的克洛斯诺，德语区称克罗森。

不足以攻入敌方的腹地。波列斯瓦夫试图阻止德意志人渡过奥德河踏上回程，但却没有成功；皇帝顺利地领兵渡河，一路通畅地踏上了归途，直到9月1日，他的殿后部队在博德河畔的沼泽地受到了突袭，波列斯瓦夫的弓箭手们先是隐藏在密林中，趁萨克森骑士们没有防备射出一阵箭雨，接着再大举进攻。萨克森军队抵挡住了这次以及随后而来的一次袭击，但在波兰人第三次攻上来的时候，他们阵型散了，大部分人都倒在了敌人的刀剑下。在这场战役上，卢萨蒂亚的边疆伯爵格罗、伯爵福克马尔连同两百名优秀的骑士都战死了。皇帝带领着主力部队先行离开，只有少数人和受了伤的大主教格罗一起赶上了皇帝的队伍。听闻这个惨痛的消息，亨利立即就想回到伏击发生的地点；但是在王侯们的劝阻下他还是继续领兵朝易北河行进，只是派遣梅森主教前去处理阵亡将士们的安葬事宜，并要求敌方交出边疆伯爵的尸首。主教忠实地完成了这个令人悲痛的使命，而皇帝则率领着军队从施特雷拉渡过了易北河。

皇帝立即前往梅泽堡，库妮古德正在那里等候着她的丈夫，但同时，皇帝也下达命令，让边疆伯爵赫尔曼以最快的速度前往迈森，负责守卫那里的堡垒。这是因为一支由米奇斯瓦夫带领的波兰军队跟随着德意志人的步伐，于9月13日从无人防守的迈森渡过了易北河，并随即包围了那里的重要堡垒，这座堡垒在此之前抵挡住了波兰人的所有攻击。靠南的城郊地区都是木质屋舍，很快就遭到了敌人的洗劫，波兰人也没有放过靠北的堡垒，在同一天之内，堡垒之中就燃起了两处战火。堡垒中驻扎的人手太少，没有办法在扑火的同时抵御袭来的敌军；在这样的情况下，女性们也加入了战斗，共同拯救迈森。她们为城墙上的男人们运送石块，由于缺少水源，她们就用蜂蜜酒来灭火。她们到哪里都是得力的助手。她们的决心击溃了敌人的嚣张气焰，夜幕降临的时候，精疲力竭的敌人们最终放弃了攻城。米奇斯瓦夫本人在城市附近的一处高地上，等待着他派出的骑兵队中能有一人回来禀报，这样的话他就策马飞驰到迈森城前。而这名骑士却驾着疲劳不堪的马匹回来了；米奇斯瓦夫不得不将自己出发的时间推迟到第二天早晨。但在第二天早晨，波兰人却发现易北河突然涨潮了。米奇斯瓦夫担心等待太久归途受阻，在同一天的夜里便带着整支军队渡河了。全体军士都顺利地抵达了河对岸，他极为欣喜。迈森城得救了，并且皇帝的援军也很快来到了这里。城郊的木质房屋重新建造起来；10月8日开始动工，22日就已经完成了。冬季来临时，皇帝至少已经确保了易北河左岸各地的安全，并将东边区授予了边疆伯爵格罗的儿子提特玛尔，在这之后，他来到了莱茵地区。

皇帝在帕德博恩度过了圣诞节。虽然他在大斋期返回了萨克森东部地区，但他当时并不想带兵攻入波兰人的土地。他当时的心思全都集中在夺取勃艮第王国上；由此开始了一系列的纷纷扰扰，后来我们看到，皇帝好不容易才摆脱了这些纷争。为了前往班贝格庆祝复活节，他在节前就离开了萨克森；他将防御波兰人的任务交给了自己的妻子以及萨克森的王侯们，这样一来，他就暂且停下了向波兰方面的所有重大行动。而波列斯瓦夫也出乎意料地平静。德意志人上一次的重击也给他的军事力量留下了难以弥合的伤痕，至少梅泽堡的提特玛尔确信，皇帝如果在这时重复上一年的征程，可以不费吹灰之力地夺回失去的边区，并迫使波兰人低头求和。但是这一年却没有任何针对敌人的军事行动，而萨克森的王侯们没有波兰之忧，很快又自相残杀起来。边疆伯爵贝尔哈德领兵夜袭马格德堡；而这个破坏和平的人则被大主教革除了教籍。这两位领主之间的纷争在很长一段时间内影响着萨克森东部，而在威斯特法伦，明斯特主教和皇帝的亲属赫尔曼伯爵也有着血海深仇。直到冬季，皇帝从勃艮第战场回到萨克森，并在珀尔德度过了圣诞节之后，这些纷争才平息下来。在珀尔德以及1017年1月6日阿尔特施泰特一场国家会议上，皇帝时而通过和颜悦色的调解，时而通过严厉的威胁，终结了萨克森领主之间的纷争，边疆伯爵贝尔哈德不得不赤脚觐见大主教，并支付500镑白银以弥补马格德堡教会的损失；相对应地，大主教必须解除对他的绝罚，并重新接纳他加入教会群体。其他的纷争也都以类似的方式解决了。

与波兰人战争也是这次会议上的议题。当时，皇帝想要立即再次征战勃艮第，但一半是由于冬季出兵困难重重，一半是由于要了断他与波列斯瓦夫之间的恩怨。波列斯瓦夫向他派来和解的使者，这正中亨利下怀。他让使者回复波列斯瓦夫，说国内的王侯们正会聚在他身边，如果波列斯瓦夫能够给出可以接受的提议，他很乐意与王侯们商讨其可行性。使者去而复返，停火协议就这样签订了。

　　为了加快协商的速度，皇帝派遣了美因茨和马格德堡的两位大主教、哈伯施塔特主教、齐格弗里德和贝尔哈德两位伯爵以及其他的国内重臣前往穆尔德河畔（Mulde），让他们在那里与波兰公爵会晤。然而，波列斯瓦夫当时身处黑埃尔斯特河（Schwarze Elster）对岸，停留在一个名叫希西亚尼的地方，虽然再三邀请，波列斯瓦夫还是没有出现在这支整容强大的使臣队伍面前。德意志王侯们提出去埃尔斯特河畔迎接他，但这个波兰人却高傲地回复道："我不会踏上这座桥的！"就这样，使臣们在2月初灰心丧气地回到了皇帝面前，皇帝原本在梅泽堡等待着事情的进展，现在听到这样的结局，便决定在夏季发动新一轮的波兰战争。他与王侯们精心商讨作战计划，想要通过此战决出胜负。他们不仅会在易北河和奥德河下游向波列斯瓦夫发起进攻，同时还会从奥地利出发向摩拉维亚、从匈牙利出发向斯洛伐克展开攻势；而中心战场就定在西里西亚。皇帝甚至与罗斯人也结成联盟。这是德意志人第一次与罗斯人缔结军事联盟，为共同的利益而战斗。因为当时沙皇宝座上坐着的已经不是波兰人的女婿斯瓦托波尔克了；弗拉基米尔的一个儿子雅罗斯拉夫（Jaroslaw）夺走了他的皇位，于是他便逃往波兰，来到了自己的岳父那里，而雅罗斯拉夫则在基辅站稳了脚跟，并向皇帝伸出了橄榄枝。由于亨利要用西面向波列斯瓦夫施压，雅罗斯拉夫就承诺带领罗斯军队从东面入侵波兰。东欧的所有王侯都联合起来，组成一个强大的联盟共同对抗果敢的波兰王，虽然他敏锐的洞察力备受赞誉，但眼下他腹背受敌，几乎是不可能从这重重的围堵中脱身出来的。为了使波列斯瓦夫不能按照他一贯的作风通过挑拨国家内部分裂而逃脱自己面临的威胁，皇帝严令禁止国人与他进行私下的协商。同时还进行了细致的调查，谁在之前就与波列斯瓦夫有所勾结。

　　皇帝利用发兵前的一段时间短暂寻访了莱茵地区，并在因格尔海姆庆祝了复活节。由于他和内兄之间的矛盾再次爆发出来，他也试图在这里找出解决的办法。在科隆大主教的协助下，他顺利地在亚琛一场国家会议上与两位内兄彻底和解了。随后，在两位内兄——曾经的公爵亨利和主教迪特里希的陪同下，皇帝返回了萨克森。他在费尔登庆祝了圣灵降临节；7月6日他在马格德堡；8日，他渡过易北河来到了莱茨考，在那里集结了军队。皇帝再一次将自己的内兄亨利作为调解人派到了波列斯瓦夫面前，但这一次的调解也与之前的一样，没有获得任何成果。一场战争就这样展开了，战火点燃了整个东欧，并且这场战争的结局可能对东欧的未来产生不可估量的影响；这是一场前所未有的战争，它将此前毫不相干、各自为政的各个民族联系到一起；这场战争使德意志人来到了他们从未涉足过的西里西亚地区，并且在此后，德意志人不仅用他们的武器，更用他们的语言、习俗和思维方式长久地赢得了这片土地。

7月10日，皇帝率领了他全部的军事力量从莱茨考出发。贝尔哈德公爵和许多其他的萨克森大臣们陪同在他左右，美因茨、特里尔、不莱梅和马格德堡的大主教们，以及班贝格、维尔茨堡、明登、明斯特、帕德博恩、哈伯施塔特、梅泽堡和哈弗尔贝格的主教们也都带着各自的邑臣跟随在皇帝身后。皇帝从卢萨蒂亚行军，波西米亚人和异教的留提曾人为他送来了强大的援军。他就这样行军来到了奥德河畔的格洛高，心中不免担心敌人已经在这里布下了危险的陷阱，因此他谨慎地避免展开战斗。8月9日，他带着主力部队以及波西米亚和留提曾人的队伍驻扎在被波列斯瓦夫占领的格洛高城前；然而，波列斯瓦夫已经猜出了对手的意图，将一支部队派往了涅姆恰（Rimptsch），那是当时西里西亚防御最牢固的地方之一。皇帝派出了军中最精良的两千人马，命他们在波兰人到达之前，火速占领涅姆恰。在行进途中，这支德意志军队就与波兰人相遇了，他们在双方的战斗中胜出，但却没能阻止波兰军队抢先占领了堡垒。涅姆恰随即遭到围困；三天后，皇帝亲自来到了城堡前，命令军队将其团团围住。围城持续了很长时间，双方都建造了器械来发起进攻和进行自卫。三个星期后，皇帝第一次试图攻城，但城内英勇的波兰军队得到增援，挫败了这次的行动，此后不久波兰人又顺利地摧毁了皇帝方面的攻城器械。在此期间，波列斯瓦夫从格洛高来到了布莱斯劳，在那里等待着涅姆恰之战的结局。

德意志人在西里西亚没有获得最佳的战绩，而波兰人在其他方面的征战却获得了令人欣喜的成果。一支波兰军队先是从摩拉维亚出发将奥地利边疆伯爵亨利的军队引诱到了他们的圈套之中，使他遭受了巨大的损失。接着，波西米亚人先后遭受了两次侵袭。第一次是在皇帝通过卢萨蒂亚行军期间，年轻的米奇斯瓦夫率领一万兵士攻打了无人防守的波西米亚，军队在这里厮杀了两天，接着，米奇斯瓦夫便带着丰厚的战利品回到了父亲身边。没过多久，波列斯瓦夫的摩拉维亚军队又攻入波西米亚，他们在那里没有受到任何抵抗，便将这片土地洗劫一空了；直到踏上归途，他们才遭遇了第一场战斗，边疆伯爵亨利迫切地想要一雪前耻，在波列斯瓦夫的军队后面追击，亨利的进攻冲散了波列斯瓦夫的队伍，并使一大部分人都成了俘虏。在此期间，波列斯瓦夫的人马在皇帝背后也侵袭了卢萨蒂亚，并于8月15日对易北河畔的贝尔格尔恩发动了进攻。在同一时间，有一支要赶去支援皇帝的留提曾军队卷入了与波兰人的战斗之中，由于他们遭受了不小的损失，他们在洗劫了卢萨蒂亚之后就赶回家乡去了。

皇帝从四面八方得到的消息都使他更加焦心，他原本对罗斯人的支援寄予厚望，现在却得不到一点儿消息，而涅姆恰也是久攻不下。乌德利希公爵和波西米亚军队试图进行新一轮的攻城，也以失败告终；留提曾人的侵袭也没能取得更好的成果，而在皇帝的军中，传染病已经开始蔓延，夺走了许多人的性命。在这样的情况下，皇帝决定结束围城，离开西里西亚，至少保住波西米亚和萨克森免遭敌军的侵袭。由于卢萨蒂亚完全被敌军占领，皇帝只能选择了十分艰险的道路，在9月前往波西米亚。他将这片土地调整到战备状态，随后便带领着萨克森和文登人组成的军队经由迈森回到梅泽堡。在前往梅泽堡的路上，他们很可能也与敌军狭路相逢了，因为按照提特玛尔的记录，从波西米亚的撤军比进军时更为艰险。而且，军中还发生了内乱，造成了严重的后果。有一次，边疆伯爵赫尔曼手下的人向留提曾人的神像投掷了一块石头，使留提曾人极为愤怒，皇帝判罚了那人十二镑的赔偿金才平息了事端。眼下，他们踏上了归程，在武尔岑（Wurzen）乘船渡过穆尔德河时，他们的另一座神像坠入河中沉没了。他们认为这场事故是神明发怒的结果，于是他们怀着满心的怨气离开了他们的基督教盟友，返回自己的家乡去了。他们想要完全摆脱自己对皇帝的义务；他们好不容易才阻止了首领公然背弃皇帝。

亨利从涅姆恰撤兵，使波列斯瓦夫十分欣喜，他随即下达命令，让他手下停留在卢萨蒂亚的军队渡过易北河。因此，波兰人9月19日就攻入了易北河与奥德河之间的地区，如暴风雨般将那里夷为平地；他们将丰厚的战利品以及上千名俘虏带回了易北河对岸。在同一时间，一支大约只有600人的波兰军队对波西米亚发起了第三次进攻，但这一次却遭遇惨败，只有少数波兰人生还回乡。这样一来，德意志和波西米亚人不仅迫使波列斯瓦夫撤军，并且还使他在自己的领土上遭到袭击，另一方面，他的人马也在与罗斯人的交战中败下阵来。因为沙皇雅罗斯拉夫已经带兵攻入了波兰的疆界，并包围了波列斯瓦夫的一座城堡。然而，由于他在这里遭到了顽强抵抗，他没能进一步深入敌国腹地，并且没过多久就打道回府了。唯一凯旋的似乎只有伊什特万国王；他至少顺利地占领了波兰边境上的一座城堡，那座城堡的统领权被波列斯瓦夫交给了匈牙利国王的一位叔叔久洛（Gyula），此前他被自己的侄子从锡本布尔根（Siebenbürgen）①的统治之位上赶了下来。

　　原本皇帝寄予最高期望的征程却一败涂地。他的军队经历了无法言说的艰辛，但即使这样他们还是屡战屡败，无论去到哪里他们都遭受着惨重的损失。他自己的土地暴露在波兰人的侵袭之下，留提曾人对他的忠臣受到了动摇，萨克森群臣迫切地要求和解。与罗斯人的联盟也没有使他获益。直到晚些时候，皇帝才在梅泽堡得知了沙皇背弃他的消息，他似乎早就相信，沙皇是故意让他抱有虚无的希望。虽然这一切都使他有足够的理由向往和解，但比他更加急于求和的是波列斯瓦夫。在这场战争中，伟大的波兰王侯展现了他的英雄气概及缜密的思虑——这是他英雄生涯中规模最大、最为险恶的一场大战，然而，他的政权能够号召起来的援助力量是不足的，远远不能使他同时与许多对手持续正面交战。他能够与敌人相抗衡几乎是一个奇迹；他太过谨慎，不相信还会有新的奇迹发生在自己身上。在较好的境况下，他也从不相信能够与皇帝和平共处。因此，他立即派出一名使者前往梅泽堡，商议交接俘虏的事宜，但同时这位使者也要询问皇帝，如果派出调停人协商和解事宜，皇帝是否会接受。在萨克森群臣的催逼之下，皇帝最终表示，会接受波兰人的提议。

　　和平谈判就这样于1017年10月开始了。此后不久，皇帝亲自离开萨克森，经由班贝格和维尔茨堡前往法兰克福，并在那里庆祝了圣诞节。在此期间，萨克森王侯们继续推进谈判。1018年1月30日，马格德堡大主教、哈伯施塔特主

---

①　译者注：即特兰西瓦尼亚（Transsilvania），德语称锡本布尔根，位于现在罗马尼亚中西部。

教、边疆伯爵赫尔曼、迪特里希伯爵和皇家司库大臣弗里德里希遵照皇命在鲍岑郑重签订了和平协议。如提特玛尔所说："和解的条件并不恰当，但已经是当时所能争取到的最佳条件了。"与1013年的和平协议中一样，卢萨蒂亚和米尔岑的土地如今也还是留在波兰人手中。关于波列斯瓦夫对德意志帝国的邑臣关系，协议中也没有新的规定，一切都回到了之前的状态。签订和平协议四天后，边疆伯爵赫尔曼的姐妹欧达作为波兰公爵的新任妻子来到他身边。这位波兰老公爵在与之前的罗斯人妻子分开之后，已经向欧达求婚许久，现在终于得偿所愿。波列斯瓦夫总是按照执政需求改换配偶，这已经是他的第五段婚姻了。提特玛尔主教向来最是仇恨这个波兰人，但即使这样，他还是称赞了欧达这场享有盛名的联姻。波列斯瓦夫的儿子米奇斯瓦夫也在当时或是晚些时候迎娶了一位德意志女子，她是王室领地伯爵厄伦弗里德的女儿莉赫扎（Richeza），也是奥托二世皇帝的孙女。

波列斯瓦夫是亨利皇帝最大的敌人，也是与他身份相当的对手，现在，他们之间抗日持久的鏖战终于结束了；这两位善战的强大帝王在和平中度过了人生的最后几年。最终，波列斯瓦夫还是占领着他在奥托三世死后夺取的边区，并且没有人能说，亨利是这一系列征战的最终胜者。但他还是取得了相当大的成果，使得波列斯瓦夫只能遥遥望着他定下的目标，在一度以为触手可及的情况下终究失之交臂。迈森和波西米亚被控制在德意志人手中；那个大型的西斯拉夫王国还只是空中楼阁；波兰对德意志帝国的附属关系没有解除；只要亨利还活着，波兰人都不敢将王冠戴上自己的头颅。

和皇帝和解时波列斯瓦夫能够腾出手来对付罗斯人，亨利自己似乎也热衷于将这个好战分子的心思引向别的方向。1018年夏季，波列斯瓦夫率领着一支庞大的波兰军队，连同三百名德意志骑士，五百名马扎尔人和千名佩切涅格人攻入罗斯人的王国，目的是要为他的女婿斯瓦托波尔克夺回失去的统治政权。7月22日，战役在布格河（Bug）河畔打响了；但在第一轮的交战中，雅罗斯拉夫和他的罗斯军队就在英勇的波兰、德意志和匈牙利联合大军面前败下阵来，仓皇而逃。接下来，波列斯瓦夫没有受到任何抵抗就凯旋地来到了俄罗斯腹地。在短暂的围城之后，基辅城为胜者打开了大门。8月14日，他进入基辅；大主教以圣索菲教堂内圣徒的遗骸来迎接他。就是在当时，波列斯瓦夫从奥托三世手中获得的礼物，即他所佩戴的"缺口剑"，就是在教堂的金制大门上砍出了豁口，在此后的百余年间波兰国王加冕时都会佩戴此剑。在波列斯瓦夫广阔的国土中，没有一座城市像基辅这样，它是中心各地商贸的中心，是不同民族的聚集地。在这里可以看到所有的斯拉夫民族与斯堪的纳维亚的战斗民族混杂在一起，将留里克的族人不断吸引到第聂伯河的岸边。按照提特玛尔的记录，人们可以在城市中找到八处商贸地点以及逾四百座教堂。现在，波列斯瓦夫将自己的女婿任命为这座城市的主人，并在这片土地上的各处堡垒中安排下他的军队。随后，他从战利品中挑选出珍贵的礼物，派遣使者将之呈送给皇帝亨利，向他保证自己的臣服与顺从，并请他提供进一步的支援。但同时波列斯瓦夫也向君士坦丁堡派出了使者，向希腊宫廷提出结盟；他告诉使者，如果他的提议遭到鄙弃，那么他就会成为希腊人的死敌。波列斯瓦夫作为西方基督教世界最果敢的勇士像这样对待希腊人，德意志的骑士也在布格河畔聚集到他的麾下战斗，并且打开了基辅的城门，这对于前不久才刚刚登上历史舞台的波兰王国来说，这无疑是重要的历史时刻！

在波兰人的名号散发出最耀眼的胜利光辉时，我们的皇帝亨利则被卷入了新的险恶纷争之中，而这些纷争是丝毫无法提升他的统治威望的。

9. 亨利争夺勃艮第王国

据说，1006年，没有子嗣的勃艮第国王鲁道夫三世为了保住自己被击垮的势力，答应将勃艮第王国的继承权给亨利，并随即将巴塞尔城作为他继承权的担保割让给了他。毫无疑问，亨利作为鲁道夫国王长姐吉瑟拉的儿子，在勃艮第王室家族断绝了男性继承人之后，如果认可女性成员的后裔也享有继承权的话，那么，他就是最有权利继承这个王国的人。但是，勃艮第贵族丝毫不愿意，允许女性拥有继承权；他们认为在鲁道夫死后，自己可以自由地享有王位了。贵族在国内越是强大，他们的反对意见就越是有威慑力。因此，人们可以预见得到，亨利要行使自己的继承权力就免不了一场大战。虽然他们的国王已经与德意志帝国建立了越发紧密的联系，勃艮第主教们也常常出现在德意志的宗教代表会议上，但只要亨利的统治政权还显得不那么稳固，勃艮第贵族们就对他们的未来不甚忧心。但是，当亨利夺得了皇帝冠冕并在意大利得到了广泛认可的时候，对这位强大的德意志统治者的恐惧也在勃艮第与日俱增，由于老国王想要将这个王国交给德意志人管辖，针对他的反抗行动就首先爆发出来。

领导着勃艮第贵族的是奥托·威廉，他是个戎马一生的男人，在许许多多的战役中度过了动荡而精彩的人生。他是个有着王室血脉的伦巴底人，父亲是阿达尔贝特，祖父是被奥托一世夺取了意大利统治权的贝伦加尔；他的母亲吉尔贝歌似乎也与勃艮第王室有着血缘关系。家族没落时，他还是个孩子，他被带到安全的地方，藏匿了很长一段时间，直到一位僧侣将他重新带回母亲身边。而他的母亲在此期间缔结了第二段婚姻，她的丈夫是于格·卡佩的兄弟亨利，也是获得了法兰西的勃艮第公爵之位的人。亨利公爵1001年去世时膝下无子，奥托·威廉便出来争夺他继父的王室邑产。但罗贝尔国王扣留了勃艮第，想要在之后将这片领土交给自己的一个儿子。奥托·威廉于是将矛头指向了罗贝尔国王，但在经历了鏖战之后也只是签订了一份协议，协议保证在他放弃公爵领地的情况下能够获得东部地区重要属地。这个不安分的男人凭借着自己家族与法兰西权贵之间的关系，已经获得了显赫的地位，现在他的希望落空了，他便试图要在阿尔勒王国做出一番大事业。通过鲁道夫国王的恩赐，他在那里获得了重要的采邑，很快当地就已经没有人能够在实力、财富和影响力上与他相比了。甚至可能怀抱着对王座的向往，他同时还领导着那些心怀不满的贵族，成为孱弱国王手下重臣要员的催逼者、迫害者，他就是这样成了德意志政权的敌人。

1016年年初，鲁道夫面临的困境不断升级，他最终决定在自己尚在人世时就放弃这令人忧心的政权，并立即将之交到亨利的手中。妻子伊尔门嘉德（Irmengard）对他的这个决定有着极其重要的影响，她希望能为两个来自前一段婚姻中的儿子谋求稳固的荣耀地位。按照勃艮第国王夫妇的希望，皇帝亨利于当年的圣灵降临节与夫妇俩在斯特拉斯堡进行了会晤；在这里，国王鲁道夫以采邑的形式将勃艮第的政权交给了他的外甥，并承诺，之后对任何重要事务的决断都会经由他的许可。皇帝随即就在勃艮第行使了最重要的几项执政权力，他先是为一位主教授职，接着剥夺了奥托·威廉在王国内的邑产，并将这些采邑给了伊尔门嘉德的儿子们。皇帝异常慷慨地赏赐了王后、她的丈夫以及陪同他们的勃艮第权贵们。迅速且顺利地解决了这些事务，勃艮第人欣喜地离开了；而皇帝则备好了军队，要向勃艮第进发，将他的新王国完全掌控在自己的手中。

如果皇帝以为，斯特拉斯堡的协议就足以使一个王国加入他的统治之中，那么他很快就会发现自己受骗了。奥托·威廉得知事态的发展之后，就立即对德意志人展开了公开的对抗，他将自己的城堡都调整到战备状态，并做好了在边境上以武装力量迎接敌人的准备。他放出恶狗将亨利任命的主教赶出了自己的管区。在此期间，亨利本人于6月底来到了巴塞尔城前，踏进了勃艮第边境。然而，他没能攻破这一路上的坚固堡垒。虽然他花费了整个夏季，直到10月底都驻扎在勃艮第，但他也只是用刀剑和战火破坏了边境地区，没能取得任何值得一提的成果就离开了这片土地。他带着对战果的不满回到了家乡；而当国王鲁道夫也开始对他自己的决定动摇起来，亨利的期望就更加无法实现了。勃艮第的贵族们虚情假意地表示对国王的屈服，一次再次拉拢国王，他们承诺，只要他让异族人远离国土，就会对他忠诚、顺从、奉献直到他生命的结束。懦弱而缺乏主见的国王真的被贵族们说服了；他与权贵们和解，并请皇帝撤销斯特拉斯堡协议。亨利似乎主要是出于对舅舅的同情才重又放弃了对勃艮第的权利，至少他暂时停止了对勃艮第政权的争夺，这也是因为波兰战争使他足够忙碌了。

国王鲁道夫很快就意识到，贵族们的承诺都是谎言。阴谋、暴行以及公开羞辱他的权威，他们很快又开始了这些旧把戏，一年之后，他就发现自己必须再次向外甥求援。他带着自己的妻子和继子们，连同一大批随从，于1018年2月再次出现在皇帝在美因茨的宫廷中，他不仅郑重地更新了之前的协约，而且同时将勃艮第的王冠和权杖交给了外甥。这一次，他的决定似乎不能再更改了，他终于写下了使他倍感压力的统治政权；至少亨利是这样认为的，他整理行装，预备在夏季再次前往勃艮第，这一次他要率领大军，将所有反抗扼杀在萌芽状态。

皇帝在下洛林地区度过了复活节，又在莱茵流域的法兰克地区度过了圣灵降临节，随后在奥芬巴赫（Offenbach）与哈瑙（Hanau）之间美因河畔的布格尔（Bürgel）召开了一场大型王侯会议，其后他便出发前往勃艮第了。但他发现，国王鲁道夫已经再次背叛了他。勃艮第贵族再次利用了鲁道夫可悲的弱点，使他背弃自己的外甥、出尔反尔。现在，皇帝不得不将矛头也指向自己的舅舅，他一路率军来到了罗纳河畔。尽管亨利做了许多努力，这第二次的征程也没有收获什么成果。8月最后几天，德意志人踏上了归途，在途中，上洛林的迪特里希公爵遭到了一支勃艮第军队的袭击，他勉强才从敌人手中逃脱出来；在这样的情况下，当年奥登海姆的事故重演不缺少任何条件。皇帝前往苏黎世，在那里的一场地方会议上对防御及战争的事宜做出必要的安排，并在这里停留了整整五个星期。随后，他来到巴塞尔，于10月出席了由阿达尔贝罗主教兴建的大教堂的落成典礼①。在此之后，由于行动再次失败，他怀着愤懑朝莱茵河下游去了。冬季来临时，他停留在洛林，后来回到了萨克森，并在帕德博恩的迈威尔克主教那里庆祝了圣诞节。

勃艮第战争在皇帝没有亲自参与的情况下继续进行着。这当中的一些事态发展我们不得而知，直到1020年，斯特拉斯堡主教维尔纳、伯爵韦尔夫（Welf）以及其他多位施瓦本重臣对勃艮第发动了新的进攻，他们获得了胜利，但由于德意志政权无法在勃艮第站稳脚跟，这场胜利并没有留下任何实质性的影响。1023年9月，皇帝再次来到巴塞尔，双方似乎终于签订了和平协议，在这份协议中，亨利再次放弃了在国王鲁道夫在世时对勃艮第的统治。

勃艮第没能在当时就归于我们的皇帝统治之下，这对勃艮第来说无疑是深重的不幸。在这片无主的土地上，暴力统治着一切；混乱无序的状态不断蔓延，最终国内的主教们感到，在国内重建和平是他们使命，他们要求当地的人们宣誓维护和平，并威胁拒绝宣誓的人要将他们逐出教会。但即使这样，这种和平既无法长期地与贵族们的纷争相抗衡，也不能保证底层人民和神职人员遭

---

① 巴塞尔那幅珍贵而引人注目的祭坛画可能就是当时由亨利资助的，可惜该幅画在后来被卖到了巴黎。

到粗野的暴力对待。聪慧的康布雷主教吉尔哈德认为这种通过主教权威取得的和平是对王权的干涉，他警告人们，这样会增加发伪誓者的数量，他的这种看法是很有道理的。

10. 亨利彻底战胜内部敌人

与波兰及勃艮第之间的战争艰苦卓绝却收效甚微，很快便使皇帝冠冕的新鲜光彩蒙上了一层荫翳。因此，亨利的对手们又带着旧时的傲慢气焰站出来反对他严苛的朝政，一系列内部纷争与外部战争同时爆发，或是借外战之机顺势展开。

受到这些纷争影响最大的是下洛林，戈德弗里德公爵依旧受到当地名门望族的嫉妒和仇恨，此外，在卢森堡家族的亲戚反抗过皇帝之后，就没有那么容易让他们再变得恭谦顺从了。虽然皇帝内兄们所进行的军事行动并未成功，他们也没有再次举起武器，但人们还是将他们看作那些暴动的幕后推手。戈德弗里德因而感到自己深陷敌人和对手的四面包围之中。皇后的内兄吉尔哈德伯爵就与戈德弗里德结有仇怨；荷兰的迪特里希伯爵，即皇后的侄子，他一会儿与弗里斯兰人有矛盾，一会儿又与乌特勒支主教起争端，使公爵不得不干预进来。此外，还有与他的家族势不两立的宿敌，也就是最初几位公爵的后人，鲁汶和埃诺（Hennegau）的伯爵，他们让兰伯特伯爵与最后一位卡洛林公爵的女儿联姻，并且认为这样能帮助他们夺回公爵领地，出于对戈德弗里德公爵的憎恨，他们还向他的其他仇敌伸出橄榄枝。

经过多年的争斗，洛林的局势才得以稳固，戈德弗里德的威望才树立起来。兰伯特伯爵首先被命运击垮了。1015年9月12日，他在弗勒吕斯（Fleurus）的战场上遭到攻击，他和手下的许多人都命丧黄泉。没有人为他的死感到哀伤，因为他活着的时候是个暴虐的恶棍、疯狂的强盗，他甚至常常在神圣的场所做出非人的暴行。然而，纷争并没有随着他的死而结束。他的儿子亨利和侄子拉基那尔（Raginar）带着这血海深仇继续与公爵相斗。戈德弗里德还在与这些对手纠缠的同时，吉尔哈德伯爵和他众多的追随者已经举起了武器，打破了埃菲尔山（Eifel）地区的宁静。各式各样的劫掠、驱逐和突袭都没有取得长久的效果，只是证明了，双方的实力旗鼓相当。最终，矛盾双方商定了时间和地点，带着全部的兵力正面交战来决出胜负；经年累月的积怨要交给上帝来裁决。吉尔哈德带着他的人马来了，其中也包括他唯一的儿子齐格弗里德，他姐妹的儿子法兰克的康拉德伯爵——他后来登上了皇帝之位，巴德利希（Balderich）伯爵以及许多其他的贵族领主。与他对阵的是戈德弗里德公爵，他的身后也追随着不少精良的战士。1017年8月27日，战役打响了[①]，上帝做出了不利于吉尔哈德的审判。他的人马仓皇逃散；他的儿子被捕；康拉德身受重伤离开了战场。在战死的人中有一位名叫瓦尔特的人，他是勃艮第人，曾经被吉尔哈德俘虏，后来侍奉于他。按照身份阶层来说，他是一名神职人员，身上还穿着神职服饰，但他与生俱来的放纵性格，使他将祷告书换作了刀剑。他就这样成为了当时最令人闻风丧胆的强盗之一，骇人的战争是他最大的乐趣；据说，只有在他的矛枪染上血色的时候，只有在教堂化为废墟的时候，人们才能看到他心情愉悦。

　　戈德弗里德战胜吉尔哈德，这场胜利尤其为洛林更加和平有序的状态做出了贡献。然而，当时人们对律法的嘲讽以及对皇帝的戏谑到了何种程度，我们从伯爵夫人阿德拉的暴行中可见一斑。阿德拉的名字令当时的所有人都充满恐惧，同时也使人们对风俗的腐朽败坏有了深刻的洞悉，而这样的腐朽已经渗透到了这个民族最高的阶层当中，使我们必须要对这种暴虐进行深入的思考。我们将在这里铺展开来的，将是一幅阴暗的画面。

伯爵夫人阿德拉，德意志的"美狄亚"

　　阿德拉出身于一个萨克森贵族家庭，她的父亲是维希曼伯爵，他在威斯特法伦、弗里斯兰和下洛林都有丰厚的地产，有一段时间，他甚至还拥有根特（Gent）的伯爵领地。维希曼伯爵不仅被人们称赞是个富有而善战的人，

---

① 交战地点不详。

而且还以其虔诚著称，因为他于970年在埃默里希（Emmerich）旁的埃尔滕（Elten）筹建了一座修道院，并花费自己祖产中的一大部分将这座修道院装潢得非常气派。

维希曼没有留下一个儿子就去世了；只有两个女儿尚在人世，她们虽然血脉相连，性情却截然不同。姐姐路特嘉德有着所有女性的美德，温柔、端庄、虔诚；她的一生都用来侍奉上帝，并且在她父亲筹建的修道院中担任第一任修道院院长。她的妹妹阿德拉则贪婪放纵、穷奢极欲，傲慢专横无人能及，她早早地嫁给了萨克森的伊门德（Immed）伯爵，他与皇室家族有着血缘关系，是地位最高贵的男性之一；阿德拉的眼神高傲，说起话来总是大声喊叫，这就已经透露出，她是悍妇之中最糟糕的那种。然而，就连她的敌人也佩服她无论何时都游刃有余的见识、胆量和灵巧。从她手中诞生的精美刺绣以及她命侍女织造的华丽绸缎无与伦比、远近闻名。

在她父亲死后，性格迥异的两姐妹之间立即产生了嫌隙。阿德拉要求取回父亲赠送给修道院的遗产；路特嘉德则捍卫着修道院的权利。当路特嘉德将她的那份遗产也给了修道院之后，嫌隙演变为致命的敌意。由于修道院院长在此后不久就中毒身亡了，所有人都认为妹妹就是杀害她的凶手，而阿德拉随即强行夺取了修道院那里父亲的遗产，就更使人们确信了这种怀疑。在皇帝的命令下，阿德拉不得不妥协，并将修道院的财产归还回去，但没有人认为对这位强悍女子的谋杀指控就此撤销了。

在此期间，阿德拉的丈夫不幸早逝，留下了两个女儿和两个儿子——其中的迪特里希继承了父亲的地位和荣誉，而迈威尔克从小就受到安排进入了神职阶层，后来进入了皇帝的总理议事厅，随后又作为帕德博恩主教赢得了很高的名望。虽然作为寡妇的阿德拉公然地过着放纵的生活，但她很快就感觉到，自己需要一个勇猛的丈夫，能将她的利益看作他自己的利益，并在需要的时候动用武装力量为她而战。她发现一位名叫巴德利希的骑士是合适的人选；他的叔叔是洛林的一位戈德弗里德伯爵，戈德弗里德在莱茵河下游有许多产业，却只有一个软弱的儿子作为继承人，于是，在叔叔死后，巴德利希就希望能获得叔叔在亚图亚里尔高（Attuariergau）[①]的伯爵领地。巴德利希也很富有，产业一处连着一处；但阿德拉的脑中只有别人从她手中夺走的那些产业。阿德拉不愿善罢甘休，直到巴德利希带着夫妻两人手下的人马攻打了埃尔滕修道院，夺取了位于附近的城堡，并按照她的意思来布置和使用那些受过赐福的屋宇。这番劫掠再次引来了皇帝的注意；奥托三世命令巴德利希放弃他的这些战利品，并判罚他高额的罚金。然而，在这样的情况下，阿德拉还是在997年成功地在皇帝面前与修道院签订了一份调解协议，通过这份协议，她至少获得了一部分她要求的产业。

这场旷日持久的争端似乎是解决了。但奥托三世才刚刚合上眼，阿德拉就认为，彻底补偿自己的时机终于到了，巴德利希又一次对修道院发起了进攻。但是，这一次他也被迫按照皇命将劫掠来的财产归还给修道院。巴德利希和阿德拉意识到了，他们在这一方面的努力不会为他们带来任何收获，于是他们很快将目光放到了别的方面。

巴德利希的叔叔戈德弗里德伯爵将一个女儿嫁到了莱茵河对岸的哈马兰德（Hamaland），嫁给了萨克森的维希曼伯爵，一个与彼林家族血缘关系很近的杰出青年。他希望这位有名望的女婿能成为他孱弱儿子的支柱。此后不久戈德弗里德就过世了，他的儿子虽然体弱多病又头脑愚钝，还是在实际上获得了他父亲的伯爵领地；但这最主要还是因为维希曼，因为这时伯爵领地内的一切事务都是由他代为处理的。巴德利希长久以来的期望落空了，他看到维希曼不仅在亚图亚里尔高以伯爵的身份为所欲为，而且他在莱茵河这一带的地位也越发稳固，建造了一座又一座的城堡，心中更是燃烧起了熊熊怒火。阿德拉将他的怒火变成了令人煎熬的复仇欲望。仇恨不断蔓延，两位领主旗下的洛林和萨克森军士们也蠢蠢欲动。巴德利希侵袭了维希曼位于马斯河畔的一座城堡，并将他逼退到了莱茵河对岸。维希曼退避到一处城堡之中，天然的地势使这座名叫姆纳（Munna）的城堡易守难攻，维希曼又想方设法加强城防，最终以这里为据点渡过莱茵河顺利地击败了敌人。最后，国王终止了这场纷争。他龙颜大

[①]　译者注：也写作哈图亚里尔高（Hattuariergau）。

怒，命令两人和平相处；两人被迫在他面前和解了。

维希曼相信这次的和解是真实的，不久后就踏上了前往罗马的朝圣旅途。但巴德利希和阿德拉却利用了他离开的这段时间。在此期间，巴德利希通过多项功劳赢得了国王的恩宠；阿德拉则成了在宫廷中人脉最广的红人——她的儿子迈威尔克已经被提拔为帕德博恩主教，并且是国王的心腹，她因此决不放过任何机会，催促她的丈夫利用这一便利的时机，夺取被萨克森人抢去的伯爵领地。巴德利希往来于宫廷中，只要他提出要求，就能从国王那里获得丰厚的封赏。他那位软弱的堂兄弟被剥夺了伯爵之位；手握伯爵领地，又有国王的命令加持，巴德利希凯旋而归，毕竟没有人胆敢违背统治者的意志。维希曼在归途中听闻事态的发展，该是多么惊讶啊。回来之后，他随即为他和他的内兄所遭遇的不公举起了武器；双方的仇恨再次爆发，比之前有过之而无不及。乌特勒支主教阿德波德（Adelbold）很受国王敬重，他试图调解这场纷争。并且他也确实使矛盾双方签订了停火协议；但这份仇恨已经太过深刻，这份协议不到一天就被打破了。维希曼看到了一个控制住仇敌的有利时机，他不愿白白浪费这个大好机会。他埋伏起来，突袭了巴德利希，但巴德利希渡过莱茵河逃过了一劫，于是双方的纷争在签订了协议的情况下继续存在着，直到很久之后才再次签订了停火协议。

在此期间，孱弱的奥托公爵去世了，随后，凡尔登的戈德弗里德获封了下洛林。公爵的仇敌兰伯特和吉尔哈德与不安分的巴德利希勾结起来，巴德利希和他的妻子因而失去了国王的宠信，而他的继子帕德博恩的迈威尔克及其兄弟迪特里希伯爵在宫廷中的影响力仍在不断提升。阿德拉试图拉拢自己的两个儿子，并想通过他们赢得皇帝的信任，却没有成功。迈威尔克避免与他那罪恶的母亲有任何接触；他的进取心和贪欲虽然都与母亲如出一辙，但他却厌恶地拒绝母亲所有的礼物。在这样的情况下，这个泼妇的心中燃烧起了对她亲身骨肉的憎恨。在迈威尔克主教陪同国王前往罗马的时候，她经过长时间的考虑，做出了一件使她臭名昭著的恶行。1014年4月7日，她派人袭击了她儿子迪特里希位于埃尔滕附近的乌普拉（Upplan）城堡，并使迪特里希命丧黄泉。巴德利希随即霸占了这座城堡，他和洛林当地破坏和平的人勾结在一起，和那些与戈德弗里德公爵作对的人结盟。1015年夏，戈德弗里德在维希曼的支持下朝布拉班特（Brabant）发兵攻打兰伯特，而另一方面，吉尔哈德伯爵包围了埃菲尔山区内的海姆巴赫城堡（Burg Heimbach），巴德利希正要赶去支援吉尔哈德。在增援了吉尔哈德之后的归程中，巴德利希在科隆附近遭到了维希曼手下一名邑臣的袭击，被其抓获并押往了姆纳。他缴纳了大量的赎金才重获自由，在各方的压力之下，他不得不签订了和平协议，甚至还被迫将维希曼当作朋友来对待。

眼下，巴德利希和阿德拉的运势正一路走低，但很快他们还将遭遇更大的困境。1016年年初，他们被召到了多特蒙德接受皇帝的审判，阿德拉在这里受到了谋杀亲子的指控。格外疼爱兄弟的迈威尔克主教亲自站出来控诉他的母亲，要求她为谋杀他唯一的兄弟接受最严厉的惩罚。最终，阿德拉因为谋杀亲生骨肉以及忤逆犯上被判定有罪，而巴德利希作为她的同谋同样被判有罪，阿德拉获判死刑。但皇帝还是留了她一命，却让她付出了对贪婪的她来说最惨重的代价。她被迫将自己财产的绝大部分都留给了帕德博恩教会，而巴德利希也通过割让财产免除了刑罚。从这时起，这两人思考的只有一件事，那就是如何向迈威尔克主教、向皇帝、向维希曼、向戈德弗里德、向所有在洛林支持这些仇敌的人复仇。

阿德拉和巴德利希看到自己的处境越来越岌岌可危，开始寻觅强大的新盟友，他们找到的这个人便是大主教亨利贝特，要支持皇帝的仇敌，他再乐意不过了。巴德利希成了亨利贝特的邑臣；阿德拉异于往常地表现出对宗教机构的慷慨。但是她展现虔诚的唯一原因就是为了赢得大主教的青睐，并同时动摇儿子迈威尔克的根基。这使迈威尔克在软肋上受到了打击。在他绞尽脑汁都没能获得成效之后，他将手伸向了母亲，控制住了她本人并带走了她。她急切地劝说他，说自己会改正，于是迈威尔克不久便放走了她，而在此期间她身上并没有发生任何变化。阿德拉鬼迷心窍一头扎进堕落的深渊，当她再次夺人性命时，她最终遭到了报应。

维希曼伯爵和他的堂兄弟巴德利希尝试了在一段时间内维持友好的关系。维希曼邀请巴德利希参加庆典，巴德利希受到充满敬意的接待，离开时带着丰厚的礼物。巴德利希十分欣喜，也邀请维希曼去做客，虽然遭到了许多警告，维希曼还是相信堂兄弟的忠诚，前往乌普拉做客。当他踏入城堡时，他直言不讳地告诉巴德利希，人们的警告让他充满担忧，但巴德利希坦言，他不会图谋不轨。就连阿德拉也兴奋地迎接了这位客人，这使作为客人的维希曼完全放松了警惕。然而，背叛却依旧在他身边伺机而动。虽然阿德拉满面欢喜，但她从维希曼踏入城堡开始就一心想着如何除掉他。由于她不能依靠丈夫的协助，她就独自策划了整场谋杀。她先是想要在就餐时毒害维希曼，但这个计划似乎行不通，于是被她放弃了。接着，她计划派手下的人在维希曼回去时袭击他；执行计划的将是她的一名邑臣及一名侍从。1016年10月6日，当维希曼心满意足地离开乌普拉时，巴德利希为了表示自己的敬意陪同他走出城堡。两人诚挚地互相道别，维希曼踏上了归途，他的身边只带着数量不多的随从。当随从队伍落在后面，而维希曼和一名侍从独自骑行在前面时——他们距离乌普拉大约一里的距离，阿德拉安排的杀手突然现身，冲向维希曼，将他击倒后，以最快的速度逃离了。维希曼的随从们赶到时，已经再也追不上杀手了。

这场谋杀很快就传遍了各地。阿德拉胜利地报了仇；巴德利希埋怨她，使自己背负骂名坠入毁灭的深渊。可笑的是，巴德利希的胆怯使他比起那个过于鲁莽的老婆来更像女子；一切都没有用了，在世人的眼中，他就是杀害维希曼的凶手；如果他不想一败涂地，现在就必须保护自己的屋宇庭院。就这样，阿德拉至少使巴德利希下定决心守护乌普拉。很快，维希曼的远房兄弟们、友人们还有部下们都蜂拥而至。明斯特主教迪特里希首先得到了消息，他护送着友人的遗体前往弗雷登（Vreden），并将其安葬在了那里；随后他将维希曼的亲属们召集起来，之后他便立即前往乌普拉。萨克森的贝尔哈德公爵是死者的堂兄弟，也是其幼子的监护人，他也赶了过来，安慰维希曼悲痛的部下们，并带领他们来到巴德利希的城堡前。而在另一方面，阿德波德主教也同时带着他的骑士们来到了乌普拉。巴德利希大为惊骇，逃离了城堡。阿德拉自己承担起守卫城堡的责任，以男儿一般的勇气进行指挥。攻城的人气势汹汹，守城的人顽固抵抗；就连女子们也都冲锋陷阵，戴着头盔登上城墙，迷惑围城的人们，让他们误以为城内的驻军人数众多。然而，城堡内的困窘与日俱增，而皇帝也从第一次的勃艮第征战中归来了，正在不断接近这里。在这样的情况下，就连肆无忌惮的阿德拉也颤抖起来；她与围城的人们签订了一纸协议，协议中她承诺用自己的财产换取自由。乌普拉就这样落入了她的敌人手中，彻底被摧毁了。大主教亨利贝特想要保住巴德利希的城堡，于是在皇帝来到科隆时，急切地恳求皇帝将围城的事交给他，而皇帝也应允了亨利贝特的请求；但亨利贝特还没有赶到，城堡就已经化为灰烬了。

据记载，在巴德利希的日子还过得顺风顺水的时候，有一天他站在莱丁海姆（Radinheim）城堡的阳台上，他望着周围明丽的景色和富饶的土地，心中突然产生了一个亵渎神明的想法。他对身边的人说："上帝应当是全能的——但他却不能将家财万贯的我变成一个贫穷的人。莱茵河从我的土地上流过，为我提供受用不尽的眼前美景和口中美食，附近的森林为我提供无数野味。我这样富足又怎么可能沦落到贫穷的境地呢？"而现在，巴德利希的富裕走了尽头；靠着亨利贝特大主教和吉尔哈德伯爵，他才勉强有口饭吃。

此后不久，吉尔哈德与戈德弗里德公爵之中的斗争再次爆发了，巴德利希为吉尔哈德守卫他位于埃菲尔山中的海姆巴赫城堡。聚集在他身边的都是逃犯和粗野的恶棍——都是像他一样无家可归的人。萨克森的贝尔托德（Berthold）伯爵是被革职的边疆伯爵维尔纳的兄弟，他也来到了巴德利希身边。1017年4月1日，贝尔哈德公爵将姆纳城堡交由一位邑臣保卫，而贝尔托德成功地通过背叛夺取了姆纳城堡。巴德利希和阿德拉罪孽深重的悲惨生活中似乎再次有了一线希望；但希望的光芒一闪而过。几个月后，戈德弗里德公爵在纷争中战胜了吉尔哈德伯爵，巴德利希自己遭到了敌人的囚禁。他是否从监牢中逃脱出来，或者是否得到释放，我们都不得而知了；但可以肯定的是，他很快就开始了那种烧杀抢掠的生活。

1018年3月，皇帝来到奈梅亨参加一场宗教代表会议时，他放下了自己的焦虑与忧愁，决定要重建下洛林的和平态势。是因为年纪增长性格变得温和也好，是因为他意识到只有宽宏大量才能平息洛林的群情激愤也好，总之皇帝现在以不同往常的和解姿态出现在众人面前。在一场大型的王侯议会上，他调解了戈德弗里德公爵和吉尔哈德伯爵之间的争端；他通过赏赐恩宠拉拢了大主教亨利贝特；就连兰伯特的侄子拉基那尔也出现在宫廷中，受到了仁慈的对待。

贝尔托德伯爵也带着他的追随者来到了皇帝身边，交出了姆纳城堡，吉尔哈德伯爵和大主教亨利贝特为了表示求和的真心毁掉了这座城堡。洛林的和平无疑在整体上建立起来了；对于像巴德利希这样的拦路强盗来说，未来的希望彻底消失了。

绝望之中，巴德利希最终也遵照皇帝的命令来到了奈梅亨。得到了人身自由的保证，巴德利希来到宫廷中，提供所需的证据证明自己在谋杀维希曼的事件中是清白无辜的。但戈德弗里德和贝尔哈德两位公爵对他怀恨在心，他们不允许他为自己辩护。他眼看着就要在这群臣之中、在皇帝眼前被杀死了。在惊恐之中，巴德利希呼喊着皇帝仁慈，皇帝将他从愤怒的人们手中解救出来，给了他可以逃脱的机会。

后来，巴德利希和阿德拉在当地四处乞讨，直到亨利贝特最终再次向他们伸出援手，给他们一口饭吃，让他们有了避难所。三年后，巴德利希在哈姆巴赫死去了，他的尸首被埋葬在茨弗利希（Zyfflich），因为他在那里筹建一座修道院。按照记载，阿德拉似乎在她丈夫之前就在科隆死去了，她被葬在了那里的彼得教堂前。但这个杀害了自己的姐姐和孩子的女人，她的遗骸似乎给这座城市带来了不幸；人们将她的尸体从墓穴中挖出来，并将其抛入了莱茵河。传说，古老的莱茵河翻滚咆哮了许多天，似乎是抗议这个罪人的遗骸玷污了它纯净的河水。

戈德弗里德的胜利，以及皇帝和解的姿态渐渐地将下洛林建调整到了和平的状态。但即使这样，这片土地还是在1018年由于内部斗争再次遭受了沉重的打击，其后果在之后的很长一段时间内都还能感觉得到。而引起这场斗争的是皇后的一个侄子。

上文中已经提到，1005年，国王亨利在弗里斯兰人面前维护了他妻子的姐妹路特嘉德及其未成年的儿子迪特里希的利益。在过去的这段时间中，这位迪特里希伯爵已经成年，开始亲自与杀害父亲的弗里斯兰人战斗。但是好运却没有垂青于他，最终他厌倦了无谓的奋斗，就试图向别的方向拓展自己的领土。鹿特丹与多德雷赫特（Dortrecht）周围瓦尔河（Waal）与马斯河河口之间的地区当时还完全荒废着；这个狭长地带布满了稠密的森林和大片的沼泽，被人们称为米利维多（Mirivido）或梅尔维（Merwe），马斯河的一条支流至今还在使用这个名字。只有零散的渔夫和猎人在这里经营着他们的生活，并为此向乌特勒支主教纳税，这片土地的大部分在之前都不属于任何人，后来皇帝将其赠予了乌特勒支主教，而科隆大主教和一些附近的修道院也在此区域内拥有较小的属地。除了这些稀少而行踪不定的人口，在过去的一段时间，又有一些弗里斯兰的殖民者在这里定居下来，而迪特里希伯爵也瞄准了这片邻近的区域。这片多水的土地非常适合建造坚实的城堡，这里又从海洋上驶入内陆水域的船只，因而可以设立海关。于是，迪特里希不顾乌特勒支主教的权利就占领了梅尔维，并在这里建起了一座要塞，让弗里斯兰的殖民者向他纳税，并且肆意向经过的船只收取关税。蒂尔的商人对这种骇人听闻的暴行叫苦不迭，乌特勒支主教也控诉迪特里希的行径减少了他的收入，还夺去了他手下一些人的性命。在他们的控诉下，1018年复活节，迪特里希伯爵受召前往奈梅亨面见皇帝。按照皇帝的口谕，戈德弗里德公爵与乌特勒支主教将一起驱逐弗里斯兰殖民者，并摧毁迪特里希的城堡；而梅尔维的土地也归还给主教。迪特里希试图使皇帝收回成命，却是徒劳；他失败之后离开了宫廷，临走时威胁道，他有朝一日会报仇的。

1018年夏季，为了执行皇帝的口谕，戈德弗里德公爵亲自率领一支洛林军队前去攻打迪特里希。这支军队人数众多且装备精良；乌特勒支的阿德波德主教自己也带着手下的人马赶来了，列日、科隆和康布雷的主教们也都派出了各自的队伍。然而，这些精于骑术的将士们却不习惯步行作战。由于在那片遍布着沼泽的土地上战马无用武之地，他们必须将自己的马匹留下，这大大削减了他们的斗志。军队向马斯河下游行进，在弗拉尔丁恩（Vlaardingen）登陆。公爵下了船，想要立即带兵攻打迪特里希。而迪特里希的主力部队是由弗里斯兰农民和船夫组成的，都是彪悍的男性，他们脚程很快，拳头也是力量十足。戈德弗里德朝内陆进发时，他很快就发现道路泥泞难行，他感觉必须得撤退回去。他让前方的阵列往回撤，这使后方军队认为，他们从前面受到了弗里斯兰人的攻击败下阵来了。以讹传讹，洛林骑士们军心大乱，而这时的弗里斯兰人登上了一处高地，他们利用洛林军心动摇的时机进行了突袭，洛林军队本来就对步兵战斗不熟悉，弗里斯兰人就这样风风光光地战胜了本就手足无措的敌人；许多人在农民们的第一轮进攻中就倒下了；那些临阵逃脱的人争相返回船上，登船时的拥挤忙乱和船只的超载又使许多人丧生在水流中。三千骑兵就这样被歼灭了，而那些农民受到的损伤微乎其微。邻近的主教们失去了大量的邑臣；位于附近区县的骑士家族无不哀悼去世的亲人。在很长一段时间内，人们回想起弗拉尔丁恩的弗里斯兰人只能发出一声叹息。

阿德波德主教奇迹般地得救了。戈德弗里德公爵身受重伤，落入弗里斯兰人手中，被押送到了迪特里希的城堡中。迪特里希伯爵报完了仇，得知了这场屠杀的详情，自己也大为惊骇，担心这将引起皇帝的震怒。因此，在公爵承诺为他在皇帝面前求情之后，他便释放了公爵。实际上，皇帝当时对迪特里希是十分宽容的。那年年末时，皇帝再次来到下莱茵地区，他仁慈地接纳了自己的外甥，并调解了他与阿德波德主教之间的矛盾。虽然主教完全有理由对伯爵感到愤怒，但是他的属地受到诺曼人的侵略，除了伯爵之外没有其他人能与他并肩作战，所以他不能拒绝与他和解。

当下洛林的态势就这样平息下来的时候，上洛林也渐渐从皇帝之前的战争所造成的损伤中恢复过来了，尤其是梅斯和特里尔地区。一位当时的人——阿达尔贝罗二世主教的传记作者为我们描述了1015年这里可怕的景象，他感叹道：“这是怎样的时代啊！人们咒骂生活，除了死亡之外，别无他求。城市中廖无人烟，村落和农舍化作灰烬，树林与田园成了荒地，山坡上的葡萄园遭到砍伐。战争、饥饿、瘟疫和大火夺去了大批民众的性命。各地的教堂都成了遭到遗弃的残垣断壁。”尤其是特里尔附近的地区长久以来一直受到内战的侵袭，受到皇帝认可的大主教梅津高德从未入主他的首府，而年轻的阿达尔贝罗不顾皇帝内兄的命令一直霸占着这座城市。直到1015年年末，梅津高德去世，皇帝将巴本贝格家族的博珀（即奥地利边疆伯爵亨利和施瓦本公爵厄恩斯特的兄弟）从班贝格的大教堂教长提拔为特里尔大主教之后，事态才发生了彻底的改变。博珀的血液中流淌着祖先的英勇，同时又有家族势力在一边支持着他，很快就压制住了卢森堡家族，夺取了特里尔，并最终与对手签订了和解协议，在协议中留给对手的只有圣保利努斯（H. Paulinus）修道院，而他自己之前担任过这里的修道院院长。这样一来，皇帝与他的内兄弟之间最大的矛盾就解决了。皇帝很快就通过大主教向两位内兄保证，他愿意将被剥夺的公爵领地归还给亨利公爵。1017年12月，亨利第二次通过旗帜采邑得到了巴伐利亚，并在第二年夏季在皇后（也就是他的姐妹）的陪同下回到了公爵领地中。内战播撒下的罪恶种子一度在洛林生根发芽，现在它被连根铲除了；邪恶的种子灭亡了，这边土地上便开始接触更加甜美的果实。

1019年，施瓦本也成了一场内部纷争的战场，但这场纷争很快就结束了，也没有留下持久的后果。1015年5月31日，巴本贝格家族的厄恩斯特一世公爵去世了。这位正值盛年的高贵男子不幸惨死，他的一位邑臣在狩猎时误射了他。当公爵感到这一箭即将夺去他的性命时，他首先请求免去那位射手的罪责，由于周围没有教士，他接着向狩猎随从中的一个人忏悔自己一生的罪孽，并请他将自己最后的话语转告他的朋友们，让他们关照他深爱的吉瑟拉，维护她的尊严和贞洁，不要将他遗忘。吉瑟拉为她的丈夫生有两个儿子，皇帝作为她的堂兄很快就同意将施瓦本的公爵领地分封给两人的长子年幼的厄恩斯特。而吉瑟拉作为一个精明能干的女子在儿子未成年前将代为管理施瓦本。就这样，还是个孩子的厄恩斯特二世继承了父亲的势力，而这份权势只是为他短暂的生命带来深重的不幸。在丈夫去世后不到一年，吉瑟拉就再嫁了，而这也是厄恩斯特二世不幸的开始。像吉瑟拉这样貌美、聪慧、富有而强大的女子势必吸引着所有男人的目光。她是施瓦本的主人，她父亲留下的遗产异常丰厚，如果考虑到她的母亲在勃艮第为她留下的遗产，那她的遗产就更多了。她完全明白自己的价值，并且知道自己出身于帝王之家，祖上可以追溯到查理大帝那里。如果不是一位从芸芸众生中脱颖而出的杰出男子，她是不会心甘情愿伸出自己的手的。赢得她青睐的人就是法兰克的康拉德，他是位出身于皇室家族的高贵男性，当时最骁勇的骑士。教会认为两人的血缘关系太近，反对他们的结合；皇帝一直对康拉德家族没有好感，也反对他们的结合；但即使这样，吉瑟拉还是在1016年夏天嫁给了康拉德，并于1017年10月28日为他诞下了一个男孩儿，取名为亨利。吉瑟拉在之前一段婚姻中生下的两个儿子都跟他们的父亲一样悲惨地死去了；命运的垂青将她的新任丈夫及他们的儿子送上了人生的巅峰，让他们成为统治德意志的最强王侯。

但吉瑟拉婚后的最初几年并没有洋溢着幸福的光彩。皇帝对他们的婚姻不满，使他们遭受了不少磨难。吉瑟拉失去了儿子的监护权，并由此失去了施瓦本的政权，皇帝将这一责任转交给了特里尔大主教博珀。康拉德对皇帝的不满由来已久，因为皇帝夺去了他的堂兄弟康拉德在克恩顿的公爵领地，并将之分封给了埃朋施泰纳家族的阿达尔贝罗，所以并不一定是因为他自己受了排挤，他在四处与亨利的反对者结盟。我们已经知道，他曾在1017年夏季支援自己的叔叔吉尔哈德攻打皇帝的人马。两年之后，他在施瓦本向阿达尔贝罗发起了进攻，而阿达尔贝罗则是通过自己的妻子（吉瑟拉的姐妹）获得了施瓦本的许多地产。他的堂兄弟康拉德还是个孩子时就被赶出了克恩顿，当时已经成长为一个青年，他想要为他夺回父亲的公爵领地，同时也想要建立起吉瑟拉在施瓦本不可动摇的影响力。1019年，康拉德在乌尔姆战胜了阿达尔贝罗，但他的目的终究没能达到，阿达尔贝罗依旧是克恩顿的公爵；大主教博珀也仍领导着施瓦本的朝政；康拉德自己被迫按照皇命遭到流放，然而，他不久后就从流放地回来了，接着便按兵不动等待着更好的时机。

如果说在当时的上德意志土地上稳定的状态很快建立起来，巴伐利亚和施瓦本人在那些困苦的时期大多保持着忠诚，那么皇帝首先要感谢的就是巴本贝格家族的杰出贡献。在亨利的统治政权稳固下来之后，边疆伯爵亨利及他同名的堂兄分别在诺德高和奥地利为他尽忠职守；提特玛尔使他们成为国家的栋梁和皇帝的左膀右臂。这些功劳也使这个家族得到了相应的报偿：如我们所见，奥地利边疆伯爵的兄弟和侄子先后获封施瓦本作为邑产；奥地利边疆伯爵的另一位兄弟被提拔为特里尔大主教；后来，当两位边疆伯爵在短时间内先后去世时[1]，他们管辖的边区也依旧留在这个家族之中。诺德高的边区交给了亨利的儿子奥托；由于另一位亨利没有留下继承人就离世了，奥地利边区就交给了他的兄弟阿达尔贝特。就这样，波西米亚边区和巴伐利亚的东边区，施瓦本的公爵领地以及特里尔大主教管区统统落到了这个家族的手中。从匈牙利人和波西米

---

① 施韦因富特的亨利卒于1017年9月18日，他的堂兄奥地利的亨利于1018年7月23日去世。

亚人所在的边区，到勃艮第及法兰西边境，如果有人要在这片土地上找出最强大的家族，那么非巴本贝格莫属。

比起上德意志，亨利在萨克森的处境更加艰难。世俗权贵和当地主教之间的冲突愈演愈烈，而这些主教们除了捍卫自己的权利之外，是皇权在这里最重要的保护者。带着对贵族嚣张暴行的控诉，带着对主教肩负的沉重压力的控诉，提特玛尔结束了他的编年史，直到1018年12月1日去世之前，他还在孜孜不倦地撰写这本著作。当时，明斯特主教迪特里希已经和皇帝的一位近亲赫尔曼伯爵及伯爵的儿子们结仇已久。与此同时，希尔德斯海姆年迈的贝尔瓦德主教受到附近的一位伯爵的压迫，苦不堪言，这位伯爵名叫布鲁诺是彼林家族和王室家族的亲戚。彼林家族在各地都与伊门丁格尔（Immedinger）家族势不两立，在这个家族手中握有不莱梅大主教管区和帕德博恩主教管区，并且很受皇帝的青睐。当时，大主教乌万命人在不莱梅周围建起城墙，以抵御贝尔哈德公爵的进攻；迈威尔克主教也始终生活在与贝尔哈德公爵的兄弟提特玛尔之间的矛盾中。其他的主教又各自有别的仇敌。提特玛尔说，这样的一种状态就似乎是国家中没有任何的国王或皇帝；叛徒们不断将外部的纷争牵扯进来，以此来阻止皇帝维持内部的稳定。

如今，彼林家族已经掌管萨克森公爵领地到了第三代，在此之前一直对皇帝无比忠诚，现在当皇帝与彼林家族之间产生嫌隙时，萨克森的局势就变得尤为危急起来。皇帝放过了杀害彼林家族成员维希曼伯爵的凶手，单是这一点就足以激起他们的愤怒。他们看到伊门丁格尔家族在宫廷中获得的地位一定也心怀猜疑。然而，是他们的势力在当时受到的另一次沉重打击，驱使他们站起来反对皇帝。瓦格里人和奥博德里特恩人发起的暴动不仅差点将彼林家族在当地称霸了半个多世纪的势力彻底歼灭，而且还给了基督教教会沉重一击，这场暴动造成的伤害很久之后才恢复痊愈。

人们对亨利政府最大的指责以前是，现在也是对留提曾人的偶像崇拜的容忍。与这个战斗名族之间的联盟对皇帝来说越是重要，他就越是必须避免对他们异教信仰的攻击。皇帝几乎是战战兢兢地谨慎维护着他们的异教信仰。哈弗尔贝格和勃兰登堡的主教逗留在皇帝的宫廷中；基督教信仰在他们的辖区中几乎要消亡了。当时有一个名叫君特（Günther）的人，他是位富裕的图林根贵族，他脱离了穷奢极欲的世俗生活隐居在黑斯费尔德修道院中，后来他漫游到了阿尔特艾希修道院，作为隐士在波西米亚森林中居住了很长一段时间之后，他终于下定决心，接过在留提曾人中间传教的重任，但皇帝还没给予他丝毫的支持。君特很快就意识到他的努力不会有任何回报，于是就回到了自己的隐居地。自奥托三世时期以来，奥博德里特恩人的基督教信仰就一直半心半意，幸而受到萨克森公爵们的维护才维持至今，而在君特离开后不久，留提曾就向奥博德里特恩人的基督教信仰发起了攻击。

　　姆斯季斯拉夫（Mistislaw）是当时奥博德里特恩人的王侯，他和他的家族都信仰基督教，并且是彼林家族忠诚的仆臣。正是这个原因，使得饱受萨克森公爵和德意志教士敛夺之苦的民众对他也没有好感，而当他和留提曾人陷入纷争，并在上一次与波兰人的战争中出尔反尔，拒绝派出援兵之后，他的地位就变得岌岌可危起来。1018年年初，留提曾人领兵攻打姆斯季斯拉夫，而姆斯季斯拉夫随即发现自己被他的人民抛弃了。他在什未林（Schwerin）抵抗了一段时间之后，他便让出了这片土地，逃往萨克森。奥博德里特恩人背弃他们的公爵同时也是针对彼林家族统治的反抗，对基督教信仰的抛弃。当地的所有教堂都遭到摧毁、化作灰烬，十字架被推倒，教士被锁上镣铐、遭到可怕的折磨。奥博德里特恩人在主教城市奥尔登堡（Oldenburg）的行径最为残暴。这里大部分的神职人员都不分青红皂白地被屠杀了；而一开始侥幸保住性命的，现在则受到了更残酷的折磨。人们不怀好意地在他们的头皮上刻上十字，捆住他们的双手，在各地游街示众的过程中鞭打他们，直到他们最终毫无生气地晕厥过去。有60名教士就是这样在奥尔登堡死去的，其中包括丹麦王室的亲属大教堂教长奥达尔（Oddar）。

　　奥尔登堡主教贝尔哈德随即赶往皇帝宫中，去禀报这个骇人听闻的消息，并请求皇帝的援助。失去了斯拉夫边区的贝尔哈德公爵感到自己在萨克森的土地也岌岌可危，也与主教一起出现在皇帝面前。然而，皇帝却以他惯常的宽容态度对待留提曾人，迟迟不展开实质性的行动。他承诺在复活节期间好好考虑这一事宜，但由于洛林的事态仍需要皇帝的参与，所以皇帝依旧没有做出任何举动。1018年就这样过去了；之后的一年也这样过去了。异教信仰越来越壮大，萨克森人在文登人土地上的统治几乎被彻底消灭了。

1019年夏季，皇帝与彼林家族之间的敌对分裂已经变得众所周知。贝尔哈德公爵的兄弟提特玛尔首先拿起了武器，赫尔曼伯爵的儿子们，也就是皇帝自己的堂兄弟们，也很快加入了提特玛尔的阵营。他们首先向那些受到皇帝恩惠的主教发起进攻。一场大战似乎就要在萨克森土地上，在贵族和与皇帝联合起来的神职势力之间展开了。但叛乱刚刚爆发出来就被镇压下去了。提特玛尔伯爵和皇帝的远房兄弟们都遭到了逮捕，但皇帝对待他们十分宽容，他们很快都得到了释放。亨利可能希望，通过他的仁厚之举来避免萨克森爆发大规模的动乱。然而，他要是认为这样就能与贝尔哈德公爵和解的话，他就想错了。冬季，贝尔哈德公爵从威斯特法伦集结了一支军队，并带领这支军队占领了沙尔克斯堡（Schalksburg）①。这样一来，他便已经公然发起了反对皇帝的暴动，并呼吁萨克森贵族们也都举起武器。皇帝在维尔茨堡庆祝完圣诞节后不久，他便亲自动身前往萨克森，并将贝尔哈德包围在沙尔克斯堡中。危险重重的长期内战一触即发。然而，皇帝与公爵之间却出乎意料地和解了，而这主要是通过皇后以及伊门丁格尔家族的迈威尔克和乌万从中调解，他们现在自己也与彼林家族成了亲戚。所有纷争都解开了，尤其是公爵与大主教乌万之间恢复了友好的关系。

此后，公爵和大主教联合起来对抗奥博德里特恩人和瓦格里人，使他们重新回到了萨克森的统治之下。这两个民族重新开始向彼林家族纳税，就连姆斯季斯拉夫似乎也回到了他自己的国家。但教会系统的设立就没有那么顺利了。贝尔哈德主教虽然回到了自己的管区中，并试图重建那里垮塌的教会体系，但他却在这过程中遇到了无法逾越的障碍，对十一税的推广非常艰难。1021年，当皇帝在韦尔本与文登人召开地方会议时，奥博德里特恩人的首领们也出现在了会场，而贝尔哈德主教则作为控诉人出席了会议。首领们信誓旦旦地做出承诺，但却没有兑现这些承诺，主教对重建主教管区感到绝望，最终离开了奥博

---

① 即现在明登（Minden）附近威瑟河（Weser）上的豪斯贝格（Hausberge）。

德里特恩人的土地，前往希尔德斯海姆，并于1023年在那里去世。关于他的继任者雷诺德（Reinold）我们没有找到任何线索能够证明他曾回到过自己的辖区。所有受德意志统治的文登宗族都重拾了异教信仰，只有在零星一些地方基督教的社区组织得以保留下来。大主教乌万是个勤勉的人，他将自己的财产慷慨地花费在教会的建设上，不知疲倦地扩大他在跨易北河地区的势力。直到当时，汉堡才重新从废墟中崛起，周围建起了护城墙，化为灰烬的大主教座堂得到了重建，主教区修道会也再次组建起来，汉堡周围居住的民众遭到严令禁止，不得遵循异教习俗，而这些习俗中的一大部分也已经被根除了。大主教经常与公爵一起逗留在汉堡，两人在这里与文登的王侯们商议政事。彼林家族与伊门丁格尔家族之间的融洽关系不仅保证了萨克森的稳定，而且还确保了文登边境上的和平。

在包围沙尔克斯堡之后，皇帝又于1020年先后两次被迫领兵讨伐反叛的邑臣。第一次是在夏季攻打弗兰德伯爵巴尔杜安，皇帝的军队在8月5日包围了他的城市根特，并且皇帝似乎很快就达到了自己的目标。皇帝遭到了另一个对手的顽强抵抗，这位对手带着对自己配偶的忠诚与爱情投入了针对皇帝、教会和帝国的战斗之中。

这个人就是奥托伯爵，他来自于法兰克最高贵的家族之一，是位强大而富有的领主，因为他的城堡是莱茵河畔的汉默施泰因（Hammerstein），与安德纳赫（Andernach）相对，所以人们称他为汉默施泰因的领主。他不顾神职人员的反对，娶了家族的近亲、美丽的伊尔敏嘉德（Irmingard）为妻。怀着炽烈的青春激情，两人结为夫妻，而他们遭到的反对也越来越激烈。当时，教会的规定已经不止于三代以内的近亲禁止结婚了，而是打破旧时的惯例发展到了五代，甚至是七代。在这一点上，皇帝甚至比主教们还要严格和坚定；这在一定程度上也是出于对国家的考虑，因为近亲的族内婚姻会对国内最具权势的家族产生多方面的消极影响。因此，在亨利执政之初，他就坚持让克恩顿的康拉德公爵与施瓦本的玛蒂尔德离婚；而现在，他也要求奥托离开伊尔敏嘉德。然而，皇帝的再三警告都没有产生效果，神职人员对这桩他们眼中的乱伦婚姻所宣布的教会惩罚也都是徒劳。

　　1018年3月，在奈梅亨举行的一场教会代表会议上宣布了对奥托和伊尔敏嘉德革除教籍的决定，而他们的"帮凶"也将接受调查。但这一判决也只是使奥托伯爵暂时屈服下来，在国王和美因茨大主教埃卡恩巴德面前求情。他不愿与自己爱的女子长久地分离，后来大主教再次向他发出新的警告，除了使他的激情更加热烈，使他对自己的精神牧者充满怨怼之外，就没有任何成效了。对伊尔敏嘉德的爱恋很快就使奥托心中燃烧起对大主教复仇的欲望。他因而在一次莱茵之行中伏击大主教。虽然大主教本人从他手中逃脱了，但他还是捕获了随从中的一部分人，他将这些俘虏押往汉默施泰因，并在那里羞辱折磨他们。皇帝将国内的重臣们召集起来，商讨是否还有任何手段和方法，能够以和平的方式使奥托改邪归正。人们向奥托派出使者，但奥托却不予理会。皇帝亲自对他下达御令，也毫无效果。人们再次宣判，将这对儿情人革出教会，但这还是不能使他们分离。现在，所有的和平手段都用尽了，皇帝于1020年9月带兵来到了汉默施泰因城堡前，包围了这座防守严密、地势险峻几乎无法攻克的堡垒。奥托宣称，再庞大的军事力量，就算是数以千计的骑士来袭，也不能迫使他交出城堡。而事实也很快证明了，想要攻入城堡几乎是不可能的，只有通过紧密的包围才可能使守城的人屈服。皇帝在汉默施泰因城堡前驻扎了三个月有余，最终，饥饿迫使英勇的守城者们交出了城堡；除了一条命，他们什么都没剩下。1020年圣诞节后的那一天，皇帝进入了城堡。奥托和伊尔敏嘉德从此在困苦中四处流浪，但依旧不听从皇帝和父辈的劝告解除婚姻。他们虽然失去所有的名誉，却赢得了作为忠贞爱情殉道者的赞誉。

　　此后不久，奥托三世皇帝曾经最忠诚的谋士科隆大主教亨利贝特就去世了，对奥托三世的继任者亨利来说，这位大主教自始至终都不是值得他信任的人。亨利登上王位时，亨利贝特就曾表示反对，虽然后来他对王位的拥有者表现出屈从，甚至在决定性的时刻为他立下了一些功劳，但他们从未真正地坦诚互信过。这位老于世故、一心为其教会利益考虑且诡计多端的教士不论在明处还是暗处，都受到皇帝反对者的支持，亨利心中对他的猜疑从来没有消除过。就连皇帝驻留在汉默施泰因城堡前时，大主教也以身体抱恙为由，拒绝带兵前去援助。亨利说："他如果病了，我便该前去探病。"于是，城堡刚一沦陷，他就愤怒地赶往科隆。但这一次亨利贝特是真的重病缠身，况且亨利贝特非常懂得如何对付皇帝，他不仅使这位强大的君王没了怒气，甚至还使他在自己面前放下了统治者的傲慢架势。1021年3月16日，亨利贝特去世了。临终之际，人们问他希望科隆的哪位神职人员成为他的继任者，他回道："皮利格里姆将会接我的班，而不是哪个科隆人。"这位皮利格里姆是位年轻的巴伐利亚神职人员，他是皇帝的亲戚，自幼成长在宫廷之中，四年前开始主持意大利总理议事厅的工作；他是个极其精明干练、事故圆滑又雄心勃勃的人。皮利格里姆确实成了亨利贝特的继任者；他的继任对科隆来说是一件大事。

同年8月17日，年迈的美因茨大主教埃卡恩巴德也去世了，他在静谧的修道院中接受教养，是个性情平和的人。他死后，皮利格里姆的堂兄弟亚利伯（Aribo）坐上了德意志主教的头把交椅。他也在皇帝的神职议事厅中效力了许久，并且很受皇帝的青睐；这个年轻人有着如火的热情和高瞻远瞩的计划。由于巴本贝格家的博珀多年来一直作为大主教掌管着特里尔，而博珀又出生于巴伐利亚边区，所以这里主教教会中的莱茵人在整体上受到巴伐利亚人的控制，因为他们从出生地上就与皇帝更近。皇帝可以期待他们控制住动荡的洛林。

亨利完成了他的伟大事业，在近二十年的争斗中抑制了德意志贵族的傲慢气焰，并使他的统治权得到了广泛的认可。之前对他持怀疑态度的世人，现在心甘情愿地惊叹于他的统治。1021年春季，他在萨克森现身时可谓是凯旋而归。所到之处，和平与喜悦都围绕着得胜归来的皇帝，而皇帝自己也完全沉浸在获得的成就之中。奎德林堡编年史的作者记录了皇帝在瓦尔贝克（Walbeck）庆祝棕枝主日的庆典、在梅泽堡度过复活节的情形，以及随后前往马格德堡和阿尔特施塔特的情况。欧洲各方都派来使者表达对皇帝的敬意，而皇帝也展现出自己的雄厚实力，褒扬和犒赏忠臣，责罚和管教逆贼，通过明智的安排保护祖国的和平。"就好像四面八方都对他心悦诚服，好像整个世界向着他这位寰宇之主展现出喜悦的笑颜。"

11. 教皇本笃八世和亨利的第三次意大利之行

史书中至今没有为本笃八世立下任何的丰碑，但相比其他的教皇，他更值得拥有这样的褒扬。在关于他的记载中，留存下来的都是一些零碎的片段，但从这些片段中我们就已经能够辨认出他的形象，他深深明白，自己的使命是为整个西方基督教的福祉而操劳，不顾艰难困苦，重新找回它失去的庄严地位。在奥托时代杰出多位的教皇之中，格列高利五世和西尔维斯特二世，以及他们更加伟大的继任者利奥九世、格列高利七世和乌尔班二世（Urban Ⅱ.），为了使教皇权力的发展过程不至于出现中断，本笃八世也是不可或缺的一员。

本笃出身于一个高贵且强大的罗马家庭，即图斯库鲁姆伯爵的家族，这个家族以儒略·凯撒和屋大维后裔的身份著称。这个图斯库鲁姆家族的宗谱虽然令人难以置信，但他们与罗马那两位强悍的专制暴君埃尔伯利希以及奥克塔威亚努斯-若望十二世之间的关系却是肯定的，暴君们的政权后来交到了作为皇帝的奥托一世手中。我们发现，正如图斯库鲁姆家族将埃尔伯利希和若望十二世算作他们的家族成员，在十二宗徒圣殿教堂旁边埃尔伯利希曾经居住的同一幢屋宇中，图斯库鲁姆家族后来也居住在其中。若望十二世的垮台虽然充满了耻辱，但这个家族传承下来的光芒却没有因此熄灭；当奥托三世对本笃教皇的父亲格列高利伯爵青睐有加，并以他一贯的慷慨分封给他丰厚的采邑，这个家族的光芒又重新绽放出来。很长一段时间以来，图斯库鲁姆家族都不得不忍受克莱欣蒂斯家族的嚣张气焰，1012年本笃终于登上了教皇之位，图斯库鲁姆家族再次崛起，能够重新与克莱欣蒂斯家族比肩了。自奥托三世去世后，罗马城墙内便再没有出现皇帝的身影，于是罗马城内的统治权便再次落到埃尔伯利希的家族手中。

西尔维斯特二世试图在罗马土地上播撒下高等精神教育的种子，这些种子只带来了有限的收获。十一世纪初的罗马比起奥托王朝时代并没有减少几分粗野，即使在罗马教廷中也找不到任何有学术才华的人。就连本笃八世也没有受过高等教育，他身边围绕着的神职人员们也都学识粗浅。他颁布的谕令大多是抄写吉尔贝尔的文章；他是不是也借鉴博学的韦尔切利主教利奥的文笔，而利奥主教也是吉尔贝尔的杰出弟子。本笃在风纪和生活习惯上也与那些沉迷于世俗物欲的罗马神职人员没有两样。克莱欣蒂斯家族从各个方面发现了他的许多缺陷，引发了人们对其作为教皇获得永恒喜乐的担忧；但他们同样也发现，他有着罕见的洞察力，他在处理世俗事务时能够运用自己的能力，在应对危机事件时总能随机应变，将事态引向自己期望的方向，这一点是为人称道的。

本笃八世毫不迟疑地将他就任的最初几年就用来巩固他的家族在罗马的势力。而他也做到了这点。一位教皇再次以独立的权力统治罗马，并能够自由地决定皇帝冠冕的去向，这完全是一个新的现象。当亨利获得皇帝冠冕时，本笃已经成了罗马城的主人，而新任皇帝则成了他的得力助手，帮助他将克莱欣蒂斯家族驱逐到了他们最后的避难地萨拜娜山区。当时，亨利只在罗马停留了短暂的时间。他从未对罗马行使过彻底的统治权；这一权力保留在教皇及其兄弟罗曼努斯手中，而罗曼努斯就像曾经的埃尔伯利希一样，让众人都称他为"罗马人的君主"。

然而，本笃刚刚在罗马确立了他的统治，他就已经将目光从罗马周边地区的狭窄边界移开了，移向了整个意大利。自格列高利一世以来，没有任何一位教皇想到过，要将保护整个意大利作为圣伯多禄座席的义务；而本笃有了这个想法，并且大胆将这个想法付诸实践了。奥托皇帝们多少次想要将希腊人和阿拉伯人赶出半岛，并为西方世界重新夺回这片疆土；现在却是一位教皇将这个想法付诸实践，以令人瞠目的坚定意念贯彻他解放意大利的计划。

本笃首先将矛头指向了阿拉伯人。1012年，一支阿拉伯人的船队出现在了阿诺河（Arno）河口，向当时通过他们的贸易迅速发展起来城市比萨发起了进攻，毁掉了这座城市的大半。四年后，阿拉伯的海盗再次来袭，他们从撒丁岛海湾出发，洗劫了地中海的所有海滨地区，领导他们的是在此后一直在托斯卡纳沿岸地区作威作福的大盗穆德沙伊德（Modschahed）[①]。他们抢占了老城鲁尼，霸占了遭到他们侵袭的地区。在这时，教皇亲自赶到了受异教徒侵害的地区，集结起一支军队，并让比萨人和热那亚人乘坐他们的船只出击，挡住撒拉

---

① 译者注：与阿拉伯语中的"圣战者"发音相似。

森人船队的退路。穆德沙伊德逃往撒丁岛，但他留下的军队被基督教徒们赶上了，在一场持续三日的可怖大战之后被全数歼灭。穆德沙伊德的一个女人也落在了基督徒的手中，遭到斩首；她头饰上的珠宝，最华美的战利品，教皇留下了一部分给自己，另一部分送给了皇帝。剩下的战利品则分给了获得胜利的军中将士们。在此期间，比萨人和热那亚人继续追赶逃亡的穆德沙伊德，他们在撒丁岛岸边与他展开了战斗，他们使穆德沙伊德遭受了沉痛的损失，绝望地逃向了远方。怒气冲冲的撒拉森人给教皇送来一袋栗子；他命人告诉教皇，袋中有多少颗栗子，第二年夏天就会有多少人向他袭来。而教皇则命人用小米装进同一只袋子，再将之送到穆德沙伊德手中，告诉他迎接他的战士将和袋中的米粒一样多。

第二年夏天，穆德沙伊德再次出现在了撒丁岛岸边。他在这里扎下营帐，以非人的残暴荼毒岛上的基督教徒。但他没有胆量前往意大利，因为热那亚人和比萨人按照教皇的指示来到了撒丁岛，在这里向穆德沙伊德发起了进攻，迫使他逃亡非洲海岸。热那亚人和比萨人追击逃亡的撒拉森人，回来后，他们在撒丁岛上建立了最初的居住地，但不久之后他们之间也发生了险恶的争斗，最终热那亚人遭到驱逐。接下来的几年，穆德沙伊德都没有再回到意大利地区；他劫掠的目标转移到了西班牙边区，而在一位罗杰（Roger）伯爵的领导下，一批来自诺曼底的英勇骑士使穆德沙伊德在那里也经历了惨痛的失败。这些撒拉森海盗在高卢沿岸地区的运气更差；在突袭纳博讷（Narbonne）的时候，他们遭到基督徒的打击，失去了船只和所有的财物。

就在意大利的这一面通过本笃教皇的努力得以保全的同时，更大的威胁正从南方袭来，也使教皇不得不花费精力。造成威胁的是希腊人，他们当时正奋力维护自己在下意大利的统治。他们意识到，自己面临着完全失去阿普利亚和卡拉布里亚的危险，于是才做出这些努力，并且保持了较长一段时间。

在奥托三世去世后，西西里的阿拉伯人随即顽固地向南意大利发起了新一轮的进攻。1003年，希腊人的都城巴里被阿拉伯人围困了五个月之久，最终在威尼斯人有力的帮助下这座城市才得救。六年之后，卡拉布里亚最安全牢固的地方科森扎（Cosenza）落入了异教徒的手中，随后异教徒们从那里出发席卷了萨莱诺的王侯领地；萨莱诺答应每年向这些异教徒纳贡，这才免遭洗劫。这之后不久，阿拉伯人再次侵袭阿普利亚；他们的军队重又气势汹汹地来到了巴里的城门前。希腊帝国统治下的意大利省份不断遭受敌军的侵略，此外还受到皇帝苛政的压迫，可以说处在最绝望的境地；但就算他们再怎样控诉和埋怨，君士坦丁堡方面也一直无动于衷，不采取任何行动来缓解他们可怕的困境。巴里一位富裕的乡绅以其伦巴底血统著称，名字叫梅鲁斯（Melus），看到这样的情况，他下定决心要彻底终结希腊人在意大利的统治。1010年，他与自己的内兄弟达图斯（Dattus）联合起来，他们呼吁所有的巴里市民都站起来为自由而战，没过多久，不仅是巴里，整个阿普利亚都宣布脱离希腊帝国。

就这样，做出决定的时候到了，君士坦丁堡的皇帝要么永久放弃意大利，要么就坚定地为他们在半岛上最后的属地而战斗。他们决定要战斗，并于1011年向意大利派出了一支大军。大将军巴西利乌斯（Basilius）包围了巴里，两个月后巴里城向他投降了。梅鲁斯和达图斯逃走了；他们先是试图在阿斯科利（Ascoli）抵抗阿拉伯人的军队，没能成功，后来他们被迫逃往贝内文托。梅鲁斯的妻子和儿子阿吉罗斯（Argyros）落到了希腊人手里，他尝试着呼吁贝内文托的王侯们拿起武器，却是徒劳；他又恳求萨莱诺和卡普阿的宫廷伸出援手，也毫无收获；除了本笃教皇没有人听他说话，只有本笃教皇接纳了这两位反抗希腊政权的勇敢斗士。他不仅将加利格里阿诺河（Garigliano）岸边一座牢固的塔楼交给了达图斯；他还为梅鲁斯赢得了一个民族的帮助，这个民族是在当时才在意大利被人知晓的，并很快对这片土地的命运产生了深远的影响。

1016年，萨莱诺由于在过去几年拒绝纳贡遭到萨拉森人的围城，这时恰巧有40名从耶路撒冷归来的诺曼底骑士来到了萨莱诺。他们刚刚从天主的墓前归来，认为自己不能眼睁睁地看着主的人民受到异教徒枷锁的囚禁；他们向萨莱诺的王侯要来了武器和马匹，英勇地冲向了敌军，敌军的阵列很快就被他们的袭击冲散了，四散而逃的敌军士兵竞相回到他们的船上，落荒而逃了。在软弱的萨莱诺人看来，这些异乡骑士的壮举简直如同奇迹一般，纷纷对他们感恩戴德。但这些骑士坚决地拒绝了萨莱诺城给他们的所有礼物，他们将自己的战斗看作对主的奉献；萨莱诺人邀请他们留在这片遥远的土地上，他们也回绝了。这些诺曼人回到了自己的家乡，陪同他们一起回来的还有一支萨莱诺的使者队伍，他们是来邀请诺曼人骑士去意大利抗击异教徒的。杏仁、橘子还有裹着糖衣的坚果、华丽的绸缎外套、镶金的武器和挽具，这些都是使者们带来的礼物，他们想要向北方的武士们展示，自己的家园是多么富饶美丽。实际上，他们的请求与馈赠也并非全无作用。在同一时代，勇于冒险的诺曼底骑士为了抗击阿拉伯人前往西班牙边区，同样的，他们中也有一批人踏上了前往意大利南部富饶之地的道路，并且很快就通过阿尔卑斯山的关隘来到了伦巴底平原。这支队伍由250名骑士组成，领队的是五兄弟，其中一个名叫吉斯尔贝特（Gisilbert），由于他杀死了威尔汉姆子爵，被迫远走他乡。吉斯尔贝特的兄弟中有一个名叫鲁道夫的格外突出，他后来赢得了军队的最高指挥权，他主要是凭借自己的骁勇善战脱颖而出的。这些威武的骑士们装备着寒光闪闪的武器和铠甲，骑行穿过伦巴底的城市，他们所到之处都受到最热烈的欢迎；据说，人们接待他们，就如同接待下凡的天使。他们就这样来到了罗马，吉斯尔贝特想要在教皇面前洗刷自己的血债。本笃看到这些诺曼人有着如同海格力斯一般的健硕身形，眼中透露出勇敢与坚定，他立即就打定主意要派他们迎战希腊人。他在他们面前痛斥希腊这个异端而又懦弱的民族，说他们还一直统治着意大利是不公正的，他鼓励骑士们将阿普利亚从这些懦夫手中夺走，并且让他们去找当时逗留在卡普阿的梅鲁斯。此后不久，诺曼人就和梅鲁斯结成了联盟，梅鲁斯同时也从伦巴底的各个王侯领地征募来了一支雇佣军队。

梅鲁斯立即带领着索尔登和诺曼底的将士从北方出发，向阿普利亚进发。1017年5月，他达到了福尔托雷河（Fortore）河畔，这条河划分了贝内文托和阿普利亚的辖区，带领希腊部队的是利奥·帕西亚努斯（Leo Pacianus），他是大将军安德洛尼库斯（Andronikus）的下级指挥官。虽然希腊人很快就得到了大量增援，但梅鲁斯不断深入阿普利亚，取得了多场战役的胜利，并夺取了到特拉尼（Trani）为止的所有土地。帕西亚努斯永远留在了战场上；安德洛尼库斯由于临阵脱逃而遭到人们的谩骂，给他作为大将军的威名留下了污点，后来他被调离，大将军巴西利乌斯·布吉亚努斯（Basilius Bugianus）于1018年成了他的继任者，带着一支无比庞大的军队渡海而来。新任的大将军屡战屡胜。他的军队也大多由北方将士组成；俄罗斯和斯堪的纳维亚的瓦良格人——这个勇于冒险的民族在希腊人的麾下战斗。在坎尼（Cannae）附近的奥凡托河（Ofanto）上，汉尼拔曾在这片战场上令罗马人蒙羞，现在罗马人又在这里重振威名。梅鲁斯和他的诺曼将士们被彻底打败，整支军队遭到歼灭；据记载，梅鲁斯只带着六名诺曼人逃脱了这场血腥的屠杀，他们赶往萨莱诺，与在那里集结起来的更强大的诺曼底部队会合。将士们迫切地想要为自己的战友们报仇雪恨，于是他们便跟随着梅鲁斯投入战斗，三千名诺曼人就这样再次出现在希腊人面前。但幸运却没有垂青于梅鲁斯；他的军队又一次被敌人的优势力量压倒。三千诺曼人中只有五百人从战场上归来；许多人永远留在了战场上，还有许多人被押往君士坦丁堡，并在那里的监牢中苟且地生活了很久。少数被梅鲁斯带回来的将士后来侍奉了萨莱诺的侯爵和卡西诺山的修道院院长，并等待着一个更有利的时机，好向希腊人报仇雪耻。鲁道夫也从两次的劫难中侥幸生还，梅鲁斯本人和他一起翻山越岭，赶往亨利皇帝那里，请求他将意大利从希腊人的魔爪中拯救出来。皇帝耐心地倾听了他的请求，但没过多久梅鲁斯就在德意志土地上离开了人世。1029年，梅鲁斯逝世于班贝格，他的遗体也葬在那里；在他的墓碑上，人们为他刻上了阿普利亚公爵的头衔。

　　没有人能够怀疑，是教皇将梅鲁斯和鲁道夫的脚步引向了北方，但在同一时间，他自己也踏上了翻越阿尔卑斯山的旅程，并在1020年复活节前后来到了皇帝的宫廷驻地。濯足节那天，教皇达到班贝格城中，皇帝隆重地迎接了他。同一天，他在亨利修建的大教堂中举行了弥撒。复活节庆典上，他也在圣坛上主持了祭典，拉韦纳大主教和阿奎莱亚的宗主教也在他的身边。之后的星期日，他隆重地为新建的史蒂芬教堂举行了落成典礼，并用丰厚的礼物装点了这座教堂，当时有72名大主教和主教以及大量的世俗王侯都会聚到班贝格，围绕在皇帝和教皇身边；世间最高尚的光芒笼罩着一个地方，而这个由亨利一手打造的城市在数十年前还默默无闻。班贝格的盛名在整个欧洲回响。教皇陪同皇帝从班贝格前往福尔达修道院，5月1日，两人停留在修道院中。与班贝格一样，当时的福尔达也受到罗马主教的特别庇佑，几乎成为了圣伯多禄的所有物，并且对罗马教会负有义务。皇帝为此签发了一份证明文书给教皇，后来这份文书被伪造成了一张赠地确认文书，按照伪造的证明，亨利像奥托一世那样将整个意大利都交给了圣伯多禄。

　　教皇出现在德意志土地上是个轰动的大事件。近两个世纪以来，人们只能在这里看到被驱逐或遭革职的教皇；在那里，人们从未在两位基督教世界最高领袖的身边庆祝过复活节。就连格列高利五世和西尔维斯特二世，在登上圣伯多禄座席之后也再未出现在阿尔卑斯山的这一边。教皇的到访赋予了皇帝以及他最爱的班贝格教区一层不可比拟的荣光，人们似乎也真的相信了，本笃的到访除了表达对皇帝及班贝格的敬意之外，并没有其他的用意。教皇在一封诏令中也称，他出访的唯一原因就是，皇帝多次邀请他访问班贝格，他无法推辞。但即使这样，也还有别的更深刻的原因促使着教皇，在梅鲁斯和诺曼人出发的同时翻越阿尔卑斯山。意大利危急的局势，尤其是希腊人对他构成的威胁，使教皇忧心不已，并将他的脚步引向了北方。1020年夏季，教皇回到了罗马；他肯定已经得到了皇帝的承诺，皇帝不久就会带着军队来到意大利，抗击希腊人。

　　在此期间，下意大利的形势变得越发危急了。希腊人不仅重新夺取了整个阿普利亚，而且还已经占领了贝内文托地区的大部分，并在这里建起了坚固的堡垒，他们将这座堡垒命名为特罗亚。贝内文托王侯兰杜尔夫五世虽然在困境之中保持着对教皇和西帝国的忠诚；但他的堂兄弟卡普阿的潘杜尔夫四世正替年迈的叔叔执政，他的兄弟艾特努尔夫当时是卡西诺山的修道院院长，他们两人一开始在暗中，后来则是公然地偏袒希腊人。萨莱诺的万玛尔二世（Waimar Ⅱ.）是卡普阿和贝内文托王侯家族的姻亲，他也倾向于君士坦丁堡方面，而萨莱诺对西帝国的依附关系一直以来只是暂时的。显然，教皇现在不能寄希望于伦巴底的王侯们提供保护。路人皆知，潘杜尔夫将卡普阿的金钥匙送往了君士坦丁堡，并且向君士坦丁堡皇帝投诚了；他已经允许希腊大将军领兵穿过他的辖区，去包围加利格里阿诺河畔、教皇交给达图斯的那座城堡。很快，这座城堡就落入了希腊人手中；达图斯遭到俘虏，被押往巴里，他被缝在一个袋子里抛入了大海。就这样，1021年年初教皇的辖区受到了希腊人的直接侵袭，而皇帝则迟迟没有发兵援助。

　　在降服所有内部敌人之前，亨利不愿离开德意志地区。但他一旦看到自己的目标实现了，便整顿兵马前去抗击希腊人了。1021年夏季，他从萨克森来到莱茵地区时，他已经在与王侯们商议此次出征的必要事宜。接着，他在秋季再次回到萨克森，并在这里为自己离开期间的边防和内政做出安排。在一切安排停当之后，他迅速经由法兰克前往施瓦本，在那里已经集结起了一支由洛林人、巴伐利亚人和施瓦本人组成的军队。12月初，亨利率领着这支军队跨过了布伦纳关口，于12月6日抵达维罗纳，意大利的主教们带着各自的邑臣在那里迎接他的到来。在前来迎接的人中包括高傲的米兰主教阿里贝特（Aribert），他是个强大的男人，将来还会与最强大的皇帝周旋一番；身经百战的阿奎莱亚主教博珀原本是巴伐利亚人，皇帝在不久前才将这片富得流油的主教管区交给他，而这片管区中的一大部分都是属于弗留利大区的；接着还有精明干练的帕尔马（Parma）主教亨利，他也是德意志人，曾在皇帝的总理议事厅中供职多时，数次作为使臣出访；学识渊博而又善于谋划的韦尔切利主教利奥，西尔维斯特二世的宠儿；还有许多其他德高望重的教会王侯。世俗重臣们也在迎接皇帝的队伍中。埃斯特家族的族长边疆伯爵于格现在与皇帝和解了，也出现在现场；人群中也少不了边疆伯爵波尼法爵，他继承父亲特道尔多丰厚的遗产已经有多年时间，并且他与自己的父亲和祖父一样，试图保持与德意志王的联盟来为家族赢得利益。在维罗纳召开了一场大型的地方会议之后，皇帝已经吸纳了众多伦巴底部队，他便继续踏上了征程。12月10日，他在曼托瓦（Mantua），并从那里出发前往拉韦纳，他在拉韦纳与自己的兄弟大主教阿诺德一起，按照他的习惯举办了盛大的圣诞节典礼。

　　1022年年初，皇帝从拉韦纳出发，他将由约六万人组成的军队兵分三路；第一路军队约有二万人，由科隆大主教皮利格里姆指挥，穿过罗马前往坎帕尼亚；第二路人数较少，要在阿奎莱亚宗主教博珀的率领下攻破被希腊人部分占领的马尔泽山区；第三路也是人数最多的一路，皇帝将亲自指挥，沿着亚得里亚海海岸向南行进。2月，亨利就已经到了贝内文托辖区内；3月初，他带兵进入首府，贝内文托王侯和居民们友好地接待了他。教皇本笃也来到了这里，并且他似乎在整个行军期间都与皇帝形影不离；说到底，他应当算是这整个行动的始作俑者。人们在贝内文托只做了短暂停留，在那里，博珀已经带着他的人马与皇帝重新会师了，因为他一路上没有在任何地方遇到希腊人，而马尔泽的伯爵又自愿向他投降了。现在，皇帝带着强大的军队快速地向特罗亚前进，3月初开始了对特罗亚的包围。

特罗亚防守严密，不可能很快攻陷。皇帝因此从各个方向包围了这座城市，并命人建造大型的攻城机械，要用这些机械火烧特罗亚。然而，一些突围出来的守城士兵将这些机械付之一炬，机械被烧得一件不剩，工匠们只得重新再造。这件事发生之后，人们为新的机械覆盖上粗糙的外壳，保护它们免受敌人的火烧。接着，人们就开始火攻城墙，但却收效甚微。由于皇帝想要避免长期围城，于是，他便派人向驻城军队提出了有利的条件，劝他们交出特罗亚城。驻城军队群情激愤，他们叫嚣道，要看亨利拜倒在他们皇帝的脚下，轻蔑地拒绝了所有的协商。皇帝愤怒至极，他发誓要是这城中的人落到他的手里，他便要一个一个地将他们打倒。就这样，围城持续到了第四个月，这比皇帝预计得更久，也比城内驻军所需粮食能够维持的时间更久。他们还徒劳地期待着会有援军赶来；当最后一丝希望也消失之后，他们不得不考虑交出城池。现在他们害怕起了皇帝的震怒，之前被他们一笑而过的威胁也变得令他们胆寒。因此，他们试图激发皇帝的同情，他们是这样做的：城中的人们派出孩子们排成长长的队列，在高举的十字架以及虔诚的隐士带领下来到城门前，出现在皇帝的营地中。孩子们一边哭喊，一边为自己和父辈们求情。但皇帝不让自己的心受到他们的动摇，他让孩子们回到城中，说："神知道，杀害他们的不是我，而是他们自己的父辈。"第二天，同样的阵列呼喊着同样的请求又出现了。这时，皇帝被感动了，正如他手边总是有一本《圣经》，他引用《圣经》中的话语说道："我怜悯这众人。"[①]现在，居民们提出，要将城墙最坚固的一段凿开，向皇帝投降，于是皇帝也向他们保证不仅要原谅他们，甚至允许他们重建城墙。就这样，在遭到围困十三个星期之后，可以说是城内居民自愿交出了特罗亚城，而不是皇帝攻占了它。希腊人建起的堡垒在之后成了抵挡希腊人自己

---

① 译者注：援引自《马可福音》第8章第2节，原文为："我怜悯这众人，因为他们同我在这里已经三天，也没有吃的了。"

的防御工事。

在此期间，大主教皮利格里姆更为迅捷地取得了成果。他刚一来到卡普阿辖区，修道院院长就艾特努尔夫就逃走了。当修道院院长从奥特朗托（Otranto）登船前往君士坦丁堡时，一场风暴突然袭来，院长就在这场海难中丧生了。皇帝听到这个消息，脱口而出诗篇作者的话："他掉进了自己所挖的陷阱里。"①艾特努尔夫的兄弟卡普阿的潘杜尔夫也遭遇了相当悲惨的命运。皮利格里姆才刚刚领兵来到城前，他就意识到，自己不可能与之抗衡，于是便任由敌人处置。皮利格里姆命人将他看管起来，占领了卡普阿，接着向萨莱诺进军，在围城40天之后，萨莱诺也投降了。当地的王侯万玛尔将儿子作为自己忠诚的担保。眼下，那不勒斯和阿马尔菲也像最初奥托皇帝执政的岁月里那样，认可了西帝国的最高统治权，就这样，科隆大主教带着胜利的消息凯旋而归，回到了还驻扎在特罗亚城前的皇帝面前。紧接着，皇帝就在这里对潘杜尔夫进行了审判；这个不忠的王侯被判处死刑，在大主教不断的请求之下，死刑才改为了流放。皇帝命人给潘杜尔夫戴上镣铐送往阿尔卑斯山另一边；万玛尔的儿子则被皇帝交给了教皇看管。

6月中旬过后不久，皇帝在收到特罗亚城按要求呈送的人质之后，就从这里出发了。由于炎热的季节来到了，他放弃了继续向阿普利亚行军的计划；他没有与希腊人正面交锋，就踏上了回程。他首先前往卡普阿，他将泰亚诺（Teano）伯爵潘杜尔夫任命为那里的侯爵。接着，他登上了陡峭的卡西诺山，6月28日和29日，他都和教皇停留在这里。他这样做，不仅是为了向圣本笃展现自己的敬畏，同时也是为了给这所古老的大修道院任命一位合格的院长，并改善修道院中纪律松散的生活。他选定的人名叫提奥巴尔德（Theobald），他接过了作为精神牧人的职责并接受了教皇的祝圣。在这位修道院院长的领导下，克吕尼的奥迪罗很快就来到了卡西诺山，奥迪罗这样做的原因更多的是为了在修道院中贯彻必要的改革，而不是像那里的教士兄弟们表达敬意。在卡西诺山以北索拉（Sora）附近的山区，皇帝将这里的伯爵领地给了梅鲁斯的4个侄子，

---

① 译者注：出自《诗篇》第7章第15节，原文为："他掘了坑，又挖深了，竟掉在自己所挖的阱里。"

并安排了25名诺曼底骑士保卫他们。亨利在萨莱诺也留下了一些诺曼人；而大多数的诺曼底骑士都在鲁道夫的带领下回到了家乡。

皇帝再次为西帝国保全了伦巴底的所有王侯领地之后，他便领兵向罗马开跋。皇帝这是第二次到访这座世界之都，这一次他也只停留了短短几天。他利用这几天的时间，通过慷慨的赏赐馈赠确保罗马贵族对他的臣服。7月底时，他已经到了卢卡地区，由于军中有传染病开始蔓延，他加快了返回的速度。皇帝的军队在经由伦巴底回乡的路上事故频发。绝大多数的德意志军士都被瘟疫夺去了性命，最后只有少数人随皇帝一起越过了阿尔卑斯山。但是，德意志各州为他派来了一支庞大的骑士队伍，到了秋季，他带着威严的帝王气派重新出现了莱茵地区。冬季，他来到萨克森，在他的朋友迈威尔克主教那里隆重地庆祝了圣诞节。在皇帝离开期间，德意志各地的和平一如往常，皇帝迅捷的远征确保了帝国对最遥远属地的统治，这大大提升了皇帝的威严，虽然人们无法否认，这场征程夺去了太多人的性命。

由于希腊人的统治依旧笼罩着意大利，皇帝最后的这些军事行动也没能完全满足教皇的期望，但是，皇帝的出征确保了教皇对罗马的统治，并同时让世人看到了，他的话语对皇帝有着怎样的分量。实际上，皇帝在这里的角色并非是罗马教区的主人，而更多的是这里的保护人，他将本笃提升到了很长一段时间都没有过的独立地位上。世人们能看到皇帝和教皇同心协力，并且没有任何一方需要向另外一方做出妥协，这绝非小事。而且他们两人的一致步调还将对这个世界产生更巨大、更为积极的影响，因为在皇帝远征之后，一场针对拉丁教会的大型改革很快就展开了。

在本笃之前登上圣伯多禄座席上的几位教皇虽然如此懦弱，但他们还是坚韧地延续了罗马教廷早已有之的传统，保持着与克吕尼的联盟。当格列高利五世授予法兰西主教中克吕尼派成员的特权受到抨击时，例如若望十八世就派出一名教皇使节来到罗贝尔国王面前，并以极大的决心要求他认可罗马的权威。本笃八世从他就职开始就坚定地保持着与法兰西僧侣们的联系。弗勒里（Fleury）修道院院长高泽林（Gauzlin）被提拔为布尔日（Bourges）大主教一事受到许多争议，他的积极行动使人们认可了这一调动，这在他就任最初的那些重大举措之中，也是重要的一步。

正是在当时，克吕尼派的追求取得了最大的进展。高泽林是于格·卡佩的私生子，他在克吕尼派中属于最严格的派系，他得到提拔对于法兰西主教们来说无疑是沉重一击。相反地，对于克吕尼派来说，一个对克吕尼完全忠诚的人坐上了法兰克王国主教的第一把交椅，必将带来不可估量的益处；国王罗贝尔是与高泽林有一半血缘关系的兄弟，虽然他之前反对克吕尼派的修道院联合会，但现在他心甘情愿地支持克吕尼派的意图，这就使他们的优势又多了一分。就这样，他们在法兰克王国覆盖范围与日俱增，主教们也不得不向他们让步。眼下，克吕尼派的修道院联合会在西班牙边区也不断发展出新的分支，他们精心维护与勃艮第王室的关系，几乎控制住了整个勃艮第的教会，除了这些成就之外，他们现在在德意志和意大利也站稳了脚跟，要知道，此前他们在这里的影响力还是微不足道的。在意大利发挥最大作用的是圣威尔汉姆，他在意大利出身，却是在克吕尼接受了教育，后来他被任命为第戎贝尼格努斯修道院（Benignuskloster）院长，成了第一个按照克吕尼派的理念在多座修道院中进行长期改革的人，很快，弗洛托亚里亚修道院就脱颖而出，成了这些修道院的母院。正如我们之前提到的那样①[邱瑞晶1]，在德意志，克吕尼派主张是经由凡尔登的圣维托努斯修道院，通过院长理查德的努力传播到洛林的，并在这里受到了许多主教的支持，而意大利的主教们则尚且对他们的主张无动于衷。

克吕尼派大踏步地前进为罗马带来了巨大利益，像本笃这样一位教皇会怎样面对呢？西班牙边区的教堂和修道院如今自愿地向他供奉献祭，法兰西的主教们受到了一系列的挫败，罗贝尔国王于1016年前往圣伯多禄墓前朝圣，这不都应当归功于克吕尼派的发展吗？因此，我们看到教皇本笃始终与伟大的修道院院长奥迪罗、圣明的威尔汉姆以及克吕尼派所有的领袖人物保持着联系，这绝非偶然。教皇在平时的私人生活中并不热衷于遵循他们的严苛教条，但由于他们的意图在于，建立神职人员有规范的生活，他就积极地予以支持，并很快以改革家一般的热情挺身而出反对当时神职人员奢侈张扬的生活，这也不是偶

---

① 参考第80、81页。

然。本笃教皇的言行总是独树一帜，而他亲自前往帕维亚召集伦巴底的神职人员举行宗教评议会[①]，并在会上做出了反对教士婚姻的重大决议，这是教皇做出的最大胆的举措之一。众所周知，在当时的伦巴底，上至主教下至教会讲师所有的神职人员都受到广泛的崇敬，没有人怀疑他们的高度自由，他们的孩子即使是由庶母所生，也能从教会财产中分得极其丰厚的采邑和租地，而这些教士的孩子也逐渐形成了一个富有而受仰慕的群体。现在，教皇来到了这些伦巴底主教和教士之中，他不仅警告他们，如果他们不想失去自己的头衔的话，就要他们的女人分开，而且还要夺去他们的孩子之前享有的权利和威严。孩子的出身不再由母亲的阶层来决定，而是由父亲决定，如果他们的父亲没有人身自由，那么母亲和孩子都会永远沦为教会的奴隶，不享有免罪释放的权利，也没有获取私有财产的权利。关于自由教士与自由女性之间婚姻的进一步决议，教皇将之留到了一场大型的教会集会上再做讨论。

正如当时一位意大利边疆伯爵所说，在帕维亚制定的这些方针使盲目的教会重获光明，而对教皇来说，这还只是一场大规模改革的开端。然而，为了弥补教会中的缺陷，他考虑的并不是那些治标不治本的、或是起效缓慢的手段，而是快刀斩乱麻地将伤口的腐肉从病体上割除。显而易见，教士婚姻以及神职人员腐朽的生活与几个世纪以来公认的教会规章是相违背的——这已经激起了公愤，如果想要使教会恢复那种理想的状态，恢复古老典籍曾创造出来的那种状态，就必须将这些现象彻底清除。但是，除了这些最核心的问题之外，还有一系列其他的糟粕有待摒弃。"西门罪"（Simonie），即买卖神职的罪行，长久以来就受到诟病；但包括皇帝在内，所有的王侯都或多或少参与其中，从教皇到传教区内最贫穷的主教，没有一个能逃脱这罪责。除此之外，异端教义伴随着学术研究的兴盛也渗透进了教会之中；它们从意大利萌发，很快便蔓延到了法兰克王国和德意志大地上。犹太化的教义首先出现；它们导致1010年在利摩日（Limoges）发生了迫害犹太人的事件，两年后，美因茨也发生了类似事件；接着，出现了摩尼教异端，这些异端教义从伦巴底蔓延到奥尔良，在奥尔

---

① 帕维亚的这次宗教评议会可能是于1018年8月1日召开的。

良遭到了战火的残害，甚至波及到了列日和康布雷这两个教区。最后还有圣伯多禄座席本身，由于"伪依西多禄教令"，每位志存高远的主教所向往的终极目标——统治寰宇的教皇地位也距离圣伯多禄座席越来越远！法兰西的主教们还与圣伯多禄座席的先锋——克吕尼派处在持续的冲突之中。在意大利，米兰和拉韦纳的大主教以及阿奎莱亚宗主教比任何时候都更富有、强大，这些罗马主教的宿敌已经准备好了，要以更强大的势力重新展开斗争。而德意志主教们大多出自维里吉斯门下，人数也不比罗马派少；德意志民族夺得世界霸权使他们对自己的力量无比自信，对自己的意图坚定不移；尤其是美因茨的历任大主教，自从有皇子担任过美因茨大主教之后，他们就再也没有了圣波尼法爵那样的谦恭。

本笃所要完成的，是一项无比重大的使命。如果他在这样的情况下也毫不气馁，那么他就能找到解决的办法，因为克吕尼派不断取得的进展持续地赋予他勇气，因为经过圣威尔汉姆和圣罗慕铎改革的修道院会在意大利坚定不移地支持他，还因为他非常确定，皇帝对教会改革怀着极大的热情，不需要督促鼓励，他也会心甘情愿地帮助他。

亨利在他执政期间，始终都在追求使典籍中的规章重获生机。他的理想虽然与教皇及克吕尼派的截然不同，但双方在改革的方方面面都不谋而合。亨利对帕维亚的决议乐见其成，他认为这预示着更好的时代即将来临，因此，他不仅按照教皇的愿望认可了这些决议，而且还在教会处罚之外，设置了严格的世俗刑罚来惩戒违规者。他规定，与非自由神职者结婚的自由女性将当众遭到鞭挞，随后还会被流放；那些将非自由教士的儿子判定为自由身份的法官被他革去职务，而通过签发证明协助这些教士之子获得私有财产的公证人也均遭到审判，被砍去右手并赔偿损失；最后，他下令将这些律令加入到伦巴底的法律之中，然而这并没能维持多久。他为帕维亚决定做出的努力不仅仅是针对意大利的。1019年[①]3月，一场萨克森的教会代表会议上在他的见证之下在戈斯拉召开了，他在会上坚持通过那些规定，并在多位主教反对的情况下依旧贯彻了自己

---

① 译者注：原文为1819年，疑为笔误。

的意志。接下来的几年，他与教皇之间的关系越发亲近和互信；两人同心协力共同克服了征程中的危险。早已酝酿在心的决定到了成熟的时候；共同的准则还有待商榷。不只在自己身旁的方寸土地上，而要跨越边界进行一场轰轰烈烈的改革——皇帝就是带着这样的意图回到了阿尔卑斯山的这一边。

人们可能认为，皇帝曾在意大利与圣罗慕铎会面，是他对皇帝的计划产生了决定性的影响。这位神奇老先知的隐居之所遍布整个意大利中部，有人说，他想要将整个人类都引入荒野之中，但是在当时，务实而从容理智的皇帝从他那里获得的影响，很难超越天马行空的奥托三世从他那里受到的影响。虽然有证据表明，皇帝非常青睐他，并大力协助罗慕铎，使他发起的卡马尔多利（Camaldoli）教会联合会得以建成，但除此之外，这位行将就木的老叟在皇帝身上就没有什么特定的影响了。罗马主教，整个拉丁教会的领袖，对亨利这样的君王来说，他的意图必然要比一个狂热隐士发出的警告和呼吁更有效用。况且，他的国家秩序本来就是基于神职阶层建立起来，所以，匡正这一阶层的风纪对皇帝来说就更为重要了。新任的主教们呈送上来的礼物他可以轻易地舍弃，人们对他犯有"西门罪"的指责他也可以不予理会，只要教皇不阻止他夺去那些富有修道院的财产，甚至是明确要求他这样去做，他就满足了；恰恰在当时，皇帝获得了教皇的许可，能够介入特里尔的马里米修道院处理其资产，这一点在上文中我们也已经提到①[邱瑞晶2]。无论教皇方面能从计划的改革中获利多少，皇帝短期内都不用担心教皇会凌驾于他之上，因为只有德意志的力量才能保护罗马免受希腊人的侵袭，因为是帕维亚大火之后亨利在意大利传播开来的威名，压制住了伦巴底的主教们对圣伯多禄的继任者的不满。

12. 西方教会改革的开端——皇帝之死

当时，教会改革计划的实行似乎已经指日可待。在克吕尼派、在皇帝和教皇还在计划的时候，美因茨大主教已经付诸行动了，并在塞利根施塔特

---

① 参见第82页。

（Seligenstadt）的教会代表会议上做出了著名的决议。

可以确定的是，教皇本笃不是个优柔寡断的人，但前不久，皇帝按皇后的意愿提拔为美因茨大主教的亚利伯远比本笃更加积极热情。亚利伯绝非等闲之辈，他有着渊博的学识；他所撰写的一篇关于《圣经·诗篇》的论文在中世纪为人们熟知，并且他将描写阿基坦的瓦尔特（Walter von Aquitanien）的德意志英雄史诗做了拉丁语的改编，这也使一位圣加仑的僧侣将他描绘成了与古代经典更匹配的形象。早年间，亚利伯在皇帝的总理议事厅里获取了世俗经验以及对政治关系的认识。他雄心勃勃，但他的心中又保有着神圣的追求，与他的神职阶层以及他领导德意志第一大教会的身份相匹配。大主教座席所有的权力、他的前任主教们所有的要求，他都不放过，此外，他还将肃清整个德意志教会看作自己的使命，而那个时代也要求他投身于这份事业之中。他怀着高度的热情接过这份使命，并且以更高度的执着贯彻这份使命。他的一个反对者援引《圣经》中描写以实玛利（Ismael）的话来形容他："他为人必像野驴，他的手要攻打人，人的手也要攻打他。"①

亚利伯接管大主教管区之后，首先就将领导管区的大权尽可能地牢牢攥在手中。很长一段时间以来，地方评议会都只是不定期地召开；他决定，从今往后每年至少要举行一次这样的会议。他还想要将国家评议会也作为德意志教会的首要事务之一确定下来，并在未经皇帝同意的情况下通过了这一决定。他还将目光放在重建神职法庭之上，自卡洛林时代以来这种审判就已经废除不用，而现在他又将它挖掘出来。由于他还想要在整个德意志教会建立起同样的风纪、同样的制度，他面临着许多艰巨的任务，而他也毫不迟疑地为寻求解决方法而努力着。

1022年8月12日，皇帝尚未回到德意志，亚利伯将他大主教管区内的全体人员召集到塞利根施塔特，从这里开始了他的改革。这场地方评议会上的决议大部分只是将古老典籍中的规定再次拿出来，提醒人们它的存在，但是这些决议中也包括一些新的方针，这些方针体现了亚利伯对改革的态度。如果说，那

---

①　译者注：出自《创世纪》第16章第12节。以实玛利是亚拉伯罕与其妻的女仆夏甲所生的儿子，该句是上帝对他的预言。

场教会代表会议决定，所有拒绝参与主教神职审判的人，都会被邀请到这场地方评议会上，并在大主教的主持下，受到各自主教的控告，那么该场教会代表会议也就以此提高了各主教中心城市的势力，同时贬低罗马座席的地位，因为这几乎就是剥夺了教皇的赦免权。这样一来，几乎就好比教会代表会议规定，此后所有人前往罗马都需要经过主教的许可，所有人在接受主教宣判的刑罚之前教皇的赦免都没有效力。同时，会议还通过了针对整个美因茨辖区季度斋戒（Quantemberfasten）的规定，而这一规定是与罗马教会设立的、在整个欧洲西方通行的习俗相违背的。这样一来，被视作罗马教皇特权的立法权力也受到了侵犯。而且做出这些事的还是与皇帝关系最为密切的人。在签名通过塞利根施塔特决定的众主教之中，有皇帝的亲兄弟奥格斯堡主教布鲁诺，有皇帝之前的总理和最忠诚的仆臣班贝格的埃博哈德，还有年迈的沃尔姆斯主教布克哈德，至此之前谁也没有想到他是教皇的反对者。

我们不知道，亨利对于主教们的这些决议是如何反应的。如果他提出异议，这些在国内掌权已久的主教就会失去认可，单是这一点，他就没有办法坚决地反对这些决议；而且布克哈德编纂的典籍合集也会遭到牵连。然而，这些决议又与皇帝自己的意图截然不同，这使得皇帝无法掩饰，德意志教会中的深深裂痕会带来怎样的威胁。在这样的情况下，皇帝受到危机的鞭策，也必须更加迫切地展开大规模的教会改革了。实际上，皇帝回到德意志所做的第一件事就是在莱茵地区召开了一场大型的地方评议会。我们无法得知会上做出的决议，但改革毫无疑问是会议的中心话题。

不仅仅是塞利根施塔特决议，还有其他的事情也越来越清晰地催促着皇帝，要尽快在教会内进行一场大型的肃清行动。他看到，德意志最位高权重的那些教会领袖之间充满的嫉妒、嫌隙和纷争，而且他们在国内的地位越高，他们的仇恨就越是会动摇皇权统治的未来。亨利在评议会结束后前往格罗纳，而人们很快就在那里的宫廷中看到了马格德堡大主教格罗和哈伯施塔特主教阿努尔夫之间最令人不快的争执，并且不久之后，这两人还没有和解就纷纷离开了人世。在同一时间，皇帝还得到消息，甘德斯海姆旧时的争端又再度爆发了。希尔德斯海姆主教贝尔瓦德才刚刚闭上双眼（1022年11月20日），皇帝的好友阿尔特艾希修道院院长戈德哈德才到自己的管区中就职，亚利伯就再次提出要求，想要夺取维里吉斯曾全力维护的甘德斯海姆，并且他还禁止新任的主教介入甘德斯海姆修道院的所有事宜，并以革除教籍相威胁。皇帝将亚利伯召到自己面前，要求他放弃甘德斯海姆，但这位大主教没过多久便再次卷土重来。与此同时，科隆大主教和列日主教针对布特塞德（Burtscheid）修道院的管辖权也产生了类似的严重争端。这样一来，各地的教会领袖们之间充满了间隙，如果不想使教会和国家的统一遭到动摇，就需要新的、更强大的律法来约束他们。

　　由于皇帝的意图在于为整个欧洲西方制定广泛适用的教会条例，他首先就必须确保法兰克国王对他的支持。1023年的复活节期间，亨利身处梅泽堡，他为了上述的目的向罗贝尔国王派出了一支使者队伍。5月1日，康布雷主教吉尔哈德和凡尔登修道院院长理查德，也就是克吕尼派在洛林行动的发起者，来到了罗贝尔在贡比涅（Compiègne）的宫廷中，他们邀请国王与皇帝进行一次会晤。罗贝尔欣然接受了邀请，并承诺于7月底前往边境与皇帝相见。同时，他请求沙特尔（Chartres）主教弗尔贝特（Fulbert）陪同他共同赴约，弗尔贝特学识渊博，并且也是罗贝尔的国家中改革的支持者，但弗尔贝特因病拒绝了这一邀请。

　　复活节后，皇帝来到莱茵地区；他首先应大主教之邀到了美因茨，在那里度过了圣灵降临节。也正是同一时间，亚利伯在美因茨召开了新的地方评议会，毫无疑问，他在会上努力赢得皇帝的赞同，想使他承诺解决有关汉默施泰因伯爵奥托的事件。在前几次宗教代表会议上，虽然下达了多次教会命令，但伯爵依然与伊尔敏嘉德以婚姻关系生活在一起。在这样的情况下，教会和国家似乎需要以严格的手段介入这桩非法的婚姻中去，而亚利伯也只能做到，与皇帝联合起来处理此事。后来，奥托伯爵来到评议会上，承诺会加以改进。他最终屈服了，更多是出于对皇帝的惧怕而不是对主教们的尊重，而伊尔敏嘉德接受国家的放逐，这几乎就等同于对教会绝罚的嘲笑，她利用当时有利的机会去到了罗马，而当初在美因茨人们曾拒绝了她的这个请求。教皇也没有放过行使赦免权的机会，虽然他的这项权力在塞利根施塔特备受争议，他还是万分乐意地倾听了报复心切的伊尔敏嘉德对亚利伯的控诉。

　　皇帝从美因茨出发沿莱茵河向下来到了科隆和乌特勒支，接着又前往亚琛，并在那里召开了一场帝国会议和一场教会代表会议。重要的政务在这里得到商议和处理，但我们只知道，针对布特塞德修道院的争端，人们做出了对大主教皮利格里姆不利的决定，除此之外便没有更多信息了。帝国集会解散后，皇帝于8月初来到了帝国的西面边境，按照约定与国王罗贝尔在这里会面。然而，原先约定的会晤时间却被推迟了，推迟的原因没有记载。皇帝的随从队伍中包括：科隆大主教皮利格里姆，他可能在意大利之行过程中就已经按照皇帝和教皇的意思接受了祝圣；康布雷主教吉尔哈德和洛林公爵戈德弗里德，正如我们所知，后者及其整个家族都是克吕尼派亲密的同盟。

希耶河（Chiers）与马斯河汇流之处，就是众王侯齐聚之地。皇帝身边重臣高人云集，驻扎在希耶河畔的伊伏瓦（Ivois），国王罗贝尔也同样由出色的宫廷群臣陪同着，则驻扎在马斯河对岸的穆宗（Mouzon）。一开始，对于哪位统治者应当先向对方问候这个问题产生了争议。许多人认为，最合适的方法是让两位君王乘船在马斯河中央会面，就像亨利一世当年在波恩时那样。然而，皇帝可能是心中明白，强大的人总是不拘于空洞的形式，于是不假思索地先行一步，来到河对岸国王驻扎的地方，当时是8月10日。两位君王相互拥抱亲吻，一起聆听了弥撒，并在仪式结束之后一起参加宴会。皇帝要道别时，国王赠给了他一百匹戴着华丽挽具的马驹连同无数的金银珠宝作为礼物，后来又追加了一百副锃亮的铠甲和头盔，并命人禀告皇帝，如果他拒绝这些礼物就是无视他们之间的友谊。但皇帝只收下了一本福音书已经在他眼中珍贵得多的圣文森特遗髑；皇后留下一些金币作为纪念；其他的所有礼物他都严词拒绝了。

翌日，国王罗贝尔带着几位主教也来拜访皇帝。国王在皇帝的营帐中受到了最隆重的接待，并且他们直奔主题，马上对最重要的事宜进行了商讨。可惜我们无法知道他们协商的细节。但我们能够知道的是，德意志和法兰西的两位统治者结下了亲密的友谊，针对如何在他们的国家之中维护整体的和平，如何匡扶正义，达成了重要的共识。他们重点讨论了，教会如何维护和平，如何疗愈基督教信仰受到的创伤。会晤结束时，双方商定要在帕维亚再次会面，届时教皇也将到场，阿尔卑斯山两边的所有主教们都回来参与这一场拉丁教会全体评议会。

虽然这些决定的首要目的是稳固神职阶层的地位，但在另一方面，它们也是为了限制神职阶层、不让他们有所逾越而存在的。我们知道，勃艮第主教们为了当地和平而签订了协议，这在上文中已经有所阐述，而在法兰克王国，属于兰斯管区的主教们也签订了一个类似的协议[①]，而且人们还试图将康布雷主教吉尔哈德也囊括进去。但是，吉尔哈德聪明地表示，要是签订了这样的协议，结成了这样的联盟，那就是干涉了国王的权力；[邱瑞晶3]镇压暴动，平息战乱，保证和促进和平的往来，这些都是国王的职责，而主教们的职责仅仅是劝诚警告国王，鼓励他为国家的安康而奋斗，并为国王在战斗中的胜利而祈祷，仅此而已。按照吉尔哈德的意思，皇帝现在不仅为自己国家的和平而忧心，而且还在为较弱的邻国维护其稳定。在当时，对法兰克王国的和平威胁最大的就是香槟（Champagne）伯爵奥多，他是勃艮第国王的侄子，也是皇帝的远房兄弟。国王罗贝尔对他提出了最严重的指控，皇帝也对他多有埋怨，因为奥多和上洛林公爵迪特里希，可能是因为勃艮第战争的关系，一直存在着争端。现在，皇帝亲自出马，要终结奥多的不义之举，也解除国王对这个强大却不安分的邑臣的担忧。

事情结束后，人们再次举行了宴会，告别时两位君王的友情更加深厚了。这一次，皇帝也为国王准备了一份临别礼物，那是一百镑纯金；但国王罗贝尔也像皇帝前一天那样拒绝了这份厚礼，只留下几个金块作为纪念。统治者们表现得越是无私，他们随从获得的赏赐就越是丰厚。宫廷中的人们都对两位君主的温厚慷慨赞不绝口。汹涌的人潮涌向了两位王侯会晤的地点，期待着能一睹尊容；然而人们所看见的超出了他们的想象，于是关于皇室奢华排场的流言便传播开来了。看完热闹回家的人说，无论波斯人的国王还是哈里发都从未有过像当时的亨利这等的威严气派。世界各地都传说着伊伏瓦的这场庆典，而一位在泰根塞的僧侣，他是将鲁奥德利布（Ruodlieb）[②]的传说改写成拉丁语诗篇的人，他无疑也将这场盛事的节庆氛围融入了他的诗作中。

---

① 参见第131页。

② 译者注：《鲁奥德利布》是11世纪用拉丁语写作的诗篇，讲述骑士鲁奥德利布闯荡世界的故事，被视为12世纪宫廷小说的前身。

皇帝离开伊伏瓦后来到了凡尔登，我们看到，他于9月8日在这里做了一件重要的事。他在这里召见了奥多伯爵，并在国王罗贝尔派来的使者面前责问了他。伯爵承诺，他会拆除那些未经国王允许而修建的城堡，并立即与洛林的迪特里希公爵和解。

皇帝在这次到访凡尔登期间还拜访了圣维托努斯修道院的院长理查德，这一点几乎是毋庸置疑的，但记录中这次访问随后的发展却是如同童话一般。传说中描述道，当皇帝看到修道院时，他说出了一句《圣经·诗篇》中的话："这是我永远安息之所，我要住在这里，因为是我所愿意的[①]！"他将想要被接纳进入修道院的愿望告诉了院长。但是，凡尔登主教要修道院院长想一想，如果皇帝隐居起来逃离了这个世界，那么帝国必然毁灭，于是决定违背皇帝的意愿。接着，修道院院长将僧侣们召集起来，将皇帝请到他们中间，再问皇帝，他是否下定决心进入这个团体。当皇帝给出了肯定的回答之后，院长要求他宣誓，对他所有的命令都言听计从。皇帝不假思索地发了誓，随后就被院长收入了修道院兄弟的行列。然而，皇帝从院长那里收到的第一个命令，就让他立即回归了俗世，怀着对主的敬畏和正义之心治理自己的帝国。

在皇帝执政的过去几年中，他与克吕尼派的关系如此紧密，与修道院院长理查德的关系如此密切，这一点是可以肯定的，但我们同样可以肯定的是，他与克吕尼修道院传奇般的关系在许多方面都是遭到了粉饰的。因为人们在克吕尼看到了皇帝送来的献礼，他们就谣传说，他亲自与迈威尔克主教到这里朝圣过。因为皇帝拜访过理查德的修道院，并按照当时的习俗，在修道院兄弟们中间受到接待，克吕尼派的人就声称皇帝是他们中的一员。正如克吕尼派通过将皇帝作为自己的教士兄弟来为自己的修道院联合会赋予别样的荣光，卡西诺派在另一方面便说，圣本笃在皇帝停留在修道院期间奇迹般地治愈了皇帝身上的疼痛，并且皇帝随后决定，要在卡西诺山修道院的高墙之中度过余生。

皇帝的大计尚未完成，还有宏图伟业有待实现。他正一刻也不停歇地追求自己的目标，要在西方建立起广泛的和平局势，并进行一场大型的教会改革。

---

① 《圣经·诗篇》第132章第14节。

在这样的紧要关头，他最不可能做的事便是放下自己的权杖，遗世独立。他从法兰克王国边境离开，很快来到了勃艮第边界上。1023年9月25日，他到达了巴塞尔。正如他在希耶河畔与国王罗贝尔进行了协商那样，他在这里与舅舅鲁道夫国王也针对维护世界和平与肃清教会糟粕做了类似的约定。两人之间的和睦关系可能是在当时才得以建立的。勃艮第主教们在各项事务中对国王特权都介入颇深，他们是不可能缺席宗教评议会的。皇帝离开巴塞尔后便沿莱茵河下行。10月29日，他还在埃尔施泰因（Erstein），10月30日，他就到了美因茨；圣诞节将近时他来到了法兰克地区，并在班贝格度过了圣诞节。

在巨大的希望中，1023年走到了尽头。1024年，大主教皮利格里姆带着使者赶往罗马面见教皇。他在那里受到的接待清楚地展现了他带去的消息令教皇多么欣喜。他不仅从教皇那里受到了珍贵的礼物，他还被任命为圣使徒座席的图书馆管理人；在他之前，还没有哪位德意志主教获得过这项尊荣。亚利伯后来怀着妒意说，科隆人的主教佩带在罗马镀了金，这次的圣诞节又使他获得了双倍的赐福。大主教皮利格里姆带着无上荣光回到皇帝面前。亨利、教皇、法兰克王国和勃艮第的国王，要实现他们的计划已经没有任何阻碍了；然而，宏伟的蓝图却在不久之后不可思议地成了泡影。

他们已经看到了不祥的先兆，所有那些通过了塞利根施塔特决议的德意志主教们，对于皇帝与教皇的联盟却高兴不起来。当消息传开，亚利伯由于塞利根施塔特的决议被剥夺了主教佩带，甚至他的主教职务也岌岌可危，他们更是群情激愤起来。然而，亚利伯是绝不可能向罗马的威胁屈服的，不可能安静地逆来顺受；所有德意志内部的主教们，也包括皇帝的亲兄弟布鲁诺和主教戈德哈德在内，他们彼此之间虽然有诸多嫌隙，但在这件事情上都是站在亚利伯这边的；他也坚定地相信，皇后是他牢固的后盾，而他那足智多谋的兄弟梅斯主教迪特里希也始终是他最好的支持者。亚利伯甚至毫不怀疑，认为国内的所有主教都会为他挺身而出。他于基督升天节（5月14日）那天在赫希斯特（Hoechst）召开了一场全国的宗教评议会，就连科隆的皮利格里姆和特里尔的博珀也都承诺他会去参加会议。然而，从亚利伯给皇后的一份私人信件中可以看出，他对皇帝的心思毫无把握，因为皇帝的远房兄弟皮利格里姆也像他一样，担心皇帝会违背自己的承诺。亚利伯向皇后发誓，事事都以她的意志为准，并想尽一切方法让皮利格里姆出席这次评议会；同时，他请求她从中斡旋，让她的兄弟迪特里希也不要缺席这场会议。但他的这封信没有达到任何效果；无论是科隆和特里尔的大主教们，还是迪特里希，都没有出现在赫希斯特。这场全国宗教评议会没能开成。但除了皇帝的兄弟奥格斯堡的布鲁诺当时被流放在外，美因茨大主教管区下的主教们全都到场了：沃尔姆斯的布克哈德、库尔的乌利希、斯特拉斯堡的维尔纳、班贝格的埃博哈德、施派尔的瓦尔特、凡尔登的维希尔（Wicher）、维尔茨堡的梅津哈德（Meginhard）、康斯坦茨的海默（Haimo）、艾希施泰特的亨利贝特、哈伯施塔特的勃朗托（Brantho）、布拉格的希佐（Hizzo）。他们之中的一些人多年来一直与国王保持着密切的联系；而其他人则是刚刚获得主教权杖，走马上任的新人。

聚集起来的主教们当时写给教皇的一封信非常引人注目，但至今为止一直没有受到研究者的重视。这封信中不无狡猾的算计，他们将与罗马之间的冲突全都归罪于不知检点的伊尔敏嘉德，并由此将大主教的事宜与皇帝订立的律令紧紧联系起来；但是，这同样表明了美因茨大主教管区的和谐与团结，主教们想着的都是要在粗野的罗马面前保住德意志教皇的尊严。维里吉斯的思想在这些主教身上得以延续。他们这样向教皇写道："我们头上的主教冠冕掉落了，因为我们大主教的尊严被夺走了。至今为止，我们只听到流言蜚语，但这些流言蜚语就足以使我们不安了，它驱使我们向你——值得尊敬的神父，询问真相。我们听到的那些消息若是有理有据的，那么我们的弦上就必会奏出哀乐，我们的歌声就会化作哀叹。如果因为一个女人的信口雌黄，我们无辜的大主教受到哪怕一丁点屈辱，谁又能忍住眼泪呢？噢，神父啊，你的地位仅次于天主，作为伯多禄的代理人你却没有按照使命以正义来统治寰宇！即使是最低阶的教士，如果由于这样的原因遭到革职，那么神职阶层的秩序早就瓦解殆尽了。然而比起我们的天主和我们的大主教尊严受损，我们更加不能相信的是，接下来我们所有人也都将被剥夺主教职位，因为大主教对那个女人的所作所为都是基于我们的建议与意志的。所以，即使有什么违背了教会法规的地方，那罪人也是我们，惩罚该落到我们而不是他的头上。至于那个遭到放逐的女子，她的罪行我们没有细究，因为那是众所周知的事；可以商榷的只有一点，那就是她是否该永远离开基督的身体①，或者说，如果她有心悔改，就将她放逐荒野，还让她直到生命尽头都为自己的罪孽哀号。除死之外，我们判她流放时，世俗势力不仅与我们站在同一边，而且他们的举措比我们有过之而无不及；是他们先决定放逐她，我们只是按照她的罪行同意了这项惩罚。因此，要是我们现在受到了责骂，那也是对他们的冒犯。所以我们请求你，圣明的神父，考虑一下你自己的尊严地位，如果有什么无心之举，那就用心改善；我们请求你，以放逐的惩罚来震慑那个女人，而重新用爱对待我们的主教、你最忠诚的孩子亚利伯，他心怀对正义的热爱而总是佩戴着出鞘的刀剑，他绝不会出于贪婪而放纵任何罪行。"

这封书信没能送到它预定的收信人手中。在召开教会代表会议之前，本笃教皇就去世了。他的死使得罗马教廷对亚利伯的威胁没能成真。但同时，他的死也减小了世界对于全体评议会的期待。很快，召开这样一场会议的最后一丝希望也破灭了。

皇帝在班贝格度过了一个阴阴惨惨的圣诞节。身体上沉重的病痛困扰着他，对教会分裂的深深担忧又侵蚀着他的思想；他再次陷入与自己兄弟的纷争之中，迫不得已革除了他的主教之位；许多他视之为帝国中流砥柱的人相继去世，也使他的心情无比压抑。马格德堡大主教格罗，哈伯施塔特、迈森、奥尔登堡和布拉格的几位主教在很短的时间内相继辞世；就连克吕尼的朋友，英勇的下洛林公爵戈德弗里德也死了，而他本该在皇帝的宏图伟业中扮演重要的角色。直到复活节邻近，皇帝一直心情阴郁，承受着诸多身体上的疼痛停留在班贝格，死亡在他的大臣圈子中留下许多空白，而他试图找出合适的人来填补这些空白。由于戈德弗里德去世时没有留下子嗣，下洛林的公爵之位就交给他的兄弟戈泽罗（Gozelo），与他的整个家族一样，戈泽罗也是克吕尼派的支持者。皇帝为马格德堡大主教管区选中的是他的随行使胡恩弗里德（Hunfried），哈伯施塔特主教管区则交给福尔达修道院院长勃朗托；其他的主教管区也分别

① 译者注："基督的身体"指耶稣基督的教会，教会被看作"身体"，基督是这具身体的"头"，而教会成员是身体上的"肢体"。

授予了其他一些受过考验的仆臣。

处理完最紧急的事务之后，皇帝便来到马格德堡，希望在那里庆祝复活节。但是人们害怕，皇帝的体力已经不足以支撑旅途的劳累；在经过深思熟虑之后，皇帝才出发上路，顺利抵达了阿尔特施泰特，并在那里度过了棕枝主日。在他的妻子和少数一些随从的陪同下，他继续踏上了前往宁布尔格（Nienburg）的旅程；他在宁布尔格平静地度过了濯足节和受难日，人们将闻讯赶来的人群拦住，好让重病的君王精心修养。按照他的愿望，他在复活节达到了马格德堡，人们为他准备了隆重的欢迎仪式，他再一次以习惯的方式庆祝了这个节日。皇帝在复活节后前往哈伯施塔特，他在那里也受到热烈的欢迎，并在新任主教身边待了较长一段时间。圣灵降临节前后，他向戈斯拉启程，在他的看顾之下，这里已经发展得越发蓬勃了，他在这里庆祝完节日之后，便赶往了他位于格罗纳①的王室领地。这时，紧急消息传来，他忠诚的盟友——他改善教会、造福世界的宏图伟业都是基于与他的友谊之上，教皇本笃离开了这个人世。此后不久，他也被自己的疾病击垮了。1024年7月13日，亨利皇帝在格罗纳的城墙内结束了他的生命。亨利一世的统治者家族就这样在萨克森的土地上消亡了；这个家族以伟大的事迹著称，整个西方世界都惊讶地注视着他们，而他们的事迹也将永远留存于世间。

皇帝亨利去世时手中掌握着至高的权力，沐浴着荣耀的盛名；他在时代的暴风骤雨中悉心呵护和平的种子，结出的成熟果实使他已经有了收获。自奥托大帝离世以来，没有哪位皇帝的死受到这样的哀悼。当时的一位神职者写道："皇帝亨利，是人中之杰，众王之首，皇帝之光，天主在尘世教会的领袖，基督教信仰的和平奋斗者。"同时代的一首悼念诗这样写道："欧洲在哭泣，欧洲在哭泣，因为它失去了领袖！罗马在哭泣，因为它的保护人被夺走了！整个世界都为亨利二世而恸哭，他保护着基督教信仰，消灭和平的破坏者，反对一切专制暴力。"这个没有孩子的皇帝，他的死对整个世界都是沉重的打击；整体的局势似乎突然发生了变化，稳定与和平一下子消失了。

---

① 指哥廷根附近的格罗纳。

　　亨利二世去世时52岁，他作为国王在位23年，作为皇帝执政11年。按照他的意愿，他的遗体被安放在班贝格的大教堂内，而他的葬礼也显示出人们对他的深深的不舍之情。无数的人从或远或近的地方赶来，在庄严隆重的葬礼上洒下了他们的泪水。九年后，库妮古德也在班贝格她的皇帝丈夫边上长眠了。现在，两人的墓碑早已被摧毁；它们是在一场大火中被烧毁的，这场在1081年发生的大火也将大教堂化为了灰烬。后来，在大教堂所在的位置矗立起了一座宏伟的主教座堂，它也是德意志最伟大的建筑杰作之一。现如今，一口精美的大理石棺材使来到这里的漫游者回忆起亨利与库妮古德。这口大理石棺材是一位维尔茨堡大师作品，是十六世纪初王侯主教吉奥格三世（Georg Ⅲ.）命人放置在这里的。这对儿夫妻无论在身前还是死后关系都非常亲密，而对他们的崇敬在班贝格尤甚。亨利和库妮古德是班贝格主教管区的庇护人；大教堂的中心祭坛便是以他们的名字献祭的；班贝格的每一寸土地上都留有他们的痕迹。

　　皇帝亨利像其他一些果敢的男子一样，他们不在乎命运表面上为他们定下的轨迹，而是为自己的生命赋予了别样的使命。与他的能力和倾向最为相符的事业，就是整顿国内的宗教和政治秩序，也法律的力量控制专制的暴力，并将王权作为保护和引导一切的力量在和平之中加以巩固。然而，命运只给了他很少的时间去完成这项使命，并且还将他卷入了一系列连续不断的危险战争中，让他与顽固的内外敌人厮杀。

　　为了自己的冠冕和国家的存亡，他征战沙场近二十年。虽然在他那个时代还有比他更加伟大的战将脱颖而出，但他也确实获得了不少功勋。他收复了沦陷的意大利；无论东方西方，他都稳定了比邻的王国；他为赢取勃艮第开辟了道路；他与波兰的波列斯瓦夫——当时最伟大的掠夺者，在三场大战中进行了较量，并迫使波列斯瓦夫重新接受了邑臣义务。数十年来，德意志民族的战斗热情只能在内部纷争和毫无成果的边境争端中得到释放，而他将这股热情重新引到了伟大的民族目标之上，并卓有成效地提升了德意志宗族的民族统一意识。德意志宗族越来越多地从一个国家中多个族群，演变为一个统一的民族。

　　亨利成功地做到了，在一个重要的历史节点上将这个国家的各方力量集合到一起，使德意志民族雄踞于欧洲各民族之上。同时，他还为他的继任者留下了足够的资源，使他能够长久地保持其最高权力，并轻而易举地实施新的举措；固然，并非所有的危险都已经排除，而旧时的争端也随时可能再度爆发。波列斯瓦夫尚在人世，而且他依然没有放弃他的宏伟计划。这位渐渐年迈的英雄才刚刚获悉皇帝的亡故，就随即摆脱了使他依附于帝国的桎梏，戴上了向往已久的、自由波兰人的国王冠冕。虽然天空中他的那颗星似乎也即将熄灭，但恰在当时，空中出现了另一颗熠熠生辉的明星，那就是丹麦的克努特（Knut），他是波列斯瓦夫姐妹的儿子，这颗星挂在天空的中心，明亮的光芒照耀着整个北方。

自奥托二世之后，帝国在北方的影响力大幅度减弱了。北海另一边与萨克森的联系完全中断，波罗的海的文登人越来越多地摆脱了对帝国的依附，与此同时，丹麦人也脱离了对皇帝的邑臣义务以及汉堡大主教的监管。英格兰的传教士们步德意志人之后尘来到北方，杂乱无章的教会生活在他们的维护下还保留着一些干渴的萌芽，但除此之外，维京海盗的暴行再次猖獗起来。北方的国王们虽然在名义上是基督徒，但他们同时也是胆大包天的强盗，基督教民族最惧怕的敌人。在亨利上台执政的最初几年中，弗里斯兰和洛林的沿海地区遭受了维京海盗的严重侵袭；后来，由于丹麦人将矛头越来越多地指向英格兰沿岸，因为他们的船只在那里停靠更为便捷，并且他们在那里很少受到强有力的抵抗，在这样的情况下，弗里斯兰和洛林沿岸的情况才有所好转。除了贪婪的欲望之外，后来的他们更是受到复仇欲的驱使来到英格兰海岸。

1002年11月13日，"决策无方者"埃塞尔雷德（Ethelred）国王下令，将所有在他的王国内定居的丹麦人残忍地杀害了，他希望通过这些人的死将他的民族永远地从苦难中解放出来。但这种血腥的暴行引来了血腥的报复。很快，强大的维京军队就以复仇者的姿态出现了；首先是图尔基（Thurkil），他是约姆斯堡一派的维京冒险者，接着到来的就是"八字胡"国王斯韦恩（Sven Gabelbart）[①]本人。一个又一个夏季，丹麦军队乘着轻舟来了又去；他们烧杀抢掠，对这片土地进行了全方位的侵袭。埃塞尔雷德向图尔基支付了大量金钱请

---

① 译者注：即斯韦恩一世，又译斯文一世。

求他的支持，也毫无作用。这位冒险者没有办法拯救这个国家。1013年，当斯韦恩带着更加庞大的军事力量再次跨海而来时，斯韦恩决定彻底终结埃塞尔雷德的统治。当时，整个国家都已经臣服于他，伦敦也已经投降，埃塞尔雷德逃往了诺曼底，而就在这时，死亡却在英格兰大地上侵袭了沉浸在胜利之中的国王斯韦恩（1014年2月2日）。十四岁的克努陪同父亲来到英格兰，他随即被丹麦船队的人们推上了王座，并打算为他夺下英格兰的统治权。然而，埃塞尔雷德在民众们的急切要求下回到了英格兰，并在图尔基的支持下再次挫败了丹麦人征服英格兰的计划。

克努特乘船回到丹麦，与他的兄弟哈拉尔德共同统治这个国家。但在第二年，图尔基就来请他再次渡海了，克努特率领着200艘丹麦船只重新出现在英格兰海岸。埃塞尔雷德国王不久后便离开了人世，但这对他的人民来说并没有损失；更何况他留下了骁勇的儿子埃德蒙（Edmund）[1]作为他的继任者，要不是国家内部的腐败，埃德蒙本来是可以保护自己的国家免于沉沦的。国王埃德蒙在与丹麦人的激烈战斗中获得了胜利，但这却是徒劳；麦西亚（Mercia）公爵埃德里克（Edric）叛国投敌，他用计使国王埃德蒙输掉了最后一场决定性的战役，伦敦沦陷，埃德蒙结束了他短暂的英雄生涯，盎格鲁-萨克逊人的统治轰然崩塌。几乎还是一个半大的孩子，克努特就征服了一个宏大的国王。整个英格兰都拥护这位年轻的丹麦君王，他向埃塞尔雷德的遗孀求婚，并通过谋杀或是流放的方式，除掉了旧时王室家族的最后血脉（1017年）。此后不久，哈拉尔德去世了，由于克努特在哈拉尔德出征时留在了丹麦，这样一来，丹麦王国也全部落到了这位征服了英格兰的幸运儿手中，他作为一个十八岁的少年却已经坐拥两顶王冠，而他的前途更是不可限量。他气愤地看到，挪威人驱逐了雅尔哈康的后代，他们将旧时王室的子嗣"胖子"奥拉夫（Olaf）[2]推上国王宝座，从而摆脱了对丹麦的依附。在克努特计划着征服挪威人的同时，他还于1019年对文登人所在波罗的海沿岸发起了进攻，试图也向这个方向扩张他的王国。

---

① 译者注：即"刚勇者"埃德蒙二世。
② 译者注：即奥拉夫二世，又称奥拉夫·哈拉尔松，1015年至1028年任挪威国王，死后被尊为挪威的主保圣人。

终于有一只强劲的手腕介入到北欧的混乱局势之中，这对世界来说可谓福祉。这项使命虽然艰巨，但同时作为战将和立法者的克努特完全有能力胜任。从年纪上来说，他尚且稚嫩，但他却以奇迹般的方式展现出了极高的天赋，展现出了一个成熟男人的阅历。克努特在北方的地位恰如查理大帝在中欧的角色。很快，就连在英格兰的人们都开始对他赞不绝口；外来的统治者似乎并没有使他们受到压迫。侵略的痕迹很快便消失殆尽了；合理的律法调整着整个国家的局势；秩序的回归也带了富足平和的生活。同时，通过与一个由基督教统治一切社会生活关系几个世纪之久的国家直接联系在一起，丹麦也获益良多。维京人的海盗营生渐渐销声匿迹，法律最终赢得了稳固的基础，异教信仰崩塌了，基督教教会受到国王克努特的支持和促进获得了丹麦人的热烈推崇。英格兰教士被国王邀请到丹麦王国；在斯科讷，在西兰岛和菲英岛，国王都设立了主教管区。现在，教会终于在这里扎下了根，有了可以继续发展的坚实基础。也正是在当时，基督教教会在挪威也获得了完胜。国王奥拉夫也主要受到英格兰教士的支持，强硬地镇压了异教信仰的余孽，并赢得了圣徒的头衔。

就这样，在亨利生命的最后几年中，北欧发生了翻天覆地的巨变；这对整个世界来说是有益的，但这对德意志的影响力不无影响，对帝国的未来也有一定的威胁。因为这一巨变不是由德意志人发起的，甚至可能向着对德意志人不利的方向发展。可以理解，汉堡大主教乌万为什么要命人抓捕在英格兰接受祝圣的西兰岛主教，并将他囚禁在自己身边；因为他正处在最急迫的危难之中，他可能会失去整个北方的传教区。与他的父亲斯韦恩不同，强大的克努特从未考虑过要依附于德意志人一丝一毫。如果他向他们举起武器，如果他与波兰的舅舅——德意志人最险恶的对手勾结在一起，那后果不堪想象！但他最大的心事就是，要将自己被父亲抛弃已久的波兰裔母亲接回国来，所以他很快就带兵攻打了波罗的海的文登人，这些文登人在此之前一直顽强地抵抗着波列斯瓦夫的统治。

实际上，在亨利去世时，在萨克森的人们也充满了对丹麦与波兰之间战争的担忧。但这样一场战争不会再像波兰人之前那样，使这个国家陷入类似的纷争之中。在二十年的战争中，皇帝亨利使猖狂的邑臣们全都臣服于皇权势力之下，确保了各地的和平，通过法律控制住了专制暴行。德意志社会局势已经走上了一条平稳发展的道路；各方势力按照国内的法律无论在国家层面，还是各个辖区和阶层中，都有机地组织在一起。正如王侯们已经赢得了对国王们一定的影响力，而这种影响力更多地增强了王权势力，而非削弱它，与之类似的是，这些王侯也越来越多地遵从邑臣们的意志，而主教们也开始尊重教士们和手下人的决定。大邑臣们被夹在皇帝和低阶贵族之间，同时受到两方的限制，不敢轻举妄动。王权统治再次深入且直接地参与到了国内运动之中，而这是与势不可当的封建进程密不可分的。王权统治不仅顺利地成为了封建体系的主宰，并且使之按照自己的意志来发展。人们看到，王权从内部争斗中幸存下来，它的实际力量不仅没有受损，还变得更为强大了。在此过程中，采邑的世袭权越来越多地得以贯彻，反而使所有社会关系有了更加稳定的基础，并且，只要统治者保有对教会的完全控制，只要对主教和修道院院长们的授职权力不受争议，那么采邑的世袭化在实际上对王权统治并没有太大的威胁。亨利将法治发展的种子播撒在各处，而他也已经开始收获丰硕的果实了。当然了，要等到他之后的继任者们执政时才能有更多地收获填满谷仓；在他凭借自己的真知灼见不知疲倦开垦出来的土地上，他们将迎来巨大的收获。如果我们回望亨利刚刚登上王座的那段混乱岁月，那么在亨利去世时，帝国的景象已经令人耳目一新了！

当风暴即将来袭时，海面便会颤动着翻滚起波浪，而当皇帝驾崩的消息散布开来时，惊讶的战栗遍布了整个国家。奥托王朝的绝嗣在国内掀起了巨浪，而他似乎是唯一那个能够平息这滔天巨浪的人；他也是唯一那个在周边民族不断强大的情况下，依然贯彻了德意志人统治政权的人。人们普遍怀有这样的担忧，恐怕旧时的争斗会重新爆发。而当国内的继承人无法选定，这种危险就显得更大了。皇帝去世没有留下子嗣；唯一一个比他活得更长久的、萨克森统治者家族的后裔，是亨利的兄弟布鲁诺，而布鲁诺早就受亨利的催逼，进入了神职阶层；来自与奥托家族母系后裔的德意志王侯——法兰克的康拉德以及王室领地伯爵厄伦弗里德的儿子们，他们都受到了亨利的贬抑而非提拔，他们既没有掌握大权的地位，也没有受众人敬仰的光荣事迹。据我们所知，亨利本人没有以任何方式确定过自己的继承人。人们似乎可以前所未有地自由选择继任者。在这样的情况下，在这个向来热衷于声名的民族中，又有哪位王侯——自豪于自己的权力、财富和气概，会对德意志的王座——基督教世界最闪耀的王座不心生向往呢？为了这一诱人的王座又将掀起怎样的腥风血雨呢！

虽然人们对此万分担忧，但事实很快就证明这是毫无必要的。没有皇帝执政的空位时期在平静中过去了。在这段时期中，象征帝国权力的信物都在皇后手中，她的两位兄弟巴伐利亚公爵亨利和梅斯主教迪特里希从旁参议，帝国的政务在皇后的谨慎看顾下得到处理，而她越是努力推进新的国王选举，国内的权贵重臣们就越是心甘情愿地听从她的号令。可以预料得到，为了商讨眼下最紧要的这个问题，各地的王侯们聚集到了一起，并且他们以最高尚、最明理的方式进行了这场讨论。我们知道，萨克森王侯们聚集到了维尔拉，他们将彼此之间的恩怨放到一边，共同考虑在这场选举中应该采取的举措；在前不久还纷争不断的萨克森权贵们，现在却为了整体的利益放弃了互相的争斗。在其他的德意志州省也出现了同样的情况。各个宗族在内部团结起来，为国王继承人的人选问题建言献策，都放弃了对各自特殊利益的追求；他们要选出的不是一个宗族首领，而是要为整个国家，为整个德意志民族找出一位领袖。亨利登上王位时，他必须分别赢得各个宗族的认可，当时根本没有举行由全体德意志人参与的选举；现在，人们都认为，只有通过一场由所有宗族共同参与的全体选举，才能决定德意志王座的归属。由此可以看出，民族意识有了怎样的提升！

不可否认的是，晚些时候在这个国家开出的绚烂花朵，首先就要归功于亨利的功绩。但同样可以肯定的是，在他执政期间也有一些毒草扎根萌芽了，而这些毒草还扼杀了刚刚绽放的花朵。亨利强硬地牢牢握住给神职者授职的权力，这样的政治方针尤其使神职人员被赋予了一个政治角色，使他们深入地涉足到世俗生活之中，这其实就是从授职权争夺中长出的毒草最初的萌芽。我们不能说，亨利没有用他犀利的目光看出他的政策所带来的弊端。只是死亡来得太早太急，阻止了他与教皇和克吕尼派联合起来，对西方教会进行一场全面的改革；凭借皇帝的权力和善意，教皇本笃的聪慧和自信以及克吕尼派神圣的追求，这场改革原本可以达到最好的效果。对教会改革的追求成了这个世纪的关键词。然而，再没有哪个时间点比当时更适合进行一场顺利而有效的改革了。

皇帝、教皇和克吕尼派，这三个在当时的精神领域最重要的势力，他们彼此之间的关系从未像当时那样独立而又统一。在整个西方，王侯们都从未像当时那样积极热切，愿意全力支援这样一场改革。法兰克王国的罗贝尔和丹麦的克努特，波兰人波列斯瓦夫和挪威的奥拉夫，不论他们在其他方面是多么不同，他们对教会的热情却是一致的。像当时那样天时地利人和的绝佳时机是从来没有出现过的！

　　皇帝亨利为他的人生定下的最后一项使命就是，营造整体的世界和平，并在和平的氛围下剔除基督教教会的弊病——这是一位强大的德意志王侯所能涉及的最崇高、最伟大的使命了。皇帝还没有完成自己追求的终极目标就早早地离开了人世，这对世界来说是巨大的不幸，尤其对德意志民族来说是灾难性的厄运。诚然，数十年之后，一场大型的、深度的、广泛的教会改革得以贯彻，但那却不是在和平中进行的，而是在各方统治势力的争斗之中实现的，而这场争斗留下的标记在接下来的时代中都影响着欧洲的局势。亨利设想中的那种世界和平，在中世纪的欧洲没有出现；在随后而来的时代中，欧洲所达到的"上帝的和平"只是亨利理想的余晖。

补遗　亨利二世与圣布鲁诺

　　在本书的第四篇章已经付梓印刷之时，又出现了一份亨利二世时代的档案，由于这份文件关系重大，我们不得不在这里增补一章，让读者们了解其中的内容。这是圣布鲁诺写给国王亨利的一封书信，写作的时间是1008年的冬天，这封信的目的说得非常明白，那就是在前一年国王和"勇敢者"波列斯瓦夫之间再次打响战争之后，调解他们的矛盾，规劝他们和平相处。

　　促使我们关注和研究这封信的，主要是布鲁诺在信中表现出的性格，以及他通过自己的传教活动向国王传递的信息。通过他的传教，我们对这位年轻而热情的传教士在历史上的作用有了全新的认识。

　　我们可以回忆起来，这位与奥托皇帝们血缘关系很近的贵族子弟十分富有，在马格德堡的学校接受教育开始为教会服务，后来，出于对俗世的极度厌恶他来到一所罗马修道院中穿上了僧侣的裰裟，最终，他在年迈的罗慕铎那种令人无法抵挡的力量影响下，又从一名修道院兄弟成了一名隐修士。我们如果继续回忆，就会知道他在廖无人烟的佩勒伊姆岛上，在艰苦的手工劳作、严苛的清苦修行和虔诚的祷告中度日，直到他受到使命的召唤，结果了圣阿达尔贝特在北方传教的事业。波列斯瓦夫公爵为他的异教民众们召请传教士；多位隐士决定响应这召唤，教皇西尔维斯特二世则让勤勉的布鲁诺来领导这项传教工作。虽然他还年轻——当时布鲁诺还不满三十岁，教皇就授予了他异教民族教区大主教的头衔，并将大主教佩带颁发给他。就这样，这位萨克森教士全心全意地为罗马教会服务，而作为波西米亚人阿达尔贝特的继任者，他最向往的不是尘世间的享乐，而是为神圣的使徒王侯赢得新的信徒，或者殉教而亡。1004年年初，布鲁诺在离开多年之后重返家乡，以便从这里出发前往波兰。但对于他的目的来说，当时却不是个好时候。因为当时亨利与波列斯瓦夫之间的战争已经打响，波兰人是不可能友好地对待一个德意志传教士的。因此，布鲁诺按照国王的旨意，在接受了马格德堡大主教的祝圣之后，在德意志本土停留了较长一段时间，并在这里为他人生的榜样圣阿达尔贝特撰写生平传记。然而，也正是这样的榜样使他的心思一再回到传教事业上，直到他在身边聚集了一批年轻的德意志神职者，并与他们一起，为了圣伯多禄交付给他的传教事业而踏上向东的旅程，他的心才平静了下来。他是在怎样的情形下开始这份工作的，他的脚步又落到了哪里，我们通过上文提到的那封信才获得了可靠的信息。

布鲁诺自己记录道，国王是怀着怒气放他离开的，并且国王还当着自己手下人的面嘲弄了年轻的使徒和他的行径，然而亨利在心中还是怀着对他忠诚的兄弟情义，并很快就寻找机会阻止布鲁诺进行他不允许的计划。由于波列斯瓦夫眼下不会欢迎他的前往，于是布鲁诺首先去到了匈牙利，来到了国王伊什特万面前。他在这里停留了许久，但却没能找到任何可以完成使命、实现心愿的方法[①]。在这期间，国王亨利的兄弟，即奥格斯堡主教，也来到了匈牙利宫廷中，并会见了这位与他有着血缘关系的传教士；他告诉布鲁诺，亨

---

① 伊什特万努力追求自己王国的独立，似乎对德意志的神职者，尤其是像布鲁诺这样对德意志教会和德意志国王有着特殊的依附关系的人，尽量疏远而不会重用。

利是多么担心他的生命安全，是多么希望他赶快从俗世的风浪中抽身而出，回到那种平静、简单的生活中去。虽然，布鲁诺由于他的圣职还是对国王亨利保持着忠诚，并将亨利作为他在尘世的君主来尊敬，但亨利的这些话并没有对他产生多大的影响；因为他的最高统治者圣伯多禄赋予了他其他的义务。由于他当时没有遵从国王的意愿，他认为自己必须在这封信中为自己辩护。他这样写道："因为你成为国王，你用主赋予你的智慧去追求声名，成为一个优秀而笃信的执政者，同时也按照他的要求成为神圣教会的一名严格而虔诚的领袖。所以我们要去追求——虽然我们的人数如此之少，而你的人马这样众多——但为了不浪费我们的生命，为了不在最终审判上被发现这样毫无作为，我们始终都在追求，按照圣灵以其慈爱向我们提出的要求，发挥自己的作用，完成肩上的使命。"

因此，布鲁诺没有听从国王的召唤，而是遵从了圣伯多禄的命令。由于他在匈牙利的传教事业找不到任何支持，于是他在1007年12月离开了匈牙利，与他的随行者们一起来到了基辅的大王侯弗拉基米尔沙皇面前，沙皇和国王伊什特万一样也有着"圣人"的头衔。布鲁诺的愿望和计划是要前往佩切涅格人①——异教徒中最残暴和疯狂的族群那里。沙皇友好地接待了他，将他留在自己身边待了一个月，告诉他在这个民族中传教会遇到什么困难，他可能无法为天主赢得任何信徒，可以肯定只有悲惨的死亡。所有的劝诫在此刻都是无用的；布鲁诺坚持着自己的计划，而最终，一个预知梦也使沙皇动摇了，不再阻止这个高尚的人去实现他的梦想，并将他护送到了佩切涅格人的国境上。沙皇亲自率领军队，与这些传教士一起行进了两天来到边境上，边境上有大片茂密的灌木丛，用来将那个劫掠成性的民族隔绝在外。他在这里翻身下马，陪伴着这些异教徒的使者穿过国境的大门。布鲁诺带着他的人马走在前面，沙皇及其随从则跟随在后。接着，神职者们登上了一处高地，罗斯人则站在与他们相对

---

① 佩切涅格人是突厥人中的一支，当时统治着从顿河下游直到多瑙河口及奥尔特河的地区。他们分为8个部族，第聂伯河东侧和西侧各分部着4个；布鲁诺似乎只去了西侧的那几个部族，他在记录中也将其称为"黑匈牙利人"；而这个名称通常用来指代现在的锡本布尔根居住者。

的另一处高地上，布鲁诺手中握着十字架，唱起了颂歌："伯多禄，你爱我吗？那就牧养我的羊吧！"颂歌唱完了，沙皇派出一名大臣来到布鲁诺面前，对他说："我护送你到这里，这里是我的国土结束，敌人的国土开始的地方。现在，我请求你，别让这些年轻人白白葬送性命来使我受辱。因为我知道，你会在明天三点之前毫无收获、毫无缘由地悲惨死去。"但布鲁诺回答说："你为我们开辟前往异教土地的道路，主也会为你打开天堂之门的。"他们就这样告别了对方。

布鲁诺和他的旅伴们继续行进了两天，什么坏事都没有发生；直到第三天他们才有了不好的遭遇。在这一天中，他三次命悬一线，但每一次都以奇迹般的方式凭借圣伯多禄的怜惜（他们是这样相信的）逃出了敌人的魔爪。在接下来的那天，那是个星期日，1008年2月7日，他们来到了一个人口稠密的地方；他们被这里的人抓捕起来，受到了死亡的威胁，但判决推迟了，因为在判决之前要召开一场全体民众集会。集会在接下来的星期日举行了，他们被领到众人面前。在涌来的无数人面前，他们经受了恐怖的折磨；在可怕的叫喊声中，异教徒们将千百把斧头和刀剑挥向传教士们，威胁着要将他们大卸八块；直到夜幕降临，布鲁诺和他的随行者们就处在巨大的危险之中，首领们比起普通民众要开化一些，最终是他们将传教士们从暴力威胁中解救出来。布鲁诺顺利地说服了这些首领，他是为了这个民族的安乐而来的，并由此赢得了他们的庇护。

接着，布鲁诺在佩切涅格人中间停留了5个月，亲自游历了这个国家的三个区域；而第四个地区的首领们则自己派来使者找到了他，想要与他商谈。在他为约30名佩切涅格人施行洗礼之后，他顺利地迎来了一个有利的时机，能使这个民族与俄罗斯沙皇和解，因为佩切涅格人的首领们急切地要求他从中调解，并认为这是唯一能保证新信仰顺利传播的方法。于是，他离开这个国家，再一次来到沙皇面前，劝说他从佩切涅格人和解，并将要他将自己的儿子作为人质送到佩切涅格人那里。和沙皇的儿子一起去的还有布鲁诺的一位旅伴，此人曾受布鲁诺祝圣成为主教，他们俩人就这样回到了佩切涅格人那里，而佩切涅格人也按照之前向布鲁诺保证的那样，全部皈依了基督教。这样一来，罗马教会就赢得了佩切涅格人这个狂野的民族。布鲁诺声称，他接到了圣伯多禄的特殊号令，虽然他的同行者们受到蒙蔽而多有反对，他还是踏上了这场旅途。这一次的成功给了他极大的勇气，继续接下来的重大举措，因为他赢得了信任，罗马的使徒是不会空手而归的。

布鲁诺离开俄罗斯沙皇之后前往了波兰，虽然波列斯瓦夫再次受到了国王亨利的攻击，但这一次他却友好地接待了布鲁诺。但是，德意志宫廷势必对布鲁诺的这种行为十分赞赏，因为从布鲁诺写给亨利的书信中可以看出，他认为有必要向亨利再三保证自己对他的忠诚，并以天主作为见证者发誓，自己在努力使波兰人重拾邑臣义务，再次与国王紧密联系起来。很快，布鲁诺从波兰派出他的一名随行者，此人受他祝圣成为主教，这位主教与一名名叫罗贝尔的僧侣以及其他随从一起渡海前往瑞典。这趟传教很快就获得了可喜的成果。瑞典王侯——这只可能是"母腹国王"奥洛夫（Skötkonung Olof）[①]，他的妻子很早就成了基督徒，因此他很愿意倾听传教士们的话语，并接受了他们的洗礼[②]；上千个瑞典人以及瑞典的七个大区都和他一起接受了基督教信仰。但是，仍坚持异教信仰的那部分人从各个方面威胁着传教士的性命，而他们之所以还活着就是因为这部分人相信，他们很快就要走了。在给亨利的信中，布鲁诺没有再讲述进一步的情况，但他保证一旦有派出的使者传回来的消息，他就会告诉亨利。

当时，他自己想要去普鲁士。对于前往那里的旅途，波列斯瓦夫先是答应他会不惜金钱，给予一切支持，但后来却由于战争受到了阻挠，无法兑现这一诺言。即使是这样，布鲁诺的决心依然坚定。他已经打算好了，如果他能顺利地完成这次游历，他就去往留提曾人那里，圣阿达尔贝特早就目光放到了这些

①　译者注：即奥洛夫·舍特康努格，其别名的由来有多种说法："母腹"可能指他尚在母胎中便被指定为共治国王。由于"母胎（Sköt）"又有"赋税；财宝"的意思，因而也可能指奥洛夫下令发行瑞典已知的第一套货币，这种情况则可译为"税款国王"。

②　奥洛夫接受洗礼的时间至今仍不明确。按照一般的说法，是盎格鲁-萨克逊人齐格弗里德为奥洛夫施行了洗礼；但是，按照不莱梅的亚当记录，齐格弗里德是在较晚的时间才投身传教事业的。相反，可以肯定的是，1013年瑞典就已经建立了主教管区，因为提特玛尔记叙道（IV. 54），在大主教乌万接受祝圣时，斯卡拉主教图尔戈特（Thurgot）就已经在列了。

人的皈依上。他向亨利写道："为了能使普鲁士人和留提曾人皈依，您能够给我的建议和支持我不会拒绝，正如这个世界对这样一位虔诚的国王寄予厚望，我会以恰当的方式接受和运用这些建议和支持。因为，我们现在必须拿出全部的热情，在圣灵的支持下使这些异教徒冷酷的心皈依，并孜孜不倦地勤勉投身于圣伯多禄交付的事业上。"在这封信发出之后没几个月，布鲁诺就如他所愿以身殉教了。没有普鲁士人愿意听他的布道；但即使这样，他还是怀着对信仰的热情一直来到了这个民族的最东部。1009年2月14日，他与18名年轻的随行者一起在这里遭到了斩首。

布鲁诺实际上的成就可能与这里记录的不完全相符。通过他活跃的想象，伯多禄的胜利似乎被描写得过于荣耀；至少有一点是毋庸置疑的，那就在佩切涅格人中间基督教信仰并没有扎下根来。①[邱瑞晶4]即使承认这一点，布鲁诺的这封信还是提供了一个视角，使我们能深入地窥探十一世纪初由罗马和德意志方面发起的传教事业。这些年轻的德意志传教士时而来到匈牙利平原，时而前往第聂伯河岸边和黑海海滨，随后又到达了普鲁士的森林中，或是乘船在波罗的海的浪涛中穿行——在我们眼前展现了怎样广阔的视野啊！但是，这不是布鲁诺的书信中唯一使我们感兴趣的地方；同样有着重要价值的是，它同时也描述了德意志传教士当时在欧洲东方遭遇阻碍，也正是这些阻碍使传教事业在不久后便销声匿迹了。

在皈依异教徒的过程中，布鲁诺意识到了两个巨大的阻碍，一方面是亨利与波列斯瓦夫之间的战争，另一方面是德意志国王与留提曾人的联盟。他感叹道："如果波列斯瓦夫像他的父亲米奇斯瓦夫曾经那样，与德意志国王联合起来，那么对于尚不稳固的基督教信仰来说，将带来多大的益处啊！"但是，他没有将双方关系受阻的罪责归结在伟大的波列斯瓦夫身上——按照他自己的话来说，他爱波列斯瓦夫"如同爱自己的灵魂，胜于爱自己的生命"。他明确地表示，波兰公爵愿意答应任何条件，而国王不用担心，像波列斯瓦夫这样一个有责任心的人会为了报复自己遭受的不公，和异教徒联合起来对付他。因此，

---

① 他们与罗斯人的和平在1013年夏季就不复存在了，佩切涅格人跟随着波列斯瓦夫前往了基辅。参考第114页。

在他看来，有过错的人主要是亨利，他提出的要求太高，并且总是想要用暴力贯彻一切主张。他这样对亨利说："我的统治者啊，你不是个软弱的国王，软弱之人是无法成为好国王的，你是个正直而严格的执政者，这也是执政者该有的样子；但是，也请慈悲为怀吧，请想一想，不只有暴力能使你赢得人民，仁慈之心同样可以啊。那样的话，你就会在各处都看到和平，而不是像现在这样，同时与三方展开战争。如果你愿意与波列斯瓦夫和解，那就展现出同情，放弃暴虐；如果他对你忠诚，就不要再迫害他；如果他应该成为你的邑臣，那就以和平的方式达到你的目的，让他心甘情愿地侍奉你！"

国王最受布鲁诺非议的一点就是，他与异教徒联合起来对付一位基督教的王侯。信中写道："迫害一位基督徒，并与异教民族维持友谊，这是正义的吗？您和我们的圣莫里茨怎么会和茨瓦拉菲（Zuarafi）[①]这样的魔鬼同流合污？圣矛和异教徒淌着人血的魔鬼旗帜怎么能放在一起？或者说，我的国王，基督徒在绘着异教偶像的旗帜下被砍去首级，在你看来并非罪行吗？如果有一个人能为你提供帮助和建议，使你获得那些异教徒的进贡并使基督教信仰在异教徒中传播开来，将这个人拉拢过来成为你忠实的朋友，这不是更好吗？"

我们的补遗随着布鲁诺在信中传达的这些信息也就结束了。这些信息描述了德意志传教事业当时遇到的困难，而这些困难在接下来的时代中成为更大的阻碍；同时这些信息也再次指出了人们至今为止对亨利作为"圣人"的错误认识，在对他执政时期的描述中，我们也尝试着，尽量解决这个问题。我们要再次重申，亨利在真实历史中的形象，与其在传说中的形象是完全不同的。

[①]　提特玛尔将之成为留提曾人的神，主要受到留提曾人的崇拜，又称茨瓦拉菲奇（Zuarafici）。

第五篇

德意志皇权的鼎盛时期
康拉德二世与亨利三世
1024—1056年

1. 康拉德二世的开端

a. 康拉德二世的当选与加冕

1024年9月，第一批葡萄成熟之时，德意志王侯们纷纷来到莱茵河地区，按照古老的传统在法兰克土地上选出新的国王和君主。美因茨与沃尔姆斯之间宽阔的河谷是预定的集合地点。领主们带着各自的随从都能在这里找到足够的地方驻扎下来；这片在当时就十分富饶的土地为他们提供了所有生活所需的物品，河中的小岛使人们有机会能够进行私下的商谈。领主们在莱茵河两岸各自安营扎寨，再也没有比这更美好的景象了！正如这条河将他们各自的土地分开，他们的营帐也分立两岸，一岸驻扎着东法兰克人、巴伐利亚人、施瓦本人和萨克森人及比邻的文登人；另一岸则是莱茵地区的法兰克人和洛林人。这是康拉德二世杰出的传记作者韦珀（Wippo）为我们记录的，他作为当时的目击者为我们描述了每一天的动态。

在名流大臣云集的现场，每个人都能感受到，这里正发生着怎样一件大事。人们以难以置信的热情，"以炽烈的灵魂"投身这件大事之中。这里那里，到处都有选民们三五一群聚集在一起；前前后后，人们再三考量权衡；他们下定决心，又改变主意。那些潜在的候选人中，有的太过年轻，有的又早已过了盛年；这个人的英勇和武力还没有得到过考验，那个人又显得太过鲁莽嚣张。人们的心思就这样不断动摇着。怀着不安和希望，所有人都紧张地期盼着；不仅是那些亲身参加竞逐的人，而且还有他们的整个氏族，全部的邑臣和朋党。

渐渐地，选举者们眼中合格候选人的圈子越来越小；最终，只剩下两位法兰克王侯分享着众人的支持。这两位都叫康拉德；他们各自的父亲是兄弟关系，除了通过这层血缘关系，他们此前还一直因为友情和共同的兴趣而有着亲密的关系。两人的曾祖父都是那位在莱希费尔德挥洒热血的康拉德，而曾祖母则是奥托大帝的长女；两人的祖父都是那位克恩顿的奥托公爵，也就是将王位让给了亨利二世的王侯。他们与至今为止的执政家族血缘关系很近，这在选举过程中为他们加分不少。

大多人都支持这一对表兄弟中较年长的那位。他的双亲是法兰克的亨利伯爵和阿德莱德。母亲阿德莱德的兄弟吉尔哈德伯爵在阿尔萨斯和洛林有着众多产业，在上文中我们已经认识过这位伯爵，他是亨利二世最顽固的反对者之一。这位康拉德似乎在幼年时就失去了父亲；少年时，我们看到他卷入了与其自己家族的争端之中，原因可能是其父亲的遗产。为了逃脱家族成员的迫害，他逃到了聪慧的沃尔姆斯布克哈德主教身边，虽然布克哈德将他家族的其他人都视为仇敌，但康拉德却得到了他的保护。布克哈德对这个孤苦伶仃的少年视如己出，以教会的教义来教导他，而康拉德这个学生对这些教义接受得很快，但是这位年轻王侯在学术方面的教育受到了忽视，后来也一直没有补上。在他的祖父克恩顿的奥托公爵去世后，我们的康拉德从这个家族的遗产中获得了很客观的一部分，那就是施派尔周边地区以及哈尔特（Hardt）内部的一些地区，而他的叔叔康拉德则获得了在法兰克的其他属地以及克恩顿公爵领地。康拉德与这位叔叔的关系似乎一直很紧张；但对于这位叔叔的儿子，他却显示出了超越表兄弟的情谊，并由此也对他祖先的采邑，即克恩顿的公爵领地有着好感。而这个儿子正是现在同样加入了王位争夺的康拉德。虽然并非毫无产业，与皇室家族也有着血缘关系，但较年长的这位康拉德太过清高，不会从别人那里夺取采邑，亨利二世也从未给过他特别的恩惠，很长时间以来，他不论在财富上，还是权威与影响力上，都无法与国内其他的王侯相比较。他已经成年，还没有找到机会一展拳脚。直到他年岁渐长，迎娶了吉瑟拉，富有的施瓦本公爵赫尔曼的女儿，他才获得了突出的地位。吉瑟拉是个有着高远志向的女子，有着不让须眉的心性；虽然她的豆蔻年华已经过去，但她仍有着震慑人心的美丽。在此之前，她已经有过两段婚姻：首先是与萨克森的布鲁诺伯爵，他是奥托家族的亲戚，吉瑟拉为他生下了一个儿子取名为利奥多夫；接着，她嫁给了巴本贝格家的骑士施瓦本公爵厄恩斯特，吉瑟拉与他育有两个儿子，分别名为厄恩斯特和赫尔曼。作为寡妇的吉瑟拉为她未成年的儿子厄恩斯特管理着施瓦本，同时她在萨克森、法兰克和施瓦本拥有着秀美的属地，而且她还有可能继承其舅舅勃艮第国王鲁道夫客观的遗产；通过与吉瑟拉的婚姻，康拉德的财富和权力才得以大幅度提升，此外，吉瑟拉的野心也鞭策着康拉德，使他将荣誉感化作能获得回报的实际行动。就这样，康拉德一改往日的内敛，很快便自由地施展开了拳脚。

与吉瑟拉的婚姻虽然给康拉德带来许多益处，但也使他树敌无数。不仅神职人员们不同意这场婚姻，因为夫妻两人的血缘关系相当近，而且，亨利二世皇帝也依旧对康拉德保持坚定的敌对态度。从那之后，康拉德在各地都与皇帝的反对者共同作战。他甚至不止一次举起武器对抗亨利二世；首先是为了他的舅舅吉尔哈德伯爵，后来是为了他年轻的表兄弟康拉德。[1][邱瑞晶5]然而，像皇帝所有的敌人一样，他也败下阵来，并被迫通过长期的流放来赎罪。

如今，有许多原因都使参加选举的人们支持这位王侯。他的性格令人印象深刻，他正值盛年精力旺盛[2]，也有着丰富的阅历。他诠释了"男子汉"这个词的全部意义；他的眼神坚定，他的意志顽强不屈，他有时严格得几乎冷酷；对他来说，普通人的恐惧是一种陌生的情绪。他坚强而热情的天性使他在不幸的命运中学会了克制和理智；即使在痛苦之中他也能保持一颗坚定的心。从来没有人质疑过他的英勇气概；他一言既出驷马难追；他的大度异乎寻常；他拥有所有骑士的美德，人们一时间找不到能与他媲美的人。虽然神职人员对他的婚姻多有微词，但他们也知道，他在其他的所有方面都是教会忠诚的儿子；他严谨地遵守着教会的制度，虔诚地奉献着。如果说他至今为止鲜少对统治之术的运用，在学术教育上也远远不及之前的皇帝，但他却拥有与生俱来的洞悉力以及令人信服的号召力。如果说，他作为统治者还缺少什么的话，那么吉瑟拉也全都弥补上了。她早年就见识了皇帝和国王们的宫廷，对所有的国家事务都了如指掌，并具有非同一般的良好教养。我们知道，她积极投身于圣加伦修道院的学术追求，并对才华横溢的诺特克撰写的作品非常感兴趣。养尊处优的吉瑟

---

[1]　参考第144页至第146页。

[2]　康拉德出生的年份至今不明；但可以肯定是，他在1024年时大约四十岁。与他同名的表兄弟比他小十多岁。

拉追求生活的乐趣；她热衷于名望和尊荣，但是她想要的是真材实料的声名，而非毫无价值的阿谀奉承。

　　首先公开支持较年长的康拉德的，是美因茨大主教亚利伯。他的这一票在选举中有着至关重要的作用，正如在反对罗马的事宜中一样，他管区中的所有主教都忠诚地支持他的决定，所以他的这一票便产生了更大的影响力。就这样，亨利二世的兄弟奥格斯堡的布鲁诺加入他的阵营；班贝格的埃博哈德要保护自己的管区，也加入其中；还有许多其他有着强大影响力的教会王侯也都做出了相同的决定。而大多数的世俗王侯也在一开始就支持着较年长的康拉德：在亨利二世执政时获得巨大名望的卢森堡家族；通过与吉瑟拉的婚姻而与他成为姻亲的、在上德意志有着非凡影响力的巴本贝格家族；吉瑟拉在第一段婚姻中结识的许多萨克森权贵。最终，所有的萨克森人都决定，在贝尔哈德二世公爵的领导下站到较年长的康拉德一边，将由他们的宗族掌控多时的统治权让给这个法兰克人，这一点想必有着决定性的重要意义。

　　这样看来，年长的康拉德当选的前景非常乐观；然而，他的反对者们也毫不示弱地支持着他的表弟。他表弟的母亲玛蒂尔德是吉瑟拉的姐妹，她作为年轻的寡妇嫁给了弗里德里希伯爵，而弗里德里希伯爵当时正为他上了年纪的父亲迪特里希公爵管理上洛林的公爵领地。弗里德里希自己没有男性后裔，所以全力支持继子，并为他赢得了大多数洛林权贵的支持。与他联合在一起的有英勇务实的下洛林公爵戈泽罗，戈泽罗曾在战斗中与年长的康拉德较量过多次；他的阵营中还有科隆大主教皮利格里姆，他在所有事情上都对美因茨人十分厌恶；最终还有一大批思想严谨的、受到克吕尼派影响的主教们，他们对吉瑟拉的第三段婚姻感到嫌恶，因而像往常一样与戈泽罗及其家族加入了同一阵营。年轻的康拉德本人似乎是配得上王座的，虽然他之前还没有什么施展拳脚的机会。由于命运没有对他展露笑颜，他还是个孩子时就失去了父亲的公爵领地；当时的他只能忍气吞声，后来，他在青年时代为了报复自己遭受的不公而举起武器反抗强大的皇帝，但他很快就从战斗中败下阵来。自那时起，他一直低调行事，但人们知道，他的心中怀着高远的志向，而且她的母亲玛蒂尔德在野心、智慧和修养上丝毫不输她的姐妹吉瑟拉，她也在滋养培育着儿子心中的向往。在这个年轻男子的血管中流淌着高贵的血液。他不仅是奥托家族的后裔；他的母亲作为勃艮第国王的外甥女，其族谱可以直接回溯到查理大帝那里。眼下，他的心中似乎也可以怀抱着骄傲的期待；因为洛林人已经组成了一个严密的方阵，与他共同对抗其表兄康拉德。

亚利伯和他的朋友们心中已经有所动摇；他们非常担心选举中的分歧，害怕对手的强大力量。但是，表兄康拉德凭借其智慧很快便控制住了他们的这种恐惧。他亲自来到了表弟面前，在两人的私下谈话中向他阐述了目前的态势；告诉他，所有选举人都出乎意料地支持着他们这两个来自同一家族的表兄弟；他向他解释，如果他们能联合起来，那么他们的家族就一定能掌握统治权；而他们的分歧则会给整个家族带来无法磨灭的伤害，助长第三方的胜算，而使王位旁落他人之手；因为无论他们两人中谁登上了王座，另一个人也就必定是王座的下一任继承者。在韦珀的描述中康拉德这样结束了这段话："因此我们要选择可靠的途径，而不是未知的道路，不要将今日的宝贵机会白白浪费而不加使用。忠实的表弟啊，我想要做的事情都会告诉你的。要是我看到那些选举人倾向于你，我也不会阴险地使他们疏远你，而是加入他们中间支持你；并且，我会比别人更加欣喜，因为获得感恩与回馈将比他们更多。相反地，要是神选择了我，那我也坚定地相信，你一定会为我做同样的事。"这次谈话产生了作用；年轻的康拉德表示，这一切都正合他意，而且如果他当选，他也会心甘情愿地拥护自己的表兄。就这样，两位竞争者达成了一致意见，并以真诚的拥抱和兄弟之间的亲吻确定了两人之间的默契。他们签订了一份合约，而比起精明的成熟男性，这份合约更多的是那个涉世未深的年轻人以其高尚的心灵做出的誓言。

多名王侯从远处看到表兄弟两人拥抱在一起。两位康拉德达成一致意见的消息以迅雷之势传到了大批选举人的耳中，人们很快就进行了投票。选举就在卡巴（Kamba）附近的空地上举行，那里与欧朋海姆（Oppenheim）相对，在尼尔斯泰因（Nierstein）的高地上，茂盛的葡萄园为莱茵河宽阔的河床戴上花冠，富饶的土地从那里开始地势逐渐变高，聚拢成欧登瓦德山绿色的山峰，而现如今，这个地方已经被河水吞没了。王侯们在这里围成一圈；期待着选举结果的民众们围在他们的外侧。人们按照老传统，先请上了美因茨大主教来做选择。大主教亚利伯的胸口因为欣喜而上下起伏，他用响亮而愉快的声音说出了自己的选择，他选择较年长的康拉德"作为他的国王和君主，作为这个国家的执政者和保护人"。其他的大主教和主教们在他之后也相继表达了自己的看法；他们全都异口同声地支持了年长的康拉德。随后，世俗王侯们也要依序做出自己的选择；首先便是年轻的康拉德。人们请他投票的时候，他还在与洛林的朋友们商讨着；他站起来走到众人面前，大声地说出他所选的人是自己的表兄。表哥康拉德欣喜地拉过表弟的手，让他坐到自己身边的位置上。人选就这样确定下来了，因为所有其他的王侯也都做了同样的决定。人们欢呼起来，以震耳欲聋的呼喊对这个选举结果表示赞同。皇帝的遗孀库妮古德也来到了选举人的圈子中间，将象征国家权力的信物交给新当选的国王，在移交的过程中，她所说的话也非常符合她高贵的身份。她说，她代为执政的时间到头了，她对这个俗世再也没有义务了，俗世也无法再带给她任何乐趣，所以她决定离开俗世。

1024年9月8日，康拉德二世顺利当选，萨克森人统治的国家又回到了法兰克人手中；这是个伟大而令人喜悦的日子，王侯们和睦共处，天主似乎直接与德意志的人们对话，给出他的选择。人们相信，那么多强大的王侯全都忘却了嫉妒，而异口同声地将一个在地位上无法与他们相比的人选为了他们的君主，这件事的发生必定是更崇高的力量对命运所做的安排。然而，选举的过程并不是像表面上那样的顺利。洛林的戈泽罗公爵和弗里德里希在表明自己的立场之前就闷闷不乐地离开了选举会场；许多洛林主教和领主们也跟着他们离开了，就连科隆大主教也加入了他们的行列。毋庸置疑，他们心中是带着不满的；所以人们更加急切地要求随即为当选者加冕，而大主教亚利伯万分乐意地接过这一职责。人们决定，在同一天就由美因茨大主教在美因茨为康拉德授予王冠，而亨利二世也是在那里从大主教维里吉斯手中接过冠冕的。

人们从选举场地涌向加冕典礼。数不胜数的人群欢呼着簇拥在国王周围，与他一起来到了附近的美因茨。神职人员们在路上唱着赞美诗，民众们也唱着欢歌；自人类开化以来，莱茵河福泽充盈的河岸上就从未目睹过这样的欢庆场景。就这样，康拉德在激动的人群簇拥中来到了老城美因茨，而美因茨城也已经为加冕典礼而装点一新。韦珀说："即使是查理大帝穿戴着帝王的盛装来到人们中间，他受到的欢呼也不过如此。"

人们一刻不停地开始了加冕典礼，一派祥和气象预示了美好的未来。正当国王在夺目的阵列中从王室领地走向大教堂时，三个来自较低阶层的人从众王侯中挤了过来，叫喊着，要国王为他们主持公道。那是一位农民、一个寡妇和一个孤儿。国王见状，立即让行进的队伍停下来，好让他听一听这些穷苦之人的控诉。有几位主教对于这样的耽搁十分不满，他们要求国王尽快赶往神圣仪式举行的地点。而国王回答他们说："既然我被推举为统治者，而一个果敢的人是绝不会将当下该做的事情推迟到以后的，那么在我看来，我最好立即尽到自己的义务，而不是等着由别人来告诉我该做什么。你们常常对我说，并非听道之人，而是行道之人才能得享极乐。①我现在要接过的这份职责越是重大，我就必须越是谨慎地走在主的道路上。"在没有帮助那些受压迫的穷苦人之前，他是不会离开的。不久后，又有一个男人冲进了行进的队伍中，他大声呼喊，说自己平白无故被驱逐出了自己的家乡。国王握住这人的双臂，将他拉到自己身边，将他的事由解释给王侯们听。在这样一位国王的统治下——他以这样仁慈的举动开始了自己的朝政，他急于为受压迫的人排忧解难更胜于用冠冕装点自己，人们必将迎来喜乐安详的日子。

当队伍到达大教堂时，亚利伯带着手下的全体神职人员都来迎接当选者，亚利伯将他带到祭坛前，按照祖先的习俗为他涂油和加冕。大主教对接受了涂油的君主做了严肃的讲话，向他阐释了尘世的统治者应当成为世界的最高统治者在俗世的映像，应当以其人类本质所能及的纯粹之心来行事；他要国王记住，主让他在之前的人生中承受沉重的困苦和磨难，主要就是为了让他现在以慈悲之心对待其他人的困苦磨难。亚利伯这样结束了这段话："你已经获得了尘世间最高的尊荣，你是基督的执政官，但是，如果一个人的心若不是向往着基督的话，他就无法真正地施行统治。你必须在王座上就想到天堂的荣耀，因

---

①　化用《圣经·雅各书》第1章第25节。

为能够统治世界，是一份极大的幸运；但更大的幸运要在天堂中才能获得。主对你的要求有许多；但最重要的是，你应当守护正义，维护国土的和平，成为教会和神职者们的保护人，寡妇和孤儿的看护者。如果你做到这些，那么你的王座便可在眼下和永恒的时间中保全。"最后，大主教对国王提出了一个要求，因为从今天起他就是另一个人了，他的周身将环绕着天堂的崇高光彩，所以他要忘记之前的一切恩怨，原谅所有的敌人。国王深受触动，晶莹的泪水从他眼中流淌下来。随后，他郑重地起誓，从心底原谅自己的敌人，在场的人也都不禁热泪盈眶。神圣的仪式结束了，在主教们连同神职人员们、公爵、伯爵及领主们的陪同下，国王回到了王室领地中。人们看到，国王神采奕奕，以自信的高贵姿态在队列中行走着。他仿佛从芸芸众生中脱颖而出，这让人想到扫罗王（Saul）那句话，他似乎比一切众人都要高出一头。在隆重的加冕宴会上，公爵们按照习俗要侍奉新国王用膳，最后，在欢声笑语中，这个伟大的日子落下了帷幕，并在每一个亲身经历者的记忆中都留存许久。

加冕之后便是宣誓效忠的仪式。主教、公爵和其他的世俗王侯们按照顺序依次向新王宣誓，在他们之后便轮到身份较高的国家邑臣和一般的骑士——采邑制度就是这样确定他们的地位和尊荣的，最后才是来自自由阶层的个人，他们可能并无采邑但依旧享有一定的名望和影响力。

国王以隆重的方式安排了他的朝廷，在这个过程中尤其听取他妻子的建议和意愿。除了吉瑟拉之外，对他影响最大的便是他的老朋友兼战友维尔纳，维尔纳是他的邑臣，其忠心在许多次的困境中经受住了考验。在国内的王侯之中，奥格斯堡主教布鲁诺和斯特拉斯堡主教维尔纳在宫廷中获得了最高的声望，前者是先皇的兄弟，而后者是哈布斯城堡的始建者，也是位于阿尔高（Aargau）的穆里修道院（Kloster Muri）的创始人，而维尔纳所在这个家族在之后还注定将获得更高的荣耀。毫无疑问，大主教亚利伯和年轻的康拉德当时也位于宫廷和王国中最具权势的人之列，但是，他们很快便不再是国王最信任的参议大臣了。

显然，康拉德最应当感激的就是美因茨大主教，而他的这些功劳是不能毫无回报的。我们知道，意大利的大总理之职在维里吉斯死后交给了班贝格的埃博哈德，后来，亚利伯又将这一头衔重新夺回了美因茨人手中；通过这一牺牲，埃博哈德似乎保住了自己的主教管区。我们还知道，帕德博恩的迈威尔克曾经从他的皇帝朋友那里强行获得了一块伯爵领地，而现在他不得不将这块领地让给美因茨方面。综上所述，我们可以猜测，关于美因茨方面一直以来对甘德斯海姆修道院的要求，康拉德对大主教许下了确切的承诺。德意志人获得新国王这天，对这位果敢而雄心勃勃的教士来说也是幸运日；象征着亚利伯命运的星宿在空中闪耀着最明亮的光芒，但更令人不禁注目的是，这颗星很快便丧失了光彩。这个大胆的男人对罗马的震怒毫不畏惧，而一个夫人的恶言却成了他无法逾越的界限。

亚利伯一直以来都极力反对血亲之间的婚姻，虽然他在其他方面都积极地支持着康拉德，但终究对他与吉瑟拉的结合感到厌恶。克吕尼方面流传的说法很难让人信服，他们说康拉德在当选之前对主教们承诺过，要与吉瑟拉分开。亚利伯急切地期待着这场令他嫌恶的婚姻走向终结，现在他的心中升起了希望，教会拒绝为这个女人加冕的话，国王就会抛弃她了。可以确定的是，大主教没有在为国王加冕的同时为吉瑟拉加冕，同样肯定的是，骄傲的吉瑟拉因此而感觉受到了侮辱。所以，如果将亚利伯迅速从权力巅峰跌落下来的原因主要归结于吉瑟拉对他的憎恶以及康拉德对婚姻的缱绻深情，这是几乎不会错的。[1]

比亚利伯更快失势的是年轻的康拉德。我们知道，他皇帝表兄在卡巴向他保证，他会是下一个登上王位的人。他似乎已经获得了王位，但终究与王位永远失之交臂。由于他的父母顽固地反对新任国王，而他又不可能完全切断与他们的所有联系，猜疑的种子便在他与国王之间不可避免地生根发芽了。可以确信的是，阻止国王兑现其承诺的并不是虚伪和诡计，只是当时形势所迫，使受了蒙骗的年轻王侯越来越疏远他的皇帝表兄，并陷入了愤懑之中。

b. 国王巡游

康拉德成为一国之君后，按照先辈的习俗展开了对德意志各地的巡游。

---

① 值得注意的是，康拉德早在1024年9月11日的一份文件中就已经将吉瑟拉称为王后；而库妮古德从未在接受加冕前使用过王后的头衔。

　　最急切需要国王前去巡视的就是洛林；因此，国王便将洛林定为了他巡游的第一站。戈泽罗和弗里德里希刚刚离开选举场地，就马上联合起整个洛林的势力，掀起了反对康拉德当选的活动。尤其是戈泽罗极为积极；他在科隆、奈梅亨、凡尔登、乌特勒支和列日与当地的主教们召开会议，并从他们中的大多数人那里得到了承诺，还有在他同意的情况下，才对新任的国王宣誓效忠。埃诺伯爵拉基那尔忘却了旧时的家族仇恨，也对戈泽罗做了同样的承诺；还有许多其他的洛林领主，其中还包括上洛林的老公爵迪特里希也向他发了誓。但是，戈泽罗没过多久就被他的许多追随者抛弃了；首先离开他的就是科隆大主教，美因茨人的风光无限使他难以入眠。皮利格里姆将土地让给亚利伯，并且还反抗了一位手中握有国家大权、头上佩戴着神圣冠冕的王侯，他已经感到后悔了。在他看来现在倒戈加入之前的敌对阵营似乎可以获得无限荣耀和利益；因此，他不仅在暗中开始与国王康拉德协商，他甚至还提出，既然亚利伯拒绝为吉瑟拉加冕，就由他代替亚利伯举行加冕仪式。想要拉拢国王夫妇，很难找出比这个更好的办法了；科隆长久以来一直被美因茨排挤在外，无法获得加冕权，而现在正是为科隆夺回这一权力的绝佳机会。很快，协商就结束了，而美因茨方面势必对此大为不快。康拉德与吉瑟拉带领着庞大的随从队伍从美因茨出发前往科隆，在那里吉瑟拉于9月21日接受了大主教皮利格里姆的加冕。国王夫妇随后便直接来到了亚琛，康拉德在那里登上了查理大帝的大理石王座，按照古老的习俗，他在王座上向民众们宣讲他的法律。

　　虽然康拉德即使在洛林也没有遇到任何实际的反抗，但他同样也没有获得彻底的、广泛的支持。公爵们拒绝出现在他的王座前，许多其他的权贵们也迟迟不表示对他的拥护。但即使这样，效仿皮利格里姆、加入国王阵营的人数还是在逐渐增加。尤其是那些主教们，他们将自己的诺言抛诸脑后，来到宫廷中向国王宣誓效忠。这些出尔反尔的教士受到民众无情的嘲讽也是情理之中的事；也正是出于对舆论的恐惧，康布雷的吉尔哈德才在当时还谨慎地保持着与国王的距离，虽然他已经向国王派出使者表明了自己的臣服之心。这样一来，洛林人的大阵营就分裂开来了；但是，当地国王的支持者已经人数众多，国王已经可以在亚琛召开地方大会和宗教代表会议了。离开亚琛后，他前往列日，接着又去了奈梅亨并在那里查理大帝的旧时皇帝领地中停留了较长的一段时间，11月才再次踏上巡游的旅程。

现在，康拉德来到了萨克森，在萨克森的所有地方他都受到了友好的接待和认可。在科埃斯费尔德（Coesfeld）旁的弗雷登，奎德林堡和甘德斯海姆的两位女子修道院院长来到了国王面前，这两位奥托二世的女儿都为他送来了祝福。在多特蒙德，他与威斯特法伦的主教和伯爵们召开了一场地方会议。国王是在明登庆祝这一年的圣诞节的，大批的萨克森领主们涌向明登，那些没能亲自前往选举现场的领主在那里对国王宣誓效忠。在帕德博恩的又一场地方会议上，康拉德终于像亨利二世当年那样同意了，萨克森人按照自己的意志遵循他们旧时的法律与制度——韦珀将之称为"血腥的法律"。

是迈威尔克主教的特别邀请使康拉德来到了帕德博恩；这位聪明的主教试图通过自己的殷勤使新任国王也像前一任国王那样离不开自己。接着，康拉德又途经科维，在一个类似的邀请下来到了希尔德斯海姆；因为戈德哈德主教也想要获得国王的恩典，以求逃脱出热血大主教所造成的不利形势，同时他也想要为自己赢得甘德斯海姆。主教隆重地接待了国王，用三天时间极其精心地招待了他和他的随从。大主教亚利伯从中看透了戈德哈德的心思，他亲自来到希尔德斯海姆，一刻也不停歇地与他老同僚一起出现在众人面前。亚利伯和戈德哈德几次三番地由于甘德斯海姆修道院而发生争执，国王无法决定该支持谁，因而想要在地方会议上解决此事，于是他决定于1月22日在戈斯拉召开一场地方会议。然而，这场会议依旧没能解决双方的争端，在事态有进一步的发展之前，戈德哈德和亚利伯都无权行使对甘德斯海姆的主教权利，而是由哈伯施塔特主教代为管理这座修道院。随后，国王在亚利伯的陪同下亲自来到了甘德斯海姆，而就在这时他们看到了令亚利伯气愤的一幕，那景象清楚地透露了戈德哈德已经坚信自己有着对这座修道院的大主教管辖权。戈德哈德赶在亚利伯和国王之前到达了修道院，当两人进入修道院时，他已经在那儿的祭坛边等待着他们了，他头上戴着大主教的冠帽，已经做好了弥撒的准备。大主教亚利伯怒火中烧，他要戈德哈德离开祭坛并由自己来主持弥撒，但国王却拦住了他。从表面上看，国王的命令似乎是对戈德哈德最无情的讽刺，但他却鼓起勇气，亲自对他的对手亚利伯展开了控诉。国王才从教堂回去，他就穿戴着整套主教盛装跪倒在国王脚前，向他发誓，要为自己和整个神职阶层受到的侮辱而报仇。康拉德不仅安慰了他，还答应要给他补偿，并与吉瑟拉一起邀请他随两人一起前往格罗纳，说是要在那里解决甘德斯海姆的事宜。实际上，他们也的确在格罗纳当着5位主教和多名萨克森大臣的面暂时将甘德斯海姆的管辖权归还给了戈德哈德，即使大主教没有认可这一判决，但这个决定却已经让所有人都心知肚明，大主教的威望已经下降了很多。

离开格罗纳之后，国王又先后来到了奎德林堡、马格德堡和梅泽堡；他拜访了所有那些萨克森皇帝们乐于下榻的城堡和市镇，在所有的地方都受到了热情地接待。萨克森和图林根的人们已经全部认可了这个法兰克人作为国王。3月底，康拉德返回了法兰克家乡，但没有停留多久便再次离开了，前往奥格斯堡与主教布鲁诺共同庆祝复活节。

复活节后，国王对巴伐利亚的公爵领地和克恩顿地区进行巡游，之后前往东法兰克，在5月时造访了班贝格。这个由前一任君主建立的教区仍充满争议，而国王的出现则保证并提升了它的地位。经过美因河流域，他随后回到了莱茵河地区，但在圣灵降临节之前便策马来到了施瓦本（6月6日），并在康斯特尼茨（Kostnitz）庆祝了圣灵降临节。正如在萨克森、巴伐利亚、克恩顿和法兰克一样，康拉德在吉瑟拉的家乡施瓦本各地也受到了心悦诚服的认可。新上任的法兰克裔统治者通过其强悍有力的表现使各地的人们重新回忆起那些伟大的法兰克皇帝，整个西方都曾颤抖着臣服于其力量之下。民间流传着这样一句俗语："康拉德的马鞍上悬着查理大帝的马镫。"而康拉德干练英明的名声以及他幸运当选的消息也已经传到了阿尔卑斯山的另一边；正是在康斯特尼茨，意大利的王侯们第一次出现在新国王的宫廷中。

在亨利皇帝去世后，意大利再次陷入了混乱的状态中。许多人又开始萌生出曾经的念头，想要摆脱异族的枷锁，选出一个本族人作为国王；但事实很快证明了，权贵大臣以及民众中的意见分歧是无法带领意大利走出这种混乱局势的，唯一的出路只有继续接受德意志人的统治。对于眼前的局势，没有人比饱经风霜、雄心勃勃的米兰大主教阿里贝特看得更为透彻了；他同时也是一个精明干练的男人，懂得将被迫臣服的处境化作丰富的优势来源。阿里贝特像所有当地的意大利人一样，心中充满了对异族统治的仇恨，始终惦念着独立政权，对宗教和政治中更高权威都毫无畏惧，但他却是第一个前往康斯特尼茨出现在康拉德宫廷中的意大利人，他邀请这个法兰克人翻越阿尔卑斯山，在米兰接受伦巴底的王冠。康拉德看到这位强大的主教表现出的臣服，非常欣喜，用珍贵的礼物表达了对他的敬意，授予了他不同寻常的特权，让他来管理洛迪（Lodi）的主教们，并答应他随后便会带着军队现身伦巴底。

在意大利，最不加克制地发泄自己对德意志统治的愤怒的，可能就是帕维亚的人们了，因为这座城市曾经痛苦地领教了亨利二世的盛怒。亨利去世的消息才刚刚传到这里，居民们便涌向城中的皇帝宫邸，将之夷为平地。这座建筑是由来自伯尔尼的、聪慧的迪特里希营建的，奥托三世皇帝进行了整修，并为其装饰了精美的壁画，而这样一座建筑在人们的怒气中毁于一旦，甚至连地基都被肆意地挖掘捣毁。被自由的向往蒙蔽了双眼的帕维亚人说，任何国王都不能再下榻于这座城市中。然而，他们的这股气势转眼间就崩塌了！他们也向康斯特尼茨派出使者，去拜见康拉德，试图用花言巧语哄骗国王宽恕他们的暴行。他们说："人们指责我们毁坏国王的居所，这是不公正的；因为在亨利去世后，我们便没有国王了。"但康拉德在给出有理有据的回答时，几乎从不顾虑其他，他这样回应帕维亚人的使者："我知道，你们没有破坏国王的居所，因为你们没有国王；但是，你们毁坏了属于国家的宫殿，这一点你们自己也不否认吧。不论国王是否去世，国家还是存在的，正如舵手丧生之后，船只还是存在的。宫殿是国家的财产，而不是你们的私产，谁要是动了他人的财产，就要在国王手中得到制裁。"康拉德说完这话，打发了帕维亚人，并没有像他们所要求的那样息事宁人。意大利其他地区的使者也在康斯特尼茨，或是在随后的苏黎世，出现在康拉德的宫廷中；一些贵族领主们亲自翻山越岭来拥护他，而让他尽快前往伦巴底的呼声也越来越急切。

与此同时，勃艮第的局势也等待着国王的处理——也正因如此，国王来到了巴塞尔。勃艮第国王鲁道夫和国内的权贵们认为，亨利皇帝死后，他们曾经对他许下的、关于王位继承人的所有承诺都失去了效力；国王鲁道夫相信，继承其王位的人不该是德意志国王，而应当是他长姐的儿子。然而，亨利在将德意志的钱财和军力投入给勃艮第的时候，他对鲁道夫的承诺并不是这样理解的，而且康拉德也不愿意放弃前任国王的追求，更何况他的妻子吉瑟拉是鲁道夫国王的外甥女，他作为其丈夫也能够跻身勃艮第继承人的行列中。因此康拉德赶往巴塞尔，在亨利去世后，国王鲁道夫似乎立即重新入主了这座城市，康拉德占领了巴塞尔城，在这里召开了一场地方会议，并为刚刚空缺出来的主教职位做了人事安排。他无论如何都想要将巴塞尔城作为勃艮第人遵守旧时协约的筹码，但他也担心勃艮第人会对这座城市发起进攻，所以，他一直等到巴塞尔调整到能够抵御进攻的状态，并且使国家边境防御覆盖到这里之后，才离开了巴塞尔。此后，他经由斯特拉斯堡返回了莱茵河流域的法兰克；他当时停留在沃尔姆斯，那是他的父辈们安息的地方，他们的家族城堡曾经就屹立在这里，但这座城堡早就被布克哈德主教摧毁了，城堡上石块被用来修建了一座大教堂。7月26日，他在这里拜访了自己年迈的老师和朋友，老师带病陪伴着他，在此后不久（8月20日）便辞别了人世。

康拉德完成了国王巡游。除了洛林的多名王侯之外，人们广泛地承认了他的国王身份。意大利的权贵们也已经来到他的宫廷中，邀请他前往阿尔卑斯山的另一边；而康拉德不仅要响应他们的呼唤，更是已经将目光锁定在了皇帝的冠冕上。他在特雷布尔召开了一次大型的国家会议，计划在这场会议上请众王侯们为他的罗马之行建言献策。

c. 第一场针对康拉德二世的密谋

按照国王的意思，罗马之行在特雷布尔的会议上正式定下了，关于这次行程的所有事宜很快都安排妥当。在国王离开德意志大地期间，主教布鲁诺将负责处理国家政务，而监管的职责则托付给了国王唯一的儿子小亨利；国王的小女儿贝娅特里克斯则被送往奎德林堡，由女子修道院院长，也就是奥托三世的姐妹，代为照看。出发的准备已经做好，但一件出人意料的事却使国王不得不推迟了出发的日期，并迫使他先将精力投入到另一个方面中去。康拉德从来对自己的力量和运气充满自信，而心惊胆战、小心翼翼、四方探查，本来完全不是他的作风，而正当他意气风发地要向自己定下的目标迈进时，他突然发现一场可怕的暴风骤雨就要向自己袭来，而他也已经被驱逐出了有着可靠领航员的海岸。

1025年6月17日，伟大枭雄、波兰之王"勇敢者"波列斯瓦夫去世了。皇帝亨利死去之后他为自己戴上的国王冠冕只在他的头上停留了很短的时间；这个波兰人的惨死在德意志人的眼中看来，是上天对其大胆行为的审判，而波兰人的死也很快使整个东欧都陷入了一场规模大、时间久的动乱之中。在萨克森边境上，人们大声欢呼着，因为长久以来令他们心惊胆战的侵略者不在了。他们的欢呼为时过早，因为事实很快就证明了，波列斯瓦夫的儿子米奇斯瓦夫二世一心想要沿着他那声名显赫的父亲铺就的道路继续前行。为了按照斯拉夫的传统来维护王国的统一，他将自己的两个兄弟排除出了继承人的行列，并将他们中的一个，波列斯瓦夫与匈牙利妻子所生的奥托-贝茨普利姆（Otto-Bezbriem），驱逐出了波兰。米奇斯瓦夫将父亲的王冠也视为自己遗产的一部分，虽然他娶了奥托二世的孙女莉赫扎，但还是拒绝进贡和承认德意志的最高统治。他才为自己戴上王冠，就不得不穿上铠甲与父亲的宿敌德意志人展开了战争。在出发前往南方之前，康拉德必须先守住国家的边境不受他的侵害；于是，他于1025年夏季来到了萨克森。

在这样一个时刻，对康拉德来说最重要的，就是阻止新任的波兰王侯与他风光无限的远房兄弟克努特取得联系，而这位强大的北方统治者当时屡战屡胜，正是荣耀无比的时候。然而，康拉德不仅顺利地阻止两人取得联系，康拉德和克努特之间甚至还结成了紧密的联盟，而小亨利与丹麦人的女儿古恩希尔德（Gunhild）之间的订婚又为联盟关系加上了一重保险。不莱梅大主教乌万通过将西兰岛让给主教吉尔布朗德（Gerbrand）赢得了克努特国王的青睐，而康拉德能与克努特达成协议也主要归功于他，当然了，达成这份协议也要付出巨大的牺牲。为了拉拢特努特成为自己的盟友，康拉德将石勒苏益格边区，也就是施莱湾（Schlei）与艾德河（Eider）之间的边境带，出让给了丹麦；亨利一世夺取的土地就这样再次从王国中被分割出去了，后来也再没能收回过；而丹麦王国对德意志政权的依附也不复存在了。

　　出让国家土地当然不是什么光荣的事情，而在以前类似的事情也从没有得到过原谅，但能够肯定的是，当时克努特与康拉德之间的友谊带来了无可限量的益处。在后来的岁月中，这份协议也带来了一些值得一提的成果。由于与丹麦人之间的联盟持续了很久，王国边境上绵延了百年的战斗终于得以停息。同时，在被抵制了二十年之后，德意志人的传教事业也重新在北方获得了自由发展的空间。汉堡的传教辖区在短时间内就发展到了前所未有的繁荣景象。因此，在当时的人们看来，与丹麦的联盟是一件功德极高的事。而克努特国王也同样期待这一联盟的达成，好使他的北方王国与西方世界的中心建立起更紧密的联系。这位志向高远的王侯已经有了政治和宗教方面的计划，正是这些计划让他来到了皇帝和教皇的面前。正是在这之后不久，他踏上了这场引人注目的征程，通过法兰克王国前往罗马，成为了第一个在圣伯多禄墓前祈祷的丹麦国王。人们原本以为克努特只是个盲目的异教徒、脾气暴躁的北国枭雄，但是在这次旅途中，人们惊讶地发现，这位年轻的战将和王侯有着清醒的头脑，天赋极高，而且他还一心向往着基督教的教义。在数个世纪之后，人们还以同样的方式惊讶地发现，首先拜访欧洲文明国家的莫斯科王朝沙皇也有着他的影子。

　　通过康拉德与克努特的联盟，也因为米奇斯瓦夫很快便与别的邻国卷入战争之中，从东面而来的危险暂时消失了。但与此同时，新一轮更强烈的狂风暴雨又从西面朝德意志帝国袭来；当康拉德还在萨克森地区停留时，洛林局势突然就发生了重大的转折。戈泽罗和弗里德里希还在坚持反对国王。他们仰仗着自己有法兰克王国作为靠山，直接与国王罗贝尔勾结起来，罗贝尔这位国王经历了多年充满苦闷的执政岁月，现在皇帝亨利的死突然在他眼前展开了灿烂的前景。因为伦巴底人提出让他成为他们的国王，而受了亏欠的洛林人也将目光放到了他的身上。经过深思熟虑，罗贝尔放弃了意大利的王座，但令他满意的是，伦巴底人的目标转向了他的一位邑臣，富足的阿基坦公爵威廉。在同一时间，还有另一位他的邑臣也有望登上这个王座，因为在皇帝亨利死后，香槟伯爵奥多毫无疑问成了他叔叔勃艮第国王鲁道夫的继承人。由于继承勃艮第的遗产在望，所以奥多在当时结束了与罗贝尔国王之间不断爆发的矛盾冲突，并努力地想要赢得其青睐。最初的卡佩家族成员们在与他们的邑臣联合起来对外发起侵略的时候，是最为强大的，而为了给东帝国不断增长的威胁势力以致命一击，最好的时机就是现在。于是，国王罗贝尔下定决心，于当年冬天向洛林发起进攻。伯爵奥多和弗兰德边疆伯爵巴尔杜安答应，到时候会助他一臂之力。但是，他希望得到的帮助是来自德意志内部的不满者的；在这些不满者中不仅包括戈泽罗和弗里德里希，而且还包括那些在国王身边的人。

正如我们所见，在卡巴的大会上年轻的康拉德心中升起的那份美好希望很快便消散了。当国王在奥格斯堡庆祝复活节时，他与国王之间就产生了严重的矛盾，这件事在这位贵族王侯心中深深地扎下了一根刺。他始终与其继父弗里德里希以及洛林的人们保持着联系，而现在，他开始与他们共同谋划，并同时在德意志境内物色同盟。年轻的施瓦本公爵厄恩斯特是国王的继子，他与年轻的康拉德在半路上相遇了。这位青年虽然一向对母亲和她的丈夫没有好感，但最令他愤怒的是，国王前不久在巴塞尔明明白白地提出了，要争夺完整的勃艮第邑产。因为厄恩斯特公爵自己也对这份邑产期盼已久。很快，他与年轻的康拉德就结成了对抗国王的联盟，没多久，他们的忤逆联盟中就加入了新的成员：那就是富有的韦尔夫伯爵，他看到自己的宿敌主教布鲁诺走上了影响力与权力的巅峰，便也加入了密谋之中。

行动要在冬天来临时发起。国王罗贝尔已经准备就绪，要发动进攻；弗兰德的巴尔杜安已经加固了他在边境上的堡垒；戈泽罗和弗里德里希在洛林，康拉德在法兰克，厄恩斯特在施瓦本都已经整装待发；极有可能的是，他们甚至还联络了波兰人一起行动。这个联盟分布极广，有着强大的军事力量听候他们的调遣，甚至在国王身边也有他们的内应。康拉德二世的险境岂非危在旦夕！家国命运都在这千钧一发！要是幸运垂青于康拉德的敌人，那么不仅在德意志尚未稳固的政权会受到最深层的动摇，甚至可能会失去意大利，而接管勃艮第的计划也会彻底化作泡影；西法兰克王国常年来处于劣势之中，一旦他们得到机会，便会彻底地打压德意志的王权统治。

康拉德在12月来到洛林时，事态便是这样的。在这个危机重重的时刻，也正是命运对他最慈爱宽厚的时候；四面八方的阴云都在极短的时间内散开了，太阳重新在明朗的天空中普照光芒。康拉德是通过什么方法驱散了这场暴风骤雨，我们不得而知；但最重要的因素毫无疑问就是，戈泽罗公爵突然离开了他的朋党，彻底站到了国王那一边。戈泽罗的家族是在对抗法兰克王国的战斗中脱颖而出的；而现在，他应当将洛林出卖给西王国吗？可能是这样的考虑，更可能是康拉德的重大承诺①导致了戈泽罗思想上的彻底改变。圣诞节时，他来到亚琛出现在国王面前，向他宣誓效忠；弗里德里希伯爵及其他洛林人随即效仿了他的做法。就这样，联盟的锁链从中间断开了，整个行动计划宣告失败。国王罗贝尔放弃了进攻，弗兰德的巴尔杜安也按兵不动，德意志内部的密谋者们陷入了绝望的境地中。

如同奇迹一般，康拉德将危机重重的险境转变成了对自己有利的局势。正是在挫败了这次密谋之后，康拉德才真正地成为了洛林的主人，并且给了他险恶的对手沉重的打击；现在，四处不再有值得忧虑的威胁了，而康拉德也可以在最有利的情势下考虑罗马之行的事宜了。他毫不迟疑地开始推进这件事。1026年2月，要护送他前往的意大利的军队在奥格斯堡集结起来了，同时康拉德也在这里召开了一场国家会议。在出席会议的王国大臣中也有厄恩斯特公爵的身影；他似乎满心悔恨，他羞愧地请求康拉德原谅，并在吉瑟拉和众王侯的请求下获得了康拉德的宽恕。其他的密谋者都不敢出现在国王面前，全都躲在各自的城堡中；康拉德看不起这些人，只是托付那些经过考验的朋友，要保护国家免受他们的诡计侵害，也就作罢了。国王的威望大增，王侯们没有任何异议就将他八岁的儿子定为了王国的继承人。

德意志各州的政务都托付给了主教布鲁诺，同时，小亨利也在他的监管下留在了奥格斯堡；在吉瑟拉的陪伴下，康拉德带领着他的军队从布伦纳山口翻越了阿尔卑斯山，并经由维罗纳进入了伦巴底诸城。

---

① 戈泽罗可能在当时得到承诺，在弗里德里希死后，将由他将上洛林和下洛林统一起来，在1033年，上、下洛林也的确合并了。

2. 康拉德二世的罗马之行及其直接影响

教皇本笃的去世不可能不对伦巴底产生影响，更何况是对这里的神职人员；由于教皇的死抹杀了帕维亚教会代表会议的意义，阻止了全体评议会的召开，使得那些结了婚的教师们松了一口气。但是，皇帝辞世的消息传来之后，进一步掀起了更大的浪潮；这浪潮波及了全部的伦巴底人，他们从来都只是把亨利的统治看作是一种暴力统治。正如上文提到的那样，帕维亚人随即涌向国王领地，要将之永世摧毁；在大多数其他城市中，市民们的想法也与帕维亚人别无二致。

眼下，伦巴底的王侯们也将他们对德意志政权的愤怒展现在光天化日之下。他们中的许多人苦于亨利的苛政，被流放到粗野的北方度过了困难的岁月，并且，他们所有人都同样地从心底憎恨德意志的那种政策，即不断提拔主教而打击贵族势力。在几乎所有较大的城市中，财政收入都掌握在神职人员手中，各地的边疆伯爵和伯爵们都被迫向他们屈服；主教们的地位如此之高，贵族们已经难以与之抗衡了。神职人员们不断通过特权获得新的特权，而且亨利那种谨慎的治国方式比宽容的奥托王朝更多地维护了他们的权利，因为亨利长久以来都将主教们看作是皇权势力最重要的支柱，直到执政的最后几年，他才通过帕维亚决议改变了对神职人员的政策。而当伦巴底的贵族们想到，德意志神职者以为皇帝服务为名，侵吞了意大利教会的大把收入，他们就更加无法忍受了。因此，伦巴底的权贵们长久以来都在等待一个机会，要摆脱这个令人憎恶的枷锁，而眼下，正是将主教统治连同德意志政权一起彻底铲除的最好时机。

领导着这些不满者的是受到亨利迫害的埃斯特家族。行动的指挥者是边疆伯爵于格和他的两位兄弟阿达尔贝特和阿佐；他们的内兄苏萨（Susa）的边疆伯爵梅津弗雷德（Meginfred），以及图西亚的边疆伯爵莱纳（Rainer），连同伦巴底的大部分权贵都加入了他们的阵营。这些贵族领主们自然不会想到要将他们之中的一人推举为国王，而阿尔杜安的命运也让他们对王位提不起兴趣；因此，他们下定决心要推举一位外来的王侯登上王座，这个人要足够强大，能够与他们团结一心将意大利从德意志人手中解放出来。他们相信，这样的行动也一定能够获得诸城中市民的支持，因为他们对德意志政权的反感也是明摆着的。如上文提及的那样，他们首先向法兰克王国的国王罗贝尔伸出橄榄枝，希望他戴上伦巴底的王冠；但罗贝尔明智地拒绝了亲自来到法兰西宫廷中的边疆伯爵于格，他不愿自己或儿子于格登上伦巴底王座。边疆伯爵于格转而向阿基坦公爵提议，让他或他的儿子成为伦巴底国王，阿基坦公爵威廉似乎表现得比罗贝尔更感兴趣，而这个威廉是当时法兰西王国中最富有、最强大的大臣。人称"大公爵"的威廉是西方最位高权重的王侯之一；法兰西、意大利和西班牙边区的杰出人士都向往他名流云集的公爵府；他是克吕尼派忠实的朋友，那个时代对严格教会制度的需求受到了他的积极支持，而学者和艺术家们的辛勤创作也得到了他的扶助和鼓励。威廉每年都会前往罗马朝圣，无论是他的慷慨仁厚，还是虔诚信仰，在整个意大利享有盛名；此外，他的妻子阿格涅斯（Agnes）是勃艮第人奥托·威廉的女儿，也是意大利最后一位本土国王阿达尔贝特的孙女，他们已经结婚多年了。

　　如果威廉公爵接受伦巴底人的提议，那么他就不可避免地要以身犯险；但他们向他承诺，他会获得意大利所有宗教和世俗王侯的一致认可，国王罗贝尔也会支持他，因此他最终答应了边疆伯爵于格的提议，为他的儿子威廉取得了伦巴底的王位。但事实很快就证明，伦巴底人的承诺言过其实了。既然这些花招的目标是搞垮伦巴底主教，他们又怎么会附和呢？这些伦巴底主教中的核心人物包括像米兰的阿里贝特和韦尔切利的利奥这样有着犀利洞察力的人，他们中的一些出生在德意志土地上，并在亨利二世的宫廷中接受了教育，在他们心中，自身的利益是与德意志王权的利益紧密联系在一起的。因为他们一看到康拉德的政权稳固下来，就赶往阿尔卑斯山另一边，向他宣誓效忠。虽然市民阶层一直对德意志政权表现出反感，但眼下，他们似乎不愿意按照贵族们的意愿来使事态发生转变，因为从中获益的也只有这些贵族。所以，他们宁愿听从阿里贝特的建议，其中的一些人甚至已经开始与康拉德进行协商：我们都知道，如果说帕维亚人还没在康斯特尼茨对国王宣誓效忠的话，那也只是国王不愿意而已。因此，当威廉公爵于1025年晚夏时节亲自来到意大利时，那里的事态与人们向他描述的完全不同。他看到，他无法依靠主教们的支持；而要是像伦巴底权贵建议他的那样，除掉这些主教，再任命新人，又与他严格的宗教思想相违背，而且也是行不通的。同时，他也意识到，这顶王冠将会把他卷入一系列与当地市民阶层的争斗之中，而并不认为自己能够与他们抗衡。他就这样不安地回到了家乡，并开始思考要与康拉德签订协议，要求他通过在意大利的重要采邑才换取他儿子在伦巴底的王位。但是，现在想要签订这样一份协议也为时已晚；康拉德已经领兵来到了意大利边境，而阿里贝特也已经凭借其广大的影响力为康拉德准备好了战场。

1026年3月，康拉德现身伦巴底。从维罗纳到米兰这一路上，他没有遇到任何反抗；所有的城市都心甘情愿地为他打开了城门。3月23日，他已经到达了米兰，亨利贝特在这里隆重地迎接他的到来，并按照习俗为他加冕成王①。离开米兰，国王来到了韦尔切利，并在那里庆祝了圣诞节。恰恰在当时主教利奥去世了，富裕的米兰教会便交到了一位大教堂教长的手中；毫无疑问，这是按照阿里贝特的愿望所做的决定，现在的他对国王有着极大的影响力。在复活节后不久，康拉德来到了帕维亚，这座城市仍拒绝臣服，也拒绝在城墙内重建王室领地，并且还与那些不满的贵族联合起来，共同反抗康拉德。帕维亚人口众多，城市周围环绕着堡垒，而这些堡垒又由边疆伯爵阿达尔贝特和其他的伦巴底权贵们镇守着；因此，要攻下这座城市不是件容易的事。在将周围地区一一攻陷，将多座由贵族占领的堡垒攻破之后，康拉德决定不再长时间地参与围城，但他留下数量可观的军队，封锁住这座城市，切断所有通路，阻隔他们的贸易交通。

5月，国王本人出发前往拉韦纳，大主教亨利贝特，也就是在亨利二世的兄弟阿诺德之后的大主教，二话不说便为国王打开了城门。但拉韦纳人却有着与大主教不同的想法。他们对德意志人充满仇恨，蠢蠢欲动想要展开最冒险的报复行动。由于国王只带了一部分军队进驻城中，而大部队则在城门外安营扎寨，拉韦纳的人们便认为这是一个有利的时机，可以让这些德意志人血洗拉韦纳城，并将国王掌握在他们的手中。在计划展开行动的当天，他们在傍晚封锁

---

① 加冕的日期不明，而且也没有文献记载他们是否进行了选举。

了城门，并派出重兵镇守，以防止驻扎在城外不远处的德意志军队攻入城中。接着，他们怀着疯狂的杀戮欲望，趁夜对身边的德意志人发起攻击。在所有的屋舍中，康拉德的战士们在睡梦中遭到房屋主人的袭击，而当他们急忙起身逃到街上时，就被涌来的人群击倒了；石头、木块和其他粗制武器从屋顶上、城墙上、塔楼上朝他们投掷过来。但即使这样，德意志人最终还是聚集到了一起；他们拔出刀剑在人群中开出一条路来，怀着愤怒和火热的战斗欲，将混迹在他们之中的拉韦纳人打得落花流水。整个城市都变成了战场。巴伐利亚的埃博哈德伯爵将国王的旗帜从疯狂的人群中救出来，想要举着旗帜开出一条出城的路来，但他在蒙托内河（Montone）的桥上被一群拉韦纳人挡住了去路；在这里，他孤零零一个人对抗一伙敌对的歹徒，打了最为光荣的一仗。他将对手们逼入了河中，就这样打通了道路。与此同时，国王本人也出现在了战场上。他从自己的寝殿中听到喧闹声，便马上明白发生了什么事，随即拿起武器、翻身上马。但他才刚刚离开宫殿的前庭，就看见拉韦纳人纷纷四散逃离，向各个教堂赶去。在这样的情况下，他下令停止杀戮，并从容地回到了自己的寝殿中。

　　拉韦纳人败得非常彻底。第二天早晨，他们便满心悔恨地赤着双脚，穿着忏悔服，将脱去剑鞘的剑挂在脖子上，来到国王的面前，请求他的宽恕，并心甘情愿地接受降临到他们头上的惩罚。而国王则按照自己的习惯，慷慨地奖赏了他英勇的战士们。人们传颂说，有一位德意志将士在战斗中被砍去了腿，康拉德便命人用金子装满皮靴，放在他的病床旁边。

　　国王离开拉韦纳后，重新来到了波河流域，6月时停留在克雷莫纳，并保护了克雷莫纳主教的权利不受城中人的侵害。炎热的季节已经到来，这样的季节对身处意大利的德意志军队总是毁灭性的力量。康拉德的军队中也开始爆发疫病，损失惨重。国王因此将军队领向北方，前往空气更为清新的阿尔卑斯山山谷中，他们在那里停留了两个多月的时间，期间米兰大主教为他们提供了一切生活所需。康拉德不情愿地看到，他注定要在这里耽搁多时；因此，秋季一到，他便再次来到平原上，重新展开了对反对势力的斗争。他很快便攻克了多座贵族们顽固坚守的城堡，对这些叛乱者进行了审判，对他们处以最严厉的惩罚。边疆伯爵于格也不得不与他的兄弟们一起投降；除了帕维亚以外，整个伦巴底平原都掌握在康拉德手中了。他赶在冬季没有结束之前，向伊夫雷亚①发起了进攻，并迫使梅津弗雷德以及周边地区的其他王侯们都臣服于他。德意志军队出现在勃艮第边境，使当时的国王鲁道夫产生了不小的忧虑；他迅速派出使者前往伊夫雷亚，向康拉德保证决不逾越，并许诺将亲自前往罗马参加康拉德的加冕仪式。

因为康拉德想要马不停蹄地朝罗马进发，这已经是件众人皆知的事了。主教布鲁诺将小亨利送到了父亲身边；大主教亚利伯在陪同国王翻越布伦纳山口后返回了美因茨，现在又一次来到营地中；新一批意气风发的士兵们集结起来，加入旧有的军队中。修道院院长奥迪罗也来了，而他的到来正如燕子报告夏天的来临，宣告着我们的皇帝要踏上罗马之行了。他是怀着沉重的心情而来的，因为教皇本笃和皇帝亨利的辞世也令人十分悲痛，尤其是在1025年在昂斯（Anse）召开的评议会，人们不顾所有的教皇特权，又将克吕尼归到了马孔（Marcon）主教的管辖之下，更加让他感到苦恼。现在的他比起任何时候都更需要强有力的保护，而这样的保护只有在皇帝和教皇那里才能找到。

1027年冬季，国王带着增强的兵马前往帕维亚，重新攻略这座城市；这一次，帕维亚也不得不屈服，并且是在奥迪罗的好言相劝下才免遭最严厉的惩罚。在帕维亚沦陷后，国王随即渡过波河，翻越亚平宁山脉，没受到半点阻碍便长驱直入来到了卢卡城前，边疆伯爵莱纳还占领着这座城市，想要抵抗国王的进攻。但短短几天之后，边疆伯爵和整座城市就放弃了抵抗。莱纳被革去了官职，忠诚的边疆伯爵波尼法爵，即特道尔多的儿子，在原本拥有的属地摩德纳、雷焦、费拉拉（Ferrara）基础上，现在又获得了图西亚的边区，这样一来，他就成为意大利最为强大的王侯了。在卢卡陷落之后，国王没有再费一刀一枪便使整个图西亚都屈服了，之后，他便一路长途无阻地向罗马进发了。圣周的星期二，3月21日，在教皇和罗马民众的隆重欢迎中，他进入了这座皇城。

教皇若望十九世亲自迎接国王。这位教皇最初接受的教育并不是要进入神职阶层的；他是本笃八世的兄弟，原本名叫罗曼努斯，很长一段时间以来，他

---

① 国王这一年的圣诞节是在伊夫雷亚庆祝的。

都以"全体罗马人君主"的头衔领导着城中的一切世俗事务。在他的兄弟去世之后，由于一心一意想要保住其家族的既得利益，他自己虽然是个在俗信徒，但还是动用了大量的金钱使罗马人将他推举上了教皇之位。在一天之内，他便完成了所有的神职祝圣仪式，在世人的不满中登上了世界第一主教的宝座。在这个世界上，很少有两兄弟像本笃和若望这样，差别如此之大。前者有多高洁，后者就有多狭隘；本笃深谋远虑，而若望却表现得目光短浅，尤其是在履行其神职的时候更是如此。在亨利皇帝去世后，厄运注定他要在意大利奋起反抗德意志政权时陷入最为险恶的境地，而当希腊人紧随其后重整兵马朝意大利而来时，他的处境就更加严峻了。君士坦丁堡的使节也和这些兵马一起出现在罗马，试图用大量金钱贿赂这整座城市，在这个时候，他们想要赢得教皇本人对君士坦丁堡的支持就轻而易举了。实际上，若望似乎很愿意与希腊人结盟，并且也愿意认可君士坦丁堡宗主教的地位是与他一致的，也就是说，宗主教也是统领基督教教会的主教。整个西方都对此发出了一声惊呼。圣瓦斯特修道院院长理查德亲自赶往罗马；第戎的圣威尔汉姆通过书信向教皇发出了最急切的劝告；一切与克吕尼有关联的个人和团体都大规模地行动起来。这样一来，最险恶的危机才解除了，而在最高层的神职事务中，教皇被迫至少在表面上遵循其前一任教皇的榜样。教皇被迫放弃与希腊人的联盟之后，他参与到伦巴底人与国王罗贝尔及公爵威廉的协商之中；然而，他一看到康拉德在意大利站稳了脚跟，便也站到了德意志人一边，试图像他的兄弟一样，从他们那得到支持。有文献记载，教皇亲自来到了康拉德位于科莫的营地。但由于其他文献的记载不完全与之相同，其真实性可能还存在疑问；但毫无疑问的是，当时教皇是万分情愿地为康拉德打通了前往罗马的道路。

在复活节当天，3月26日，康拉德和吉瑟拉的加冕仪式隆重举行了；仪式并没有按照老传统在圣彼得大教堂举行，而是在图斯库鲁姆宫廷城堡旁的十二宗徒圣殿教堂进行的。这一天，群臣权贵们围绕着皇帝夫妇及他们的儿子小亨利周围。到场的世俗王侯之中，最为显赫的要数丹麦国王克努特和勃艮第国王鲁道夫，而在众多的德意志及意大利主教之中，也少不了阿奎莱亚的宗主教，以及米兰、拉韦纳、美因茨、科隆、特里尔、萨尔茨堡和马格德堡大主教的身影；亨利二世的兄弟布鲁诺和殷勤的帕德博恩主教迈威尔克也同样在场。在来自各个修道院的神职人员中，修道院院长奥迪罗无疑是最为引人注目的。可以说，西方最重要的首脑们都会聚到了皇帝夫妇的身边；所有那个时代高层次追求似乎都与维护和巩固皇权统治联系到了一起。

然而，这场典礼还是以出乎意料的方式被打断了。加冕日当天的早晨，意大利的高层神职人员之间爆发了一场纷争。当国王随着节庆的队列来到教堂，刚要踏进教堂时，拉韦纳大主教突然推开人群，来到国王的右侧，想要将国王领到祭坛前。米兰的阿里贝特认为，引领国王走向祭坛是他教会的特权，而且丝毫不愿意放弃这一权力，于是他便走到拉韦纳大主教面前，想要让他离开。一场大规模的混乱就这样产生了，就连康拉德也不知如何是好，将手伸给了拉韦纳大主教。在这样的情况下，米兰大主教气愤地走出了队列，离开了教堂；康拉德可能也知道，自己得罪了米兰大主教，也明白这个人有着怎样的影响力，这使得康拉德感到了恐慌。在身边主教们的建议下，他命拉韦纳大主教离开，说道："谁为我涂油使我成为意大利的国王，也要在皇帝加冕时将我介绍给圣伯多禄。"随后便召米兰大主教回来，然而，阿里贝特在拥挤的人群中无法通行，康拉德便拉起了韦尔切利主教的手，他是米兰大主教的下属，这样一来就保住了圣安波罗修（H. Ambrois）的尊严，国王就这样走向了祭坛。除此之外，康拉德和吉瑟拉的加冕仪式都按照惯常的流程进行。仪式结束后，新登基的皇帝在克努特和鲁道夫两位国王的陪同下，带着浩浩荡荡的典礼队伍回到了良城的宫殿中。

神职领主们之间的纷争还不止于此；在加冕庆典期间，罗马的民众中还爆发了另一场更为严重的纷争，而这场纷争差点造成了与亨利二世在帕维亚时类似的结果。纷争的起因是看似最微不足道的小事。一个德意志人和一个罗马人因为一张牛皮发生了争吵；口角演变成了斗殴，而且其他一些人也很快加入进来。德意志人为他们的国人助威，罗马人也为罗马人撑腰。没过多久，皇帝的整支军队和全体罗马人民都来到了现场；打斗中的叫喊声、武器相碰的金鸣之声在整个罗马城中回荡。一场激烈而血腥的战役就这样展开了，在这场战役中丧生的人中也包括施瓦本利奥托德（Liutold）伯爵的儿子贝伦加尔。罗马人坚持反抗了许久，但最终还是损失惨重，屈服下来。第二天，引起这场暴乱的人们出现在皇帝面前，自由阶层的人脖子上悬着脱鞘的剑，奴隶则在脖子上挂着柳条；他们都受到了应有的处罚。

皇帝趁着众多高层教会王侯现身罗马的集会，在加冕仪式后按照惯例召开了一场大型教会代表会议，皇帝亲自出席会议，做出了多项重要的决议。这场会议是于4月6日在拉特兰宫召开的，自奥托三世之后，这里便再也没有举行过类似的神职和世俗王侯集会。在这一场教会代表会议上，首先针对米兰和拉韦纳之间的等级之争做出了对米兰有利的决定。随后，阿奎莱亚宗主教博珀又提出了他曾多次重申的要求，那就是，格拉多（Grado）宗主教应当放弃其在威尼斯保护下获得的独立地位，并将职权移交给他；教皇和皇帝认为这个要求是合理的，会议决定满足博珀的要求。另外，国王克努特还向大会发出了急切的控诉，罗马向英格兰大主教们索取的主教佩金额太过高昂；克努特承诺，他的英格兰王国会在未来定期缴纳伯多禄税，在这样的前提下，教皇答应他解决他的苦恼。最后，修道院院长奥迪罗也表达了他对法兰西主教们的控诉。这个圣明的人已经获得皇帝极高的赏识，皇帝甚至将自己的一名侄子，一个轻率的年轻人，分配到了都灵（Turin）附近富裕的诺瓦莱萨（Novalesa）修道院中；在参会者们面前，皇帝对这座修道院的支持自然也不会少。正如奥迪罗要求的那样，他从教皇那里获得了新的特权，但无论是这些特权，还是教皇对马孔主教的特别警告，在眼下的局势中，都无法保证克吕尼方面不受法兰西教会首脑们的排挤。

教会代表会议上的这些决议首先是针对教会的，但由于宗教和政治之间的紧密联系，这些决议同时也对政治局势产生了深远的影响。

在会议召开期间，米兰和拉韦纳两位大主教门下的邑臣就在罗马发生了血腥的争斗，最后以拉韦纳一方落败而告终；他们的大主教自己也差点丢了性命。阿奎莱亚的优势地位直接对威尼斯的自由地位产生影响，而威尼斯的宗教自由又与格拉多宗主教息息相关。格拉多宗主教是公爵奥托·奥尔赛奥洛斯（Otto Urseolus）的亲兄弟，1009年，几乎还是个孩子的奥托·奥尔赛奥洛斯就继承了他杰出的父亲彼得罗·奥尔赛奥洛斯的公爵之位，并且迎娶了匈牙利国王伊什特万的一位姐妹。这位年轻的奥托充满了男子气概，也怀着一份热忱，努力捍卫着他的家族在威尼斯几乎广阔无边的权力，他既要对抗无数的内部敌人，也要抵御强大的外来对手。阿奎莱亚的博珀是个野心勃勃、精于权术又争强好胜的巴伐利亚神职者，他在亨利二世的学校中接受教育，现在他向威尼斯共和国发起了进攻，将宗主教赶出了格拉多，并且亲自占领了岛屿和主教教堂；对他来说，他的前任者们徒劳地向皇帝和教皇再三提出的诉求，现在的条件已经足以让他通过暴力自己来完成了。由于皇帝公开许可了博珀的行动，那么皇帝对威尼斯共和国的意图就已经十分明确了，同样毋庸置疑的是，阿奎莱亚进一步针对威尼斯总督的斗争也与他脱不了干系。当时，这位博珀在皇帝的计划中扮演了一个非常重要的角色；这解释了，为什么皇帝会在博珀与克恩顿公爵阿达尔贝特的纷争中偏向他，也解释了，为什么已经富得流油的阿奎莱亚又获得了新的重大特权。阿奎莱亚宗主教的提升到了与米兰大主教相当的地位，而不久之后，教皇若望还将宗主教任命为罗马教会的常任代理牧师，并使他所在的教会有了高于所有其他意大利教会的地位，在这时，阿奎莱亚的影响力又一次从本质上提升了。但即使这样，博珀也没能顺利地贯彻他自己以及皇帝对威尼斯的计划。虽然奥托·奥尔赛奥洛斯在1028年就倒台了，还被赶出了自己的城市，但无论是威尼斯，还是格拉多宗主教都依旧保持着其独立地位，在第二年，见风使舵的教皇若望又收回了罗马教会代表会议上对阿奎莱亚有利的那些决议。

毫无疑问，联合起来的德意志、勃艮第和丹麦统治者们在罗马达成了一些重要的协议。对眼下最大的问题——勃艮第的继承问题，皇帝康拉德和国王鲁道夫又怎么会不讨论一番呢？人们猜测，当时两人已经定下了条件，而这些条件在短短几个月之后又正式列入了巴塞尔协约之中。这一次似乎是康拉德和克努特第一次相见，他们之间的联盟也得到了稳固。除此之外，国王们还做了怎样的磋商我们就不得而知了，但我们意外地发现了一封克努特写给英格兰主教们信件，信的内容是关于一些不那么重要的事务的。克努特这样写道："复活节时，一场大型的王侯集会在罗马、在教皇若望和皇帝康拉德的面前召开了。从加尔加诺山（Monte Gargano）到罗马附近海域的所有王侯都来到了现场；

我也受到了他们充满敬意的接待，他们还为我送上精美的礼物表达敬意。尤其是皇帝赠给我许多珍贵的物品，有金银器皿，有华贵的礼袍和衣裳。我与皇帝、教皇以及其他在场的王侯们商谈，将我的人民的诉求告诉他们，无论是英格兰人还是丹麦人的诉求都告诉他们；我尤其请他们提供便利的条件和安全的指引，让人们在前往罗马的道路上不再受到诸多关隘的阻挠，承担非法关税的重压。皇帝认为我的要求是有理有据的，而掌握着多个关隘的国王鲁道夫以及其他的王侯们也下达了命令，我手下的臣子、商人还有朝圣者以后都将不受阻碍、免除关税、在安全的引导下前往罗马，并从罗马返乡。"

在宗教代表会议之后不久，国王们便分开了。克努特和鲁道夫回到了各自的家乡；皇帝前往意大利南部，他要为自己的政权保住伦巴底的王侯领地。

在亨利二世皇帝去世后，被亨利二世革职的原卡普阿王侯潘杜尔夫四世，在其内兄萨莱诺的万玛尔三世的急切请求下，被从山那边的囚牢中释放出来，来到了萨莱诺。潘杜尔夫的平静只在这里保持了很短的时间；他很快就重新动起了脑筋，想要重振自己的政权。万玛尔支持着他；两人联合了希腊的大将军和马森（Marsen）的伯爵们，由于现在诺曼人的军队常常在下意大利集结，他们又招募了一支诺曼人的部队为他们效力。潘杜尔夫就这样发起了针对卡普阿的进攻，在长时间的围困之中，卡普阿方面最终被迫向他投降。泰亚诺伯爵潘杜尔夫是受亨利皇帝之命管理卡普阿的王侯，他落入希腊人手中，被送到了那不勒斯，并被交给那里的军事执事官塞尔吉乌斯（Sergius）看管。就这样，潘杜尔夫四世重新掌握了其旧时王侯领地的政权，同时，他还将自己年幼的儿子潘杜尔夫五世任命为名义上的共同执政者。

在此期间，希腊人整兵顿马，准备好了新一轮的下意大利之征。狄奥法诺的兄弟巴西尔二世皇帝执政多年，获得了一些显著的政绩，他顺利地在1018年消灭了保加利亚人的王国，现在，他要以古稀之年的老叟之身实施一项新举措，那就是在意大利本土和西西里岛恢复希腊人的统治。为了达到这一目的，一支庞大的陆军和一支强大的水军在1025年踏上了征途；年迈的皇帝想要亲自统领大军。然而，军队还未开拔，他就先一步离开了人世，执掌朝政的只剩下巴西尔的兄弟，也就是年老又软弱的君士坦丁九世。巴西尔的最后一项行动削弱了他的军事实力和政治影响力，但这项行动终究没有被放弃。1027年春季，一支庞大的雇佣军队在意大利海岸登陆了，带领这支军队的是司库大臣俄瑞斯忒斯（Orestes），他们的目标是要扩张希腊人的属地，或者至少在各个方向上保证原有属地的安全。

当康拉德向下意大利进发，并匆匆穿过意大利王国南部的时候，那里的局势就是这样的。他不愿意投身于与希腊人的争斗之中，只想要为西方的帝国保住伦巴底的城邦。一些是出于自愿，一些是屈服于胁迫，贝内文托、卡普阿和萨莱诺很快便先后向他臣服了。康拉德不假思索就认可了潘杜尔夫四世在卡普阿的政权；皇帝也很乐意允许那些英勇的诺曼冒险家们在他的帝国中安家，并让他们为伦巴底王侯们效力，好让他们抵御阿拉伯人和希腊人的进攻。实际上，潘杜尔夫和万玛尔的野心现在似乎改变了方向。在不久之后，潘杜尔夫对那不勒斯发起了进攻，将塞尔吉乌斯驱逐出去并占领了这座城市。泰亚诺的潘杜尔夫摆脱了囚牢，逃亡罗马，一段时间之后便以流放者的身份在那里死去了。

由于康拉德想方设法要早日返回德意志，所以他只在坎帕尼亚停留了短短几天。他匆匆路过罗马，5月1日时已经来到了拉韦纳。接着，他选择了布伦纳山口的道路，赶在5月结束之前回到了德意志大地上。前段时间在德意志爆发动乱的消息催促着他，使他马不停蹄地踏上了返程。

世人惊诧地看到，康拉德在意大利迅速获得赫赫成就。亨利是在他执政的第十二年才获得了皇帝的头衔，而康拉德登上皇帝之位只用了短短三年。他各地的敌人都屈服了，内部的和平局势似乎也在国内重建起来了，而这样的局势自奥托一世之后再也没有出现过的。在当时的费尔莫地区，有一个贵族强盗，他就是伯爵塔瑟尔嘉德（Thasselgard），很长一段时间以来他一直以暴力推行着不义之事。在多次逃脱康拉德的制裁之后，他最终还是落入了德意志人的手中。康拉德欣喜地得到消息，便日夜兼程地赶往当地，就是为了不让这个歹徒再次逃出他的掌心。他看到塔瑟尔嘉德时，说出了这样一句话："这不就是意大利的芸芸众生们害怕的那头狮子吗？主的圣十字啊，叫他再也不能吃掉我的粮食！"他命王侯对塔瑟尔嘉德进行审判，并按照他们的判决对他处以了绞刑。这件事发生后，韦珀说："久违的安宁与和平重新回到了这个地区。"

在许多人看来，康拉德执政最初几年的幸运，几乎像奇迹一般，他们相信，他能对抗所有这些敌对势力，其中不无超凡力量的协助。一个同时代的人说，当时魔鬼出现在一个病人的面前，答应如果他将灵魂交给他就治愈他的疾病；魔鬼为了证明自己的力量，他便举例说，皇帝康拉德是得到了他的帮助，才在如此之短的时间内取得了之前的统治者都没能取得的成就。天空象征康拉德的那颗星是怎样一颗吉星，现在康拉德对手们也都该知道了。

国王一年前离开德意志时，对他不满的人并没有被彻底消除，但他们的势力似乎已经崩溃，所以，他认为可以无视他们了。但是在这样的情况下，这些人再次掀起了一场极具威胁性的暴动，而为反动势力赋予新力量的正是吉瑟拉的儿子厄恩斯特公爵，他让死灰复燃了。虽然厄恩斯特在奥格斯堡表现出了深深的悔意，但那却不是真心实意的。当冲突在不久后再度爆发时，吉瑟拉彻底原谅了继子，甚至认为信赖他、尊敬他的康拉德是没有过错的。康拉德不仅给了他富有的肯普滕（Kempten）修道院管区作为采邑；他还很快将他从意大利释放出来，使他能返回施瓦本的家乡，因为康拉德相信，如果要平息不满者的怒气，使他们重新履行自己的义务，最合适的人选就是他的儿子了。然而，厄恩斯特却辜负他父亲的信任。在极短的时间之内，他重新和以前那些朋党结成了反叛的同盟，主教布鲁诺才刚刚离开德意志，施瓦本和巴伐利亚就再次爆发了动乱。厄恩斯特和他的同党再次公然举起了武器。韦尔夫伯爵侵袭了奥格斯堡主教管区的地产，占领了奥格斯堡城，并夺走了主教的全部宝物。在此期间，厄恩斯特率领着一大群鲁莽的年轻人向阿尔萨斯发起了进攻，摧毁了达斯堡（Dasburg）伯爵于格（皇帝的一位堂兄弟）位于阿尔萨斯的城堡，随后，他们朝勃艮第进发，他在那里的索洛图恩（Solothurn）附近的岛屿上为自己修建了防御工事。他仰仗着舅舅鲁道夫国王的支持，但国王鲁道夫出于对皇帝的畏惧，很快就使厄恩斯特被迫离开了勃艮第。厄恩斯特放弃了这块土地，来到了苏黎世地区。他在这里牢牢占领了一座城堡，将之作为其后强盗行径的据点，而在这些暴行中受害最大的就是圣加伦和赖兴瑙修道院。

许多人虽然出于对皇帝的畏惧没有公然举起武器支持厄恩斯特，但也都在暗中为反叛活动铺平道路。这些人中甚至也包括皇帝的近亲，可能还有他唯一的兄弟吉卜哈德。但小康拉德和他的整个家族才是厄恩斯特在暗中的最终支持者。小康拉德的继父弗里德里希公爵现在以自己的名义统领着上洛林，他支持着反叛活动，而正如我们所知，小康拉德的母亲玛蒂尔德甚至与波兰国王——帝国和皇帝最险恶的敌人有所往来。将礼拜书送给波兰国王，应该不是她一人所为，而我们能够知道他们之间的联系也多亏了这本书。在送书之前，玛蒂尔德先行发出的那封信非常值得留意。正当皇帝和德意志民众严厉指责米奇斯瓦夫擅自冠以国王头衔的时候，玛蒂尔德却在信中称呼他为"最不可战胜的国王"，赞颂他朝政的荣耀开端，将他对基督教会的贡献吹捧到了天上。她在信的最后写道："按照全能者的指示，你戴上了国王的冠冕，愿你万寿无疆，常持胜利的棕枝，愿他赐予你比敌人更强大的力量。"整封信无非就是反复地认可波兰人的国王身份；我们可以认为，康拉德和他的人马是想要收买波兰人，以支持他们自己的目标。

人们看到，这一次针对皇帝的叛乱行动也牵扯极广；而厄运又安排年迈的巴伐利亚公爵亨利恰恰在那时去世，主教布鲁诺以及皇帝最忠诚的追随者们都身处意大利，最后还有主教维尔纳，他虽然接管了施瓦本，却完全没有能力履行自己的义务，在这样的情况下，局势就更加危急了。这样一来，在皇帝于1027年5月从阿尔卑斯山另一边回来之前，厄恩斯特和他的同党们在上德意志一直有自由活动的空间。

康拉德首先来到了巴伐利亚。他才刚刚踏上巴伐利亚的土地，就马上夺取了伯爵韦尔夫这个叛徒的采邑。康拉德将他在因塔尔（Inntal）的伯爵领地，包括锡本（Seeben）的关口，全都给了布雷萨诺内主教管区。在6月的最后几天中，康拉德在雷根斯堡召开了一场大型的地方会议，在会议上将巴伐利亚公爵领地分封给了自己的小儿子亨利，并准确地清算确认了在巴伐利亚和奥地利边区的所有国家地产和收入。皇帝一出现，巴伐利亚各地的暴动者们随即都销声匿迹了；7月，他从容地离开了巴伐利亚，前往施瓦本，也就是动乱的中心所在。

这里的暴动势力也随着皇帝的到来崩盘了。他先是在奥格斯堡和主教布鲁诺及其他可靠的参议大臣们进行了一番商议，接着宣布要在7月底在乌尔姆召开一场国家会议，目的就是要在施瓦本土地上对那些反叛者做出审判。公爵厄恩斯特和伯爵韦尔夫受到召唤要接受王侯们的审判。他们来到了现场；但厄恩斯特公爵却不是怀着悔恨和屈服的心来的，他相信，凭借自己数量众多、装备精良的邑臣，他能够与皇帝平起平坐进行谈判，如果不成功的话，就与他在战场上一较高下。然而，在与邑臣们进行了一场短暂的面谈之后，厄恩斯特马上就意识到，他想错了。虽然他警告他们，他们都许下过邑臣誓言，不会在这样的困境中抛弃他，使他失去自己的公爵领地；虽然他提醒他们，按照他们父辈的历史，施瓦本人向来严守自己对领主的忠诚；虽然他在最后甚至向他们承诺，要给他们最大的奖赏，使他们的后人都享有最高的荣耀；但他的话全都毫无作用，他眼睁睁地看着他们抛弃了自己。弗里德里希和安瑟莫（Anselm）两位伯爵作为众人的代表回答他，他们说："我们不想否认，我们对每个人都宣誓效忠过，但就是没有向那个将我们交到你手中的人宣誓效忠。如果说我们是国王的人，并被作为国王的人交到你的手里，那么我们自然是无论如何都不能离开你的。但现在，我们都是自由之身，而皇帝和国王是我们的自由在这世上最高的保护人，如果我们背离他，那我们都得赔上自由，而自由是一个勇敢的男人到最后一口气也不会放弃的。所以，我们准备好了，只要你对我们的要求是正义的、值得尊敬的，那我们就会听从于你。但你若要我们做其他事情，那我们就会作为自由人重新回到之前那人身边，因为他是在特定的条件下才将我们交给你的。"

　　既然邑臣们有了这样的想法，公爵厄恩斯特意识到，反抗活动是不可能再进行下去了。他只好将自己交给皇帝，任由他赏罚。皇帝命人将他押往吉比坎施泰因，使他远离施瓦本，阻止他进行进一步反叛活动；当时，皇帝似乎亲自接管了施瓦本。伯爵韦尔夫也投降了，在补偿了奥格斯堡主教管区的损失之后，同样也遭到了一段时间的囚禁。公爵的其他一些追随者也遭遇了相似的命运。然而，并不是所有人都马上投降了；国王不得不对反叛者们在施瓦本的多座城堡发起进攻。顽抗时间最长的是距离苏黎世不远的齐堡（Kiburg），这是伯爵维纳尔名下的一座坚固堡垒，对他来说与年轻公爵之间的友谊胜过强大的皇帝青睐。皇帝的军队包围了这座城堡三个月之久，最终，皇帝在秋季时亲自攻下了这座城堡，但却没能抓获维尔纳本人。

皇帝看到施瓦本的局势稳定下来了，便离开这里，来到了法兰克，他要在这里与自己的表弟康拉德算算账，正是这位小康拉德以其两面三刀的做派，协助了厄恩斯特的崛起。小康拉德要为他自己叛乱中的角色付出沉重的代价；他名下最好的城堡遭到攻陷，他的地产和采邑被没收，而他自己也身陷囹圄。他的兄弟布鲁诺似乎是在当时才踏入神职阶层的，而这恐怕并非布鲁诺的自由选择。与此同时，皇帝唯一的兄弟吉卜哈德也被迫削发出家；他可能也参与了厄恩斯特的行动。吉卜哈德在童年时就受到祝圣进入神职阶层，被交给了维尔茨堡教会，成长为青年的他脱去了修士服，回到了世俗生活之中；而现在，他被迫放下武器，重新被数年前摆脱的那种生活所奴役。这是皇帝的意愿，也是9月23日在法兰克福召开的德意志全体宗教评议会上在皇帝面前做出的决定。

希尔德斯海姆主教戈德哈德的传记作者沃尔夫赫尔（Wolfher）为我们留下了关于这场评议会的详尽信息。他本人也出席了会议，并且用心地跟进了这场会议；这次集会外部的秩序就给他留下了深刻而长久的印象。主持会议的大主教亚利伯就坐在主祭坛的台阶上；他的右边坐着斯特拉斯堡、班贝格、维尔茨堡、希尔德斯海姆和沃尔姆斯的各位主教，左侧则是奥格斯堡、帕德博恩、费尔登和哈伯施塔特的主教们。在圣坛西侧与他相对的地方，为皇帝准备了高高的宝座，而克恩顿公爵阿达尔贝罗则作为皇帝的执剑者坐在宝座脚下；皇帝的右边是科隆大主教皮利格里姆及其下属主教们的位置，包括明登、明斯特和乌特勒支主教，皇座的左边则坐着马格德堡大主教胡恩弗里德及其属下，蔡茨、梅泽堡、勃兰登堡和迈森主教。圣坛南面坐着的是上级大主教不在会场的主教们，他们是凡尔登、曼托瓦、奥尔登堡和石勒苏益格的主教们；最后是北面的修道院院长们，领头的是福尔达和黑斯费尔德的两位院长。此外，在众人之中还坐着皇帝的随行使们，以及一些受主教们信任的神职者和僧侣。一开始，会议是不允许在俗信徒参加的；后来他们得到许可进入会场时，也必须背对着主教们。评议会开了整整两天，讨论了各式各样的教会事务，尤其是甘德斯海姆的事宜再次成为众人的焦点。亚利伯还没有放弃他的要求，虽然皇帝和格罗纳的教会代表会议都已经做了决定，他还是对甘德斯海姆实行了新的举措，而在国王的明确指示下，戈德哈德主教则坚决地反对这些举措。就这样，旧时的争端再次被点燃了，亚利伯利用国王离开的时机，试图使塞利根施塔特的教会代表会议（1026年9月20日）得出一个对自己有利的决议；但是国王缺席，主教都不敢对这样一件敏感的事情做出决定，以至于亚利伯所有的努力都白费了。现在，当着康拉德的面，他们再次考量这件事，但这一次的决议依旧是对戈德哈德有利的。亚利伯越来越清楚地感觉到，他的影响力下降到了怎样的程度。他再次向评议会提出汉默施泰因伯爵奥托的事宜，然而就连在这件事上，他也没能得到一个最终的结果。

一直到12月，皇帝一直停留在法兰克，在此期间，他大多数时候都待在特雷布尔古老的国王堡中。接着，他出发前往上洛林。虽然弗里德里希公爵在过去的混乱局势中显得极为不可靠，但他还是逃过了惩罚；他朋党的悲惨命运已经足够警告他了。12月9日，皇帝在图勒（Toul）出席新主教的祝圣典礼，而这位新主教是他们家族的近亲。新主教是年轻的布鲁诺，达斯堡伯爵于格的儿子，皇帝的堂兄弟；当时没有人知道，这个年轻人将在世界历史上扮演一个怎样杰出的角色。圣诞节前后，皇帝来到了下洛林，在列日度过了圣诞节。

凭借着坚定的决心和不倦的操劳，康拉德肃清了他在意大利和德意志的所有对手。一切违背他意志的暴动都只是进一步巩固和提升了他的势力。康拉德不仅已经成了阿尔卑斯山两侧王国的真正主人；勃艮第也已经是他和他儿子的囊中物了，虽然他并没有一个充分的理由来继承这个王国的遗产。当皇帝康拉德于这年的8月穿越施瓦本的时候，他和国王鲁道夫在巴塞尔附近的穆滕茨（Muttenz）又一次会面了。随后，两位统治者一起来到了巴塞尔，并在这里签订了一份协议，这份协议不仅确定了皇帝及其子亨利是勃艮第王国的继承人，而且国王鲁道夫还随即将一部分的执政权让给皇帝，而皇帝也是从这时起计算自己对勃艮第王国的执政时间的；在鲁道夫死后，勃艮第就会成为帝国不可分割的一部分。这份协议为帝国带了不可估量的利益，而这尤其要归功于国王鲁道夫的外甥女吉瑟拉皇后。

皇帝的势力当时已经达到了怎样的高度，只要看看世人是如何隆重地将他们王国的继承权交给皇帝年幼的儿子，就会一目了然了。1028年复活节，11岁的亨利按照皇帝和众王侯的意愿接受了涂油和加冕。典礼举行的地方并不是美因茨，而是按照古老习俗在亚琛大教堂内指定的神圣场所进行的；主持加冕仪式的是科隆大主教，他通过为吉瑟拉加冕夺得了这项备受争议的权力。康拉德在自己执政的第五年就确保了自己对国家的继承权不可侵犯，这是他一系列顺利行动之后获得的最重要也最荣耀的成果。这是半个世纪以来，王位的继承人第一次提前确定。而确定了继承人，也使得王权统治从本质上获得了无穷的力量和人们的信任；确定了继承人，也使德意志民族更多了一份希望，让人们相信德意志内部将会平稳地发展，并同时也向他们展开了最为诱人的光明图景，那就是他们统治世界的地位将得以维持和巩固。令人安心的未来之光照进了动荡的现在，就像是在暴风骤雨中看到远方地平线上的晴云。

3. 围绕着"勇敢者"波列斯瓦夫遗产的斗争

在康拉德赢得了意大利的同时，围绕着"勇敢者"波列斯瓦夫巨大遗产的斗争也如火如荼地展开了；斗争的火焰不断燃烧，使整个欧洲东部都陷入了战争的动荡之中。被不公正地称为"败坏者"的米奇斯瓦夫，他虽然继承了他伟大父亲的进取心和野心，但却缺少了那种创造精神和持久的力量来使整个王国团结在一起。很快，他就发现自己在各个方向上都受到了攻击；北面有丹麦人，南面有匈牙利人，他的兄弟奥托-贝茨普利姆投靠的俄罗斯人则在东面虎视眈眈。这么多的敌人，仅仅凭借米奇斯瓦夫展现出来的那些能力是无法与之抗衡的；他只能眼睁睁地看着自己父亲征服的土地一寸寸沦陷。

面对着这些争斗，皇帝也不能再置身事外了，因此，他于1028年春季动身前往萨克森。我们知道，他是怎样牺牲了石勒苏益格边区，换取了克努特的友谊，并在对抗波兰人过程中获得了丹麦人对他的支持；当他看到克努特顺利地将波美拉尼亚、艾门兰（Ermland）和桑比亚半岛（Samland）一一征服，使他们缴税纳贡，他的内心无疑是非常满足的。这些人都是曾经被波列斯瓦夫用武力征服的异教民族，他们的土地从未归属于德意志帝国过，康拉德也没有理由将这些土地争取到自己的名下。圣伊什特万的征服地则完全不同，他不仅夺回了自己早先的属地，并且还将波兰人从摩拉维亚的大多数地区都赶了出去，而那块土地长久以来就一直被视作是德意志国的采邑。然而，伊什特万并没有表现出一丝一毫想要成为德意志国邑臣的倾向；自从他的皇帝内兄去世后，他与德意志之间的密切关系也就瓦解了，并且，去年秋天，他的表现就已经说明了他对康拉德的不信任。当时，康拉德将斯特拉斯堡主教维尔纳作为自己的使节派往君士坦丁堡，主教想要取道匈牙利，却遭到了国王伊什特万坚决的拒绝。虽然主教声称，自己是要作为朝圣者前往应许之地——虔诚的匈牙利国王向来为朝圣者敞开大门，但伊什特万还是有理由怀疑，一个带着众多随从、大批家畜和一切尘世奢华之物的人是不是真的忏悔者。维尔纳被迫取道威尼斯，在经历了一段十分凶险的海上航行之后，才到达了他的目的地。从这以后，皇帝与匈牙利人之间的关系就变得越发紧张起来；在巴伐利亚东边区的不安因素也重新活跃起来。

新一轮的匈牙利战争一触即发，但是，波兰方面已经发起了进攻，康拉德眼下便没有心思考虑进行匈牙利战争了。米奇斯瓦夫才刚刚将身边的敌人铲除，他就于1028年出乎意料地向皇帝举起了武器，他大举侵袭了萨克森边区，攻击了父亲的旧敌留提曾人的土地。这些狂妄的劫掠几乎就发生在皇帝的眼皮底下，似乎是挑战着皇帝，要他做出相应的报复；10月，当康拉德的宫廷在珀尔德停留时，留提曾人派来了使者，急切地要求展开波兰战争，并承诺提供帮助，这个举动几乎有些多余了。就这样，康拉德决定在接下来的夏天向波兰进军，整个王国都行动起来，为这场军事行动准备起来。

1029年年初，国王来到了巴伐利。他毫无疑问重新审视了与匈牙利有关的事宜，尤其是在奥格斯堡的布鲁诺死后，他不得不亲自处理这些事务。奥格斯堡主教是在4月6日去世的，他曾在国内扮演着重要的角色，至今为止一直是他的匈牙利内兄和皇帝之间最称职的调解人。他的死似乎预示着，那场酝酿已久的战争就要爆发了。边境上随即发生了流血冲突；虽然匈牙利人挑衅说，很快就不会再压抑他们的劫掠欲望，但这次的流血冲突主要还是德意志人的责任。康拉德同时遭到波兰人和匈牙利人的进攻，需要干练可靠的同盟来帮助自己；而波西米亚人正好符合了他的要求，他们与摩拉维亚有旧的症结，无论波兰人还是马扎尔人都是他们天生的敌人。虽然乌德利希公爵心慈手软又不甚可靠，不能期待他提供多大的帮助，但他终究培养了一个优秀的儿子，正向往着干出一番大事。皇帝将目光锁定了乌德利希的儿子，并发现他正是自己要找的人。为濒临绝嗣的普热米斯尔王朝带来最后一线希望的是布热季斯拉夫（Bretislaw），在这个渐渐枯萎的支系中，他无疑是新鲜的枝丫。乌德利希的婚姻并非门当户对，布热季斯拉夫的母亲是美丽的波热娜（Bozena），一个波西米亚佃农的女儿，所以布热季斯拉夫是在默默无闻中成长起来的；但他却有着王侯一般高远的精神和追求，他个人的优秀品质使人们遗忘了他出身的缺陷。他一心向往的，是要使自己惨遭侵略的祖国振兴起来，在他眼中，匈牙利人和波兰人就是祖国最危险而顽固的敌人，只有与德意志人紧密联合起来他才有希望攻克他们。于是，他来到皇帝面前，殷勤地试着成为他的亲信。而他的心也被一个德意志女子偷走了。他爱的人是尤迪特，施韦因富特边疆伯爵奥托的姐妹，她的秀外慧中使布热季斯拉夫叹为奇迹。

布热季斯拉夫完全符合皇帝对他的期待。年轻的波西米亚王侯从父亲那里得到了领兵征战的许可之后，便于1029年出发前往摩拉维亚了。胜利伴随在他的身边；在第一轮的进攻中，他就赶走了各地的匈牙利人和波兰人，为波西米亚人重新夺回了摩拉维亚。百余年来，这片土地不断遭受各方势力的抢夺，几乎成了一片荒野，而现在布热季斯拉夫在这里重新建立起了秩序，为社会生活注入了新的活力。他重建了旧的堡垒，并在波兰和匈牙利边境上设置了新的要塞。他在各地任命城堡伯爵，在这片土地上实施了类似于"勇敢者"波列斯瓦夫在波兰王国实施的基本法律。他对教会的积极贡献也能够与伟大的波兰王相提并论。摩拉维亚衰落的教会得到了重建，各项设施都十分完备，并被置于布拉格主教区的管理之下。布热季斯拉夫在一份文件中说道："当我看到神圣的场所遭到劫掠和亵渎，那曾是基督教信仰开始的地方，现在却掩埋在尘土废墟之中，我内心深处受到了撼动，落下了眼泪。我向自己郑重发誓，从破坏它的民族那里获得的所有战利品，都要用于它的重建和布置。"在征服了这片土地之后，布热季斯拉夫便开始称自己为摩拉维亚公爵；他不仅是自己父亲的邑臣，也是德意志皇帝的邑臣。他刚刚占领了这片公爵领地，便急切地要将自己心上的德意志姑娘带回家乡。他害怕姑娘的父母可能会拒绝将自己的孩子给他这样一个出身卑微的人，于是，他便将尤迪特从施韦因富特的修道院，也就是她接受教养的地方中掳走了。传说，一天晚上，他带着自己的手下悄悄地潜入修道院中，抓住了自己的爱人，并将这美丽的姑娘扛在自己强健的手臂上带走了。人们一听到响动，便将修道院的大门锁上了；但他用自己的剑挑断了拴住门的粗绳，为自己开出了一条通往外面的路，他带着姑娘跳上嘶鸣的马匹，就这样策马而去了。他带着德意志王侯家的女儿先是去到父亲那里，随后，他欣喜地回到奥洛穆茨（Olmütz），布热季斯拉夫让那里的人们将美丽的尤迪特作为他的妻子和摩拉维亚公爵夫人，向她宣誓效忠。

在此期间，皇帝在与波兰人的战争中就没有年轻的波西米亚王侯这样幸运了。在法兰克度过了初夏之后，他于夏末时节来到了萨克森，领导了一支在莱茨考集结的大军。皇帝踏上了征程，但战争一开始，德意志人就发现自己身处在极大的危险之中。军队被困在森林、沼泽和未经开垦的荒野地区；在这样的情况下，人群中爆发了饥荒。皇帝被迫返回，他唯一能做的只是包围鲍岑，困住了城中的一支波兰驻军。然而，就连这项行动也很快被皇帝放弃了。秋季时，这支军队已经士气全无、势力大减，回到了萨克森，甚至都没能和波兰人在战场上较量一番。

德意志军队的不幸遭遇反而极大地助长了米奇斯瓦夫的嚣张气焰。当他在不久后收到消息，说边疆伯爵提特玛尔已经去世，东边区暂时无人防守，他便在隆冬时节以迅雷之势朝德意志边境赶去。为他领路的是一个德意志叛徒，他叫齐格弗里德，是993年去世的边疆伯爵霍多的儿子，原本是从宁布尔格修道院逃出来的僧侣。还有其他一些逃亡出来的德意志冒险者也在波兰人的军中。波兰人的军队如同可怕的海浪击打着堤坝，侵袭了以萨勒河为界的整个易北河地区。波兰人在这里进行了令人发指的侵略。百余个村庄遭到劫掠，化为了灰烬，上千人遭到屠杀；老人、女人和孩子也没能幸免于难；大约万名德意志人遭到俘虏，其中也包括勃兰登堡主教。蔡茨主教逃了出来，但他的教堂和地产受到了严重的毁坏，人们甚至怀疑还能否将这个主教管区重建起来。这一切发生在1030年1月。德意志的人们在恐惧之中变得焦急慌乱，没有人敢反抗，最终，一名叫迪特里希的伯爵在匆忙中集结起一支武装队伍，对归途中的波兰发起了突袭，并使他们遭受了一些损失。

这个一切令人震惊又耻辱的事件传到皇帝耳中时，他正在莱茵地区。人们对波兰人只剩下了谩骂和诅咒，他们疑惑，波兰人既然自称为主的子民，怎么能这样残忍地伤害另一个基督教民族，粗野地摧毁主的教堂呢？整个萨克森都回荡着要波兰人血债血偿的呼声，每个人都与皇帝康拉德一样，认为这些人逃脱惩罚、逍遥法外是自己的耻辱。然而，即使这样，他也不得不暂时将讨伐波兰人的事搁置下来，因为他已经命令整个国家为对抗国王伊什特万而做好了准备。在因格尔海姆过完复活节之后，他来到了萨勒河流域，并在梅泽堡庆祝了圣灵降临节，毫无疑问，他是为了安排防御措施，防止波兰人再次来犯。随后，他亲自率领着强大的骑兵队伍打响了匈牙利战争，为了这场大战，他甚至从洛林最远的地区召来了大臣和权贵。

这是由整个国王对匈牙利发起的第一场大战，国王伊什特万对这场战争也是万分忧虑。但是，他确信自己是正义的那一方，因而虔诚地相信全能的主会保护他。他命令全国的人都斋戒和祈祷，并冷静地等待着皇帝攻来。夏季，皇帝率领军队沿多瑙河向下，来到了拉布河（Raab）河口。这条路将他们引入了茂密难行的丛林；行军的道路一再被沼泽和宽阔的河流阻断；人们到处找不到耕地，像在波兰战争中一样，与皇帝一同的前行的大军中在不久之后就爆发了可怕的饥荒。这支军队还没有见到敌人的影子，不可战胜的困境就已经从方方面面包围了他们。人们被迫决定撤退，虽然摩拉维亚英勇的布热季斯拉夫也在同时入侵了匈牙利，并且顺利地长驱直入，到达了格拉恩（Gran）[①]，但皇帝的行动终究还是以最为不堪的方式失败了。如同奇迹一般，国王伊什特万看到眼前的威胁消散了，而现在，他也能轻松地在边境上将这场战争继续下去了。这场边境战争一直持续到了第二年，伊什特万向年轻的国王亨利派出了使者，寻求和平。在布鲁诺死后，领导弗赖辛根主教恩格尔贝特（Engelbert）的人便成了年轻的亨利。亨利听取大臣们的建议，答应了伊什特万讲和的要求，但并未询问父亲的意思。但即使这样，总是吹捧康拉德的韦珀，也赞扬了这位王室少

---

① 译者注：即匈牙利城市埃斯泰尔戈姆（Esztergom），德语称格拉恩。

年的睿智，一位王侯遭受了不公正的侮辱，如果他请求和解，那就不该拒绝。

至今为止，幸运一直忠诚地站在康拉德这边，而现在，它不仅抛弃了他，甚至让他加倍尝到了苦头。不仅使两场不幸的征战接连而来，就连厄恩斯特公爵也再次举起了叛乱的武器。

4.第三次叛乱和施瓦本公爵厄恩斯特的终结

虽然公爵厄恩斯特和他的同党们受到了严厉的惩罚，但皇帝那种不可和解的态度并没有持续很长时间。伯爵韦尔夫在不久之后就得到了释放，重新获得了之前的采邑和头衔。皇帝的表弟康拉德也重获自由，并且在宫廷中赢得了令人尊敬的地位；康拉德的兄弟布鲁诺被提拔为意大利总理议事厅中一员，那可是一个肥差，还有着极大的影响力。最后，就连公爵厄恩斯特也被从吉比坎施泰因城堡的监牢中放了出来。1029年5月20日，他甚至获封了巴伐利亚的公爵领地，而在此之前，一直是由年轻的亨利在名义上掌管着这片领地的。显然，皇帝不愿意将施瓦本的公爵领地还给他的继子，是为了切断他与旧时朋党的联系；由于齐堡伯爵维尔纳依旧逍遥法外，并且嚣张地在当地制造不稳定因素，皇帝这样做就更是情有可原了。然而，或许是由于匈牙利人造成的混乱局势使皇帝产生疑惑，怀疑自己不该将重要的巴伐利亚交给他的继子；又或许是巴伐利亚的权贵们不愿亨利离开，厄恩斯特最终都没能入主巴伐利亚公爵领地；皇帝最终还是决定，将施瓦本再次分封给他。1030年复活节，他在因格尔海姆向厄恩斯特提出，只要他答应一个条件，就将他旧时的公爵领地还给他。这个条件就是，他发誓承诺，将齐堡的维尔纳作为国家敌人，投入全力对他进行追击。但是，厄恩斯特拒绝了，他不愿意背叛一个忠臣的老朋友去做出这样的承诺。皇帝能向他提出这样的要求，他觉得受到了奇耻大辱，随即便带着一些追随者傲慢地离开了宫廷。皇帝忍无可忍；他终于展现了本性中最冷酷的一面：他永久革去了厄恩斯特的施瓦本公爵之职，转而将这个公爵头衔授予了厄恩斯特未成年的弟弟赫尔曼。他宣布将厄恩斯特作为国家公敌，剥夺他的法定权利，并在众王侯们一致的支持下，由主教们革除他和他同党的教籍，全体叛乱者的地产也同时收归国家所有。就连皇后也放弃了这个不服管教的儿子；她在众王侯面前郑重发誓，永远不会因为她孩子遭到的惩罚而报复，不对那些攻击厄恩斯特的人发怒。

厄恩斯特公爵遭到父母离弃，自由得像一只小鸟，他迅速地来到了他唯一忠诚的朋友，齐堡的维尔纳那里，维尔纳是眼下的困境中他最后的慰藉和希望了。和维尔纳以及其他一些追随者一起，厄恩斯特逃往了香槟伯爵奥多那里，吉瑟拉的堂兄弟，他也一样认为在巴塞尔协议中受到了欺骗，认为自己因此失去了对勃艮第的继承权。在这样的情况下，厄恩斯特希望能说服奥多与皇帝开战；但这一次他的计划也落空了。他和他的同党们回到了施瓦本；现在，厄恩斯特深陷困境之中，施瓦本人或许会对他们本族的王侯感到些许怜悯吧。然而，他又弄错了；皇帝的邑臣从四面八方对他围追堵截，他走投无路，只好撤退到了黑森林最荒芜的深谷之中。最后，他在一座修建在陡峭山岩上的城堡中停留下来，这座城堡被称为法尔肯施泰因（Falkenstein），现如今还能在距离施兰贝格（Schramberg）不远的地方看到它的废墟。厄恩斯特在那里躲避着世人的目光，就像猫头鹰躲避白天日光那样。通过抢劫他在这里和他的同伙们一起苟且地生活了几个月的时间。

与此同时，皇室邑臣们在康斯特尼茨主教瓦尔曼（Warmann）（他是为当时年幼的赫尔曼公爵代理施瓦本政务的官员）的带领下找到了厄恩斯特的行踪。最终，他们顺利地夺取了叛乱者们散布在草地上的精良马匹，并由此加大了他们逃脱的难度。厄恩斯特看到自己的毁灭就近在眼前，但他宁可英勇得死去，也不愿充满耻辱地遭到践踏。他决定离开法尔肯施泰因。他们从剩下的马匹中挑出一些还能驾驭的；随后，他们无畏地冲出城堡，从黑森林向着位于东面的平原奔去，那里被人们称为巴尔（Baar）。在这里，他们发现了有人马驻扎的痕迹，这些人应当是前一天晚上才离开了这里的营帐，他们意识到追兵离他们很近；那是数量庞大的皇室邑臣，领头的是曼戈尔德（Mangold）伯爵。在疯狂的战斗欲驱使下，厄恩斯特沿着他们留下的痕迹追击；但此时，曼戈尔德也已经做好了战斗准备，转头向厄恩斯特杀来了。很快，他们便来到了对方面前，一场最为激烈的战斗打响了。一边是心中怀着愤怒、傲气和不满的人，另一边则是为了功名和丰厚酬劳而战的人。双方的人马都拿出了雄狮一般的士气；胜负久久难有定论；最终，胜利的天平倒向了数量占绝对优势的皇帝一方。但是，厄恩斯特和他的同党们也在最后的绝望之战中尽其所能，让皇帝的军队付出了高昂的代价来换取他们的性命；他们以令人惊诧的怒气，再一次举起剑来与对手相斗，击倒了大批人马。最终，厄恩斯特和他的朋友维尔纳，还有他几乎所有的同党，全部倒下了。但是，曼戈尔德伯爵连同大量他手下的皇室战士也纷纷命丧战场。巴本贝格家族的厄恩斯特，吉瑟拉的儿子，他的生命就这样于1030年8月17日悲惨地终结了。据说，当皇帝得到这个消息时，他是这么说的："咬人的狗儿不生崽。"厄恩斯特去世时没有留下子嗣。他的尸首被运送到了康斯特尼茨，在恢复了他的教籍之后，他的尸身先是被安葬在了玛利亚教堂，但后来又被转移到了位于法兰克境内罗斯塔尔（Rostal）的巴本贝格家族墓穴中。曼戈尔德伯爵的墓则在赖兴瑙修道院中。

　　这位地位高贵的年轻人却落得这样悲惨的下场，当时的人们都受到了深深的撼动。就连那些言辞控诉厄恩斯特叛乱暴行的明理之人，也为他对朋友的忠诚以及他所选择壮烈的终结而感动。德意志民族自古以来就将讨伐王侯霸权看作是光荣的事迹，是在追求古时人生而拥有的自由，他们总是颂扬独立，厄恩斯特反抗皇帝的战斗因而也得到了长久的传唱。虽说比起奥托一世与他的儿子利奥多夫之间震动世界历史的大战，这场战争可能只是小打小闹，但它还是提供了一些引人注意的素材，使我们能将两个事件加以比较；也正因如此，关于厄恩斯特的歌谣在很早的时候就与描写利奥多夫的歌谣混合在一起了。厄恩斯特与利奥多夫的形象重叠在一起，造就了一部英雄史诗，这篇诗歌后来在十字军时代又被添上了东方的色彩。就这样，一本关于厄恩斯特公爵的怪书就诞生了，这本书以不同的版本在德意志民族流传了几个世纪之久，受到广泛的阅读，而这个不幸青年的名字甚至比许多为祖国效力的英雄流传更久。

　　对皇帝来说，厄恩斯特的灭亡无疑是件有利的事；那么长一段时间以来，命运第一次没有完全背弃他。然而，德意志人所受的侮辱还没有在波兰人那里洗清，如同对皇帝的嘲讽一般，米奇斯瓦夫还戴着国王的冠冕，从表面上看起来，康拉德几乎像是被之前的失败击溃了，似乎已经放弃了对抗波兰人的新一轮战争。康拉德在法兰克平静地度过了1030年的秋天，接着在萨克森的帕德博恩庆祝了圣诞节，复活节前后回到了莱茵地区，并在那里一直待到了晚夏时节。但是，他从未间断过对波兰战争的思虑，并且极其慎重地为这场行动做着准备，似乎胜利就在眼前了。奥托–贝茨普利姆，米奇斯瓦夫的兄弟，至今为止都滞留在罗斯人那里。即使罗斯人也向波兰人举起武器，并在1030年重新占领切尔文地区的各个城市，他们也不会对贝茨普利姆的回乡展现出太大的热情。贝茨普利姆并不信任罗斯人，他因此向康拉德提出，如果康拉德协助他对抗他兄弟的话，他就会为康拉德效力。皇帝欣喜地接受了这个提议，他与遭驱逐的王侯派来的使者共同决定，贝茨普利姆从东面向米奇斯瓦夫的领地发起进攻，而皇帝则在同一时间从西面发动新一轮的波兰战争。而这场行动的时间就定在1031年秋季。

带领庞大的军队在东部作战是多么困难的一件事，皇帝对此已经吸取了足够的教训；因此他决定这一次只率领一支小型军队进攻波兰，他在暗中集结起军事力量，因为人数较少解决供给问题也较为轻松。9月16日，他来到了易北河畔的贝尔格尔恩；紧接着，他便横渡易北河，通过卢萨蒂亚向波兰挺进。康拉德的突袭使米奇斯瓦夫措手不及。米奇斯瓦夫凭借不足的军事力量努力抵抗了一段时间；但他同时又得到消息，获悉了贝茨普利姆的意图，所以，对方即使提出了对他非常不利的条件，他还是决定求和。他不仅失去了前一年获得的所有战利品和全部俘虏，而且还失去了他父亲曾经征服的、从王国那里作为采邑获得的边区。就这样，下卢萨蒂亚重新回到了萨克森的东边区内。边疆伯爵提特玛尔和其子奥多在很短的时间内便先后离世，并且奥多也没有留下子嗣，所以，皇帝便将东边区分封给了迪特里希伯爵，也就是韦廷（Wettin）家族的祖先。上卢萨蒂亚或称米尔岑则重新划归到了迈森边区，边疆伯爵赫尔曼不久去世之后，他的兄弟勇敢的艾卡德接管了这一边区，从这时起，他父亲在图林根和边区的所有王国采邑重新统一起来。波兰人在文登的政权走到了尽头；亨利二世皇帝被迫留给"勇敢者"波列斯瓦夫的那些边区，一寸不少地回到了德意志人手中。人们努力着，将这些经受了多次战争洗礼的土地重新恢复到往日的状态。蔡茨主教管区在萨勒河畔的瑙姆堡（Naumburg）重建起来，该教区的中心驻地后来也一直留在了瑙姆堡。

米奇斯瓦夫向皇帝耻辱求和，主要是要保护自己免受他兄弟的侵袭。但这却是徒劳。贝茨普利姆遵守与德意志人的协议，不与自己的兄弟结盟，在几周之后攻入了波兰。米奇斯瓦夫的求和举动损害了他在当地的威望，他失去了所有抵抗贝茨普利姆的信心，迅速逃往波西米亚去了。乌德利希公爵在上次的混乱局势中见风使舵，失去了皇帝对他的青睐，他现在接纳了逃亡的米奇斯瓦夫，目的只是要将米奇斯瓦夫交给皇帝，以求与皇帝和解。他提出，要将米奇斯瓦夫交到德意志人手中，但皇帝为人高尚，拒绝了波西米亚人这卑鄙的提议；皇帝命人转告乌德利希，说他不会与敌人交易，换取另一个敌人。

米奇斯瓦夫出逃之后，奥托-贝茨普利姆被波兰人拥护为公爵。他随即迅速将其兄的王冠呈送给了皇帝，并承诺对皇帝本人效忠；他希望能够以此确保自己的统治权。但即使皇帝认可了他的公爵头衔，皇帝也无法在当地的众多不满者面前维护他。短短几个月之后（1032年），贝茨普利姆就遭到刺杀身亡了；据说，这场刺杀是由他那个出逃的兄弟策划的。实际上，谋杀事件之后米奇斯瓦夫就很快从波西米亚的流放地回来了，并重新夺取了波兰的政权。然而，他没有信心继续与德意志人作对，他一心思考的只是，如何才能获得皇帝的青睐。在吉瑟拉和多位德意志王侯的调解下，他最终顺利地平息了皇帝的怒火。1032年6月7日，他满心悔恨、卑躬屈膝地来到梅泽堡，意外地受到了亲切的接见。现在，他已经不再惦念作为国王的尊荣了；他心甘情愿地成为皇帝的邑臣，甚至还愿意让出波兰西部的土地，而这部分土地则由皇帝分封给了他的堂兄弟边疆伯爵迪特里希。随后，米奇斯瓦夫从皇帝那里获封了缩小了的公爵领地。

"勇敢者"波列斯瓦夫的儿子签订的是一份耻辱协议，很快，他自己也受不了这种有失体面的处境了。他再次挺身反抗德意志人，重新夺回了失去的波兰土地。但是，在那之后不久，1034年3月15日，他便离开了人世。虽然米奇斯瓦夫对德意志人怀着仇恨，但是德意志的神职者们却为这位公爵的早逝而哀伤。因为他对基督教教会的积极奉献毫不逊于他的父亲；在他去世前不久，他还在库亚维（Cujavien）建立了一个新的主教管区；主的赞美诗以三种语言，拉丁语、希腊语和波兰语，在他的国度中传播。他的儿子卡齐米日（Kasimir）在他之后继承了这个摇摇欲坠的王国，卡齐米日是德意志人莉赫扎所生，也是奥托二世皇帝的曾孙。母子两人徒劳地尝试着依靠德意志帝国来巩固他们动摇的政权，然而一年之后，他们俩便被暴动的波兰贵族驱逐出来，逃到了德意志。群龙无首的波兰成了疯狂内部斗争的战场。普通的自由人站起来反抗贵族，农奴违抗主人，世俗之人与神职者对立，就连基督教信仰的存亡都成了问题。

"勇敢者"波列斯瓦夫去世才过去短短十年，令他引以为豪的王国就变成什么样子？斯洛伐克、摩拉维亚、斯拉夫-德意志边区、波罗的海地区、切尔文地区，所有这些土地都脱离了波兰。相邻的王侯和民族摧毁了波列斯瓦夫设立的边境堡垒，肆无忌惮地涂炭敌人的土地。而在国家内部也是暴乱四起。城市和教堂都化作灰烬；没有哪个地方是安全和平的，只有国王米奇斯瓦夫之前的司酒官员梅奇拉夫（Meczlaw）凭借自己的力量在马佐夫舍（Masowien）建立了一个小型政权。在波兰土地上，梅奇拉夫的王侯领地是疯狂暴乱中唯一的避难地。

米奇斯瓦夫的垮台也牵扯到了波西米亚公爵。这个波兰人卑躬屈膝出现在梅泽堡的那天，波西米亚公爵也受到了邀请，但他惧怕皇帝的怒火，没敢出现在皇帝面前。不久后，他又受到了新的警告，不得不前往韦尔本的宫廷中，人们认定他为背叛者，剥夺了他的公爵职务并判罚他流放德意志。当时，他的儿子布热季斯拉夫得到了波西米亚，他虽然受到皇帝的青睐和封赏，却在不久后对德意志人举起了武器，为自己父亲遭遇的不幸报仇。也正是那时，年轻的国王亨利第一次亲自领兵出征，他在很短的时间内就使布热季斯拉夫屈服了，他从布热季斯拉夫手中夺走了波西米亚，接着，这块土地再次回到了他们本族的老公爵亚罗米尔手中。但是，亚罗米尔这一次执政依旧不容乐观。皇帝在1034年复活节时，在雷根斯堡召开了一场地方会议，会议上，众王侯和图林根的君特伯爵（这位伯爵隐居在波西米亚森林中的棚屋之中，但对波西米亚的政局有着不小的影响力）向国王发出请求，而国王也响应了他们请求，决定允许乌德利希回到波西米亚，与其兄弟亚罗米尔分享波西米亚的统治权。

但波西米亚的混乱局势依旧没有结束。对于皇帝的让步，乌德利希并不领情；他刚刚回到波西米亚，就再次发起了暴动，年轻的亨利重新出征讨伐，才使他服软。从这以后，这位失去了理智的王侯对德意志人的不满不断加剧；只要被认定为异族政权公开或隐匿的追随者，他便会以非人的暴虐残害他们；他不幸的兄弟亚罗米尔在他的授意之下被灼瞎了双眼，拴上锁链押送到了莉法城堡（Burg Lyfa）；他自己的儿子，骁勇的布热季斯拉夫出于人之常情，十分同情自己的叔叔，他就将布热季斯拉夫赶出了波西米亚。索性乌德利希时日无多；1034年11月9日，他的生命走到了尽头，而他的死因似乎是毒杀。在这样的情形下，年迈的亚罗米尔摆脱了枷锁，赶到布拉格的城堡中，哭倒在这个恶毒兄弟的床前，他原谅了乌德利希所有的不义之举，放弃了公爵的头衔，在全体民众的许可下召回了他的侄子布热季斯拉夫，拥护布热季斯拉夫成为波西米亚的领主和公爵。按照习俗，新任公爵随即登上波西米亚的王侯宝座，众人向他宣誓效忠。1035年圣灵降临节时，皇帝前往班贝格，年轻的波西米亚公爵来到了皇帝的宫廷中，寻求正式的封赐。他在和谐的氛围中受到了皇帝的接见，在呈送了人质作为他效忠皇帝担保之后，他便轻松地获得了正式的封赐，最后，他也带着丰厚的赏赐心平气和地离开了。皇帝原谅了他早前的反叛行动，在摩拉维亚公爵领地的基础上，又将波西米亚分封给他；像布热季斯拉夫这样一位王侯，其行动力经受住了光荣的考验，皇帝在心中对他充满期望是不无道理的。实际上，当波兰眼下还处于无政府的混乱状态时，波西米亚已经迎来了稳定的岁月，布热季斯拉夫也趁着这时积聚力量，准备更大的行动。在这位雄心勃勃的王侯看来，他还没有完成人生的使命，相反这使命才刚刚开始。如果说哪位东欧王侯的身上可以寻觅到"勇敢者"波列斯瓦夫的影子的话，那就是布热季斯拉夫。但是，德意志人也期待布热季斯拉夫会长久地臣服下去，那么他们就犯了大错。波列斯瓦夫的基督教斯拉夫王国崩溃了，但这样一个王国的理念还在布热季斯拉夫心中延续。

自1031年和解之后，与国王伊什特万和马扎尔人之间的战争就没有再重新打响，年轻的亨利想方设法，与虔诚的匈牙利国王保持友好的往来。1033年，他亲自来到匈牙利，拜访这位英名赫赫但渐渐年迈的英雄，马扎尔人的使徒，并与他一起更新了和平协议。所有在前不久还从东面威胁着王国的因素都顺利

地清除了；各地都没有了令人担忧的仇敌；自奥托一世执政时代以来，德意志
民族的声望在欧洲东部达到了最高点。这在很大程度上要感谢皇帝的积极措
施，以及他聪慧的儿子从中斡旋，在这个过程中，亨利展现出了超越他年龄的
洞察力和执行力。自1031年的波兰战争之后，皇帝一直没能亲自参与到这些事
务的处理当中；在西南面，他又将一个新的王国收归到了德意志民族的罗马帝
国之中。

5. 勃艮第并入帝国

1032年9月6日，在漫长而不幸的执政岁月之后，勃艮第国王"懒散者"鲁
道夫去世了。在临死之际，他将自己王冠、圣莫里茨的矛作为政权的象征，连
同其他勃艮第王国的徽记一起送给了皇帝；一位名叫塞利格尔（Seliger）的勃
艮第大臣是负责传递国王死讯的使者，他也负责将勃艮第王冠交给康拉德。25
年来，我们的皇帝心心念念的事终于发生了，而这个时间也在很长一段时间内
影响着德意志、法兰西和勃艮第的政治。

塞利格尔将王国徽记送到皇帝面前时，皇帝正在德意志北境。在获得这
些标志物的那一刻，他已经踏入了勃艮第的土地。因为国王鲁道夫刚刚闭上眼
睛，在继承序列上排在鲁道夫之后的奥多伯爵就从香槟出发，领兵朝勃艮第
发起了进攻，以求争取自己对勃艮第的权利。奥多常说，他不想做勃艮第的
国王，而要做国王的主人；他一定没有兴趣扮演一个悲情的角色，像之前的勃
艮第国王们那样，旷日持久地与贵族和主教们争斗。对他来说，他更向往获
得大片的世袭地产和王国内广阔的采邑，好将对勃艮第的巨大影响力掌握在
手中，而国王的冠冕就留给康拉德，让他去为政权而担忧。但是，正如在意大
利一样，这里也有一个强大的派系，尤其是在罗曼地区，他们更希望能由法兰
西权贵而非强大的德意志皇帝来做他们的最高邑主；他们这些人推动着奥多，
将手伸向国王的冠冕，并为此与皇帝一较高下。也正是这一派人，迅速为奥多
开辟和铺平了进入王国的道路。奥多刚刚在下勃艮第现身，就收到了四面八
方的欢迎和认可；人口稠密的重镇毫不迟疑地为他打开城门。首先是在里昂

（Lyon），那里的大主教布克哈德是德意志政权最坚定的反对者之一；接着是王城维埃纳（Vienne），他们要求奥多在这座城市中接受加冕，他同意的话就臣服于他；阿尔勒（Arles）的人们也认可了他的统治，并为他签发了证明文件，在文件中将他称为上勃艮第及下勃艮第受到认可的君主。奥多已经将目光锁定了勃艮第王国的上部地区，那里主要居住着阿勒曼尼人。在第一轮的攻势中，他夺取了穆尔滕（Murten）和诺伊恩堡（Neuenburg）的要塞，并在那里安排了重兵防御。

　　而在此期间，皇帝康拉德也并非无所事事；他在为对抗奥多做准备，在同一时间，他还在建立联盟，在眼下的情势下，这个联盟的意义不逊于七年前与丹麦人的联盟。我们知道，亨利二世去世后，法兰西与德意志宫廷间的关系是多么紧张，国王罗贝尔在短短几年前还期待着，能与德意志政权拼个你死我活。而皇帝在此期间所获得的成就使罗贝尔的宏伟计划迅速化作了泡影；1031年7月20日，当国王罗贝尔去世时，短暂出现的美好前景也很快彻底失去了光彩，处境悲惨的王国交到他的儿子亨利一世手中。软弱国王去世之后，国内发生了不小的骚动，而这场骚动正是由新统治者的亲生母亲引起的；一大批王室邑臣，其中也包括奥多伯爵，都出来反对亨利一世，将他从世袭的土地上驱逐出去，逼迫他逃难到了诺曼底。年轻的国王虽然很快回到了家乡，并在安茹（Anjou）伯爵的调解下与母亲和解了，但他的处境依旧异常艰难，这时他向往着，能够从强大的皇帝那里获得支持，更何况这也是教训叛贼奥多的好时机。另一方面，皇帝从自己的处境考虑，最挂心的事就是保护自己免受法兰西宫廷的攻击，并使奥多无法从法兰西宫廷获得支援。斯塔沃洛（Stablo）修道院院长博珀在法兰西和德意志的宫廷中都备受崇敬，正是他从中斡旋，联系起了一个对双方都同样有利的联盟。为了巩固这个联盟，皇帝将他的二女儿，当时只有四岁的玛蒂尔德，许配给了国王亨利。我们可以看到，这场婚约还牵扯着皇帝对未来进一步的计划，所以他才努力地在东西两国之间建立起持续的和平局势，甚至期待着建立起更加紧密的政治联系。但很快事实就证明，这样的计划都是没有意义的。因为皇帝的小女儿两年之后就死了，与统治者家族结成姻亲的计划也成了泡影。但东西两国的联盟还是维持了下去，甚至在康拉德去世之后还依然存在，而这一联盟尤其为合并勃艮第铺平了道路。

在与法兰克王国联盟之后，皇帝在斯特拉斯堡庆祝了1032年的圣诞节，随后，他便在儿子亨利的陪同下，带领军队向勃艮第进发。1033年1月27日，他来到了巴塞尔，接着又赶往索洛图恩和彼得林根（Peterlingen），2月2日，他被自己的追随者们推选为国王，并接受了加冕。这些事发生的时候，奥多的朋党由于手中缺少王国徽记，还没有踏出加冕这一步。皇帝紧接着便向奥多发起进攻，包围了由奥多的人马驻守的穆尔滕和诺伊恩堡。然而，这一年的冬季异常寒冷，马匹和骑士们都冻得无法作战，皇帝被迫放弃围城，迅速领军撤出了地势较高的区域。皇帝经由苏黎世回程，国王鲁道夫的遗孀来到了皇帝的宫廷中，和她一起的还有多位来自勃艮第罗曼地区的权贵，为了避开奥多，他们被迫取道意大利；莫里耶讷（Maurienne）的伯爵胡伯特（Hubert）也在这些人中间，他是萨伏伊（Savoyen）家族的族长。这些出现在宫廷中的人们拥护皇帝和他的儿子，他们离开时，从皇帝那里获得了丰厚的赏赐。随后，皇帝回到了莱茵河畔；复活节时，他已经到达了奈梅亨。短暂的冬季征战使他在勃艮第阿勒曼尼人居住的地区当选为王，并得到了加冕；而在勃艮第王国中德意志人分布的区域，他几乎受到了所有人的认可。但勃艮第的罗曼地区还在奥多的手中，如果不发起新一轮进攻，就无法夺取。

与法兰克王国之间的联盟使皇帝得到了有利的时机，能够轻松地从法兰西方面向对手制造威胁，当对手忙于征服别人的土地时，他在这里的土地就难有足够的防御，从而迫使他撤军。皇帝说：“如果奥多试图非法占有别人的土地，那他就只能用自己的地产换取神的帮助了。”他决定，领兵攻打奥多在法兰西的世袭土地。在夏季巡视了萨克森和图林根之后，6月23日，皇帝在梅泽堡召开了一场大型的王侯会议，之后，他于8月返回了莱茵河畔，并率领着一支强大的军队朝香槟进发。8月24日，皇帝来到了坐落于马斯河畔、距离法兰西边境不远的圣米歇尔修道院（St. Michel），随后，他就对奥多的领地发起了进攻，从各个方向侵袭了这片土地。他达到了自己的目的；奥多得到皇帝攻来的消息，马上从勃艮第撤回了香槟，他看到自己的世袭土地遭受重创，为了避免这里彻底变成一片废墟，他不得不迅速向皇帝妥协了。他承诺皇帝，撤回他在勃艮第的驻军，放弃他对勃艮第王国的要求，并且为之做出补偿。此后，皇帝就离开了香槟前往洛林，当时的洛林在漫长岁月之后重新统一到了一位公爵手中。弗里德里希公爵去世时没有留下儿子，随着他的去世，自奥托一世时代起统治上洛林的公爵家族也就绝嗣了。弗里德里希公爵丰厚的世袭遗产留给了他的两个女儿，贝娅特里克斯和索菲亚，她们也是吉瑟拉的侄女；两人之中的贝娅特里克斯后来嫁给了强大的意大利边疆伯爵波尼法爵，成了伟大的伯爵夫人玛蒂尔德的母亲；而索菲亚则嫁给了莫彭嘉德（Mompelgard）伯爵路德维希，过完了默默无闻的一生。可能是因为以往的承诺，戈泽罗在至今统治的下洛林公爵领地基础之上，又从皇帝那里获封了上洛林，并由此获得在德意志西部的强势地位，而眼下，这样的地位恰恰能够确保德意志帝国的安全，而对另一方的王权势力构成威胁。

皇帝确定洛林的防御已经足够了，便在冬季出发前往王国的东部地区。他在明登庆祝了圣诞节，在雷根斯堡度过了第二年的复活节，而整个春季也都是在雷根斯堡度过的。他已经收到了确切的消息，奥多的承诺并非出自真心，他丝毫没有撤出勃艮第的迹象；因此，他又投入更大的精力准备对勃艮第展开新一轮的征程；他计划通过一份详细的战斗计划确保这次行动的成功。这一次，他不仅要从德意志这一边向勃艮第人发起进攻，而且同时还会有一支意大利大军在米兰大主教阿里贝特和边疆伯爵波尼法爵的带领下，通过罗纳河河谷朝勃艮第进发。皇帝的计划得到了实施，并获得了彻底的胜利。夏季时，当他亲自从莱茵河向罗纳河进发时，一支伦巴底-图西亚军队由贝尔哈德带领，也沿着罗纳河河谷向下来到了日内瓦，两路军队在这里会合了。现在，下勃艮第的主教和领主们终究还是丧失了斗志，他们纷纷来到皇帝面前，表示自己臣服的意愿；就连里昂大主教也屈服了。1034年8月1日，圣伯多禄脱枷日（Petri Kettenfeier），皇帝在节庆队伍的簇拥下出现在了日内瓦的大教堂内，他的头上戴着勃艮第的王冠，身边围绕着德意志、意大利和勃艮第德高望重的主教和王侯们；在这里，下勃艮第的权贵们确认将他推选为国王，并对他宣誓效忠。奥多的政权走到了尽头；整个勃艮第和德意志帝国的统一终于实现了；皇帝看到，四面八方的人们都承认了他作为勃艮第国王的身份，他已经可以计划踏上回程了。在归途中，他再次包围了被奥多的人马占领着的穆尔滕，并迅速地夺取并摧毁了这座堡垒，城堡内的驻军成了战俘。还有少数德意志政权的敌人，至今仍在负隅顽抗，试图为了保命而逃亡；但皇帝命人将他们逮捕起来，将他们流放到德意志作为惩罚。在离开勃艮第地区之前，他命令当地的人们呈送大量人质，作为他们忠诚的担保；随后，他在秋季从巴塞尔来到了斯特拉斯堡，而皇后则在斯特拉斯堡等待着他的到来。年轻的亨利国王在顺利结束与波西米亚公爵乌德利希的战争之后，也赶来迎接父亲。家人的团聚带来了巨大的喜悦，但这份喜悦却由于法兰西国王的新娘小玛蒂尔德的去世蒙上了阴影；她死于父母前往沃尔姆斯的途中，她的墓也立在那里。晚秋时节，皇帝带着手下的人马来到了萨克森。

勃艮第王国——从索恩河（Saone）源流到罗纳河河口和地中海，从落差巨大的尤拉河（Jura）到永远被白雪覆盖的西阿尔卑斯冰川，这个王国既有寸草不生的冰冻地带，也有水草丰美、无比富饶的平原；当时，它是欧洲最重要的关隘地区，在这里崛起了许多历史名城，它们至今仍是人口重镇，例如里昂、维埃纳、阿尔勒、马赛、日内瓦和贝桑松（Besanson）。康拉德半是通过协议，半是通过征战，将这样一个王国并入了德意志民族的罗马帝国之中，经历了许多个世纪，勃艮第已经是其中不可分割组成部分了。这是自奥托一世时代以来最大的一场征服；它确保了皇帝对意大利的统治权不受外部的侵袭，同时，它将德意志人的东王国相对于法兰西人西王国的优势以最显著的方式展现出来，仅仅是这两点，这场征服就有着不可言喻的重要意义了。征服勃艮第也就意味着帝国势力的上升，正如后来勃艮第地区逐渐脱离也昭示着它的衰落。现在，皇权统治在西面直接降服了西方各个文明国家中的一个王国，同时在东面也竭尽全力使其最高统治势力得到全面的认可，它的上升趋势，它充满活力的发展，在欧洲各地都能感受得到。每个熟悉那个时代的人都能够，也必须认识到，当时的皇权统治已经不再满足于奥托三世所设定的理想高度，并且从对这一理想的追求中跳脱出来，来到真实的世界局势之中，在这条发展的路上，对超级霸权的全面追求转变成了对众邦国和各民族切实的统治。风从何而来，又将吹向何方，历史的风向标已经指示得足够明确了。

　　将勃艮第收入囊中，不仅对德意志帝国本身的地位和它进一步的发展如此重要，对于新加入皇帝统治之下的那些地区来说，也有着同样深远的影响。在勃艮第，王权势力从未真正强大过；由于自然原因，土地被分割成许多零散的辖区，并分别由势力不均的敌对民族战领，从一开始就只是在表面上被王国联系在一起，此外，大多数国王的软弱无能又加速了王国的瓦解；地方势力早就彻底超越了王权，大型采邑的世袭制度很快就轻而易举地得到了贯彻；随着封建主义的胜利，复仇权几乎成了国内的最高准则，而无政府的状态甚至可以说合法化了。在过去的一段时间，神职人员们徒劳地尝试用宗教手段维护国内的和平；缺少了强大王权的支撑，这样的努力也只能获得暂时的成效。直到现在，勃艮第的权贵们才真正知道了，什么是王权统治；直到现在，正义与理法才真正开始发挥其效用；直到现在，一个能够使民族和国家的力量得以发展的和平局势才被创造出来。不仅是康拉德自己，他的儿子亨利甚至超越了他，他们都花费了极大的精力来整顿勃艮第混乱的局势，实际上，他们的努力的确没有白费。后世对他们最热切的赞誉恰恰都是关于勃艮第的，这确实具有深刻的意义。我们所说的是韦珀，他在大约十年之后说道，皇帝离开勃艮第时，太阳便落下了，而当他回来时，太阳便重新洒下光芒；勃艮第最期待的，就是看到和平的缔造者时刻在它眼前。

　　诚然，无论是康拉德还是他的继任者都没能将王权势力提升到它在德意志那样的高度。康拉德夺取政权的时候，这里的王室采邑早就成了大家族的世袭属地；大量的大主教和主教享有所有御赐特权，他们将大片的属地占为己有，把国有产业的一大部分都挥霍掉了。要使统治者的政权拥有稳健的根基，这个国家的所有社会关系都必须彻底转变；做到这点需要花费许多精力和时间，而皇帝在其他方向不间断地征战，他是不可能着手进行这项工作的。但是，这并不意味着，皇帝的统治没有为这个王国带来积极有益的影响，实际上，各地很快就感受到了皇权统治带来的改变，国内稳定而持续的进步也是从这时起才有迹可循的。直到当时，他们才彻底从阿拉伯人的劫掠暴行中解放出来；直到当时，贵族和神职人员的物权关系才有了稳定的秩序；直到当时，当地的道路才有了保障，而这一点，对城市间的贸易往来有着不可估量的重要意义。法律开始发挥其效力，皇帝的惩戒震慑着那些强大却恶毒的人，从这往后，整体的发展都更加规范、有序了。然而，发展的方向一旦定下来就不再改变，导致了王国中各个区域之间越来越大的间隔和独立。皇帝无法扭转这样的发展方向，自从这里失去了本地国王之后，国家甚至开始加速瓦解。

在这样的情况下，如果勃艮第王国的统一最终被打破，勃艮第的罗曼地区和阿勒曼尼地区分裂开来，也没有人会感到惊奇。人们可能忽略的是，罗纳河、索恩河以及伊泽尔河（Isère）附近的那些地区，一开始虽然被康拉德征服，但后来又最先脱离了德意志统治，加入了法兰西人的西王国。然而，就算这一部分相当可观的土地在晚些时候脱离了帝国，德意志统治的影响力也依旧在勃艮第的阿勒曼尼地区持续发酵，后来，这也造就了如今瑞士的核心部分。因为，这些地区不仅与德意志帝国保持着长久的直接联系；那里的人们永久地参与到了德意志民族的内部生活之中，即使外部的纽带暂时断裂，但与德意志的精神联系永远不会彻底消弭。人们思考，在过去的两个世纪中，德意志的阿尔萨斯发生了什么，随后评断，如果八百多年前瑞士没有和勃艮第王国一起落到德意志皇帝的手中，而是受到一个法兰西巨头的统治，那么瑞士是否还会像现在这样，在本质上还是一个德意志州呢？

6. 康拉德二世的朝政

皇帝康拉德正是威名在外、如日中天的时候。他的地位在各个方面都得到了保证；再也没有人胆敢侵犯他的威严了。虽然，他并不是在所有地方都受爱戴，但至少整个欧洲西方尊敬他、畏惧他。皇帝的手中握着令人惊叹的大权；自从卡洛林王朝分裂之后，还没有哪个统治者获得过这样大的权力。查理大帝曾经执掌的那些王国，德意志、意大利和勃艮第，现在都成了康拉德的疆土，而西法兰克王国的国王几乎处于依附他的地位；这里说的依附，更多的是由于国王的软弱无能，而不是他前不久与康拉德签订的协议。眼下，在经历了几个世纪西方世界发展的土地上，再也找不到一个与皇帝政权敌对或是值得他担忧的势力了。而现在，帝国对待"野蛮人"——北部和东部的民族的态度也完全不同了，这些民族在不久前接受了基督教信仰，加入西方各国的联盟之中——这与亨利二世时代完全不同了！波兰人波列斯瓦夫建立起来的霸权被摧毁了，通过这一政权的崩塌，德意志在文登边区的统治重新建立起来了。由虔诚而智慧的伊什特万建立的匈牙利王国虽然是在各方责难中诞生的，但这个王国已经不再是造成威胁的因素了，它已经变成了防范东方各民族新一轮进犯的防御力量。在若干年前，破坏和平的不是伊什特万而是德意志人；但却是他首先伸出了和解的橄榄枝！唯一的儿子去世了，渐渐年迈的国王痛心不已，他眼下最不愿意思考的事情就是战争。

在整个西方，只有一位王侯可能会对康拉德构成威胁。这个人就是强大的克努特，丹麦和英格兰的统治者。圣奥拉夫，这个热情虔诚的基督徒是挪威老一辈异教国王们的子嗣，克努特与他在战场上较量了多次。1030年，克努特将奥拉夫的挪威也并入了他辽阔的北方王国。克努特的势力遍布波罗的海和北海的所有海岸和岛屿，他正值青春盛年，心中燃烧着英雄的火焰，脑中计划着宏图伟业，他带领着一个战斗民族，而这个民族几个世纪以来都令他所有的敌人闻风丧胆——哪个肉体凡胎的人会不惧怕克努特这样一个对手呢？这样看来，康拉德在执政之初就与丹麦人结为盟友，可以说是一种幸运。这样一来，克努特的强大实力也就成了康拉德自己地位的坚实支柱之一；割让石勒苏益格换取这样的支持，毫不为过。在这两位伟大君王之间的联盟从未瓦解，反而变得越来越稳固。1035年圣灵降临节，两位君王的孩子之间在十年就定下的婚约终于郑重昭告天下。虽然克努特不愿自己的独立性受到影响，但他还是心甘情愿地认可了皇帝的地位在他之上；谁要是胆敢侵犯皇权，康拉德至少还有他这个盟友；皇帝康拉德最不担心的就是克努特会给他制造麻烦。

赢得的权力得到巩固，皇帝沉浸在这种美妙的感觉之中。凡夫俗子之中，很少有谁能够抵挡住世俗权力以及随之而来的千百种诱惑；但更少的，是那种大权在握还能感到彻底的平和与幸福的人。康拉德就是其中之一。他的目标坚定不移地锁定在扩大和巩固自己的权力上，而且他也只有这一个目标；只要是与之相关的，那么他的思维就不受限制。本质简朴而粗陋，性情耿直而有骑士风度，他的本性和接受的教养都使他缺少更高的精神追求，但就是这样一个人，却有着高度的统治者本能！能扩张他权力、提升他地位的方法和途径，他总是能以惊人的洞察力把握其精要，使他能在最短的时间内达成目标。他从来不缺少勇气、毅力和自信，除了良好的教养之外，这些品质正是所有统治政权最强大的"护城墙"。我们看到，他没有靠近那些令人恐惧、摇摆不定的政策半步。他的一切行动都直接指向明确的目标；在韦珀为我们留下的记录中，大多数是他作为国王时所说的话，他说的话从来不掩藏他灵魂的热情，而是明确地表达出他完整的意志、他最强烈的愿望。他始终思考着，如何扩张和增强他的势力，他懂得在减小牺牲的同时扩大收益，当他的要求不能得到贯彻时，他也能够适当妥协。但是，他不是被逼入绝境时才渐渐服软，而是在自己还有不可战胜的力量时，看清了事态局势，才合理地规避；可能很少有统治者具有这样的品质。放弃石勒苏益格对国家来说固然是不小的损失，但通过这一牺牲，他在东面战胜了猖狂的波兰，并且确立了自己在北方的地位。他将整个洛林重新归于一名公爵的管辖之下，这可能让他付出了更高的代价，但也正是因此，他才获得了跨莱茵河地区的土地，并使吞并勃艮第成为可能。谁要是指责他，没有将北方也变成德意志的疆土，那么也必须同时考虑到，他在南方为德意志人赢得了一座多么美丽的王国。

康拉德获得的荣耀地位，一大部分都要归功于他无法被击败的毅力和粗野的骁勇。但是，他杰出的先辈们伟大的事迹也造就了一副阶梯，使他能够登上这样的高度。康拉德对此也看得非常透彻，他对亨利的贡献有多高的评价，从他认真遵守亨利定下的朝政方针这一点上就展现得非常清楚了。一个新的家族掌握了统治权，但是事物的秩序并没有因此改头换面。亨利执政时期内部局势的方向，在新王朝的领导下不间断地走了下去。

我们知道，权贵们在皇帝亨利的朝廷中有多少影响力。在康拉德的领导下，这一阶层的辅政地位也保持不变，康拉德召集王侯们举行地方和国家会议的频率毫不逊于他的前任亨利。甚至连那些带有个人色彩的制度，他也要经过王侯的同意才付诸实施。当然，对于帝国的权贵们来说，要反对皇帝直言不讳表达出来的意愿绝非易事；正如亨利是依靠灵活的言辞和坚韧的耐力获得成功，康拉德那种坚决有力的作风总是确保他达到自己的目标。虽然康拉德也常常遭到反对，但就我们所知，他从未被迫放弃过自己的意图。

采邑世袭化的趋势一再出现，并且不断强化，对于这个问题，亨利的办法是避免正面交锋，但康拉德现在则公开表达了他对世袭化的支持；由于这样一来，他作为最高邑主就要放弃一项核心的统治权利，所以，他要求所有国内的邑主都要做出相同的牺牲。如果他们从皇帝那里获得了采邑的世袭权，那么相应地，他们也要将同样的世袭权授予自己手下的邑臣。韦珀说："康拉德不再从后裔的手中拿走他们的祖先长久以来拥有的采邑，他通过这种方法，在很大程度上赢得了邑臣们的青睐。"有人可能会错误地理解这句话，因为他一会儿在这里看到，康拉德通过一部帝国法律确定了德意志的所有采邑均为世袭，一会儿又在那里读到，皇帝只对一些低阶采邑的世袭化产生了有限的影响。总之，韦珀没有提到什么帝国法律；诚然，康拉德通过成文法律在意大利确定了采邑的世袭性质，但是，通过一条条宪法来决定事关重大的基本问题，这丝毫不符合那时德意志人的国家生活特点。康拉德没有为德意志各州颁布过这种形式的帝国法律；但是，自上而下推行的基本法至今为止一直受到顽固派的反对，或至少没有得到公开的认可，现在，皇帝公开地、毫无保留地表达了对基本法合理性的支持，这对封建主义的胜利是有决定性意义的。时代选择了世袭采邑，而皇帝在分封帝国采邑的过程中，在他影响帝国采邑宫廷的决定的过程中，他最终作为意大利的立法者，展示出对这一时代趋势的精准掌握，那么，更严格的、关于采邑制度的古老法律基础也将深深震撼德意志，并且为新的实践开辟道路。实际上，采邑的世袭制在康拉德执政期间确定下来之后便一直延续下去，并且，采邑的世袭权也被视作人们按照传统和习俗所拥有的权力，婚内所生的儿子只要能够并且愿意满足采邑相关的条件，就能继承他父亲的采邑。在这方面，高级采邑和低级采邑也没有严格的区分。因为，无论何种采邑在原则上都是世袭的，后来出于政治原因，大型的帝国采邑遭到没收，高级采邑和低级采邑一视同仁的原则也没有被颠覆；由于低级采邑常常能够对照合约规定指出差异之处，所以人们为了避免采邑被没收而否认土地是作为采邑得来的。

无论采邑世袭制的实施会使皇帝付出多少代价，他的损失都能获得弥补，因为通过这一举动，他在小邑臣阶级中获得了大量的支持者，他们成了他可以依靠的忠诚的力量。大权贵们失去了原本对手下随从不受限制的支配权力，因为从今往后，邑主若是肆意侵害邑臣的权力，邑臣可以在皇帝那里讨回公道，而不用害怕邑主从他们的子嗣手中收回采邑。还有第二项收益也不容小觑：在这样一个由采邑制度统治的时代，通过巩固采邑关系才能建立起长期的、受控制的、有法度的社会状态。现在，能够破坏和平的千百种威胁因素似乎都被肃清了，持续不断的纷争从源头上阻断了，通过正当的途径调整领主与领主之间、领主与其下属之间的关系成为可能。我们知道亨利为维持地方和平所做的努力；在这一方面，康拉德也效仿了前一任皇帝的榜样，严谨地走出每一步。韦珀也没有忘记指出，国王在他第一次巡视全国的时候，是如何通过御令确保了各地的和平。法律得以发挥其效力，这尤其能为较低层的民众带来福祉。

劳动者的权利以书面形式确定下来，这是从亨利执政时期开始的，在康拉德的统治下得以继续。我们手中有一部来自康拉德皇帝的成文法律，这部法律的对象是雷扎特河（Rezat）河畔魏森堡（Weissenburg）的管理官员，在由皇帝筹建的林堡（Limburg）修道院中，它像证明文书一样确定了管理官员们的权力。出自施瓦本韦因加尔滕（Weingarten）修道院的那份引起注目的领主法也来自康拉德执政时期，这是现存最早的德意志佃农法律之一。这部法律中的规定虽然十分严格，但从中可以看出，佃农和归修道院所有的仆从们已经受到了成文法律的保护。康拉德多么关心他的底层人民，可以从他一份优美而值得牢记的书信中体现出来，这封书信是写给萨克森公爵贝尔哈德、王室领地伯爵齐格弗里德和北边区的边疆伯爵贝尔哈德的，内容是关于出售费尔登主教管区农奴的事宜。主教将手下的人"像愚蠢的牲畜一样"拿来出售，皇帝对此表达了巨大的愤怒，并命令以上提到的几位王侯，作为当地的最高官员，以最合适的方式尽一切努力撤销这场"人神共愤的"买卖。看到皇帝对身份最卑微的农奴也这样保护，谁又不会由衷感到欣慰呢！在康拉德获得加冕当天，他首先就表现出作为人民的最高法官和正义守护者的姿态，这确实不是为了迷惑众人而装出来的空洞假象；为了在德意志人中建立起稳固的法律基础，他不懈地努力着，而他前一任皇帝的崇高追求也幸运地在他这里得以延续。

另外，康拉德在另一方面也与亨利十分相似，康拉德对那些得到证实的功绩非常慷慨，不吝赏赐，但同时他也懂得勤俭持政——他牢牢管控住巴伐利亚的国家地产和收入，而在别的州省他也是这样做的。像亨利那样，他继续对教会进行着严格的全权管理，他确保统治者的权力不可侵犯，从中我们可以清楚地看到，从他执政之前就已经初露端倪的发展，也就是亨利以其敏锐的洞察力精心布置的一条条线索，是如何渐渐铺展开来的。亨利二世皇帝开始实行的政策，是为了德意志内部局势从法律上得以强化，这一政策通过一个强大的、在各个方向上都有势不可当的王权为皇权势力打下了基础，而作为统治者康拉德忠实地延续了这个方针，虽然随着他的加冕，一个新的家族登上了王位，另一个宗族走上历史舞台的前排，但这个方针却在核心上保持了一致，唯一不同可能是，它带来的成效越是明显，对这个政策的执行就变得更加清晰和有力。前一任皇帝孜孜不倦地播下种子，而康拉德则从这土地上获得了丰硕的收获。

新老政府之间的联系是清晰且不可否认的，但如果进一步观察，两者之间的区别就会跃然眼前。膝下无子的亨利始终对那种家族政策保持距离；而康拉德则相反，他的政府完全是由家族政策所引导的，要将政权留给他的儿子，建立一个世袭的皇权统治，这一思想贯穿始终。国家的福祉，家族的荣耀，父亲的慈爱交相辉映，从他执政第一天开始，他的目光就始终锁定在这一点上。王权的世袭制就像是一种补偿，是康拉德为采邑世袭制向邑臣索要的补偿，而他们无法拒绝这个要求。1026年年初，八岁的亨利就被认可为他父亲的继承人；接着，这个男孩就在亚琛接受了加冕；勃艮第的问题一出现，康拉德就为儿子要求了对勃艮第的继承权；康拉德接管新王国的政权之后，就一刻也不迟疑地让众人对他的儿子宣誓效忠，甚至自己还健在时就把这个王国交给了他，将有关继承人的最后疑问也彻底消除了。

小亨利完全是在王室宫廷中成长起来的，而他也一直为登上统治者之位接受着精心的教育。亨利二世的兄弟奥格斯堡主教布鲁诺，康拉德对他的见识和干练赞赏有加，在处理国家事务中，康拉德最爱听从他的建议，他也出于完全的信任将儿子的教育托付给他。但是，王室少年还没有成长到能够独立的年纪，布鲁诺就去世了，管教他的任务转交到了弗赖辛根主教恩格尔贝特手中，而安德克斯城堡（BurgAdechs）则被确定为他居住的地方。1033年，皇帝认可恩格尔贝特对其子的管教，赐予亨利一把剑，便准许他独自生活，赏赐了弗赖辛根主教管区许多地产。康拉德不仅让他的儿子接受国家事务和教会教义方面的指导；他自己深深体会着教育的缺失，于是便让儿子早早地接受作为皇帝所需要的、而他自己缺少的学术教育。一位名叫阿玛尔利希（Amalrich）的伦巴底人教授了小亨利那个时代的科学知识，他发现这个孩子是个天资聪颖、接受力很强的学生。早早戴上了王冠，为执掌朝政接受了精心的教育，康拉德的儿子刚刚进入了青春岁月，就马上亲身体验了统治权带来的喜悦和享受、担忧和劳苦。刚刚十六岁的年纪，他就与那时最智慧而老道的国王之一协商联盟条约，两次带兵攻打一个不容小觑的敌人，并且在父亲夺取勃艮第时，独立地监管东部的政务。很少有王侯，像康拉德这样坐拥大权，却在自己尚在人世时，就让儿子这样积极地参与到朝政中来；更加难能可贵的是，作为儿子的亨利还这么自信，他有着与父亲完全不同的执政理念。确保国家和儿子的未来，这是康拉德无法放弃的两件事。

历史的经验告诉我们，统治权主要会受到两方面的攻击：一方面是公爵们的势力，另一方面就是执政家族的近亲对权力的争夺。这两方面都埋藏着内战的种子，一个世纪以来一直威胁着统治者的地位。而康拉德则尝试着，在这两方面都确保他和他子孙的统治权。

人们早就看出，康拉德一直尝试着彻底肃清德意志公爵的势力，因为，他几乎将所有空缺出来的公爵头衔都转移到了自己的儿子头上，这从本质上来说，就等同于撤销了公爵的权力。实际上，局势的发展也促使皇帝做出了一些消灭公爵势力的举措。巴伐利亚那位卢森堡家族的公爵没有留下子嗣就去世了，这使康拉德有机会将这个公爵领地分封给自己的儿子；若干年后，赫尔曼二世去世了，他也没有子嗣能够继承施瓦本的公爵领地，于是年轻的亨利又得到了施瓦本；克恩顿的公爵头衔也一度空缺出来，交到了一个没有孩子的人手中；这样一来，只要再没收了萨克森和洛林的公爵头衔，就能彻底消灭公爵势力，使国王成为所有德意志各州直接的统治者。

自王国建立以来，公爵势力就是一直如同建筑物的支柱，在这些支柱上，国王权力构成的屋顶才能够被支撑起来；撤去这些支柱，就等于要摧毁旧的建筑物，改变这个王国旧时的运作体系。德意志的王侯们又怎么能对此袖手旁观呢！即使不是因为对父辈们功绩的敬畏，那他们难道不会受到自己利益的驱使，去维持现有的体制，维持他们对事物整体发展进程的影响力，维持他们自己的独立地位，以及与全能的王权相抗衡的地位吗？与德意志的权贵们相比，康拉德手握重权，占据着统领一切的崇高地位，但他们不能因此就逆来顺受，任由公爵势力被彻底消灭。在康拉德的一系列举动之后，王侯们的舆论浪潮自然是不会缺少的；只可惜为我们记录康拉德故事的"线人"无法告诉我们这些。因此，这样一份至今为止鲜有人知的档案就更显得珍贵了，它让我们能深入了解当时王侯与皇帝之间的内部斗争。这是一名年轻的神职人员写给沃尔姆斯主教艾泽科（Azecho）的信，写这封信的时间是1033年，当时克恩顿公爵阿达尔贝罗于圣灵降临节时在班贝格被指控叛君，皇帝对他克制已久的怒火终于爆发出来，我们不知道这一指控是否有理有据，公爵遭到判罚并被革除了公爵的职务。

阿达尔贝罗被革职的消息传出来时，写这封信的人正在美因茨，他对主教汇报说，那里同时多名王侯，连同科隆大主教和皇帝的堂兄弟维尔茨堡主教布鲁诺一起，向皇帝努力进谏。王侯们的目的他无法随意揣摩，但皇帝宫廷中的事态发展是众人舆论的焦点，他可以从可靠的来源报告一二，他是这样记录的：人们说，皇帝很长时间以来一直对阿达尔贝罗公爵怀着深深的愤怒，由于他的不满积累到了一定的程度，他就将正好在宫廷中的边疆伯爵和其他的王侯们召到面前，命令他们通过法庭审判剥夺阿达尔贝罗的公爵头衔和他的边区。但王侯们认为，没有年轻的亨利国王在场，他们就无法进行审判。接着，皇帝便命人将他的儿子找来，对他讲述了阿达尔贝罗的罪行，并要求按照这些罪行给予公爵相应的惩罚；皇帝坚持认为，这个克恩顿人必须交出他的公爵头衔才行。但年轻的国王解释说，考虑到他早先与公爵立下过誓约，在誓约中公爵发誓臣服并效忠于父亲，所以他在此事上是绝对不能插手的，并且坚持自己的这个说法。这件事商议了很久。父亲的警告、威胁、请求都没有用；年轻的国王顽固地坚持自己的意见。最后，皇帝情绪激动，他的内心由于儿子的叛逆而受到了伤害，他在众人面前无力地倒在地上；他闭着眼睛一言不发，像是没有了意识，人们将他搀扶到床上。一段时间之后，他恢复了意识，又马上命人把他的儿子和王侯们召来。他将自己皇帝的高贵身份忘在脑后，在他们面前表现得异常卑微；他流着泪跪倒在儿子面前，请求他为他的父亲考虑考虑，不要拒绝自己的父亲而助长两方面的敌人胜算，不要为国家带来骂名，为自己留下永远的耻辱。年轻的国王终于被父亲的泪水打动，思考了片刻，接受了皇帝的命令，并应遂了他的意愿。他解释道，他曾向阿达尔贝罗发过誓，所以要遵守誓言，而鼓动他发下这个誓言的正是在他的老师弗赖辛根主教恩格尔贝特。盛怒之下，皇帝质问主教，事实是否如此。主教并不否认，尝试着辩解道，他劝亨利发这个誓是为了保证阿达尔贝罗对国王的忠诚，誓言中包括的无外乎众人都认可的内容，也就是公爵如果没有受到审判或是有合理依据的指控，他的财富和地产就不会遭受损失。但是，皇帝不愿听这些借口，马上对主教采取了严厉的行动，将他赶出了宫廷大门；在潮水般的骂声中，主教带着耻辱退下了。接着，皇帝回到了王侯审判的事宜上，通过王侯们的审判克恩顿人失去了他的公爵领地和边区。此外，写信的人还记录道，人们担心公爵会寻求克罗地亚人和文登人的援助来反抗皇帝的旨意；因此他们决定，不让巴伐利亚人有机会参与到这场混战中。有人说，阿达尔贝罗的边区从"A"的手中交到了"L"的手中——这里的人名完整地拼写出来；而公爵领地本身还没有分封给任何人，但在接下来的几天中，库诺（Kuno）就会前往皇帝的宫廷中，去呈递他的申请。

这封信只需要一个简短的评论就够了。我们知道，阿达尔贝罗公爵是在1035年的圣灵降临节被革职的；当时人们进行的征战是对抗留提曾人的，这个稍后还会提到。被从公爵领地划分开来，单独分封的边区是卡兰塔尼亚边区（Karantanische Mark），即现在的施泰尔马克（Steiermark）①，阿达尔贝罗在被提拔为公爵之前就已经获封了这个边区，而现在，这个边区被授予了兰巴赫（Lambach）伯爵阿诺德。后来从克恩顿分离出来的其他边区，当时都还保留在公爵领地之中。申请填补空缺出来的公爵职位的这个库诺正和小康拉德一样，他目的就是要夺回儿时被夺走的、父亲的遗产；人们在美因茨的集会上讨

---

① 译者注：又译作"施泰尔边区"。

论了他的申请，他的兄弟布鲁诺也来到了现场，而这场会议的过程也在班贝格受到了激烈的讨论。皇帝这位表兄弟并没有很快达到他的目的；直到1036年2月2日，他才在奥格斯堡的一场王侯会议上重新得到了他父亲和祖父的公爵领地。遭到革职的那位公爵最后悲惨地结束了生命。他和他的儿子们被判流放；但他在1036年逃脱流放的命运，回到了克恩顿，他认为弗里萨赫（Friesach）和索纳（Soune）伯爵威尔汉姆是使他垮台的始作俑者，于是与他结怨杀害了他。皇帝的人马因此追捕他，他逃往埃贝尔斯堡（Ebersburg），但后来，又被迫再次踏上流放的道路。皇帝去世之后，他第二次从流放中逃脱出来，再次与威尔汉姆伯爵的儿子们陷入了纷争。1039年，他在与他们的纷争中丧生了。他的儿子们后来取回了父亲的遗产，而埃朋施泰纳家族也继续在克恩顿欣欣向荣地发展了许久。

　　我们看到，皇帝为了击溃公爵势力，进行了多么艰苦的斗争；这一条路上的荆棘，与他在捍卫自己王权、不受本族亲属侵害的道路上遇到的一样多。在萨克森王室执政时，就已经有了这样一个习俗，那就是将较小的儿子们和庶出的孩子们送入神职阶层；出于同样的原因，皇帝的女儿们也大多在修道院中悠闲生活，而奥托三世当时就意识到了一件令人心寒的事，他的一位姐妹嫁给了一位骑士。亨利二世也是这条道路上的先驱；他不仅命令他的所有姐妹都披上修女头巾，还将只有一半血缘的兄弟阿诺德送入神职阶层，而且在布鲁诺站出来反抗他之后，他还迫使自己唯一的亲生兄弟放弃世俗生活。然而，相比这些前任帝王，康拉德更加按部就班地执行着自己定下的计划，由此防止他和他继承人的朝政受到自己家族成员的威胁；几乎所有男性成员都被迫削发出家。我们已经知道，他唯一的兄弟吉卜哈德和他的堂兄弟布鲁诺不得不将手中的刀剑换成了祈祷书，同样地，克恩顿公爵奥托的小儿子威尔汉姆，他是皇帝父亲那边唯一的叔叔，也加入了神职阶层。他们所有人都进入了最好的那些主教管区，威尔汉姆成了斯特拉斯堡主教（1029年），布鲁诺是维尔茨堡主教（1034年），吉卜哈德则是雷根斯堡主教（1036）；然而，他们并未真正从内心转变为神职者，至少吉卜哈德的一生都热衷于金戈铁马和世俗的纷扰。在这个过程中，皇帝康拉德达到了自己的目的；在他去世时，在他的家族之中，除了要继承国家政权的独子和无儿无女的克恩顿的康拉德之外，再没有人以骑士身份手握武器了。

根据以上所述的情况，康拉德作为一个新王朝的奠基人，从本质上就拥有与无儿无女的亨利截然不同的地位。但除此之外，两人的政权之间还存在着其他的重大区别，而这些区别是与王朝的更替无关的。这些区别表现得最为明显的地方，就是他们领导与监管教会事务的方式方法。

正是教会的最高首脑们为康拉德的等级做出了最大的贡献。他能够在德意志当选要感谢美因茨大主教，他在意大利受到认可则归功于米兰大主教，而他能够最终戴上皇帝冠冕则多亏了教皇的推动。没有哪位皇帝像康拉德这样，受到所有教会势力心甘情愿的协助；教会势力受到各方压迫，是他们自身的利益驱使着他们成为康拉德登上王座的阶梯。教皇势力处在苦不堪言的窘境之中；奥迪罗和克吕尼派受到法兰西主教们的刁难；伦巴底的主教们受到当地贵族的威胁，统治地位危在旦夕；德意志主教们的宿敌从亨利二世的严格政策下脱离出来，使主教们惴惴不安，德意志修道院最终也像法兰西的修道院那样，特权遭到主教们的篡夺——他们所有人都试图从皇帝那里寻求援助和救赎，于是，他们将教会内的巨大权力交到了康拉德手中，而这样的大权是从奥托大帝时期以来再没有哪位王侯拥有过的。数十年来，教会改革的呼声一直很高，教皇和皇帝也响应了这一呼声；最终，能由一位皇帝不受阻碍、不冒奉献、成功地贯彻改革的时刻终于到来了。克吕尼派对康拉德的期望也是这样的。不仅奥迪罗马上接近康拉德；克吕尼派改革在洛林的领导者，圣瓦斯特的理查德和斯塔沃洛的博珀，他们也不知疲倦地为皇帝康拉德效力。他们拥有皇帝的青睐，而且我们知道，他们还在一段时间内分别在皇帝那里达到了各自教会的目的。皇帝曾将最重要的几座德意志修道院的管理权交给博珀，其中包括黑斯费尔德、圣加伦、魏森堡、埃希特纳赫（Echternach）、林堡等，这样一来，就能轻而易举地组建起一个修道院联合会，将克吕尼派的宗旨深入传播到德意志内部。但是，这样的一个修道院联合会并没有出现，因为那些老修道院都顽固地坚持自己的独立性，而紧密联合在一起的克吕尼体系是与德意志人的天性完全相悖的。皇帝康拉德也完全不支持这个方向的发展；真相是，他既不支持克吕尼派的意图，也完全不认同在他登基时就存在的那种改革追求。对他来说，教会的核心意义只在于为他的政治目标服务，或者满足他个人的宗教信仰需求。

虽然他与吉瑟拉的婚姻有失体统，被严格的神职人员们视为眼中钉，但康拉德仍是教会虔诚的孩子。他遵循教义，并通过虔诚的功德忏悔自己的罪孽，找到心中的平静，这像是为了保证他的统治政权能够顺利地延续下去。按照前一任皇帝的方式，他加入了多个教会兄弟团体，赐予多个教会基金会丰厚的馈赠和极大的特权；在对教堂和修道院的慷慨上，他毫不逊于之前的皇帝们。虽然，他没有像亨利那样建立新的主教管区，但他却以别的方式，同样提升了教会的荣光。他扩大教会建筑的规模，将其装饰得气势恢宏，这样的阵仗是在德意志州省中前所未有的；至今为止，这些建筑杰作都使世人惊叹无比。当年，他的世袭地产哈尔特境内的林堡濒临坍塌，他决定在那里建立一座修道院的时候，正是他上台执政后不久。他将建造修道院的任务交给了斯塔沃洛的博珀，因为克吕尼派当时是西方最活跃、最能干的建造师了。短短几年后，教堂和修道院就竣工了；在老城堡的废墟之上，原本还是杂草丛生的地方，现在矗立起了华丽的修道院和气势恢宏的大教堂，整体的雄伟和细节上的景致只有在罗马才找得到能与之媲美的建筑物，而这些建筑物的残垣至今还以宏伟而纯粹的样式使人艳羡。与此同时，康拉德还推动着施派尔圣约翰教堂的建造，这座大教堂花费了他和他的子孙们将近一个世纪的时间才修建完成，最终也成了他们的安眠之处。这座大教堂是德意志民族和德意志大地上最伟大的建筑成就之一，建造教堂的整体计划毫无疑问是康拉德想出来的，虽然在之后的施工过程中有个别的改动。后来，康拉德想到，除了将这座大教堂献祭给圣母，还要建造一栋自罗马皇朝时代以来从未有过的建筑，而这幢建筑中巨大的空间至今仍见证着康拉德设计时的大手笔，他强烈的意愿和他对宗教的热情。

然而，康拉德虽然有着虔诚的思想，但他对教会的顽疾却没有切身感受，并且他也没有所需要的那种能力，引入并贯彻一场改革。亨利二世拥有的那种学识，他所接受的神学教育，是康拉德完全没有的；在所有的教会事务中，他都被迫放手，让比他接受了更多学识的妻子有最广阔的发挥空间。在康拉德执政期间，几乎所有的德意志主教座席的任免，所有教会问题的定夺，都是在他妻子的考量之下进行的。康拉德对教会改革毫无概念，以至于只要稍稍沾边的事务，他都予以阻碍。所以，直到亚利伯对斋戒时间的改动被取消之后，康拉德才放下心来，而当他的叔叔斯特拉斯堡主教威尔汉姆想要变动降临节期间的庆祝习俗时，他不仅亲自对这种革新表示反对，而且还在林堡的一场教会代表会议上废除了这个提议。对于改组教会，他就更加反对了。就这样，最高贵的人们对改革的热情也消退了，而教会便越来越深地陷入世俗纷扰的泥沼之中。在亨利二世统治下，传教事业消亡了，在康拉德统治下，就连改革也湮灭了。

但是，在另一个方面上，教会还是能为康拉德带来极大的利益的；教会终究也是一个政治团体，尤其是康拉德的前任皇帝，他的政权就是建立在教会的权力和财富之上的。亨利的朝政主要依靠着一股几乎是专制的势力，康拉德该如何应对呢？教会以其霸权势力赢得的成果如何能不被康拉德发现呢？他那向往权力的灵魂，又怎么会放弃自己继承来的权力呢？不出意料的是，他因此在这一方面也完全沿着亨利的脚步前行。和亨利一样，他也不顾之前时代的特权，按照自己的政治目的，让忠诚的亲信占领了所有的主教席位；所以才常常会有外来人员，大多是国王的随行使登上空缺出来的主教之位。皇帝常常会让他们支付授职费用，而这种事发生的频率比韦珀所记录的更加频繁；在我们拥有的证明文书中也包括康拉德自己儿子的证明文书。就连教会地产，他也是不假思索地为国家政治目的所用。他将肯普滕的修道院作为采邑给了自己的继子厄恩斯特公爵，赖兴瑙的地产则分封给了曼戈尔德伯爵，而已经受到严重损害的黑斯费尔德从他那里再次遭到了劫掠。他达到了自己的目的以后，是以什么样的方式对待那些帮助过他的主教的，我们从弗赖辛根主教恩格尔贝特的例子上就可以看到。

当然，亨利皇帝对待教会及其首脑也是同样的专制和严苛，但即使这样，教会的处境在康拉德统治时期也完全不同了——这一点上人们完全没有弄错，而且他们的处境从本质上恶化了。亨利对待神职人员的手段虽然强硬，但他对教会还是由衷关心的；他从内心深处关切着教会的喜乐与疾苦；对他来说，教会的福祉与国家的安康是紧密联系在一起的。他越是对宗教领主们拉紧政治的缰绳，他就越是从另一面显现出对他们的慷慨和顺从；他要是从修道院那里夺取了金钱和土地，他就对教区表现出慷慨大度；既然主教们必须为他奔赴战场，他就保证他们在自己的辖区内能平静安全地度日；他们付出的代价虽然很大，但这些损失已经十倍地归还给他们了。相反地，康拉德真正关心的只有扩张和巩固他自己的势力；主教们的存在首先是为实现他的政治目的、执行他的意愿而服务的；他们各自的宗教利益和目标对他来说是可有可无的。神职人员中间的任何一点异动在他眼中都是具有威胁性的；他们针对他的所有起义，他都给以残暴的惩罚，人们甚至想用暴虐来形容。在世人面前，皇帝甚至毫不顾及教皇的威严，这从赖兴瑙的赫尔曼在他的年鉴中记录的一件事上就可以看出。赫尔曼所在修道院的院长从教皇那里获得了一项特权，他被允许穿着主教的凉鞋举行弥撒。康斯特尼茨主教瓦尔曼认为这是侵犯了他作为主教的权力，于是要求皇帝维护他的名望，使他怀疑修道院院长；实际上，康拉德的确一直揪住这件事不放，直到修道院院长将教皇授予的特权连同凉鞋一起交出来，并在一场公开的教会代表会议上将证明文书和鞋子焚毁，他才作罢。1036年，里昂大主教布克哈德由于破坏地方和平、与塞利格尔的儿子结仇（这位塞利格尔就是为康拉德送来象征勃艮第王国权力信物的大臣），被绑上镣铐押送到了德意志，他在这里被严密关押了多年。由此看来，神职人员的威严似乎进一步受到了贬损。与布克哈德遭遇了相似命运的还有米兰的阿里贝特，皇帝能获得意大利的王座、赢得勃艮第，大部分都要归功于他；关于他的遭遇，我们会在晚些时候进一步叙述。

在这里，我们要再一次提到大主教亚利伯，也就是在卡巴会议上将众人的实现引向康拉德、在美因茨为他加冕的那个人。我们知道，这个热血的巴伐利亚人雄心勃勃，他的心中谋划着宏伟的蓝图，他相信，即使皇帝和教皇反对他也能成为德意志教会的改革者。诚然，他的地位在一开始的确无人能及。当所有其他的主教城市多多少少只在自己的区域内扮演重要的角色时，美因茨已经获得了全国性的重要地位；这里似乎成为所有德意志人精神和宗教追求的中心，大主教被提拔为阿尔卑斯山两边的大总理，整个国家的事务体系都集中在他一人手中。这个美因茨人先后两次掌握着王权归属的决定权，并在自己的城市中实行着加冕的权力；他几乎拥有了执掌整个国家的大权。教皇本笃八世和皇帝亨利都是亚利伯的反对者，他们先后去世了，而他身边站着的变成了新上任的、由他推举上来的国王——在这样的情况下，为了他的改革又有什么是他不敢做、不敢想的呢！然而，他很快就意识到了，人的期待是多么具有欺骗性的。吉瑟拉对他的仇恨和他的堂兄弟皮利格里姆出于嫉妒而设下的诡计叠加在一起，颠覆了他原以为坚实牢靠的根基。失意接踵而至，不论是服软妥协还是强硬傲慢，他都无法应对自己的敌人。不久后，他就放弃了自己远大的改革计划，只要能实现他自己对甘德斯海姆修道院的小小要求，也就满足了。然而，就连这件事皇帝也不遂他的愿，倒是戈德哈德主教一次又一次获得胜利。1027年的国家评议会上所做出的决议也不能使亚利伯心安；他年复一年地在教会代表会议上旧事重提，固执地坚持着自己的要求；但他从未成功过。在这样的情况下，这个男人终于发怒了。1030年6月，当他与梅泽堡主教戈德哈德纷纷来到皇帝的宫廷中时，戈德哈德在一天早晨看到亚利伯独自一人进入了一个房间；戈德哈德跟了进去，在私下的谈话中，亚利伯承认，对甘德斯海姆的争夺是个错误，他请求主教的原谅，并承诺永远沉默，再也不提此事了。亚利伯感到自己大势已去，他的人生结束了。1030年圣诞节，他在帕德博恩公开请求神职人员和民众们，为了他的罪孽向主祈祷，他向皇帝和教会兄弟们请假前往罗马朝圣，并且很快踏上了旅程。4月6日，他在归途中去世了。在他的前辈之中，没有人像他这样开始得轰轰烈烈，结束得软弱凄凉。

那么，在皇帝眼中，谁要来接替亚利伯的位置呢？这件事已经在宫廷商议了许久；人们提出福尔达修道院古老的特权，根据这项特权，每三位美因茨大主教中就应当有一位是福尔达修道院的院长；但是，皇帝认为，需要摒弃这些旧时的习俗了。他的选择，更准确地说是吉瑟拉中意的人选是一位名叫巴尔多（Bardo）老僧侣，他是皇后的远方亲戚。巴尔多出生于维特劳（Wetterau），早年就进入修道院生活。他生性沉默，在福尔达整日在修道院的修行和书本中生活，可以说是这世界上温和谦恭的人了。皇帝是在一次拜访福尔达的过程中认识他的，这位僧侣质朴的性格让他十分满意，而他的出身和对他的顺从也得到了皇帝的青睐。就这样，巴尔多虽然已经年过半百，但还是在很短时间内接二连三得到提拔。皇帝首先是将维尔本（Werben）的修道院管区交给了他，随后不久，在黑斯费尔德修道院院长被革职后，又让他接管了黑斯费尔德，而现在，他甚至坐上了国内主教的第一把交椅。人们纷纷对皇帝的选择大为惊诧，这个简朴而不问世事的僧侣完全没有一点维里吉斯和亚利伯继任者的样子；对他的任命似乎是对美因茨以及所有德意志主教的嘲讽。嫉妒的人和看笑话的人络绎不绝，由于舆论如此激烈，以致皇帝也一度后悔自己的这个选择。巴尔多第一次在皇帝和他的宫廷大臣们面前布道是在1031年圣诞节的戈斯拉，但他简短而质朴的讲话并没有给人们留下什么印象，并且引来了新的嘲讽，尤其是因为梅斯主教迪特里希在第二天就展现了舌灿莲花的演说才能。皇帝极度失望，当巴尔多在第三天想要再次布道时，人们为了不进一步激怒皇帝而阻止了他。但是，巴尔多不愿意就这样将自己的位置拱手让给对手；他再次进行布道，并且这一次布道极其神圣庄重，以致那些油嘴滑舌的人也都说不出一句话来，而皇帝也得到了安慰。

实际上，巴尔多在后来证明了他的主教之位并非浪得虚名。他对他的宗教职责积极勤勉，他的生活作风被奉为楷模，他的学识更是异乎寻常。他所在的那个时代将他认可为最伟大的传教士，并给了他"金口"的别称；通过继续美因茨大教堂的修建工程，他也获得了后世人们的尊敬；很久之后，人们还能从这个圣明之人的墓前见证奇迹的显现。但是，他和他的前任主教们并不是同一类人，圣波尼法爵教会的政治实力和世俗影响力在他的领导之下大大下降了。他接管主教管区后，美因茨付出了极大的代价。科隆的皮利格里姆，他的加冕权曾被亚利伯夺走，现在他将意大利的大总理头衔争取到自己手中，而他的继承者们也在之后长期地占据了这个位置。1036年5月，皇帝在特雷布尔召开了一场教会代表会议，巴尔多只能眼睁睁地看着塞利根施塔特决议以及其他由他的前任主教做出的革新纷纷被取消了。最终，他和他的邑臣及家臣们陷入了持续的斗争之中，这些人最后纷纷离开了他，到皇帝身边寻求报酬更为丰厚的差事了。人们终究还是对这个勤勉之人对美因茨的管理不甚满意。在他最早的传记中提到，他的简朴在人们的眼中并不是智慧的表现，直到后来，人们在他的墓前见证了奇迹的发生，才明白了主是多么中意他的这种简朴。

毋庸置疑的是，康拉德选择巴尔多只有一个目的，那就是抑制美因茨大主教管区的嚣张气焰。科隆受到扶持，实际上就是为了让它能与美因茨相抗衡。1036年皮利格里姆大主教去世时，他的教会获得了比前任大主教们更大的荣耀，一位年轻的贵族王侯成了他的继任者。这个人就是赫尔曼，王室领地伯爵厄伦弗里德的儿子，也是奥托二世的孙子，他已经作为意大利的总理熟悉了国家事务，并作为皮利格里姆的继任者成为了意大利的大总理。他为自己教会的利益挺身而出；据说，他再次挑起了与汉堡-不莱梅大主教管区之间旧时的争端。面对这样一位对手，巴尔多要捍卫自己的权力是十分困难的。

面对皇权的绝对优势和专制态度，德意志的主教们不可能不产生强烈的压迫感。尤其是在洛林，这种感觉格外明显，一些主教于是有目的地与罗马建立起更紧密的联系，试图为自己摇摇欲坠的势力在罗马方面找到一个支柱。列日主教雷吉纳德（Reginard）前往罗马的时候是1028年，三年前，他的教区被皇帝收买了，现在他跪倒在教皇面前承认自己的罪过，把自己的主教权杖也交到了教皇手中。后来，他取回了自己的主教权杖，并按照克吕尼派的章程来领导自己的教区。正是在同一时间，勇敢的巴本贝格家族成员，特里尔大主教博珀，也前往了罗马，与教皇建立起了直接的联系。在教皇的建议下，博珀后来前往耶路撒冷朝圣，但他回来时，却发现自己的教区遭到了卢森堡伯爵吉赛尔贝特的入侵。他向皇帝控诉也没有丝毫效果。于是，他撰写了一封引人注目的信寄往罗马，我们有幸看到了这封信，他在信中急切请求教皇给予支持。亚利伯罗马之行的目的可能也不外乎为自己之前对圣使徒座席的重伤表示歉意，并警告圣伯多禄的继任者，德意志教会的独立性受到了皇帝的威胁。

一些人可能就是这样将期待的目光投向罗马方面的；但是，罗马又能为他们提供怎样的帮助呢？若望十九世这一辈子都是一株闻风而动的墙头草，他对所有的习俗传统、对他的宗教地位毫无概念，他又怎么敢公然与康拉德这样一位皇帝针锋相对呢？他自己都尚且不能在圣伯多禄宝座上坐稳，又哪里有能力向别人伸出援手呢？1033年1月，若望与教皇头衔毫不相配的人生最终走到了尽头。对罗马和西方教会来说，他的死如被称为不幸，那也只是因为在这位不济的教皇之后来了一位更加不济的继任者。

图斯库鲁姆人还一直控制着罗马，并因此决定着登上教皇座席的人选；在罗马城中，尤其是圣伯多禄座席的任免权，皇权无法在罗马施行的时间已经长达数十年之久，几乎被人们遗忘了。现在，图斯库鲁姆人以最不恰当的方式滥用着他们的权力，试图操纵教皇的人选。图斯库鲁姆的伯爵埃尔伯利希将自己称为"拉特兰的王室领地伯爵"和"罗马人的领事"，为了让他十岁的儿子狄奥菲拉特（Theophylact）当选，花费了巨额的钱财。这件事变成了罗马永远的耻辱。狄奥菲拉特后来以本笃九世的名称登上圣使徒的座席，这个孩子的无知嬉闹使教皇的头衔蒙羞。在原本该接受严格教养的年岁里，这个孩子却不用担负任何责任，过着最闲散放纵、一文不值的生活。世俗政权由他的两位兄弟格列高利乌斯（Gregorius）和彼得代为管理，两人以罗马领事、公爵和议员的头衔自居。教会完全无人领导，罗马城内的宗教生活腐化不堪。眼下，克吕尼派的梦想该何去何从呢？德意志的主教们又能期待这样的教皇给他们怎样的援助呢？我们手中有一封以教皇的名义给特里尔大主教博珀的回信，信中回应了博珀对皇帝的控诉。这封信赞扬了大主教的谦恭与忠诚，但却没有给予任何实质性的帮助，而是说了些无关痛痒的话，并派来一位罗马主教，说是会协助大主教举行坚信礼和授职礼。博珀在信中请求教皇派来他最受尊敬、最明晰事理的参议，好在他的困境中给他建议与支持，博珀这样说的时候，指的绝对不是一个举行仪式的助手。

　　人们无法否认，教会的手脚都受到了束缚，牺牲在了皇帝的专制之下，只有在他们以"侍奉者玛尔大"这样的形象出现并放弃他们高尚使命的时候，这位皇帝才会给予他们自由发挥的余地，让他们为主的国度效力。亨利二世和本笃八世着手进行的那种教会改革，是人们想都没有想过的。随着教会财富和世俗权力的不断增长，它同时也深深坠入了世俗利益与欲望的泥沼之中，并且随着时间的流逝越陷越深。无论是克吕尼派外部的法律和教会条例，还是罗慕铎学派弟子们狂热的忏悔修行，都帮不了他们；尤其是在意大利和勃艮第，也就是忏悔牧师们的主要据点，情况最为恶劣。德意志神职者们还保持着的，首先就是残留下来的那些古日耳曼的好传统。在这个堕落的时代中，忠诚与诚实、贞洁与纯粹这些前人的美德如果说还没有从整个德意志民族中消失殆尽的话，那么在神职阶层中，这种品质也已经很少了；自由的德意志精神不会一下子就被彻底压垮，尤其是在人类最高尚、最神圣的方面不会被完全击败。实际上，在德意志主教之间，还存在着拥有真正信仰和牺牲之爱的人，只要外界给他们一股强烈的道德推动力，他们就能够证明，德意志神职者仍然能够拥有像奥托王朝时代那样的巨大决心。1034年，传教事业的前景似乎好转，也许，这就能够成为这样的一股推动力。

亨利二世与异教的留提曾人结成的同盟，许多虔诚的人对此感到厌恶是不无道理的，康拉德给波兰的势力以致命一击之后，这个联盟便瓦解了。只有受到同样的压迫时，德意志人和文登人才可能暂时联合在一起；共同的敌人一旦被打败，长时间勉强克制下去的血海深仇和信仰冲突就爆发出来。双方都进行着烧杀抢掠的暴行；人们跨过边境施行劫掠。从表面上看，萨克森人似乎负有大部分的罪责；但是他们在皇帝面前进行的控诉却也不比文登人少。1032年秋季，皇帝前往维尔本，他想要在那里和平地解决与留提曾人之间的争端。一开始，皇帝似乎也顺利地达到了他的目的，但这份和平却没能长久维持下去。皇帝刚刚前往勃艮第战场，劫掠和突袭的行为就重新开始了。幸运并不总是在萨克森人这边；1033年，萨克森的路德格（Liudger）伯爵和42名骑士在维尔本附近被留提曾人杀害了。为此，康拉德在勃艮第战争结束后，立即带领着一支萨克森军队来到了文登人的土地上；现在，如果文登人不彻底洗清他们的罪过，他就要以强硬的手腕惩罚他们。

文登族中最德高望重的几个人来到了皇帝的审判席前，为发生的事情辩护，将破坏和平的罪责全部推到了萨克森人身上；他们想将一场决斗作为神的裁决，证实自己是清白的。萨克森人虽然心地没有那么纯良，但他们也已经做好准备，决定遵从神的裁决。就这样，康拉德听从了王侯的建议，允许进行决斗。每个民族都可以选择自己的战士，并由这两人进行决斗。如韦珀所说，基督徒只相信自己的信仰是正统，坚信唯一的真神会支持他们；而异教徒相信他们在这件事上是正义的一方。萨克森人首先向文登人发起进攻；但文登人也不甘示弱，奋起反抗，随后便弄伤了萨克森人，使他倒在了地上。决斗的结局大大提高了留提曾人的自信，他们更加坚信他们异教神明的力量了；只是因为令人敬畏的皇帝在场，他们才没有马上扑向萨克森人，让德意志人的鲜血沾满自己的宝剑。此后不久，皇帝在命人加固了维尔本城堡，并留下一支人数众多的驻军之后，便离开了他们的土地和易北河地区；他同时也让所有的萨克森王侯一起发誓，抵御留提曾人的入侵。

在法兰克短暂停留之后，康拉德回到了萨克森，他在戈斯拉度过了圣诞节，在帕德博恩庆祝了复活节。他在萨克森的停留是必要的；因为留提曾人已经再次打破了和平，并在大斋节期间攻打了维尔本；此外，他们将驻守的将士们抓走，并杀害了许多萨克森人。对于留提曾人的嚣张气焰，皇帝大为光火，他迅速做出反应，要严惩这个暴动的民族。圣灵降临节时，他在班贝格的宫廷中见到了萨克森边疆伯爵和其他的王侯们，他宣布要对文登进行一场大型的讨伐，并很快带领着一支庞大的军队朝易北河进发了。但是，留提曾人已经预料到他的到来，占领了易北河的渡口。但即使这样，皇帝还是在一个被忽略的津口悄悄地将一部分军队送到了河对岸，绕到了敌人的后方。留提曾人发现之后，随即撤逃，而德意志主力军队则从容地渡过了易北河。德意志人热火朝天地攻入了文登人的土地，而文登人则撤回了满是沼泽和荒地的区域之中，躲避敌人的追击。这场战争的难度极大；有时，人们甚至看到皇帝本人站在齐腰深的泥沼里，在激励着将士们奋勇杀敌的同时，将他的宝剑挥向文登人。哪里能抓到敌人，军队就去到哪里，而被俘虏的留提曾人都会被残暴地杀死。皇帝在敌人中间造成了巨大的恐惧，但即使这样，也没能使他们完全臣服。秋季，皇帝回到了易北河对岸，决定在第二年重新开战。10月16日，他已经重新回到了马格德堡。

冬季时，康拉德来到了德意志南部，在斯特拉斯堡度过了圣诞节；接着，他经由施瓦本前往法兰克，在因格尔海姆庆祝了复活节。升天节的庆典他是在帕德博恩举行的，现在，主教迈威尔克再次显示了他对皇帝的忠心，并在不久之后（6月3日）撒手人寰了。在这一年中，死亡带走了多名德意志主教的生命。除了迈威尔克和皮利格里姆之外，雷根斯堡、梅泽堡和明登的主教们也相继去世。继承他们主教之位的并不都是更有能力的神职者；正如上文提到的那样，获得雷根斯堡主教权杖的就是皇帝那不安分的兄弟吉卜哈德。离开帕德博恩后，皇帝回到了莱茵地区，并在整个六月都停留在奈梅亨的老行宫中，当时他儿子和克努特美丽的女儿古恩希尔德就在这里举行了隆重的婚礼。他投身于对这个国家和他的家族来说最重要的事务之中，但他也没有忘记文登战争。

参加完儿子的婚礼庆典，康拉德就奔赴战场了。7月，整个萨克森都为新一轮的征战整兵顿马；8月，皇帝亲自指挥军队。在这样的情势之下，留提曾人士气大减；他们放弃了所有形式的反抗，屈服在皇帝意志之下，呈送人质保证自己对他的忠诚，并且支付了巨额的钱财。和平的局势建立起来了，文登人进贡的额度提高了，比起他们长久以来所习惯的状态，他们现在对帝国的义务更大了。然而，奥托大帝那种旧式的边区设置受到了忽略；从表面上看，如果康拉德再次将萨克森权贵们变成文登人强大的主人，那么他就是以一种危险的方式增强着他们的势力。

通过康拉德波兰和文登战争，所有的文登边区再次回到了德意志政权统治之下。边疆伯爵们又像之前一样管理起了易北河与奥德河之间的土地：边疆伯爵贝尔哈德管理着北边区以及留提曾人，韦廷家族的德迪负责东边区和下卢萨蒂亚，艾卡德在迈森边区和米尔岑人的土地上；他们都有堡垒建在文登人的土地上，从他们那里收取贡俸，并从他们那里征兵；但是，他们在易北河右岸的势力还从未真正找到过立足点，斯拉夫的体系也保持着，没有受到动摇。可以肯定的是，要在文登人中间振兴传教事业，没有比当时更合适的时机了。然而，皇帝康拉德却不是一个会接过传教使命的人；于是，这个有利的时机就这么白白错过了。在迈森的辖区内，教会的状况自然还过得去，但在哈弗尔贝格和勃兰登堡辖区中，基督教信仰几乎已经消亡了。我们常常能看到，文登地界的主教们出入宫廷领地，与皇帝的领主们往来，他们也经常在汉堡和马格德堡大主教的周围走动；但他们几乎从来不在文登人中间露面。至今为止，胡恩弗里德是在马格德堡的大主教席位上任职最久的人了，但他在职期间却没有值得一提的功绩。马格德堡作为东部传教事业据点和研究院的重要意义似乎被彻底遗忘了。在圣阿达尔贝特和库埃尔富尔特的布鲁诺的打造下，这所著名的大教堂神学院曾在传教事业中发挥了巨大的影响力，而现在这一切都不复存在了。1033年，在波兹南主教保利努斯主教去世后，马格德堡对波兰教会的最后一丝影响力也消失殆尽了；保利努斯还是在马格德堡接受祝圣的，而他的继任者本笃则是在格涅兹诺接受的祝圣。

与此同时，汉堡大主教们的生活要激动人心得多。正直的乌万在人生最后几年中迎来了许多令人欣喜的事件。在北部封斯堪地纳维纳地区，基督教信仰与异教迷信旷日持久的对峙终于有了结果，基督教信仰永远地战胜了异教信仰，厚厚的迷雾虽然一再遮蔽太阳，但现在，天空终于拨云见日。帮助北方教会获得最后胜利的并不是皇帝，这份荣誉其实是属于北方国王们的。挪威之子奥拉夫·哈拉尔松对信仰的热情使他失去了国家和生命；叛教者埃里克的儿子"母腹国王"奥洛夫以一个新入教受洗者的热情对抗着瑞典人固执的空想，而他的儿子阿农德·雅各布（Anund Jakob）也沿着父亲的道路继续前行；丹麦人克努特，他和他的英格兰王国引起了盎格鲁-萨克逊僧侣们传播基督教教义的兴趣，虽然他和北方的温弗里德常常不和，但他们对于真正信仰的热情却是一致的，也正是他们两人完成了由奥托一世皇帝开始、而遭继任皇帝抛弃的事业。现在，奥托在石勒苏益格和日德兰半岛的修道院基金会重获新生，克努特在丹麦及周边岛屿上旧有主教区的基础上又建立了新的教区，挪威和瑞典现在也有了各自的主教。在这块新开辟的传教领域，德意志人不再是唯一的涉足者，甚至在参与人数上也不再是多数了；盎格鲁-萨克逊人和丹麦人与他们一起分担着这份责任；但是，在这片土地上迅速结出的丰硕成果中，德意志大主教管区还是最大的赢家。自从皇帝康拉德与克努特结盟之后，汉堡作为北方教区中心城市的地位重新得到了认可。从那时起，伟大的克努特就常常与大主教一起商议他的教会计划；北方的主教们在不莱梅接受祝圣，他们常常拜访不莱梅教区，向大主教和北方总主教展示他们的敬意和恭顺。

乌万去世（1028年）后，杰出的利本提乌斯（Libentius）继承了他的职位，不莱梅大主教管区随之迎来了一个幸福的时代，在之后很长一段时间之内，人们回想起来还会带着艳羡。这个简朴、正直而且敬畏天主的人受到了人们广泛的尊敬，就连敌对的彼林家族也与他和他的教会和解了；就连国王克努特和北方的统治者们也对他崇敬有加。在这样的情况下，来自丹麦、挪威和瑞典的传教士们会聚到了不莱梅，他们讲述着主借他们之手实现的伟大事迹，随后又充满活力地重新投入新的传教工作之中。大主教欣喜地倾听他们的讲述，为新教区的新任主教们祝圣，并以润物细无声的方式，使北方的教会越来越紧密地围绕在不莱梅总教会的周围。可惜的是，利本提乌斯不久就离开了人世（1032年），他的继任者赫尔曼是位来自哈伯施塔特的贵族领主，鉴于不莱梅教会所处的独特地位，他并没有十足的能力来担任主教。但即使这样，在他任职的三年时间内，一切都基本保持着惯常的轨道，接着，贝泽林（Bezelin）来了，而他不仅仅是接替了赫尔曼的职位而已。贝泽林也是个外来人，他从莱茵河畔来到威瑟河畔，从科隆来到不莱梅的；但聪慧如他迅速就弄懂了自己所处的局势。一个像他这样具有洞察力的人真是不莱梅所需要的，尤其是因为他上台之后不久北方就集聚起了阴云。

1035年11月12日，刚刚进入盛年的国王克努特去世了，结束了他短暂却战绩辉煌的一生；他只比马其顿的亚历山大稍稍年长了一些，后世将他们两人都称为"大帝"。克努特的去世似乎打乱了整个北方的局势；人们对那里基督教教会的未来也感到了深深的担忧。没有人知道，克努特的大王国会发展成什么样子。他和他的合法妻子诺曼底的艾玛只生下了一个儿子，这个名叫哈德克努特（Harthacnut）的孩子被确定为克努特在丹麦、英格兰和挪威的继承人；而英格兰女贵族埃芙吉芙（kifgifu）为他所生的两个较年长的私生子，在他去世前就已经分得了下属的王国，哈罗德（Harold）得到了北英格兰，而斯韦德（Svend）则分得了挪威。但克努特尸骨未寒，斯韦德就被挪威人赶了出去，接着，挪威人就将圣奥拉夫名为马格努斯（Magnus）的儿子召回了他父亲的王国中；斯韦德来到了丹麦，他在这里要求获得父亲王国中的一部分，而他的要求也得到了应允；但由于他几个月之后就死去了，哈德克努特就在父亲的丹麦和英格兰王国中暂时成了唯一的最高主宰。与德意志皇帝的联盟也继续维持着，甚至比之前更加紧密了。1036年6月29日，皇帝康拉德让自己的儿子迎娶了哈德克努特唯一的姐妹，惹人喜爱的古恩希尔德，德意志人为了纪念亨利二世的妻子库妮古德，常使用更通行的名字"库妮古德"来称呼她。这个温柔的北方姑娘很快赢得了她丈夫全身心的爱恋；但即使这样，这位丹麦女子在开始的时候也不怎么喜欢德意志这个国家。她思乡成疾，虽然有沃尔姆斯主教艾泽科总是用和善的语言和甜杏仁安慰她，但并不是所有人都愿意友好地对待她这个外来人，所以当艾泽科主教离开宫廷的时候，她总是发出伤心的叹息。除此之外，短短几个月之后，她的家乡就传来了噩耗。她的兄弟在英格兰的统治政权也遭到了非议。埃芙吉芙心中充满对艾玛和她儿子的仇恨，试图煽动英格兰人起义，并由此将英格兰归于她儿子哈罗德的统治之下。她将王国的权贵们请到了纵情享乐的场所中，半是好言相劝，半是金钱贿赂，使许多人都拥护哈罗德为王。但哈德克努特在英格兰还是有可靠的朋友的，他们催促着哈德克努特尽快做出回应。但是，这个懒散的年轻人沉迷于酒池肉林中，直到一切都已经太晚，他还迟迟没有实际的举动，就他的精神品质而言实在比不上他的父亲。整个英格兰王国都落到了哈罗德手中，而哈德克努特的母亲艾玛为了保住性命，仓皇地逃回了诺曼底。就连挪威也永远脱离了哈德克努特的统治；他和年轻的马格努斯签订了一份协议，协议规定他们两人都保有各自的王国，此外，先去世的那个人如果没有男性继承人，另一个人就将得到他的王国。在此期间，克努特在波美拉尼亚和普鲁士海滨以及在文登的征服地也从丹麦人手中丢失了。波美拉尼亚人为自己赢得了自由，而前不久还在丹麦人面前战栗的文登人，现在甚至自己领兵攻打起了丹麦。

　　克努特的王国彻底瓦解了；在这样的局势下，由他建立起来的教会的形势又怎么可能不松懈废弛呢？教会的状况的确废弛了，但它并没有瓦解；因为大主教贝泽林凭借其智慧尽力挽救着教会。于是，克努特的宗教机构在整体上被保留下来了，而通过与古恩希尔德的联姻，丹麦与德意志神职者之间的纽带也比以往更加紧密了。在戈德哈德去世后（1038年5月5日），他和圣贝尔瓦德在希尔德斯海姆的继任者是一位丹麦传教，这可以是一件前所未有并且引人注目的事情。这位教士的本名是提姆（Tymme），人们将它改成了德语中的"提特玛尔"。提姆和古恩希尔德一起来到德意志，被收入了王室的神事议事厅中，离开神事议事厅之后，他便来到了德意志最富裕、最有名望的主教管区之一。除了他接受的学术教育不够彻底、不能符合德意志人的要求之外，他身上便没有什么可指摘的地方了。

　　当汉堡大主教管区的光芒在最遥远的北方闪耀的时候，谁会不自然而然地认为，这束光芒也反射在汉堡近旁的文登省份呢？但事实完全不是这样的。

在基督教教会受到深刻动摇的情况下，在奥博德里特恩人和瓦格里人中间却完全感觉不到实质性的变化。即使还有主教在奥尔登堡接受祝圣的话，他们也很少或从不前往他们的管区；即使当时的三位奥博德里特恩王侯之中还有一位是基督徒，那他也是一位不合格的基督徒，他的品行基本不能为他的信仰带来荣耀。奥博德里特恩人甚至越来越多地举起武器，要彻底摆脱德意志统治，要将基督教彻底从他们这里斩草除根。然而，他们却没能成功；康拉德通过战胜留提曾人巩固了德意志政权，彼林家族在东部地区的势力也由此达到了许久以来都未有过的高度。但是，这对基督教并没有帮助，只要留提曾人还在雷特拉（Rethra）①的祭坛上屠杀基督徒，只要彼林家族的人还只想着在斯拉夫地区尽量提高纳贡的额度，只要能够认真对待传教事业的皇帝还没有出现，那么基督教的传播就不会有起色。

"勇敢者"波列斯瓦夫和米奇斯瓦夫在波兰，圣伊什特万在匈牙利，克努特赫尔奥拉夫在北方为基督教教会所做的事，如果被拿来与康拉德在这方面的作为相比较的话，那么我们不得不承认，皇权势力如果继续被当作是西方基督教唯一的庇护的话，是不合适的。韦珀一向积极地展现着康拉德皇帝最美好的形象，但他也知道，皇帝为捍卫信仰所做的实事只有残暴地折磨大量留提曾俘虏，而皇帝这样做的本意是要报复这些留提曾人亵渎和毁坏十架苦像的行为。韦珀因此而将皇帝奉为基督教信仰的捍卫者，并罕见地将他与异教帝王相比，如韦斯巴芗（Vespasian）②和提图斯（Titus）③，他们因为君主的死亡而惩罚了犹太人。真相是，皇帝康拉德除了攻克文登人之外，就没有为传教事业做别的事了；当北方和东方声名显赫的统治者们用尽一切手段传播基督教福音的时候，皇帝却任由异教信仰在帝国的北部边区集训存在。

人们不能说，康拉德为传播基督教信仰所做的已经够多了，也不能说他已经尽了全力。因为这个帝国从未如此强大，其疆土从未如此广阔，他的势力从未如此集中。帝国欣欣向荣的状态是前所未有的；但这个政权的目标已经改变

---

① 译者注：在德意志东北部地区的一处斯拉夫宗教圣所。
② 译者注：罗马帝国第九任皇帝。
③ 译者注：罗马帝国第十任皇帝，韦斯巴芗的儿子。

了。目标不再是传播基督教教义和推广教会生活秩序，而是要建立一个无远弗届、无法动摇的世界霸权。查理大帝和奥托为这个帝国赋予神圣光环已经暗淡了下来，甚至可以说消散了。

失去光环的只是帝国本身也就罢了！随着帝国一起的还有教会——当宗教与政治如此紧密地联合在一起时，教会也陷入了世俗纷扰的深渊之中。它被牵扯到政府和宫廷事务的旋涡之中，而它原本的高尚使命则被抛诸脑后。他们将自己视为侍奉人的玛尔大，在尘世的忧虑之中忘记了玛利亚所选的更善的事。在这样的情况下，教会完全成了世俗势力的牺牲品，遭到践踏，按照同时代的人们所说，康拉德最后对教会首脑们全无敬畏，难道有什么可惊异的吗？在改革和传教都消亡的时候，高阶神职者也完全沦落到了王权的采邑体系中；对皇帝尽忠职守成了他们最大的光荣，拒绝履行邑臣义务则是最严重的罪行。在康拉德二世荣耀无比的执政时代中，这就是最大的污点。由此带来的损害很快就会显现出来，将皇权势力开出的繁花无情摧毁。

康拉德专制的教会制度引发了与罗马教皇之间的争端，而这也是他的孙子和曾孙则不得不克服的困难。这些争端的先兆，在康拉德与米兰大主教的血海深仇中就已经可以看见。而这场斗争正是幸运的康拉德皇帝唯一一次没有获得最终的胜利；这一点如同先兆。

7. 康拉德二世的第二次意大利征程和他的死亡

a. 米兰的阿里贝特和康拉德的采邑法

在康拉德的势力之下，只有一位主教现在仍在他的身边享有自由的地位。这位主教就是米兰的阿里贝特，也是他将康拉德请到了意大利，为他开辟了在意大利的道路，为他加冕并将他引领到罗马的，最近他还在勃艮第战争中为皇帝派出支援，帮助皇帝赢得了这个王国。由于这些功绩，阿里贝特毫无疑问受到了无数金钱的酬劳。他不仅在自己的米兰城以及周边地区有着几乎不受限制的权力，不仅使整个主教管区和洛迪这个城市臣服在他脚下，他管区下属的主教们都依附于他；伦巴底的整个局势在本质上都取决于他的决策，正如后来康拉德的儿子所说的那样，他按照自己的意志自由地领导着整个意大利王国。但即使是他，也有不得不低头的时候，他越是不能克制地对待自己的好运，那么他就越难以应对不幸的时刻。

阿里贝特[①]来自一个伦巴底骑士家族，家族定居在米兰附近的安特米亚诺（Antemiano）。他的父亲加利亚德（Gariard）为他和另一个儿子留下了颇为丰厚的遗产。阿里贝特那位从武的兄弟似乎很早就去世了；但兄弟留下了一个名叫加利亚德的儿子，后来，阿里贝特对这个孩子视如己出。阿里贝特自己身材矮小，并不引人注目，他很早就进入了米兰神职者的群体中，凭借亨利二世的青睐登上了这个显赫而富裕的大主教管区的头把交椅（1018年），我们虽然不知道这是因为他的哪项功绩或者什么样的机缘巧合，但他始终对亨利二世十分感激。他充满活力、志存高远又有进取心，这个位置为他提供了大展身手的空间，也使他杰出的天赋很快受到了进一步的关注。他登上主教之位的最初几年中，心中想的都是本笃八世和亨利二世的改革追求，阿里贝特当时就积极地响应他们的号召，后来也从来没有把改革的事抛诸脑后。在米兰的神职人员中建立起纪律和典范式的生活，摆脱教区内猖狂的邑臣们对圣安波罗修教会的桎梏——这是他首先为自己定下的使命，但要彻底完成这些使命，却需要更大的自制力和更严肃专注的态度，这是阿里贝特所没有的。很快，局势就将他引向了另一条与他不安分的心性更为相宜的道路。亨利二世去世后，伦巴底主教们的统治地位受到本地贵族的威胁，他意识到，除了与崛起的康拉德势力紧密联合起来，就没有别的出路了，于是他便挺身而出，成了当时德意志政权在意大利的先锋。他献身去做的事获得了彻底的胜利，而这些胜利也日渐提升了阿里贝特的勇气和自信。他从来没有真正爱戴过德意志人——他在一份文书中将他们称为"最疯狂的民族"，他们只是将他当作自己势力崛起的垫脚石；他对这位皇帝从来没有产生过亲近感，虽然他享受着皇帝对他的赞赏和青睐。因此，他确认自己在政权中的位置巩固了之后，就马上转换了方向，走上了与皇帝的意图毫无瓜葛的道路上；他肆意地遵循着自己的方向，带着盲目的热情，也毫

① 　阿里贝特（Aribert）就是这样拼写自己的名字的，但米兰的编年史作者将他的名字写作"亨利贝特"（Heribert）。

不左顾右盼。

　　他的目标不是别的，正是要在伦巴底赢得不受限制的统治权力，并不是为自己或者他的家人，而是为他的教区和圣安波罗修。虽然他沉沦在世俗的纷扰事务中，他仍然是一名教士。甚至在他临终的指示中，他也只想着教会和修道院的荣光；在米兰的教堂中，至今还能找到他的慷慨奉献的珍贵证明。而在这世间也从未有过像他这样盛气凌人的教士。比如，在康拉德加冕为皇时他无法眼睁睁地看着拉韦纳夺走加冕权，同样地，现在他的权力如日中天，圣伯多禄座席的特权激发了他的勃勃野心。世俗力量赢得了圣伯多禄继任者的支持，也正是它们点燃了阿里贝特的想象力，并推动着他继续前行。米兰与罗马之间的竞争关系可以回溯到最早的时代；甚至在他的墓碑铭文上，伯多禄继任者骄傲又谦恭地将阿里贝特称为"耶稣众仆之仆"；建立起一个能与罗马相媲美的米兰教会国家，这毫无疑问是阿里贝特的追求。

　　要实现这个目标没有比眼下更好的时机了。在圣伯多禄座席上坐着的正是一个可怜的孩子，他的教皇头衔可以说是金钱买来的，他甚至没有能力保住自己家族的完整权力和巨大财富；意大利和西方基督教都厌恶他。皇权统治受到伦巴底王侯的憎恶，在意大利除了阿里贝特和他的朋友再也找不到其他的支持力量，因而受制于大主教的意志。阿里贝特这样一位为城市的荣耀和地位而努力的主教，米兰的民众对他的服从是盲目的，甚至像圣人一样崇敬他。此外，大主教管区的邑臣数量和质量都达到了一个高潮；通过钱财和势力，阿里贝特年复一年扩张着他的军队，而领导这支军队的人就是他的侄子加利亚德，加利亚德完全是个大胆鲁莽的人，对于最危险的行动他都会自告奋勇。就这样，阿里贝特凭借他独特的狂妄大胆，直接向着他最终的目标进发了；他以权养权，来获得他所追求的势力。

　　不可避免的是，针对他暴行的控诉很快就传到了皇帝的耳朵里。前不久，乌巴德（Ubald）在惨淡的状况下接管了克雷莫纳主教管区，我们知道，控诉阿里贝特的人中首先就有乌巴德。乌巴德的前一任主教是个年迈虚弱的老叟，他与克雷莫纳的民众之间的争端一直没有停止过；他们不仅拒绝听从他的指示，而且还将他赶出了城，摧毁了他在克雷莫纳城中的城堡，并且建起了一座新的要塞，按照他们的说法，这是要保护自己免受主教和皇帝的侵害。阿里贝特和加利亚德利用了这场混乱，将克雷莫纳地区的主教属地占为己有，并在那里找到了稳定的落脚点。乌巴德登上主教之位后，随即向皇帝控诉了克雷莫纳人和加利亚德的罪行。康拉德介入到这个事件中，并命令当地的民众做出补偿。加利亚德也理当交出霸占的属地，但他却将之保留了下来；因为，直到乌巴德被迫放弃自己的财产之后，阿里贝特才同意为他祝圣授职。后来，当乌巴德再次向皇帝控诉自己被迫割让属地的情况时，皇帝下达了一条新的命令，而主教又将这条命令下达给了自己的下属。然而，阿里贝特和加利亚德却嘲笑这条御令；他们不仅依然保留着夺来的财物和土地，他们甚至进一步将克雷莫纳地区占为己有，接二连三地夺取主教的城堡。

皇帝没有完全与阿里贝特翻脸是有原因的，而且阿里贝特对他的旨意表现出来的蔑视他全都记在心里。但是，在帝国的惩罚降临到这位倒行逆施的教会王侯头上之前，针对他的反抗势力就已经从另一方面崛起了。这股势力的源头是伦巴底的小邑臣，人们当时将这些人组成的阶级称为瓦尔瓦索（Valvassor）[①]。这个骑士阶层中纯粹都是有着伦巴底血统的人，他们还带着些前人对自由的概念和勇气，并且很长一段时间以来，他们一直在行动着。这些人心中充满了对帝国大邑臣的仇恨，尤其是主教和他们下属大邑臣——正是这些邑臣组成了卡皮塔（Capitane）[②]阶层。出于这些仇恨，瓦尔瓦索阶层的人支持了阿尔杜安的暴动，他们并不是为了他个人的利益，而是为了赢得他们采邑的世袭权利；他们反感德意志政权，因为德意志政权是主教们的最大的靠山，并且他们自始至终都毫不隐瞒地展现出对皇权统治的厌恶。在意大利，只有在这个阶层以及在城市居民之中才存在着一个民族派系；这也就是说，因为在那里的市民阶层中地方利益占主导地位，并且，自阿尔杜安之后就缺少一条纽带将这些从属邑臣束缚起来，所以才出现了上述的情况。

像阿里贝特这样一位强大的领主势必会与这个蠢蠢欲动的阶层陷入诸多

---

① 译者注：瓦尔瓦索意为"邑臣的邑臣"（Vasall eines Vasallen），相当于从属邑臣（Aftervasall）。

② 译者注：卡皮塔意为首脑、领袖，这个阶层中包括地方贵族、伯爵和王室官员等。

的冲突之中。他的专制使这些低阶的采邑骑士越来越感到不满；在他们之中，酝酿起了一场大型的叛乱，只等一个恰当的时机，就要让大主教看到他们的实力。当阿里贝特大胆地剥夺了其中一人的采邑之后，这场风暴便以迅雷之势侵袭而来，阿里贝特转眼间就被暴动的邑臣包围了。他徒劳地展现出妥协的姿态，试图安抚他们；最后他走投无路，只好以暴制暴，在自己的辖区内点燃了一场战争。可能是通过他管区内的地方贵族和官员们的协助，他最终战胜了这些从属邑臣，但是，这些人并没有因此而臣服于阿里贝特，而是离开米兰地区。而眼下，暴动已经迅速扩张到了令人恐怖的范围。洛迪的居民长久以来被迫受到大主教的束缚，于是他们与那些逃亡的人串通起来；从属邑臣们在塞普瑞欧（Seprio）和马特萨纳（Martesana）伯爵领地与他们的同盟会合；在意大利各地，邑臣们都站起来对抗他们的领主，誓死反抗他们。一支由从属邑臣们组成的大军朝米兰进发，他们将大主教视为这个阶级的死敌、他们利益的损害者，誓要将他消灭。

阿里贝特受到了最严重的威胁，不得不寻求伦巴底主教和伯爵们的支持。对他这个压迫者和宿敌，他们感觉不到丝毫同情，但是这同时也关系到他们自己，于是在多次尝试调解失败之后，他们调集了一支不小的力量供阿里贝特使用。在米兰与洛迪之间展开了一场大战，从属邑臣们在数量上远远胜过阿里贝特，一次交战就取得了彻底的胜利（1035年）。多名意大利权贵永远留在了战场上；这之中就包括阿斯蒂（Asti）主教本人。虽然，这些胜者没有向米兰本身发起进攻，他们非常清楚米兰城固若金汤；但内战就此在伦巴底打响了，并且涉及的范围也不断扩大。叛乱已经蔓延到了整个意大利，同时也波及到了更深层的圈子之中。家臣们也不愿意再侍奉他们的领主了，一向棘手的城市居民也不再听从主教们的指示。所有较底层的民众都联合起来对抗上层的人，就连法官和陪审员们以及某些基本法规也为他们伸张正义；他们表示，如果领主们不能按照受到认可的法律来对待他们，他们就再也不侍奉任何领主了；他们要求出台成文法律，如果皇帝不同意这点，他们就威胁要搞垮国家。阿里贝特不知所措，只能寻求皇帝的庇护，请求他来到阿尔卑斯山的这一边。

即使阿里贝特不请他来，他也会来的。从属邑臣的暴动已经引起了整个西方的广泛关注；皇帝已经行动起来了。这场运动对当世的人来说是个不可思议、闻所未闻的事件。两个世纪以来，较高的社会阶层就持续不断地向较低阶层施以重压，在王权统治和采邑政权的桎梏下，各地旧式的地方自由受到约束；虽然在一些地方有零星的反抗，但至今为止，较低阶层的人们也没有针对较高阶层发起有计划的、长期的斗争。如今，一场大型的运动一下子从底层爆发出来，似乎要改变至今为止的事态发展进程。人们知道，这可能会带来翻天覆地的变化；虽然扎根并来源于封建主义，但这场运动似乎远远超出了封建主义的边界。大多数人都绝望地将这场从属邑臣的暴动看作是所有现有秩序的颠覆，但皇帝却不是这样。当他听说，从属邑臣们呼吁出台采邑法，他这样回应道："如果意大利渴望的只是一部法律，那么我就在主的助佑之下给他们一部法律。"采邑的世袭化，这在他的德意志各州中已经得到了事实上的认可，所以他丝毫不为此担忧；对他来说，这场运动来到的威胁更多地存在于另一方面。他认为，这场暴乱与阿里贝特野心勃勃的计划有紧密的关系，实际上其中的关系却不如他认为的这样密切；在他眼中，大主教比世人所看到和认为的更加诡计多端、阴险狡诈。正像瓦尔瓦索阶层的人们曾经支持阿尔杜安那样，在皇帝看来，现在他们起义的目的也只是想将意大利从德意志的帝国中分割出去；而阿里贝特的忤逆和专制也正表明了这一点；况且阿里贝特自己也是从这个阶层中脱颖而出的，那么他与这些邑臣的直接联系也就显得更为可信了。这些就足以使皇帝将阿里贝特看作是这场叛乱的始作俑者了，他整顿兵马为新一轮的意大利征程而准备，他要教训一下阿里贝特，并亲手平定这场暴乱。

1036年夏季，国王就已经在为这次征程而准备了。也正是在当时，富裕的图西亚边疆伯爵波尼法爵来到了皇帝的宫廷驻地，他是当时公认的在意大利最强大的王侯之一，其势力仅次于阿里贝特，他与康拉德结成了紧密的联盟，不仅从康拉德那里获得了巨大的荣耀，而且还迎娶了吉瑟拉的侄女兼养女贝娅特里克斯，而贝娅特里克斯也是洛林的弗里德里希伯爵有继承权的女儿。波尼法爵本来就拥有继承得来的摩德纳、雷焦、曼托瓦和费拉拉伯爵领地，以及自己赢得的托斯卡纳边区，现在他又得到了德意志地区广阔的属地；只有一种人才能从康拉德那里获得这样巨大的势力——那就是他不惜一切代价想要拉拢的人。已经上了年纪的领主迎娶年轻的洛林王侯之女，人们极为隆重地举办了这两人的婚礼。后来还有传说，波尼法爵带着华丽的随从队伍，这支队伍所骑的马匹钉着银制的马掌，风光无限地将新娘接回了家；接着，新来的女主人在曼托瓦地区的莫雷格（Morego）受到了无比隆重的迎接；波尼法爵命人为民众们放酒，意大利的王侯和领主们在他的宴会桌上逗留了整整三天，美味的菜肴都用金盘银盏呈送上来，还有美妙的乐音与杂耍艺人的把戏为宴会助兴。阿里贝特越是在皇帝面前失宠，波尼法爵所受的青睐就越多。阿里贝特曾为皇帝开辟前往意大利的道路；现在，康拉德意欲出征讨伐阿里贝特，而波尼法爵则要在此事上助他一臂之力。当时，与阿里贝特敌对的埃斯特家族应当也与康拉德达成了共识；至少，我们后来看到，埃斯特家的领主们是站在康拉德这边的。

　　皇帝结束了与留提曾人的征战之后，他在10月的时候停留在基弗豪泽（Kyffhauser）的蒂勒达（Tilleda）王室领地，为跨越阿尔卑斯山的征程做出安排。随后，在冬季来临时，他率领着一支人数众多的军队，在国内最重要的王侯们和全体家人的陪同下，踏上了南去的路，并在维罗纳庆祝了圣诞节。此后不久，他经由布雷西亚和克雷莫纳前往米兰，阿里贝特还丝毫没有猜出皇帝的意图，他以极大的敬意在圣安波罗修教堂接待了皇帝。但在同一天，米兰就爆发了一场暴乱。这场暴乱的发生，似乎并不是像韦珀所说的那样，是因为米兰人想要逼迫皇帝支持从属邑臣们的主张——这些逃亡的人攻击了他们的城市，他们不可能对这些人有什么特别的兴趣；暴动的原因更可能是像米兰的历史作者阿努尔夫所说的那样：在此期间传出谣言，皇帝要对阿里贝特不利，将要剥夺他为洛迪主教们的授职的权力。康拉德毫不怀疑，阿里贝特是这场暴动的主谋；他怒火中烧，赶往帕维亚，并召集所有的意大利王侯在那里召开一场大型的帝国会议兼审判会议，他要倾听每个人的控诉，处理人们广泛关注的事件，并营造起整体上的地方和平。

　　意大利的权贵们来到帕维亚，聚集在皇帝面前；阿里贝尔也不得不听从他的命令，出现在了会场上。人们提出了千百条控诉；而数量最多、最严厉的控诉都是针对一个人的，那个就是至今为止一直以不受限制的大权控制着意大利的人。一位于格伯爵和其他的意大利领主大声疾呼，控诉大主教的专制暴行，并要求归还他们被夺走的地产。皇帝亲自警告了这位高傲的教会王侯，说他蔑视皇帝的命令，并要求他解释这样做的原因。这样的要求刺激了阿里贝特的自尊心，向来都没有人敢对他的行为说三道四。他要求能有一些思考的时间后便退下了，但很快他又走上前来，说明他将哪些地产收归了圣安波罗修教会所有，又是以何种方式得到这些地产的，他表示，他会因此继续保留和谐属地，并且不论是谁的命令或请求都不能让他交出这些属地。面对众王侯，有人请他想一想，他至少还要尊重皇帝的御令，但他只是傲慢地重复了一遍已经说过的话："不论是谁的命令或请求都不行。"皇帝也一下子恼火起来；在他看来，阿里贝特的嫌疑是确定无疑的了，在这场波及整个意大利的暴乱背后，阿里贝特必定就是那个暗中指使的人；他仿佛看到，大主教就是各种叛国逆上之罪的化身——在这样的情况下，他当着众王侯的面，下令捉拿并关押阿里贝特。根据权贵们的决定，皇帝接着便将他们的合法私产归还给了他们；阿里贝特被迫作为囚犯跟随着皇帝的队伍，克恩顿公爵康拉德和阿奎莱亚宗主教博珀负责看守他。

前不久还备受敬畏，现在却出乎意料地沦落到这样的悲惨境地，此中的唏嘘谁又能说得清道得明呢！关于这场使所有世人都迷惑不已的事件，人们的判断大多与皇帝相反。就连那些坚信阿里贝特有罪的人，也不能同意，在罪行还未确定之前，就让西方教会最位高权重的王侯之一受到暴力的镇压；在皇帝的身边，许多人暗暗指责皇帝的严苛，就连皇帝的亲生儿子也是其中之一。然而，眼下的意大利爆发了对德意志君主和德意志民族的厌恶；本就全面展开的运动从这种情感中汲取养分，熊熊燃烧的暴动火焰越发炽烈。短短几天之后，当大主教如同奇迹一般逃出德意志人之手，并凯旋回归米兰时，这场暴动到达了狂热的高峰。

皇帝驻扎在皮亚琴察，在他的军队中有阿奎莱亚宗主教，他是阿里贝特严厉的上司。作为囚犯的阿里贝特受到严密的看守，但他还是找到了机会，与远方的朋友取得了联系，策划了出逃计划。他制定的计划得以顺利实施；这其中，尤其要感谢一位米兰僧侣忠诚的献身，他在大主教被囚禁期间一直陪在其身边。这位名叫阿尔比佐（Albizo）的僧侣晚上躺在大主教的床铺上，用被子遮住脑袋，这样就没人能认得出是他。与此同时，乔装的大主教逃离了看守们的身边，幸运地找到了逃出敌营的道路。很快，一个与他串通好的人就为他牵来了一匹马；他跳上马鞍，朝着波河方向飞驰而去。一座在皮亚琴察附近高地上的修道院彻夜为他留着一线光芒，他怀着恐惧的心情承诺，如果他能逃出德意志人的手掌，就要给那修道院赏赐。他顺利地来到了波河岸边，他渡过河流，策马朝米兰疾驰，他的出现如同天降奇迹一般，受到了经久不息的欢呼。阿尔比佐向他的主人证明了自己的忠诚，也为之付出了沉重的代价，但在晚些时候，阿里贝特为这项无与伦比的功绩做出了回报；几年之后，阿里贝特将他任命为修道院院长，他供职的地方正是那个惊险的夜晚拯救了阿里贝特的那家修道院，他也践行了当时许下的承诺。皇帝听闻阿里贝特逃离的消息时，该是多么激愤啊！宗主教逃过了皇帝的怒火；他先行逃亡了，因为他知道，愤怒的皇帝也会用叛国逆上的罪行来指控他。讨伐阿里贝特仍是皇帝唯一的目标；但与阿里贝特为敌就是与米兰为敌，如果米兰不是整个西方最坚固的城池的话，也至少是意大利最牢固的城市。皇帝的御令传到各地，呼吁各路军队向米兰进发。他亲自来到边疆伯爵波尼法爵的领地，接着前往拉韦纳并在那里庆祝了复活节；在此期间，科隆大主教赫尔曼来到了图西亚，其他的使臣则踏遍了督主教管区。

但是，阿里贝特也已经武装起来捍卫自己和城市的安全了。像是魔法一般，这里的所有阶级斗争都一下子消弭了；所有人都会集到阿里贝特身边，集合成一支强大的、充满战斗欲的军队供他调遣。这场行动激发了巨大的民族热情，阿里贝特现在成了人们实际上的领袖；当他面对这样一支庞大而热情的军队时，家族祖先的那种战斗精神被激发出来。米兰戒备森严，城墙上到处都有战士；就这样，米兰以其坚固的城墙、三百座守城塔楼以及多处强大的外部防御工事等待着皇帝来袭。

5月，一支德意志-意大利军队朝米兰袭来，首先在朝向洛迪的方向上烧毁了兰德里亚尼（Landriani）城堡。这座城堡被军队占领，并随即夷为了平地。接着，皇帝在距离米兰一公里多的地方安营扎寨。很快双方就有了一些小型的交战。米兰人进行了一些突袭，但并没有造成什么大的影响。最后，在耶稣升天节这天（5月19日），皇帝的整支大军都排成战斗阵型，向米兰城攻去。皇帝的右翼军队是德意志人，左翼是意大利人，而阿里贝特的军队也毫不畏惧地迎战。在距离城墙不远的地方，有一座源自罗马皇帝时代的凯旋门，一场激战就在这座破败的凯旋门下展开了。皇帝军队的最前列，一位德意志贵族领主倒下了，他高大魁梧的身形原本是所有人注目的焦点；在皇帝这边，他的执旗手——来自埃斯特家族的边疆伯爵圭多也倒下了；双方军队之中，都还有许多其他的领主们丧生在战场上；金戈相击之声渐止，皇帝的军队回到了他们的营帐，米兰人也撤回了城中。胜负似乎还未分出，但皇帝对能够夺取这座城市心存疑虑，几天之后便放弃了围城。

5月28日，康拉德离开了米兰城前的营地；29日，他已经来到了距离圣安波罗修的科尔贝塔（Corbetta）城堡以西三公里远的地方。当时正是圣灵降临节期间，但人们却没有合适的物资来庆祝这个神圣的节日。最后，人们被迫在一座小教堂中在皇帝面前举行了弥撒，主持弥撒的是布鲁诺主教，他是在明登接受祝圣成为主教的。但这场神事仪式却被打断了。这天原本是晴空万里，然而乌云突然在营地上方聚集起来；一场可怖的暴风雨来袭；闪电撼动着帐篷和教堂，使为了祈祷而聚集起来的人群为之一怔；随之而来的就是轰鸣的雷声。一波波惊恐侵袭了所有人；不少人恐惧得丢了性命，其他人也失去了理智。人们在混乱之中损失了大量人马。暴风骤雨来袭时，皇帝本人穿着加冕时的盛装站在圣坛前。皇帝毫不畏缩，但周围的许多人都认为这天象显然是圣安波罗修发怒了。皇帝的一名亲信贝尔托夫（Bertolf）讲述了，他是如何在雷鸣闪电之中看到了圣徒怒发冲冠的身影。米兰的主保圣人从云层中向他们伸出了看得见的援救之手，阿里贝特和米兰民众是何其欢欣鼓舞！

无论是遭受的损失还是圣安波罗修的怒火都不能动摇皇帝，不能使他向高傲的大主教妥协；他艰难地在自己选择的道路上继续前行，不能使阿里贝特屈服，就要将他消灭。他最关心的事是要将米兰的暴动与从属邑臣们的利益分离开来，并由此去除这场暴动的民族意义。在离开米兰城前营帐的同一天，他颁布了那部著名的采邑法，后来这部法律成为了所有封建法律的基础。在这部法律中，瓦尔瓦索阶层的所有要求都得到了彻底的、无条件的满足：他们拥有了

采邑的世袭权利，他们能够让同阶层的人作为审判中的陪审团，还可以向皇帝
或者王室领地伯爵上诉，他们的采邑得到保证不会演变为佃租地；除此之外，
皇帝本人还保证，所有城堡要履行的战争义务都会保持原样，不会增加。这部
法律虽然没有当下生效，但很快就产生了其应有的效果。皇帝满足了从属邑臣
们诉求，并且皇帝又是唯一有能力让他们的邑主贯彻这些法律的人，他们必定
会转而支持皇帝。

　　就这样，在皇帝将阿里贝特的事与从属邑臣的利益分离开来之后，他立即
率领精锐部队向阿里贝特发起进攻。他革去阿里贝特的大主教头衔，并将大主
教之职移交给了他的一名随行使，这名随行使名叫安波罗修，他出生和接受教
养的地方都是米兰。皇帝身边的神职人员们都不敢开口反对这个违背了所有教
会条例的举动；他们默认了这个决定，但却在暗中更加严厉地指责这一做法。
正在这时，教皇亲自来到了克雷莫纳皇帝的宫廷中。对一名圣伯多禄继任者来
说，还有什么是比维护教会法规更恰当的行为呢？但是，这个顶着教皇头衔的
孩子却是在皇帝的仁慈之下，才勉强保住自己的地位啊。在1035年伯多禄和保
禄的圣日时，教皇在圣彼得教堂遭到行刺，被迫逃出罗马；在皇帝的御令下，
他才回到了自己的城市中。这个没有自主意志的傀儡可能就是按照皇帝意图被
召到了克雷莫纳，他出现的目的只是使罢免阿里贝特的事变得名正言顺一些。
本笃只在皇帝的宫廷中逗留了很短的时间，接着，他便庄重地离开了，回到了
罗马。

　　炎热的季节到来了。皇帝将他的军队分成几路，让自己的军队踏平了米兰
城；他自己来到了阿尔卑斯山脚下的地区。6月19日，他来到了加尔达湖，7月
到达了维罗纳地区；8月时，他前往宗主教的驻地阿奎莱亚，宗主教赤着双脚、
穿着悔罪服来到皇帝面前，请求他的原谅，而皇帝也宽恕了他。直到入冬，康
拉德都一直在这片区域以及忠诚的波尼法爵的属地中逗留。

　　在此期间，阿里贝特也没有闲着。皇帝撤兵、对天主助佑的坚信、有利
的形势，这一切都助长着他不可估量的自信和勇气。既然皇帝夺走他的主教冠
冕，他相信自己也足够强大，能将皇帝的冠冕从康拉德头上摘下，而这顶冠冕
曾经也是由他戴上去的。现在，他对曾经的宿敌——意大利权贵中的法兰西派

伸出了橄榄枝，而这些人也很快接受了他的示好。他们又怎么能怀疑阿里贝特这一态度转变的真实性呢？并且，他们并不是这个诡计多端的教士唯一拉拢的人，他还赢得了许多伦巴底主教的支持，这些人之前可是一直不满于他的压迫啊；常常在皇帝面前控诉阿里贝特的克雷莫纳主教乌巴德，现在也站到了阿里贝特一边。一直以来，德意志领主们在意大利最忠诚的支持者就是伦巴底的主教们了，但阿里贝特的被捕和革职似乎让他们突然睁开了双眼，让他们意识到，自己受了怎样的奴役。此外，新的采邑法使他们无法再自由地控制邑臣，无论是神职还是世俗的意大利领主们，都同样地憎恶这部法律的颁布者，也就是皇帝。因此，阿里贝特轻而易举地在国内的王侯们点燃了叛乱的火苗，并使之借助形势越烧越旺。叛乱的目标十分明确，那就是要将意大利的统治权从皇帝康拉德和德意志人手中彻底夺走，并交到一位法兰西的权贵手中。人们决定向皇帝的宿敌香槟伯爵奥多提议，让他登上伦巴底的王位。

在康拉德逗留意大利期间，伯爵奥多入侵了洛林；他认为，要报复皇帝让自己受到的诸多不公待遇，这时就是最合适的时机。他攻打了图勒地区，用大火摧毁了古老的科梅尔西（Commercy）城堡，最后还践踏和占领了巴尔要塞。他在这里留下了一支驻军，由于他得到消息，伦巴底的使者正等待着他，于是他便赶回了家乡。1037年夏季，当阿里贝特向他的同谋奥多提出，要让他成为意大利国王时，奥多急不可耐地一口答应下来。人们一致决定，要让奥多继续他在洛林的战争，他要一直攻到亚琛，夺取整片国土；而与此同时，叛乱者们则不动声色地在意大利活动，他们希望，无论是死是活都要将康拉德控制起来。此外，他们还商议决定，在一定的时间内，双方的使者寻找一个中间地点会合来签订协议。当时的奥多眼前出现了怎样一幅前景啊！征服了洛林，意大利的王位也到手了，那么他勃艮第的遗产势必也会回到手中；坐拥三顶王冠，西方王侯之中便再没有人能与他比肩了。秋季，他气势汹汹地再次投身于洛林的战争之中；他包围了脱离他手的巴尔；他已经立下豪言，要在亚琛庆祝圣诞节。他不知道的是，他的人生很快就要走到头了。11月15日，他在巴尔城前突然遭到了一支洛林军队的突袭，带领这支军队的是戈泽罗公爵和他骁勇善战的儿子戈德弗里德。经过一场激烈的战斗，法兰西人被彻底打败了，整支军队几乎被全部歼灭。奥多自己也丧生战场；第二天，人们好不容易才找到了他被马匹踩踏得难以辨认的尸体。人们将他的头从身体上割下，戈泽罗将奥多的头颅连同敌军的旗帜一起作为胜利的标志呈送意大利，送到皇帝的手中。

在此期间，这里的叛乱也已经暴露了。而这桩罪行能够被泄露，功劳在于苏萨的边疆伯爵夫人贝尔塔，或者说，她至少是首先将证明叛国者们有罪的完整证据交给皇帝的人。贝尔塔的丈夫梅津弗雷德在不久前去世了，她将她的女儿阿德莱德嫁给了年轻的施瓦本公爵赫尔曼，也就是皇帝的继子，并试图让皇帝将边区分封给自己的这位女婿；她无条件地臣服于皇帝，当她得到消息，阿里贝特和奥多的使者要在阿尔卑斯山区见面，她便想尽一切办法探听到了他们见面的时间和地点。她不只做到了这一点，而且她还抓获了全部的使者。阿里贝特的使者是个名叫阿达尔贝特的人，是这场行动的积极参与者，人们在他身上找到了信件，其中透露了多位主教与这次叛乱的牵连，而这些主教当时还在皇帝的宫廷中自由地往来，为皇帝对他们的信任而沾沾自喜；同时，人们还知道了，他们商定要在11月11日发动对德意志人的袭击，形式与曾经在拉韦纳发生的暴动类似，他们希望借此机会杀死皇帝、歼灭他的军队。康拉德知道这些消息之后，马上下令逮捕这些罪人，并对他们进行了审判。这些人之中也包括韦尔切利、克雷莫纳和皮亚琴察的主教们，他们被流放到了山的另一边。阿达尔贝特也被戴上镣铐押到了德意志。还有许多其他的叛乱者都遭受了与他们相同或类似的命运。另一些人，尤其是阿里贝特本人，没能被皇帝的人手抓获。

正如人们看到的那样，圣徒对阿里贝特的眷顾并没有持续太久。叛乱计划的败露、奥多的死、从属邑臣的退出，这一切都使他的希望逐渐渺茫起来。皇帝凭借其肆无忌惮的严苛和不可动摇的勇气，在意大利的威望与日俱增，阿里贝特看到，支持他的只剩下了他的米兰人民。即使米兰周边地区遭到涂炭，即使发生了这么多变故，他们依然留在他身边。由皇帝任命的米兰新主教安波罗修试图在米兰城内和附近地区找到一些支持者，却是徒劳。人们将安波罗修在米兰的房屋和财产统统摧毁；他们还用同样的方式报复少数那些敢加入安波罗修和皇帝阵营的人，他们杀鸡儆猴，使别人也不敢支持皇帝一派。阿里贝特是这座城市的君主和指挥官，但这并不意味着，事到如今他还能对皇帝造成足够

大的威胁。这场暴动已经失去了其民族特性，几乎只是关系到地方利益。人们
做了一些尝试，希望能在这时改变阿里贝特的想法，让他向皇帝屈服。但不论
是威胁，还是保证他会得到原谅，抑或是教皇和其他主教们的调解，都对这个固
执的人毫无作用。于是，康拉德再次下令向米兰发起进攻；但他自己没有参加战
斗，而是渡过波河，在帕尔马庆祝了圣诞节，随后便前往了意大利南部地区。

　　在帕尔马过圣诞节时，与皇帝同行的德意志士兵与帕尔马城的市民之间发
生了冲突。这场暴动是意外发生的也好，或者说，是阿里贝特的叛乱行动在暗
中引发的也好；总之，拉韦纳的惊恐场景在帕尔马重新上演了。所有人都朝皇
帝和他的小型军队袭来；一场激烈的战斗展开，德意志人差点被打败了。在这
样的情况下，皇帝命人朝城中投掷火把，他想要用燃烧火焰招来自己在附近驻
扎的士兵们。他们赶来了，尤其是边疆伯爵波尼法爵带来了大量的军士，轻松
地控制住了城内的居民。谋杀、纵火和劫掠涂炭着这座城市，暴动得到控制之
后，皇帝命人将城墙的大部分都拆毁了。帕尔马的废墟要作为对其他城市的警
告；康拉德相信，他已经领会了亨利曾经也体会过的真谛，要想让意大利俯首
称臣，恐惧是最有效的途径。

　　新年伊始，康拉德从被摧毁的城市出发，三个星期之后翻越了亚平宁山
脉，在图西亚停留了较长一段时间之后，向东来到了斯波莱托公爵领地，他在
弗利乔（Foligno）附近的斯佩洛（Spello）那里度过了复活节。康拉德和他的
军队驻扎在罗马附近，教皇亲自来到营地，通过自己的到场为节庆仪式增添荣
光。当时还发生了一件事，那就是教皇在公开的集会上，按照到场主教的决
议，宣布革除阿里贝特的教籍，确认了安波罗修的米兰大主教身份。阿里贝特
受到革除教籍的绝罚，但这时，他的勇气还未被彻底磨灭。

　　我们知道，皇后吉瑟拉为了在使徒的墓前祈祷，从斯波莱托去往了罗马。
康拉德似乎特意对罗马按兵不动。他可能担心，那里也会出现与帕尔马类似
的情况，因而想要尽量避免。罗马城内正酝酿着骚乱。图斯库鲁姆政权一派，
和将无耻的少年教皇推上圣伯多禄座席的另一派，这些党派之间的冲突不断升
级；还有一些与市民阶层的生活更加切身相关的问题，也使罗马市民们分裂成
不同的阵营。在卡洛林时代，伦巴底的法律在罗马地区的一部分贵族和一些宗

教机构中得以贯彻，并且至今为止都作为除罗马法律之外的特殊法而存在；外来法律与旧有的本地法律之间的斗争引起了法度的混乱，并演变为无休无止的争论，使皇帝最终不得不介入其中。我们手中有一份康拉德向罗马法官们颁布的诏谕，他在其中要求法官们在罗马地区按照罗马的法律执行所有审判程序。正如采邑法一样，这份诏谕也毫无疑问是皇帝对社会较低阶层做出的让步，为的就是为自己和自己庇护下的教皇获取支持。正如之前提到的那样，皇帝没有动罗马一丝一毫，就向东从卡梅里诺边区向贝内文托地区而去了。他要赶往特罗亚，赶往希腊边境。

b. 卡普阿的潘杜尔夫四世和诺曼人

康拉德踏入伦巴底的王侯领地之后，他的脚步就坚定地转向了希腊人的国境，他这样做，并非对东方帝国心怀歹意，如果这一切都不是假象的话，他是要与君士坦丁堡宫廷签订一份和平协议，或者更新之前的合约。我们知道，康拉德在1027年就通过斯特拉斯堡主教维尔纳与东帝国建立了友好的关系，并且也有许多原因让人猜测，在当时或是更早的时候，双方就已经有了紧密的联系。

老皇帝君士坦丁九世去世之后，虽然备受争议但已统治东方160年之久的马其顿宗族只剩下了三位老姑娘，也就是皇帝的女儿们。其中一个名叫欧多克西亚（Eudoxia）放弃了世俗生活，生活在修道院中；在另外两位女儿佐伊（Zoe）和狄奥多拉（Theodora）中间，前者被选中，继承祖先的皇位并为家族开枝散叶。佐伊按照希腊的治国之术，嫁给了一位名叫罗曼努斯·阿吉罗斯（Romanus Argyros）的英俊朝臣，这位朝臣不久后便作为罗曼努斯三世登上了东方的君王之位（1028年）。但是，这位新的统治者在任何方面都没能达到人们对他的期待。他既没有赢得妻子的爱，也没有与妻子生下后代，不论在与邻国的战争中，还是在狄奥多拉的支持者发起的暴乱中，他都没有展现出应有的坚定。短短六年之后，这个软弱的王侯就被刺杀身亡了，接着，佐伊亲手将皇帝的冠冕戴在了米海尔四世（Michael Ⅳ.）的头上，他是个出身低微的帕夫拉戈尼亚人（Paphlagonier），他在君士坦丁堡通过高利贷牟取暴利、发家致富，接着通过他强大的兄弟阉人约翰尼斯，在宫廷中获得了官职、头衔和影响力。佐伊和帝国都受到了他的蒙骗。米海尔其实是个懦夫，所有的实权都掌握在那个阉人手中，而这个阉人更是利用这些权力来满足自己无休无止的贪欲。当他看到，他的兄弟死期不远了，他就逼迫佐伊将他的侄子米海尔，一个漆船工的儿子，收为养子，并让他成为帝国的继承人。无耻的利益关系充斥着宫廷，使朝政一片混乱。虽然，人们心中还怀抱着宏图伟业，并且恰好迎来了一个最有利的时机，能够将被分割了几个世纪的省份重新收复回来，但帝国的实力的确明显下降了。这个省份就是西西里，为了征服西西里，他们已经派出和牺牲过无数装备精良的水军陆军了。

西西里的总督摆脱了法蒂玛王朝哈里发的控制，但最终导致了他自己的沉沦，他的土地也变成了废墟。内部斗争不停爆发，一会儿是西班牙的阿拉伯人，一会儿是刚刚崛起的日里德（Zeiriden）王朝势力，轮番介入其中。也正是日里德王朝将柏柏尔人（Berber）的海岸从法蒂玛王朝手中夺走，并将突尼斯选为他们的首府。1035年，突尼斯的苏丹穆艾奇·本·巴蒂斯（Moez Ben Badis）为夺取西西里岛做了一次决定性的尝试。他派出一支实力雄厚的大军，由他的儿子阿卜杜拉（Abdullah）指挥，前往岛上，一开始，这支军队受到了岛上暴动的民众欣喜的欢迎。巴勒莫（Palermo）遭到包围，总督艾卡麦德·阿拉卡（Achmed Alakhal）遭刺杀身亡。但此后不久，这里的阿拉伯领主们就改变了他们的想法，驱逐了阿卜杜拉，并将被杀害的阿拉卡的一个兄弟推上了总督之位。这个人名叫哈桑（Hasan），他得到了自己祖辈的头衔，但他的手中却完全没有他们那样的实权。阿拉伯的作者们自己也这样记录："整个岛上都充满了无止境的混乱；每个首领都肆意将城堡或是城市占为己有，整个西西里德尔土地遭到许多小领主的瓜分。"除此之外，新任的总督很快就与自己的兄弟阿布·卡卜（Abu Kaab）产生了严重的冲突。冲突演变成了一场兄弟战争；在困境之中，总督向希腊人寻求支持，并承诺希腊皇帝将西西里岛臣服于他。君士坦丁堡方面，人们心中燃起了骄傲的希望；朝廷郑重决定，利用眼下的有利时机打响决定性的战役。陆军和水军在大贵族乔治·曼尼亚克斯（Georgius Maniaces）和史蒂芬乌斯（Stephanus）的指挥下都已经装备起来了；除了东方的军事力量之外，为了使意大利的战斗力量也能将矛头指向西西里，人们大把挥霍着金钱，毫不吝惜。

显而易见的是，君士坦丁堡宫廷在这样的局势下必定会不惜一切代价，避免同时卷入下意大利的战事当中，并将令人胆寒的诺曼人远远挡在国境之外。因此，他们才任由伦巴底的王侯领地臣服于西帝国，并且暂时放弃了坎帕尼亚那些小的希腊城市——阿马尔菲、那不勒斯和索伦托（Sorrent）；这不排除是通过特别的合约，也可能是通过不那么正式的协议决定的。也只有在两位皇帝签订了类似协议的情况下，接下来发生的事件才能解释得通。

多年来，下意大利的伦巴底邦国一直享受着久违的和平。无论是希腊人，还是阿拉伯人都没有向他们发起值得一提的侵略。他们似乎走上了和平的发展道路，当地的居民除了从农业耕种上收获颇丰之外，还从事着蓬勃的商贸活动，因而这样一条道路必定是他们最为向往的。富裕安康的生活和外界的些许艳羡洋溢在这些城市之中，尤其是在坎帕尼亚较大的城镇，但光鲜的表面只是掩盖了内部的破碎和腐坏而已。如果有人深入了解一下这些城邦中可怜可耻的勾当，他就会战栗着移开视线。就是在这样颓靡的情势下，卡普阿的潘杜尔夫四世这个恶劣至极的暴君才能在毫无实力和勇气、毫无优秀品质的情况下，在一段时间内赢得了突出的地位，甚至有望建立起一股强大的独立势力。

康拉德将这位王侯从流放中释放，并重新扶持他重建其父辈的政权，这实在不是什么善行。这是因为，潘杜尔夫不只是个忘恩负义的人，他的统治还成了对这片土地最可怕的诅咒。他直接在圣阿加莎山上建了一座要塞，他像一个强盗一样劫掠自己的臣下，并将偷盗而来的财产和各种各样的生活必需品都贮藏在这座要塞之中。这位臭名昭著的王侯给那些毫无抵抗能力的人们巨大的负担，但首当其冲的还是教会和修道院。他几乎让富裕的卡西诺山修道院濒临覆灭，他抢夺皇帝和教皇们献给修道院的珍宝，先是迫使亨利二世任命的修道院院长像奴隶一般屈服于他，后来逼得院长暗中逃离。圣文森提乌斯（H. Vincentius）修道院及其院长也遭遇了相似的命运；卡普阿大主教阿迪努尔夫（Adinulf）的遭遇更加悲惨，这个高贵、审慎而虔诚的人不得不将自己的职位让给潘杜尔夫的一个私生子。阿迪努尔夫被戴上镣铐，投入了监狱；在耶稣升天节那天，他被从监狱中拖出来押到教堂中去，在举行弥撒的过程中，他被迫在潘杜尔夫和民众们面前将主教戒指和十字架交给那个私生子，并亲吻他的双脚，然而，接着他就被重新押回了牢中，恐怕没有比这更令人气愤的场景了吧。所有人都惧怕这个残暴的王侯，尤其是当人们手中没有任何武器可以对抗他的时候，这种恐惧就更深了，因为他和他的内兄弟，也就是萨莱诺的老王侯万玛尔三世串通一气，并且最令人胆寒的诺曼人也用他的劫掠所得为生、为他效力。

在诺曼人的支持下，潘杜尔夫不仅相信自己的土地牢不可破，而且认为自己已经足够强大，能够从自己的邻居那里抢夺政权了。但是，他的征战却没有什么成果。一场针对他的堂兄弟贝内文托的兰杜尔夫的行动彻底失败了；1029年1月，不久前被他赶出那不勒斯的塞尔吉乌斯甚至也回到了他的城市，并终结了卡普阿人在这里的势力。在征战中受到的损失还不是令潘杜尔夫最痛心的；诺曼人莱努尔夫（Rainulf）——就是曾经与他的兄弟们一起首先将外来骑士带入这个地区的那位莱努尔夫——他和他的同胞们几乎全都加入了塞尔吉乌斯的阵营，因为塞尔吉乌斯将他的姐妹，即加埃塔（Gaeta）伯爵的遗孀，嫁给了这个外来的武夫，这对潘杜尔夫来说是更加沉重的打击。作为嫁妆，莱努尔夫得到了那不勒斯和卡普阿之间一块富饶的土地，他在这块土地上修建了一座城堡，周围挖掘了宽宽的壕沟和高高的树篱（1030年）。这座城堡被称为阿韦尔萨（Aversa），周围富庶的坎帕尼亚地区都要向这座城堡缴税服役；这是诺曼人获得的第一处自己的领地，由于不断有新的人从诺曼底家乡过来，加上从各个方向而来的逃亡者，诺曼人的数量迅速增加，这块领地很快就显得太过拥挤，缴税的地区也几乎负担不了他们的开支。

莱努尔夫理当保护塞尔吉乌斯免受卡普阿方面的侵袭，阿韦尔萨理当成为对抗潘杜尔夫贪欲的战斗堡垒，而他们扮演这样的角色也已经有一些年了。然而不幸的是，塞尔吉乌斯的姐妹很快就去世了，潘杜尔夫则急切地要将自己的一个侄女，阿马尔菲大贵族的女儿，嫁给这位诺曼首领，想要由此将他拉入自己的阵营。富裕而年轻的王侯之女将诺曼人迷得神魂颠倒，他离开塞尔吉乌斯，回到了潘杜尔夫麾下，他甚至还将阿韦尔萨所在的地区也置于卡普阿人的统治下。诺曼人的背叛对塞尔吉乌斯的打击很大，他没过多久就离开了人世。潘杜尔夫对自己的胜利非常欣喜，但这份喜悦却没有持续多久。不久前，萨莱诺的老万玛尔去世了，他将自己的统治权交给了同名的儿子。虽然万玛尔四世在上台之初与叔叔潘杜尔夫有过协约，按照协约，他们应当齐心协力处理所有事务，但潘杜尔夫控制欲太强，而他年轻的侄子也是雄心勃勃，这份协约没能维持多久。除此之外，还有王侯们肮脏的家族利益关系。索伦托公爵虐待并抛弃了他的妻子，潘杜尔夫则想将她的一个女儿变成自己的玩物，因为这个女子是万玛尔的内姐妹，万玛尔认为自己有义务为她报仇雪耻。他决定发兵讨伐索伦托公爵和潘杜尔夫，并最终使英勇但容易被收买的诺曼人站到自己这边。通过赠送金钱和骏马、华服和宝刀，他很快就赢得了莱努尔夫和诺曼人的支持，现在，莱努尔夫决定侍奉万玛尔，正如他之前被塞尔吉乌斯和潘杜尔夫收买那样。

当康拉德在1038年夏季来到伦巴底各王侯领地的时候，那里的局势就是这样。潘杜尔夫和万玛尔正在对峙，而且大家都心照不宣，康拉德此行的目的就是惩罚潘杜尔夫的暴行并终结他的专制暴政。在德意志就已经有许多针对这位暴虐王侯的控诉传到了皇帝的耳中，控诉的人中从卡西诺山逃亡出来的尤其多。后来，当皇帝驻扎在米兰城前时，他收到了新的求救信号，他认为自己不能再袖手旁观了。他承诺会伸出援手，并且很快就亲自踏上了征程。在他踏入贝内文托辖区之前，他就先向潘杜尔夫派出了使者，命令他将抢来的珍宝交出来，并答应卡西诺山方面提出的一切合理的要求，不然就不会再对他手下留情了。但使者却没能有所收获。因此，康拉德现在亲自来了，将这个倒行逆施的暴虐邑臣召往特罗亚，让他在皇帝的审判席前给出解释。潘杜尔夫不敢现身，而是逃到了圣阿加莎城堡中。他宣称，绝对不会去面见皇帝；老编年史中写道："这毫不令人惊奇，因为没有哪个盗贼是愿意见到法官的。"但潘杜尔夫的妻子却带着她的儿女来到了皇帝面前，她承诺立即上缴150镑金子，并且在晚些时候还将上缴相同数额的金子，在那之前她的孩子们会作为人质。就这样，她为自己的丈夫求得了一些宽限和回旋的余地，但贪婪的潘杜尔夫很快就反悔了。此后不久，潘杜尔夫的儿子从康拉德那里出逃了，康拉德很快就明白了，潘杜尔夫一方的承诺并不真诚。

皇帝毫不迟疑地向卡普阿地区发起进攻。他首先来到了卡西诺山，潘杜尔夫任命的修道院院长巴西利乌斯先行逃离了。康拉德将潘杜尔夫安排到这里的管理人员赶了出去，接着他就亲自前往卡普阿，并在圣灵降临节前夜（5月13日）来到了城中。他在旧卡普阿城的废墟旁安营扎寨并在那里庆祝了圣灵降临节。现在，卡普阿王侯领地内的法律与秩序重新树立起来了。大主教阿迪努尔夫重获自由，并回到了自己的主教宝座上；大主教管区收回了名下拥有的教堂和修道院；在卡西诺山，皇帝任命了一位受他信任的僧侣巴伐利亚人里舍尔（Richer）为修道院院长。里舍尔来自一个贵族家庭，在阿尔特艾希修道院的戈德哈德门下接受教育，是个杰出而有着坚强个性的人；卡西诺人本身也非常希望里舍尔能来领导他们的修道院，因为他通过管理布雷西亚辖区内的莱诺（Leno）修道院已经获得了良好的声誉，而皇帝也是在再三犹豫之下，才决定要将这样一个出色的人才留给他们的。就这样，一位德意志僧侣在整个西方最古老、最高贵的修道院中成为了院长，在他的领导下，修道院从堕落的深渊渐渐重新崛起，发展到了新的兴盛阶段。

皇帝下诏，令坎帕尼亚的王侯们前往卡普阿。然而，却没有人响应他的命令，只有萨莱诺的万玛尔是个例外，他当时已经成了潘杜尔夫的反对者、皇帝的同盟。他带来了华贵的厚礼，也受到了皇帝周到的接待。等着他的还有巨大的尊荣，因为皇帝想要将潘杜尔夫的王国领地交给他。皇帝将象征权力的旗帜交给万玛尔，同时也就将萨莱诺和卡普阿两个分封给了他，这两块富饶的王侯领地就这样统一到了一个人的手中。但万玛尔承认，如果没有诺曼人坚定的支持，他恐怕无法保住自己在国内的地位和名望，于是，皇帝按照他的愿望将阿韦尔萨伯爵领地授予了莱努尔夫。与国内的王侯们一样，诺曼人也收到了象征权力的旗帜，并由此接受了伯爵领地作为自己的采邑，并从此加入了意大利王侯之列。5月末，皇帝离开卡普阿时，他将下意大利的事务交由万玛尔、莱努尔夫和修道院院长里舍尔打理；接着，他便离开前往贝内文托，而心中已经计划要返回家乡了。

一位伦巴底王侯、一位诺曼武将和一位巴伐利亚僧侣就这样受到召唤，来捍卫西方帝国在南部省份的地位。他们是怎样完成这一使命的，从事态接下来的发展中就可以看到。索伦托公爵遭到驱逐，万玛尔的兄弟圭多被任命为那里的领主；他们也夺得了富饶的阿马尔菲，并将之合并到了萨莱诺的王侯领地内；这一"三头同盟"在各地都取得了最大的成功。很快，潘杜尔夫在他山崖上的城堡中也不再安全了，逃往了君士坦丁堡，希望在那里得到皇帝的支持。但是，听过万玛尔的解释之后，君士坦丁堡的皇帝将潘杜尔夫流放到了远方，两年之后才重获自由。一切迹象都表明，当时东西帝国取得了高度的共识；但将这一点表现得最明显的还是一件事，那就是在同一时间，万玛尔和诺曼人还在积极援助希腊人对西西里岛的进攻。

1038年，大贵族曼尼亚克斯在大将军多西亚努斯（Doceanus）协助下前往西西里岛，并从东海岸登陆；万玛尔的一支伦巴底军队前来增援；接着，又有三百名诺曼骑士在"铁臂"威尔汉姆的率领下赶来了，威尔汉姆是在前不久才与他的兄弟卓戈（Drogo）和胡姆弗雷德（Humfred）从诺曼底来到意大利的；最后，还有其他的西方骑士们纷纷赶来，其中包括米兰大主教管区的贵族侍臣阿尔杜安，他的表现非常出色。东方与西方联合起来，为在西西里岛建立希腊政权而共同努力。如果在这样的情况下还不能成功，那只能怪罪于希腊人自己，尤其是他们首领的那种虚荣和高傲。诺曼人的骁勇善战如同奇迹一般；西西里岛上一系列东海岸的城市都被从阿拉伯人手中夺走了；几乎所有的战役都以伊斯兰的失败告终。然而，曼尼亚克斯却没有好好犒赏这些西方将士们杰出的贡献。他将一切都看作自己的功劳，他自傲于取得的胜利，认为除了迎娶女皇、戴上皇冠之外便没有对他更合适的酬劳了。他离开西西里岛后便赶往君士坦丁堡，但在那里等着他的只有革职的惩罚和牢狱之灾。诺曼人和万玛尔的援军回到了意大利。希腊人在西西里岛上的占领地在极短的时间内就再次沦陷了；这一次征程唯一的作用可能只是为诺曼人指明了前往这座富庶岛屿的道路。

与此同时，皇帝翻越阿尔卑斯山踏上了归程。炎热的季节来临了，催促着人们赶快上路。皇帝带着他的家人和军队从贝内文托出发，迅速穿越边区回到波河流域，我们看到，他7月时已经来到了曼托瓦地区。但就算人们再怎么加快行军的速度，终究还是太迟了，皇帝的军队还是没能逃过随着夏季来临在这个地区爆发的致命疾病。来势汹汹的传染病在德意志军营中蔓延，甚至是皇帝身边的人也被夺去了性命。7月18日，皇帝的媳妇可爱的丹麦新娘去世了；她为自己的丈夫留下了一个小女儿，十天之后，皇帝的继子，正值青春岁月的施瓦本公爵赫尔曼，他的生命也走到了尽头。人们想要将公爵的遗体运送到康斯特尼茨，但情势所迫只能将之留在了特伦托；王后库妮古德的遗体后来被运送到了林堡修道院。德意志军队中的空缺越来越多；虽然米兰方面一直向皇帝挑衅，但即使皇帝想要在伦巴底停留得久一些，他们也做不到了。8月，他们通过布伦纳山口，接着在巴伐利亚停留了一段时间，让他的军队修整一段时间，治疗疾病。

康拉德还没有离开伦巴底，所有的意大利王侯就向他承诺，要带着他们的军事力量再次包围米兰，并将持续一年之久。祖辈的战斗精神还存在康拉德的心中；而康拉德也以实际表现展示出来，比起在自己神圣的皇座上处理和平时期的国家事务，他更了解领兵打仗的艺术。当时，阿里贝特建立了米兰的城防军队，这一军事组织渐渐扩散到了所有的伦巴底城市中。米兰的编年史作者强调说，他是第一个使各个阶层的人民全体武装起来的人，他辖区内的所有居民，无论来自乡村或城市，无论贫穷或富贵都联合起来，组成训练有素的军队进行城防。也是他赋予这一新的军事力量一个部队徽记，在这个徽记的引领下，他们后来取得了许多辉煌的胜利。一根高高的木板在巨大的马车上竖立起来，如同升起的桅杆；杆顶上闪耀着一只金球，两面雪白的亚麻旗在风中猎猎翻飞；但在旗杆中间还挂着一个十字圣架，救世主在十字架上张开双臂俯视军队；他神圣的形象在争斗中为将士们带来勇气，在有人牺牲时为人们送去慰藉。很长一段时间以来，人们就在游行时，以类似的方式在牛拉战车（Carroccio）上举着十字架四处展示；现在，这第一次被用到保卫城市的战斗中，使战斗变成对救世主的贡献和对教会的献祭。米兰市民们在信仰的激励下战斗着，击退了意大利王侯们对米兰城的进攻；在牛拉战车旁，他们英勇地迎战领主们的邑臣。由于武装在米兰不再是骑士阶层的特权，所以出于内部的需求，米兰的基本法必须改变；阿里贝特的城市武装力量必然要促进公民自由和国民政权的发展。

但是，谁又能否认，康拉德以其英勇在意大利保住了皇权统治的地位呢？

他回到阿尔卑斯山另一边之后，人们仍对他的权力畏惧不已；就算阿里贝特和米兰还傲慢地不愿妥协，但他们的这种傲慢不能让那个强大的男人产生丝毫的不安。皇帝的旗帜在意大利飘扬，使人们油然起敬，散播着震慑力，但是，当时确实也有别的军事力量在发展，聚集起骁勇善战、无拘无束的将士，也使得人们对他们寄予希望。彪悍的诺曼人和牛拉战车上五彩缤纷的旗帜，他们注定还要大有作为。

c. 康拉德二世的终结

皇帝翻越阿尔卑斯山的道路上铺满了遍地的尸体，而回到家乡的他，也没能见到一个他希望见到的人。1038年5月5日，戈德哈德主教去世了，亨利二世改革派的最后一人也离开了这个世界，无论希尔德斯海姆，还是在主教的看管下欣欣向荣的主教阿尔特艾希修道院，人们都为主教的死悲痛不已。与皇帝有着更加直接关系的是，他的继子萨克森的利奥多夫伯爵也去世了，刚刚成年的他遭到其他两个儿子的陷害失去了生命（1038年4月23日）。吉瑟拉在第一段婚姻中生下了利奥多夫；在她生下的众多孩子中，现在只剩下了她最小的儿子，这个帝国的希望[1]。利奥多夫的死是皇帝家庭在一年之中遭遇的第三次家人的离故，似乎也在警告着渐渐老去的皇帝他的时日不多。除此之外，身体上的病痛也折磨着他；他承受着痛风带来的不适，从南方回来发作得更加频繁了。他的担忧似乎依旧集中在如何维护家族的地位，如何将一个秩序井然的帝国交到儿子的手中。

皇帝回到德意志后，他见到的场景使他深感安慰。他从巴伐利亚来到了他故乡所在的莱茵河地区，9月27日，他留宿在沃尔姆斯，但很快他又重新启程前往施瓦本，为的是让他的儿子作为公爵入主施瓦本。他没有多做停留，接着就来到了勃艮第王国，为的也是要这里的土地交给他的儿子。他在索洛图恩召集了勃艮第的权贵们，在他们的土地上重新匡正几乎被遗忘的法度。在一场持续三天的王国集会上，所有的国内事务都得到了安排；第四天，皇帝便在贵族和

---

[1]　康拉德的两个女儿贝娅特里克斯和玛蒂尔德当时都已经去世了。

民众们的赞同声中，将这个新并入的王国的朝政交给了他的儿子。所有在场的人都重新向年轻的亨利宣誓效忠，随后，亨利立即按照先人的习俗在索洛图恩的史蒂芬教堂接受加冕，成为了勃艮第的国王。12月初，皇帝经由巴塞尔和斯特拉斯堡回到了莱茵法兰克的区县内。他在斯特拉斯堡召开了一场地方会议，在林堡举行了一场教会代表会议，但接着便赶往戈斯拉，在那里庆祝了圣诞节。众多王侯都在戈斯拉围绕在他身边，各地都派来了使者，居住在周围的民族都献上了贡品。节日庆典非常隆重，但人群中却弥漫着一丝阴郁的气氛。在圣诞节那天，人们在天空中看到了奇迹般的景象——大片乌云聚拢起来——人们不知道该怎样解释这个现象。

1039年，离开戈斯拉之后，国王来到阿尔特施泰特，接着他又很快来到了莱茵河下游。3月16日，他在科隆，做了短暂的停留之后便前往了奈梅亨。他最爱待在查理大帝的旧皇堡中；这一年的复活节，他想要在这里度过。一场严重的痛风发作使他延长了在奈梅亨驻留的时间，他被病痛束住了手脚，直到圣灵降临节时才出发前往乌特勒支。人们在这里尽情享乐，隆重地庆祝了圣灵降临节。民众看到皇帝、皇后和他们的儿子被世间的美妙光华围绕着；在大弥撒上、在节庆的队列中、在宴会上，皇帝都头戴冠冕出现在众人面前；他们为他欢呼，以他们的方式赞美着皇帝散发的奕奕光彩，惊叹于萦绕在君王周围的皇家气派。

然而，第二天康拉德就只剩下了一具冰冷的尸体。在圣灵降临节的宴会上，他就感到一阵剧烈的疼痛，但为了不破坏节日的愉快气氛，他默默忍受了下来。然而，在第二天早晨，疼痛来得更猛烈了，他感到，自己最后的时刻来到了。带着同样的无畏，他像一年前在科尔贝塔目睹那场可怕的暴风骤雨时一样，面对着自己的命运。他让家人们都离开，自己进早餐；在此期间，他将在场的主教们召到身边，让他们取来圣餐、十字架和圣髑，他直起身子，流着清泪忏悔自己的罪过。接着，他接受了赦免和圣餐。在他做好了临死的准备之后，他见了吉瑟拉和他的儿子最后一面，与他们说了些真心话，叫他们多多保重。他没有白白度过一生，也正因如此，无数次出生入死的他现在能够坚定地直面死亡。很快，他便咽下了最后一口气。那是1039年6月4日。康拉德度过了将近六十年的人生；他头上的东法兰克国王冠冕戴了十四年，罗马皇帝的冠冕戴了十二年，而他在勃艮第接受加冕也已经是五年前的事了。

对于前一天还看到皇帝神采奕奕的民众们来说，他去世的消息乍听之下太令人震惊了；在尘世间的伟大与脆弱之间，还有比这更加悬殊的对比吗！人们为康拉德流下了许多眼泪；因为他对许多人来说都是位宽容的君主，他严格的法度使一些人受到了源源不断的福佑。但是，当人们将失去康拉德的悲哀与逼近的威胁以及对自身处境的忧虑联系在一起，他们的眼泪很快就干了。就这样，这位强大的帝王很快就被芸芸众生遗忘了，他们看到，继承人已经确定，情有可原地将巨大的希望寄予年轻的国王。现在的局势与亨利二世去世时是多么不同啊！但这也是康拉德的功劳，而希尔德斯海姆的年鉴作者指责与他同时代的人们忘恩负义，这也完全是有理有据的。他感叹道："噢，你们这些冷酷无情的人，一个尘世间最强大的男人悲惨地死去了，你们却连一声叹息都没有！"

年轻的国王最为关切的，就是他父亲的遗体能够得到应得的尊重、以合适的方式下葬。皇帝的内脏葬在了乌特勒支；躯体经过防腐处理，经由科隆、美因茨和沃尔姆斯被运送到了施派尔。按照古老的习俗，遗体在送葬队伍一路上经过的所有教堂都接受了瞻仰。所到之处，人潮涌动，人们由此感叹国王作为儿子的孝心，在每一座教堂内，他都亲自帮助搬运父亲的遗体。7月12日，他也用自己的肩膀将父亲的遗体送到了他最后的安歇之处，遗体被安放在施派尔宏伟的教堂中，而这座教堂也是由康拉德营建的。

在卡巴的选举地，康拉德曾与同名的表兄弟同场角逐；他们相互和解，使这个国家免受不幸。后来，命运使他们再次站在敌对的位置，但他们很快又友好地化解了矛盾。即使是康拉德的死也没有使他们分离太久。皇帝葬礼结束八天后，正值盛年的小康拉德死于黄疸病，他没有留下任何继承人来传承他的头衔和公爵领地。那位在莱希费尔德战场上牺牲的康拉德，他的男性后裔中现在只剩下年轻的国王还在世俗阶层中。这个曾经如此繁盛的家族迅速凋零，在神职人员们看来，这是上天的惩罚，也就是教会所不允许的婚姻种下的恶果，而这样的婚姻在这个家族的每一代中几乎都有。

8. 亨利三世的开端

a.政府的更替

政府的更替没有受到任何阻碍，顺利地完成了；整个过程甚至比世袭君主制时代还要平静。年迈的洛林公爵戈德弗里德曾一度有过这样的想法，要趁虚而入为自己夺取更多利益，但他很快就放弃了这个想法，国王向他承诺，他大片的帝国采邑会完完整整地留在他儿子的手中，有了这一点他也就满足。这一次，其他的德意志王侯甚至连想都没有想过，要利用新政府上台的契机为自己谋取利益。年轻的亨利很早就已经当选、接受加冕并熟悉了所有的帝国事务，现在接管朝政也是理所当然；人们都迫切地期待着他能够登上父亲的王位，所有操行高尚、诚实可靠、严于律己的王侯都不会去争夺这根权杖。

年轻的国王年纪不过二十二岁，但他却有着宽广的眼界，在对是非的评断上也显示出令人惊叹的成熟，还有他的治国手腕，那是只有通过长时间的练习才能习得的。他继承了父亲所有杰出的品质，有着与父亲同样坚强的性格、犀利的洞察力、对正义的热爱以及无畏的勇气；基于他无与伦比的地位而产生的骄傲自信，以及将这一崇高地位延续下去的动力，他也都从父亲那里传承下来了。但是，父亲的那种冷酷在他这里变得温和了，虽然国王尚且年轻，但父亲的冲动激情却在他这里演变成了冷静思考的力量。人们可能不相信，亨利的血管中也流淌着沸腾的热血，但他很早就学会了，克制急躁火暴的脾气，听从智者的建议。他完完全全是一个有着虔诚信仰的人，在他处所的光鲜优越的环境之中，他却将自己的目光锁定在超越尘世生活的、更高的目标上；他真挚而正直的信仰游荡在这样一个领域中，在那里，沉思的灵魂感受着秘而不宣的热情。

亨利能在受过良好教育的母亲以及两位杰出主教的指导下，享受到优质的教育，这为他带来了不可估量的益处。就这样，他天生的口才得到了练习和精进。对于法学，按照当时这一领域的发展程度，他也全都掌握了。韦珀将他称为学术研究的一枝独秀。他感叹道："哪一位国王能比他更加博学、比他更清楚法律禁止些什么呢，他可是从一开始就学习这些东西了啊！"韦珀赞扬皇帝康拉德为了正确地教育儿子而花费的心思，这是不无道理的。正因为那个时代的教育带着浓重的教会色彩，接受了深入教育的亨利必定非常明白教会的精神力量，以及它对国家发展的重要作用，而老皇帝并没有给予教会足够的重视。因此就可以解释，他为什么从早期就采取了与父亲截然不同的态度来对待神职人员，他从来没有赞同过父亲针对伦巴底主教们的残酷制度。在这一点，以及其他许多方面，他的观点都更倾向于亨利二世，虽然他热忱的性格与精明算计的亨利二世皇帝相去甚远。一言以蔽之，亨利三世展现了一位年轻、高贵、充满力量又追求高远的王侯在王座上最美好的形象。当韦珀说，这位年轻国王身上有着一系列的美德操行，这些品质中只要有任何一项加在某个人身上，都能使这个人成为有价值的人物，而在这些美德之中，有六项是在亨利身上尤其突出的：谦恭、虔诚、热爱和平、思想高尚、举止庄重以及骁勇善战；这也正是人们认为王者应当具有的品质。

　　亨利带着火热而高尚的意志，想要实现丰功伟业，现在他也遇到了好时机，因为他的手中恰好拥有最丰富的资源来实现这一切。从来没有哪位德意志王侯继承过像亨利这样大的权力。他不仅在德意志、勃艮第和意大利拥有毫无争议的王权；德意志的高阶贵族们也从未像现在这样恭顺，神职人员对王室也从未像现在这样依赖。公爵势力几乎被消灭了；在巴伐利亚、施瓦本和法兰克，公爵的权力全部交到了君王手中，克恩顿的公爵之位也由于康拉德的死空缺出来，并且暂时没有任命新公爵；只有萨克森和洛林的公爵势力还保留着民族意义。除此之外，在其他的欧洲国王之中，也没有哪位享有突出的地位。特努特大帝和圣人伊什特万都离开了人世，两人都没有留下合格的继承人；波列斯瓦夫的波兰王国彻底瓦解了，法兰西王权很长时间以来一直处在孱弱无力的状态。甚至没有任何一股教会势力能够对皇权构成威胁。教皇被罪孽和耻辱击垮了；克吕尼可耻地遭到罗马的抛弃，不得不从世俗势力，尤其是从皇权势力那里寻求支持。在这样的情况下，康拉德的继承人手中该是掌握着怎样的大权啊！这个世界一定对他抱有无数期望！韦珀向亨利呼喊道："问候你，亨利，在不远的未来中，你就是民众们最安全的港湾，是寰宇间的和平力量，是世界最强有力的庇佑！"

新国王为父亲尽完儿子最后的义务之后，他便随即开始对国内各地进行巡视。他首先来到了下洛林和弗里斯兰，接着在秋季前往萨克森，冬季前往巴伐利亚，在雷根斯堡庆祝了圣诞节。1040年年初，他来到了奥格斯堡。在这里，意大利的王侯们也来到他的王座前，请他为意大利的事务给出建议。首先要决定的就是阿里贝特的事宜，因为伦巴底权贵们听闻康拉德的死讯后，立即结束了对米兰的围城，希望国王和大主教能够和解。这正是国王求之不得的事，他可能当时就下了命令，允许还在流放中的伦巴底主教们回到自己的家乡去。离开奥格斯堡后，亨利踏上了去往施瓦本各个区县的路；他在莱茵地区度过了大斋期，并在因格尔海姆庆祝了复活节，国内的王侯也在那里聚集到国王身边。勃艮第权贵们也来到了这里；他们带来了丰厚的献礼，回乡时也带着国王的赏赐。节日过后，大主教阿里贝特来到了宫廷中，他试图为自己辩护，为解释自己反抗国王父亲的原因；在王侯们的劝说下，阿里贝特取回了自己的主教管区，接着便重新向国王许下了忠诚誓言。他陪同国王来到科隆，在这里，国王放他回到自己的家乡。国王是在奈梅亨庆祝的耶稣升天节，圣灵降临节则是在列日；他完成了国内的巡视，在各地都稳固了法律制度，传播着和平与喜悦。

b. 亨利三世与波西米亚公爵布热季斯拉夫的战争

在巡视的过程中，最吸引年轻国王注意力的，就是东部的局势又发生了具有威胁性的转折。"勇敢者"波列斯瓦夫的强大王国被摧毁了，但即使是在这个王国的废墟上依然酝酿着威胁，我们知道，康拉德二世并没有花费太多精力在重建波兰的秩序上，也没有给波兰的基督教会太多支持。对他来说，击溃东部最危险的势力、迫使波兰人缴税纳贡，就已经足够了；对于无力的民族政权为宗教和政治形势带来的混乱，他并不是非常在意。波兰的法定继承人与他的母亲在德意志逗留了多年；我们从未听说过康拉德试图扶持他上位的事。谁又能保证，卡齐米日不会走上与其父亲和祖父一样的道路呢？

在德意志，人们平静地看着波兰又回归到了异教信仰，重拾了旧时的民族传统；虽然在留提曾人那里发生的一切与波兰的情况如出一辙，并且人们半个世纪以来一直在与之斗争，但那里的局势会为基督教信仰带来怎样的危险，德意志人依然毫无知觉。对于波兰方面的局势发展，波西米亚人布热季斯拉夫比德意志人看得更清楚，他是个心高气傲的王侯，有着优秀的品质和对信仰的热情。他一开始就在摩拉维亚向波兰人举起了武器，对他来说，与波兰人斗争是一生的使命。虽然他曾经顺利地从波兰人手中夺取了摩拉维亚，但波西米亚人还要向波兰人索要西里西亚和克罗巴迪亚；除此以外，还有他们遭受的无数不公，都要从这个恶邻那里讨回公道。似乎只有摧毁格涅兹诺和波兹南，才能抵消他们占领布拉格的罪过。此外，波西米亚此时的势力远远不及它鼎盛时期达到的程度，而这位热衷于追求功名的王侯还不满足于当时的盛况；他想要使自己的民族登上前所未有的权力高地。在东方建起自由独立的王权势力，这件事情马扎尔人和波兰人都做到了，波西米亚人又怎么会做不成呢！虽然布热季斯拉夫是波兰人的仇敌，但他从伟大的波列斯瓦夫那里学到了许多，尤其是这样一个理想点燃了他心中的熊熊火焰，那就是要将所有西部的斯拉夫宗族联合起来，建立一个强大的基督教王国。波列斯瓦夫那时就已经看出，只有布拉格才能成为这个王国的宗教及世俗中心；因此，从他们的都城布拉格构建起一个大斯拉夫王国，对波西米亚人来说有着怎样的吸引力啊！现在，推动着他对波兰人作战的不只是野心，对自身地位的担忧也驱使他这样做。如果波兰人的异教信仰和民族政权和文登人的一样，再次对公爵势力和教会造成威胁，那么在同源的波西米亚人那里，王侯势力和基督教信仰也难以幸免于难；更何况，在马扎尔人那里同时还进行着一场新旧局势至今的斗争，在这样的情况下，东部各地的王侯势力和基督教教会都在遭受排挤。

　　1038年8月15日，匈牙利国王伊什特万去世了；伴随着他应得的世人的敬仰，他永远闭上了眼睛。自从他的独子伊姆雷（Emmerich）早早去世之后，伊什特万将他姐妹的一个儿子立为自己的继承人，这个孩子名叫彼得。彼得的父亲来自于奥尔赛奥洛斯家族，彼得在威尼斯出生并接受教育，马扎尔人因为他外族人的身份对他没有好感，而当他后来又带来了大量的外族人，人们就越发厌恶他了。这些中大多数是意大利人，因为彼得对德意志民族没有特别的好感，甚至他对待自己舅舅的遗孀，巴伐利亚人吉瑟拉，态度都极其恶劣。没过多久，匈牙利各地就产生了对王权势力，以及对基督教教会的反对情绪。这时距离在这个粗野宗族中建立起新的秩序才过去短短几十年，即使彼得是个谨慎周到的王侯，深深根植于这个民族精神中的旧制度也势必会激起强烈的反应。彼得的处境岌岌可危，并且波兰的命运很长一段时间以来都对匈牙利王国有着巨大的影响力，随着异教信仰在波兰的土地上不断蔓延，他的处境也是每况愈下。因此，在波兰与新生的异教信仰斗争，彼得在这件事上投入了最多精力；一致的利益使他与波西米亚人联合起来。

然而，布热季斯拉夫建立一个自由的斯拉夫王国的计划在德意志国王的宫廷中受到了坚决的反对，他又该怎么隐瞒这一点呢？他清楚地知道，要实现这些计划，与德意志人站在同一阵线是不行的，只有反对他们才能成功。所以，1039年的夏季就是执行这些计划最有利的时机。皇帝康拉德才刚刚闭上双眼，他就展开了针对波兰人的行动，而这个行动已经在暗中准备了许久。一条由橡树韧皮编织的绳索在波西米亚的家家户户传递着，随着它来到千家万户的还有公爵的命令，谁要是不立即加入军队，就会被绞死在最近的树上。一支由波西米亚人和摩拉维亚人组成的大军就这样集结起来了。布热季斯拉夫带领着大量将士向分崩离析而防御薄弱的波兰发起了进攻。他先是向克拉科夫进发，在这里他没有受到任何抵抗。他一路上所向披靡；村庄被夷为平地、化作灰烬，当地的居民被消灭，城堡被占领。在第一轮进攻中，克拉科夫就被占领了，遭到了劫掠；波兰王侯们堆积在这里的财宝都被夺走了。克罗巴迪亚的其他要塞也很快落到了波西米亚人的手中，他们用大火摧毁这些堡垒，拆毁了护墙。波西米亚军队如同一阵飓风席卷了西里西亚，接着又向波兰内部袭去。很快，波兹南就不加反抗地落入了布热季斯拉夫手中；"勇敢者"波列斯瓦夫最坚固的堡垒之一吉埃齐也紧随其后沦陷了。波西米亚人靠近这座堡垒时，来到这里寻求庇护的附近民众纷纷向他们祈求，民众们将土地让给他们，并交给他们一根金制的荆条作为象征。他们请求波西米亚人，允许他们带着自己的财产移居到波西米亚去，而公爵也答应了他们的请求。吉埃齐就这样失去了它的重要地位；旧时居民的后代在许久之后依然按照波兰法律居住在波西米亚，管理他们的法官也是从他们中间选举出来的。

波兰的主教中心城市格涅兹诺坐落在离吉埃齐不远的地方。现在，布热季斯拉夫将矛头指向了那里，目的是要夺得波兰珍贵的圣物，也就是波西米亚人阿达尔贝特的圣髑。这座城市有着牢固的防御工事，但驻扎的军队却很少；没有经过什么抵抗，他们就向波西米亚人投降了。狂热的将士们涌向殉教者的坟墓，但布拉格主教西弗勒斯（Severus）跟在军队后面，他展现了一幅奇象并发出警告，这才阻止了涌动的人群。人们在阿达尔贝特的墓前斋戒和忏悔了整整三天，向主起誓戒除曾经将他们赶出家乡的所有罪与恶。布热季斯拉夫在殉教者的墓前颁布的律令引人注目；这些律令是禁止一夫多妻和淫乱行为的，禁止谋杀、斗殴和盗窃的，禁止亵渎礼拜日以及禁止将死者埋葬在未经许可的土地上、埋葬在田野和森林中；但最重要的是，还禁止运营和出入酒馆，布热季斯拉夫那时就将之视作斯拉夫民族一切罪恶的温床。公爵下令，所有酒馆老板都要被绑在集市中的耻辱柱上，并且要接受鞭挞直到捕快的手没了力气为止；而光顾酒馆的人则要被投入大牢，支付300格罗森[①]的罚金才能出狱。同样地，对其他的罪行也制定了高额的罚金，更严重的罪行则会遭到烙印、驱逐和被卖到匈牙利去的惩罚；相反地，没有任何地方对死刑进行了明确规定，即使是杀害神父、修道院兄弟和教士也没有。这些律令的鲜明特点在于，各个教区的大教士被视为法律和公共舆论的监管者，在他们的指控基础上，伯爵们进行干涉，此外，要想洗清罪名就只能通过神事审判，最终，主教凭借其权威批准所有的决议，若违反这些决议将被革除教籍。

圣人的怒火似乎就这样得到了平息，人们极其郑重地掘出圣人的遗体，随后迅速地将它和波兰的珍宝运往布拉格。8月24日，布热季斯拉夫已经重新回到了都城前的营地；9月1日，他带着阿达尔贝特的遗体进入城中。人们排成凯旋的阵列，将神圣的战利品送到布拉格大教堂中，公爵和主教亲自抬着棺架；后面的人则抬着从波兰夺来的其他殉教者的圣髑；接着是装满了战利品的百余辆车，最后是一大批被绑着的波兰贵族。圣阿达尔贝特才刚刚以这样的方式回到他的主教管区，布热季斯拉夫就向罗马派出了使者，既然格涅兹诺的圣物现在都到了布拉格，他希望教皇能够将他的都城布拉格提升为斯拉夫民族的大主教

---

① 译者注：货币单位。

中心城市；我们毫不怀疑，他也向罗马方面争取国王头衔，并且，他为此而向圣伯多禄座席承诺纳贡服役。

布热季斯拉夫似乎距离自己的目标不远了。经过他的一番讨伐，波兰几乎被夷为平地；许多城市都成了空城，村落也都人去楼空；格涅兹诺的那些圣所荆棘丛生，成了荒地；梅奇拉夫在维斯瓦河（Weichsel）对岸的马佐夫舍建立的小型政权也还没有稳固下来。所有欣欣向荣的景象、所有波兰的珍宝都被转移到了波西米亚。圣阿达尔贝特和其他的斯拉夫殉教者在布拉德显现奇迹；在他们的庇佑下，新的法律得以颁布，这些法律将从本质上整治这个民族败坏的风气，也将王侯和主教的地位提升到前所未有的高度。毫无疑问，英勇的波西米亚公爵通过这些行动迈出了伟大而坚定的一步；这是一个与宗教热情联系在一起的伟大政治理想，而宗教热情同时也是这一理想的终点，但这个理想的迅速实现，却是通过野蛮民族的偷盗欲望和疯狂的破坏行径。四个世纪之后，我们也能在胡斯战争（Hussitenkriege）中看到类似的现象。

在布热季斯拉夫戴上独立的波西米亚人国王王冠之前，他还需要清除两个障碍。他想要通过金钱来安抚罗马教皇的担忧；但是，并以这种方式轻而易举地排除德意志国王的反对势力，这是不可能的。年轻的国王在雷根斯堡庆祝圣诞节时，他就集结起了一支军队，打算向波西米亚人发起进攻；布热季斯拉夫勉强才避免了近在眼前的威胁。他的表现比人们预想得更加恭顺，作为自己忠诚的担保，他将儿子斯皮季赫涅夫（Spitihnew）作为人质呈送给了德意志国王，他答应支付拖欠的贡金，并承诺在近期前往国王的宫廷中。就这样，他达到了当时的目的；亨利放弃了波西米亚战争，继续巡视国内各地。但布热季斯拉夫并没有兑现自己的承诺，正如人们不相信他的意图，事实也清楚地表明他不怀好意，因为，在同一年冬天，他的盟友匈牙利国王彼得就入侵了巴伐利亚的东边区。这样一来，对波西米亚发动战争成为必要，亨利刚刚完成国王巡视，就于1040年夏季赶往雷根斯堡，为的就是打响这场战斗。

波西米亚人再次派出使者，缴纳平常的年贡，也就是丕平国王定下的120头牛和500马克银币；他也承诺，未来将继续保持忠诚，就像一直以来波西米亚人对德意志国王尽忠职守那样。然而，亨利国王的要求却更高、更难；他首先就要求他们交出大批波兰的战利品。按照老波西米亚编年史作者的记录，当波西米亚使者因此面露难色时，亨利给出了如下应答："你们援引古时的法律，但从那时起，国王就有自由改变法律的权力；因为法律并不是在各个时代都一以贯之的，而是一直随着朝代更替而变化的，而那些制定法律的人，并不会受到法律的限制。正如人们所说，法律有只蜡制的鼻子；而国王有着强壮的长臂，所以他可以任由自己的喜好，牵着法律的鼻子走，丕平国王就是按照自己的意志做的那些决定；而我有我自己的意志，如果你们反对我，我就要让你们看看，有多少家族与我站在同一阵线，又有多少人愿意为我作战。"我们不能断言，这样的话语是否符合亨利的心性和德意志国王当时的地位，但是，这种强硬的、专制暴君般的言论证明了当时和后来很长一段时间中波西米亚人对德意志王权势力的惧怕。双方的协商破裂了，两方面都想要展开斗争。

按照亨利的安排，有两支军队同时攻入了波西米亚：其中一支是由图林根人组成的，他们在迈森边疆伯爵艾卡德和美因茨大主教巴尔多的指挥下从北面发起攻势；另一路规模更大的队伍是从巴伐利亚和法兰克征集而来的，国王想要与施韦因富特边疆伯爵奥托一起指挥这支军队，经由波西米亚森林向敌人发起进攻。八月中旬，图林根军队在多纳（Dohna）城堡集合，而国王的军队则在卡姆（Cham）集合；两路军队随即展开行动。布热季斯拉夫凭借大自然赋予的地理优势占得先机，他很好地利用了这一优势，他命人阻断了所有从林区通往波西米亚内部的关隘，此外，他修建大型防御工事，并派重兵驻守在这里。因此，当国王从卡姆出发向福尔特（Furth）的关隘行进时，他发现那里的道路被阻断了，并由牢固的防御工事掩护着，且由波西米亚人镇守。为了应对敌人的措施并将其拿下，亨利派出边疆伯爵奥托带着一些人马通过难行的山区绕到敌人后方。图林根伯爵君特长久以来都隐居在波西米亚森林中，认识那里的所有小径，在他的协助下，奥托顺利地穿过了茂密的丛林。奥托随即向波西米亚人的防御工事发起进攻；但这场进攻时机不利。因为，前一天，8月22日，国王手下几名按捺不住战斗欲望的骑士已经从另一边冲进了关隘中，敌人的弓箭石块如同冰雹一般袭来，使这些骑士几乎全部阵亡了。在这里丧生的有黑森的维尔纳伯爵，也就是国王的执旗手；有赖因哈德（Reinhard），国王派到福尔达修道院的管理官员；还有其他一些在国王、美因茨大主教和福尔达修道院院长手下的贵族邑臣。这场失利挫败了国王军队的士气，而助长了波西米亚人的信心；因此，当第二天，8月23日，边疆伯爵奥托从另一方面向他们发起进攻的时候，他们便以同样的方式自信地取得了胜利。他们埋伏起来，向奥托的小队人马射出如云的弓箭，队伍中吉卜哈德伯爵和其他一些贵族骑士都丧生于战场。幸运的是，老隐士君特终究为边疆伯爵救回了一些人马，使他们穿过群山回到了国王的营地。国王看到自己的军力被削弱、击溃了，他无法再带着这样一支军队继续作战。他以最快的速度向图林根军派出使者，通知他们自己的决定，催促他们尽快撤离。

　　艾卡德和巴尔多带领着他们的小型军队于8月24日经由库尔姆山（Kulm）关口越过了厄尔士山脉。为了对付他们，除了彼得国王派来援助的3000名马扎尔人之外，布热季斯拉夫还集合了最精良的摩拉维亚军队。这支军队完全有能力与图林根军队抗衡。但他们的指挥官，比利纳（Bilina）[①]人祖潘·布洛柯什（Zupan Prkosch），是个叛徒，他受了艾卡德的贿赂，甚至将自己的城市也拱手让给了德意志人。图林根人在比拉河（Biela）和奥赫热河流域横行了九天，连一个敌人都没有遇到；8月31日，他们遭到了进攻，他们较为轻松地克敌制胜，但失去一些骑士。他们不断向前挺进。在隐士君特的引导下，国王的使者来到了边疆伯爵面前，要求他与对方达成提货协议，并离开波西米亚的土地。9月初，艾卡德和巴尔多就带着图林根将士们回到了厄尔士山脉的这一边。国王在他们之前已经离开了波西米亚，9月8日时已经身处班贝格。许多德意志人留在了波西米亚人手里，而国王用波西米亚公爵的儿子将这些俘虏换了回来。

　　这场征战的结果对双方来说都是出乎意料的。布热季斯拉夫没有想到胜利来得这样容易，国王也没料到会这样灰头土脸地撤兵。这也使我们可以理解，为什么亨利在接下来的时间中一直对这场失败的战事耿耿于怀，并且一门心思想要将这个附着在他英名上的污点尽快洗刷干净。秋冬两个，他逗留在萨克森直到度完圣诞节。他在明斯特庆祝完节日后，来到莱茵河畔，在亚琛、乌特勒

---

　　①　译者注：现捷克乌斯季州比利纳河畔的市镇。

支和美因茨度过了大斋期和复活节。无论在哪里，他的心思都始终放在新一轮的波西米亚战争上。在复活节和圣灵降临节间的时间里，他在塞利根施塔特召开了一场大型的王侯会议，为新一轮的征战做出全面的安排；同时，他下令在全国各地举行大型的忏悔和祷告典礼，他认为之前的失利是主的怒火所致，而举行这些典礼就能使主原谅众人的罪孽。

6月，国王离开了莱茵地区，经由威斯特法伦前往萨克森东部。他在这里做好一切战斗准备之后，便赶往东法兰克，赶往波西米亚边境，要打响这场战役。波西米亚使者来到国王的宫廷中，却没有从国王那里得到任何回应。这一次，战争也要在8月中旬开始；同样由两路军队从北面和西面同时入侵波西米亚，地点和指挥官也都与前一年相同。但是军队的人数更多、装备更精良了，同时，还有第三路来自巴伐利亚东边区的援军，他们将从南面进攻波西米亚。这一次，虽然布热季斯拉夫也像前一年一样阻断了所有进入波西米亚的通路，但亨利的安排都进行得无比顺利。最重要的是，国王成功地欺骗了他的敌人。他将军中的一小路人马派往去年遭受大败的那处关隘，而他本人则和主力部队通过一条隐蔽的道路绕过敌人的视线，出其不意地出现在他们背后。在这样的情势下，敌军四散而逃，将领地拱手让给了国王的军队。巴伐利亚人和法兰克人气势汹汹地一路来到布拉格城前，于9月8日在城外的伏尔塔瓦河畔扎下营帐。与此同时，边疆伯爵艾卡德和大主教巴尔多的军队也来到了都城前，在河对岸安营扎寨。

眼下，军心动摇，布热季斯拉夫的艰难处境变得更加令人绝望了。主教西弗勒斯亲自前往敌方营地，心中畏惧着国王和他的上司大主教巴尔多的怒火。大主教知道波西米亚人计划在布拉格建立大主教管区之后，便转向罗马方面，严正控诉了布热季斯拉夫公爵和主教西弗勒斯，要求罗马方面严惩不怠。一开始，教皇和红衣主教们似乎耐心倾听了德意志人的控告，但很快，波西米亚人就通过贿赂减轻了自己的罪责，虽然他们不愿承认，但只是简单地进行了忏悔就获得了宽恕。巴尔多对罗马方面的判决感到不满，他决定召开一场德意志教会评议会，来革除主教西弗勒斯的主教头衔，并且要叫布拉格人见识一下德意志军队的厉害。在这样的情况下，西弗勒斯自己的目的就与他君主的目标不再一致了；他在暗中与多名波西米亚权贵一起来到德意志军营，向国王保证会交出公爵、攻略城池并呈送人质。主教虽然不能立即兑现自己的承诺，但德意志人欢迎他的到来；因为布热季斯拉夫公爵不在他的手中，而是依旧自由地在外奔走，为新一轮的反抗寻找途径和资源。如果不好好杀杀他的锐气，他是不会投降的。

两路军队再次从布拉格撤离，进一步侵袭其他地方，而同时，年轻勇敢的利奥波德（Liutpold），奥地利边疆伯爵阿达尔贝特的儿子，他也带着第三路军队攻入了波西米亚。9月29日，德意志的军事力量再次于布拉格会合，并在城市以北的伏尔塔瓦河岸边扎下了营帐。布热季斯拉夫已经精疲力竭，军队的士气也被击垮了；他请求国王派出使者到他这里来。当国王的使者出现时，他向使者们承诺，会彻底投降，弥补造成的损失，交出波兰俘虏，并上缴8000镑银子作为罚金。除此之外，他还提出了一个期限，答应在这个期限内去雷根斯堡面见国王，并将自己的儿子和多名手下的大臣作为人质送到国王手中，如果他不能兑现自己的承诺，这些人质就听凭国王处置。在这样的条件下，双方讲和了。布热季斯拉夫亲自命人拆除了阻断关隘的路障，让国王的军队能够顺利轻松地撤出波西米亚。

国王来到雷根斯堡，慷慨地赏赐了他英勇的将士们；尤其是骁勇的巴本贝格家族成员利奥波德受到了大力褒奖，除了其他馈赠之外，国王还将波西米亚公爵的一匹宝马赏给了他。十月中旬，布热季斯拉夫按照约定，亲自来到了雷根斯堡；他找到了位高权重、深受国王敬仰的人当他的说客，他们是他的内兄施韦因富特的奥托和迈森边疆伯爵艾卡德，他非常肯定，国王会接受他。布热季斯拉夫赤着双脚，穿着忏悔服跪倒在国王脚边，将波西米亚的公爵旗帜交还给他，布热季斯拉夫放弃了波兰的占领地，也放弃了国王的头衔。所有德意志王侯都满怀同情地站起身来，请求国王开恩。而亨利的表现却比王侯们期待得更加仁慈。他不仅将公爵领地还给了布热季斯拉夫，还将西里西亚也留给了他；除此之外，他还将所得金额的一半赏赐给了布热季斯拉夫。通过这样的行为，他完全赢得了与英勇的波西米亚公爵的友谊；在之后的所有战斗中，布热季斯拉夫积极地支持着国王，而且之后的波西米亚公爵们也在很长一段时间内一直是法兰克皇帝最忠诚的支持者。

c. 亨利三世的第一场匈牙利战争

国王的胜利不可能更彻底了。他不仅战胜了波西米亚的"阿喀琉斯"[1]——波西米亚最早的编年史作者就是这样称呼布热季斯拉夫的，让他为德意志人效力；这场胜利还进一步影响到了整个欧洲东部。这种影响首先在波兰和匈牙利显现出来，而且其展现方式恰恰与波西米亚截然相反。

可能是在国王第一次进攻波西米亚的同时，卡齐米日回到了波兰，回到了父辈留下的土地上。人们会怀疑，这是不是在国王的授意下发生的；但至少最早的波兰编年史确认，卡齐米日充满男子气概地昭告自己的决定，说要夺回父辈的遗产并在他的人民中建立起王侯势力的时候，不论在他的德意志母亲，还是国王本人那里都遭到了反对。据说，国王认为他觊觎他母亲和他舅舅科隆大主教在德意志的丰厚遗产，所以才防备着他，但卡齐米日想要的只是皮亚斯特王朝的遗产，他一心思考的也只是如何夺得这一份遗产。他开始征服波兰时只有五百骑士。他的心腹给了他一座小城堡当做根据地，他从这里出发渐渐扩张自己的势力；经过长期的艰苦斗争，他将波西米亚人、异教的波美拉尼亚人和普鲁士人从这片土地上清除了出去，并且顺势凭借王侯力量在波兰建立了基督教教会，虽然他还没能重树更早时代的稳固秩序。而梅奇拉夫的政权在许多年的时间里常常受到卡齐米日的侵袭。卡齐米日没有从他的先辈那里继承国王的头衔；他更倾向于将自己视为德意志国王的一名邑臣，并与生养他的母亲、为他提供庇护的民族保持和平友好的关系。

但是，即使亨利没有直接支持卡齐米日，亨利战胜波西米亚人显然还是为皮亚斯特王朝的成功降低了难度，并对波兰政治和宗教秩序的重建做出了极大的贡献。与之相比，亨利的战绩对匈牙利局势的影响是多么不同啊！国王彼得认为，可以依靠波西米亚公爵来支持他岌岌可危的政权；这一支持关系刚刚破裂，他的政权也随之覆灭了。整个民族都疯狂地暴动起来反对他。骚乱的人群

---

① 译者注：古希腊神话中的英雄人物，被誉为"希腊第一勇士"。

涌入彼得的王堡；人们将他身边的一名宫人抓走，这人名叫布达（Buda），他是国王在所有侵害人民的行动中的得力助手；人们当着彼得的面，将他活生生地杀死了，并灼瞎了他两个儿子的眼睛。彼得惊恐地逃出来；先是来到了奥地利边疆伯爵阿达尔贝特那里，阿达尔贝特是他的姐妹弗洛薇扎（Froviza）的丈夫。也只有实在走投无路时他才会来到这里，因为他前不久还带兵攻打过他的这位内兄；他不敢出现在国王面前，他害怕这位幸运的胜者会大发雷霆，而国王也有理由这样做。但是，边疆伯爵阿达尔贝特却调解了国王和这位被驱逐的王侯之间的矛盾，当彼得低眉顺眼地来到雷根斯堡，跪倒在亨利脚边请求他帮助的时候，亨利深受感动，并答应了他的请求。在亨利降服波西米亚人并赢得其友谊之后，现在他又使得匈牙利人在他的王座前求援，这对他来说是一场不小的胜利。

在此期间，由于在圣伊什特万的众多侄子之中没能找到合适的人选来继承他的衣钵，匈牙利民众就放弃了阿尔帕德（Arpad）家族，转而将一位名叫奥鲍（Aba）的贵族推上了王位。奥鲍只是通过姻亲才和王室家族有了关联，令他著称的是，他执政之初将前任国王定下的所有法律和条例统统废除，并且肃清了异族长久以来在国内的势力。由于基督教信仰也受到他的排挤，人民旧时的信仰又有了生存的空间，曾经伊什特万使马扎尔人从混乱中崛起，而现在，一切都预示着混乱局势的重新来临。面对这样的局势发展，德意志人不会再袖手旁观了；奥鲍自己也意识到了这点，并随即策划起了针对德意志方面的战争。皇帝从巴伐利亚穿过施瓦本来到阿尔萨斯，在斯特拉斯堡庆祝了圣诞节。在这里，奥鲍的使者出现在亨利的宫廷中，他们傲慢地询问亨利是否想与马扎尔人和平共处，还是想要兵戎相见。国王回答道，这个问题的决定权在奥鲍手中。使者就这样回去了，很快，奥鲍就带兵来到了匈牙利的父辈们常常征战的地区。他想要让人们回忆起，旧时的匈牙利军队在德意志是多么令人闻风丧胆。

2月中旬左右，奥鲍没有宣战就带着一支大军在巴伐利亚的东边区向国王发起了进攻。他亲自领兵沿着多瑙河南岸行进，而他的一名将军则侵袭北岸。两路军队都没有受到抵抗，径直来到了特赖森河（Traisen）在特赖斯毛埃尔（Traismauer）汇入多瑙河的地方；他们在这里第一次遇到了德意志军队，但这些德意志将士们完全没有料到会遭到突袭。那正是狂欢节期间，德意志将士们无忧无虑地享受着斋戒前的欢乐；而这将为他们带来惨痛的后果。2月15日，奥鲍一大早便向这里驻扎的军队发起了进攻，将他们全数歼灭；但他对自己的军事力量没有信心，在这一战之后，他就立即带着自己的军队掉转了方向，他在图尔恩（Tulln）过了一夜，随后便带着手下的人马、丰厚的战利品和许多俘虏回到了匈牙利。在多瑙河左岸的那一路军队撤退得较慢，被英勇的利奥波德赶上了。这位果敢的王侯以最快的速度集结起了一支小型军队；他率领这支队伍追击撤退的敌人，并以十足的士气向他们发起进攻。看到有援军赶来，被匈牙利人押着的德意志俘虏纷纷挣脱枷锁，带着复仇欲与敌人们拼杀。就这样，利奥波德获得了一场彻底的胜利。匈牙利人仓皇而逃来到了马尔希河（March）[①]河畔。许多人溺死在河水中，其他人凭借游水的本领逃过了德意志人的刀剑。在逃脱的人中也包括领兵的将军，但他回到奥鲍身边后，不得不以死谢罪。与此同时，还有第三路匈牙利军队袭击了克恩顿边区，但被边疆伯爵阿诺德的儿子戈德弗里德彻底击败了。

这些事情发生的时候，国王亨利正逗留在勃艮第，这是他在勃艮第接受德意志统治后第一次到访这里。1月19日，我们看到亨利在意大利边疆上的圣莫里斯（St. Maurice），2月21日到了巴塞尔；随后，他从巴塞尔沿莱茵河向下，在科隆度过了复活节。在这里，国内所有的王侯们都会集到他身边，他与众人一同商讨，要发兵讨伐挑衅的匈牙利人。开战的事宜定下了，国内各地整兵顿马，准备在6月就打响战争。在维尔茨堡过完圣灵降临节之后，国王亲自来到萨克森，接着于8月15日前往班贝格。种种迹象表明，他在班贝格与布热季斯拉夫公爵进行了一次会晤，并且直到8月底才为了亲自参加战斗来到雷根斯堡。

到目前为止，战争还没有取得值得一提的成果；大军在多瑙河右岸多水的地区前行，似乎遇到了与康拉德二世皇帝被迫撤军时同样的困难。因此，国王决定按照布热季斯拉夫的建议从多瑙河左岸行军。9月初，当他在波西米亚人的支持下，从左岸向匈牙利人发起进攻时，他很快就取得了有利的进展。边境

---

① 译者注：即摩拉瓦河（Morava），德语称马尔希河（March）。

上的堡垒被攻陷了；海伊姆堡（Haimburg）和普莱斯堡（Pressburg）①都被付之一炬；奥鲍两次在赫龙河（Gran）河畔被击败，逃亡了内陆地区。国王亨利很快就成了整个匈牙利西部的主宰，这个王国的中心，他开始考虑重新将彼得失去的政权还给他。但匈牙利人对彼得极其反感，亨利不得不放弃了自己的这个愿望，并将圣伊什特万的另一位侄子扶上了匈牙利的王座，此人也曾被驱逐出匈牙利逃往波西米亚，如今在布热季斯拉夫公爵的随从队伍中。为了保护伊什特万的这个侄子，亨利留下了2000名波西米亚和巴伐利亚士兵，随后便离开了这里。他来到了萨克森，我们可以读到10月15日他已经到了诺德豪森（Nordhausen）。这一年的圣诞，他是在戈斯拉度过的，身边围绕着许多国内的王侯大臣；布热季斯拉夫公爵也来到这里，送上珍贵礼物表达他对国王的敬意。

新年伊始，国王就来到了他西部地区。他在列日庆祝了复活节，随后（4月21日）在希耶河畔的伊伏瓦与法兰克王国国王会面。但接下来，他就重新返回了萨克森，并在帕德博恩庆祝了圣灵降临节。这时，国王已经重新开始关注匈牙利的局势了。因为不仅国王彼得还没有彻底放弃重建自己政权的希望，来到了宫廷之中；奥鲍的使者也出现在亨利面前，因为奥鲍在亨利撤军后不久就重新占领了整片土地，现在试图与德意志讲和来巩固自己的统治。最后，亨利让奥鲍的使者先回去，让他们来出席近期将在雷根斯堡召开的地方会议，好在听取了巴伐利亚大臣们的建议之后再决定匈牙利的事宜。

夏季，国王来到了雷根斯堡，奥鲍的使者们又出现在他面前；而此间展开的协商却完全无法得出结果；奥鲍宣布要开战，他命令自己的使者离开了德意志大地。国王带着军队就跟在他们后面；这一次他一直行进到了多瑙河南岸，一起的还有他花大力气武装起来的一支舰队。在匈牙利边境，他们没有受到任何反抗，而当他们正打算向雷普采河（Repcze）河畔被匈牙利人占领的城堡发动进攻时，奥鲍又派来了新的使者，提出极为有利的条件要与亨利讲和。奥鲍不仅提出要弥补所有损失，保证伊什特万的遗孀吉瑟拉的一切权利，支付400镑

---

① 译者注：即布拉迪斯拉发（Bratislava），斯洛伐克共和国首都。

金子的罚金并释放俘虏；除此之外，他主动提出，将西部的一部分土地割让给德意志人——这部分土地曾被德意志人占领过，但后来又在我们不知道的某个时间，回到了圣伊什特万手中；而他和他的人民也会臣服于德意志国王脚下。他同时派来了多名贵族作为兑现这些条件的担保；他命人转达国王，如果他在12月2日没有兑现诺言，国王可以任意处置这些人，以解心头之恨。他只有一个请求，就是不愿亲自出现在国王面前。亨利接受了这些条件，派出巴伐利亚公爵亨利和波西米亚公爵布热季斯拉夫去到奥鲍身边，让他通过发誓来确认这些承诺，而奥鲍也按照要求许下了誓言。亨利不费一刀一枪就取得最重要的胜利，离开了敌国。匈牙利认可了他的最高统治，从菲莎河（Fischa）一直到莱塔河（Leitha）和马尔希河河口的那片土地成为了德意志帝国长久的领地。9月3日，国王在珀希拉恩（Pöchlarn），接着他来到雷根斯堡，一直在那里逗留到10月。

　　在一系列顺利而收获颇丰的战事中，亨利国王开始了他的执政生涯。除了他孜孜不倦的努力和十足的勇气，国王的这些丰硕成果还尤其要感谢那些在他麾下效力的、光荣勇敢的贵族骑士们。在这一场场战斗中，年轻领袖身边都围绕了一个个英雄家族，他们已经做好了准备，愿意为他付出一切，为国家的尊严承受一切。今时今日与亨利二世的那个时代是多么不同啊——当时的德意志王侯们不断策划着针对国王的阴谋，边境的保卫者无一例外地与外部的敌人保持着可疑的关系。而现在，国王完全不用与类似的谋反罪行相斗争；德意志王侯和领主们似乎突然意识到，国王的安康就是他们自己的安康，帝国的强大就是他们自己的强大。当时的情况就好像是，德意志将士们心中几乎消亡的牢不可破的忠诚之心和甘于牺牲的奉献精神，在消亡了几十年后再次复活了；这一点在东南部边区的骑士们中表现得格外显著，而他们也正是国王军队的主要成员。如果我们没有弄错的话，当时的这些精神品质和战斗经历也反映在《尼伯龙根》中，正是在这片被匈牙利人的鲜血浸润的土地上、在当时环境的影响下，这部作品才越发成熟、形成了最终的形式。

　　在亨利手下的众多英雄人物中，最尽忠职守、英勇光荣的要数迈森边疆伯爵艾卡德、奥地利的老边疆伯爵阿达尔贝特、亨利的堂兄弟施韦因富特的奥托、克恩顿的边疆伯爵戈德弗里德，最后还有最为突出的奥地利年轻的利奥波德，他是边疆伯爵阿达尔贝特的儿子，他以赫赫战功永久地赢得了"勇者"的称号；没有任何人的荣光比他的更耀眼，他受到广泛的认可，也没有人嫉妒或是质疑他。除了这些将领之外，我们还能罗列出许多国王麾下的英勇战士，他们中的大多数人都为自己无畏的勇气付出了血的代价。

虽然会有人错误地认为，德意志骑士们如此积极地尽忠职守，只是出于一己私利，但一定不会有人质疑，亨利的慷慨仁厚激发并保证了他臣子们的勇气。很少有德意志国王能有像当时的亨利那样，有这样忠诚的邑臣任其调遣，然而，邑臣们也很少能找到像亨利这样宽厚而懂得感恩的君主；除了在他的麾下，很难再找到这样回报更为丰厚的差事。被战胜的敌人是他最大的资金来源；而他不止一次将这些钱财一分不剩地分给他的将士们。这就可以解释，为什么敌人的赔款这么多，国王的金库还是空空如也，而在这一系列胜利之后的1044年夏季，亨利就不得不向沃尔姆斯教会借款20镑金币和200马克银币，并且他还极其严格地对待各方筹集的军需物资①，以至于他被人们当作一个贪婪的王侯。对于他的将士们，他在金钱上是如此慷慨，为了褒奖回馈他们的伟大功绩，他毫不吝惜自己和国家的财富。在这件事上，我们有最清晰、最引人注目的证明。众所周知，只有很少一部分世俗人士的馈赠证明文书从那个时代留存下来，因为这些文件的长期保存条件不如神职机构中的那样周全；但即使这样，我们还是找到了一些档案，单是亨利三世执政的最初六年中就留下了15份证明文书，这些文件表明，一部分帝国王侯、邑臣和官员获得了相当可观的封地，这些封地大多位于匈牙利新让出的地区，而那些地方正需要快速殖民。在一份源自1044年的证明文书中，亨利分封给一位名叫里奇曼（Riziman）的官员莱塔河河畔王室胡符的土地，他在文书中解释道，他想要按照各人的功绩给予每个人相应的报偿，并以这样的方式让每位忠诚、勤奋的臣子有所向往，且能感受到他的感谢之情。其中，没有哪个家族比巴本贝格家受到了更多赏赐，他们位于奥利地边区的世袭领地主要就是亨利三世建立起来的。

国家的东南部边区在最近的纷争中重新赢得了突出的重要地位，并在接下

① 他曾将从前的老师阿玛尔利希提拔为法尔法修道院院长，但后来，亨利又革去了他的职务，因为他提供的战时物资不足。

来的一段时间中经历了持续性的改变。虽然新征服的地区并没有马上与巴伐利亚的东边区奥地利融为一体，但这些地区也在一定程度上扩大了边区的疆土。我们得知，国王在1043年年末将英勇的利奥波德提拔为边疆伯爵；他分得的领地只可能是这片新增的地区。毫无疑问，比起渐渐年迈的边疆伯爵阿达尔贝特，国王更想将自己疆土中最容易受到侵袭的地区交给接受过考验的、年轻力盛勇士；但令人惋惜的是，利奥波德受到提拔后没几天就死去了。我们发现，在1045年时，这个边区还有着一位自己的边疆伯爵，他名叫齐格弗里德，他受到国王的丰厚赏赐得到了那里的土地。我们不知道，他是不是利奥波德的儿子或兄弟，但他肯定是巴本贝格家族的成员。齐格弗里德应该也是在不久之后就去世了，因为1048年时，老边疆伯爵阿达尔贝特的辖区就已经扩展到了马尔希河与莱塔河河畔，而新征服的地区也留在了奥地利辖区内。

　　虽然东边区在巴本贝格家族成员的手中得到了最安全的保障，但即使这样，匈牙利战争以及国家的防御工作还是迫使国王于1042年年初重建了巴伐利亚公爵领地。新上任的公爵洛林的亨利伯爵，来自卢森堡家族，他是库妮古德皇后和1026年去世的亨利公爵的一位堂兄弟。与巴伐利亚公爵领地不同的是，克恩顿的公爵领地保留在国王手中直到1047年；因此，为边区建立起强有力的防御就变得更加紧迫了。在这样的情况下，克恩顿边区在当时赢得了极其重要的意义，以及比之前都更为稳固的地位。埃朋施泰纳家族的阿达尔贝罗是最后一位掌管克恩顿及其全部边区的公爵。小康拉德获得这块公爵领地时，埃朋施泰纳家族在崛起前管理的公爵领地被重新划分出来作为公爵领地，也就是穆尔河（Mur）河畔与德拉瓦河（Drau）下游的边区，交到了兰巴赫伯爵阿诺德手中。1042年时，阿诺德的儿子戈德弗里德在战胜匈牙利人之后，就已经在一份证明文书中被冠以边疆伯爵的头衔，虽然他的父亲当时还活着，而且他和他的父亲一样，在之后也一直被称为边疆伯爵。戈德弗里德是否与利奥波德一样管理着边区中特定的地区，还是全权掌管着父亲的事务，我们就不得而知了；他似乎在父亲之前就去世了。1056年，父子两人都已离开了人世，边区就被交到了和他们有亲缘关系的"施泰尔（Steier）的奥托卡（Ottokar）"手中，人们之所以这样称呼他是因为他的主要城堡位于特劳恩高（Traungau）的施泰尔。自此以后，"施泰尔马克"的名称代替了之前通用的克恩顿边区，很快获得了其影响力；但没有证据显示，当时就已经有了上、下施泰尔马克的区分。同时，克雷恩（Krain）[①]边疆伯爵领地也从克恩顿公爵领地中划分出来。在小康拉德死后，1040年的档案文件中就直接提到了克雷恩边疆伯爵埃博哈德；他的出生并不明确，而他的继任者边疆伯爵乌德利希是否与他来自同一家族也无法确定。但由于乌德利希也管理着伊斯特拉半岛（Istrien）和弗留利，可以猜测，这些土地也是和克雷恩一起从公爵领地中分离出来的，埃博哈德也对之进行过管辖。乌德利希死后，克雷恩、伊斯特拉半岛和弗留利被于1077年分封给了阿奎莱亚宗主教，但这项赐封受到了埃朋施泰纳家族的强烈抗议。韦尔夫伯爵在1047年获得克恩顿公爵领地时，与公爵领地有所联系的只有维罗纳一个边区。除此以外，克恩顿的各个边区当时对公爵势力的依赖都在渐渐减弱。奥地利边区与巴伐利亚公爵领地的联系也已经变得松散了；但至少边疆伯爵们当时还会参加公爵的地方会议。

d. 亨利三世与普瓦图的阿格涅斯订婚

更多地是出于形势所迫，而不是自己的意愿，国王在执政之初大多忙于东部的事务；而他人生的使命似乎也是要将国家的疆土向这个方向扩张。因此，东面的王侯们密切地关注着这个年轻人的一次次胜利。亨利的父亲与君士坦丁堡结下的联盟瓦解了；相反地，罗斯的大王侯雅罗斯拉夫却在同一时间努力地试图与德意志宫廷建立起友好的关系。1040年秋季，一位罗斯人使者就来到了阿尔特施泰特，出现在国王面前；1042年圣诞节，第二位使者又来到戈斯拉觐见国王，并向德意志国王提出，要将大王侯的女儿嫁给他。但亨利已经选定了自己的第二任妻子，比起他的征战，从他妻子的人选上可以更好地看出他治国的目标。1042年圣灵降临节，他派出自己的近亲维尔茨堡主教布鲁诺，让他带着一支由贵族男女组成的庞大队伍，向普瓦图的阿格涅斯提亲。

阿格涅斯是阿基坦公爵威廉的女儿，这位威廉公爵也就是意大利人曾经

[①] 译者注：即克拉尼斯卡，或按英语音译为卡尼鄂拉，位于现斯洛文尼亚境内的一个历史地名。

想要送上国王冠冕的那位，当世将他称为"大公爵"；阿格涅斯的祖父是奥托·威廉，即曾与亨利二世皇帝争夺勃艮第的那位；阿格涅斯的家族血缘可以回溯到意大利最后的独立国王那里，即阿达尔贝特和贝伦加尔。阿格涅斯出身于法兰克王国最德高望重的王侯家族，其势力完全能与王室家族抗衡，除此之外，这个家庭在意大利和勃艮第也有极大的势力；她为她的丈夫打开了西欧各地的重重关系网。亨利向她提亲，并不是遵从于心中浪漫的情爱，而是出于政治的算计；他想要通过与阿格涅斯的联系巩固自己在意大利和勃艮第的势力，但最重要的还是在法兰西的事务中取得长久的影响力。我们知道，康拉德皇帝的小女儿与法兰克王国亨利一世国王之间的订婚关系着怎样的宏图伟业；[①][邱瑞晶6]因为妹妹的死，这些计划成为泡影，而现在，国王重拾这些计划，只不过这次他的目的不是与卡佩王朝的王室家庭本身联姻，而是要与他们国内最强大的王侯家族联姻，而这个王侯家族几乎已经完全摆脱了对王权的依赖。

毫无疑问，这样一场联姻会为法兰西王室带来巨大的威胁。而法兰西王室也因此感受到了这场联姻为他们制造的极大困难，因此，人如果将此猜测为1043年4月亨利与法兰克王国国王会晤的原因，应该是不会错的。而另一方面的阻碍，即几位与亨利亲缘关系不算太近的、严格的僧侣来到了阿格涅斯的身边，这似乎没有使法兰西国王太过不安。1043年秋季，他终于走到了这一步，可以考虑婚礼的事宜了。10月，亨利离开巴伐利亚，来到他的勃艮第王国最西的边境上，迎接他期待已久的新娘。随着第二次的婚姻，他的人生也走上了新的道路；现在他接触到了新的关系网络，而在此之前，不论是他本人或是他的政府都没有深入涉及到这个关系网中。

9. 亨利三世与普瓦图的阿格涅斯联姻以及接下来的发展

---

① 　参考第257页。

a. 法兰克王国弱肉强食的法则和"上帝的和平"

自卡洛林王朝分裂以来，法兰克王国的形势大多数时候都在朝着与德国截然相反的方向发展，虽然，在分裂的时候两国的局势几乎别无二致。到了十一世纪时，两国间的反差依旧非常鲜明。德意志国王的声望越是高涨，法兰克国王的威望就越是江河日下；法兰西政府越是严格地做出各种限制，国家却越是松散，几乎面临彻底瓦解。卡佩家族很快就意识到，王权将他们卷入了与国内大领主们之间的一系列纷争之中，在这一过程中，他们失去的力量远比获得的要多。到了国王罗贝尔一世和他的儿子亨利一世那里，王权势力已经大不如前。在他们世袭的公爵领地之外，他们的国王头衔几乎形同虚设；甚至连他们家族的旧有属地也常常遭到侵袭，他们甚至还遭到驱逐！只有在他们伸手可及的狭小范围内，人们才听从他们的指挥；然而，即使是在这样狭小的范围内，他们的手腕也并不是最强大有力的，他们的武器也并不是最锋利的。加龙河（Garonne）河畔有一座被坚固高墙围绕的修道院，那里的一位院长曾经这样描述罗贝尔国王统治的时代："在这个国家中，没有人听从国王的号令，我掌管着我的修道院，就比国王更强大。"这并不是什么自负的吹嘘，而是完全符合当时真实情况的。

当时法兰克王国的国王是世界上最缺少实权的国王，但他在名义上仍是邑主，手下有着欧洲最强大的邑臣。王权势力如此软弱，国内的高阶贵族们却无比强大。在那些向卡佩王朝宣誓效忠的权贵之中，许多都是西方最德高望重的王侯，在争斗中甚至可与皇帝和国王匹敌。长久以来，在四海之内，都没有人比阿基坦的威廉五世享有更高的声望，人们将他称为"大公爵"，而现在，德意志国王也开始向他的女儿提亲。弗兰德和香槟的伯爵们本身，与亨利二世和康拉德二世皇帝关系很差。图卢兹（Toulouse）和安茹伯爵在实力上与刚才提到的两位领主不相上下；而诺曼底的公爵们则远远超过他们。在这个人口稠密、富饶安康的国家中充满了用之不竭的军事力量；如果这些军事力量有朝一日达成了共识，那么对整个世界来说都是巨大的威胁。而且这些力量并没有在怯懦中平静地消亡，而是在如火如荼的战争岁月中被发扬光大了；但是，缺少了能将他们团结在一起的强大王权，他们便在狂热的内部暴动中消耗彼此的能量，而法兰克王国虽然拥有这么多的援助势力，最终还是失去了自己在西方国家中的重要地位。

在侯爵们彼此之间及他们与王室之间不断的斗争中，发展出了以粗野暴力进行统治的政权，这次之前，人们只在勃艮第看到过这样的政权。这里不存在正义，人人皆用拳头说话，法律无处可寻，只剩恩怨相报。谁想要维护自己的自由和独立，就必须有武装起来的仆从围绕在身边，用城墙保护自己的属地，并长期生活在战备状态中。为了不被更强大的邻居打败，人们还必须不断争夺更多的金钱和产业、土地和人马。没有战斗力和财富，自由就无从谈起。谁要是不愿沦落为人臣，就必须时刻利剑出鞘站在队伍的最前面；谁要是不愿，就必须不假思索地争夺别人的财产，毫不犹豫地压迫弱者。当时法兰西土地上纷繁复杂的恩怨仇恨，恐怕是没有人能够厘清头绪的；即使有人能做到的话，也会出于内心的恐惧拒绝这项工作。所有这些内部斗争的动机一直都是同一个——无法满足的贪欲。

不只是贵族在金戈铁马中度过一生，就连一般来说无力自卫的神职人员们，也不得不考虑如何自保，投身于疯狂的动乱之中。他们丰厚的产业，他们广大的特权，首先就吸引了权贵们的注意，如果神职人员们不事先组织邑臣军队，用坚固的堡垒和塔楼保护自己的属地，那么他们的产业就会沦为权贵们贪欲的牺牲品。就连虔诚的克吕尼派也不断积累财富，并武装起来维护自己的安全；他们通过牢固的防御工事而获得的名声毫不逊于他们的教会建筑；他们的修道院从外部看起来更像是一座堡垒，而不是和平的圣所。

不像在德意志，主教和修道院院长们会受到强大国王的保护，法兰西的主教和修道院院长如果不在世俗武器之外也用宗教的手段来保护自己、将那些高傲的武夫限制起来，那么，他们即使有武装和堡垒，还是难逃受到无情胁迫的命运，可耻地沦为别人脚下的仆从。正如毒药和解药往往放在一处，在那个时代，最残暴粗野、低贱贪婪的灵魂常常受着最大的煎熬，惧怕着神的惩罚和地狱的折磨；信仰与迷信混杂在一起，发挥着令人惊讶的影响力，使所有其他的传统习俗上的限制都显得无足轻重。自古以来就在法兰西教会中得到多方面运用的惩戒手段，现在又进一步增加了①，而且这些手段中的大多数都带来了值得一提的成果。许多无法无天的强盗受到教会惩罚的威胁时，都恐惧地丢掉了手里的剑，放弃了世俗的生活。贵族领主们在罪恶中度过了一生之后，在临死前穿起僧侣的袈裟，在修道院的围墙之内等到自己的最后时刻的到来，这种行为已经成了较为通行的惯例。在之前，圣髑从没有显现过如此之多的奇迹；比起强大的军队，圣髑能更有效地保卫教堂和修道院。越来越多的骑士前往耶路撒冷朝圣，去到主的墓前忏悔自己的罪恶。一个毋庸置疑的事实是，恰恰是在这个充满了疯狂争斗的时代，建起了无数新的宗教机构，而这些宗教机构的筹建者又大多是最险恶的教会强盗或是庙宇的亵渎者。

一种奇特的虔诚蔓延在这群疯狂而不羁的人中间，安茹伯爵福尔科（Fulko）就是一个例子。这位强大的领主整个一生都充满了接连不断的残暴行径，当他烧毁了索米尔（Saumur）之后，为了弥补这座城市的主保人圣弗洛伦蒂乌斯（H. Florentius），他发誓要在昂热（Angers）为他建造一座新的更加美丽的教堂。当他因此想要将圣人的遗髑请到那里去的时候，出现了奇怪的事，人们无法将圣髑从它原来的位置搬动。圣弗洛伦蒂乌斯的反抗使伯爵大为震怒，他脱口而出，说圣弗洛伦蒂乌斯是个愚蠢的、渎神的圣人。这位虔诚的领主两次前往耶路撒冷朝圣；在第二次朝圣时，他赤裸着身体来到主神圣的墓前，亲吻墓上的石块，还从上面咬下一大块来，并将之作为圣髑保存起来②。但不论他的宗教信仰如何粗野和肤浅，不可否认的是，教会从没有受到完全的控制，即使困难重重也依旧保留着令人畏惧的力量。

险恶的时代往往会为教会和神职人员带来一些福祉；当时高卢的神职人员们也受到了积极的影响。虽然他们的整体行为丝毫不值得颂扬，虽然买卖神职的"西门罪"和腐化的生活作风在他们中间并没有彻底杜绝，但他们还是从于格·卡佩执政时那种暗中蛰伏、卑躬屈膝、遭人鄙弃的状态中站起来了。世俗的神职者赢得了更受人尊敬、更自由的地位，并且在大多数修道院中，也都

---

① 1031年在利摩日召开的宗教评议会上，第一次有人提出建议，要颁布针对某一地区停止一切宗教活动的禁令。

② 福尔科逝于1040年，也就是他第二次朝圣回来后不久。

按照克吕尼的榜样进行了积极的改革。就连学术研究也在法兰西的神职人员
中经历了令人惊叹的发展。他们是从两个方面获得强大且持续的力量的。沙特
尔主教弗尔贝特有一名学生是图尔（Tours）的贝伦加尔，他头脑清明，是个
执着于追求事物真相的人，正是在当时，对于已经受到广泛认可的、帕沙修斯
（Paschasius）[1]关于圣餐性质的教义，他首先公开提出了质疑；而他也找到了
一些热情的弟子，将他的教义不断传播到更广的圈子中去。也是在同一时间，
伦巴底人兰弗朗克（Lanfrank）从他家乡的语法和法律学校中走了出来，以漫
游教师的身份来到法兰克王国，他在诺曼底停留下来，并凭借自由而生动的授
课方式在这里获得了令人难以置信的成功。自卡洛林时代开始，神学研究就一
直在这片土地上受到人们的推崇，于是，兰弗朗克现在也转向了神学研究，并
很快与贝伦加尔陷入了对教条的争论之中，在这场争论中，他们用上了当时所
有的学术武器，甚至还激化成了个人间的怨恨。他们之间的争斗以及在这个过
程中写给对方的争论书信一开始只对法兰克王国的神学研究有着重大意义，但
很快，他们就影响到了整个西方的思想者们，这场争论的影响甚至一直保留到
今天。

　　从中可以看出，在法兰西神职者中存在着许多鲜活的精神生活萌芽，但
最重要的是，神职者们重新感受到了自己的力量，并由此下定决心，要使用所
有可以调用的资源，在这个无可救药的混乱时代中重建法律秩序，尽可能扶植
起广泛的和平态势，即便国王已经对这样的和平秩序持着怀疑的态度。像我们
之前提到的那样[2][邱瑞晶7]，1021年，受到勃艮第主教们的推动，法兰西神职
人员中间就已经出现了那样的趋势。当时，他们取得的成果非常有限，但十年
后，他们在更有利的条件下重新开始了。法兰克王国南部是这场新一轮行动开
始的地方。从这个世纪之初，卢瓦尔河（Loire）以南的土地就经历了迅速且
卓有成效的发展。比起北部地区，日耳曼的征服对这里旧时地方局势的破坏较
小；罗曼民族仍占大多数，并随着时间的推移，渐渐使他们的语言、习俗和律

[1]　译者注：即帕沙修斯·拉得伯士（Paschsius Radbertus），生活于8世纪末9世纪初的
　　神学家。

[2]　参考第131页、第176页。

法成为通用的标准。在这个时候，日耳曼的公民权在这里失去了最后的效力，而罗马法律则重新占据了无可争辩的统治地位。如果军事的封建体系也如同在法兰克王国的其他地方一样，在这里所有的社会圈子中发挥其影响，那么，除封建体系之外，城市生活也绝不会沉沦，并且在第一轮民族迁徙大潮之后，随之涌来的军队对这里的破坏较小，在这种有利的局势下，贸易和手工业比别的地方恢复得更快。宽阔的道路尤其推动了西班牙阿拉伯人和基督教世界间的贸易，它们通往国内的各个方向，激活了交通，帮助了人口的增长。这个轻率而多愁善感的民族不仅向往着和平安宁，而且也向往着和平时代的种种享乐。正是在这里，领主们首先脱下了沉重的铠甲，穿上柔软鲜艳的衣衫。在加龙河阳光明媚的河岸上，在利穆赞（Limousin）气候温和的山谷中，在风景迷人的图赖讷（Touraine），在富饶的普瓦图平原，人们过上了轻松愉快的生活。无论是在王侯们的庭院中，还是在城堡的屋宇中，到处都是喧嚣热闹的场景，一场场节庆活动、戏剧表演轮番而至，令人应接不暇。用当地语言传颂的民间诗歌得到了蓬勃的发展，比其他的语言艺术都发展得更为迅速。阿基坦是众多漫游的杂耍艺人和街头歌手的故乡，他们几乎对当时其他民族较为粗野的艺术形式构成了威胁。值得注意的是，对于法兰克王国北部抛弃残暴严苛的习俗，人们想要将之归功于国王罗贝尔一世迎娶了图卢兹伯爵威廉的女儿。据说，当时一些轻浮的人们最先穿上了不合礼数的服装，修剪发须，打扮成杂耍艺人的模样，从加龙河来到了塞纳河的岸边。

在这片明媚的天空下，在充满了声色犬马的生活之外，同时也发展除了最严苛禁欲的清修苦行，这是多么罕见的事情啊！正是在这里，克吕尼派在阿基坦公爵的资助和保护下，积极地发挥他们的作用，并且至少在当时的一段时间内取得了令人注目的成果。克吕尼派劝人忏悔的布道不只是针对神职人员的，而且也为一大批贵族和普通民众灌输了宗教思想。他们努力肃清众人的感官欲望，同时他们也凭借着相同的热情，投身于宗教修行之中；无论是贵族，还是来自社会底层的平民，都成群结队地前往主的墓前朝圣。正是在这片土地上，除了有吟游诗人信手拈来的诗歌，十字军东征的思想也渐渐发展成熟；正是在这片土地上出现了中世纪最充满想象力、最天马行空的景象——也是在这里，在当时金戈铁马的纷乱之中，响起了这样一种呼声，呼唤着广泛的"上帝的和平"，这一呼声越传越远，在整个西方世界都引起了回响。

在当时，接连好几年的饥荒几乎蔓延了欧洲的所有国家，尤其使勃艮第和一向富饶的法兰克王国南部地区遭受了严重的侵害。耕地上惨淡的收成导致了令人害怕的困境和闻所未闻的死亡人数，使所有人都生活在战栗与恐惧之中。神职人员们将这样的惨象看作神对人类罪恶的愤怒，由内部冲突导致的谋杀、抢劫、背叛以及所有其他的暴行、从未停歇的恩怨相报，这些就是导火索。而民众们也更倾向于按照教士和僧侣们的想法去做，而不是通过没有先例可以参考的盲目牺牲自己走出这种困境。到了1031年，人们终于迎来了丰收，人们的心中充满了对天主的感激之情，产生了一个想法，要建立起广泛的和平，避免天主再次因为大量的罪恶而降下惩罚来；人们按照这个想法积极行动起来，并随即将这个想法变成了实现。在阿基坦的多个地方都召开了宗教代表会议，会议上都做出了决议要全面停战。据说，任何人都不能再进行报复或实施暴行，任何人都不能再用武力解决问题，罪过都会得到谅解，罪人们都能在受到祭祀的圣所找到安全的避难之所，不会有人再胆敢侵犯神职人员的尊严，所有犯下的罪行都会通过星期五和星期六的定期斋戒得到赦免；那些拒绝维护和平的人会被剥夺参与一切宗教活动的权利，并受到严格的教会惩罚。随着这些决议一起颁布的，还有其他一些非常深入的基本法规，它们是针对买卖神职的"西门罪"和教士婚姻的，目的都在于对教会进行彻底的改革。民众们以令人难以置信的热情接受了神职人员们做出的这些决议。和平！和平！这样的呼声响彻了整片土地，使所有人的心中都充满喜悦之情。人们相信，这样的和平并非凡人的杰作，而是直接源于神的手笔。传说，有一封信从天上落下，信中说，是神注定了和平的前景，并确保了和平的实现。当时的人们呼喊道："这是神的意志！"正如后来在十字军东征开始的时候一样。

从阿基坦为起点，"上帝的和平"很快蔓延到了整个勃艮第以及法兰克王国南部的大部分地区；这一运动再次激活了这里的神职人员和普通民众麻木已久的感知和思想。康布雷主教管区也加入了这场轰轰烈烈的运动之中，但却在实际的吉尔哈德主教[1][邱瑞晶8]这里再次遭到了反对。即使只是在不能彻底摆脱弗兰德的边疆伯爵巴尔杜安和骚动的群众这样的情况下，他也认为必须要整顿这种混乱，镇压人们火热的激情。他早就看出这些决议中不切实际的一面，并且其他人也很快认识到，他的看法是正确的。"上帝的和平"运动引起的思潮如此汹涌，但人们却几乎没有严格地审视过它本身，在很短一段时间内，大多数地方就将这场运动忘得一干二净了。神职人员们认为，在他们向往着达到一切目标的同时却在实际上一无所获，他们为了实现有限的成功却必须对自己的计划做出重大的改变。因此，他们决定，要将整体上的和平转变为在一周的大多数时间里的停战，将"上帝的和平"（Pax Dei）转化为"上帝的停战"（Treuga Dei）。克吕尼派可能已经显示出了他们为"上帝的和平"所做的努力；可以确定的是，年迈的奥迪罗对于"上帝的和平"转变为"上帝的停战"这件事发挥了极大的影响，积极地推动其传播可以说是他孜孜不倦的一生中最后的事业。

"上帝的停战"规定，各地从星期三傍晚至星期一早晨都不能动用武力，任何人只要执行这项规定，他所有的罪过都能得到赦免，而任何违反这项规定的举动，都会引来革除教籍的惩罚。在任何一个星期规定的和平时间内进行谋杀的，除了要前往耶路撒冷朝圣之外，还将面临长年的流放；其他的暴行则按照世俗法律判罚，并需要通过双倍的教会制裁来赎罪。尤为重要的是，这些规定并没有直接融入世俗势力的法规之中，而是由教会出于维护地方和平的目的赋予其效力的。

这种形式的"上帝的停战"是于1041年第一次被阿基坦的大多数地区接受的，接着，在短时间内传播到了法兰克王国的绝大多数地区，虽然国王本人当时正与香槟伯爵奥多的儿子们处于纷争之中，拒绝加入这场运动。圣瓦斯特修道院院长理查德为了说服国王，急切地来到宫廷之中，却没有获得成功。在奥迪罗的努力下，"上帝的停战"很快就在勃艮第得到了广泛的接受；从这里开始，人们试图将这一运动也引入意大利。时至今日，我们还能找到一封由奥迪

---

① 参考第176页。

罗以及多位勃艮第主教们撰写的书信，在这封书信中，他们急切地要求意大利的神职人员加入这场运动；但这封书信却没能发挥出任何效果。在国王的权威能够涉及的领域，没有这些不同寻常的规定，人们也能维护当地的和平。在德意志土地上，这些由法兰西神职人员发起的运动也没有产生很大的影响力。虽然我们会听到，在1042年时，多名倾向于严格派的洛林修道院院长在蒂永维勒（Thionville）集会，要用教会手段制裁贵族的暴行，但并没有记录显示，他们对"上帝的停战"做出了特定的决议。由于直辖于兰斯大主教的地位，只有康布雷主教管区首先受到了法兰西教会所有运动的影响，这一次他们似乎也难以避免从西面而来的这股风潮；但吉尔哈德主教坚持自己早先的立场，始终反对这样的运动。

毫无疑问，"上帝的停战"对法兰克王国的局势是有着极为积极的影响的；这场运动至少在一定程度上代替了本应由王权提供、却长久以来无法提供的保护。这场运动不仅限制住了针对较低阶层的暴行；它还开始对贵族的军事生活进行了整顿。这场运动是一场光荣的胜利，是神职者们在追求秩序的过程中，对贵族肆意妄为暴行的胜利。在这场胜利的影响下，法兰西独特的骑士体系形成了其高尚精良的形式，骑士阶层作为一个拥有固定结构的封闭团体，在僧侣统治集团的显著影响下诞生了。有军事力量的贵族当时为了"上帝的停战"而许下的誓言，包括其中的宗教形式和规定，后来演变成了所有骑士们都要许下的誓言。生活在十一世纪中叶的普瑞维利（Pruilly）的戈德弗里德，他被称为竞技运动的发明者，他至少做到了，为古老野蛮的竞技战斗制定了特定的规则和限制。在这方面，对古老习俗的改革也是从法兰克王国南部开始的，但渐渐地，这种改革也影响到了北方地区粗野的骑士行为。就这样，整个法兰西骑士体系都染上了一种温和的、半宗教的色彩，在历史进一步的发展中，这种特点也发挥了重要的作用。

我们看到，法兰克王国在当时的分裂和混乱中，完全无暇顾及西方世界的整体事态，但这并不能说明法兰克王国缺少军事和宗教力量。与几乎所有的时代一样，当时的法兰西也是一片充满了新鲜思潮的土地，这些思潮尝试着发展出新的社会生活形式。那些乍看上去只能通向瓦解和溃败的道路，审慎犀利的眼睛却能从中看到无数鲜活的力量，并且能够发现那些能默默控制这些力量的新人。对于德意志的征服，法兰克王国的处境完全不能与意大利的状况相提并论。有些人号称，西王国马上就将成为德意志皇权统治下的一个行省，这些人是看错了；但即使这样，也有一点是毋庸置疑的，那就是亨利三世也已经等待着这样一个时刻的到来，而他也是出于这一考虑，选择了普瓦图的阿格涅斯。

b. 亨利三世对法兰克王国的态度

1043年秋季，国王经由乌尔姆和康斯特尼茨前往贝桑松，去接回他期待已久的新娘时，他就与上文所述法兰克王国的军事及宗教运动有了直接的关系。阿格涅斯跟随着国王来到了她位于莱茵河畔的新家，在美因茨接受了加冕[1]，接着在因格尔海姆举行了婚礼。婚礼这天，这个广阔帝国中几乎所有的王侯都聚集到了国王夫妇的身边。

皇后吉瑟拉没能看到这天的到来，即使她还活着，她也不会为此感到喜悦的。因为我们知道，她在生命的最后几年中，很少有与她的儿子和平相处的时候，甚至用一种愚蠢的念头安慰自己，希望自己比她最后的这个孩子活得更久。是她信任的占卜师让她有了这种疯狂的想法。1043年2月14日，她在鲁尔河畔去世了，她的尸首被葬在施派尔她的皇帝丈夫身边。

但是，还有其他一些人也对国王的第二场婚姻感到担忧，尤其是一些思想严苛的神职人员。戈里齐亚的修道院院长齐格弗里德在一封写给斯塔沃洛修道院院长博珀的信中，不仅讲述了他对国王和阿格涅斯之间近亲关系的担忧，而且他还表示，他害怕两人的联姻会对德意志古老的美德风俗产生消极的影响。正如图卢兹的康斯坦泽（Constanze）曾经将南部法兰西人的轻浮作风带到了国王罗贝尔的宫廷中那样，人们担心，现在阿格涅斯会在德意志宫廷中传播她的国家那种更为自由的风气。人们现在已经察觉到，以前那种象征尊贵的装束和行为，符合礼数的穿戴、装备和坐骑，已经偏离了先辈们的制式，而是在宫廷上全部都变成了法兰西那种华而不实的模样；人们可以从一些宫廷中人身上

---

[1]　没有记录证明究竟是科隆还是美因茨的大主教为阿格涅斯加冕的。

看到这种新潮的做派，他们剃掉了胡子，裁短了裙裾，还有其他一些改变是在奥托王朝和前两位亨利执政时，没有人敢做的；人们诧异地看到，年轻的国王很乐意与这些打扮得花里胡哨的佞人来往，似乎对这种新的潮流十分满意；人们甚至对自己严格庄重的传统产生了怀疑。人们不禁产生这样的疑问，如果阿基坦的恶棍们充满了宫廷，并将他们腐化的风潮在宫廷中传播开来，到那时会是怎样的场景呢；随着这样的风潮，古老的习俗是否也会改变？这个一直以来凭借庄严、忠诚和对神的敬畏著称的国家，是否也会像法兰西人那样，做出谋杀、抢劫、言而无信、出卖背叛这些阴险狡诈的勾当呢？

　　但无论这些虔诚的人如何忧心忡忡，国王在婚礼上的表现已经证明，他们再怎么担忧也是徒劳。大批的杂耍艺人、小丑戏子和流浪歌手从或远或近的地方涌向因格尔海姆，用他们的技艺歌颂伟大的国王和普瓦图富裕的阿格涅斯之间的婚姻，从而挣得叮当作响的赏钱。但是，国王并不关心这些闲散人员是否支持他；一向慷慨的他这一次却没有给他们报酬，任凭这些人两手空空、不满地离开了。他这样做，一定也是考虑到要疏通那些不必要的担忧，表明自己不会将南法兰西人轻浮享乐的生活引入他的宫廷中。除此之外，这场婚礼还是以王室气派举行了。国王还按照旧时习俗，将国内风景秀美的属地赠给了他年轻的妻子。阿格涅斯在法兰克、黑森和萨克森都得到了重要的赠地，此外，特里尔的圣马里米修道院的收入也交由她掌管。962年时，奥托一世就将这个修道院管区作为皇后的继承遗产，并将这里的修道院院长任命为自己的总理；现在，亨利重新确认了这些规定，由于亨利二世将这座修道院的大部分财产夺走了，所以他还另外决定，只要修道院院长去往宫廷中侍奉王后，院长就能够在国王的餐桌上用餐，而且他不会被当做一个普通侍从那样对待，因为在庆典上，王后是从他的手中接过冠冕的。

　　即使没有确定的证据，人们也自然而然地认为，国王后来也一直与阿格涅斯的家族保持着不间断的联系。但是，有明确的文字记录，国王的岳母在自己的第一任丈夫去世后，嫁给了安茹伯爵高弗里德（Gaufried），她于1045年圣诞节带着一群阿基坦权贵来到了德意志宫廷中，并在一年后，当亨利和阿格涅斯为了接受皇帝皇后加冕前往罗马时，与她的丈夫一起去往了意大利。如果法兰克王国国王对他们之间的往来心怀不满，那么也没有人会感到诧异，何况高弗里德伯爵不仅是他手下领主中最强大的，而且还是最野心勃勃、蠢蠢欲动的。

高弗里德是上文提到的福尔科伯爵的儿子，他毫无疑问是个有胆识、有实力的男人，但同时，他也如同一面诚实的镜子，真切地表现出了当时那种残暴的放荡作风。他的全部思想和行动都指向对权力和财富的占有；在他永不满足的贪欲面前，任何自然或是宗教的限制都是不存在的。大公爵威廉去世后不久，高弗里德就与威廉的遗孀阿格涅斯结婚了（1030年）。他看中的并不是威廉的遗孀，而是他留下的公爵领地，因此，他很快与继子威廉六世产生了纠纷，因为威廉六世继承其父亲的领地。威廉被高弗里德抓了起来；他在牢狱中苟且地生活了三年，由于在此期间承受了太多的折磨，他被释放后不久就去世了（1037年）。接着，高弗里德占领了阿基坦，但很快就被阿格涅斯所生的另一个继子奥多赶了出去。在奥多英年早逝后，他的兄弟威廉六世在公爵领地内的大多数地方获得了人们的认可。在此期间，高弗里德说服了父亲福尔科，让他在死前就将遗产给他。但是，由于后来父亲反悔了，父子间就结下了仇怨；儿子高弗里德手里举着武器，占领了父亲的属地。同时，与威廉公爵的战争也没有停息；高弗里德最终成功地击中了对手的要害，将他妻子所生的最后一个继子也抓捕起来（1042年）。当德意志国王与他的继女阿格涅斯成婚时，他还囚禁着威廉公爵。在同一时间，上文已经提到的、法兰克王国的亨利一世国王和香槟伯爵奥多的儿子们间的冲突也爆发了；奥多的一个儿子提奥巴尔德伯爵，他的手中掌握着图尔城，而高弗里德觊觎这个城市已经很久了。因此，他现在加入了国王的阵营，向提奥巴尔德发起进攻，并成功抓获了提奥巴尔德，直到提奥巴尔德将图尔作为采邑交出来之后，才将他释放。就这样，他的属地增加了，而高弗里德的势力也随之与日俱增；在不知廉耻、老奸巨猾而又精力充沛的他面前，所有邻近的领主们都战栗不已，国王也要敬他三分；人们将他在行动中迅速的破坏力与闪电的迅捷相比。同时代的人们称他为"铁锤"高弗里德。

而现在德意志国王，也就是未来的皇帝，正是要与这个男人建立起联系。在这样的情况下，亨利一世急于在自己的国家内重新建立起和平的状态，甚至亲自充当高弗里德和奥多儿子们之间的调解人，也就可以理解了。同样可以理解的是，在这样的局势下，康拉德皇帝与西王国结成的联盟很快就瓦解了，并且两国之间在方方面面都充满了对对方的不信任。当亨利一世迅速行动起来，在德意志内部物色盟友，当他在第二年就与洛林的反叛者们建立起了紧密的联系，人们也不能怪罪于他。虽然法兰西宫廷担心亨利三世试图干涉法兰克王国内部事务是有理有据的，但亨利三世并没有倾向于支持高弗里德的暴行，也没有直接扶助安茹伯爵的势力增长，来对法兰西王权构成威胁。没有任何证据显示，亨利三世对他妻子的继父无休无止的报复行动给予过支持；我们有理由猜测，正是亨利三世使高弗里德最终停止与他继子们的纷争。在迎娶阿格涅斯之后不久，威廉六世公爵就得到了释放，当他在不久后离世时（1045年），阿基坦留在了他的继弟手中，在亨利在世时，他的继父高弗里德伯爵没有再骚扰他。

　　既没有让法兰西的传统影响到德意志的生活方式，也没有使德意志宫廷卷入法兰克王国纷争的更深处，亨利的这段婚姻在当时产生了令人瞩目的影响；从长远来看，更重要的是，这段婚姻拉近了国王与克吕尼僧侣及其宗教追求的关系。阿基坦的公爵们创建了这座修道院，这里的僧侣们一直与普瓦图伯爵保持着亲密互信的关系；奥托三世、亨利二世和康拉德二世就已经与修道院院长奥迪罗及其修道院联合会建立了多方面的联系，而由于亨利从普瓦图的王侯家族中选取了自己的妻子，那么他与克吕尼的关系就比前任的任何一位君主都更进一步了。从他执政开始，亨利三世就一直倾向于克吕尼派；不仅斯塔沃洛修道院院长博珀与他有着直接的交往，两人之间推心置腹，而且在奥迪罗推广"上帝的停战"时，他所给予的支持是与法兰西国王完全不同的。亨利三世积极地协助，将"停战"引入勃艮第，以至于韦珀将他赞颂为这一运动的发起者，并且邀请他前往勃艮第，好让他亲眼看看这场运动的积极成果，也好接受民众们的感谢。当国王在随后第一次来到勃艮第时，他将里昂空缺出来的大主教之位授予了乌德利希，这位乌德利希之前是朗格尔（Langres）的执事长（Archidiaconus），属于法兰西僧侣中思想严格的一派，他的工作为"上帝的和平"在勃艮第的稳步发展做出了重要的贡献。有一封书信是源自那个时代的，这封信是康布雷的老吉尔哈德写给国王的，他在信中埋怨了宫廷对他们的忽视，明确地使国王意识到，他只是反对了"上帝的和平"就引来了宫廷的排挤。我们看到，亨利早就开始支持克吕尼派的诉求，但即使这样，他与这个修道院联合会是在他的第二段婚姻之后才建立起了紧密且直接的联系。

现在，这种联系造成的后果从各个方面显现出来。1043年在亨利婚后的旅行中，施瓦本的主教们在康斯特尼茨召开了一场宗教评议会，亨利也出席了这次会议；在解决了眼前的事务之后，国王在康斯特尼茨主教的陪同下来到城中，在评议会召开的第四天来到了祭坛前，以他出色的口才告诫人们，要矢志不渝地维护和平。在讲话结束时，他承诺会原谅自己所有的反对者；他半是通过请求，半是通过威胁，说动了在场的所有施瓦本领主们。这一年，他在特里尔庆祝了圣诞节，在娶了阿格涅斯之后，他随即在特里尔也使用相似的方式建立起地方的和平，同时在全国范围内颁布诏令。诏令中，他宣布与所有的敌人和解，下令永远终结由仇恨引起的报复。这与"上帝的停战"引入德意志的过程截然不同，直到后来，"上帝的停战"才在德意志和意大利零星的一些地方得到了认可；因为"上帝的停战"在本质上是个教会活动，而在这里，是由最高国家机关本身来维护和平的。但是，国王的意图与克吕尼派的追求息息相关，而且国王的意图还更进一步，因为它又回到了建立永远不被破坏的和平状态上。

国王的和平诏令乍看之下在德意志各地发挥了极其积极的效用；人们很快就欣喜地迎来了安宁，一种无与伦比的幸福状态。就连在伦巴底，这条诏令带来的福祉也很快显现出来。在米兰，阿里贝特与国王和解之后，一场内战随即爆发了。"市民"在这里主要用来称呼那些在城市中从事贸易或手工业的自由居民，自从阿里贝特进行军事防御开始，他们也不愿再忍受骑士阶层的飞扬跋扈了。因此，当一位来自骑士阶层的人伤害了一位市民时，整个市民阶层都暴动起来，向贵族们举起了武器，而一位名叫兰佐（Lanzo）的人成了他们的领袖。兰佐本身属于城内地位最高的贵族之一，但却对同阶级的那些贵族们心怀不满，他是个精干且足智多谋的领袖。米兰的城墙内，内战的硝烟弥漫；贵族无力抵抗人数众多的市民阶层，最后离开了米兰，与周边的盟友联合起来，将这些嚣张的商贩围困在米兰城中。当国王的使者出现，颁布诏令要求人们和解时，米兰的封锁已经持续了三年的时间。人们不敢违背国王的旨意，便和解了。毫无疑问，在和解的过程中，市民阶层获得了对城市管理的一定权利；因为，米兰的编年史作者阿努尔夫反复强调，主教管区和米兰城的状况通过这场内部战争彻底改变了，并将米兰主教势力的垮塌直接归结于这一事件。大主教阿里贝特为了避免加入到内部纷争之中，与贵族们一起离开了米兰城，并且直到争端平息之后才回来；此后不久，他便于1045年1月16日去世了。

由于国王对和平的追求与克吕尼派的目标在方方面面都不谋而合，国王便行动起来，首先开始严厉地打击买卖圣职的"西门罪"，而这项恶行长久以来一直被法兰西僧侣们称作是教会的顽疾。1044年，他将国内所有的主教们都召集起来。按照当时一位克吕尼派史作者①的记录，国王来到主教们中间，对他们说了如下的话："我是怀着苦恼开始对你们说这番话的，你们代表基督在教会中任职，而这些位置是他用血的代价换来的。他还在襁褓中就放弃了自由的产业，为救赎我们屈尊降贵，所以他也命令他手下的人做同样的事，'你们无偿地得来，也要无偿地给予。'②但是你们呢，原本应当成为教会福祉的你们，被野心和欲望蒙蔽了双眼，成了加之于教会身上的诅咒，因为你们违背了主的命令，让金钱成为得来和给予的代价。我父亲灵魂能否得到救赎也使我十分担忧，因为他也太过沉溺于这种贪欲了。你们之中谁要是有了这样的污点，就要按照教会法规革除圣职，因为众所周知，这样的罪孽会使人类遭受各种各样的灾难，比如饥荒，带来大量的死伤以及战争的恐惧，因为从最高阶的主教到小小的看门人，所有级别的神职人员的尊严都因为圣职买卖而受了辱没。"这位史作者记录道，国王这样激情洋溢的演说震动了主教们，主教们不知道该如何回应国王；因为他们全都担心，会因为这些罪责被赶出自己的属地。受到国王这番严词厉语的触动，他们纷纷请求国王宽恕；而国王被他们的自责感动了，用缓和的话语安慰他们道："你们去吧，试着改变你们未经允许就做了事情，让它成为善事，将功补过；我的父亲与你们有同样的罪过，用你们全部的热情

---

① 指"秃子"鲁道夫，他当时在克吕尼完成了一本关于当时历史的、极其引人注目的著作。这场宗教评议会召开的地点不明。在德语的文献中没有提及这场会议，但不能因此而怀疑这场会议的真实性，虽然鲁道夫的记录有一些夸张。

② 《马太福音》第10章第8节。

为我父亲灵魂的救赎而祈祷吧，好让主宽恕他的罪孽！"接着，他就对全国颁布了一项诏令，以后不允许因为金钱的缘故授出任何教会头衔和宗教职务，谁要是胆敢为了神职而收受钱款，就将被革去职务，逐出教门。同时，他自己也向所有人承诺会以身作则。他说："主以其悲悯，无偿地将王权授予了我，所以，我也将神圣教会的一切都无偿地给予出去。我希望，你们能遵循我的榜样一样。"

国王践行了自己的承诺。他完全承袭了前任帝王对教会的严格管理，所以，主教们对于他的严苛有不少怨言；他随心所欲，在多数时候与自己的随行使和信任的参议们一起掌控国内的主教管区，但却从未在这个过程中弄脏了自己的双手。为着这个原因，克吕尼派该是多么崇敬他啊！他们可以将他作为光荣的楷模，让当时的最有权势的统治者以及其他所有的王侯们，让那些肆无忌惮亵渎神圣的人都向他看齐。而且，年轻力壮的亨利生活在尘世的纷繁诱惑之中，却让整个世界都臣服在他的脚下，他在其他方面也符合他们对一位骑士的所有要求。人们看到，尚在战场上的他，就怀着胜利的喜悦向基督祈祷；当他随后带着欢欣鼓舞的军队回到家乡时，他做的第一件事就是为了这场胜利向主表达敬意；他带着自己的将士们赤着双脚、身穿粗羊毛的衣衫穿梭在教堂与教堂、神坛与神坛之间。他整个人都透露出一种苦行禁欲的宗教狂热倾向，自奥托三世以来，还没有哪位统治者身上显示出过这样的气质。他每次将国王徽章佩戴在身上之前，都会先向教士告解，并且完成规定的忏悔。鞭打也是从那时开始，成为那些苦行僧侣定期的忏悔修行；这位骄傲的国王甚至甘愿从教士的手中接受这种鞭打。西方基督教终于迎来了一位强大统治者的领导，他不仅符合圣奥迪罗的理想，就连奥迪罗的继任者提出的更高要求他也全都符合。这位继任者就是于格，他年纪轻轻，却已经老成持重，1048年他接管了克吕尼派的修道院联合会。亨利三世正式任命了这位修道院院长，为他的长子——未来的皇帝进行了洗礼；随着这场洗礼，亨利与克吕尼派之间的联盟也盖上了最后的封印。

克吕尼修道院联合会非常懂得如何让当权者按照他们的意图行事；但是，令他们难以置信的是，这位看起来对他们言听计从的国王，却能够对他们发号施令。很少有王侯像亨利这位虔诚的祈祷者和忏悔者这样难以驾驭。他虽然从善如流，但却没有哪个凡人能够影响他最终的决定。他的前任君王执政就非常独立，但皇后终究对其有着极大的影响力，这也就是说，大部分的教会事务都是掌握在她手中的；相反地，貌美的普瓦图女子阿格涅斯在丈夫在世时，无论是对政治还是宗教事务都没有显著的影响力。亨利将最有经验的主教和最干练的王侯将领们聚集到自己的王座边，倾听他们的意见；但没有一个人能够更进一步，超出一位受尊敬的臣子应有的影响力；他们所有人都只是他达成自己意图的工具。就连那些受他提拔、登上圣伯多禄座席的德意志主教，也完全依附于他的意志。他的宏伟蓝图源自于他无与伦比的地位，源自于他雄心勃勃的追求，源自于他深沉的宗教信仰；如果有人将他想象成僧侣集团的傀儡，那就是看错了国王的心性。克吕尼修道院院长手下虽然有百所修道院、上千僧侣对他言听计从，对国王来说，也只是为达到特定目标而使用的工具。

国王的意图是显而易见的。当时的法兰西王国可以被比作一座堡垒，这座堡垒不是通过坚固的城墙和壕沟，而是通过人数众多、不断更新和增加的驻军得到捍卫的。如果要通过武力的途径，那么不通过经年努力，不付出高昂代价，就无法征服这个王国；而通过调解劝说以及宗教的法规限制似乎能够更早地达到目标。在这方面，比起刀剑，精神和宗教的武器更能确保长久的成功；比起大量的骑士，成群的僧侣和公认的教条能发挥更大的效用。亨利与克吕尼联合起来，就是想要开启和平征服法兰克王国的道路；他想要利用"上帝的和平"，而不是按照弱肉强食的法则，迫使法兰克王国的国王屈服于他。

克吕尼派为国王在法兰克王国的意图贡献了多大力量，历史的发展会告诉我们的；但是，如果亨利没有展现出别的意图，没有让克吕尼派相信，他们一个世纪以来始终不渝的追求能够在这些意图的影响下得到助益，克吕尼派也就不会做那些事了。亨利公开与"西门罪"开战；又有哪位王侯比他更有资格，打赢这场大战呢！这就是使克吕尼派牢牢依附于亨利的强力纽带。亨利的最终目标是所向披靡的皇权；而克吕尼的理想只有通过圣伯多禄的最高统治才能达成；两者的目标相去甚远，但他们的追求在眼前来看，都是要为教会改革而战。就这样，两位漫游者在布满荆棘的道路上携起手来，他们未来是否会分道扬镳，眼下的他们并不在意这一点。

10.宏伟的计划与巨大的阻碍

年轻的国王意欲何求，在他执政的短暂岁月中，他就向这个世界展现得非常明确了。他想要使整个西方都屈服于他的权杖下，围绕拉丁语世界的基督教信仰，在教会中实行全面的改革，使政治及宗教法规在皇权的庇护下发挥其效力。带着这样的计划，他实际上回到了日耳曼皇权最初的理念上，彻底重拾了查理大帝的蓝图，也与亨利二世最后的追求找到了契合点。深受侵害的亨利二世在行将就木时才着手进行的计划，亨利三世在青春力盛、在他执政的初期就开始了；谁要是考察过他手中的资源和势力，考察过他的执行力，了解过他最初的那些战绩，就不会怀疑他是否能够达成最高目标，即使他无法亲自达到目标，他也必定与目标相去不远了。

带着称霸世界的念头，向往着尘世间最高的位置，国王的目光现在势必锁定了罗马；如果他想要顺利地继续自己的大业，他就必须将已经赢得的、象征胜利与荣耀的月桂叶与象征和平的棕枝环绕在皇帝的冠冕上。只有作为受到加冕的罗马皇帝，他才能在西方世界得到广泛的认可；只有从罗马出发，才能开启一场广泛的教会改革，并将之发扬光大。没有人会怀疑，在第二次婚姻之后，亨利始终惦记着罗马之行；但是，正如前任君王的称皇之路崎岖不平那样，在他实现宏伟蓝图的道路上，也布满了各式各样的障碍，多年来一直拖延着他的加冕和教会改革之路。

正当亨利与克吕尼建立了紧密联系，并将目光锁定在法兰西的内部事务上时，却在半路又节外生枝，年迈的洛林公爵戈泽罗去世了，他的儿子戈德弗里德是位有勇有谋的杰出王侯，然而为了他父亲的遗产，国王与他陷入了长期的争端之中，而且他们的冲突从未完全消除。对国王来说，这就是他实现自己意图的最大阻碍；因为这样一来，不仅又一次打破了洛林的和平，而且国王还与这个德意志王侯家族决裂了，在此之前，这个家族一直与克吕尼方面保持着互信的关系，也正是这个家族首先将克吕尼派的长期追求引入了德意志。除此之外，这个家族一个世纪以来几乎都是捍卫国家西部边境的最强壁垒；他们坚持不懈地在边境的瞭望塔上，抗击法兰西国王对洛林无休无止的侵袭。康拉德将上下洛林的公爵权利交到戈泽罗手中不是没有原因的，戈泽罗的忠诚保证了，他也会为亨利效力。

当戈泽罗公爵于1044年年初去世时，他的长子"大胡子"戈德弗里德已经开始使用公爵头衔了，因为他父亲在世时，他就已经获封了上洛林。作为一个身体力行、骁勇善战又坚韧不屈的男人，他已经为皇室家族立下过大功；香槟的奥多能被击溃，康拉德的政权因此能在一个危险的时代得以保全，也主要归功于他。因此，戈德弗里德认为自己有权和父亲一样，完整地拥有洛林。但是，老公爵戈泽罗就对儿子的这个愿望不甚支持；据说，他曾请求国王，在他死后将下洛林分封给他的二儿子戈泽罗。当国王受到这样的请求时，他肯定是欣然应允的；因为康拉德曾在危急关头将德意志西部边境的势力交到一人手中，能够打破这股危险的力量，对他和国家的利益是有助益的。可以肯定的是，在老戈泽罗死后，国王下定决心重新将洛林分割开来；在1044年的头几个月中，他带着这样的决心，经由莱茵河流域和黑森来到了萨克森，在大斋期回到了莱茵河畔，并在复活节时前往了奈梅亨，好按照自己的意志整顿洛林的局势。

戈德弗里德极其顽固地反对他的弟弟获得采邑，并越来越急切地要求获得父亲的完整权利。在奈梅亨，他这个老成的男人与年轻的国王之间发生了激烈的冲突，但他却终究没能改变国王的心意。他的弟弟戈泽罗虽然十分无能，被民众们称为"懦夫"，但还是得到了下洛林的旗帜，戈德弗里德不满地离开了宫廷，既然他忠诚的侍奉和恳切的请求换来的是无理的拒绝，那么他就用武力来征服下洛林。国王的决定似乎影响了国家的安定，但这并不是他所有决定中引起最大不幸的；在接下来的时间中，从这个决定中衍生出一系列惨烈的斗争，他的子嗣们也因此置身危险之中，他的政权不止一次面临彻底毁灭的威胁。我们必须承认，国王完全没有认识到戈德弗里德的重要意义，他父亲那种天才的洞悉力并没有遗传到他的身上，让他也能看清，什么才是真正对国家有益的。

圣灵降临节前后，国王离开了莱茵地区，通过施瓦本和巴伐利亚赶往匈牙利边境，因为国王奥鲍不仅没有兑现自己许下的诺言，而且有确切的消息显示，他已经整装待发，准备对德意志发起新一轮进攻了。奥鲍可能得到了消息，知道德意志内战一触即发；因为就我们所知，他在巴伐利亚安排了探子。据记录，主要是弗赖辛根主教尼特格（Nitger）的两位兄弟在他们野心勃勃的计划中认为自己受到了国王的欺骗，他们于是与匈牙利人勾结，干出了反叛的勾当。但是，亨利的消息也非常灵通，他清楚地知道匈牙利的事态，因为他的身边有许多逃出来的马扎尔人。只有大胜德意志人，奥鲍才能树立起他的新势力；他的失败会立即动摇他在国内的威望，他的处境也会随之进一步恶化，所以出于对贵族的不信任，他身边围绕着的人都来自社会中较低的阶层。在匈牙利贵族中形成了一股谋反势力，他们的目的就在于召回被驱逐的彼得，由于前不久匈牙利人也对彼得深恶痛绝，所以亨利对彼得一直保持着距离。谋反计划走漏了风声，但参与者却成功地逃出了奥鲍的制裁，逃往了德意志。通过这些人，亨利知道了奥鲍政权在匈牙利的根基是多么薄弱。

亨利只带着一支非常小型的军队就来到了匈牙利边境上，一开始，他只是提出要求，要奥鲍履行自己的义务。奥鲍通过自己的探子知道亨利带来的军事力量很有限；这些探子同时也建议奥鲍，佯装与国王开始协商，但同时在暗中在边境集结起大军，出其不意地向国王发起进攻。奥鲍相信，自己必须按照他们的建议去做；他希望省去深入巴伐利亚内部的麻烦，轻而易举地将国王处理掉，而另一方面，尼特格的兄弟们承诺奥鲍，要将他们出生的城市雷根斯堡交给他。因此，他立即派出使者来到亨利面前，并就自己未及时履行的义务道了歉，但同时他也要求亨利交出从匈牙利出逃的人。就在奥鲍试图混淆亨利视听的同时，被欺骗的其实是他自己。亨利故意拖延协商的时间，迟迟不放奥鲍的使者回去，这一方面是为了让他们亲眼看到他有限的军事力量，让他们坚信自己在军力上占优势，但在另一方面，则召集了一支已在暗中准备好的巴伐利亚-波西米亚军队来到自己身边。直到他得知，奥鲍和他的军队距离边境只有一天的行程，他才让奥鲍的使者带着宣战的消息离开了；在第三天，他命人传话给奥鲍，要与他兵戎相见。

亨利随即率领自己的军队出发了，有了波西米亚人和巴伐利亚人的增援，他军队的规模已经远远大于匈牙利人所认为的了，但是，在人数上还是不能与奥鲍的军队相比。奥鲍听闻德意志人进发的消息后，立即放弃了他最初的计划。他远远撤回国内，他想要在自己的土地上与敌军交战，并且幻想着要在这里彻底歼灭敌人。就这样，亨利发现匈牙利边境无人防守；他不费吹灰之力就来到了奥尔登堡，到达了雷普采河畔的沼泽区，他在那里看到，匈牙利人占领着雷普采河右岸。虽然有匈牙利人的镇守，但国王的军队沿着河流行进了一整夜，找到了一座桥梁，通过渡口在第二天清晨顺利地渡到了河对岸。匈牙利驻军撤退了，也没有阻挡德意志军队横渡拉布河。但是，人们刚刚横跨过拉布河，就看到眼前的平原遍布着敌军，等着与他们作战了。

决定胜负的时刻到来了。国王呼唤天主与圣人们的助佑，他用激情洋溢的话语激励着手下的将士们，他自己也拿起盾牌和宝剑，亲自领兵杀敌；他以英雄般的高昂士气奋勇向前，将士们跟随在他的身后。在第一轮进攻过后，匈牙利人就已经如同一盘散沙，战局的胜负已经确定。无论是像阿尔特艾希的年鉴中记录的那样，一股龙卷风陡然刮起，蒙蔽了匈牙利人的眼睛，帮助德意志人进攻；抑或是像晚些时候的文献中所说，在奥鲍的人马中充斥着叛徒——亨利几乎没有战斗，只遭受了有限的损失，就赢得了彻底的胜利。匈牙利人在平原上四散而逃，被追击了几公里远，其中的许多人都倒在了德意志人的刀下。在亨利下达了停止追击的命令之后，他在战场上扎下营帐，并随即在营地上举行了一场盛大的感恩庆典。国王本人穿着忏悔服，整支军队都跪倒在地，颂扬着在战斗中引领着他们、将胜利的花环赐予他们的主。接着，他们站起身来，承诺在未来保持和平与友好。战役发生的时间是1044年7月4日或5日；最早的文献中对于战场的记录不详，根据后来匈牙利方面的记载，战役发生的地点应当是距离拉布河不远的曼弗伊（Menfeu）。

这样一场彻底的胜利势必直接决定了战争的胜负。奥鲍逃往他的王国深处；而亨利则畅通无阻地前往匈牙利的王城——塞克什白堡（Stuhlweibenburg），而那里的人们也很快为他打开了城门。在这里，奥鲍的妻子连同她的孩子和敌人的全部财宝都落入了胜者的手中，而胜者亨利现在能够自由支配匈牙利的王权了。奥鲍公开表示自己已经失去了王权，会将彼得重新请回圣伊什特万的王座上；为了保护伊什特万的王座，亨利在这里留下了一支强大的巴伐利亚驻军。德意志的武力似乎还不够，他还将德意志的法律也加诸于匈牙利人身上。有可靠的来源显示，亨利当时在匈牙利人的特别请求下，在这里实行了巴伐利亚的法律。做出这一请求的人是国王彼得和他的宫臣们；而这里的巴伐利亚法律指的不是古老的公民权，而是指在巴伐利亚通行的、维护地方和平的法规。

虽然彼得只是德意志国王仁慈的产物，受到德意志军队和德意志法律的保护，但在眼下，他还是受到了匈牙利国内的普遍认可。奥鲍在逃亡中受到追击并遭到逮捕；人们在蒂萨河（Tisza）对岸的一座教堂里抓住了他，并将他押到彼得面前接受审判，彼得下令将他斩首。奥鲍的金制国王长矛被交给了亨利，而亨利则将之作为给圣伯多禄的献礼送到了罗马。在罗马，人们可以看到这支矛长久地悬挂在使徒的墓前①，后来教皇们说，德意志国王送来这支矛是要将匈牙利王国献给圣伯多禄及其继任者们。但这绝非亨利的本意，他只是将马扎尔人的土地看作德意志帝国的一个行省，而这个行省是通过他的胜利赢得的。国王彼得很快以各种形式承认了对德意志人的依附，他相对于帝国的地位，与波西米亚的布热季斯拉夫公爵在臣服之后获得的地位别无二致。

亨利带着他的军队凯旋而归，回到了巴伐利亚；他在雷根斯堡举行了一场忏悔和感恩仪式，仪式包括斋戒和气派的巡游。他赤着双足、穿着粗羊毛织就的衣衫，来到城中所有的神坛前，用丝制的布匹铺在其上。仪式结束后，他赶往洛林，那里急需他的出现，因为戈德弗里德公爵在此期间干出了叛国的勾当，已经准备要在西部发起全面的暴动。他不仅使得洛林人向他起誓，在整整三年的时间内效忠于他，而且还与法兰克王国的国王结成了秘密联盟，同时还在勃艮第的罗曼地区，与多位心怀不满的权贵们勾结起来共同策反亨利。

国王听闻戈德弗里德反叛的消息之后，立即决定不再念及任何情分，对这个背信弃义的王侯严惩不贷。他召开了一场王侯参议会——会议可能是于九月

---

① 后来这支矛被悬挂在圣彼得教堂的一扇主门上。

底在亚琛举行的，他将公爵传唤到会议上，接受同级别的王侯们的审判。被告人出现在会场，否认了人们对他的指控；但这都是徒劳，人们手中已经有了足够的证据能够证明他的反叛罪行。因此，王侯们决定剥夺他的公爵身份，并将他打入大牢，但他很快就从监牢中逃脱出来了，因为他将自己的一个儿子作为人质交了出去。这些事情足够使戈德弗里德成为与国王势不两立的仇人了，但却既没有使他泄气，也没能削减他的势力。此后不久，当作为人质的儿子死去时，戈德弗里德便立即举起了暴动的大旗，率领着武装完备的大军攻入洛林，怀着炽烈的复仇欲望涂炭了整片洛林土地。与此同时，勃艮第那些认为自己受到不公待遇的人也暴动起来；领导他们的是高勃艮第（Hoch-Burgund）的雷吉诺德（Reginold）伯爵，他是王后阿格涅斯的一位叔叔，与他一起的还有日内瓦的吉罗德（Gerold）伯爵。冬天还未过去，国王就不得不开始装备军队，抗击暴动者。

亨利在施派尔庆祝完圣诞节后，带着一支强大的军队攻入了洛林。他夺取了戈德弗里德位于克罗伊茨纳赫（Kreuznach）附近的伯克尔海姆城堡（Burgbockelheim），将之夷为平地。叛逆的公爵无处藏身，不久后就逃向了远方。由于敌人几乎被彻底消灭了，而他的军队在这片被饥荒侵袭的土地上不能久留，于是国王在1月就返回了勃艮第。这里的暴动者也没有得到幸运的眷顾。雷吉诺德伯爵袭击了莫彭嘉德的伯爵路德维希，这位路德维希也就是洛林公爵弗里德里希的二女儿、国王的干姐妹索菲①的丈夫；雷吉诺德包围了莫彭嘉德，但在路德维希的城堡前遭到迎头痛击，经历了这场战斗，他的势力大为减弱，以至于当他在1月23日来到索洛图恩时，马上就心悦诚服地听命于他侄女的国王丈夫。其他的暴动者也都放下了武器，国王在很短的时间内平定了该地并离开了勃艮第。

亨利经过苏黎世（1月30日），前往奥格斯堡；他将伦巴底的王侯也都召集到这里，2月时，他就在奥格斯堡与王侯们商议国内的政事了，在这个过程中，亨利毫无疑问向他们表示了自己不久便会现身伦巴底。当他从奥格斯堡来到弗

---

① 在两个侄女的父母去世后，是国王的母亲吉瑟拉将弗里德里希的女儿贝娅特里克斯和索菲当作自己的孩子一样抚养长大的。

赖辛根时，国王彼得的使者来到了他的宫廷中，急切地请求亨利前往匈牙利，因为不仅民众们对彼得的忠诚有所动摇，而且人们还表现出重拾异教信仰的倾向。国王承诺，会在塞克什白堡度过圣灵降临节，但在此之前，他首先来到了萨克森，他要在这里庆祝复活节。经由多瑙河畔的纽因堡（3月7日），他来到了班贝格，并在那里度过了棕枝主日；到了复活节时，他已经身处戈斯拉了。许多国内的王侯都会聚到了国王的身边，商议决定了重要的国家事务。像之前在巴伐利亚那样，国王现在也放弃了施瓦本公爵领地。施瓦本被分封给了洛林的王室领地伯爵奥托；在国王与戈德弗里德的争斗中，他和他的家族立下了大功，这是对他的犒赏①。之前由奥托掌管的王室领地则转交给他的堂兄亨利，这样一来，这块领地也就继续留在他的家族中了。驻地在亚琛的洛林王室领地伯爵们，通过他们与奥托家族的亲族关系，已经在国内获得了优势地位，现在又获得了更高的尊荣。当时，施瓦本公爵和科隆大主教都是他们家族的成员，此外还有波兰的卡齐米日公爵，他的母亲莉赫扎是奥托公爵的姐妹②。

圣灵降临节前后，国王带着庞大的随从队伍来到了匈牙利。他在雷根斯堡登船，在帕绍靠岸，并在那里庆祝了耶稣升天节。在多瑙河上的遥远航程充满了各种波折。驶过格赖因（Grein）之后，人们在多瑙河骇人的旋涡中来到了施特鲁登（Struden），这时陪同国王的维尔茨堡主教布鲁诺在高高的崖壁上看到了一个晦暗的幽灵，幽灵告诉他，他已经时日无多了。而实际上，布鲁诺在那之后不久就惨死了。圣灵降临节前的星期天，国王应伯爵夫人莉希尔德（Richilde）的邀请来到佩尔森博伊格（Persenbeug）参观她的城堡。当国王一行人登上一处高高的阁楼之后，古老的墙体受力过重突然坍塌了，国王和他的随从们都从高处坠落下来。国王本人并无大碍，但主教布鲁诺和其他的随从们都受了重伤，而主教也因此在圣灵降临节后一天在佩尔森博伊格去世了。主教的死使国王失去了一位亲人和可信的参谋；富裕的维尔茨堡主教管区交给了兰

---

① 对于这些采邑，奥托将杜伊斯堡和凯泽斯韦尔特岛留给国王管辖。

② 根据一条单独的记载，其来源可能回溯到阿尔特艾希年鉴上，亨利将上洛林交给了弗兰德伯爵巴尔杜安的儿子。这位年轻的弗兰德王侯是在亨利的宫廷中接受教养的，虽然这不太可能是一次正式的采邑分封，但这一信息还是有一定可信度的。

巴赫伯爵家族的阿达尔贝罗，也就是克恩顿边疆伯爵戈德弗里德英雄的兄弟。

　　在此期间，国王继续着他的旅途。在匈牙利边境上，他受到了隆重的接待，人们陪同他来到了塞克什白堡，在那里，他与彼得一起无比隆重地庆祝了圣灵降临节（5月26日）。当时，匈牙利国王当着全体民众的面，以一支金矛作为信物将他的王国交给了亨利，而民众们也向亨利及其继承人宣誓效忠了。这之后，德意志国王亨利又反过来将匈牙利作为采邑分封给彼得，让他在有生之年掌管这个国家。匈牙利以这样的形式彻底承认对德意志帝国的附属关系，可以说再郑重不过了；彼得认为，只有明确地认可了德意志人的统治，才能保住他的政权。在采邑仪式后的公开宴会上，人们看到两位国王相邻而坐，相谈甚欢；用完餐后，匈牙利人将珍贵的礼物和大笔金钱呈送给他的客人和保护人，作为他们友谊的象征。亨利接受了这些钱，并且一分不剩地分给了那些在前一年与他共同抗击奥鲍的英勇将士们。庆典结束后，亨利返回了自己的王国。6月3日，我们就看到，他已经到达了图尔恩附近的佩尔施灵（Perschling）。

　　虽然戈德弗里德被迫让出了洛林，但他其实并未使出自己的全部兵力。然而，他已经意识到，在眼下是不可能与这个幸运的国王对着干的。因此，他下了决心，虽然心中毫无悔意，还是审时度势请求国王的开恩。当亨利7月来到莱茵河畔时，戈德弗里德公爵出现在了他的王座前，他表示关于自己的事情任由国王定夺，只请求国王能够仁慈宽厚地对待他。对他的判决定下来了，作为屡教不改的反叛者，他被押往吉比坎施泰因城堡严加看管。国王找不到理由减轻对他的处罚，于是戈德弗里德也来到了位于萨勒河畔陡峭崖壁上的塔楼中，在他之前，已经有一些德意志领主来到过这里，其中就有厄恩斯特公爵，他们咬牙切齿地想到，德意志王侯们势力如日中天、肆意妄为的老时代就这么过去了，在这个时代的德意志，想要对抗那单单一人的意志却连武器都找不到。

　　国王离开莱茵地区前往萨克森。在这里，留提曾人再次骚扰边境，他不得不为了对抗他们而举起武器；但是简短的一战就足以让他们不敢造次。他们承诺按照惯例缴纳贡金，并且在接下来的十年中，一直安静地待在他们的森林和沼泽地中。就我们所知，当时的这场战斗对他们的处境没有丝毫改变，或者说改变极小。曾经在跨易北河地区如此强大的北边区的边疆伯爵们，现在在那里却没有多大势力。当时，没有一个边区像萨克森的北边区这样衰败，以至于边疆伯爵的名字都没有被记录在编年史年鉴中。我们知道，在亨利三世的时代，一位名叫威尔汉姆的边疆伯爵在这里接替了年轻的贝尔哈德；但是，无论是分封采邑的时间，还是他的家庭出身，都无法进一步确认。这里的教会机构曾经构建起勃兰登堡和哈弗尔贝格的教区，现在也堕入了衰败的深渊。马格德堡方面已经很长一段时间以来都没有为传教事业采取过新的举措了。但很快，对文登人的传教事情就从不莱梅那里获得了新的推动力。那是1045年夏季，杰出的哈伯施塔特大教堂教长利本提乌斯去世后，国王将阿达尔贝特扶上了汉堡-不莱梅的大主教宝座。阿达尔贝特出身于源自萨勒河畔的一个萨克森贵族家庭，和奥托家族是远亲；他的父亲是已经去世的弗里德里希伯爵，他的兄弟是德多（Dedo），也就是因为在匈牙利战争中的立下大功受到国王犒赏、得到了萨克森王室领地的那个人；通过血缘关系或是姻亲，阿达尔贝特与这里的大多数王侯都有着密切的联系。比起他的王侯尊荣，他对自己的宗教神职和交到他手中的大主教管区更为自豪，这时的大主教管区正是鼎盛的时候，而且还有望获得更高的地位。然而，在波罗的海的文登人中间，他的权威完全得不到认同；而在不莱梅广阔的传教区内，这里似乎是最有利于基督教福音的种子生根发芽的沃土。正是这片土地首先吸引了他的注意力，他怀着火热的激情准备在这里大展身手。形式对他极为有利，在瓦格里人和奥博德里特恩人的土地上，老旧的教堂被修葺一新，就连顽固的留提曾人也不再拒绝基督教信仰了。

9月的大多数时间，国王都逗留在波德费尔德（Bodfeld），按照自己的习惯在哈尔茨山区的树林之中享受野趣，在此之后，他来到了法兰克。国王在特雷布尔召开了一场大型国家会议；因为眼前最急切的担忧已经解除了，终于到了可以开展新行动的时候，尤其是，他终于能够考虑向往已久的罗马之行了。然而，却有一个新的、更严重的阻碍横在他的面前。像吉瑟拉那些早早夭折的孩子们一样，他的身上也带着那种致命的因子；他年轻的精神多么鲜活无畏，但他身体上的力量已经在渐渐消散。在前往特雷布尔的路上，亨利突然病倒了，尤其他的病情极重，人们甚至怀疑他是否还能康复。没有他，国家会议就无法举行，于是便取消了，已经聚集起来的王侯们都忧心忡忡地返回了各自的家中。在这样的情况下，他们的心中产生了许多念头，但就是没有罗马之行。要是亨利被病痛击垮了，国家的未来会怎样呢？他还没有男性子嗣，阿格涅斯当时为他生下的第一个孩子是个女儿，王室家族没有一个男性成员还生活在俗世之中的；关于国家的继承人一切都是未知数。对于这个重大问题，王侯们私下考虑了许多，施瓦本公爵奥托和巴伐利亚公爵亨利表示，他们支持洛林的王室领地伯爵亨利当选，而大多数的主教们也都支持他们的选择。但在此期间，事实已经证明，众人是多虑了；出乎所有人预料，国王康复了，虽然从这时起他的健康状况就一直不稳定。当他恢复了元气之后，他从法兰克出发来到了萨克森，并在戈斯拉度过了圣诞节。

屋漏偏逢连夜雨，在国王重病之后，一系列不幸的事件也随之而来，这使国王非常不安，迫使他推迟了一切较大的计划。多年来，整个德意志北部地区一直苦于农产歉收和物价上涨；而这又导致了广泛的传染病，当1045年和1046年的严冬来临时，瘟病更是以惊人的方式吞噬着生命。一场可怕的灾难爆发了，而它造成的后果在多年之后还一直折磨着人们；闻所未闻的大规模死亡扰乱了所有人的心绪。然而，人们还没有从这伤痛中恢复过来，好几座人口稠密的城市就像是遭了厄运一样同时燃起了大火，由于当时的住房全是木制的，所有火势蔓延得很快。在棕枝主日那天，希尔德斯海姆也遭到了大火的侵袭；在夏季，几乎整个美因茨和雷根斯堡都被火舌吞噬了。就这样，灾难接踵而至，全国各地都需要国王的援助。

就连下洛林的戈泽罗公爵也感染了疫病；他的去世驱使国王在复活节时来到了西部地区，并在乌特勒支庆祝了节日。那里的主教贝尔诺德（Bernold），即阿德波德的继任者，在宫廷中很受青睐；他与荷兰的迪特里希伯爵之间发生了不快，迪特里希从他父亲那里遗传了对乌特勒支主教们的敌意，也继承了在弗里斯兰扩张势力的野心。[①][邱瑞晶9]所以，在戈泽罗去世后，当国王承诺将德伦特（Drente）空缺出来的伯爵领地交给贝尔诺德主教时，迪特里希伯爵就立即举起了武器，并试图强行占领已经许给主教的土地。然而，复活节后，国

---

① 参考第144页及后页。

王随即领兵前来讨伐迪特里希，迫使他交出自己夺来的土地；接着，国王通过一张于5月22日在亚琛签发的证明文书将这块伯爵领地交给了主教。

戈泽罗的死对监狱中的戈德弗里德也产生了影响。一方面是想要德高望重的人来到宫廷中，一方面是国王自己希望与这个英勇的男人和解，亨利决定，只要戈德弗里德给出担保，就将他从吉比坎施泰因城堡的监牢中释放出来。戈德弗里德可能认为，在戈泽罗辞世后，国王就有可能会满足他对整个洛林的要求了；他压抑自己的傲气，表现出臣服的假象，并且认为这样就能达到自己的目的了。5月，他在亚琛装出一副满心悔恨的样子扑倒在国王的脚前，请求国王的原谅和恩泽。国王毕竟原谅了他，而且还忘却了他曾经犯下的错，将原本的上洛林公爵领地还给了他。但要是戈德弗里德现在打的算盘，是要得到整个洛林，那么他就又算错了，因为此后不久，国王就将下洛林分封给了巴伐利亚公爵的兄弟弗里德里希；这样一来，原本由戈德弗里德的家族掌管的公爵领地就落到了他们的宿敌卢森堡家族手里。这样的耻辱还不够，凡尔登的主教们还获得了凡尔登城的伯爵领地，而这块领地一直以来都是属于戈德弗里德的家族的。这就足以使这个野心勃勃又强大有力的男子重新点燃他心中全部的怒火。他好不容易才克制住自己疯狂的情绪，没有再次爆发出来。只要想到报仇雪恨的机会很快就会到来，他就能暂且克制住自己的怒火。自从国家和民众们的困境解除之后，国王就重新振奋起来，准备开始罗马之行，每个人都心知肚明，他很快就会离开德意志大地。

国王离开亚琛回到莱茵河畔，随后便向图林根边区进发了。他要在这里分配一份遗产，一个惨痛的死讯将这份遗产交到了他的手中。这年年初，杰出的迈森边疆伯爵艾卡德也去世了，他是年轻国王忠诚的朋友和战友，很少有别的朋友能像他这样获得国王的信任。随着艾卡德的离世，他的家族也绝嗣了，这个光荣的家族长久以来管理着图林根的东边区，以实际行动英勇地捍卫着国家的尊严。边区交给了魏玛的威尔汉姆伯爵，他的父亲威尔汉姆伯爵曾在奥托三世和亨利二世的王位争夺战中扮演了非常重要的角色。这个家族的世袭属地大多来自奥托三世的赏赐，他们本就十分富足的遗产通过艾卡德的遗嘱来到了国王手中，国王将其中的一部分赏赐给了他的妻子。当国王为了安排这些事务而亲自来到迈森时，他也于7月1日在那里召开了一场王侯会议。

不仅图林根和萨克森的许多王侯出现在了会场，而且还有波西米亚公爵布热季斯拉夫和波兰公爵卡齐米日。和他们一起来的还有一位波美拉尼亚的王侯，这是一位从未出现在国王宫廷中的客人；他的名字叫赞米茨罗（Zemitzlo）。几天之前，这些斯拉夫王侯就在梅泽堡觐见了国王，他们请求他调解彼此之间的冲突；国王让他们前往迈森，好让萨克森的王侯们在那里解决他们的事宜。我们对他们之间的争端没有进一步的信息，但引起争端的原因毫无疑问是在与卡齐米日公爵日渐增长的势力。因为随着时间的推移，卡齐米日已经成功占领了波兰的所有土地，最后还终结了梅奇拉夫在马佐夫舍建立的政权；比起德意志的支持，卡齐米日能做到这一点更多的是依靠他的内兄弟雅罗斯拉夫——基辅的罗斯大王侯。但卡齐米日刚刚看到自己在皮亚斯特王朝的旧有属地安全了，他就将目标转向了他祖父曾经征服过、在他父亲手中丢失的陌生土地上。就这样，当时他还争夺对波美拉尼亚人的统治政权，并要求波西米亚人交出西里西亚。国王和他手下王侯们对这一纷争的判决没能流传下来；我们知道的只有，西里西亚还留在波西米亚人手中，而波美拉尼亚在稍后又恢复了对皮亚斯特王朝的依附。无论具体的情况怎样，可以肯定的是，这些东方的王侯们都同样认可德意志国王的最高统治权；有明确的记载表明，他们为亨利带来贡品，通过珍贵的礼物表达对亨利的敬意。

德意志帝国的威望还从未像此时这样，在欧洲东部受到如此热情的推崇，这是在奥托一世的黄金时代也没有出现过的。再加上，康拉德与北方斯堪的纳维亚的主要势力结成了联盟，这一联盟不仅维持至今，而且双方的联系还越来越紧密，在这样的情况下，德意志帝国所赢得的地位就更加稳妥了；国王亨利通过自己的第一段婚姻与哈德克努特成了内兄弟，1042年，哈德克努特没有留下继承人就突然英年早逝了，即使在这样的情况下，联盟的关系也依旧维持着。哈德克努特与马格努斯在商定他们的继承协议时，哈德努克还对以下这种情况显得毫不担忧，但这种情况却很快就出现了。[1][邱瑞晶10]老戈姆家族就

---

① 参考第290页。

这样绝嗣了，挪威人马格努斯，也就是圣人奥拉夫的儿子，将丹麦王国和挪威统一起来。事实很快就证明，当时刚刚十七岁的挪威王侯在所有的事务上都沿着克努特大帝的脚步前行，所以他也自愿维持着与德意志人的联盟；他最关心的就是要与不莱梅大主教达成共识，并将自己的姐妹伍尔芙希尔德（Wulfhild）嫁给萨克森公爵贝尔哈德的儿子奥杜尔夫（Ordulf）。接着，他在萨克森人的支持下，对波罗的海的异教文登人发起了进攻，摧毁了约姆斯堡，战胜了奥博德里特恩人最强大的王侯拉齐布日（Ratidor），而这位王侯在战斗中丢了性命。为了给父亲报仇，拉齐布日的儿子们虽然举起了武器，并在开始的时候攻入了日德兰半岛的腹地；但是，马格努斯前来迎战，将他们击退回去，1043年9月28日，在海德比（Hedeby）以南的斯科特巴加拉（Skotbargara）展开了一场激烈的血战。在这里，萨克森的将士们也与挪威人和丹麦人共同作战；面对他们同心协力的奋战，敌人败下阵来。几乎整支文登军队都丧生在战场上，拉齐布日的八个儿子全都在战役中丢了性命。陪同着挪威人的吟唱诗人提奥多夫（Thiodolf）这样唱道："一眨眼的工夫，四散而逃的文登人都成了遍布草原的尸体。"人们认为，年轻的挪威英雄之所以能获得这场胜利，是圣奥拉夫显灵，圣奥拉夫为了维护基督教信仰，为了让儿子建功立业，将信奉异教的文登人歼灭了。由于克努特大帝的外甥斯韦恩·埃斯特德逊（Sven Estridsson）发起暴动，使得马格努斯在丹麦的统治权受到威胁，马格努斯不得不放弃了文登战争；但是阿达尔贝特大主教凭借着强大的热情将对抗文登异教残留势力的战斗继续进行了下去，而挪威人也仍旧是萨克森人的同盟。

无论将目光看向何方，当时国内各地都是和平安详的景象。自从北海和波罗的海海滨由一位信仰基督教并与维京人交好的国王统治以来，人们也不用再担心海盗们肆无忌惮的行径了，一直到芬马克（Finnmarken）的雪原，德意志人的名号就备受崇敬。无论是在东面，还是在瓦尔塔河（Warthe）与维斯瓦河河畔丛林茂密的平原上，还有从蒂萨河畔广阔的草原直到高高的喀尔巴阡山脉上陡峭的山峰，都有向德意志国王纳贡服役的王侯；在遥远的东面，基辅大王侯再三向德意志国王示好，他拥有广阔的国土，与臣服的斯拉夫及马扎尔宗族为邻。在西面，帝国的边境一直延伸到罗纳河边，延伸到说罗曼语的地区深处，与此同时，克吕尼的僧侣将虔诚国王的声名传遍了整个法兰克王国，他妻子就是在加龙河畔举行了婚礼。最为恭顺的还要数南方。在康拉德皇帝去世后，这里再也没有人试图摆脱德意志的枷锁。边疆伯爵波尼法爵是意大利中部和北部最强大的王侯，他的妻子是贝娅特里克斯，也就是在德意志宫廷中作为国王亨利的干姐妹长大的女子。萨莱诺的万玛尔凭借手中的诺曼人军队，威震整个半岛南部，他每年都要翻越阿尔卑斯山两次，向国王表明他的恭顺和忠诚。亨利的一句话就能终结米兰激烈的市民战争；他将一位出身低微、接受神学教育也很有限的神职人员任命为阿里贝特的继任者，这位神职者的名字叫圭多，他除了特别受国王信任之外，便没有其他杰出贡献了，但对于国王来说，要驯服热血冲动的米兰人，他就是合适的人选。而拉韦纳大主教的头衔，国王则于1044年将之赐给了一名叫维格尔（Wigger）的科隆教士，但两年后又将他革职了；无论是任职还是革职，都没有在督主教管区引起什么骚动。意大利各地都是一派安详，那里人们的天性似乎也改变了。

亨利国王的前任君王还要在四面八方经历无数战斗的考验，以此确保德意志民族在西方的统治权；现在，所有反抗都不见了踪影，欧洲臣服在德意志的最高统治下，好像德意志政权已经成了一种必须。国家的外部力量攀升到了前所未有的高度，同时，王权在内部也迎来了发展的高潮。国家的整体理念已经开始将地方利益彻底挤到了次要位置；整体的民族意识前所未有地遏制住了宗族之间根深蒂固的反感；这个国家成了一个整体，有了归属感。但是，德意志王侯的独立地位也随之渐渐消逝，虽然王侯势力原本是在独立中产生并发展起来的。在过去数十年中，王侯势力失去了多少旧时的影响力，这一点是所有人都看得出来的啊！已经有过一次，王侯势力差点就被彻底肃清了；即使亨利像其他一些人一样，很快就放弃了他父亲的这种理念，但在他的通知下，王侯势力也只不过是旧时宗族首领势力留下的虚影。那些被他任命为公爵、掌管帝国行省的外族人，不是国王最顺从恭敬的仆人又是什么呢？违背国王的意志，反抗国王而争夺臆想的权利会导致什么后果，通过"上帝的和平"这个例子就展现得清清楚楚了。在这样的情况下，有酬劳和名望的诱惑，也有褒奖和尊荣在招手，来自贵族家庭的年轻领主竞相获取国王的青睐，争先恐后地要侍奉国王，也就不足为奇了。

我们还需要说教会及其首脑吗？可以确定的是，国王敬重他们，很长一段时间以来都没有一位世俗王侯像这样尊敬他们了；国王与他的父亲最不相像的一点，就在于对待神职人员的态度上。但即使这样，说教会拥有能与世俗政权抗衡的独立地位仍是空谈；相反地，教会完全被控制在国王的手中，受到一切世俗势力的限制，与所有的国家利益紧紧联系在一起。眼下，主教们也被要求定期向国王许下邑臣誓言，而与之相比，更多的是与国家利益的牵连使他们的整个处境和地位都依附于王权，依附于国王本人。亚里纳德（Halinard）是第戎的贝尼格努斯修道院（Benignuskloster）的院长，是圣威尔汉姆的继任者，按照克吕尼派的宗旨他是最严肃的僧侣中的一员，当亨利将他提拔为里昂大主教时，这位僧人拒绝向亨利宣誓，因为邑臣誓言违背了他作为神职者的誓言。国王很容易就被参议大臣们说动了，相信不需要通过誓言来确认亚里纳德的忠诚。——在国内所有的主教中，可能没有哪一位像列日的老主教瓦佐（Wazo）这样清楚地明白自己的神职尊严。有一次，瓦佐认为国王对待自己的方式有失体统，他便高声向国王指出，这样的行为对一位涂过圣油的主教是多么失礼；国王对他的高傲非常不满，说道："我作为统治者也是涂过圣油的。"对此，瓦佐回应道："你涂油是为了死，我则是为了生；生比死高尚多少，我接受的涂油就比你的高尚多少。"然而，同样是这位瓦佐曾说："如果国王对我发怒，命人剜去我的左眼，那么我剩下的右眼也只会为了他的利益、为侍奉他而使用。"也是这同一位瓦佐将身边的人对国王的不忠看作是一切罪行中最严重的。克吕尼派固然对教会的尊严和自由有着极高的设想，但即使如此，他们在眼下也完全受控于亨利的影响力以及他对皇权的理想之下。

从来没有一位德意志国王像亨利这样，掌握着如此巨大的权力踏上罗马之行。这位幸运的、战功显赫的英雄给国王出发后，所到之处人们都为他开道；如同凯旋一般，他带领着军队从德意志中心一直来到了永恒之城的城门前。注定要戴在他头上的冠冕并不是理想极权的空虚标志，而是象征着实际的权力，这样巨大的权力是查理大帝时代以来没有任何一个凡人拥有过的。如果有人拥有过的话，这一皇权也是现在才成为现实的；毫不掩饰地带着旧时对世界霸权的所有追求，而伴随着这些追求的，是一股不惧任何反抗的势力。

　　1046年夏季，罗马之行的号令传遍了德意志市镇，同时国王的使者也先行来到伦巴底各地，替他开路。国王本人则从迈森来到施派尔，再次到这里拜访了父母的陵墓和这座越发宏伟的大教堂。在他离开德意志大地之前，他为了这座大教堂能够建成完工，给了那里的教会不少资助。离开施派尔后，国王趁着1044年8月的最后几天来到了奥格斯堡，国内的王侯和主教们带着他们的邑臣也都会集到这里。当他在圣母出生日（9月8日）那天从奥格斯堡出发时，有一支无比庞大的队伍跟随着他。当人们登上布伦纳山口的关隘时，所有人都欢欣鼓舞，各种旗帜都在风中猎猎翻飞。国王在维罗纳停留了几天，接着便来到了帕维亚，并在这里受到了热烈欢迎。这座城市对异族统治的仇恨现在竟然消失殆尽了！

　　在伦巴底各地，人们都为国王的到来而欢呼雀跃。人们为他欢呼，因为他是幸运垂青的胜者；人们对他敬畏，因为他是严格的执政者；人们还崇敬他，因为他是寰宇间最强大的君王；年轻的国王英姿飒爽地出现在众人面前，他是为了接受最高的敬意，同时也为了完成一项必定会带来不朽荣耀的伟大事业；因为，他的罗马之行也是教会肃清运动的开始，而这场改革首先就要在罗马开始。

11. 亨利三世首次前往意大利

a. 亨利加冕为皇及他的教会改革

　　期盼已久的时刻终于到来了，已经多次放出风声的大型教会改革终于开始了，要将教会尚且存在的顽疾治愈。在教会的现实状况和广泛接受的教会准则之间存在着无法忽视的对立，没有人能够否认，这种对立已经无法再遮掩了；每个愿意睁开眼看的人都能清晰地看到教会身上腐坏的污点，如果不愿意让整个组织都落入无可救药的地步，必须用尖锐的刀剑剜去这些腐肉。

　　克吕尼派的门徒早就与圣罗慕铎的学生们达成了一致意见，他们将"西门罪"以及"尼哥拉主义"称为教会的两大主要弊病，教会的不良状况都是这两大弊病引起的。前者是通过宗教职务牟取暴利、买卖教会职务及头衔的行为；

而后者则包括神职者违背教会的不婚规定，受到肉欲驱使按照世俗法律和习俗所允许的那样与人结婚，以及违背自然天性的混乱色欲。无论"西门罪"还是"尼哥拉主义"都没有教条作为基础，也不能作为教会的教义受到维护，所以人们将之称为异端，而所有因此罪行而戴上污点的人则被称为异端分子。按照当时的观点，教会改革的意义正是在于将教会的这两大弊病治愈。

尼哥拉主义异端行径传播最为广泛、最肆无忌惮的地方就是意大利了。结了婚的主教在这里屡见不鲜，低阶的神职人员几乎全都是结了婚的；人们每天都能看到，教士的儿子们不仅得到其父亲的遗产，而且这些父亲将教会财产的使用权占为己有，从而使儿子们也获得了教会财产。那些寻求结婚对象的神职者可能还值得称颂；因为与那些隐藏在暗中的罪人相比——他们在表面上遵守着教会法规，实际上却生活在无耻的欲念之中——这些结了婚的神职者反而像是光明天使一般了。在德意志和法兰西，结婚的主教和大教堂教长虽然比阿尔卑斯山另一边要少，但是，在富裕奢侈生活中，这里很少有神职者还过着严格遵守教条、符合僧侣身份的生活了。这里的神职人员大多也结婚成家，这是不争的事实；不论是世俗法律，还是传统习俗，都没有禁止婚姻，而教会本身又在这方面不加苛责。在德意志，这些结了婚的教士根本不知道他们的婚姻已经损害了自己的圣职，而在法兰克王国和意大利，克吕尼派和罗慕铎的门徒们则不懈努力，让人们意识到这一点。

虽然违背教会法规定的不婚是有伤风化的，但相对于那些值得唾骂的、买卖神职勾当，似乎是可以容忍的。当权者公然出售主教管区和修道院管区，主教们则公开叫卖较低的神职职位。当选的、获得采邑的和受到祝圣的，往往不是最有资格的人，而都是最无用的却出价最高的人。人们已经习惯只将宗教职位看作是薪俸丰厚却不费力的肥差和影响力巨大的官衔，却很少认识到与之相伴的宗教尊严和正直作风。教会职务越来越多地成为宫廷宠儿和富裕者的特权，富裕生活中的纵情享乐常常扼杀了神职人员对神圣事物的感知。在受"西门罪"侵蚀的神职阶层领导下，整个教会势必会世俗化，并渐渐沦陷为政治或等级目的的腐化所。

"西门罪"蔓延最广的就是法兰克王国；但也正是这里的人们首先开始做

出努力，渐渐摆脱这一弊端。在一些地方，人们甚至重新通过神职者、教会邑臣和社团内的自由选举来确定登上主教座席的人选。这一方面是克吕尼派努力的结果，另一方面要归功于法兰西神职人员对抗世俗势力所取得的自由地位。但他们的势力在法兰克王国虽然覆盖很广，仍有最严重的"西门罪"存在。当时德意志神职人员与王权的联系有多紧密，标准的神职选举在亨利二世和康拉德二世执政时期是怎样完全失去其意义，而且皇帝们甚至不假思索地将任命主教作为一项重要的收入来源，这些都在之前详细地记叙过了；因此，"西门罪"在德意志也传播甚广，人们纷纷效仿君王们的榜样，这也就不足为奇了。但即使这样，德意志也有着西方最值得尊敬的主教和教士，其原因只在于，德意志民族比其他民族更为虔诚、对圣人的敬意更深、更为正直本分。在亨利三世表明他的立场之前，德意志神职人员还没有完全认识到"西门罪"是一项宗教罪行；直到现在，人们才意识到它是教会生活中主要的弊端，才开始注意到克吕尼派的教义，在此之前，克吕尼派的教义只在洛林得到了广泛的传播；现在，它也来到了德意志内部，虽然还有各种反对异国体系的声音，但它已经在较大的圈子中获得了支持和认可。

　　"西门罪"泛滥的程度令人恐惧，引起的后果又极其严重，但最受其危害最甚的还是意大利——这一点是众人一致认可的。没有哪里的教会比意大利的更加富裕、更加光鲜、更加强大，同时也没有哪里的教会像意大利的教会这样，全然被世俗势力控制着。同时代的人们在描写教会邑臣们的宗教生活时，异口同声地展现出了相似的可怕景象，以至于我们不需要更多的佐证就能确定当时的真相。即使多年来，许多伦巴底的主教管区定期就会有德意志的神职人员到任，也不能阻止伦巴底神职人员的世俗化；这一点也进一步证实了，意大利的水土对德意志传统习俗来说是最危险的毒药。意大利那些买卖圣职的神职人员给教会带来的恶果，是令人发指的，因为这个世界上到底还是有明理之人的，所以势必也会有不满的声音和愤怒的责难。年迈的罗慕铎四处漫游，警告人们天主将降下惩罚，他在半岛上走了多久啊！当死亡终止了他的漫游和他劝人忏悔的布道之后，他的一位弟子孜孜不倦地接过了他的事业。罗慕铎为他手下的人们定立的修道院规章与隐修士的行为准则很相似，这与克吕尼派严格的群体规章不能混为一谈；但即使这样，这一伟大的法兰西僧侣联合会对罗慕铎的教会机构也不无影响。他建立的那些隐修士居住区形成了一个相对牢固的修道院联合会，而这个联合会的中心就在高高的亚平宁山脉上，即阿雷佐（Arezzo）附近的卡马尔多利。后来，罗慕铎的一位弟子在翁布里亚大区（Umbrien）的古比奥（Gubbio）建立了阿维尔拉纳泉（Fonte Avellana）的隐修士修道院，这一修道院甚至还试图以严格的教条超越卡马尔多利，并很快成了一个新的修道院联合会的中心。不久之后，若望·瓜尔贝多（Johann Gualbert）的修道会也建成了。在弗罗伦萨附近的瓦隆布罗萨（Vallombrosa）还有第三个由隐修僧侣组成的修道院联合会，它的组织设置也非常相似。而且意大利多所有一定历史也十分富裕的修道院也都接受了罗慕铎的教义，并按照这些教义修改他们的原则和章程。就这样，在拉韦纳附近著名的彭波萨修道院（Kloster Pomposa）圣明的修道院院长圭多成了一种新秩序的创建者；就这样，在沃尔图诺（Volturno）河畔的圣文森提乌斯修道院管区，发展出了一种更崇高的宗教生活。所有这些受到罗慕铎的启发而建立起来的修道院联合会的使命就是要与世俗化的教会斗争，与受"西门罪"和"尼哥拉主义"侵蚀的神职者斗争，与奢侈腐朽的僧侣斗争；这些修道院联合会虽然在平时会因为小小的争风吃醋而存在嫌隙，但为了进行这些斗争，修士兄弟们携起手来，甚至与克吕尼派也联合到了一起，而克吕尼派自圣威尔汉姆时代以来，就与意大利北部和中部有了更牢固的联系。这里已经不再缺少劝人忏悔和醒悟的布道了；但是，它们的作用只局限在使教会的弊端为人所知，引起人们的注意，而不能治愈这些顽疾。那些隐修士和僧侣们微弱的声音，又如何能抵挡得过意大利主教们手中握有的、巨大的宗教和世俗权力呢？只要皇帝或是教皇不认真对待，改革就依旧只是虔诚信徒们的一个美梦。

由于罗马城内的人们不知羞耻地犯下"西门罪"、遵循"尼哥拉主义"，谁又能期待由罗马方面来进行这场改革呢！罗马方面多次重申，只有它传播了纯粹的教义和有序的教会生活，教会只有通过由它不断注入的新鲜力量才能获得新生；但现在，罗马成了罪恶的聚集地，将虔诚信仰称为异端并进行判罚。那些没有犯过"西门罪"的神职者中，很少有人生活作风也是无可指摘的。而与神职阶层相比，在俗信徒们也没有好到哪儿去；人们将这整座城市比作"罪恶的巢穴"是毫不夸张的。与宗教和道德生活一样，所有的精神和学术追求也同样衰败废弛了；现在，德意志、法兰西和伦巴底完全有权，将罗马人曾几次三番扣在他们头上的"野蛮人"的骂名还给罗马人。就连城市也失去了繁荣；不仅是那些令人艳羡的古典遗迹倒塌了，就连圣彼得和圣保罗教堂也面临着化作废墟的危险。年复一年，越来越多来自整个西方的朝圣者来到这座永恒之城，为了满足他们对圣所的向往，但他们离开时眼里却含着泪，他们的骂声回荡着，说在主的圣所充满了毁灭的暴行，却没有人来阻止。

　　奥托大帝曾挽救过教皇的尊严。谁又会相信，奥托曾终结了的可耻状况很快就再次出现了！与其说是昨日再现，倒不如说是全新的耻辱，因为无论所有笃信之人曾对罗马及基督教首脑做出过怎样的指责，如今的罪恶都更胜一筹。若望十九世不就差一点为了金钱而将伯多禄的教皇特权出卖给了希腊人吗？后来，图斯库鲁姆人不就无耻地犯下"西门罪"，将一个十岁的孩子扶上了圣伯多禄的座席吗？而又有什么，比这个被称为"教皇本笃九世"的毛头小儿对主教权力的滥用更令人气恼的呢？他的罪孽一年比一年深重，他的智慧却毫无增长；没有哪项罪行，是他没有犯过的。劫掠、谋杀、奸淫，他和他的族人、图斯库鲁姆的伯爵们当着罗马民众面不知羞耻地为非作歹，并且逍遥法外；在前往圣所的路上有人洗劫朝圣者，在殉教者的墓前有人举着刀剑从朝圣者手里抢走捐款。罗马成了谋杀犯的巢穴，而最大罪人就是教皇和他的亲戚们。

　　最终，罗马人民再也忍受不了了；针对图斯库鲁姆家族的大规模反抗行动爆发了；起义开始了，再也没有比这更加正义的暴动了。康拉德二世在世时，罗马人已经驱逐过一次本笃了，只是借助于皇帝的力量，他才重新恢复了自己的统治权威；现在，他们再次为了反抗他而举起武器，在1044年年初，他被迫再次让出了这座城市。特拉斯提弗列（Trastevere）的居民们与古城罗马的市民们有仇，只有他们还保持着对教皇的忠诚；在附近多位伯爵、本笃的邑臣和亲人的增援下，特拉斯提弗列人为他与罗马人开战了。1月7日，双方在特拉斯提弗列城门前展开了一场血腥的战役；罗马人被打败转身逃离，而胜利的一方则计划着立即向罗马进发。但是，他们想要打开罗马城门的进攻失败了；起义者们占领了城市，并于2月22日在圣伯多禄的座席上征服了萨拜娜的主教若望。若望的当选也是用金钱买来的，他作为新任的教皇使用了西尔维斯特三世的称号，但却既没有高于罗马神职众人的、精神上的美德，也不具备教皇应有的智慧、决心和勇气。本笃公开将这个强行挤进来的小人革除了教籍，之后便继续凭借着家族势力与罗马人斗争。西尔维斯特三世只在罗马当了49天的教皇；接着，他便带着谩骂和耻辱回到了萨拜娜地区，而本笃则于4月10日重新入驻了拉特兰宫。

像本笃这样的人，时间和经验也很难使他有所长进。他重新当权后，更加肆无忌惮地放纵自己低俗的激情和欲望，最后甚至还做出一个疯狂的决定，想要以教皇的身份与人结婚；他看重了一个亲戚，也就是吉拉尔德（Girard）伯爵的女儿，想要娶她为妻。伯爵拒绝让自己的孩子成为世人唾骂的对象，格罗塔费拉塔（Grotta Ferrata）的修道院院长通过忏悔布道，但更主要的是罗马民众矜持不懈的反抗，最终使本笃放弃了这个念头；但他还是期待着能够不受干扰地放纵自己的欲望，拐走吉拉尔德的女儿。就这样，这个沉迷女色的教皇算是省去了众人怒火。但是，正如本笃当初是通过买卖圣职而登上了圣伯多禄的宝座，现在他又由于一桩应当受到惩处的"西门罪"而跌入了深渊。通过一份正式的出售合同，他收受1000镑银子，于1045年5月1日退位，将教皇权力让给他的教父若望·格兰西（Johann Grantian），而此人当时是圣乔万尼（S. Giovanni）教堂的大法政牧师（Archicanonicus）。买家获得了教皇的祝圣，并获得了格列高利六世的名号。

所有笃信的人们都对这场发生在圣伯多禄座席上的更替感到欣喜，更何况在一开始的时候，新教皇是如何通过卑鄙勾当获得教皇头衔的还是个秘密。新任教皇较为年长，性情简单朴实；虽然他既没有杰出的天赋，也没有受过很高的教育，但却没有那些低俗的趣味，也没有明显的过错。从少年时期开始，他就一直过着贞洁的禁欲生活，所以这对罗马人来说这简直如同一个奇迹，他们像对待圣人那样尊敬他，在精神上向他寻求支持。就这样，他获得了一笔非常可观的资产，他谨慎地使自己的资产不断增加，向往着有一天将之变成罗马最好的资产。他伟大的父城罗马还是要感谢他的。他首先就想要重建垮塌的教堂；接着他感到，如果将从罗马城滋生出的图斯库鲁姆专制暴政和其他恶行终结，自己的财宝就无法更好地得到安置。他因此买下了三重冕。毫无疑问，他有着最大的意愿，想要通过终结教会弊端树立起教皇的威信。他甚至将自己的亲信和朋友也强行推上了这条道路。因为他属于罗马城内少数虔诚而积极的教士，他们与奥迪罗及克吕尼派有着密切的关系，这个小群体通过奥迪罗、亚里纳德和其他虔诚僧侣孜孜不倦的朝圣旅行保持着活跃。这是个封闭的小社团，格列高利五世、西尔维斯特二世和本笃八世留下的传统在他们那里得到了传承；年迈的大主教劳伦迪乌斯（Laurentius）是奥迪罗最忠诚的朋友之一，他被从阿马尔菲的驻地驱逐出来，也加入了他们的行列，还有一位来自阿文提诺山（Aventin）圣母修道院的年轻僧侣，他为奥迪罗安排了在罗马的住处。这位僧侣名叫希尔德布兰（Hildebrand）——谁又会不认识他呢！教皇将他任命为自己的随行使；这位热情而又天资聪颖的年轻人在他的主人和朋友身边，很快就有了对城市及教会事务不小的影响力，并且早早地就懂得了这些大事的流程。

在一开始的时候，格列高利及其友人为教会改革所做的积极努力使人们仿佛看到了成功的希望。因为，当时的局势显得对他十分有利：罗马民众对新任教皇十分支持，图斯库鲁姆的人通过协议与他站在同一战线，而克吕尼派也听候他的差遣，意大利的隐修士修道院联合会异口同声地为他的得势而欢呼，并且热情洋溢地盼望着新秩序的建立。法兰克王国的国王也认可格列高利，向他派出了使者。更重要的是，就连亨利三世国王也显示出对他的支持。虽然没有非常可靠的根据，但当时一位克吕尼派的历史作者告诉我们，本笃受亨利之命离开圣伯多禄座席，这样的话，克吕尼派想要征求亨利对于既定事实和对新主教的意见，就没有错过任何时机。可以确定的是，格列高利和亨利对于亚里纳德被提拔成为里昂大主教的事情达成了一致意见。

一切都看似进行得顺风顺水，但是，事实很快就证明了，格列高利根本不是一个能够实现基督教伟大希望的人。他对教会衰败的理解太过表面。他认为，皇帝、国王和王侯们夺走了罗马教会的财产，并摧毁了教堂，所以才出现了那些弊端；他开始着手扩建圣彼得和圣保罗教堂。除此之外，他发现自己处处受阻，而他无法克服这些阻碍。他缺少最必要的途径来捍卫自己的尊严。他将自己的资产都投入进去了；教会的地产都在图斯库鲁姆家族的手中，就连伯多禄税也给了本笃。在这样的困境下，他想到了信徒们虔诚的捐款，通过普瓦图公爵威廉的牵线搭桥，一大批法兰克王国的神职人员和在俗信徒们都承诺，为了资助罗马重建教堂，每年捐出一定款项。然而，要想打赢他随即卷入的这场战斗，这还是远远不够的。本笃卸去教皇头衔后，吉拉尔德伯爵依然拒绝将女儿嫁给他，并因此与图斯库鲁姆家族决裂了。现在，他加入了萨拜娜主教的一派，而萨拜娜主教也再次挺身而出，提出了对教皇之位的要求。结婚的希望落空了，本笃后悔卖出了教皇的三重冕，又无耻地以罗马大祭司的身份出现了。就这样，人们面前有了三位教皇，并且三人都同样犯有"西门罪"。最可悲的教会纷争爆发出来，罗马城内战一触即发。如果我们能够相信晚些时候的文献记载的话，那么就有这样一段时间，三位教皇同时在罗马居住，一位在圣彼得教堂，另一位在拉特兰宫，第三位则是在罗马圣母大教堂。混乱与仇恨都达到了无以复加的地步。

眼下，那些将格列高利就任教皇形容为教会之幸的人也抛弃了格列高利。那些隐修僧侣中的一位在给国王亨利韵文书信中表达了急切的请求，要求他"代表全能的主"解除这三重桎梏，不让教会，不让纯洁而美丽的书念妇人（Sulamith）[①]因此蒙受耻辱。彭波萨修道院的圣圭多与国王的来往非常密切。阿维尔拉纳泉的领导人彼得·达米安（Peter Damiani）是意大利改革派最有热情、最有才智的领导人，他也将目光锁定了亨利三世，并将希望寄托在他身上。在罗马，大祭司彼得产生了一个想法，只有皇权才能再次将教皇势力身上的耻辱抹去。他召集起所有对教会尚存有敬意的主教、教士、低阶神职者和僧侣，他还将两族的在俗信徒也召集起来，在他们面前公开表达了对三名"西门罪"教皇的反对。接着，他迅速翻越山脉来到德意志国王的宫廷中；他跪倒在地，请求国王以最快的速度拯救罗马教会，并要求德意志主教们尽他们的全力支持这项虔诚的行动。

亨利三世得知格列高利犯有"西门罪"后，他就确信了，只有通过消灭

---

① 译者注：又译书拉密女，《圣经·列王纪下》中出现的人物。因不求回报的爱而得到了赐福，先知使她的儿子死而复生。

这三名教皇才能实现理想中的教会改革。教士婚姻以及被人们称为"尼哥拉主义"的行径，对他来说似乎无关紧要；但是他将"西门罪"看作是教会的最严重、最具破坏性的弊病。教会改革对他来说，同时也意味着肃清"西门罪"。他并不会因此而一定要重拾标准的选举秩序，因为他也将任免主教的权力掌握在自己的手中，而且几乎只将主教头衔授予自己神事议事厅中的成员；但是，他想要彻底肃清所有买卖神职的行为。因此，他公开宣布与"西门罪"开战；在这样的情况下，谁又能让他接受，从一名犯有"西门罪"的教皇那里接受加冕，并和这样一位教皇一同开始教会改革呢？弥漫在风中的不是别的，正是带着未来希望的美好种子，随风散播到四处。如果他不愿与这样一位教皇携手，那么他就必须自由而独自地进行他的事业，从肃清罗马开始他的教会改革。

　　1046年10月25日在帕维亚召开的一场教会代表会议上，国王与来自德意志、意大利和勃艮第的6位大主教及34位主教济济一堂，为教会的福祉而做出了积极的决议，但我们对此没有更为详尽的文献资料。当国王在此后来到皮亚琴察时，格列高利六世出现在了他的宫廷中。我们不知道，他是自愿前来，还是遵照国王的要求而来的，但是按照记载，他受到与他的教皇地位相符合的尊敬。国王并不想亲自对三位教皇受到的控诉做出评断；而是要通过一场在苏特里（Sutri）举行的大型宗教代表会议，听听三位教皇在罗马神职人员面前的辩解，再由大会进行审判。

　　12月20日，参会人员聚集起来。国王本人在格列高利的陪同下从图西亚来到了苏特里；在他的随从队伍中，有大量位高权重的教会王侯；格列高利也通知了罗马的全体神职人员来到苏特里。这完全是一场规模盛大的集会。格列高利主持会议；国王亲自出席了会议讨论。人们首先要解决西尔维斯特三世的案子，西尔维斯特三世本人似乎也出现在了会场。人们决定，因"西门罪"革去他的主教及教士身份，并且他必须在修道院的高墙内度过余生。接着，人们对格列高利的案子进行商议。他被要求阐述当选教皇时的情况。像他这样诚实的人，自然将全部情况都按实际情况说了出来；他毫不隐瞒与本笃签订的购买协议，但也表示，他这样做是为了实现正义；他听凭主教们对他做出合适的判决。接着，当主教们表示，他可以自由地决定对自己的判决时，他说："我是主教格列高利，主的奴仆的奴仆，我声明，我由于在当选教皇时无耻的金钱交易和'西门罪'异端行径必须被革去罗马主教头衔。"他又问主教们："你们同意这种想法吗？"他们纷纷认同。这时，他走下了教皇的宝座，撕碎了身上的主教礼袍。就这样，在大会的认可下，格列高利卸去了教皇之职。在苏特里没有对本笃做出任何判决；这可能是因为他本人没有到场，以及标准法规规定的三次传唤没有奏效。

国王带着主教和他的整支军队直接从苏特里来到了罗马。12月23日和24日，在这里的圣彼得大教堂召开了第三次大型会议，在这次会议上本笃也被革去了所有职务。三位犯有"西门罪"的教皇被顺利地清除了；教会改革、与"西门罪"的斗争从最高首脑开始了；这为改革开了个好头，也预示着更大的成果。

眼下最重要的问题就是，现在该由谁来登上圣伯多禄座席，谁来与国王共同完成改革大业。新教皇的人选似乎是个令人头疼的问题。因为格列高利曾经让他的追随者们向他发誓，在他死前都不选举新的教皇；另一方面，从长远来看，图斯库鲁姆一派是不可能永远放弃反抗的；最后，在罗马神职人员中缺少一个既拥有与教皇头衔相匹配的学识，又没有沾染"西门罪"或"尼哥拉主义"污点的人，但如果任命一个外来的人，不仅会违反古老的教会法规，而且罗马对外来统治的厌恶也会引起多方面的忧患。在这样的情况下，罗马的神职人员和民众们将决定权交给国王，让他来提名最适合登上最高神职宝座的人选。亨利认为，即使是标准的教条也会允许例外，在困境之中，他只能将目光转向德意志的主教了。他首先想到了不莱梅大主教阿达尔贝特，大主教就在他的随从队伍中，凭借其品质、学识和高贵必定会成为罗马之光，但阿达尔贝特却转而举荐了恭顺的班贝格主教苏德格（Suidger）。虽然苏德格再三推辞，国王还是握起了班贝格主教的手，将他带到众人面前，说他就是最合适的伯多禄继任者，在人群的欢呼声中，苏德格当选了。

教会就这样迎来了新的首脑，而他的身上是毫无污点的；一位主教登上了西方教会的最高巅峰，他能够毫无畏惧地支持国王与"西门罪"的斗争，因为他自己是清白无罪的。值得注意的是，在三个罗马人试图通过非法途径占有教皇之位时，一位德意志主教却拒绝登上这一宝座，而另一位是带着拒绝和矛盾的心情接受了这个高位。在临终之前，苏德格还在一封教皇训谕中真切地诉说了心中的痛苦，而这痛苦是他被迫离开班贝格而引起的。他说，他从来没有想到过，自己会登上这样的高位；按照他的意愿，平静而简朴的一生就是他的最终目标；他带着极大的苦闷离开自己的班贝格教——他将之称为他的女友、姐妹和新娘，称为他的纯洁的鸽子。他也没有让自己与班贝格教会的关系完全被切断，而是一直保留着班贝格主教的头衔，从没有自愿地让别人来出任他旧时的职务。

　　以上所述的这一切：使犯有"西门罪"的教皇们遭到革职，一位诚实的德意志人受到提拔，登上了圣伯多禄座席——在心系教会福祉的人们看来，是完全正义、合法的。彼得·达米安不知疲倦地赞颂着伟大国王的这一胜利。在整个世俗历史中，他找不到任何一位王侯能与亨利相比；他认为亨利可以与大卫王以及那位约西亚相媲美，约西亚在重新找到摩西的律法书时，撕碎了自己的衣衫，捣毁了拜假神和偶像的祭坛。他说，那些早已被遗忘的、父辈的教会律法，是亨利为它们重新赢得了效用和影响力。他让人回想起救世主的榜样，他推翻假神的祭坛、将小商贩赶出教堂。他引用诗篇作者的话说道："主啊，你打破了我的桎梏；我将用我的赞颂为你献祭。"此后不久，严格的列日主教瓦佐在对这次选举教皇的合法性提出了疑问，但他在虔诚的人们那里却没有得到什么回应。就连坚定捍卫着罗马自由地位的代表人士们，曾经对皇帝与教皇之间巨大争斗大为激动的人们，也没有对亨利当时的做法提出任何异议；相反地，他们几乎众口一词地将苏特里和罗马的教会代表会议称为教皇统治的重生。

　　接下来，人们在罗马举行了一场大型的圣诞庆典。在这场庆典上，苏德格用克雷芒二世（Clemens Ⅱ.）[①]的名字接受祝圣成为教皇，随后，按照古老的习俗，在圣彼得大教堂为亨利及其妻子戴上了皇帝与皇后的冠冕。246年前，查理大帝正是在同一天、同一个地点成为了皇帝。如今，从权力、思想境界、对教会纯洁的积极追求来看，另一位"查理大帝"诞生了，况且他正值壮年，注

---

　　① 译者注：又译克勉二世。

定将要完成比其他凡夫俗子更伟大的事业。现在，日耳曼皇权的理念似乎离彻底实现不远了。最高世俗权力还从来没有像这样，与这个教会及其首脑面对面过；笃信的教会必定将皇帝视为其拯救者和解放者，并出于感激，也出于自身的利益考虑，完全臣服于他。同时，这也使德意志民众看到了最光明的未来。当时的局势与奥托三世接受格列高利五世界面时非常相似，但又是完全不同的。因为当时的少年皇帝被古罗马迷住了心窍，而那位德意志教皇则深深迷失在法兰西僧侣的理想世界中；而现在，人们有了一位对德意志品质有着足够认同的皇帝，并且他的最终目标就是要让德意志民族在未来统领整个西方；而他的身边站着的这位教皇，虽然在对"西门罪"的憎恶上与克吕尼派有着一致的想法，但是在其他方面，他彻彻底底的是个德意志人，人在台伯河畔高耸的意大利五针松下，心却向往着雷格尼茨河（Regnitz）流域的松林。奥托三世天马行空的梦想曾对德意志民族的发展有着多大阻碍，现在通过皇帝和教皇的同心协力，就能为德意志民族带来多大的收益。

就连罗马民众也能够感觉到，人们正面临着一个新时代的开始，这场皇帝加冕不只是一场空虚的仪式。皇帝浩浩荡荡的军队占满了这座城市的大片空间，他名士云集的随从队伍由王侯和主教组成，围绕在他这个世界霸主的身边，他们接连不断的胜利甚至超出了盲目大众的想象。不仅仅是罗马市民阶层热情地拥护这个异乡人——这个异乡人还给他们安排了一位外来教皇，他们还热情洋溢地展现对他的顺从。奥托一世使用暴力才强行夺下罗马，而现在，罗马人民心甘情愿地将这座城市献给皇帝，让他成为唯一能管理圣伯多禄座席的人；他们决定，接下去所有教皇的当选都要经过皇帝的认同和授职。自奥托三世统治时期以来，克莱欣蒂斯一派以及之后的图斯库鲁姆一派以罗马"大贵族"的名义肆意占据教皇宝座，而"大贵族"原本的意义则几乎被遗忘了；为了使"大贵族"不继续遭到滥用，亨利按照罗马民众的意愿将之与皇权合二为一，将象征"大贵族"身份的金环戴在了自己的头上。晚些时候发现了一份证明文书，其中表明，当时的教皇与罗马民众就是通过这份证明文书确定了，从今往后对伯多禄继任者及所有享受王赐特权的主教的任命，都交给作为罗马"大贵族"的皇帝及其继承人。可以确定的是，这份证明文书是伪造的，是罗马的皇帝一派在授职权纷争的过程中，与其他类似的文件一起杜撰出来的；但是，有许多不容置疑的证据可以证明，皇帝在获得"大贵族"身份的同时，实实在在地从罗马的神职人员和民众那里获得了自由支配圣伯多禄座席的权利。

对于皇帝为罗马人安排的这位新主教和统治者，他们丝毫没有可以抱怨的地方。克雷芒二世[①]是个虔诚、沉静而心怀善意的人；罗马人给了他"善者"的别名；像彼得·达米安这样严苛激进的人，就会指责他的性格过分温和顺从。克雷芒的名字是他自己主动选取的，是为了纪念罗马教会最初的美好时光，那时的教会还闪耀着纯粹的荣光。将教会在后来的时代中沾染的污点，是他的愿望，也是他最忧心的事。因为地位身份的改变，与"西门罪"的抗争成了他的第一要务。在[②]7年1月的第一个星期，他就在罗马召开了一场大型的教会代表会议，会议为整个西方教会对抗"西门罪"做出了深入透彻的决议。谁要是犯下了买卖宗教职务的罪过，谁就会被逐出教门；谁要是在知情的情况下接受了"西门罪"罪人的祝圣，谁就会被判处四十天的赎罪忏悔。从圣伯多禄座席上终于发出了克吕尼派、罗慕铎的弟子们以及所有正直的基督徒盼望已久的声音。教皇首脑以革籍判决制裁"西门罪"的这一天，一种新的教会秩序也随之开始了。

在同一时间，人们还找到了机会，为不少重要的主教管区安排了人事，这似乎也是一种幸运；因为新的时代需要新鲜血液。自维格尔卸任以来，拉韦纳大主教管区就没有分封给任何人；现在，这个教区被交到了胡姆弗里德（Humfried）手里，他是德意志人，之前一直是皇帝在意大利的总理。胡姆弗里德接受了教皇的祝圣。米兰、拉韦纳和阿奎莱亚之间存在的等级之争在这场会议上再次成为议题，最终，大会做出了对拉韦纳有利的决定。同时，皇帝在

---

① 苏德格出身于萨克森贵族家庭；他的父亲康拉德在哈伯施塔特周边地区有着丰厚的产业，并拥有莫尔斯勒本（Morsleben）和霍讷堡（Horneburg）两地；他的母亲艾慕尔拉德（Amulrad）是1012年去世的马格德堡大主教瓦尔特哈德的姐妹。苏德格先是担任哈伯施塔特的大教堂牧师，接着进入了国王的神事议事厅。1040年年末，在埃博哈德去世后，他受到亨利三世的青睐，获得了富裕的班贝格主教管区，由于他登上了圣伯多禄座席，班贝格主教管区与罗马之间也连接起了一条新的纽带。

② 参考第315页。

德意志的总理兼大随行使迪特里希获得了康斯特尼茨的主教管区。另一位迪特里希也是皇帝的随行使，成了凡尔登主教。在斯特拉斯堡，施派尔的大教堂教长（Herrand）成为皇帝的叔公、威尔汉姆主教的继任者。还有多个其他的教区也在当时或是接下来的一段时间内得到了分配，几乎全部交到了皇帝身边人的手中，这些人对于皇帝的目标都了然于心。

正当教皇试图整顿罗马教会混乱的秩序时，皇帝巡视了城市的周边地区，攻陷了反叛贵族们的城堡，也就是图斯库鲁姆一派的城堡。1047年1月1日，他来到了距离图斯库鲁姆不远的科隆纳（Colonna）。本笃的家族亲友与皇帝的军队实力悬殊，根本无力对抗；他们似乎因此投降了，并且向皇帝做出了承诺，但没过多久，他们就食言了。皇帝只在罗马周边地区停留了很短的时间。因为这次征程的主要目的已经达成，皇帝便撤走了大部分的军队，他的妻子临盆在即，他便让她与踏上回程的队伍一起前往意大利北方，而他自己则在教皇的陪同下，带着一支小型队伍向半岛南部进发，去处理伦巴底王侯及诺曼人那里的局势。

b. 亨利三世将阿普利亚分封给诺曼人

西方冒险者组成的队伍在西西里岛向希腊帝国提供的支持，后来为拜占庭皇权带来了诸多不幸。西方的汗马功劳不仅没有得到应有的犒赏，在这支队伍中扮演重要角色的米兰人阿尔杜安[邱瑞晶11]还遭遇了不公。阿尔杜安与希腊将领由于从萨拉森人那里缴获的一匹宝马而发生争执时，他不仅失去了自己的战利品，甚至还被迫接受了侮辱尊严的责打。从这时起，这个伦巴底人就想要好好地报复那些贪得无厌又蛮横无理的希腊人，并且通过一个令人称奇的计谋实行了自己的复仇计划。阿尔杜安先是将自己对希腊人的仇恨埋藏在内心深处，来到了大将军多西亚努斯面前，通过奉承和送礼获得了大将军的青睐，由于他表面上显得对希腊皇帝的言听计从，以至于一些希腊城市的管辖权真的被交到了他的手中。在这些城市中，他向他的臣下们展现出善意，与君士坦丁堡的那些官员完全不同，因此也赢得了这些人的爱戴。但是，他刚刚确认了这些人对他的忠诚，便在他们中间撒下了暴动起义的种子；他向他们展示外来压迫者的求胜欲和残酷，让他们看到摆脱这一沉重枷锁的希望。他借口要前往罗马朝圣离开了阿普利亚。他来到了阿韦尔萨（Aversa），呼吁莱努尔夫伯爵和诺曼人与他一起征服阿普利亚。他说："我会先行前往，你们跟在我后面。我先行一步是为了让你们看到，我要攻打的这个民族是多么软弱，而他们却居住在这样一片广阔而富饶的土地上。"对诺曼人来说，征服阿普利亚根本不是什么新鲜的念头。所以他们万分甘愿地接受了阿尔杜安的建议；与他签订了一份联盟协议，承诺将战争所得的一半分给阿尔杜安，而另一半则留在诺曼人手中。莱努尔夫从手下的人马中挑选出十二名受人尊敬的骑士；这些人中包括欧特维尔的坦克雷德（Trancred von Hauteville）的儿子们，也就是"铁臂"威尔汉姆和卓戈，他们的神勇在西西里岛上就已经展现出来了。莱努尔夫给了这十二位将领300名骑士，并告诉他们，征服的土地会在他们之间平均分配。诺曼人的历史中这样写道："他将胜利的旗帜交到他们手中，亲吻他们并将他们送上战场，英勇地与阿尔杜安并肩作战，抗击希腊人。"

　　1041年年初，诺曼人在阿尔杜安的指挥下出发了，他趁夜将他们悄悄带到了梅尔菲（Melfi）的城门前，而梅尔菲城正是阿普利亚的堡垒和攻破它的关键。早晨，当民众们想要反抗这些外来的骑士时，阿尔杜安告诉他们，这些骑士将会是把他们从奴役中拯救出来的人。第二天，诺曼骑士们已经来到了韦诺萨（Venosa）；第三天，他们已经到达了阿斯科利和拉韦洛（Lavello）；阿普利亚各地对他们来说都如同结了硕果累累的园子一般，他们将无数战利品运往梅尔菲；他们没有在任何地方遇到敌人或是遭到反抗。"他们瓜分了战利品，并试图将剩下的也占为己有。他们与梅尔菲的女子谈笑游乐，当地人的怯懦使他们沾沾自喜。他们相信神的全能，也对自己的骁勇善战充满自信，他们认为已经征服了整个阿普利亚，而当地的居民也这样认为。"但是，当地人还是派出使者去到大将军面前——此时的大将军是前不久才接任的小多西亚努斯，使者向他抱怨遭受的损失，并要求他提供援助。大将军召集起一支军队，向诺曼人所在的方向赶去。他还没有与他们正面交锋，就开始联系谈判了。他要求他们马上离开当地；而他们则要求保留自己的占领地，承诺效忠于皇帝，如果他们能保留这些土地，他们就愿意在他的军中服役。大将军听到这些傲慢的野蛮人这样答复他，怒不可遏，定下了对战的时间和地点。3月17日，双方在韦诺萨的奥利文托河（Olivento）河畔打响了这场战役。大将军一方在人数上占优，他的身边还有罗斯的瓦良格人和小亚细亚军队；但即使这样，希腊人还是被彻底击败了，并最终沦落到了疯狂逃窜的地步。据说，软弱的米海尔皇帝听到这个消息的时候，一边痛苦地呼喊，一边扯碎了自己的衣衫，道："这群人必定会夺走我的皇冠，将我赶出帝国的。"

希腊人重整旗鼓：皇帝打开金库，人民全都给予资助，为了在意大利打造一支规模庞大、装备精良的军队，人们对金钱毫不吝惜。瓦良格人再次成了军队的核心，小亚细亚进行了大规模的征兵，就连意大利也召集起大量的军队。但是，诺曼人也在寻找支援，并且在贝内文托找到了。为了赢得当地人的支持，他们甚至让贝内文托王侯的一位兄弟成了他的指挥官，这个人名叫艾特努尔夫，诺曼人都听从他的号令。5月4日，战役再次打响。在奥凡托河畔，即古时所称的奥菲都斯河（Aufidus），双方兵戎相见，希腊军队的阵型再次被冲垮；数不胜数的人群被淹没在翻滚的河水中，大将军满是装备、粮草的营地落入了诺曼人的手中。

多西亚努斯接连两次的失利使得皇帝撤去了他的职务，将布吉亚努斯（Bugianus）作为他的继任者派到了海对岸，而这位新将军正是巴西利乌斯·布吉亚努斯的儿子，父亲巴西利乌斯·布吉亚努斯曾在1018年将诺曼人赶出了阿普利亚。布吉亚努斯作为皇帝的代理人手握最高权力横渡大海，率领着新的瓦良格人军队、带着巨款，希望通过在意大利征兵增强自己的军队。西西里岛上的最后一点军队力量也被调到了内陆。在此期间，诺曼人也通过战胜得来的财富壮大自己的军队。双方都整兵顿马、精心准备迎接决定性的一战。布吉亚努斯想要将诺曼人围困在梅尔菲城内，但是他们抢先一步离开了这座城市，并且在佩罗索山（Monte Peloso）突然出现在希腊人面前。他们向希腊人宣战，布吉亚努斯应战了。战斗的形势很快就倒向了诺曼人一方；瓦良格人、阿普利亚人、卡拉布里亚人以及其他为希腊一方战斗的民族都抵挡不住诺曼人的骁勇。布吉亚努斯的整支军队遭到全数歼灭；他本人也被敌方俘虏了。带着这个俘虏以及敌军的所有旗帜，诺曼人回到了梅尔菲，并在这里瓜分了战利品。

布吉亚努斯被交给了艾特努尔夫，在这之后，艾特努尔夫很快就离开了诺曼军队的营地；他想要通过这个俘虏赢得一大笔赎金以及拜占庭皇帝的青睐。他不费吹灰之力就实现了这个意图，并且贝内文托人很快就成了皇帝的盟友，在此之前一直受他们支持的诺曼人则变成了仇敌。

诺曼人需要另寻一位王侯，以其名义赢得当地人的支持。他们找到了梅鲁斯的儿子阿吉罗斯，梅鲁斯曾是首先将法兰西骑士带到阿普利亚的人。阿吉罗斯是在君士坦丁堡长大的，1040年，他被派到阿普利亚镇压一场巴里的一场暴动。皇帝想要利用他们家族的声望，并且确信阿吉罗斯对他的忠诚。实际上，阿吉罗斯确实平息了他家乡的暴动。而在诺曼人胜利之后，巴里再次发生暴动，马泰拉（Matera）和其他城市也紧随其后与诺曼人签订了协议——在这样的情况下，阿吉罗斯本就不够坚定的忠诚开始动摇，暴动的阿普利亚城市和诺曼侵略者们将他选为了共同的首领（1042年2月）。现在，诺曼人以最快的速度前进；或是出于自愿，或是被武力逼迫，几乎所有的阿普利亚的城市都被他们控制了。他们在贝内文托地区也占领了一些重要的地区；加尔加诺山周围的整片地区以及著名的圣米迦勒修道院都落入了诺曼人手中。

1041年12月，皇帝米海尔四世，也就是佐伊那软弱的丈夫去世了。他的侄子米海尔五世，佐伊的养子，登上了皇帝的宝座。他考虑到曼尼亚克斯在西西里岛辉煌的战绩，想到眼下的困境，随即释放了曼尼亚克斯，将他派往意大利。1042年4月，曼尼亚克斯就来到了塔兰托（Tarent），夺回了周围包括马泰拉在内的一些地方。为了迎战曼尼亚克斯，阿吉罗斯做了精心的准备。不仅是诺曼人听候他的差遣，莱努尔夫的军队也赶来助阵。他就这样来到了曼尼亚克斯面前，曼尼亚克斯退缩了，躲避在塔兰托城内。7月，阿吉罗斯带着手下的阿普利亚人和诺曼人包围了焦维纳佐（Giovinazzo），并以暴风之势夺取了这座城市，接着他行进到了仍被希腊人占领的特拉尼城前。在这里，他故意拖延围城的时间，因为他当时已经与君士坦丁堡宫廷方面开始了谈判，但后来又撕毁了双方的协议。

4月时，以独特的方式登上高位的漆船工之子米海尔五世，从他所处的高位跌落了。他卸下皇冠后，佐伊和其姐妹狄奥多拉成为女皇，而这位年逾六旬的女皇再一次产生了选取夫婿作为帝国皇帝的念头。她选中了君士坦丁·摩诺玛加斯（Constantin Monomachus），君士坦丁在之前就很受她青睐。1042年6月11日，君士坦丁成为皇帝，佐伊在他之前离世，他在拜占庭的皇位上坐了12年的时间。君士坦丁是曼尼亚克斯的老对头，他很快就夺取了阿普利亚的最高统治权，接着被革职的将军便暴动起来，自立为皇帝。在这样的情况下，君士坦丁堡方面竭尽全力拉拢阿吉罗斯，当他被提拔为大贵族兼大将军之后，他便出卖了自己和巴里。就这样，阿普利亚的一部分，尤其是南部以及沿岸的大部分地区，重新回到了皇帝的管辖之下。10月，曼尼亚克斯徒劳地向巴里发起进攻。1043年年初，当阿吉罗斯获得了新的援助力量之后，他便迫使曼尼亚克斯彻底离开了意大利的土地，乘船前往都拉斯（Durazzo）①。

受到巴里人和伦巴底人的背叛，诺曼人只能依靠自己的力量了，如果他们不想在本就艰难的战斗中，因为同时对抗希腊人和当地人而分散开来的话，他们的十二位将领就需要一位指挥官。因此，他们于1042年9月推选"铁臂"威尔汉姆成了他们的领袖，他的采邑应该是从萨莱诺的万玛尔和阿韦尔萨的莱努尔夫那里获得的。他们陪同威尔汉姆来到萨莱诺，威尔汉姆受到拥护使万玛尔也十分欣喜，他将其兄弟索伦托王侯圭多的女儿嫁给了他。此后不久，万玛尔和莱努尔夫亲自来到了梅尔菲，他们在那里受到了充满敬意的接待。威尔汉姆成了阿普利亚伯爵；莱努尔夫作为诺曼的邑主之一获得了西彭托（Siponto）和包括米迦勒修道院在内的加尔加诺山周边地区，威尔汉姆和其他十一位诺曼将领每人都获得了一个地区；梅尔菲保留为共同属地和整个军事殖民地的中心。阿尔杜安按照协议获得了一半的占领地，但人们似乎把最不安全的一部分土地分给了他。这就是诺曼人统治阿普利亚的开端。

法兰西骑士在下意大利的战绩使万玛尔获得了极为重要的地位，这样的地位是自"铁头"潘杜尔夫以来，再没有伦巴底王侯获得过的。不仅萨莱诺、卡普阿和阿马尔菲直接听命于他，使他能够将自己的兄弟圭多提拔为索伦托公爵，阿韦尔萨和阿普利亚的诺曼人也认可他作为他们的邑主，后来，他与莱努

---

① 译者注：阿尔巴尼亚港口城市。

尔夫联盟赢得了加埃塔，并将莱努尔夫任命为那里的公爵。但是，他的政权并非毫无争议的。在米海尔四世皇帝去世后，卡普阿的潘杜尔夫从他在远东的流放地回来了，现在，他试图通过希腊的支持重新夺回自己的王侯地位。他虽然在坎帕尼亚的伯爵中找到了几位追随者，但对于万玛尔来说，只要诺曼人一致支持他，潘杜尔夫就无足轻重。但是，莱努尔夫的死对万玛尔确实是重大的损失，由莱努尔夫的死导致的后果使他的处境更加凶险了。莱努尔夫死后，万玛尔随即将阿韦尔萨分封给了莱努尔夫的一个名叫阿什利廷（Ascilittin）的侄子；然而，这位受到众人爱戴的"年轻俊美的伯爵"在掌权之后不久就去世了，一位不属于莱努尔夫家族成员的诺曼骑士鲁道夫，从万玛尔那里得到了阿韦尔萨。但诺曼人坚持采邑的世袭制，在很短的时间内就将受万玛尔保护的鲁道夫赶了出去，并将莱努尔夫的侄子莱杜尔夫·特林卡诺特（Raidulf Trincanotte）立为他们的伯爵，而这位莱杜尔夫也是刚刚从万玛尔的监牢中重获自由的。共同的利益使潘杜尔夫和莱杜尔夫联合起来对抗万玛尔，在这样的情况下，如果万玛尔不能从阿普利亚的诺曼人那里得到强有力的支持，他的处境就会变得异常危险。

"铁臂"威尔汉姆一直到死都是万玛尔最忠诚的邑臣。1044年年初，他们共同在卡拉布里亚攻打了希腊人，接着，在5月8日，又彻底打击了希腊军队。两年后，威尔汉姆去世，诺曼人将他的兄弟卓戈选为他们的伯爵；万玛尔不仅赞同了他们的选择，还将自己的女儿带着最为丰厚的嫁妆嫁给了卓戈。就这样，阿普利亚的新伯爵与他的岳父建立起了牢固的纽带。现在，当潘杜尔夫和莱杜尔夫准备对萨莱诺发起进攻时，卓戈便带着他的诺曼军队赶来援助万玛尔，并且不仅帮他解决了眼前的危难，还使他与莱杜尔夫及阿韦尔萨人和解了。莱杜尔夫承诺对万玛尔保持忠诚，并得到了阿韦尔萨的旗帜。潘杜尔夫虽然在接下来的一段时间内继续与万玛尔展开小型对战，但却没有获得值得一提的胜利，因为阿韦尔萨及那里的诺曼人都保护着万玛尔。在此期间，卓戈在阿普利亚一会儿与难以管束的诺曼将领们作战，一会儿与希腊军队作战；在阿吉罗斯受诏前往君士坦丁堡，并在那里接受了巨大的嘉奖之后，希腊军队的指挥官便一换再换；但即使在这样纷繁复杂的战斗局势下，卓戈也一直展现出保护岳父的决心，虽然岳父的势力并非完全不受争议，但依然受到人们的敬畏。萨莱诺王侯的名号响彻整个意大利，他的府邸如同皇帝的宫廷一般受到人们的向往；周围地方的所有权贵都希望从他那里得到采邑，就连马森地区强大的伯爵们也承认自己是他的邑臣。意大利北部和中部最富有、最有名望的王侯边疆伯爵波尼法爵与万玛尔的关系十分亲密，此人还每年两次派遣使者，带着珍贵的礼物翻越山峦进献给国王亨利，并且受到国王的尊重，从国王那里获得同样珍贵的回礼。万玛尔将自己的整个地位都与西方帝国联系起来，而永远背离了君士坦丁堡方面。但同时，那些异族骑士也借由他的势力站稳了脚，这群介于宫廷骑士与普通劫匪之间的异乡人，通过暴力，通过尽忠职守，也通过与意大利王侯之女的联姻，在这片陌生的土地上赢得了永久的居住地。

1047年2月初，当皇帝在教皇的陪同下来到伦巴底王侯领地的时候，那里的独特局势就是这样。在拜访过卡斯诺山之后，皇帝来到卡普阿，并召集意大利群臣来到他的面前。许多人都不敢前来觐见，因为他们害怕自己的罪行惹怒了皇帝。但是，万玛尔欣喜地带着他手下的伯爵和男爵们出现了，并且和他一起来的还有莱杜尔夫和卓戈带领的诺曼人。万玛尔受到了年轻皇帝的友好接待，正如曾经在他父亲那里一样；但即使这样，皇帝还是迫使他将卡普阿归还给潘杜尔夫和他年轻的儿子，相对应地，他会获得一定数量的金钱。皇帝这样做的意图如果不是要树立起一个能与万玛尔抗衡的势力，就是要竭尽全力，将意大利南部统一起来对抗拜占庭帝国——自康拉德皇帝去世之后，两国便再次反目了。诺曼人征服阿普利亚，是西方帝国向东方帝国旧有属地发起的进攻，而且亨利清楚地表明了，他不仅愿意保护诺曼人的占领地，而且会将这块属地视为自己的国土。正如莱杜尔夫得到阿韦尔萨作为采邑一样，他当时将阿普利亚的伯爵领地分封给了卓戈，并由此将这块属地纳入了德意志罗马帝国。亨利将他帝国的边境进一步向南扩张，并将保卫这片疆土的任务交给了勇敢的法兰西骑士们。皇帝与诺曼人的联盟对他与法兰克王国关系的也有一定的影响；正如之前与法兰西僧侣一样，现在，他与法兰西的贵族也建立起了更加紧密的关系。教皇离开卡普阿后，来到了萨莱诺，而皇帝也在他的旅途中到访了这座城市；2月，两人都出发前往贝内文托，但却双双在贝内文托吃了闭门羹。潘杜尔夫三世和兰杜尔夫六世这两位王侯与希腊帝国联合起来；出于对诺曼人的恐惧，市民们认为只有君士坦丁堡的力量也才能保护他们。反对西方帝国的敌对声音充满了整座城市。之前，皇帝的岳母前往加尔加诺山朝圣，在返回途中路过这座城市时就受到了严重的羞辱；现在，人们甚至将皇帝和教皇拒之门外。亨利只想尽快返回德意志本土，并不想现在就迫使贝内文托投降；他任由自己的忠仆们对这座城市进行报复。这座城市和这片土地都被教皇革出了教会，他将它们留给卓戈和其手下的诺曼人处理。

皇帝本人经过边区赶往里米尼（Rimini），于4月3日在那里召开了一场王侯会议。在这里颁布的一项诏令流传到了我们手中，在这份诏令中，皇帝借鉴狄奥多西大帝和查士丁尼皇帝的法律做出安排，神职人员今后不必在任何诉讼中被迫起誓，而可以让其律师代为起誓。这也显示出皇帝实行教会改革的决心。短短几天后，我们就发现皇帝已经来到了拉韦纳，离开拉韦纳后他又匆匆赶往曼托瓦。4月19日，他庆祝了复活节，并怀着欣喜之情与自己的妻子团聚了，当时她已经在意大利的土地上生下了第二个孩子，又是一个女儿。一场严重的疾病使皇帝在曼托瓦一直逗留到了5月初，接着他取道维罗纳和特伦托来到了布伦纳山口，在5月中旬踏上返回德意志的旅程。

皇帝在奥格斯堡庆祝了基督升天节，在圣灵降临节时已经来到了施派尔他父母的墓地。被撤职的教皇格列高利及其年轻的朋友希尔德布兰也在皇帝的随从队伍中，两人不情愿地离开了罗马，离开了意大利。皇帝将他们的住处安排在科隆，让他们成为忠诚的大主教赫尔曼的属下。第二年，格列高利便在莱茵河畔离世了。还有另一位死者也被皇帝带离了家乡。那是彭波萨的圭多，意大利改革派中的大圣人，他是在皇帝到来之前不久去世的，他在死后也与在世时一样，展现出许多奇迹。这位新时代圣徒在凡间的遗骸被皇帝带到了德意志，并被安放于康拉德二世建立的、施派尔的约翰尼斯修道院中，这之后，这座修道院就被改名为圣圭多修道院了。

国内的王侯们会集到施派尔、皇帝的身边，当着众人的面，皇帝将克恩顿公爵领地及维罗纳边区授予了施瓦本的年轻伯爵韦尔夫，他是他们家族最后一位男性继承人。因为母亲伊尔敏嘉德的关系，韦尔夫同时也是巴伐利亚公爵亨利和下洛林公爵弗里德里希的外甥；现在通过韦尔夫，又有第三块公爵领地落到了卢森堡家族的手里。皇帝放弃了最后一块留在自己手中的德意志公爵领地克恩顿，这样一来，他就完全偏离了他父亲曾经走过的道路。亨利三世认为自己的权力已经足够稳固，除了直接属于国王和皇帝本身的力量，他不再需要别的靠山了。实际上，当亨利从意大利回来：他飞也似地获得了皇帝的冠冕，又一口气终结了教会的纷争、使教皇无法摆脱对他的依附，不费一刀一枪向南扩展了国境——当时谁会相信，他会惧怕那些低级的势力，那些势力是绝对不可能触及到他那样的高度的！

12. 与戈德弗里德公爵的最后一战

眼下，皇帝的目标可能已经路人皆知了——那就是要独立统治整个西方世界，按照他所处地位的性质，他也不可能有别的目标；他大踏步地向着这个目标前进，而且已经离实现这个目标不远了。但是，欧洲各民族仍在竭尽全力反抗独霸一方的君主王朝所带来的毁灭性力量，因为这样一个王朝势必会演变为可怕的专制政权。古罗马皇帝的统治政权以及查理大帝的王朝都必须在自己一定边界之内，而即使是在国境之内，他们也并非完全不受非议和攻击。欧洲民族最核心的生命力就是民族自由；这种自由可以被限制，但是永远不可能被扼杀。虽然，现在纵览欧洲，王侯们和各族人民都显得对他心悦诚服，但他又怎能长久地避免自己的追求遭到反对呢！民族感已经发展得太过强烈，无法再像查理大帝的时代那样建立一个类似的帝国了。正如毛头小子像谜一般地成长为一个年轻人，西方民族也在不知不觉中对自己的力量和独立地位有了越来越强烈的感知，并且带着对天生自由的顽固坚持，对抗所有打破他们独特生活方式的尝试。要是他们与德意志王侯两派之间的对立态势不能在内部得到平衡，他们的反抗对皇权来说就更加危险了。就这样，亨利虽然获得了巨大的城阙，却很快再次受到了内外敌人的攻击；虽然他有心通过金戈铁马夺取世界，但他的力量却被牵制在鸡毛蒜皮的争斗中，他的力量也被限制在其中。

无论过去还是现在，所有针对亨利的敌对势力的中心都是戈德弗里德公爵。虽然所有的星辰都闪耀着预示年轻皇帝光明的前程，戈德弗里德仍不放弃希望，他认为自己报仇雪恨的时刻已经到来了。也许只有像他这样不会气馁、身经百战又在国内享有极高声望的人，才会想要一再与亨利抗争，并且在皇帝日入中天的时候谋划中伤他。如果说亨利是皇帝理念的最佳化身，那么相对应地，戈德弗里德现在就是一位强硬而顽固的老王侯，在国家建立时就曾固执地进行过反抗。

当亨利在意大利逗留的时候，戈德弗里德不仅与洛林的所有支持他的权贵勾结起来，同时还与法兰克王国的国王重新开始了早先的谈判。国王乐于相信戈德弗里德的承诺，也很愿意与他的军队一起入侵洛林；他想要夺取亚琛，因为他无理地认为这座城市以及直到莱茵河畔的所有土地都是他家族的遗产。有人说，是列日的老主教瓦佐劝说国王，使他放弃了这场征战；更可信的说法是，是法兰克王国内部由皇帝的岳父安茹的高弗里德领导的一场运动破坏了这场行动。戈德弗里德也认为，没有法兰西人的支持，目前就无法进行任何行动，他表现得异常平静，但却仍在暗中与弗兰德伯爵巴尔杜安、蒙斯（Mons）伯爵赫尔曼以及荷兰的迪特里希串通一气，在洛林掀起一场大型的暴动。

皇帝不是没有得到相关的消息，就是没把这件事放在心上，1047年圣灵降临节时，他在施派尔还在与众王侯商议新一轮针对匈牙利人的征战。因为在前一年夏季，匈牙利人已经使彼得的政权悲惨地走到了尽头。不满的人们将一位来自阿尔帕德家族的王侯找了回来，这位王侯的名字叫作安德烈[①]，他在之前与兄弟们一起过着被流放的生活，现在人们将圣伊什特万的王冠放到了他的面前。安德烈回到家乡，所有既有秩序的反对者都会集在他身边。对抗彼得和他德意志保护人的起义以骇人的威力爆发开来；这场暴动同时也是针对基督教教会及其仆从的。教堂和圣坛被刀剑和火焰摧毁了，主的教士们受到了残暴的迫害；基督教教会在匈牙利也丝毫不缺少殉教者。暴动者们要求恢复旧时的偶像崇拜，他们还要求与祖先们拥有一样的自由和正义。彼得在失势之后，想要逃亡巴伐利亚，但却发现通往那里的所有道路都被阻断了；情急之下他掉转回

---

① 安德烈是圣伊什特万的侄子所生的儿子。

头，将德意志护卫杀死之后，把自己交到了敌人手中。人们将这个俘虏押送到了塞克什白堡，他在那里被灼瞎了双眼、截断四肢，悲惨地死去了。安德烈成了这个民族和国家的主人；但是，他看到，只有一个基督徒才能戴上圣伊什特万的冠冕，而这位伟大国王建立的王国，只有与主教们一起才能被统治。起义引发的风暴过去之后，他便立即让那些逃脱了迫害的主教们为他加冕，并下令重建基督教教堂。皇帝亨利正要翻越阿尔卑斯山脉时，获悉了在匈牙利发生的可怕事件；紧接其后，新国王的使者就来到了他的面前，新国王愿意交出这场起义的始作俑者，并希望与德意志人保持和平友好的交往。同样地，他还承诺会像前任国王一样忠诚地侍奉亨利，并每年纳贡。亨利命令这些使者与他一同前往罗马，他要在圣彼得教堂决定如何处置匈牙利人。我们不知道他在那里做了什么样的决定；但我们听说，他刚刚回到了德意志本土，就发兵讨伐匈牙利人了。匈牙利国王信誓旦旦的承诺并没能阻止皇帝，当他在之后得到确切的消息，洛林又爆发了新一轮的暴动，他便立即再次领军来到了多瑙河流域。

乌特勒支和列日主教管辖的地区已经遭到了毗邻的迪特里希伯爵的攻打；弗兰德的巴尔杜安已经整装待发，戈德弗里德虽然试图通过错误的信息蒙骗皇帝，但他的计划也已经走漏了风声。皇帝必须为对抗这些反叛者而武装起来，他在萨克森做了短暂停留之后，于9月初回到了莱茵河畔，要对迪特里希伯爵首先发动进攻。皇帝召集了一支庞大的军队；施瓦本和巴伐利亚的两位公爵似乎也受到了他的召请，他们没过多久便先后在洛林去世了。施瓦本的奥托公爵是在他位于科隆附近的属地托姆贝格（Tomberg）离世的，他去世后被安葬在他家族的修道院中，即布罗因韦勒修道院（Kloster Braunweiler）；巴伐利亚公爵亨利也在同一时间意外身亡了——当时的他刚想要结婚，他的墓位于特里尔。这些亲信们的归西对皇帝的行动来说确实不是什么好兆头。

9月7日，亨利来到了莱茵河畔的克桑滕（Xanten），接着便踏上了讨伐迪特里希的征程。他带领军队渡河来到了弗拉尔丁恩，追击搜寻敌人。但这时却发生了与1018年[①][邱瑞晶12]时类似的事故，当时也是在这片多水的地区中，

---

① 参考第142页。

洛林骑兵们与农民和船夫们对抗起来。皇帝的大军根本没有自由伸展手脚的空间，此外，又不能从临水的一面对付敌人，军队在这片贫瘠的土地上也没有足够的粮食可吃。人们不得不尽快撤军，在撤军途中，弗里斯兰人乘着小船跟在他们后面，给皇帝的军队造成了多方面的损失。但在此期间，戈德弗里德与其他的反叛者们也没有闲着。奈梅亨的皇帝堡是查理大帝旧时的领地，也是康拉德二世最爱的属地，戈德弗里德对这里发动了进攻并进行了洗劫，用刀剑和烈火摧毁了它。既然他将帝国旧时的主要堡垒摧毁了，那就意味着他与皇帝、与国家永远决裂了。他离开奈梅亨后，将矛头指向了年迈的列日主教瓦佐，在瓦佐所剩不多的时日里，他还英勇地捍卫着皇帝的尊严。接着，戈德弗里德侵袭了凡尔登，也就是他父辈们的城市；他通过奸计攻破了城墙，用大火彻底摧毁了这座古城。城内不幸的居民们逃往四面八方，他们留下的财产都成了灰烬。城中的大教堂连同其中的珍宝和圣器也都被大火吞噬了，戈德弗里德的祖先曾经是洛林圣徒们光荣的保护人，现在他却是所有虔诚的人咒骂的对象。当他被疯狂的怒火冲昏头脑，与皇帝及主教们展开斗争时，他家族所有的家风传统也随之付之东流了。亨利意识到，他是无法与这个人和解的，而他授予戈德弗里德的所有权力，这个人都只是用来反抗皇权而已。正如预料中的那样，亨利再次革去了他的公爵职务，并将上洛林授予了艾尔森茨高（Elsenzgau）的阿达尔贝特伯爵，这也是他家族的一位亲戚[1]，在阿尔萨斯、法兰克及上洛林都有着丰厚的产业。但是，戈德弗里德在当地的势力并没有因此被攻破，相反地，戈德弗里德受到刺激，更加无法无天了。戈德弗里德失去一切之后，他便没了顾虑，不惜代价地斗争起来了。

不能否认，暴动的王侯们暂时战胜了皇帝；这告诉世人，即使像皇帝那样拥有令人赞叹的力量，他也是有弱点的；而皇帝的失利越是出人意料，就越是给人留下深刻的印象。冉冉升起的太阳发出万丈光芒，人们曾因为这灼目的光芒而垂下双眼，而现在他们又有了直视的勇气；高傲的心曾经在世俗的霸权面前乞求和颤抖，现在又放肆地任意妄为起来。德意志、勃艮第和意大利的权

---

① 康拉德二世皇帝的母亲与阿达尔贝特公爵的父亲是一母所生。

贵们都曾畏缩地注视着年轻皇帝的成功，谁又会怀疑，戈德弗里德狂妄地击碎
这个世界统治者骄傲希望之日，就是他们能够自由呼吸之时！而当皇帝在接下
来的过程中又受到诸多阻碍时，法兰克王国和匈牙利的两位国王又是多么庆幸
啊！在整个欧洲，人们都能感受到戈德弗里德的胜利所带来的影响：在德意志
各州和勃艮第，人们也产生了起义的念头；在匈牙利，人们重新燃起了摆脱德
意志统治的希望；波兰人重新动起了夺取西里西亚的念头；但是，受到皇帝的
失利影响最大、最快的还是意大利。

　　亨利出征意大利时，半岛上的每个人都臣服在他脚下，所有事情都按照他
的意志来安排；但是，他的势力才刚刚受到打击，他建造的这桩大厦便开始摇
摇欲坠了。萨莱诺的万玛尔带着他的诺曼军队围困了卡普阿，迫使潘杜尔夫签
订协议，承认依附于萨莱诺方面。与此同时，图斯库鲁姆的伯爵们也再次出现
在人们面前，虽然皇帝已经取得了"大贵族"的身份，他们仍扮演着罗马主人的
角色。甚至富裕而强大的图西亚边疆伯爵波尼法爵也在暗中加入了对抗皇帝的联
盟，而在此之前，他一直与他的父亲及祖父一样严格地为德意志君主尽忠职守，
他能有如今的地位也都归功于他的忠顺。可能的情况是，万玛尔与这位边疆伯爵
达成了共识；可以确定的是，他与图斯库鲁姆的伯爵们站到了同一阵营。

　　皇帝在罗马的教会改革似乎也在一开始就夭折了。克雷芒教皇从意大利南
部回到了罗马，他虽然对自己的职责毫不怠慢，并且与隐修僧侣及前往罗马进
行最后一次朝圣的奥迪罗建立了最紧密的同盟，共同对抗教会弊病；但是，他
的早逝却为他的努力画上了句号。1047年10月9日，克雷芒在亚平宁山区中距
离佩萨罗（Pesaro）不远的一座小修道院①中去世了；对他最后的纪念留在了他
在班贝格创立的特雷斯修道院（Kloster Theres）。当罗马人听闻教皇去世的消
息时，他们马上聚集起来，按照他们的承诺，向皇帝派出了使者；他们将一封
书信转交给皇帝，在信中，他们"像仆人恳求主人，孩子恳求父亲那样"请求
皇帝，为他们派来一位贞洁、善良、品行端正的教皇。他们将目光锁定在里昂
大主教亚里纳德的身上，亚里纳德多次前往罗马朝圣非常有名，而且也懂得他

---

①　那是坐落于一条名叫阿波瑟拉（Aposella）的小河边的圣托马斯修道院。克雷芒来到
　　这里的原因不明；他似乎在尝试着接触隐修僧侣，也是在躲避罗马的酷暑。

们的语言，在皇帝那里也作为一名严格正直的神职人员受到尊敬。罗马使者似乎是因此而选择了经过里昂的道路，但是，他们却发现亚里纳德并不愿意实现他们的愿望。他们花了很长时间才来到皇帝的宫廷中，而那时罗马的圣伯多禄座席已经不再空缺了。一个未经证实的谣言称，本笃十世为了重新登上教皇之位，毒害了克雷芒教皇；没过多久，这个臭名昭著的人就通过金钱贿赂在罗马赢得了一批支持者，随后，他又在亲戚的公开支持和边疆伯爵波尼法爵的暗中帮助下，于11月8日回到了罗马，重登教皇宝座，在这样的情况下，这个传言就更容易被人们接受了。要是这样一个人能够顺利入主拉特兰宫，教会改革将会何去何从，皇权的未来又将何去何从呢！

　　皇帝在珀尔德庆祝圣诞节的时候，各个方面的忧虑都重重地压在他的心头，但眼前最重要的问题是，他该如何在罗马树立自己的权威。他要求德高望重的主教们推荐合适的教皇人选。我们只知道瓦佐对此的意见。他认为正直的苏德格这么快就离开了人世，是由于违背了伪依西多禄的教会基本法规导致主施加的惩罚，罗马主教没有义务在尘世的审判上为自己申辩；就我们所知，他由此对苏特里决议的合法性提出了质疑。按照这个逻辑，他建议皇帝，将格列高利六世请回罗马。他的这种说法恐怕无法影响亨利，更何况亨利心中已经有了别的想法。皇帝选中的人是布雷萨诺内（Brixen）的博珀主教。博珀原是巴伐利亚人，前不久才受到提拔，登上了主教之位；他侍奉皇帝非常积极，在罗马之行中也伴在君侧，在罗马的评议会上还展现出对标准教会法规的了解。他是个强大的人，不可谓没有野心，他本身似乎也向往着能获得教会的最高头衔，也正好能为皇帝的意图所用。

　　就这样，新的教会最高首脑在珀尔德定下了，在这之后，皇帝于1048年年初经由法兰克来到了乌尔姆，并在这里召开了一场大型的地方会议，以决定施瓦本公爵领地的去向。施韦因富特的边疆伯爵奥托得到了这块采邑，他的父亲是边疆伯爵亨利，也就是在亨利二世执政时扮演了重要角色的那位边疆伯爵。新上任的公爵来自巴本贝格家族，这个家族的成员之前也曾拥有过这个公爵领地，这次重新获封，似乎就是对他们家族在前一年由于特里尔大主教博珀的去世而失去的权力做出的弥补。奥托公爵已经不是年轻人了，皇帝在波西米亚战争中已经考验过他的忠诚；此外，奥托的内兄还是波西米亚的布热季斯拉夫公爵，在当时的情势下，布热季斯拉夫的忠诚对皇帝来说有着不可估量的重要性。奥托的关系网还覆盖了勃艮第和意大利；因为他的妻子艾米莉亚（Emilia）是已经去世的苏萨边疆伯爵梅津弗雷德的女儿，而艾米莉亚的姐妹阿德莱德曾嫁给过皇帝的继兄施瓦本公爵赫尔曼，在赫尔曼去世后，又改嫁给莫里耶讷伯爵胡伯特的儿子奥多，并且，阿德莱德还将苏萨的边疆伯爵领地也带到了夫家。

当选的教皇跟着皇帝来到了乌尔姆，在这里，皇帝于1月25日将给布雷萨诺内的赠地交给了他；随后，博珀便在几位德意志主教的陪同下，踏上了前往罗马的旅程，而罗马的使者也已经带着皇帝的消息先一步出发了。边疆伯爵波尼法爵受到委托，护送博珀前往罗马，并保护他不受图斯库鲁姆一派的攻击；但是，波尼法爵作为本笃十世不为人知的盟友，拒绝执行皇帝的命令。博珀因此踏上了回程，并赶往雷根斯堡。皇帝在离开乌尔姆之后也去了那里，因为他想要为新一轮匈牙利战争的爆发采取些预防措施。现在，亨利的手中有了边疆伯爵对他不忠的明确证据；当德意志、意大利和勃艮第叛乱的权贵们结成联盟并企图共同行动时，他忽视了背后隐藏的巨大危险，而与此同时，法兰克王国和匈牙利的人们也在等待着进攻帝国的最佳时机。

亨利凭借其智慧，避免在这样的局势下亲自参与到洛林的战斗中去，而将继续作战的任务交给了当地的公爵和主教们。更重要的使命是要保住德意志南部和勃艮第对他的忠诚，使德意志、勃艮第和意大利的暴动者们无法联合起来，并同时对法兰克王国和匈牙利两位国王的进攻做好防御；而皇帝将这一使命扛到了自己肩上。他在上德意志地区一直待到入夏。复活节时，他还在雷根斯堡与施瓦本公爵奥托及波西米亚公爵布热季斯拉夫一起庆祝节日，接着他便来到施瓦本，到访了乌尔姆、赖兴瑙和苏黎世。他的圣灵降临节是在勃艮第的索洛图恩度过的，在此之后他便很快来到了阿尔萨斯。就这样，他顺利地清除了最急迫的威胁。当他第二次将博珀派往意大利时，他同时向边疆伯爵波尼法爵下达了命令，他给了波尼法爵改过自新的机会，让他护送教皇前往罗马，波尼法爵如果违命，他就立即亲自领兵前往意大利，在这样的情况下，波尼法爵再也不敢拒绝了；他疏远了罗马的图斯库鲁姆一派，亲自护送德意志教皇前往罗马。7月17日，教皇在彼得大教堂接受祝圣，并改称达马苏斯二世（Damasus Ⅱ.）。在此期间，皇帝通过图勒主教布鲁诺与法兰克王国的国王也开始了谈判，接着，两位统治者于秋季时在国境上进行了一场会晤。当时，安茹的高弗里德与国王和解了，并转而将矛头指向了诺曼底的威廉公爵。

7月，皇帝亲自来到萨克森。这里的人也并非都能信任，尤其是彼林家族的人；因为他们虽然一直以各种方式支持着法兰克人的政权，现在却也开始皇权的重压产生了担忧。他们忧心忡忡地看到，亨利尤其钟爱位于哈尔茨山区的萨克森王室领地，并且似乎将他的权力中心从法兰克完全转移到了萨克森。正是在这段时间，他开始在戈斯拉营建大型建筑，并积极地推动其进程。除了一座恢弘的皇宫之外，他还安排建造一座华丽的大教堂，要献祭给圣使徒西满和犹达，皇帝正是在这两位圣徒的圣日出生的。在彼林家族看来，由于不莱梅大主教阿达尔贝特与皇帝的互信关系尽人皆知，阿达尔贝特的上位无异于直接在他们身边安插了皇帝的眼线，在这一前提下，皇帝频繁出没于萨克森就更令他们感到害怕了。贝尔哈德公爵声称，大主教是作为探子被派到这个地区的，目的就是为皇帝找出他们的弱点；但只要他还活着，只要他的家族还有一个人活着，大主教就别想过上一天舒服自在的日子。在当时的情势下，这样的想法就足以让皇帝有一切理由防备彼林家族；因此，他现在来到了他们的身边，若不能迫使他们保持忠诚，就要叫他们为不忠付出代价。他前往不莱梅，大主教以王室的阵仗迎接了他，接着，他又去了莱苏姆（Lesum）。他在这里收到消息，贝尔哈德公爵的兄弟提特玛尔准备对他不利，不是夺去他性命就是要限制他的自由。提特玛尔的一个手下阿诺德站出来指控他的主人，当被告人提特玛尔要求通过决斗证明自己的清白后，阿诺德赢得了决斗，从而证明了自己的指控。这场神事审判是在米迦勒日这天在珀尔德举行的，提特玛尔伯爵也在这天用自己的性命赎了罪。提特玛尔的儿子以残忍的方式向阿诺德报复，最后受到了流放的惩罚。自此之后，大主教和彼林家族就成了势不两立的仇敌，而彼林家族也在暗中对皇帝怀着怨气，只是出于畏惧才没有表现出来。人们担心，他们很快就会举起武器。因此，皇帝能够通过大主教的联络与斯韦恩·埃斯特德逊（他已经将马格努斯赶出了丹麦）建立起牢固的联盟，就有了极为重要的意义。这个丹麦人承诺皇帝，会支持他抗敌，并表示自己是他的邑臣。10月初，皇帝出发前去与法兰克王国国王进行预定的会晤；这个月中旬，两位统治者在伊伏瓦见面了，重建了两国的和平关系，并发誓保持忠诚和友好。①

在这之后不久，这个联盟的中间人布鲁诺主教就获得了教会的最高荣誉。皇帝在萨克森就得到了消息，才刚刚到任的教皇达马苏斯二世于8月9日在罗马的帕莱斯特里纳（Palestrina）镇上去世了。带来教皇死讯的使者同时也要求皇帝任命新的教皇。由于又有谣言传开，说教皇是被毒害身亡的，导致皇帝在自己的身边找不到任何愿意涉险前往罗马的人。皇帝希望在洛林的神职人员中找到一个勤勉的、敢于为教会的福祉献出生命的人；因此，他从伊伏瓦返回之后再决定人选。12月初，当他在沃尔姆斯驻留的时候，终于做出了决定。不仅是皇帝将目光锁定了布鲁诺主教，罗马的使者也希望由布鲁诺来出任教皇，因为布鲁诺多次前往罗马朝圣，使者早就认识他，并且十分敬佩他的勤勉奉献；虽然心中不情愿，布鲁诺还是不得不接受了圣伯多禄继任者的徽记，将罗马主教的沉重负担扛到了肩上。他又返回了图勒一次；接着，他便在圣诞节过后启程前往罗马了。他所到之处都畅通无阻；1049年2月12日，他在彼得大教堂接受了祝圣，将利奥九世选作了自己的名号。就这样，布鲁诺这位皇帝的血亲、一个为皇帝立下过汗马功劳的人，登上了圣伯多禄座席，并很快通过杰出的才能在罗马获得了广泛的认可和尊敬；教会改革由于他前任的早逝而受到阻碍，现在，新教皇虔诚、不懈的努力为之注入了新的活力，使之迅速获得了令人惊叹的进展。在意大利也与别的地方一样，事态又向对皇帝有利的方向发生了转变。

在此期间，对抗戈德弗里德及其朋党的战争在洛林继续。在这一过程中，洛林的主教们为国家立下了大功；尤其是他们无畏而坚韧的反抗，最终击溃了戈德弗里德公爵的嚣张气焰。在这些战斗中，没有哪个人像年迈的列日主教瓦佐那样，表现出无与伦比的勇气和远见，虽然他没能活到这场斗争的终结。他

---

① 与此同时，皇后诞下了第三个孩子，仍是个女儿。

是在1048年6月8日去世的；他的继任者迪特温（Dietwin）在一个艰难的时刻接管了列日教区，但在所有险境中，他都保持着对皇帝的忠诚。虽然戈德弗里德暂时取得了一些零星的优势，他将阿达尔贝特公爵引入陷阱中，并在那里将其杀害了；但是，在皇帝成功地切断了他与外界的一切联系之后，他就已经输定了。幸运不会永远眷顾戈德弗里德和他的人马。就在他忙于应付新的上洛林公爵吉尔哈德①的时候，乌特勒支、列日和梅斯的主教们带着许多忠于皇帝的邑臣在冬季向迪特里希伯爵发动了进攻，并于1049年1月11日将其彻底打败，迪特里希伯爵也在这场战役中被杀死了。胜者们带着手下的将士们涌入了一直被迪特里希占领的地区；戈德弗里德快马前来，试图将这些人驱逐出去，但却都是徒劳。他也吃了一场败仗，差点丢了性命。

皇帝离开沃尔姆斯之后，经由施瓦本来到了巴伐利亚，在弗赖辛根庆祝了圣诞节，并将仍然空缺的巴伐利亚公爵领地交给了康拉德，科隆大主教赫尔曼的一个侄子。康拉德来自于洛林王室领地伯爵家族，现在，这个家族因为失去施瓦本公爵领地而受到的损失通过巴伐利亚得到了弥补。在雷根斯堡逗留了较长时间之后，皇帝在1049年复活节前经由班贝格来到了萨克森，并在梅泽堡庆祝了复活节。他在萨克森一直待到6月，而他又开始考虑再次出兵讨伐戈德弗里德和巴尔杜安，并且他想要亲赴沙场。他能够一口气将对手彻底消灭的时机到来了。

为了征讨这些叛乱的王侯，皇帝做了最为周全的准备。他不仅自己召集了一支人数众多的大军，他还请国王斯韦恩带领一支丹麦船队，镇守在洛林和弗兰德的海岸，阻挡住敌人所有的去路。英格兰的国王爱德华②是巴尔杜安的仇人，因为巴尔杜安在府邸中收留了英格兰那些不满的人，所以就连爱德华国王也准备了一路水军在桑威治（Sandwich）待命，好在危急关头赶去援助斯韦恩，并通过这样的方式支持皇帝对叛乱邑臣的讨伐。还有另一位盟友也站在皇

---

① 吉尔哈德之前是阿尔萨斯的伯爵；他是被杀害的阿达尔贝特公爵的兄弟或是侄子。

② 在哈拉尔德和哈德克努特早逝之后，盎格鲁-萨克逊人将埃塞尔雷德的儿子爱德华从诺曼底请了回来，让他登上了王位，但由于他的法兰西作风以及他的法兰西宠臣，他们很快就对他产生了厌恶。

帝身边，并且这位盟友在很大程度上打击了对手的士气。这位盟友就是教皇利奥九世。他接受了祝圣之后，随即踏上了前往加尔加诺山的朝圣之旅，并迅速将下意大利的城市巡游了一遍，随后，在复活节时，他在罗马一场大型教会代表大会上宣布了针对"西门罪"的严格措施，现在，他重新来到了皇帝身边。6月29日，皇帝和教皇在科隆一起庆祝了伯多禄和保禄圣日；7月5日他们还在这座城市，科隆大主教也在那时受到了教皇最高的褒奖。接着，教皇陪伴着皇帝来到了亚琛，并向戈德弗里德、巴尔杜安及其同党下达了教会的绝罚命令。戈德弗里德众叛亲离，又被皇帝及其人马包围着，国家剥夺了他受法律保护的权利，教会将他革出了教门，无论是在凡尘还是永恒的世界，他面临的都是毁灭的深渊，面对这样的困境，他无力地放下了手中的剑，承认自己的失败；他来到皇帝的营地中，任由这位强大的仇人发落。在教皇的好言相劝下，皇帝留下了他的性命，让忠诚的特里尔大主教埃博哈德来看管他。现在的巴尔杜安仍试图反抗，但他做的一切都是徒劳。皇帝的军队攻入弗兰德，并侵袭了这片富庶的土地；巴尔杜安看到，他从临海的一面也被包围了，除了戈德弗里德之前所走的那条路之外，他再也找不到别的出路了。于是，他也屈服了，按照皇帝的条件呈送了人质。他以这样的方式至少保住了自己的性命和人身自由。

1049年夏末，皇帝就这样顺利地击败了他最嚣张、狡猾、阴毒的对手。在战斗中，他的盟友们还取得了比这更大的成功，皇权统治赢得了广泛的认可。丹麦和英格兰向皇帝伸出了橄榄枝，巩固了他在帝国内部的地位；教皇也亲自翻越阿尔卑斯山，将叛乱者们革除教籍，使他们无力反抗。如果戈德弗里德不是出自于他所在的宗族，教会的绝罚也不会使他如此羞愧。不久后，人们就看到他投身于最严格的忏悔之中；他公开接受鞭打；他自费在凡尔登兴建了大教堂，并像一名帮工那样为建筑工人们搬运石材。他竭尽全力，要使教会的人们对他改观。

克雷芒二世在之前是怎样对待叛乱的贝内文托的，现在利奥九世就怎样将暴动的德意志帝国王侯革出了教门；罗马方面对德意志帝国的敌人亮出了最锋利的武器，这是个全新的现象。随着利奥的上台，一个熠熠生辉的明星从罗马教会再冉升起；但他最想做的，似乎是将自己的光芒回映到太阳身上，而他的

光芒本身就是从太阳那里获得的。经过皇帝改革的教皇统治很快就获得了很大
的成功，并且还将引来更大的成就；但如果这些成就都只是本就太过强大的皇
权一方的胜利，如果皇权从中汲取力量以战胜西方所有其他势力，如果罗马的
世界霸权理想就这样被德意志人实现了，又会是怎样呢！几个世纪以来，皇帝
与教皇两方从来没有像现在这样，在同一时间这样强大过，并且教皇势力也从
来没有与皇帝有过这样紧密的联系：世界能从这一联盟身上期待什么，或者说
该害怕什么呢？

13. 帝国与教会新的繁荣

a. 亨利三世作为皇帝执政

帝国的边境上洋溢着和平的氛围，内部也平静安详。皇帝以强有力的法律
维护了正义与法制，德意志帝国各地可能鲜有像当时那样的和平。强大国家权
力的存在似乎确保了各方的安宁；教会与皇权紧密携手；各地势力谦恭地侍奉
着皇帝。

各个方面的局势显得安宁平稳，谁不期待这种情形能长久地保持下去呢！
但是，要使之成为可能的唯一方法就是通过成文法律，通过卡洛林王朝法律那
样的皇帝立法。这样的理念并不像通常认为的那样距离当时的时代非常遥远。
皇帝的老师，勃艮第人韦珀，早就告诉过他的弟子，如果他击败了敌人，建立
了世界和平，就该以皇帝的名义定立法律；与之相连地，他还提出另一项忠
告，皇帝应当命令德意志领主们将自己的孩子送入学校，让他们学习成文法
律，知道该如何应用它，就像在意大利一样。实际上，要想以行之有效的方
式，重拾查理大帝的立法事业，可能再也没有像当时那样有利的时机吧？如
果我们没有弄错的话，亨利完全有足够的能力，可以长久地确定王位继承的
法规，并为王侯势力设定限制，为人身和财产安全做出有益的举措，并建立一
个固定的诉讼程序。在戈德弗里德倒台之后，不用再担心从王侯方面引发的大
规模反抗了，他们也不可能得到教会的支持，而较低层的民众也必定会在教会
改革之后为国家改革拍手叫好。但是，除了对伦巴底的法律进行了一些补充之

外，我们就找不到亨利其他在立法方面的作为了；在德意志本土，皇帝与神职人员联手创造了和平的局势，而他满足于维持这种全面的地方和平。皇帝似乎没有将韦珀的建议牢记在心，或者没能取得值得一提的成果。在这之后，教会很快就完成了受到广泛认可的立法，却对皇帝的权力只字未提，这对于帝国来说是个不可估量的隐患。

要使一部成文法律在德意志人中间受到认可，使皇权力量由此得到长期的巩固，其中所要面临的困难在当时的确是无法克服的，但至少人们会期待，皇帝会利用他的力量，通过某些政治机构确保王位在未来免受地方势力的侵害，或者通过切实的政策在国家内部支持国家权力的进一步发展。然而，他也没能满足这样的期待。他的父亲几乎已经彻底肃清的公爵势力，他又在各地重新建立起来；但是在他这样做的同时，他也加强了边区以与公爵领地抗衡，此外，他还通过任命异族公爵来削减其民族意义，最后，他还试图通过选取没有男性继子嗣的人来避免世袭。这是一种不信任的政策，从中看不到任何新的、健康的、有发展潜力的思想，与所有不信任的种子一样，它也不可能结出什么好果子。康拉德曾经通过认可采邑的世袭制赢得了骑士阶层对他的支持，而他的儿子在最初的战争中所获得的积极支持，在很大程度上都是采邑骑士们对统治者态度的转变带来的；亨利以无人可比的慷慨豪爽褒奖了将士们的英勇战绩，但是他却忽略了一件更重要的事，那就是通过永久性的组织设置，使采邑贵族们将统治者作为最高邑主永远对其尽忠职守，并且让这些贵族形成一个固定的方阵围绕在德意志王权周围。正因如此，当王侯势力重新冒头的时候，统治者一方无法从低阶贵族那里得到足够的支持力量，也找不到任何别的帮手。

通过前任君王的努力，也通过自己的力量，亨利将德意志帝国送上了前无古人、后无来者的权力高峰；他的名字在我们的历史中闪耀着最为明亮的光辉，与奥托大帝和"红胡子"腓特烈得到了同样的崇敬。德意志皇权可能从来也没有过像亨利三世这样荣耀的化身。但是，后人却不能说，在他稳固和增强了国家的根基之后，也继续按照智慧的国家建筑师充满远见的草图，使国家的大厦更上了一层楼。亨利的宏伟蓝图如此大胆、高远而充满发展的动力，但他却没能为他的后人、为他的人民，没有为既得力量的长期稳定做些什么。

　　个人的实干精神、贯彻到底的决心和为崇高使命无私奉献的决心，这都是亨利最不缺少的品质；他的错误更多地在于，他将国家的力量仅仅置于他个人的影响力之中。很少有皇帝能够像他这样独立执政，像他这样将所有的统治重担扛在自己一人的肩上。他孜孜不倦地为维护正义操劳；他极其严厉、如钢铁般坚定地维护着教会和国家的基本法规，不让其受到任何侵犯或是肆意破坏。我们从他儿子的佐证中可以得知，一个基督教徒因为杀害了一个犹太人被他挖去了双眼、砍去了右手。同样地，他也毫不犹豫地下令将一些被指控为摩尼教异端的人绞死在了戈斯拉。德意志最强大的两位公爵被他革去了爵位，因为他们密谋造反；在他执政期间充斥了一系列的查抄和充公。他虽然对神职官员十分敬重，但只要主教们将自己的利益置于国家和教会的福祉之上，他就会对他们采取最苛刻的措施。由于康布雷主教里特贝特（Lietbert）在他城市中，不愿意按照国家的处境所要求的那样对宫殿府邸进行管理，皇帝便命令士兵捉拿了他，将他押到主教管区之外，关入了大牢，直到他屈服，才让他重获自由。如同奥托大帝一样，亨利三世皇帝也将一位教皇带到了阿尔卑斯山的这一边，让他在流亡中等待生命的终结。

　　亨利的这种严苛并不是天生的；他的性格中贯穿着一种与其族人不很适宜的仁厚温和，这与他神秘、禁欲的宗教性是有关联的。他不仅热衷于原谅被击败的对手，而且他还喜欢通过善举拉拢他们。主教们为罪犯向他求情，很少会徒劳而返。不仅是对待那些举起武器公开对抗的仇敌，就连间谍，他也宽厚待之。弗兰德战争中，一名神职者被抓获了，他装成一个瘸腿的残疾人，挂着拐杖，混在领取救济的队伍里，企图靠近皇帝身边。他被抓获后，营帐里马上为他架起了绞刑架；然而皇帝却下令，将行刑的时间推迟到午餐之后，并将这个不幸的人叫到自己的餐桌上，席间，皇帝不仅赦免了他还给了他丰厚的礼物。他说：“既然他是挂着拐杖悄悄接近我们的，那么他离开的时候就该骑着高头大马。”一些人不外乎是通过严厉的惩戒来处理那些不愿屈服的正义力量，只有这样的认识才能使一位像他这样的王侯采取措施。

　　亨利这样做获得了些什么呢？的确，地方和平在他管理下得到了更好的维护，虽然我们在不久之后就听说，在巴伐利亚和施瓦本发生了新的骚乱。韦珀记录道，所有明理之人都将皇帝敬称为"正义的准绳"，当时一位法兰西作家将他赞颂为上帝和平的创建者和朋友。在亨利执政的最初岁月中，他也受到了德意志民众的爱戴与尊敬。但是，当他的权力地位越来越高，他的政权发展得越来越有活力、影响力越来越大，人民对他的喜爱却渐渐消逝了。如果王侯们对他权力的每一分增长都怀着恐惧，如果他们因为皇帝的严厉而给他贴上残酷暴君的标签，是没有人会感到惊奇的；然而，一旦贫穷的人们在戈斯拉的宫殿没有找到倾诉的渠道，他们的痛苦没能得到解决，他们就立即抱怨自己遭到了怠慢。高层和底层的人们都发起了牢骚，控诉这位最慷慨的王侯有着低级的贪欲，对他孜孜不倦的努力视而不见，并指控他草率执政给他们带来痛苦。有人说，他从一开始就从那条充满正义、和平、虔诚、敬神及其他美德的道路上偏离出去了，而且还会朝着比现在越来越糟的方向发展。对皇帝严格的执政方法的反感是普遍的；他一个人孤独地身居高位，受到人们的惧怕和憎恨，得不到怀有爱意的效劳与感激。

无论是国家的政治机构，还是众人善变的支持，都不能确保亨利已经获得的、无与伦比的巨大权力；只有世人对他幸运的迷信、围绕在他威严人格周围魔法般的光环、那些接踵而至的重大胜利以及在至今所有行动中心想事成的能力，是这些使他不受争议地雄踞于权力之巅。他无所畏惧，除了幸运的背弃；任何与外部敌人战斗中的失败，都同时威胁着他在国家内部的统治权。不断胜利、不断成功几乎成了他保全自己的必要条件。不用说他本就全身心地向往着皇权统治理念在西方的彻底实现，单是他所处地位的性质，就迫使他必须以之为目标。他很早就将皇权统治理解为统领拉丁语基督教世界的世界霸权，而现在，我们看到他越发坚定地向着最终目标冲刺。他马不停蹄地为新计划奔忙，要使他的皇权得到广泛的认可，使西方的王侯和民众服从于他的意志；他的全部心思都放在这上头，他的所有操劳和努力也都以此为目标。可能没有什么事情像扩张皇权的向往这样，对迫在眉睫的内部改革产生了这样大的阻碍。

为了实现他的目标，皇帝的面前有两条路可以走：一条路是通过武力迫使反抗力量屈服，而另一条路则是通过精神和宗教的力量收服人心。这两条路亨利都走了，但他更偏爱第二条路，因为它能保证长久的成效。在这条路上关键性的一步就是教皇权力的转型；他相信通过这一转变能使教会永久地受制于自己，并使教会影响力、权力和地位的每一步增长都成为他自己权力地位的提升。教会成了皇帝的政治计算中最重要的因素；他希望，教会能使整个西方世界都臣服于他的权杖下，使欧洲的每一个角落都侍奉于皇权。在这样的情况，皇帝看到利奥九世获得了世人尽知的成功之后，心中该是多么满足啊！利奥的前任教皇没能着手进行改革；而在利奥手下，改革则有了激动人心、势不可当的进步。这位虔诚而伟大的宗教领袖的声名很快就传遍了整个西方，其中又有不少的声望反映到高贵的皇帝身上，是他为虔诚的教皇开辟了道路，而教皇的那些功劳似乎也只是为他一人而做的。人们在惊叹中意识到，有时候在一个人身上竟能充斥着这么多鲜明的冲突，这些冲突由于人们的争议在世界历史中蔓延了几个世纪的时间，但却相安无事地存在于那个人身上，几乎毫不干扰其灵魂的和谐。毋庸置疑的是，是利奥为教士政权打下了地基，使之在不久之后能与帝国平起平坐，甚至与之对抗，但是，同样能够肯定的是，他同时也是皇帝最殷勤努力的仆人，正如多次出现在文件中的那样，无论在何时都是"他最受温柔爱护的儿子"，以至于他不能除去德意志帝国的荣光来谈他的教皇尊荣。为了了解他对皇帝和帝国的看法以及他对世界历史的意义，而去接近这个独特的人，这样的努力是值得的。

b. 早年的利奥九世

　　他在洗礼时被取名为布鲁诺，出生于阿尔萨斯，来自于一个富裕的阿勒曼尼伯爵家族，这个家族尤其在佛日山区有许多的产业，后来，人们将之称为埃吉桑（Egisheim）伯爵领地和达斯堡（Dasburg）伯爵领地。父亲于格伯爵居住在埃吉森的城堡内；他完全是个有名望的人，与他往来的都是些大人物，上洛林和卢森堡家族的公爵们都是他的亲戚，与康拉德二世皇帝也是堂兄弟的关系。他的妻子海尔薇德（Heilwide）虽然有个德意志人的名字却并不是在德意志土地上出生的，可能来自于勃艮第的罗曼地区，这个家族在那里有着重要的联系，而于格伯爵的一个儿子后来和这里最后一任国王的侄女结婚了。伯爵家中同时说着德语和罗曼语；孩子们也是同时说着这两种语言成长起来的。1002

年6月21日，伯爵迎来了这个命中注定将成就一番大事的孩子。布鲁诺的出生经历了不同寻常的波折，这也使得他的母亲一反常态地亲自哺乳；似乎也是命中注定，父母在儿子五岁的时候就将他送入了图勒的学校，使他加入了神职阶层。伯爵的祖辈们虽然都生活在武行和世俗的喧嚣之中，但大多身体力行地践行着他们的虔诚，阿尔萨斯的一些修道院就是由他们筹建的，这些虔诚骑士中的一些甚至在生命快要走到尽头时亲自披上了袈裟；所以父母的这个决定并不奇怪，何况布洛诺还有兄长，可以代表家族的世俗利益。

图勒修道院学校的繁荣当时有口皆碑，经常有洛林贵族的儿子们被送到这里。年幼的布鲁诺和两个与他有亲戚关系的王侯之子一起在这里长大，其中的一个是后来的梅斯主教阿达尔贝罗，他虽然比布鲁诺年长一些，却与这个孩子结下了深厚的友谊。两个朋友争先恐后地勤奋学习，他们很快就学完了三艺，也就是较低阶的研究，开始接触少有人涉及的高阶学科，也就是所谓的四艺①。他们不仅练习叙事和格律，也联系音乐作曲，为了之后的职业生涯，他们还操练法庭上的辩论。学校中的研习常常因为回家探亲而中断，在一次探亲过程中，已经成长为青年的布鲁诺患上了危及生命的重病，布鲁诺认为是圣本笃出现在他的面前支持他，他才得以最终康复。从这之后，布鲁诺尤其敬重这位僧侣及修道院制度之父。虽然他自己没有穿上袈裟，而是加入了图勒的大教堂牧师队伍中，但他的一生都因此染上了禁欲苦行的色彩。当时在洛林神职人员中间广泛传播的克吕尼理念，完全占据了他的心灵。

康拉德登上王位的时候，布鲁诺按照他亲戚们的意愿来到了宫廷中，进入了国王的神事议事厅。由于他与国王的亲缘关系，他很快就得到了重要的位置，他睿智的举止、崇高的思想和一表人才的形象在很短的时间内就为他获得了人们广泛的青睐。他的敦厚消除了人们的妒忌；为了将他与那些同名的远方兄弟区分开来，他被人称为"好人布鲁诺"。康拉德和吉瑟拉在重大事件上都征求他的意见，考验了他的远见卓识，一有机会就将他扶上了帝国内最具影响力的主教之位。但是，布鲁诺的意图却不在于此；在拿过一次主教权杖之后，

① 译者注：三艺即语法、逻辑和修辞，是中世纪博雅教育的基础，为学习四艺，即算术、音乐、几何及天文打下基础。

他越发向往接管一个微小而贫穷的教堂，好让他远离世俗的忧虑与纷扰。

在第一次前往伦巴底的征途中，当时还是执事的布鲁诺陪伴在国王身边，带领着图勒修道院的邑臣们，因为年老的赫尔曼主教无力经受这旅途劳顿。年轻的神职者布鲁诺在这里近距离目睹了战争，并展现出与其父亲一样对兵法的熟悉。在所有的军事事务中，他都表现出深谋远虑的一面，使他手下的人马和整支军队都发挥了自己的作用，也从国王那里获得了应有的认可。当他还在意大利逗留的时候，主教赫尔曼于1026年4月1日去世了。图勒的神职人员和教区一致推选布鲁诺作为赫尔曼的继任者，并向国王派出了使者，以获取国王的赞同。康拉德嘲笑这个贫穷的教区，竟想要他家族的亲戚成为他们的主教。但正是这个教会的贫穷使布鲁诺愿意接任这里的主教；此外，这也使人们对他有了这样的印象，他不通过"西门罪"买卖获得圣职，而是通过自由选举登上主教之位的，这是当时非常少见的。因此，他向国王表示，他愿意在国王许可的情况下出任图勒主教，最终他也获得了期待中的许可。接着，他便冒着巨大的危险踏上了前往图勒的旅程，于基督升天节这天（5月19日）郑重地就职了。但他的祝圣仪式却拖延了许久，因为他的上级主教，特里尔大主教博珀，要求他的新下属许下更为严苛的誓言，而布鲁诺坚决地拒绝了。直到皇帝归来，两人之间产生的冲突才得以解决；大主教满足于惯常的誓言，并为年轻的布鲁诺举行了祝圣仪式。布鲁诺积极地履行着他的职务赋予他的宗教义务。他管区内的修道院处境十分糟糕，他为这些修道院的改革做出了尤其重大的贡献；在这一方面，他完全延续了伟大的奥迪罗修道院院长、第戎的圣威尔汉姆及其继任者亚里纳德的足迹，他与这些人有着亲密的联系，并常常在前往罗马朝圣时相遇，而去罗马朝圣是他每年复活节必做的事，只在很少的情况下会被不情愿地取消。然而，他虽然想要尽力地展现出主教职位的宗教性质，但布鲁诺没有因此而少受世俗事务的负累，一方面是为了他教会的利益，另一方面也是为了国家和皇帝的福祉。香槟伯爵奥多对康拉德的攻击总是将图勒当作首要目标，而布鲁诺总是能灵活地应对。后来，在勃艮第王国并入帝国的过程中，他又扮演了一个不可或缺的角色，他个人在勃艮第的人脉起到了至关重要的作用。1032年皇帝康拉德和法兰克王国国王之间的和平，除了斯塔沃洛修道院院长博珀的努力之外，最要感谢的就是布鲁诺的调解。当时，布鲁诺亲自前往法兰西宫廷，他表现得极具洞察力又十分谦恭，获得了人们广泛的认可。这位主教善解人意而又虔诚无比的名声早就传遍了整个勃艮第、法兰克王国和意大利；在其中起到重要作用的还有他从年少时起，除了施瓦本方言之外，也学会了罗曼方言。

在亨利三世那里，布鲁诺也受到了极大的崇敬。在与戈德弗里德公爵的斗争中，他始终保持着对皇帝的忠诚，他于1048年再次访问法兰西宫廷，使得皇帝与法兰西方面保持了和平关系，也使戈德弗里德得到法兰西方面支援的希望落了空，布鲁诺以这样的方式立下了大功。我们知道，亨利的改革追求与他的政治理想是紧密联系在一起的，而且他也希望通过教会改革对法兰克王国的局势产生深入的影响；因此，当罗马的主教之位再次空缺出来之时，他最希望看到的就是，一个对帝国与法兰克王国的关系了如指掌的人，一个与克吕尼派领袖们交情甚笃的人，能够登上教会的最高位置。谁要是深入地考量一下这些情况，就必定会相信，布鲁诺登上圣伯多禄座席的首要原因不在于德意志与意大利的局势，而在于皇帝对法兰克王国的态度。

布鲁诺不情愿地接过教皇的重担，他明确地提出条件，在罗马的神职人员和民众们要对他的当选表明他们的意见。他要求举行一场选举，就我们所知，这样的选举在他的前一任主教就任时完全没有举行过。虽然身边有皇帝钦差特里尔的埃博哈德大主教以及一支随从队伍陪同着，但是布鲁诺还是穿着寒酸的朝圣者衣衫，慢慢接近罗马城；他赤着双脚出现在众人面前，而众人则欢呼着迎接他的到来。很可能的情况是，他在前往贝桑松的旅途中与修道院院长于格（他当时刚刚接管了克吕尼修道院）进行了一次会面，会面之后僧侣希尔德布兰陪着布鲁诺来到了罗马。事实是否像人们后来传说的那样，受到任命的教皇在希尔德布兰的要求下放下了象征他最为尊荣的徽记，穿上了忏悔服，这一点值得怀疑；但能够确定的是，希尔德布兰很快与新任教皇建立了联系，并在短时间内就获得了教皇身边一个相当重要的位置。在格列高利六世去世后，希尔德布兰就去到了克吕尼，我们从他自己口中得知，他离开那里是非常不情愿的；他接到来自上级的命令，而这命令可能是来自教皇或者修道院院长的。按照我们了解的情况，皇帝并不反对这位僧侣的回归，同样地，他也没有反对在罗马进行一场事后的选举。布鲁诺谦恭的形象使他这个受到皇帝提名的人赢得了所有人的心；人们一致地通过了对他的推选。1049年2月12日，当选的布鲁诺登上了教皇之位，并作为利奥九世接管了罗马以及西方教会的执政权。

不能否认的是，除了皇帝的权威之外，利奥还为自己的势力寻找了另一块基石；毋庸置疑的是，与他有着紧密联系的这个党派绝对不会将皇帝对罗马的全权统治视为他们的最终目标；但即使这样，依旧可以肯定，布鲁诺从未想过要将皇帝从他自己以及教会的利益中排除出去。因为，首先，那个严格神职党派本身，除了皇帝之外便没有更加强大的庇护者了；其次，教皇的过去以及血缘关系都将他紧紧地与皇室家族绑定在一起；最后，他在罗马的地位如果没有皇权的支撑是无法长久保持的。

利奥登上圣伯多禄座席之后，发现教皇势力的对外关系处在崩溃的边缘，因为就连本笃为他的继任者留下的少数钱财，也在宗座从缺期间失散了。利奥从教皇的金库里没有拿到一分钱，以至于他连自己的侍从队伍都无法维持。在从家中带出来的钱财用尽之后，他的随行者们甚至要卖掉身上的衣服，以筹得返回的盘缠。但就在这时，他们获得了出乎意料的援助。贝内文托的贵族们试图通过大量的赠礼为他们的城市赢得教皇的青睐，他们被教会下达了禁令，又在诺曼人劫掠中付出了巨大的代价。这些馈赠帮助人们渡过了眼前的难关，渐渐地，人们开始从罗马贵族那里夺回他们从伯多禄教会抢走的东西。利奥凭借他犀利的眼光挑选了希尔德布兰，将圣使徒座席的日常运营交给他，同时，他也将希尔德布兰任命为罗马教会的副执事。虽然身穿僧侣的袈裟，但这位年轻的神职者对于所有的世俗事务都得心应手，尤其是在财政方面展现出很高的天赋。然而，若没有皇帝的支持，希尔德布兰当时也无法像早前那样找到方法和途径，成功地应对罗马的王爵们。

接下来，罗马教区的外部事务就较少依靠利奥了；但在另一方面，他却有了一项前无古人、后无来者的事业。他整个的执政就是一场不间断的旅行和漫游；他在意大利南部毒辣的日光下迈步向前，接着，他又在隆冬时节翻越阿尔卑斯山，游历了北方的各个城市。其他教皇派出自己的教皇使节前往德意志本土、法兰克王国、勃艮第和匈牙利；而他则亲自出现在各地，去召开教会代表会议，为教堂举行落成典礼，去颂扬圣徒的遗髑，为信徒们介绍新的圣人贤者，让世人都看清圣伯多禄的崇高。在西方，没有哪个著名的朝圣场所是他没有到访过的，没有哪座古老而值得尊崇的修道院是他没有朝拜过的。人们看到的他，不是坐在高头大马上，被云集着罗马教士和领主的侍从队伍跟随着，就是像一个简朴的朝圣者那样赤着双脚在圣人的墓前朝拜；他一会儿以最高主教的气派举行着弥撒，或是在高阶的教会王侯当中与他们共商大事；一会儿如同一个漫游的僧侣在贫困的修道院中为虔诚的听众们布道；一会儿又像是罗慕铎派狂热的隐士那样进行斋戒和忏悔。我们不知道，该将他的旅程与使徒故事告诉我们的传教之旅相比，抑或是该将之与皇帝遍布帝国各地的巡游相比。除了在复活节时，利奥很少居住在拉特兰宫中，他喜欢按照自己的老习惯在使徒的墓前庆祝复活节，并在庆典之后召开大型的复活节评议会，在会议上，他会使世人重新记起被遗忘的基本法规。

在1049年他召开的第一场复活节评议会上，教皇让人们回忆起了一系列的古老法规。这些法规不仅涉及"西门罪"，而且也与教士婚姻、被禁止的婚姻形式、十一税的缴纳和使用等有关；当时，与"西门罪"的斗争仍是教会改革的中心。克雷芒二世在这方面开辟的道路，由利奥继续走了下去，但是，他比他的前任教皇涉及到了问题的更深处。他已经着手努力，要使所有通过"西门罪"而授出的神职都失去其效力，然而，一场在罗马神职人员间发生的暴动却终究使他回归了克雷芒二世那种较为温和的教会惩罚。在这之后不久，利奥来到了伦巴底，并在圣灵降临节这一周在帕维亚召开了一场宗教评议会。接着，他赶回皇帝的宫廷中，他于6月就已经在萨克森赶上了皇帝的步伐，现在便跟随着皇帝一起来到莱茵河畔，宣布教会对戈德弗里德和巴尔杜安的绝罚。但是，皇帝的敌人们才刚刚放下武器，皇帝和教皇便以相同的方式将目光移向了法兰克王国。在教皇的主持下，一场大型宗教评议会在兰斯召开了，其目的就是要在西部确立罗马方面的权威。按照当时的局势，法兰克王国臣服于罗马教皇的全权统治下，也就几乎相当于认可了皇帝的最高权力。

一个多世纪以来，没有一位罗马教皇踏足过法兰西的土地，更是没有一位教皇带着利奥这样的要求出现在卡洛林王朝的国土上；法兰西的主教们虽然暂时对圣伯多禄座席显得十分恭顺，但还是知道要维护自己一定的自由和独立的。利奥现在出现在法兰西神职人员中间，并在这里将从"伪依西多禄法案"以来的所有要求都一一实现，这将是一件影响重大的事件。他选择的这个时机可以说非常有利。克吕尼派的理念在各个方向不断传播着，甚至在法兰克王国的许多主教那里也获得了认可；除此之外，在利奥的改革中实现的那些观念，似乎也正是在这片土地上发展成长起来的。皇帝是教皇、克吕尼派以及整个经过改革的教会的保护人，他的权力正处在鼎盛期，而他所有的期望都寄托在利奥的身上。民众们支持教皇的计划，而教皇本人也通过宗教运动将大众纳入他的计划之中。他召集主教和修道院院长们前往兰斯参加一场大型的国家评议会，同时，他还预告众人，圣雷米吉乌斯（Remigius）的圣髑将被移放到兰斯的修道院中，并承诺为那里的教堂祝圣；在这位圣徒的圣日当天（10月1日），本来就有一大批朝圣者涌向兰斯，而安置圣髑的仪式也在这天举行。

人们知道，法兰克王国的国王对于这场宗教评议会的设置怀着巨大的疑虑。虽然，他一来到会场就做出了承诺，但不久之后，他不仅出尔反尔，并且还声称将带兵讨伐暴动的高阶神职人员，试图阻止他们出现在兰斯。他也以此警告了教皇；但教皇是不会因为这一点恐吓就放弃的。他表示，他的意图是要召开评议会，并且希望那些热爱基督的人都来到兰斯。教皇的坚定使得国王受到了震撼，于是他毫不迟疑地解散了他的军队。

教皇精神饱满地来到了兰斯，陪同他的有特里尔大主教和其他多位洛林主教；除了几个意大利人之外，还有里昂大主教亚里纳德和贝桑松大主教于格也在教皇的随行队伍中，他们也是教皇不可缺少的同行者。大批来自法兰克王国、勃艮第、西班牙、英格兰和爱尔兰的人们纷纷涌向这里，迎接教皇，由于人群拥挤，他甚至担心无法顺利举行神圣的仪式。害怕庆典被彻底取消，人们这才恢复了一定的秩序。10月1日，教皇通过隆重的仪式移置了圣雷米吉乌斯的遗髑；在第二天，他完成了对这座教堂的祝圣。宗教热情点燃了人们心中的熊熊火焰。人们如同对待圣人那样为利奥欢呼，经过改革的教皇势力以他作为化身，获得了最荣耀的胜利。

在这样的气氛下，教皇于10月3日揭开了宗教评议会的帷幕。法兰西大主教之中，只有兰斯大主教出现在了教皇的面前，其他的人都没有到场；法兰克王国的主教出席的人数也很少，可能只有不到六分之一的人到场了；相反地，修道院院长们悉数到场，为首的便是克吕尼修道院的于格。将会场堵得水泄不通的人群聆听着与会者的商讨，所有决议发表时都伴随着雷鸣般的掌声，这使得这场评议会有极为重要的意义。这场会议的主要议题也是"西门罪"，但教皇同时也提醒人们，不要忘记标准的选举程序，这可能是他从未在德意志土地上尝试过的。最重要的是，教皇明确表示，只有他才是教会的首脑，没有任何人比他更配得上"使徒教士"（Apostolicus）的称号；圣地亚哥-孔波斯特拉大主教由于擅自使用这一头衔，被逐出了教会。人们看到，教皇的目光已经从法兰西土地上转向了西班牙，而皇帝似乎也是这样。所有没有应邀前来参加会议、无故缺席的主教，都被教皇革除了教籍，从这一点就能看出，大多数法兰西主教的缺席并没有动摇教皇对高卢教会的计划。会议的决议还直接涉及到了西王国的世俗事务。弗兰德的巴尔杜安伯爵是皇帝的仇敌，也是法兰克王国国王的内兄弟，教皇拒绝让巴尔杜安的女儿嫁给诺曼底的威廉公爵，并且他命令安茹的高弗里德伯爵释放勒芒主教，后者已经被高弗里德关押多年了。

会议结束后的那天，教皇经过一片废墟的凡尔登，路过梅斯，回到了莱茵河畔。这时，他已经派人发出了德意志的评议会通知，到了10月19日，与会的人们已经聚集到了美因茨。这场教会集会呈现出的景象与兰斯的完全不同。皇帝与国内的许多重臣亲自来到了会议现场，所有的德意志大主教和大多数主教都到场了，就连丹麦和留提曾人那里的主教们也一起出现在会场；但是，这里却没有兰斯那样狂热的人群簇拥在教皇身边。针对"西门罪"和神职人员的婚姻，人们做出了重要的决议。施派尔的主教西比克（Sibico）在早期很受皇帝的尊敬，而现在，他受到了淫乱的指控，为了证明自己的清白，他接受了圣餐，试图通过神事审判来洗清罪责。然而，人们还是普遍认为他有罪；皇帝可能也是这样认为的，从这时起便开始疏远他，因为他的关系，他也对施派尔这座城市及其教会冷淡了起来。现在，皇帝将更大的恩泽给了戈斯拉；他积极地推进那里大教堂的建筑工程，并在当时，将在美因茨将与之相连的修道院置于教皇的特别庇护之下。与在法兰克王国相比，利奥在德意志本土更加温和仁厚；我们没有在这里听说任何的革职和革籍事件，而在法兰克王国，他毫无顾忌地将罗马所有的武器都指向了高卢教会。

会议结束后，教皇到访了自己的故乡，接着便经由施瓦本和巴伐利亚回到了意大利。圣诞节前，他翻过布伦纳山口，并在维罗纳庆祝了主的诞辰。在大斋期，他第二次前往加尔加诺山朝圣，在途中他拜访了贝内文托，接着，他在复活节来到罗马，并于节后在这里再次召开了一场大型的教会代表会议。55名大主教和主教以及32名修道院院长出席了会议，克吕尼的于格、里昂的亚里纳德、贝桑松的于格在这次会议上也没有缺席；其他到场的主教几乎都是意大利教会和修道院的成员。在这场会议上，罗马第一次针对贝伦加尔关于圣餐性质的教义做出评断。教皇对于教条，如同对纪律一样坚定固执，他认为贝伦加尔的教义只是异端邪说，并且完全站在兰弗朗克的一边，支持贝伦加尔最恶毒的敌人和指控人。由于贝伦加尔没有出席会议，兰弗朗克要赢得众人的支持更是轻而易举。

此后不久，利奥回到了意大利南部，从他出任教皇开始，就非常重视这个地区，这已经是他第三次来到这里了。这个地区混乱的局势亟待解决，而利奥也希望使这个地区彻底且长久地受制于西方和罗马方面。要做成这件事，现在的时机似乎十分有利。萨莱诺的万玛尔，下意大利最强大的王侯，对教皇表现出很大程度的青睐，他已经向教皇伸出橄榄枝，表示要在萨莱诺的教会代表会议上针对"西门罪"、伪誓和不符合教会规定的婚姻采取措施。在诺曼人那里，教皇也受到同样友好的接待。他虽然斥责他们毫无教养，严厉地惩罚他们对教会以及穷苦民众施加的暴行，但他们还是对这位虔诚的教会王侯展现出真诚的尊崇之情，并同意他在西彭托召开一场教会代表会议。教皇本人也已经将目光转移到了西西里岛上。一位名叫宏伯特（Humbert）的洛林神职者跟随教皇来到罗马，由于精通希腊语脱颖而出，受到教皇祝圣成为西西里岛的大主教。然而，下意大利局势虽然显得对教皇非常有利，但贝内文托的王侯们仍保持着与罗马及西方势力的敌对态势。因此，教皇再次对他们以及他们的土地下达了绝罚，而这样的惩罚也带来了显著的成果。贝内文托的多座城市很快就拥护起了教皇以及皇帝，在同一年，贝内文托人甚至将他们的王侯驱逐出去，并归降于圣伯多禄座席之下。

在此期间，教皇已经离开了南部地区，向伦巴底出发了，他要在韦尔切利召开一场早就定下的评议会，他也通知了敌对的法兰克王国主教们去参加这场会议。贝伦加尔也受到了邀请，但是他遭到自己国王的囚禁，无法出席会议。然而，9月初召开的这场会议并没有因此而减少对贝伦加尔教义的讨论，他的教义再次遭到抵制，而兰弗朗克的教义则被接纳作为圣餐性质的标准教条。会议还讨论了其他一些事宜。拉韦纳大主教胡姆弗里德早先曾担任过皇帝的总理，他担忧地看到，教皇的势力不断增长，几乎就要重新展开对督主教权力的争夺了。在韦尔切利，教皇与大主教之间发生了令人不快的冲突，这导致后者被判进行严格的忏悔，并且还遭到停职的处罚。新任的阿奎莱亚宗主教是从施派尔调来的戈德巴尔德（Godebald），他对教皇也不甚友好，因为教皇对他的对手，格拉多的宗主教，表现出明显的青睐。在罗马虚脱无力的时候，拉韦纳和阿奎莱亚的教会在德意志人手中获得了多高的地位，现在他们面临的危险就有多大，因为一个德意志人正有意识地恢复罗马方面的权利和其早先的地位。

离开韦尔切利之后，利奥从圣伯纳德山翻越了阿尔卑斯山脉，经由贝桑松来到了图勒，他除了拥有最高主教的头衔之外，一直还兼任着这里的主教。在从10月20日到21日的夜间，他在无数人的见证下祭奠了圣吉尔哈德的遗骸，也就是他在图勒的前任主教。他在图勒逗留了较长一段时间，考虑着要再次出访法兰克王国，但却没能成行。1051年1月中旬，在萨克森东部过完圣诞节的皇帝与他在特里尔进行了会晤，在接下来的较长一段时间中，教皇一直跟随着皇帝的宫廷。圣母出生的庆典那天（2月2日），教皇和皇帝一同来到了奥格斯堡。拉韦纳大主教也受召请来到了这里；按照皇帝的旨意，他必须与教皇和解，对教皇做出补偿，并下跪请求教皇的原谅。胡姆弗里德听从皇帝的命令这样去做了，但在站起来的时候，当着教皇的面发出了讥讽的笑声。此后不久，大主教便意外身亡了，人们都认为这是上天对此的惩罚。怀着衷心的爱意，教皇告别了皇帝，返回罗马，赶回那里庆祝复活节，并在节日过后按照惯例召开当年的评议会。

相对于充满新鲜活力的皇权势力来说，很长一段时间以来，罗马方面如同患上了破伤风一般一蹶不振；我们必须竭尽全力，才能感受教皇势力若有似无的、微弱的生命迹象。人们心甘情愿地恭从于教皇，但教皇方面却没有足够的力量来回应这份恭敬与顺从。而现在，就如同施了魔法一般，一切都改变了。我们眼前的这位教皇，彻底地享有使徒天职赋予他的尊严与崇高，他的心中充盈着追求教会统一和纯洁的理想，并将自己的生命都投入对这一理想的追求之中；我们看到，他不辞辛劳，不惧艰险，一定要使那些被遗忘的教会法规重新被信徒们牢记在心中。他像是一位福音使者，走过一片片土地，来到一座座城市，只为了向全世界宣告，基督教会只有一个领袖，那就是罗马教皇，没有任何人能与他平起平坐，他要通过不容反驳的证据向世界展示，神的力量与他这个罗马教皇同在。他并非在荒野中布道。他所到之处，都有涌动的人群跟随着他，还有成群结队的僧侣，无论他们穿的袈裟是黑是白，他们如同卫星一般顺从地围绕着教皇，组成了一支无比庞大的队伍。他手中握着将人革出教门的权力，使主教们心惊胆战，而尘世间最强大的君主有通过血缘和友谊与他建立了最紧密的联系。他获得的成功是巨大的。传说，不仅仅是人类，就连没有理智的动物也屈从于他的精神力量。贝内文托的一只公鸡打鸣时叫出的是教皇的名字，阿普利亚的一只狗吠叫的是对主的颂扬等等。然而这些愚蠢的故事，在与教皇同时代的人中间，在与他关系不远的人中间，就能找到许多信之不疑的人。

正如人们所见，教会改革的理念终于积聚了足够的力量，得以付诸实施，虽然对利奥来说这只是回归旧的教会法规，而不是要重组教会制度，但利奥是教会改革所能找到的、最好的执行人了。因为利奥以钢铁般的坚定意志，维护古老的教会基本法规，维护流传下来的信条，维护所有的传统习俗；他的笃信几乎到了盲目迷信的程度；从表面上看，他似乎从来没有对此产生过任何怀疑。但是，他的信条如何僵化，他的命令多么严厉，他自己都是第一个完成这些信条和命令的人。他的言行中都充满了正直与真诚。虽然他对自己的职务抱有极大的热情，他非常清楚手中职权具有的重要意义，但自负与骄傲却没有侵蚀他的心灵。从根本上来说，他有着不可动摇的坚定信念，但在现实中，他常常显得非常宽容和温和。他的性格中贯穿着一种独特的、施瓦本人的善良。有一次，一些犯下重罪的人在他的判决下只受到了三日斋戒的惩罚，人们就劝诫他，这样的宽厚会带来危险的后果。他回答道："莫要责备我的宽厚，责备我的严苛吧。因为主从来没有用斋戒和鞭挞惩罚过哪个人，而是对有悔改之心的女罪人说：去吧，从此不要再犯罪了。"在韦尔切利的评议会上，有人对这座城市的主教提出了让人愤怒的控诉，说他奸污并诱拐了一位亲戚的新娘。虽然主教的罪行是不容辩驳的，但他还是逃脱了制裁；直到接下来的复活节大会上，教皇才革去了他的职务，但不久后，在他做了忏悔并承诺改正之后，教皇又让他复职了。即使是对教会法规的公开中伤，利奥也任凭仁厚蒙蔽自己的眼睛，让那些由于"西门罪"被革职的神职人员重新获得祝圣。当有人向他提出这违背了教会的标准法规时，他突然失声痛哭起来，并充满悔意地忏悔自己的罪过。可能也正是这种对弱者的同情混合着对神事的无限热情，使他这么迅速地赢得了人们的爱戴。此外，他也是一个很有魅力的人。教皇是个有着金红色头发的英俊男子，身材高挑；他的举止能够随时在虔诚的忏悔者与饱经世故的社交家之间切换；无论是对德意志人说德语，还是用罗马的语言与罗马商谈，学识渊博的他都能舌灿莲花。

谁能怀疑，经过改革的教皇势力在开始的时候还为皇权带来了许多好处！说到底，终究是皇帝推动了利奥的事业，并不断地支持着他；而教皇本身仍是位德意志主教，他在德意志宫廷和他的德意志教区逗留的时间，几乎比他待在拉特兰宫和圣彼得大教堂还要长。法兰克王国神职人员对他的顺从，他在阿普利亚受到的待遇，既是得益于皇权势力的扩张，也是由于伯多禄座席地位的提升。

c. 不莱梅的阿达尔贝特与奥博德里特恩人戈德沙尔克

随着教会改革的展开，受到长期忽视的传教事业也同时获得了新鲜的活力。东欧的异教信仰在当时看来如此危险，但终究没有长久的耐力，无论在匈牙利还是在波兰，都没能彻底地渗透下去。由于卡齐米日在这时重拾了"勇敢者"波列斯瓦夫的宗教追求，于是，国王安德烈很快在那里做出了新的安排，命令每个人都要重新皈依耶稣·基督，并接受圣伊什特万国王的律法，否则就会受到身体上和财产上的惩罚。值得注意的是，并没有任何证据表明，德意志神职人员对教会机构在这些国家的重建产生过影响。无论马格德堡还是帕绍，都没有为它们旧时的传教区奔忙。在匈牙利和波兰，传播福音的事业虽然还没有完全消亡，但早就懈怠了。

在北方则完全不同。在杰出的乌万主教任职时，不莱梅就重拾了传教事业，先是在克努特大帝，后来又在他的继任者那里获得了大力支持。我们知道，大主教阿达尔贝特在登上北方大主教之位后，熊熊火焰燃烧着他追求高远的灵魂，他很快便完成了使大批异教徒皈依的大业。所有人都在帮助他赢得这不同寻常的成功；皇帝青睐他，克雷芒二世和利奥九世是他的朋友，尤其还有受到利益驱使的北方国王们，这些国王被牵扯到内部的争斗中，试图从萨克森和皇帝那里得到支持。毫无疑问，汉堡和不莱梅现在成为北方所有宗教运动的中心。不仅是在丹麦、挪威和瑞典，而是在斯堪的纳维亚民族势力所及的区域，教皇国省份的权利都得到了认可——并且还上升到了最高点，而汉堡大主教的权威也得以扩张。来自冰岛、格陵兰和奥克尼群岛的使者们纷纷来到不莱梅；在那里，他们都向大主教表达了敬意，并请求他派出主教和教士。小小的不莱梅对整个北方来说真正成为了基督教的中心，正如强大的罗马曾经是，现在依旧自诩为欧洲南部和中部的核心那样。人们在不莱梅感觉非常好，一方面是因为这个主教管区获得了很高的地位，而且这些已经获得的成果还将带来无可估量的益处；可能没有人比大主教阿达尔贝特更清楚这一点。从中就可以理解，为什么一直向往着登上巅峰的他终究不愿意用他的北方教区与伯多禄座席做交换。

至今为止，汉堡发展过程中最大的阻碍就是，近在身边的文登人中的异教信仰不仅无法彻底根除，甚至在经历了全面的失败之后，再次顽固地冒出头来。因此，当阿达尔贝特看到偶像崇拜终于要迎来毁灭的前兆时，他的心中带着怎样的喜悦啊；而他又是怀着怎样的期待，与一个在奥博德里特恩人中间传播基督教信仰的王侯结盟，而且这位王侯还拥有那样的力量、勇气和自制力，使人坚信他的努力将带来最好的结果！这位王侯就是戈德沙尔克，他是奥博德里特恩王侯乌托（Uto）的儿子，正是他，在大主教清除文登人异教信仰的过程中伸出了援手。两人在汉堡会面时，阿达尔贝特急切地警告这位奥博德里特恩王侯，在这场光荣的运动中需要耐力，并预言胜利必将到来。他还补充道，戈德沙尔克在为基督奉献的过程中经历越多的世俗，他就能获得越多天堂的尊荣。

　　戈德沙尔克的履历已经足够精彩了。他的父亲在大批奥博德里特恩人重拾异教信仰的时候，仍然保持了基督徒的身份，而且他也因此将自己的儿子送入了吕讷堡（Lüneburg）的米迦勒修道院。当时这所修道院学校的校长就叫作戈德沙尔克，这个文登人的孩子可能就是从他那里得到了这个德语名字。当时基督教教义在他心中扎下了多深的根还无法确定；至少他很快就成了一个排挤基督徒的人。他的教父是个严格而暴力的人，被一个萨克森的叛徒杀害了；报仇的欲望在戈德沙尔克心中掩盖了教士所有的言语。他逃出修道院，渡过易北河，召集一群同乡在自己身边，侵袭了易北河流域北部的整片土地。他遇到萨克森人就格杀勿论，教堂被焚毁，荷尔斯施泰因人（Holsaten）、施托尔曼人（Stormarn）和迪特马尔申人（Dithmarschen）的土地全被夷为平地。但是，在这场血腥的复仇中，悔恨却慢慢地爬上了他的心头。至少后来人们是这样传说的：有一天，当他穿过树丛和田野，看到眼前可怕的荒芜景象时，他被自己的所作所为震惊了，他灰心丧气地离开了那群疯狂的同伙。就在这时，他遇见了一个萨克森人，这个人先是急急忙忙地向全副武装的文登人那里逃亡，但接着，当戈德沙尔克命令他站住，并保证他的安全后，他停下了脚步。戈德沙尔克问这个萨克森人，他是谁，有没有听说什么新消息。萨克森人回答道："我是个来自荷尔施泰因的穷人，新消息有很多，但好消息却一个也没有。因为澳德博里特恩王侯戈德沙尔克对我们民族做了许多恶事，用我们的鲜血满足他的残暴。噢，要是神能对我们的困境发发慈悲就好了！"戈德沙尔克回应道："你怎么这样指责那个人！他为了给自己的教父报仇，的确给你们民族带来许多厄运。但是你要知道，我就是你说的那个人，我违背主的意愿，对基督徒做了这样不义的事情，我心中也十分痛苦啊！因此，我希望能与你们和解。你回到家中去吧，去告诉你的族人，叫他们派人来找我讲和。如果我们能达成共识，那么我将整支强盗队伍都交到他们手中，原本这支队伍就是被迫与我联手，而不是真心拥戴我的。"这个萨克森人回去之后却没有人相信他的话，于是协商的事情便搁置下来了。

　　赫尔莫尔德（Helmold）的文登编年史写于此事件发生后的一百多年，这本书中就是这样记录的。不莱梅的亚当与这件事发生的时间相距不远，他只记录了戈德沙尔克的复仇战争，以及他是在贝尔哈德公爵的囚牢中走到生命尽头的。公爵十分敬佩这位对手的勇气，很快就违背市民的意见将他释放了；接着，戈德沙尔克来到克努特大帝面前，并在他的麾下在英格兰效力了很长一段时间。在克努特的时代结束后，戈德沙尔克加入了他外甥斯韦恩·埃斯特德逊的阵营，并娶了斯韦恩的私生女。斯韦恩顺利地巩固了自己在丹麦的政权之后，可能是获得了其岳父的支持，最终重新回到了文登人地界，并通过几场胜仗，不仅夺回了父亲的政权，而且将自己的势力渐渐向东扩张到了佩讷河（Peene）河畔。所有曾隶属于汉堡大主教区下属教会行省的文登人，都臣服于他，向他纳贡，并像国王一样侍奉他。

阿达尔贝特登上汉堡大主教座席与戈德沙尔克在文登人中间建立其政权，这两件事大约发生在同一时间；这两个人很快便达成了共识，因为他们对神圣的传教事业有着相同的热情。对戈德沙尔克来说，仅仅是以各种方式支持大主教为他派来的那些教士还不够；他常常亲自布道，并努力用文登的语言将拉丁语弥撒中的话语及习俗解释给他的民众听。他的努力所取得的成效甚至超出了大主教的预期。文登人争相接受洗礼，一座座教堂被建造起来，人们已经开始在文登土地上设置修道院了。据计算，大约有三分之一变节的民众重新皈依了基督教信仰。僧侣埃佐（Eizo）受到祝圣成为奥尔登堡主教，来到了他的辖区中。而阿达尔贝特已经在考虑，除了奥尔登堡之外，还要在文登建立另外两个主教管区。他派出一个名叫约翰尼斯的爱尔兰主教前往梅克伦堡（Mecklenburg），那里是奥博德里特恩人的都城；另一位名叫阿里斯托（Aristo）的主教则去到了拉策堡（Ratzburg）。阿里斯托也是个异乡人；他出身和受祝圣的地点都没有明确的记载；他先后三次前往耶路撒冷朝圣，在一次旅程中，他半路遭到撒拉森人的拦截，被押到了巴格达。所以，当时不莱梅方面派往斯拉夫和北方的传教士既不仅仅是德意志人，而且德意志人也不是首选。当勃兰登堡主教唐克瓦特（Dankwart）在辖区内找不到容身之所时，他负担了他在不莱梅的生活费用，似乎正是由于这个原因，阿达尔贝特将文登人的整片土地，远远超出了行省旧时的边界的地方都囊括进他的计划之中。

阿达尔贝特虽然有许多杰出的品质，但却是个骄傲而虚荣的人，他沉醉于自己作为大主教获得的成就之中，看到大主教管区在他的统治下欣欣向荣就感到沾沾自喜，并因而产生了一些不切实际的期望。他的愿望最终都集中到一个思想上，那就是将汉堡提升为北方的宗主教城市。丹麦国王的要求在自己的王国内建立一个主教管区，这使阿达尔贝特受到了启发。国王已经说服教皇利奥支持他的要求，虽然大主教并不乐意，但对于这位北方的强大盟友，他却无法长久地反对国王的愿望。在这样的情况下，他产生了建立宗主教管区的想法，他想让这个管区凌驾于丹麦的大主教管区之上，并使丹麦新的主教中心城市的光芒也被其遮盖。宗主教管区要统领弗里斯兰、萨克森和斯拉夫人土地上的十二个主教区，而这些主教教区几乎都是新成立的；除此之外，新的丹麦大主教区及其下属教区的所有北方主教教会都要依附于它。就这样，一个大型的教会系统将囊括整个北方，如果届时汉堡仍是罗马的女儿，那么阿达尔贝特也希望使它成为最貌美、最欣欣向荣的那个女儿。只有在他的大主教管区得到这等尊荣的前提下，他才会最终同意在丹麦设立大主教管区。因此，他与罗马方面展开了进一步的讨论，在教皇利奥去世之前都没能得出最终的结论，就我们所知，在教皇去世后这个问题就再也没有被提起过。

虽然大主教的计划非常偏激和异想天开，但却很好地展现出了，他是怎样自负地看待自己地位的。没有任何一个人像大主教这样掌控着整个北方的事务，当教皇在南方罗曼地区为皇帝赢得越来越多的臣子的同时，他在斯堪的纳维亚民族中间传播着皇帝的威严，这样一个杰出的人对皇帝来说有着怎样重要的意义啊！他的家族利益、他的教会蓝图，但尤其是他与彼林家族暗暗滋生的敌意，这些都以同样的方式表明了他与宫廷间的紧密联系，从而使皇帝越发坚定地信任他。在这个问题上只有一种声音，那就是，除了不莱梅的阿达尔贝特之外，皇帝在他的帝国中就没有更加恭顺、更加尽忠职守的主教了。虽然他在自己的辖区内异常辛勤地耕耘着，但人们也看到他不断地出现在宫廷中；每次皇帝踏上征程，即使是去往最遥远的地区，他也伴在君侧，并心甘情愿地承担所有劳苦和皇帝的开支。

德意志教会中涌现出了这样一个追求高远又强大的人物，但他终究是为帝国服务，受制于帝国的；除了巩固和扩张皇权之外，德意志主教们几乎就没有更加重要的使命了。当然了，并不是所有主教都有利奥和阿达尔贝特这样的才能和天赋。有一些不安分的人，比如皇帝的叔叔，雷根斯堡的吉卜哈德；也有人平静寡言，比如马格德堡的胡恩弗里德和他的继任者恩格尔哈德（Engelhard），他们都是正直的人，既没有为传教做出什么贡献，也没有对国家内部事务产生重大的影响。一些主教对皇帝和国家尽职尽责、勤勤恳恳，但在暗中也尖刻地抱怨宫廷差役的重压。美因茨年迈的巴尔多，他接受的教育和他的整个思想都如同僧侣一般，是个无可指摘的人，对信仰充满了深深的热情，也是一个积极的传教者。他可能也与皇帝和教皇一样，追求着对教会生活的改革，但是像教皇那样对人们心灵产生的巨大影响力，教皇那样在世俗事务中的干练，在他身上是找不到的。他从来不像普通的主教那样，为王侯们建言献策；他沉默地蜷缩在自己的僧侣袈裟中，静坐在那里，对皇帝的问话也鲜有回应。他似乎小声抱怨，心中有所不满，这也不令人奇怪；因为，科隆在康拉德二世时期取得的重要地位，依然使他承担着沉重的压力。1051年6月11日，巴尔多去世了，他留下的美因茨教会，情况并不容乐观。他的继任者利奥波德是从班贝格调来的；他很尊敬巴尔多，并特意为他冠上了圣人的光环，但是，他终究没有按照巴尔多的足迹前进。凭借着巨大的耐力，他试图提升美因茨大主教区业已下降的威望，但维里吉斯时代美因茨拥有的地位是再也回不来了。

在这样的情况下，科隆大主教赫尔曼在为皇帝建言献策的过程中就扮演着更为荣耀的角色了；对于教会和国家的所有重要问题，他的意见都有着极大的影响力。赫尔曼的血管中流淌着皇室血液，他的家族享有国家最高的尊荣；他接管其大主教管区时，正是教区最繁荣之时，而后，他又利用了个人地位的所有优势，进一步提升权威。他不仅为科隆赢得了加冕权以及重要的意大利大总理议事厅，而且，他还为自己赢得了尊荣无比的大总理以及使徒座席图书馆员的职位，曾经皮利格里姆也以相似的方式出任过这些职务。经过改革的教皇势力在一开始就与科隆教会结下了紧密的联盟，并对日后产生了重大影响。1032年5月7日签发的一份文件确认，教皇将圣使徒座席的总理权、科隆教区内的加冕权，即在亚琛的加冕权，以及其他同样重要的特权，都授予了科隆大主教。

皇帝完全认可大主教的忠诚侍奉对他的价值，因此，大主教同样从皇帝那里获得了许多特权。除了教皇和阿达尔贝特之外，国内没有哪位宗教王侯像大主教赫尔曼这样，拥有如此显赫的地位。然而我们只能从零散的记录中了解这个大人物的生活，实在是非常可惜。

d. 亨利四世的出生与克吕尼修道院院长于格

教会势力在方方面面都服务于皇权；它在试图巩固内部权威的同时，也尝试着向外扩张。然而，无论教会势力能为皇权立下多大的功劳，只要国内的继承人不确定下来，基督教世界最高王座之下的地基就仍是不稳的。皇帝已经执政十一年，距离他踏入第二段婚姻也已经过了七年的时间，却迟迟没有男性子嗣。1047年秋季，当内战再次爆发时，科隆大主教赫尔曼要求他所有的亲信都向主祈求，让他为皇帝送来一个儿子；因为只有这样，国家的和平才能维持下去。这个祈求直到后来才得到了回应；1050年11月11日，皇后终于诞下了第一个男孩。赖兴瑙的赫尔曼这样说道："皇帝终于有儿子了！"很少有哪个孩子的降生会使父母这样欣喜；这个幼小的生命连接着最美好的希冀，但等待着他的却是一系列不可预见的险恶斗争与苦难。皇帝再次被重病击倒了，他在这一年的冬天大多数时间都待在戈斯拉，而这个孩子也是在那里的萨克森土地上出世的。按照惯例，皇帝在圣诞节时将许多王侯召请到身边，而这些王侯也随即向皇帝的儿子宣誓效忠；即使没有经过选举和加冕，这个孩子也已经是帝国的继承人了。

值得注意的是，皇帝很快便试图使他儿子对西方教会的态度与他自己保持一致。他随即将克吕尼修道院院长于格召到身边，在他看来，没有比于格更适合成为这个孩子的教父了。然而院长无法在这冬季时节远途跋涉前往萨克森，他写来书信请皇帝原谅自己的缺席；接着，皇帝发出第二次邀请，要他在复活节前往科隆，在那里为孩子洗礼。我们找到了皇帝因此写给克吕尼的书信，关于皇帝与这个修道院联合会之间的独特关系，这可能是我们所拥有的、最引人注目的证据了。

在亨利向院长保证他会得到自己的恩惠之后，他写道："圣明的父啊，我们很高兴收到你的来信，尤其是当我们知道，你带着怎样的热情沉浸于神事理念之中，我们收到这封信就更加欢喜了。对于我幸运的痊愈和天赐之子的降生，你的欣喜已经从信中明确地表达出来了，我们明白你的爱意，并为此从心底感激你。但我们要明确地要求你，也要谦卑地恳求你，不断地为国家的安康、为我们整个帝国的尊严、为我们及我们手下人的救赎，向慈悲的主美言，好让上天赐予我们的幸运保证教会和所有民众的安宁。有哪个明理的人会不希望你和你的人为他祈祷呢？离尘世事务越是遥远的人，他的祈祷就越是纯粹，离神越近的人，他的祈祷就越会得到神的眷顾，谁不向往着与这样的人结下永不瓦解的纽带呢？你说，你由于这遥远的距离无法遵从我们的命令来到我们身边，虽然我们对你的出现如此期待，我们还是会原谅你的缺席，但有一个条件，可能的话，请在复活节前往科隆，来到我们身边。我们就大胆地说了，你对这个孩子的降生表现出无比的欣喜，那么就请你在那里为孩子洗礼，并将他作为教子为他赐福，而后，我们将未经惩处的罪恶都肃清，便能够共同享用上天纯粹的餐食——主的餐食了。"

在这封信中，精彩地混合着充满威严的态度以及彻底的谦恭，效果当然不会差。修道院院长于格来到了科隆，在1051年复活节当天（3月31日）为皇帝的儿子举行了洗礼，而大主教赫尔曼则负责了圣礼。据说，这个孩子先是以祖父康拉德的名字接受了洗礼，但后来又改用他父亲的名字命名了。

儿子的降生，是数十年来皇帝不断受命运眷顾所赢得的成果之中最重要的一个。直到现在，这个在繁荣时期由他继承下来的国家，这个通过光荣胜利不断强大的国家，这个凭借宗教势力的恭从得以稳固、得以神圣化的国家——它的未来才有了保障。随着皇帝势力的兴盛，多次预告开始却终究没能实施的教会改革，终于踏上了正轨，随着改革的开始，教会也得以蓬勃发展起来。新的活力被从中激发出来，谁都无法预见到其进一步的发展，但在目前，这股力量尚且服务于将其激发出来的统治者，并似乎对他追求的世界霸权地位产生了积极的推动作用。皇权本身包含着称霸世界的向往，尤其是现在头戴皇冠的君王，他的内心深处存在着这样一股驱动力。一次又一次的成功，驱使他向着这个目标靠近，而这个目标，只有皇权才能实现。世界帝国的宏伟大厦，其蓝图已经绘就，地基已经打下，这位精神矍铄的建筑师已经大刀阔斧地干起来了，并且他期望，在有利的情况下能很快亲眼看到这座建筑的完工。然而，要是情况不如他期望的那般有利，要是善变的命运也想让他吃点苦头，要是有不可预见的阻碍突然出现，又该怎么办呢？事实上，障碍很快就出现了，这座大厦的地基显然还不够牢固，要使这一杰作如它开始时和预想中那样顺利地完成，希望非常渺茫。

14. 命运的转折

a. 亨利三世最后的匈牙利战争

从1049年到1050年，国家的军事行动停息了一段时间之后，对外战争于1050年秋季再次打响了。为了保住政权的威严，皇帝不得不再次将他的目光锁定在东方，他曾经取得过最初也是最光荣胜利的地方。波兰的卡齐米日公爵一直对失去西里西亚耿耿于怀，现在又与波西米亚的布热季斯拉夫公爵站在了敌对的位置上，而这位波西米亚公爵则是皇帝最忠诚的邑臣和最恭从的盟友。除此之外，匈牙利人杀害许许多多德意志人的血仇未报，而且国王安德烈虽然表现出一副谦卑的样子，却在纳贡尽责方面拖延怠慢。皇帝那不安分的叔叔，雷根斯堡的吉卜哈德主教，甚至在匈牙利边境上引发了公开的敌对态势。1050年年初，他偶然停留在匈牙利边境地区，便对那里发起了一番劫掠，而匈牙利人随即予以报复，入侵了边区，用大火和刀枪摧毁了一切，还将一边区居民关押起来作为俘虏。

新一轮的匈牙利战争似乎是不可避免的了。因此，皇帝于1050年7月在纽伦堡召开了一场国家会议——纽伦堡当时还是座名不见经传的城市，这是在那里举行的第一场大型会议。皇帝与王侯们在那里商议了必要的措施。他们首先决定了，要将1042年被毁的海伊姆堡重建起来，自从疆界重新调整之后，海伊姆堡就在德意志的辖区内了。执行这一决议的任务交给了巴伐利亚的康拉德公爵、奥地利边疆伯爵阿达尔贝特和吉卜哈德主教。他们随即来到当地，牢牢地扎下营帐，并期望在营地的庇护下，不受阻碍地完成任务。但是，马扎尔人明白海伊姆堡的重建意味着什么。9月22日夜间，他们向德意志人营地发起了进攻。他们在各个方向上都布置了弓箭手，密集的箭雨如同冰雹般落下，后来人们在每个帐篷上都能找到200多支弓箭。连续七天，德意志人在极其困难的情况下一直对抗着敌人不断的进攻；到了第八天，他们最终决定突围，在冲出营帐的过程中，他们给匈牙利人造成了巨大的损失，使匈牙利人很快落荒而逃。此后，修固海伊姆堡的任务完成了，几位王侯在城堡内留下了一支巴伐利亚驻军后，带着剩下的军队回家了。然而，他们刚刚撤退，马扎尔人便重新出现在了城堡前，他们将城堡包围起来，连续攻击了四天。由于这些进攻都毫无效果，他们便将点燃的物料投掷到城堡内的房屋和城墙上。城堡内的木质房屋着了火，风助火势，很快就蔓延开来。当驻城军队忙着灭火的时候，匈牙利人便攻破了城门。幸运的是，风就在这时改变了方向，使得火焰没有烧到城堡的主体，缺少燃料的大火很快就熄灭了。城堡得救的过程如同奇迹一般，而巴伐利亚人又看到一只飞起的鸽子，他们就更加相信这是主在助佑他们。他们怀着对神的信念，举起武器，英勇地击退了敌人，将之赶出城堡，并继续追击逃亡的敌人。许多马扎尔人在被追击的过程中死去了，以至于后来这些死人的尸首装满了六艘大船；而巴伐利亚人的损伤则很小。

与此同时，皇帝召集了一支萨克森军队对抗卡齐米日，并已派出这支军队进攻波兰。但是，这场征途却中断了，一方面是因为皇帝当时罹患重病，另一方面也因为卡齐米日亲自来到了戈斯拉，为自己企图武力占领西里西亚的嫌疑辩护。波西米亚与波兰之间的和平关系得以保持，卡齐米日也平安地离开了。

在匈牙利边境爆发战争的同时，洛林也再次动荡起来。鲁汶的兰伯特伯爵率先暴动起来，皇帝被迫在科隆过完1051年的复活节之后，立刻赶往当地平息动乱。然而，他才刚刚离开布拉班特，弗兰德的巴尔杜安伯爵就在他的背后冒出头来，完全将1049年自己许下的承诺抛在了脑后。不久前，蒙斯的赫尔曼伯爵离世了，留下了他心高气傲的妻子莉希尔德成了寡妇。没过多久，巴尔杜安同名的儿子便向她求婚，为了占有埃诺这块土地，她想都没想就答应了。令人意想不到的是，这桩对国家极其危险，又由于双方的近亲关系遭到教会反感的婚姻，竟会得到皇帝的欣然认可；更叫人难以置信的是，他还要通过埃诺来增强弗兰德人的势力。于是，弗兰德伯爵用手中的刀枪夺取了埃诺，又用自己的骑兵占领了蒙斯。皇帝在萨克森度过了夏季，并在那里为即将到来的匈牙利战争整兵顿马，不可能有精力顾及到荷兰方面；因此，他决定释放戈德弗里德，让他来保卫国家的西境。戈德弗里德所表现出来的思想转变是不是真的，没有比这更好的考验方法了。8月，当皇帝来到巴伐利亚时，他将戈德弗里德从帕绍的监牢中释放出来，令他前去抗击巴尔杜安。由于公爵所有的财产连同国家采邑都被没收了，他便从科隆大主教那里获得了一些教会采邑，以此维持生计。就这样，戈德弗里德前去攻打弗兰德人及其儿子，但他似乎并没有拿出真本事去对付他旧时的盟友，因为就我们所知，两位巴尔杜安当时占领了埃诺。皇帝一门心思扑在匈牙利战争上，8月底时，已经来到了敌国的边境。

按照其传记作者的记录，教皇利奥始终在积极地为帝国的扩张考虑，很长一段时间以来，他努力协调皇帝与匈牙利人之间的和平。他一再派出使者拜访匈牙利贵族，提醒他要屈服于皇帝的权力，缴纳拖欠的进贡；就连克吕尼的院长于格也在复活节后，在教皇的委托下前往匈牙利劝和。匈牙利人最终提出，按照教皇的建议签订一份协议，但皇帝要停止迫害那些参加过反对国王彼得的革命的匈牙利人。实际上，国王安德烈也让使臣带着和平的建议去拜见皇帝，但这些建议都与皇帝的要求不符，无法让军队停止前进。

皇帝的将士们从两个方向朝匈牙利发起了进攻。一支强军在吉卜哈德主教、布热季斯拉夫公爵和韦尔夫公爵的领导下从多瑙河左岸前进；另一支人数更多的军队由巴伐利亚、萨克森、施瓦本、法兰克、伦巴底、勃艮第和波兰人组成，在皇帝的亲自指挥下，沿河的右岸行军。充足的粮草由一支船队从多瑙河上运送给军队。不幸的是，夏季持续暴雨，使得本就布满沼泽水滩的右岸地区无法通行。皇帝因此受到阻碍，无法从东边区攻入，而必须绕远道通过克恩顿到达敌人那里。他身边大军的给养也因此变得更加困难了，虽然人们已经用马匹从船上运来了尽可能多食物，但军中还是能明显感觉到粮草的短缺。匈牙利人按照他们一贯的做法，退到了腹地。人们可能会在这里那里看见一些零散的军队，但无论在哪儿，敌人都不敢公开对垒。在此期间，随着皇帝军队行军深入，军中补给的短缺越发严重了。匈牙利当地的储备不是被销毁，就是被带走了；哪里也找不到粮食，渐渐地，从船上运粮也变得难以实现了。一场饥荒爆发了；就连皇帝也被迫忍饥挨饿。当时，一位名叫本诺（Benno）施瓦本的神职者为军队立下了大功，他本是侍奉希尔德斯海姆主教的人。当所有人都已经绝望的时候，只有他还保持着镇定，并且他想出了办法，至少使他的主教们及其随从总有面包可吃。在后来人们长久传颂的歌谣中，整支军队都为这个聪明的施瓦本人而欢呼叫好。皇帝也看中了这个精明能干的人，后来让他在戈斯拉的教会机构中发挥才干。

军队的处境越来越危急，皇帝不得不考虑撤军。但是，匈牙利人已经动起了这样的念头，要阻断他们的去路，并以此歼灭德意志军队。他们在皇帝背后捣鬼，在东边区的边境上占领了所有河流及沼泽的沿岸，并夸下海口，说德意志人将在这里毁灭。但是，他们不了解德意志人的坚定决心。皇帝手下的将士们毫不畏惧地进入河水中，逼得岸上镇守的敌人四散而逃。在防守最强处，匈牙利人在雷普采河左岸建立了一座掩体，控制住了横跨河上的桥梁。然而，一队勇敢的萨克森人在勃艮第人和波兰人的支援下克服了困难，来到了河对岸，接着他们便英勇地对这座掩体发动了进攻，击溃了敌人，为皇帝和他的军队打开了过桥的道路。在大部分军队渡过河去之后，他们将这座桥付之一炬。不幸的是，他们的这把火点得太早了，一些殿后的军队还留在对岸，落入了匈牙利人的手中。在接下来的撤军过程中，皇帝都没有受到阻碍。10月23日，亨利来到修复的海伊姆堡，11月12日到了雷根斯堡。在多瑙河左岸行进的那部分军队遇到的困难就没有那么多了；他们一直行进到匈牙利王国的内部，但接着就由于暴雨也被迫踏上了归程。

皇帝的这场行动彻底失败了。虽然在德意志人撤军之后，国王安德烈马上向边疆伯爵阿达尔贝特提出了和解，但他提出的条件既不符合亨利的要求，匈牙利人自己对此也是半信半疑，危险离得越远，想让他们兑现自己许下的条件就越是困难。皇帝意识到，只有一场新的战争才能使匈牙利人屈服，才能捍卫皇权的尊严。他早就懂得一个道理，狡猾的敌人往往是不会被一次击败的，第一场的败仗后面往往跟着第二场卓有成效的胜仗。就这样，他毫不灰心丧气，很快便策划起了新的匈牙利战争。

皇帝离开巴伐利亚后，来到了萨克森，在戈斯拉庆祝了圣诞节；接着，在复活节时他来到了莱茵地区，并在施派尔庆祝了节日。这是他最后一次在他父辈的城市停留；他对施派尔主教的怒气，也波及到了那里的市民身上，就连大教堂的建筑工程也陷入了停滞。他从施派尔来到斯特拉斯堡和巴塞尔，在随后的6月初，他在索洛图恩与勃艮第的大臣们召开了一场会议。我们不知道是出于什么原因，在这场集会上发生了激烈的争执，一些勃艮第人由于对皇帝的不满，激动地离开了会场，但不久后，这些人又试图重新赢得皇帝的青睐，而皇帝也轻易地原谅了他们。皇帝在苏黎世庆祝了圣灵降临节（6月7日），接着他便赶往巴伐利亚，一支大军已经在那里集结起来，就等着听从他的指挥向匈牙利开拔。从7月9日到14日，他停留在雷根斯堡，20日来到了帕绍，24日到达了东边区的佩尔森博伊格。然后，他便带着这支浩浩荡荡的军队直接跨过了匈牙利的边境，还有一支船队在多瑙河上为军队输送给养。开始的时候，一切都似乎比前一年更加顺利；皇帝没有遇到太大的困难，就沿着多瑙河行进到了普莱斯堡。他看到，敌军镇守着这座城市，必须从水路两面围城才行。

这是匈牙利人第一次通过防守固定地点阻止对手前进。似乎是因为这个原因，德意志没有带够围城需要的工具，在置办这些器具上浪费了许多时间。皇帝在普莱斯堡城前驻扎了两个月之久，虽然他多次下令放火，还是没能攻下这座城堡。这时，教皇利奥也来到了德意志军营中。对于皇帝的一再攻打，国王安德烈终究不能坐视不理，于是邀请教皇从中调解，而教皇便亲自以最快的速度翻越了阿尔卑斯山，想尽一切办法要促成双方的和解。教皇的好意却没有取得任何成效。赖兴瑙的赫尔曼明确指出，在教皇的劝说下，皇帝已经做好准备，愿意接受他的建议了，而安德烈却从中作梗，教皇因他蔑视使徒座席而革除了他的教籍。而利奥最早的传记中，对这件事的描写则完全不同，似乎受到一些宫廷中人的挑唆，使皇帝不愿倾听教皇的调解。实际上，教皇的建议应该是得到了双方接受，虽然安德烈国王由于成功守卫了普莱斯堡而受到鼓舞，非常不愿意在不利条件下接受和解。而皇帝势必也是出于这个原因而更加大度，因为他意识到，要夺取普莱斯堡，要继续进行战争，都是不可能的。由于粮食短缺，他军队的战斗力已经被削弱了，如果和解的希望破灭了，他就必须以最快的速度撤离。10月初，他与教皇一起抵达了雷根斯堡，解散了军队。

　　皇帝对安德烈发起的第二次征战也彻底失败了。阿尔特艾希的年鉴中说，在这场征战中既没有赢得尊严，也没有赢得利益。但实事求是地说，真实的情况更加糟糕。要抱怨的不仅仅是一个已经赢得的帝国行省不受控制；随着人们不再相信皇帝不可战胜，国内对他的敬畏也荡然无存，那些臣服的王侯又重新自由地昂起头来。

b. 巴伐利亚的康拉德和弗兰德的巴尔杜安发动叛乱

　　普莱斯堡围城失败成了亨利三世和德意志帝国的历史中一个值得关注的转折点；在这之后，紧跟着一系列不幸的事件，这些事件清晰地告诉世界，帝国的巨厦是建立在怎样动荡摇晃的基础之上，而皇权，尤其是其内部，又是多么经不起敲打。皇帝没能得胜归来，这里的纷争便重新爆发出来，并很快将矛头指向了皇帝的权威。

　　巴伐利亚虽然直接受到匈牙利入侵的威胁，但还是首先为一触即发的内战提供了舞台，皇帝的叔叔吉卜哈德主教，匈牙利征战的直接推手，也在这里点燃了冲突的火焰。主教早就对康拉德公爵心怀不满了：据记载，公爵玩忽职守，进行钱权交易，压迫无力自保的人；因此，主教常常提醒他要牢记自己的职责，但他的这些建议却没有收到好的回报；公爵最终与他结下了仇，攻击并摧毁了主教在帕尔克斯泰因（Parkstein）的城堡，这座城堡所在区域也就是后来的上普法尔茨（Oberpfalz）。但是，并非所有人都认为错在公爵一方，因为主教的霸道好斗是出了名的。人们还说，康拉德公爵一开始受到皇帝高度的尊敬，后来失去皇帝本人及皇室家族的青睐，是因为他拒绝迎娶皇帝的长女为妻。在有外敌虎视眈眈的情况下，巴伐利亚这两位最强大的领主之间的仇怨，无论是对巴伐利亚还是对整个帝国，都毫无疑问有着极大的危险。因此，皇帝和教皇一起来到雷根斯堡，下令矛盾的双方停战，并确定了一个日期，来弄清其中的是非曲直。但是，这却没能产生什么效果，敌对的双方继续进行着斗争，完全不把国家和教会要施加在他们身上的惩罚当一回事。

此后不久，皇帝在教皇的陪同下离开了巴伐利亚。10月18日，两人在班贝格，11月6日，他们来到了特雷布尔，然后便一同在沃尔姆斯庆祝了圣诞节，一大批主教和王侯汇聚在他们身边。两人表现出对彼此衷心的敬爱，在沃尔姆斯辞别后，便再没有相见。教皇取道施瓦本返回意大利，迅速翻越阿尔卑斯山，赶在复活节回到罗马，但在那之前，他还在曼托瓦与伦巴底的主教们举行了一场评议会。皇帝则前往萨克森，在梅泽堡庆祝了复活节，并在这里与丹麦国王——他忠诚的邑臣和盟友进行了一场会晤，这场会面的缘由和结果都没有被记载下来。

吉卜哈德主教和康拉德公爵也受到召请前往梅泽堡，由于他们不顾皇帝的所有命令，仍然继续他们的报复活动，所以他们将在这里接受审判。康拉德似乎没有应邀前来，被皇帝革去了公爵头衔，相反地，吉卜哈德主教则没有受到任何惩罚。这是皇帝第二次将一位公爵革职，比起对洛林戈德弗里德的革职，这一次，人们更深地感觉到了他的严苛。不满的声音传遍了全国；他的声望在上次的失利中下降了多少，已经明显地展现出来了。戈德弗里德虽然没有认真抗击巴尔杜安，但一直在皇帝面前表现得很安分，现在他又看到了重登高位的希望。弗兰德的伯爵们比任何时候都更傲慢的姿态出现了。小巴尔杜安并不满足于拥有埃诺，于是他入侵了桑布尔河（Sambre）河畔的图安（Thuin），并且放火烧城；随后，他和父亲向马斯河流域发起进攻，用大火摧毁了胡伊城堡（Burg Huy）。我们并没有听说他们在这里与皇帝的军队相遇的消息。

整个夏天，亨利都待在萨克森，其中大多数时候他都在戈斯拉，这座城市同时也被定为他常设的宫邸，那里兴建的宏伟建筑都有他的积极参与。但是，他在那里享受的片刻清闲，在人们看来就是懒散松懈，民众中反对他的声音也因此越来越多了。直到10月，皇帝才离开戈斯拉来到了莱茵地区，在特雷布尔召开了一场大型国家会议。他想要在这里对几件重要的事情做出决断，尤其是要将继承权交给他的儿子。对皇帝的不满虽然沸沸扬扬，但他还是没有受到任何阻碍就将三岁的亨利推选为了国王。德意志的王侯们在特雷布尔异口同声地宣誓^①，在皇帝驾崩后就认可他的儿子作为他们的君主，并听从其号令；"如果他是个合格的国王的话。"赖兴瑙的赫尔曼这样补充道，这使我们怀疑，他说这句话是指自己对国王的看法有所保留，抑或，这是王侯们明确定下的条件。匈牙利与帝国的关系也再次成了会议上的议题。吉卜哈德主教与安德烈国王展开了和平谈判，似乎预示着这件事会有个好的结局。安德烈提出支付一笔可观的钱款，从他的王国内割让出新的土地，而且除了针对意大利的战争之外，会派兵支援皇帝所有的征战。国王发誓会完成以上这些条件，并派出使者来到特雷布尔签订和平协议。皇帝和王侯们接受了这些条件，他希望，现在能与匈牙利建立起长期的和平关系。但是，他很快就发现自己想错了；被革职的康拉德公爵使和平的愿景成了泡影，而这一和平关系是在他的仇人调解之下建立起来的。康拉德也被召到特雷布尔，关于他的事情将在这里再次接受讨论。人们几乎不用怀疑，是希望和解的心情促使皇帝，将一件已经拍板的事情重新拿到王侯们面前进行讨论。然而，康拉德不仅没有回应皇帝的召请，而且还召集了一批不安分的同伙在自己身边，他带着这批人在巴伐利亚横行霸道，接着便前往匈牙利到了国王安德烈身边。他不仅挑唆安德烈出尔反尔，放弃不久前承诺的和解条件，此外，他还煽动安德烈对帝国边境发起新一轮的进攻，并且他在不久之后就亲自率领一支匈牙利军队来到了克恩顿。他的出现使一大批克恩顿的权贵都加入了他的阵营；许多皇帝的追随者遭到驱逐；康拉德的军队侵袭了克恩顿的整片土地。康拉德将一支强大的驻军留在亨斯特堡（Hengstburg）——那是当时一个防守坚固的地方，距离圣弗洛里安（St. Florian）不远，接着他便返回了匈牙利。这时，在巴伐利亚也有许多不满的人站出来反对皇帝及其叔叔吉卜哈德主教了；沙伊埃尔恩（Scheyern）的伯爵们发起暴动，他们的劫掠行径使整个巴伐利亚都人心惶惶。克恩顿和巴伐利亚的局势遭到严重的破坏，皇帝必须刻不容缓地行动起来；还在11月的时候，他便赶到了多瑙河流域。

亨利一踏入巴伐利亚的土地，就下达命令，剥夺了康拉德受国家法律保护的权利，并没收了他的财产。他还给康拉德追随者们定下日期，在此日期之

---

① 1053年11月3日，皇帝在沃尔姆斯；从这一点来看，国家会议似乎是在这个月初召开的。10月15日，皇帝还在戈斯拉。

前，他们只要放下武器，重新听从皇帝的号令，就能够得到皇帝的原谅。这一措施使一大批追随者离开了康拉德，皇帝又重新获得了在这里以及在克恩顿的权威。随后，在巴伐利亚东部地区，位于因河（Inn）河畔欧廷（Oetting）的古老王室领地，皇帝在这里庆祝了圣诞节，并将巴伐利亚公爵领地给了自己三岁的儿子亨利，由埃希施塔特（Eichstadt）的吉卜哈德主教以这个孩子的名义进行管理。吉卜哈德原本是施瓦本人，是一位哈特维系（Hartwig）伯爵的儿子，是皇帝和教皇利奥的远房亲戚。1042年，年轻的他在雷根斯堡主教吉卜哈德的推荐下接管了埃希施塔特主教管区，年迈的巴尔多当时就预言，这个年轻人注定会有更大的发展。吉卜哈德确实展现出非常杰出的才能，他获得了皇帝的高度信任，以至于皇帝在所有重要的国家事务上都会听取他的建议，现在也毫不犹豫地将巴伐利亚的安全交到他的手中。看到这样的事情，雷根斯堡的吉卜哈德心中势必有着深深的不满，受他推荐的人竟然爬到了他的头上，而德意志王侯们面对皇帝的这种做法也笑不出来，他回归到其父亲的政策上，通过自己的儿子使巴伐利亚受到统治者的直接管辖。但事实证明，皇帝的这一举措带来了良好的效果。虽然他在新年伊始，在雷根斯堡召开完地方会议之后，便离开了巴伐利亚，但这里的局势的确渐渐平静下来了；这尤其要感谢埃希施塔特主教的操劳，是他给了沙伊埃尔恩的伯爵们迎头痛击，使他们不得不服软。同样的，皇帝一方在克恩顿也重新占据了上风。1054年年初，亨斯特堡的匈牙利驻军就被迫撤离了。虽然后来，匈牙利人依然在康拉德的带领下一再侵扰巴伐利亚东部，并且夺走了许多战利品，但是，内部的暴乱终究得到了控制，最大的危险也随之解除了。最后，巴伐利亚人甚至鼓起勇气，一直对抗这个公敌；他们组建了一支军队，并试图在匈牙利人的一次入侵中阻断他们的退路。双方展开了一场血腥的战斗，迟迟无法决出胜负，但最后还是匈牙利人获得了胜利，自由地班师回朝了。然而他们在这场战斗中损失非常严重，以至于他们不得不暂时中断了对巴伐利亚地区的侵袭。这样一来，旧时的帝国边境至少安全了，但就皇帝的处境来看，要使匈牙利人恢复到曾经那种对帝国的依附状态，希望十分渺茫。

1月，皇帝离开雷根斯堡来到施瓦本，那里的和平也遭到了破坏。在他剿灭了多个贼窟之后，这里的情况才有所好转。2月中旬，皇帝在苏黎世召开了一场大型的地方会议，他召集了伦巴底的主教和权贵们都来参加这场会议。这场会议为意大利制定了多项法律，我们也获得相关的资料。其中一项明确地认可了所有关于禁婚的教会法规，并且规定，所有将去世亲戚的遗孀或是新娘娶为妻子的人，都将被剥夺所有财产。第二项法律规定，忤逆犯上将被处以死刑。最值得注意的是第三条法规，制定这条法律的原因据说是在意大利发生多起暗杀，具体地说，也就是毒杀。这项法律规定："通过毒药或其他方法进行暗杀的，或是对此谋杀行为负有共同责任的，将被剥夺生命、全部动产及不动产。在这样的情况下，首先要将10镑金子作为法定的赔偿金支付给死者的亲属，而剩下的则在国库和亲属之间分配。受到暗杀或暗杀同谋指控的人，如果认为自己无罪，有人身自由者只能通过决斗，无人身自由者只能通过神事审判洗清罪名。此外，包庇或帮助谋杀犯的人将被没收所有财产。"这项法律对意大利的局势来说多么必要，将在我们接下来的叙述中展现出来。还有一些关于采邑权利的规定，即邑臣在什么情况下会失去其采邑，也是以亨利三世的名义颁布的，可能也是在这场地方会议上通过的。

皇帝遣散了伦巴底的众人之后，沿莱茵河向下来到了美因茨，在那里庆祝了复活节。节后，他随即经由美因河流域及图林根来到了萨克森，在奎德林堡度过了圣灵降临节。在会集到他身边的权贵之中，也包括波兰和波西米亚公爵。他们带着关于西里西亚的冲突再次来到皇帝面前。卡齐米日公爵现在又旧事重提，其原因毫无疑问在于匈牙利战争中发生的不幸转折。对皇上和布热季斯拉夫公爵来说，最重要的事就是要阻止波兰公爵与马扎尔人以及遭到革职的康拉德公爵勾结在一起，而后者本就作为卡齐米日的堂兄弟与他走得很近。就这样，这个波兰人觊觎已久的土地终于到手了；布莱斯劳以及西里西亚的其他城堡都从布热季斯拉夫那里转交到了他手中，相对应地，他和他的继承人每年要向波西米亚的统治者缴纳30马克金币和500马克银币作为租金。

英勇的布热季斯拉夫感到，自己的事业已经走到了尽头，于是明智地在他的土地内物色起了继承人。他将自己的长子斯皮季赫涅夫定为整个波西米亚的继承人，而下面的三个儿子则在他在世时就分得了摩拉维亚的王侯领地，最年幼的亚罗米尔进入了神职阶层，被定为布拉格主教西弗勒斯的接班人。几个月之后，他在摩拉维亚的赫鲁迪姆真的病倒了，他将波西米亚的权贵们召集到自己面前，告诉他们，从前那种统治权的分割对这个国家是多么不利，只有让一位君主进行统治，国家才能发展壮大；就这样，他使他们通过了一项继承法，按照这一法律，他的后代中年龄最大的将登上波西米亚公爵的宝座，而公爵家族的其他成员则将获得从摩拉维亚分出的王侯领地。在布热季斯拉夫以这样的方式为波西米亚的未来做出安排之后，他于1055年1月10日去世了，当时他还不满五十岁。波西米亚失去了它历史上最强大、最杰出的统治者之一，是布热季斯拉夫将这片土地从深渊中拯救出来，使之重新获得威望与尊荣。对皇帝来说，布热季斯拉夫的死也是重大的损失，因为通过诚实而光荣的战斗将他收服之后，他就一直是皇帝最忠臣可靠的支持者。

在此期间，皇帝也加快了速度，要为他的儿子亨利确保国内的继承权。1054年夏季，他再次来到莱茵地区，为儿子加冕的事宜而奔忙。加冕仪式于7月17日在亚琛顺利举行，正如小亨利曾经在科隆大主教手中接受洗礼一样，现在他从科隆大主教手中接受了加冕。美因茨的利奥波德试图争夺加冕权，却是徒劳；可能不仅仅是教皇以其特权做出了对科隆方面有利的决定，像大主教赫尔曼这样一个有权势的人，他本就由于自己的侄子康拉德被革职而心怀怒气，皇帝是不可能在这个时候再伤害他的。黑斯费尔德的兰伯特说，皇帝选择赫尔曼大主教是因为他高贵的家族，也因为亚琛位于他的教区内。这件事发生的时候，可能正是年轻的国王将巴伐利亚公爵领地移交给皇帝次子的时候，这第二个儿子是阿格涅斯在1052年9月生下的，父母两人为其取名康拉德。

在儿子接受加冕之后不久，皇帝对弗兰德的巴尔杜安进行了第二次讨伐，他为此让军队装备一新。巴尔杜安和他的儿子一直没有被打败，他们不仅占领着埃诺，还将整个下洛林闹得人心惶惶。直到皇帝靠近了，他们才让出了埃诺；皇帝不受阻碍地一直行军来到了斯海尔德河岸边，想要从瓦朗谢讷以北两公里一个叫作曼村（Maing）的地方渡过河去。但是，他却发现河对岸被敌人占领了。在僵持了一段时间之后，他派出一路军队取道康布雷，从那里横渡斯海尔德河，好从背后突袭敌人。巴尔杜安伯爵差点就要夹在皇帝的两路军队中间腹背受敌，但却及时得到了警告，离开了他之前的营地，以最快的速度斯海尔德河边撤军了。现在，皇帝能够不受阻碍地渡河了，他率领军队将所到之处都用战火与刀枪夷为平地，通过弗兰德长驱直入到达了一个叫布伦瑞欧（Boulenrieu）的地方。在这里，巴尔杜安最杰出的邑臣之一贝蒂讷（Béthune）的约翰，阿拉斯（Arras）的城堡伯爵，带着他的人马加入了皇帝的队伍，他与皇帝早就达成了共识。约翰在很早之前就娶了康布雷城堡伯爵瓦尔特的遗孀，并希望由此获得其前夫的采邑职位，但他的愿望却受到了里特贝特主教的坚决反对。最后，当约翰想要使用暴力占领康布雷城堡伯爵的领地时，弗兰德的巴尔杜安接纳主教，保护他不受自己邑臣的暴行威胁。从那以后，约翰就一直想要向他的邑主报仇，并向皇帝提出，如果皇帝攻打弗兰德人，他就来做向导。他兑现了自己的诺言；在他的联络下，勒克鲁斯城在午夜为皇帝一行人打开了城门，巴尔杜安在这里的驻军也被歼灭了大半。将这里变成废墟会后，皇帝的军队继续前进，在杜埃（Douai）和里尔（Lille）之间的法朗潘（Phalempin）扎下了营帐。巴尔杜安伯爵将里尔选为他的中心驻地，而里尔也是因为他才成了一个有名的城市，才建起了宗教建筑和坚固的防御工事，而现在，这里也成了他躲避皇帝进攻的避难所。皇帝从法朗潘向里尔进发，然而，一部分弗兰德军队在朗斯（Lens）的采邑伯爵兰伯特的带领下前来迎击，挡住了他们的去路。双方展开了一场混战，兰伯特在战斗中丧生了，巴尔杜安军队剩下的那些人也被打散了。但是，即使幸运地打赢了这场战役，皇帝依旧不敢对里尔城发动进攻，他撤回了军队，改道前往图尔奈（Tournay）去了。在这条路上，他又遇见了之前被击败的那支军队中剩下的人，他们躲在一座小型的堡垒中，由于饥饿最终被迫投降。随后，图尔奈也遭到包围并被夺取了。这就是皇帝最后的军事行动了；在这之后，他便凯旋地渡过斯海尔德河，回到自己的国家去了。但是，这场胜利并不彻底，因为巴尔杜安并没有被迫和解；他也没有停止对洛林的侵扰。在接下来的一年中，我们就发现他又来到了安特卫普（Antwerpen），并且，弗兰德人最终占领了埃诺的大部分地区。

在此期间，皇帝至少做到了以下两点，暂且确保了帝国边境的安全，平息了德意志内部的暴动。但由于意大利的局势，他依然不能掉以轻心。不仅仅是与诺曼人的联盟破裂了，也不仅仅是教皇利奥在最艰难的困境中离开了人世；阿尔卑斯山另一边的土地上，到处都酝酿着灾难，尤其是洛林的戈德弗里德已经在年初暗中离开德意志前往伦巴底，这就越发叫人担心，更加险恶的局势即将来临。戈德弗里德已经撕去了他恭顺的面具，所有人都预感到，他那长期压抑的怒火现在要爆发出来了。九月，他在美因茨召集了一场王侯会议。在会上，罗马的使者来到他的面前，请求他为再次空缺出来的伯多禄座席提出人选。在这个时候，这许多担忧就在皇帝的心头压上了可怕的重量。

c. 利奥九世和诺曼人

皇权统治已经经历了这样的大起大落，而欣欣向荣的教皇势力，还将有更加屈辱的命运必须承受。没有哪位教皇像利奥九世这样，在经历了成功的巅峰之后，又坠入失望的痛苦深渊，在这里，我们将把目光重新引回到他人生最后几年的岁月。

在他就任教皇最初，整个西方都激动地表达着对他的认可，认为利奥对罗马主教管区的普世意义有着最崇高的认识。圣伯多禄座席虽然一直追求着在基督教教会中整体的统治权，但长久以来，座席一直被心胸狭隘、自私自利的罗马贵族派别统治着，以至于当世人看到利奥试图将之变为整个拉丁语世界教会的中心时，他们是充满了惊诧的，而这个中心将散布在整个西方的改革光芒会集到一起，聚拢成一个燃点。他将来自不同民族的人召集到自己身边，这些人都怀抱着对革命的热情，严格遵守传统习俗，并且都学识渊博，利奥与这些人一起拥有着罗马教会的最高尊荣，而在他之前，这份尊荣只是出价最高者的战利品，或是罗马贵族派系的装饰头衔而已。罗马枢机院的群体之中出现了一个新人物。直到这时，克吕尼派的理念才在他们中间获得了新鲜的生命活力；人们开始理解伪依西多禄诏令的意义，并且在理解之后从文件中得出了新的、更大胆的结论，而对于这份诏令的伪造性质人们完全失去了认识。

我们可以看到，不少杰出人士都在罗马教皇身边任职，所有这些人都有同一个信念，那就是不惜一切代价贯彻罗马在拉丁语教会的统治地位，所有人都多多少少接受过克吕尼派的教育，并且他们完全按照统一的道路前行，那就是一个世纪以来这个修道院联合会的院长们为教会指明的道路。这些人包括：法兰克王国的宏伯特，上文中已经提到过他，当事实证明他成为西西里岛大主教的向往只是空想之后，他被任命为希瓦康第达（Silva Candida）的红衣主教；然后还有史蒂芬，一位勃艮第僧侣，他与希尔德布兰齐心协力，两人对教皇都有着相同的影响力，僧侣们都很愿意与他们说真心话，后来希尔德布兰很快就接管了圣保罗的大修道院；另外，他们之中还有急躁却天赋极高的于格，他是来自洛林的神职者，有着"白发于格"的别称；于格的同乡弗里德里希也在其中，遭到革职的戈德弗里德公爵是他的兄弟，兄弟俩在洞察力和固执的性格上不相上下；当时，弗里德里希和于格同样都熟知克吕尼派的宗旨。罗马的教士之位在这些人手中获得了全新的意义；罗马的教会代表会议从观点和权威上都提升到了一个可能前所未有的高度。除此之外，还有影响力巨大的教会神职官员与教皇及红衣主教们建立了最直接的联系。我们看到，例如克吕尼的于格、里昂大主教亚里纳德和贝桑松大主教于格，教皇的每一步都有他们的陪伴，而他们也以作为教皇力量的化身和见证者出现在各地；我们也已经指出过，罗马与科隆之间延续世纪之久的紧密联盟正是在当时结下的。作为罗马使徒座席的大总理，科隆大主教获得了罗马拉丁纳门（Porta Latina）门前的圣约翰教堂。教皇也以相似的方式与卡西诺山的修道院院长建立了联系——当时的院长还是巴伐利亚人里舍尔，即教皇将耶路撒冷的圣十字教堂交给了他。除此以外，利奥与彼得·达米安的亲近关系也是众所周知，通过他，利奥与所有意大利的隐修僧侣都建立起了联系。

罗马越是成为所有宗教运动的中心，对教皇来说，他的双重职务就越使他感到压力，作为最高主教的他同时又是德意志一个小小主教区的主管人。如果将教会从罗马大贵族的束缚中解放出来，同时却又使它受制于德意志帝国的特殊利益，使它为其服务，这有什么意义呢？因此，在第二次访问皇帝归来之后，利奥便很快卸去了自己在洛林的主教职务。按照教皇的愿望，皇帝随后将图勒交给了利奥一个可靠的朋友，普利米塞乌斯·乌多（Primicerius Udo），此人之前一直是圣使徒座席的总理官员。教皇解释道，他之所以保留着图勒的主教头衔这么长时间，是因为想要通过自己最高主教的力量扶持一下贫穷的洛林教区。

　　显然，自从教皇放弃了他的德意志主教头衔之后，他相对于皇帝的地位就比之前更加自由了。然而，他越是无所顾忌地专注于罗马教区的利益，对他来说，于皇帝和帝国陷入纷争之中的危险也就越大，触及到罗马教区与皇帝势力之间界限的危险也就越大——而对这一界限的争议已经越来越大了。如果利奥要白白错过良机，放弃为他领导的教会赢回外界的荣耀和世俗的权力的机会——那是它曾经真实拥有过的，或者说认为自己拥有的，那么他就不必了解他那个时代的基本局势了。因此，我们看到他不懈地努力着，要使罗马过去所拥有的、有依据或没依据的一切权力都重新获得效力，就一点也不奇怪。罗马对宗主教管区的权力早已丢失而且几乎被遗忘了，他不仅对这一权力重新提出要求，并因此与拉韦纳大主教产生了争端，就我们所知，他还是第一位公开使用伪造的君士坦丁赠地证明的教皇。即使他不在德意志皇帝面前提起此事，但他在面对希腊人的时候就会这么做，他要求东方的皇帝交出下意大利那些被赠给罗马的土地。他将罗马教会所有关于教义和原则的传统不加区别、不经验证地归到一起，同样的，他也将罗马的所有属地看作相互联系、不可分割的整体。

　　教皇最期盼的就是，他的前任多次徒劳争取的城市贝内文托，现在能够自愿地臣服于他。当贝内文托人于1050年将他们的王侯从城内驱逐出去之后，他们在第二年的复活节时派出使者来到教皇面前，邀请他拜访他们的城市并接受该城的统治权。利奥立即派出了红衣主教宏伯特和格拉多的督主教前往贝内文托，他们让民众们向伯多禄继承者发誓效忠，带着城内最德高望重的居民作为人质回到了罗马。接着，教皇于7月5日亲自来到了贝内文托，接受了人们的拥护，取消了对这座城市的绝罚禁令。他统治萨莱诺的万玛尔和阿普利亚的诺曼人伯爵卓戈，请他们前往贝内文托，将守卫这座城市的任务交给两人，同时，他对卓戈明确强调，诺曼人不能对贝内文托人使用暴力。教皇一直在贝内文托待到8月8日，接着他和万玛尔一起去到了萨莱诺。但是，两人还没到达目的地，诺曼人与贝内文托人发生流血冲突的消息就传来了。教皇勃然大怒，他呼喊道："我会找到方法，把这座城市保住，也会惩罚嚣张的诺曼人。"从这一刻起，他就发誓与诺曼人为敌。当时诺曼人已经把贝内文托看作是自己的囊中之物，贝内文托所在的区域也已经被他们占领了大半，而现在，贝内文托则成了厄里斯的金苹果，使诺曼人与教皇的联盟永远瓦解了；一场争端展开了，利奥丝毫没有和解的意思，这场争端确定了他之后前进的方向，而争端的不幸结局也成了他自己生命的终点。他的教皇生涯是从光荣的宗教改革开始的，而他悲惨的终结，却是在为罗马的世俗权力过程中，在一场力量不均的战斗中。

　　教皇认为，在他离开后贝内文托发生的一切都是卓戈伯爵的过错；但这是没有根据的。8月10日，卓戈就已经在一场由希腊人煽动的叛乱中牺牲了；他死在了受他信任的阿普利亚人里索（Riso）的刀下，在他阿勒格罗山（Monte Allegro）①的城堡内咽下了最后一口气。卓戈的死使人们非常悲痛，不仅是诺曼人，教皇也是一样，他亲自为卓戈举行了弥撒，用他圣使徒继任者的身份为他赦免了所有罪孽。但最为卓戈的离去而痛心的还是萨莱诺王侯万玛尔，他可能感到，这个诺曼勇士的离开带走了他势力的主要支柱，并且他很快就看到，下意大利的局势开始变得混乱不堪。

　　利奥九世不仅对诺曼人下达了绝罚令，而且还立即带兵讨伐他们。他想要用武力将他们赶出贝内文托王侯领地，因为他将这片土地的每一寸都视为圣伯多禄的遗产。利奥进行军事行动的勇气可能来自于卡西诺山修道院院长里舍尔的榜样，他多年前就曾通过这样的行动从这些强盗般的远方来客手中解放了自己的属地。而且，教皇在意大利也不会缺少支援，因为这里的人们已经看出了诺曼人的意图，知道他们保护这片土地免受阿拉伯人和希腊人的侵害，都是为了自己占领这片土地。人们对于这个横行霸道的外来民族异常愤怒，以致一位来自诺曼底的修道院院长在罗马和阿夸彭登泰（Acquapendente）遭到悲惨的虐待，虽然他是奉教皇之名巡游意大利，是使徒座席神圣的使者，但只因他是诺曼人，就难逃一劫。但是，教皇也在寻求意大利以外的支援。他向皇帝、法兰克王国国王以及勃艮第权贵们求援，并承诺，如果他们在危难关头为伯多禄座席出兵，就赦免他们的罪孽，并给他们丰厚的馈赠。教皇的请求没有获得任何成效；皇帝和其他的外国王侯们都不能，或者不愿意，向阿尔卑斯山对面

---

①　即喜悦山。城堡后来改名为多格力欧索山（Monte Doglioso），及痛苦山，最后被称作蒙蒂廖（Montoglio）。

派兵；利奥感到自己在意大利的盟友所能提供的援助十分有限，而且这些人出兵时也充满了犹豫。洛林的弗里德里希是教皇的总理，自从乌多被提拔为图勒主教之后，他可能就是诺曼人最激动的仇人了，他最终集结起了一支意大利军队。这支军队是从各个边区、从罗马和坎帕尼亚征召起来的，既没有庞大的规模，也没有高涨的士气。教皇就带领着这样一支军队于1052年5月前往坎帕尼亚，请求强大的萨莱诺王侯万玛尔伸出援手。然而，万玛尔不仅拒绝出兵增援，而且还警告教皇和他的军队，说他们与诺曼人的实力太过悬殊。万玛尔的警告发挥了一定的效果。教皇的整支军队都散开了，教皇自己则像个难民似的逃往了那不勒斯。

卓戈死后，阿普利亚的诺曼人将其兄弟胡姆弗雷德推举为他们的伯爵和领袖，阿韦尔萨的诺曼人就与阿普利亚的这些同乡联合起来对抗教皇。他们没动一刀一枪就成了胜者。当他们得到萨莱诺爆发了革命、万玛尔在革命中丧生的消息时，这些诺曼人还驻扎在一起。卓戈去世之后，阿马尔菲就立即对万玛尔的政权发起反抗，他们不仅用船只进攻，而且还通过贿赂萨莱诺人来攻击专制力量。阿马尔菲的金子在萨莱诺引起了一场大规模的叛乱，万玛尔的内兄也被牵扯进去。1052年6月3日，当万玛尔想要乘船攻打阿马尔菲人时，他的内兄从萨莱诺的雷德河（Rhede）上突袭了他，万玛尔的身上36个伤口都在流着血，他就以这样可怕的方式被杀害了。叛乱者们占领了城市和堡垒；就连万玛尔的儿子吉苏尔夫（Gisulf）和他最亲的亲人也落入了这些人的手中。万玛尔的家族中只有他的兄弟掌管索伦托公爵领地多年的维多逃过了一劫。维多快马加鞭赶到诺曼人那里，呼吁他们为他的兄弟报仇。而诺曼人也没有犹豫，就跟随着他出发了，6月8日，他们已经驻扎在萨莱诺城前了。很快，城内也爆发了针对谋杀者的运动，在第二天，城门就为诺曼人打开了。叛乱者们带着财宝和俘虏逃到城堡之中，但很快，他们就不得不与维多签订协议，将年轻的吉苏尔夫交给他的叔叔。

由于维多固执地拒绝诺曼人交给他的王侯头衔，于是，吉苏尔夫就作为父亲的继任者出任王侯了。维多和吉苏尔夫同意让叛乱者自行撤离城堡，并且郑重地承诺了他们；但诺曼人却认为这份协议是无效的。当这些谋杀犯从城堡中下来的时候，他们遭到了诺曼人的突袭，全部被击倒了。万玛尔的血仇算是报了，萨莱诺旧有的王侯家族又得到了保留；但是，萨利诺王侯的势力却终究一蹶不振。阿马尔菲保持着自由，维多将索伦托还给了之前的公爵，此人是诺曼人胡姆弗雷德的一位内兄。萨莱诺王侯的力量完全仰仗于诺曼来客的支持，这一点比以往任何时候显示得更加清楚了。

　　在这些事件之后，教皇立即再次来到贝内文托，可能是为了对抗诺曼人的第一轮进攻要将贝内文托调整到防御状态；接着，他赶往阿尔卑斯山另一边，拜见正驻扎在普莱斯堡的皇帝，并且亲自请求皇帝紧急援助。他当时这样积极地推动与匈牙利人之间的和平，在其中驱动着他的不仅是德意志帝国的利益，更重要的还有他自己的处境。他最向往的，就是皇帝能空出一只手来，好派兵前往意大利。我们知道，虽然教皇尽了一切努力，但和平终究没能达成；对帝国、对教皇来说都是一场重大的灾难。在这样的局势下，他能向皇帝提出的要求也只有未来的承诺，承认他对贝内文托的权力，而这对皇帝的权力是没有丝毫影响的。有记载告诉我们，皇帝将贝内文托交给教皇，相对应的得到了多座修道院和多个修道院管区，这些机构都是很早之前交到罗马手中的，教皇们一直从他们那里收取租金。这样一来，福尔达停止了对罗马支付每年100马克银币的租金，班贝格（可能是从克雷芒二世时代才开始的）也不再向伯多禄继任者缴纳这项费用。

　　在教皇长时间逗留在德意志的同时，皇帝向他显示了最大的善意；即使是对于罗马这样的要求，皇帝也表现得十分大度，而在这之前帝国一直没有理睬这些要求。早先在拉韦纳大主教与教皇关于督主教主权的纷争中，皇帝就站在教皇一边，现在，他将贝内文托也给了教皇，同时还按照伯多禄座席的意愿中断了帝国与诺曼人的友好关系，要知道，自诺曼人在意大利定居以来这种友好关系就存在了，他由此做出的让步，是任何一位前任教皇都不曾得到的。因此，教皇丝毫不用怀疑皇帝对他的青睐。但是，他的旅途教会了他，他从前的同僚，德意志的主教们，他们的心境已经不同往日了。尤其是埃希施塔特主教吉卜哈德，皇帝信任的参谋，对教皇非常反感，并且反对为教皇提供实际的支持。除他之外，对于这位从他们之中脱颖而出的教皇所提出的、越来越高的要求，其他德意志主教们也不乐意接受。1052年，皇帝和教皇在沃尔姆斯共同庆祝圣诞节时，甚至发生了令人难堪的一幕。教皇在节日当天亲自主持完大弥撒之后，本该由美因茨大主教利奥波德主持第二天的弥撒。大主教的一位助祭负责颂唱福音，他的做法与罗马的礼仪规范有所出入，因此使教皇感到不满。教皇不允许他继续颂唱，但这位助祭却没有停下，自顾自完成了他的部分。教皇随即将他召到面前，就地以忤逆为由革去了他的职务。然而，大主教却不是那种眼睁睁看着自己的权力受到侵犯的人。他要求教皇一方立即收回成命，不然的话，他就拒绝主持弥撒，也不允许其他人来举行弥撒。没想到他真的迫使教皇取消了这一惩罚，而奥拉赫的艾卡德，也就是为我们记录下这一事件的人，也惊讶于教皇的妥协，虽然教皇的权威高于美因茨大主教，但却在美因茨教区内对大主教做了让步。一年前，当另一位德意志主教弗赖辛根的尼特格作为皇帝的使者来到拉韦纳时，教皇就与尼特格发生过激烈的争执；尼特格甚至激动地说道："如果我不能让利奥被革职，你们就用剑把我的头砍下来。"当时，尼特格已经不在人世；人们将他的惨死归结于神对他不当言论的惩罚。

在巡游的旅途中，教皇与德意志主教们有过许多不愉快的经历，但在归程中，他在伦巴底主教们那里经历了更加顽固的反抗。他在曼托瓦召集伦巴底主教举行评议会时，发生了一场疯狂的动乱、公开的起义。在主教堂门前，教皇召集主教们见面的地方，宗教领主们手下的人们与教皇的随从发生了冲突，最后演变为一场血腥的斗殴。为了避免大规模的流血冲突，教皇亲自来到教堂门前；但人们丝毫不在意他的出现，许多他手下的人想要躲在他的长袍下逃走，却都被弓箭和石块击伤了，教皇自己都差点没有保住性命。评议会不能继续召开了，教皇迅速回到了罗马。但这里的情况也并不完全如他所愿。里昂大主教亚里纳德是他能够无条件信任的人，因此他让亚里纳德作为自己的执政官留在罗马，但他离开后不久，亚里纳德就被毒杀了；这一个信号，说明教皇在他的都城中也不缺少仇敌。按照习惯，他在罗马庆祝复活节，并在复活节后的那个星期召开一场教会代表会议，关于这场会议的决议，我们只知道，格拉多的宗主教成为整个威尼托（Venetien）和伊斯特拉半岛的大主教，而阿奎莱亚宗主教对这个地区的要求则被永久地拒绝了。

在这些不利的前兆下，教皇从德意志回来了，但即使这样，他还是没有彻底放弃再次武力对抗诺曼人的念头，他不仅希望能将这些诺曼彻底赶出贝内文托地区，还要将他们从阿普利亚和整个意大利驱逐出去。虽然他没有从皇帝那里得到直接的支持，但有小队的德意志人马直接跟他回来，或者随后前往支援。这些队伍大多是由施瓦本人组成的；一部分是与他交好或有血缘关系的领主手下的邑臣，一部分是被迫背井离乡的罪犯或是随心所欲的流氓。他们人数不多，文献中给出的最少人数是300人，最多的是700人；但他们正是军队的核心，他身上寄予了教皇的殷切期望。

除了这些施瓦本人，还有来自罗马和贝内文托、来自边区和坎帕尼亚的民众，这些人目无军纪又胆小懦弱，从前一年的经历中，教皇已经知道这些人是不可靠的。同样有着重要意义的是，教皇在阿普利亚也与希腊将领在进行协商。这位将领就是梅鲁斯的儿子阿吉罗斯。鉴于他之前立下的功劳，希腊皇帝在1051年时再次授予他极大的权力，将他从君士坦丁堡派往巴里，并交给他这样一个任务，那就是通过金钱或是暴力使诺曼人离开意大利。希腊的金钱对诺曼人毫无影响力，阿吉罗斯只剩下了动用武力这一条路。他的意图与教皇不谋而合，而他也毫不犹豫地与教皇达成了共识，一起抗击他们共同的敌人。教皇接受了阿吉罗斯的提议，答应与他在阿普利亚边境上进行会晤；毫无疑问，他们也想让双方军队在那里会合。

临近圣灵降临节时，教皇来到了卡西诺山；他在这里庆祝了这个节日（5月30日），接着便马上来到军队中。6月10日，他驻扎在比弗尔诺河（Biferno），在瓜迪亚（Guardia）停留了一些时日，随后便来到福尔托雷河（Fortore）河谷中，也就是贝内文托和阿普利亚地区的天然边界。福尔托雷河在河口以北几公里处流经一片平原，在这片平原上坐落着古城泰亚诺-阿普伦姆（Teanum Apulum）的一座城堡，希腊人在这个世纪初才将它建起，人们干脆直接叫它"奇维塔斯（Civitas）"或"奇维塔泰（Civitate）"，也就是城市的意思。现在，这座城堡早已坍塌了，只有无名的废墟还标志着这个小小城市存在过的地方，而它的名字则继续在西方世界回响着。这座城堡自愿为教皇敞开了大门，教皇和他的侍从们进入城内，而军队则被留在城墙外。他本来是在去见阿吉罗斯的路上，却被迫在这里停住了脚步，因为诺曼人的军队就在附近。

诺曼人将他们所有的军事力量都聚集到一起。不仅阿韦尔萨的理查德前来支援他的内兄胡姆弗雷德，胡姆弗雷德的弟弟罗贝尔（在此期间，罗贝尔凭一己之力占领了卡拉布里亚）也带着卡拉布里亚的援军赶到了福尔托雷河岸边。诺曼军队有3000骑士以及一些步兵，在数量上肯定要比教皇的军队少一些，但是将士们的战斗经验和军事素质却远远胜于对方。然而，诺曼人依然面临着严峻的形式；他们腹背受敌，希腊的执政官和教皇两方敌人将他们夹在中间，此外，阿普利亚几乎所有的地方都希望尽快摆脱这群可怕的异族人带来的压力，都开始公然反对他们。因此，他们的军队缺少补给；由于食物短缺太过严重，为了缓解饥饿，他们将植物的穗子拔起来，在地上碾碎来吃。在这样的困境中，他们向教皇派出了一队使者，请求将他们的占领地作为他授予他们的采邑，并提出每年向罗马教会缴纳贡金。他们将皇帝授予他们的旗帜展示给教皇看。但利奥和他的朋友们都耻于与诺曼人签订协议。教皇的总理，洛林的红衣主教弗里德里希，咄咄逼人地威胁诺曼人的使者。他说，他们能自由选择的只有死亡或者逃离。诺曼骑士们可听不惯这样的话语。使者们回来之后，胡姆弗雷德和他的人马都要求用战斗一决胜负。教皇的施瓦本战士们心中也充满了斗志，他们看不起身材较矮的法兰西骑士，毫不犹豫地迎战了。

1053年6月18日，那是一个星期五，也是战役打响的日子。教皇在手下神职人员的簇拥下登上了奇维塔泰的城墙，他用圣十字为站在城门前的军队赐福，赦免了人们在为基督而战过程中所有的罪孽，接着便发出了让军队出发的信号。军队分为两路前进，一路军队由施瓦本人组成，领头的是他们的同乡人维尔纳；另一路军队是由鲁道夫伯爵率领的意大利人，教皇已经将这位鲁道夫任命为了贝内文托的执政官。诺曼人则分成三路，由胡姆弗雷德、理查德和罗贝尔分别指挥。在第一轮交战中，意大利人便被打得疯狂逃窜，而施瓦本人则英勇地反抗着。他们用剑和盾来战斗，诺曼人则使用矛；武器上的弱势并不是施瓦本人被击败的主要原因，更关键的原因是敌人的人数。阿韦尔萨的理查德首先突破了他们的阵列，接着，胡姆弗雷德和罗贝尔又从侧面攻入。他们期待着意大利人能来支援，但意大利人早就溃不成军了。死亡就在眼前。他们以英雄般的勇气顽强地战斗着，几乎全都倒在了诺曼人的矛下。而意大利人则没流一滴血。

军队在战场上的失利使教皇在奇维塔泰城内的处境也变得危险起来。这座小小的城市没有一点防御工事，城内的人们都害怕战胜了的诺曼人会摧毁这座城市，将他们的财物劫掠一空，市民们因此站起来反对利奥，而短短几天之前，他们还心甘情愿地为他打开城门呢。人们将教皇及其侍从的财产洗劫一空，就连他在礼拜堂中使用的珍贵器具也遭到砸抢，他们要将他赶出城去，让他暴露在敌人之中。利奥和他身边的红衣主教们都为自己的性命担忧不已。这时，他们如同奇迹一般得到了援助和拯救。胡姆弗雷德伯爵主动提出，保护教皇安全前往贝内文托，条件只有一个，他要取消对诺曼人的绝罚。教皇后来声称，他的敌人不会为得胜而喜悦的，这话完全没有说错。诺曼人曾作为教会的先遣队出现在意大利，他们对当地人的暴行令人难以忍受，但他们与罗马的良好关系使这暴行也神圣了起来；但现在，被压迫的民众可以将教皇的绝罚当作武器来对付这些诺曼人。于是，在取得胜利那一刻，胡姆弗雷德对教皇的怒火也爆发出来；但处于绝望境地中的利奥别无选择，只能接受胡姆弗雷德的提议。得胜的诺曼人跪倒在被战胜的敌人面前，亲吻他的双足——这真是战役后所能发生的、最精彩的反转。教皇解除了对诺曼人的绝罚，他们护送他庄重地来到距离奇维塔泰12德意志公里的贝内文托。他们解决他和他随从的吃住，向对待主人那样侍奉他。胡姆弗雷德伯爵离开时，他答应教皇，他想要出发时，他们还会护送他到卡普阿。

6月23日，教皇到达贝内文托，受到了最为热烈的迎接；因为，诺曼人得胜之后就遍布王侯领地的整个区域，而只要教皇出现，就能使诺曼人远离这里。虽然周围都是敌人，但在接下来的九个月中，利奥一直下榻在贝内文托，他这样做的主要原因就是，要通过这样的方式保护这座城市不受诺曼人的侵袭。除此之外，他想要以这里为据点重新开战，虽然世人以及一些他信任的朋友都对他亲自领兵大加指责，但他丝毫没有放弃这个念头。克吕尼派和意大利的隐修僧侣们可能都在这次的失利中意识到，这是对他们自负的惩罚——就连赖兴瑙的赫尔曼对此的看法也没有差别——但教皇作为德意志主教对战争生活已经太过熟悉，这些想法并不会使他内心感到沉重，而且，不到他坚定地确信，他的虔诚事迹都传到了天堂之中，他是不会停下来的。

利奥继续与诺曼人保持着格外和平的关系，但是他依旧不停地思考着如何消灭他们，并为此而努力着。他还依然等待着，他的皇帝能带着精兵强将出现；德意志宫廷收到的邀请和呼救不在少数。与此同时，教皇也与阿吉罗斯开始了新的协商，以赢得东方帝国的支持。阿吉罗斯在西彭托败给了诺曼人，他自己的处境比教皇好不到哪儿去，他最迫切向往的，就是在西方找到强有力的支持，能帮助他对抗诺曼人不断增长的势力。在这里，罗马和君士坦丁堡两方的利益不谋而合了，但即使这样，由于教会冲突造成的阻碍难以逾越，双方无法达成进一步的共识。这一教会争端是当时才爆发的，并使东西方教会之间的鸿沟越来越深。

利奥介入阿普利亚教会局势，这给了君士坦丁堡宗主教马格尔·赛鲁拉留斯（Michael Cerularius）和他的朋友阿克莱德（Acride）大主教利奥一个契机，通过一份详尽的公文指责了整个教会，这份公文原本是针对特拉尼主教若望的，但同时也将整个基督教囊括其中，毫无顾忌地指责了西方教会诸多莫须有的异端行径；尤其是罗马的基督教会受到了责难，说他们违背希腊正统教会的做法，不用酸面团发酵的面包进行圣餐礼。这场争端并非只是针对教条的争端；这场争端越发尖锐的原因，是野心勃勃的宗主教在这场争端中试图获得与教皇同等的尊荣，公然要求作为最高主教的头衔，当亚洲和非洲的教会表现出对罗马的倾向，他便大为光火。宗主教下令将君士坦丁堡的拉丁语教堂都关闭，宣布西方教会进行的教士祝圣和洗礼都是无效的，教皇所有的追随者都是异端分子。同时，一位名叫尼克塔斯·佩克托拉图斯（Nicetas Pectoratus）的僧侣带着一封新的谤书来到了罗马，引起了比宗主教激烈的纷争。这次，教皇接受了挑战。他在50岁的年纪学习了希腊的语言，到了能够用希腊语阅读圣经的程度，写了一封书信给宗主教和阿克莱德的利奥，在信中，他不仅言辞否定了异端的指责，而且明确强调了圣伯多禄的教会拥有的所有特利，不论它是通过主的授权还是人类的权威获得的。他彻底否决了宗主教被称为最高主教的权力，也否决了其他东方宗主教特定的优势地位。红衣主教宏伯特也写信反对宗主教，而洛林的弗里德里希则特别撰文回应那位叫尼克塔斯的僧侣。

虽然宗主教不久之后就显示出和解的意愿，但这恐怕也不是这些书信的功劳；发挥更多效果的是阿吉罗斯与教皇之间的协商，就我们所知，阿吉罗斯在协商中主动提出，由他来调解东西教会的冲突。宗主教写信给教皇，信中明确地表现对和解的向往，教皇也以友爱的宗旨给他回信，但在具体事件上却没有丝毫的让步。教皇的这封书信是在1054年1月颁布的，他在信中表达了自己的希望，希望宗主教不辞辛劳，使两个基督教帝国长久地和平相处。实际上，君士坦丁堡皇帝为了消灭诺曼人，非常愿意向德意志皇帝和罗马教皇伸出橄榄枝。就在上文提到的那封书信送到宗主教手中的同时，或者是稍晚一些，就有教皇的使者来到了君士坦丁堡，他们来调解双方的争执，同时也请求皇帝，以最快的速度派出大军前往意大利对抗诺曼人。这支使者队伍中有宏伯特、弗里德里希和遭驱逐的阿马尔菲大主教彼得；他们将教皇的书信转交给皇帝，成了那个时代一件引人注目的档案。利奥在这封信中承诺，他将切实地发挥自己的影响力，促成东西帝国之间长久的友谊联盟；他希望，拜占庭皇帝能像皇帝亨利一样支持他对抗诺曼人；只有当他们像世界的双臂那样同心协力，将异族人赶出意大利，意大利的执政和宗教局势才能重新繁荣地发展起来。教皇也没有忘记要借此机会提道，皇帝将古时帝王们赠予圣伯多禄的土地归还给了意大利。

厄运并不能使利奥的意志屈服。他还全身心地向往着新一轮的征战；他还从来没有向希腊人提出过像这些书信中这样高的要求。他虽然热切地期望并推进与他们的联盟，但他对于自己的权力却分毫也不退让。但无论他的心气多高，担忧、愤怒和争斗终究击垮了他的肉体。他日渐消瘦。1054年2月12日——这一天也是他接受祝圣成为教皇的纪念日，他又郑重地主持了一场大弥撒；而这也是他的最后一次了。复活节临近了，这一次他也想要在罗马度过复活节，虽然病得很重，他依旧想要动身回到罗马。3月12日，他离开了贝内文托。人们用一顶轿子抬着他走，胡姆弗雷德和他手下的诺曼人护送他到了卡普阿，他在那里停留多日。接着，他将卡西诺山修道院院长召到自己面前，让他跟随自己前往罗马。距离那年4月3日的复活节没有几天的时候，利奥终于达到了自己的都城，回到了拉特兰宫中。他剩下的日子屈指可数了。

　　与教皇往年隆重的庆典不同，这一年的复活节在平静中过去了。他看到自己生命的终点一天天逼近，但是一个梦境告诉他，他不该在拉特兰宫，而要在圣彼得大教堂等待最后时刻的到来。因此，他让人用轿子将他抬到了彼得教堂内；他怀着巨大的热情，流着热泪在教堂里长时间地祈祷。随后，人们将他送到了教堂旁的主教宫殿中。大批信众，无论神职人员还是普通信徒，都赶到了这里，而那些粗野的罗马民众已经涌入了拉特兰宫，抢夺濒死者的家用器具。教皇在追随者和友人们中间接受了最后的涂油和圣餐礼。他感到自己从中获得了力量，也变得释然了；他用德语大声祈祷："仁慈的主啊，世界的救星，如果这是你的旨意，要我继续为你人民的安康而服务，那就让我快些在你的帮助下找到救赎的途径，让我从疾病的痛苦中解脱出来；但如果你有别的决定，那就让我尽快离开这具皮囊吧！"在这段祈祷之后，他感谢了所有人对他的爱和忠诚，接着便伸展四肢，像是要入睡一般。他身边的人们都以为他最后的时刻已经来到了，于是便开始诵念死亡时的祷文。但他制止了他们，说道："还是留到明天再念吧，等待全能的主来决定。"于是，他的亲信们都离开了，但第二天一早他们就重新回到了他的身边。那时，教皇依然活着；但就在这天下午——1054年4月19日，他咽下了最后一口气。据说，在他离世的那一刻，圣彼得教堂的钟在没有人撞击的情况下自己敲响了。

　　按照利奥的意愿，他被葬在彼得教堂门前、格列高利一世陵墓的旁边。他的生前就被当作奇迹的创造者受到人们的尊敬，他去世后不久，在他的墓前也发生了一个又一个奇迹。罗马教会将他纳入圣人的行列，对他的纪念比任何一个德意志人都要崇高。而他们是完全有理由这么做的。因为，正是利奥为濒死的教皇势力注入了新的生命力，是他将罗马教会的崇高意义重新呈现在世人眼前。他凭借自己全部的精神力量，通过有利条件下的所有途径，胜利地与世俗化的教会作斗争；然而，一旦他举起世俗的武器对抗罗马的仇敌，他就败下阵来。但就算失败，他也是值得尊敬的。没有人能够否认，他的精神被罗马教士的理念所吸引，但即使这样，他依旧是个德意志人；他是用他的母语为自己飞升的灵魂向造物主美言的。

　　利奥去世时，被他带到罗马的、改革派最重要的人物都不在场。洛林的宏伯特和弗里德里希正在前往君士坦丁堡的途中，希尔德布兰正作为教皇使节出访法兰克王国。据说，利奥在死前将教会的重任交给了希尔德布兰；严格派的追随者们甚至已经将他作为利奥的继任者。他收到教皇去世的消息后，随即返回了罗马，毫无疑问，这时教皇统治的未来就掌握在了他的手中。如果他和他的朋友们正是要将罗马从德意志的统治中解放出来，那么就没有比现在更有利的时机了。诺曼人从皇帝的盟友变成了他公开的仇敌，那支小小的施瓦本军队虽然根本不是为皇帝而战的，但他们的失败对下意大利的德意志势力来说却是致命一击。卓戈和万玛尔遭到谋杀后，皇帝在萨莱诺的影响力也被消灭了；这里的诺曼人像在阿普利亚和贝内文托一样，控制着所有的局势。正如曾经利奥的胜利就相当于皇权统治的胜利一样，现在，他的耻辱对皇帝来说同样也是沉重的打击。就如同皇帝和他父亲在意大利建立的、所有德意志政权的支柱在同一时间被折断了一般，边疆伯爵波尼法爵于1052年5月6日被毒箭射中身亡。三位皇帝相继为之付出努力，要使这位边疆伯爵拥有最庞大的势力，也是人类有史以来意大利王侯所拥有过的最大势力；虽然，他在最后的岁月中表现得极不可靠，但他顾及到自己的整个身份地位，也从不敢公然与帝国断绝关系。而当边疆伯爵的大笔遗产落入了亨利最害怕的人手中时，亨利就更有理由为边疆伯爵的死而哀叹了。

　　波尼法爵给他遗孀洛林的贝娅特里克斯留下了三个孩子——弗里德里希、贝娅特里克斯和玛蒂尔德，三人都尚且年幼。为了三个孩子，也为了自己，贝娅特里克斯需要强有力的保护；波尼法爵生前是个贪婪、暴戾又抢夺成性的人，许多人都企图通过他的孩子来报复他，因此孩子们受了许多苦。而现在，洛林的戈德弗里德出现在这些孤儿寡母的面前，提出要做贝娅特里克斯的丈夫；他虽然经历了几次失败，但仍作为最英勇的将士受到人们的尊敬，教会也因为他的虔诚对他赞赏有加——这只强大有力的手向贝娅特里克斯伸来，要为她和她的孩子提供最周全的庇护，她又怎么能拒绝呢？她答应了戈德弗里德的求婚，虽然她心中明了，这可能引起皇帝的怀疑。因此，婚事也是在暗中进行的。1054年春季，戈德弗里德从皇帝的身边偷偷溜走，匆匆翻越阿尔卑斯山，与贝娅特里克斯完婚，当然，他同时也作为孩子们的监护人接管了波尼法爵丰厚的遗产。这位皇帝的宿敌在贫困与耻辱中蛰伏了这么久，现在，他的身上又重新散发出王侯的光芒，正如曾经那样，而这一次他要感激的不再是皇帝，而是他自己的幸运。所有人都预感到，现在的他会与强大的对手算算账，再一次挺身而出争夺洛林。

戈德弗里德和希尔德布兰之间的联系也必不可少，因为前者通过其兄弟弗里德里希与罗马教会中的大人物熟识已久。也是因此，希尔德布兰踟蹰良久，不知该怎样领导这场教皇选举；其中的原因可能还有，他想要等待弗里德里希从君士坦丁堡归来。然而，弗里德里希的归期一拖再拖，必须尽快下决定。希尔德布兰——他是在苏特里遭到革职的教皇备受信赖的参议，若是他现在自己登上圣伯多禄座席：他的就任就将意味着意大利脱离帝国，意味着德意志统治在亚平宁山脉两侧的陷落，可能同时也意味着这场大型教会改革的终结，因为改革是由皇帝展开的，缺少了皇帝的庇护是无法贯彻下去的。图斯库鲁姆一派及其朋党已经重新开始蠢蠢欲动了，只是出于对皇帝的畏惧还不敢轻举妄动；希尔德布兰会将圣伯多禄座席再次变成他们的牺牲品吗？以此换取教会脱离德意志的影响，这样的代价太大了。希尔德布兰因此拒绝了送到他眼前的教皇冠冕；在他的呼吁下，罗马人民再次求助于皇帝，"如同奴隶请求其主人"一般请他为罗马教区选定一位虔诚的牧首。希尔德布兰亲自带领使者队伍，全权代表罗马的神职人员及整个教区，来到了皇帝的宫廷中。他前往德意志的目的只有一个，那就是要使罗马和伯多禄座席再次与德意志帝国建立起尽可能紧密的联系。

那是1054年9月——利奥去世后的五个月，罗马的使者们带着自己的使命来到美因茨面见皇帝。人们在接待他们时，心中不无疑虑；因为可以肯定的是，希尔德布兰当时发了一个誓，承诺自己不会登上教皇宝座，也不会让皇帝反对的人当选。但是，这位罗马僧侣的出现很快就打消了人们所有的顾虑；他不仅将目光锁定在一位德意志主教身上，而且此人还深受皇帝信赖，这个人还曾坚决地反对过利奥九世的理念——他就是埃希施塔特主教吉卜哈德。从这个选择之中，我们可以清楚地看到，希尔德布兰具有多么犀利的洞察力。吉卜哈德年轻力盛；对僧侣体制很是忠诚，处理世俗事务却也极为老到；他对主教区的领导和对巴伐利亚的管理都受到人们的称赞；他对皇帝本人全心全意，却不是那种为了自己的教会职务或是个人地位不惜一切代价的人；最后，人们都认为他具有政治头脑，能够在纷繁复杂的局势中保持清晰的思路。因此，要在眼下混乱局势中将教会和国家紧密联系起来，并同时在意大利拯救两者的未来，他毫无疑问是最合适的人选。

　　然而，即使在这样有利的条件下，希尔德布兰也花费了很大的力气才达到自己的目的。一方面皇帝不愿意放弃这样一位忠仆，他需要他在各个方面发挥自己的作用，凭借他的指挥稳定住不安的祖国；另一方面吉卜哈德自己也不愿意踏上前往罗马的旅程，那里的人们是不会欣然接受一位德意志教皇的。最重要的是，他清楚地意识到，他会被夹在皇帝与罗马教区之间陷入两难的境地。他极其顽固地拒绝应允罗马人的愿望；他派信使前往罗马，想让罗马民众对他产生怀疑，并要求学者们给出鉴定，证明要他调职到其他教区是有违标准教规的。就这样，接连过去了几个月，甚至到了皇帝在戈斯拉庆祝圣诞节时，希尔德布兰虽然已经说服了皇帝，登上圣伯多禄座席的人选依旧悬而未决。

　　但最终，吉卜哈德还是遵从了皇帝和希尔德布兰的意愿。在1055年3月初，雷根斯堡的一场大型王侯会议上，吉卜哈德被迫妥协了。当时他对皇帝说了一句引人思考的话："好吧，我就用我的身体和灵魂全心全意地侍奉圣伯多禄吧！虽然我知道自己配不上这样尊荣的位置，我还是遵从您的命令；但有一个条件，您要将属于圣伯多禄的东西还给他。"皇帝答应了他的要求，也同意在罗马为吉卜哈德补上选举的仪式，就像利奥被提名为教皇时一样。皇帝放吉卜哈德前往意大利，并答应自己稍后也将去到意大利。罗马的选举只是走个形式，而这场仪式的成功举行掩盖了所有怀疑的声音。4月13日，复活节前的星期四，吉卜哈德作为教皇在彼得教堂接受祝圣，并改名维克托二世（Victor Ⅱ.）。虽然他与利奥的理念完全不同，但可以说是利奥合格的继任者。新教皇的就任终究成了皇权统治的再次胜利；这确保了皇权在罗马和意大利的未来，并开启了西方整体发展的新希望。

15. 亨利三世最后的岁月

a. 亨利三世的第二次意大利之行

亨利皇帝以令人惊叹的坚强承受着命运的跌宕起伏。他从来没有沮丧气馁过，从来没有不知所措过。人们不认为，他至今为止曾降低过皇帝地位的要求。正是在一份源自1055年的证明文书中，他强调了，神是如何让他从芸芸众生中脱颖而出，并赐予他无数财富与权力的。当他忙于应付各个方向而来的内忧外患时，他依然坚定不移地贯彻着自己的目标，使帝国屹立于整个西方。1054年复活节，他在美因茨将提奥巴尔德伯爵召为自己的邑臣，他是香槟伯爵奥多的儿子，也是法兰西王国最强大的男爵之一，皇帝承诺将帮助他对抗仇敌；没有什么比这更清楚地透露出皇帝彻底降服法兰克王国的意图了。同时，他也比任何时候都更深入地关注西班牙的局势。我们找到了相关的记载，他请求教皇维克托对莱昂与卡斯蒂利亚（Leónund Kastilien）的国王费尔南多进行宗教惩罚，因为费尔南多试图获取皇帝头衔，拒绝承认德意志的罗马帝国，拒绝缴纳贡金。一些人说，熙德[①]的宝剑击退了德意志皇帝；另一些人则认为，图卢兹的教会代表会议确定了西班牙的自由。我们只找到了西班牙方面相关的记载，而且这些记录都源自于较晚的时代。虽然进一步的考察显示这些文献在一些细节上不甚可信，但毋庸置疑的是，皇帝确实要求卡斯蒂利亚国王承认他的权力。皇帝本不愿意使用暴力强迫国王认可他的地位，尤其是在他执政的最后几年中，已经有太多的担忧困扰着他。其中就包括意大利的局势，那里的情况急需皇帝出面干涉。在雷根斯堡的会议上，他宣布了自己翻越阿尔卑斯山的决定，并对他离开期间的国内秩序做了安排。我们听说，他在这场会议上将波西米亚作为采邑分封给了布热季斯拉夫的儿子斯皮季赫涅夫。他将次子的监护职责以及巴伐利亚公爵（当时这里仍受到匈牙利人的威胁，内部也依然动荡不安）领地交给了谁，并没有文字记载。但是，无论皇帝采取怎样的措施，对于他心怀不满的叔叔雷根斯堡主教吉卜哈德来说，这些措施都是不合心意的。会

---

① 译者注：阿拉伯语对男性首领的尊称。这里指代国王费尔南多。

议解散之后，皇帝立即启程向南。3月12日，他来到了因河河畔欧廷，翌日来到了埃布拉赫河（Ebrach）河畔的埃伯斯贝格（Ebersberg）；此后不久，他翻越了布伦纳山口；3月22日，我们发现他已经到达了布雷萨诺内，4月7日时到达了维罗纳；复活节时（4月16日）他已经身处曼托瓦了。

　　5月初，皇帝将伦巴底的权贵们召集到皮亚琴察的罗恩卡利亚平原（Ronkalische Felder）举行了一场大型集会；他来到他们中间，对所有在他的皇座前受到指控的犯人进行了严格的审判。尤其是一位名叫阿达尔贝特①的伯爵受到了严厉的控诉；皇帝命人用锁链将他捆起来，在主教们的好言相劝下他才从刽子手的刀下捡回一条命。这是我们得到的文字记载中，第一次有皇帝在罗恩卡利亚平原上召开会议；后来，每当皇帝来到伦巴底平原时，当地的权贵们便在皮亚琴察的这片平原上迎接皇帝的驾到。王侯们离开之后，皇帝来到了图西亚，并于5月底在佛罗伦萨会见了从罗马出发的教皇维克托。圣灵降临节当天（6月4日），一场大型的评议会在两人的见证下召开了。在这场会议上，利奥对西门罪和教士婚姻的规定得到了更新。正如皇帝在罗恩卡利亚平原上推行世俗法律那样，他在这里同样严格地贯彻着教会的法规，就连佛罗伦萨的主教也遭到了革职。

　　亨利在意大利展现出的严厉果决，在当地混乱的局势下完全是合乎情理的。秩序的枷锁被挣脱了，所有冲动都肆意妄为起来，毒药和匕首以令人震惊的方式四处猖獗；除此以外，意大利已经到了脱离德意志统治的边缘，是时候重新巩固皇帝在这里的权威了。在边疆伯爵波尼法爵之前全权统治的所有土地上，皇帝都达到了自己的目标。皇帝特意在这里不间断地设置宫廷，主持朝政；一直到夏季，他都停留在图西亚，接着，他在秋季时再次来到了波河流域，他在费拉拉、曼托瓦和瓜斯塔拉（Guastalla）驻扎，这些城市也是波尼法爵的政权萌生的地方。在这里，他免除这些城市的税款和义务，尝试着通过这样的方式来限制波尼法爵引入这里的王侯势力，此外，他也在民众们眼前展现了皇帝的最高统治权。他随即接管了这里的政务，使贝娅特里克斯和她的新丈

---

　　① 阿达尔贝特统领的边疆伯爵领地和他的家族都没有明确的记载。有人猜测，他是埃斯特家族的成员。

夫无法在这里站稳脚跟。

戈德弗里德不可能看不出，皇帝的这次意大利之行主要就是针对他的；在亨利到达之前，他的书信就先一步送到了，信中要求所有伦巴底王侯都对洛林保持警惕。因此，戈德弗里德担心自己的人身安全，不敢出现在皇帝面前，也就容易理解了。他虽然派出使者觐见皇帝，并让使者转告皇帝，说自己完全没有想过要反叛，并且愿意为皇帝和国家做任何事情；在父辈的遗产被夺取之后，他想要的只是通过妻子在异乡过上受人尊敬的生活。但是，皇帝有足够的理由怀疑他的这些话，而皇帝给戈德弗里德的回应也使他难以平静下来，因此他很快离开了意大利，来到了皇帝的仇敌弗兰德的巴尔杜安身边。

在这样的情况下，戈德弗里德的兄弟，红衣主教弗里德里希，也受到了皇帝的怀疑。弗里德里希曾作为利奥九世的使者，与红衣主教宏伯特和大主教彼得一起出使，受到了君士坦丁堡皇帝的友好接待。这次出使在开始看似能带来巨大的成功，但终究对东西教会的彻底分裂造成了灾难性的后果。1054年6月24日及25日，尼克塔斯·佩克托拉图斯撤回了针对罗马的谤书，而教皇的使者们于7月16日在全体民众面前，将君士坦丁堡宗主教和阿克莱德大主教逐出了教门，因为他们顽固地反对罗马。几天之后，教皇的使者们离开了君士坦丁堡，皇帝仁慈地让他们带着丰厚的礼金离开了，这些礼金一部分是给圣伯多禄的，一部分是给他们自己的。然而，一场针对皇帝的暴动随着他们的离开在城内爆发了；为了回应自己受到的绝罚，宗主教也对教皇的使者们处以革除教籍的绝罚，这引发了人们对罗马以及整个西方教会前所未有的激烈控诉，最终，东方其他的宗主教也加入这一阵营中。东西教会间的裂痕已经无法弥合了。这是失败了的和平大业最令人慨叹的悲惨结局，教皇利奥没有亲自经历这一切也是一种幸运了。

1054年秋季，教皇的使者们带着皇帝的丰厚馈赠回到了意大利。这些财宝并没有使他们高兴太久；因为这激起了基耶蒂（Chieti）伯爵特拉斯蒙德（Thrasemund）的贪欲，最终被他占为己有了。使者们空着双手重新回到罗马，宏伯特赢得新任教皇的青睐，而弗里德里希由于他家族的关系受到了种种怀疑。首先，皇帝显然担心，戈德弗里德会通过他的兄弟获得君士坦丁堡方面的支持；而弗里德里希从中策划，使戈德弗里德与诺曼人结盟，这种可能性则不大，因为弗里德里希这位利奥的总理是所有针对异族的军事行动的灵魂人物。教皇维克托从佛罗伦萨回来时，他从皇帝那里接到了一项任务，要控制住这位危险的红衣主教，并将其交给皇帝。弗里德里希及时得到了这个消息，下决心成为僧侣；只有这样，他才能应对仇人的措施。1055年夏季，当卡西诺山修道院院长里舍尔从卢卡（他在那里等待皇帝）经由罗马返回自己的管区时，弗里德里希将自己的决定告诉了他，并请求里舍尔接受他进入圣本笃的修道院。院长答应了他的请求，弗里德里希赶往卡西诺山，在那里脱下了他华丽的主教礼袍，穿上了僧侣的袈裟。当时停留在修道院中的皇帝使节目睹了这一切，接着，这些使者们便离开这里，来到了坎佩尼亚小王侯们的官邸中。没过多久，弗里德里希感到自己在卡西诺山上也不再安全了；按照他的愿望，他被派往亚得里亚海特雷米蒂岛上（Tremitische Inseln）的一座小修道院中，由于他在这里与人发生了严重的争执，他来到了兰恰诺（Lanciano）地区，直到1055年12月才在修道院院长的许可下回到了卡西诺山。

　　就这样，戈德弗里德和弗里德里希逃出了皇帝之手。但贝娅特里克斯不敢效仿他们，因为她害怕，她一不小心就会导致她和她儿子的国家采邑和世袭财产被没收。因此她决定与她八岁的女儿玛蒂尔德一起前往皇帝的宫廷中。她更敢于这样做的原因是她与皇帝的血缘关系，而且她是如同妹妹一般与他一同长大的；而且，据说皇帝明确向她承诺保证她的安全。黑斯费尔德的兰伯特记录道，贝娅特里克斯来到皇帝面前，就向他申诉，说她自己争取按照自然权益所应得的东西，这是每个罗马帝国的自由女性都有权做的事情，她没有做出任何出格的事；成了寡妇的她无人保护，因此她选择了一个丈夫，好让她和孩子们受到威胁的财产有人守护；而对皇帝和帝国的歹念她是绝对不会姑息的。但是，无论她如何在皇帝面前为自己的婚姻辩护，皇帝对这场婚姻的政治意义已经看得太过清楚，他是不会心慈手软的。面对戈德弗里德的野心和复仇欲，他需要保证自己的安全。他决绝地指控贝娅特里克斯，说她在没有知会和询问他的情况下就嫁给了国家的敌人，他命令她带着女儿留在宫廷中。从此以后，贝娅特里克斯就像个囚犯似的跟在自己的皇帝表哥身边。而贝娅特里克斯的痛苦还不只是被夺走了丈夫和自由。皇帝还逗留在意大利时，她唯一的儿子死去了，而在这之前不久，她的长女才刚刚离世。谣言传播开来，说这两个孩子都不是自然死亡的；但凶手和有关他们死亡的具体细节都没有查明，文献中就连对幕后黑手的猜测都没有。跟着母亲一起被软禁的小玛蒂尔德成了她父亲丰厚遗产的唯一继承人。

波尼法爵在伦巴底和下意大利建立起来的广大势力，虽然没有彻底被消灭，但也暂时瘫痪了。其子弗里德里希的死使大片的帝国采邑成了无主之地，皇帝似乎也没有再次将之分封出去；他可能将这些采邑的临时管辖权交给了教皇，这样一来，他同时也将巨大世俗的权力交到了教皇手中，这是之前的圣伯多禄继任者们从未拥有过的。他不仅将曾经属于罗马教会的财产归还给了维克托，许多长时间脱离教皇之手的主教管区和城堡都回到了维克托手中，而且，他将斯波莱托公爵领地和卡梅里诺边区，连同罗马多次提出要求、却从未拥有过的那些土地，统统分封给了维克托。除此之外，皇帝在返回阿尔卑斯山另一边之前，还将维克托二世任命为他在整个意大利的执政官。我们看到，亨利对这位德意志教皇的忠诚恭顺有着无限的信任，他认为，保全在意大利的皇权最好的办法就是，将大权都赋予这位经受过考验、登上了教皇宝座的忠仆。之后，维克托还获得了诸多的褒奖，这更多地是针对他个人而非他的地位；并非教皇势力，而是这一位教皇本人得到了斯波莱托和卡梅里诺的采邑。

诚然，这些采邑似乎也是对教皇势力失去贝内文托的补偿，由于维克托无力保护贝内文托，他更情愿将之放弃。这片王侯领地仍然充满了诺曼人，1054年，他们还对贝内文托城发动过一场进攻，但他们被击退了，而且遭受了不小的损失。教皇一方不得不任由这座城市暴露在敌人的利刃下；在这样的情况下，当被驱逐的伦巴底王侯潘杜尔夫和兰杜尔夫于1055年归来时，人们马上就接受了他们。眼下，他们也承认了西方帝国的最高统治权，与此同时，西方帝国也在接近拜占庭帝国，好与之联合将意大利从诺曼人手中解放出来。利奥九世去世后，亨利皇帝就亲自与希腊人展开了协商。我们知道，1054年5月，阿吉罗斯的一支使者队伍在奎德林堡觐见了皇帝，而且皇帝在到达意大利之后，将诺瓦拉主教奥托派往了君士坦丁堡，目的就是要与东方帝国协商建立友盟。主教到达君士坦丁堡时，皇帝君士坦丁·摩诺玛加斯已经不在人世了；1054年10月，老皇后佐伊，君士坦丁的妻子也跟着他在墓中长眠了。马其顿皇室家族中只有佐伊的妹妹狄奥多拉；她也年事已高，只想在平静中度过最后的时光。对于法兰克皇帝提出的结盟，她很乐于接受，而奥托主教也在希腊使者的陪同下于第二年回到了亨利皇帝身边。联盟就这样宣誓缔结了，但这个联盟结成的时候，它已经无法再带来什么值得一提的成效，尤其是诺曼人也已不再心怀恐惧了。

　　皇帝南下意大利时，诺曼人心中不无担忧，唯恐他的这次意大利之行也会将矛头指向他们。他们因此从家乡调集了援军。我们听说，比萨人在海上俘虏了50余名赶往下意大利增援的诺曼骑士，并将他们交给了皇帝。诺曼人的担忧不是毫无缘由的，亨利与君士坦丁堡的联系，他向坎帕尼亚王侯派出使者，潘杜尔夫和兰杜尔夫在贝内文托重振其势力，这一切都表明，皇帝要对意大利南部这群越来越令人厌烦的客人动真格了。在1055年夏季，皇帝也毫无疑问还考虑着要出兵讨伐这些异族骑士。然而，当他在秋季回到波河地区时，他是否还有这个想法就很难说了；不久之后，南行就已经变得不可能了。令人不安的消息传到了德意志大地，使皇帝没有机会再思考其他，只能以最快的速度赶往阿尔卑斯山的对面。11月11日，他来到维罗纳，20日到达了布雷萨诺内；在接下去的几天，他翻越布伦纳山口，并取道雷根斯堡，那里也是在德意志王侯和骑士们中蔓延极广的叛乱运动的中心。

b. 王侯们的谋反叛上

　　王侯们早就受够了亨利的严格执政。他在表面上放弃了他父亲那种对至高无上地位的追求，实际上却使王侯们越来越多地为自己服务，并将一切可能阻碍他的势力——击破。从戈德弗里德和被流放到匈牙利的康拉德两人的例子中，我们可以看出他极少进行公开的暴力对抗。因此，王侯们并不赞同展开新一轮的战斗；他们想要消灭皇帝的势力，除了令人憎恶的背叛和暗杀，似乎就没有别的办法了，正如前不久一位彼林家族的成员赔上自己的性命对亨利进行刺杀那样。人们愤怒地看到，不少德意志王侯重新勾结起来，策划着暗杀皇帝。正如百余年前奥托大帝受到生命威胁那样，一场类似的叛乱行动渐渐形成了。奥拓大帝那时，领导那场地狱行动的是国王自己的兄弟，同样地，这一次谋杀计划的灵魂人物也是国王的亲人，而且此人手中还握有主教权杖——他就是雷根斯堡的吉卜哈德。

我们不清楚，是什么驱使这位野心勃勃的主教进行这样一场可耻的行动；但他那难以满足的控制欲似乎一直折磨着他。无论是康拉德公爵的离开，还是埃希施塔特主教被提拔为教皇，都没能使他得到巴伐利亚的政权，或者使他对巴伐利亚产生较大的影响力。然而，这片土地的局势如此混乱，他轻而易举就在那里找到了一群危险的追随者。与匈牙利人还没有和解，逃亡的康拉德带着烧杀抢掠的歹徒们不断地侵袭东部边境。奥地利的老边疆伯爵阿达尔贝特，他对皇帝的忠诚是经过多次征战考验的，他的去世在当时的局势下无疑是皇帝巨大的损失；阿达尔贝特逝世于1055年5月26日，而奥地利则交到了他唯一一个尚在人世的儿子厄恩斯特的手中。此后不久，当皇帝还在意大利停留时，他的儿子康拉德，有着巴伐利亚公爵头衔的那个孩子，也夭折了。公爵位置的空缺使巴伐利亚的权贵们再次蠢蠢欲动起来，巴伐利亚成了叛乱的中心，而叛乱的规模也扩大到了整个德意志。吉卜哈德甚至向他的老对头康拉德伸出了橄榄枝，康拉德不仅能为叛乱者们赢得匈牙利人的支持，而且还能为他们建立起在洛林的联系；另一位康拉德，即洛林王室领地伯爵亨利的兄弟，不顾及自己与皇帝的血缘关系，也加入了叛乱。同样毋庸置疑的是，叛乱者们与戈德弗里德、以及弗兰德的巴尔杜安也串通一气，他们在皇帝离开期间，举兵攻入洛林，并包围了安特卫普。在奥地利和克恩顿边区，两位贵族男性利希温（Richwin）和埃博（Ebbo）也被记录为叛乱的同谋，就连受皇帝提拔登上高位的克恩顿公爵韦尔夫也受人怂恿，加入了叛乱。这场臭名昭著的叛乱只有一个目标，那就是要在皇帝从意大利返回的路上将其刺杀，将被驱逐的康拉德从匈牙利召回，并使其登上德意志的皇座；如果这些目标达到了，那么帝国的根基就会受到动摇，王权和皇权的优势地位就将被王侯们摧毁。

吉卜哈德主教和韦尔夫公爵亲自陪同皇帝前往意大利，但他们很快就从那里回来了。按照一份同时代文献中的记录，他们返回是经过皇帝许可的，因为一些邑臣在他们离开期间发起了暴动。而按照晚些时候的记载，韦尔夫公爵是违背皇命回到家乡的。这份记录中猜测，韦尔夫在维罗纳就顽固地与皇帝发生了冲突，接着，他在罗恩卡利亚平原上白白地等待了皇帝三天之后，他愤怒地踏上了回程。邑臣们的暴动并不像他们声称的那样，是在领主们不知情的情况下发生的；这更多地是为了制造动荡不安的局势，好掩护他们的邪恶计划，使之能够更顺利地进行。但即使这样，他们的行动还是失败了。康拉德公爵在流放中意外死亡。后来的文献中记载，他是在皇帝的指使下被自己的厨师毒杀的，此人被皇帝的承诺劝服，后来却没有要求皇帝兑现这些承诺。与此同时，韦尔夫公爵也患上了重病，这唤起了他的良知，使他变得敏感起来。他的心中充满悔恨，派出一名使者赶往皇帝身边，向皇帝揭露了叛乱行动中所有的参与者，并请求皇帝的原谅。而他在死前也的确得到了皇帝的原谅。他是在博登湖畔自己的博德曼城堡（Burg Bodman）中去世的，差不多正是皇帝从意大利回来的时候。临死之际，韦尔夫再次坦白了自己深重的罪孽，为了安慰自己的良知，他指定阿尔托尔（Altorf）附近韦因加尔滕修道院（Kloster Weingarten）的僧侣们来继承他丰厚的世袭财产。随着他的去世，一个古老的德意志王侯家族也就此绝嗣了。但他的母亲伊尔敏嘉德和他的姐妹库妮古德尚且在世；后者嫁给了意大利埃斯特家族的边疆伯爵阿佐。对于家族的未来，这两位女性与死去的韦尔夫有着不同的想法；她们拒不承认韦尔夫的遗嘱，并使库妮古德的儿子韦尔夫以最快的速度来到了施瓦本。在这里，年轻的意大利王侯接管了韦尔夫家族古老的遗产，与韦因加尔滕的僧侣们争夺其所有权，并将韦尔夫家族的名号与权力在后世继续流传。

在此期间，皇帝赶回了德意志，顺利地在雷根斯堡突袭了他的叔叔，控制住了叔叔本人，并随即让他接受了王侯审判。吉卜哈德主教试图否认自己的罪行，却是徒劳；犯下叛国重罪的他被判处严格的监禁。其他的叛乱者也受到了严厉的惩罚，他们的财产遭到了没收。刺杀计划被扼杀在萌芽中，皇帝以其毫无顾忌的严苛剿灭了自己的敌人。如同在阿尔卑斯山另一边一样，皇帝在德意志大地上也重新树立了威严，使所有想要阻挡皇帝势力的人心生敬畏；然而，无论在哪里，他都没能赢得人们的爱戴。

12月，皇帝离开巴伐利亚来到了施瓦本，并在苏黎世庆祝了圣诞节。一件对他的家族至关重要的大事使他来到这里；那就是他唯一的儿子，帝国的继承人，与苏萨边疆伯爵奥多的女儿贝尔塔订婚。贝尔塔的母亲阿德莱德一直以来与皇室家庭走得很近；她的第一任丈夫是皇帝的继兄弟，施瓦本的赫尔曼公爵，她的内兄弟是施韦因富特的奥托，也就是现在获封施瓦本公爵领地的人。她将自己家族的边疆伯爵领地带给丈夫，作为一名女性，她巾帼不让须眉地对当地的政务有着巨大的影响力。她手中的权力似乎只有贝娅特里克斯能与之抗衡，而前提是贝娅特里克斯能够回到伦巴底；因此，对皇帝来说，自己的儿子与阿德莱德的女儿联姻，在意大利摇摆不定的局势下是极其重要的。政治决策将两个孩子的命运联系到了一起，而后来，这场联姻也为两人带来了巨大的痛苦。随着儿子的订婚，皇帝贯彻自己为意大利本身和德意志帝国的安全而定下的举措。

皇帝将自己邪恶的叔叔留在施瓦本，先是将他囚禁在图尔高的韦尔夫林根城堡（Burg Wülflingen），接着让人在黑高（Hegau）的施托菲尔（Stoffeln）对他严加看守。亨利自己则于1056年年初沿莱茵河向下，来到法兰克地区。他在这里收到快报，科隆大主教赫尔曼于2月11日离开了人世。这位位高权重的教会王侯在最后的日子里也不无苦恼，他的两名亲人被卷入了针对皇帝的叛乱之中；赫尔曼自己是否也参与其中，文献中没有记录，而按照他对皇帝的态度，这样的猜测也是不可信的。赫尔曼的继任者是亚诺（Anno），他是由皇帝在戈斯拉建立的圣西满与圣犹达修道院（St. Simon und Juda）的院长；2月底，亨利在科布伦茨为其授职，3月3日，亚诺在科隆接受了祝圣。皇帝似乎是从叔叔的背叛中吸取了教训，对于这个富有而强大的大主教管区——其影响力已经超越了美因茨，他没有再次将之授予一位王侯之后。亚诺出自于一户施瓦本的骑士家族，但并非高阶贵族，这个家族以其城堡施托伊斯林根（Steuylingen）命名。亚诺的父母本来想要他过世俗的生活，但他有一位叔叔在班贝格任大教堂牧师，在这位叔叔的鼓励下，他悄悄离开了家，来到了班贝格。他在这里加入了为教会服务的行列，并作为修道院学校的领导者工作了一段时间。他对信仰的认识、他严格的生活作风和他庄重的性格使身居高位的人们及时发现了他；就这样，他的名字也终于传到了皇帝那里，他也来到了宫廷中。对于这个在种种关系中都举足轻重的人，皇帝十分敬仰他杰出的才能；皇帝甚至将他自己建立的、最精心管理的修道院交给了亚诺。皇帝将一个主教座席交给他，使他跻身于帝国最高王侯之列，而亚诺也没有辜负皇帝对他的信任。科隆人嘲笑他们的新主教；他们想到奥托大帝的弟弟布鲁诺，便很疑惑，这个施瓦本人究竟是谁，他又有什么能耐成为科隆的大主教。而他们很快就意识到了，亚诺是个有着高远追求的人，他所走的道路与布鲁诺曾走的完全不同，但他的声望却能与科隆最德高望重的大主教相媲美。现实很快就展现出来，获得了教会尊荣的亚诺并不愿意像个奴隶一般侍奉皇帝；在就任之后，他便与这位提拔他的强大统治者产生了矛盾。亚诺在科布伦茨接受授职的这一天，对皇室家族和整个德意志来说都是充满险恶变数的一天。

复活节前，国王从莱茵地区前往萨克森。他在帕德博恩庆祝了复活节，并在节后返回了戈斯拉，这座城市被他视为自己的主要驻地。他只在这里停留了短短几周，接着便再次上路，向西前行了。

c. 亨利三世之死

迫在眉睫的危险顺利地清除了，但帝国的状况还无法使皇帝安心。无论是阿尔卑斯山的这边还是那边，都还充斥着不忠、暴乱和背叛；凭借他手中的力量，要想长期地控制住大邑臣们，几乎是一个不可能完成的任务。处理完今天的烦恼忧虑，明天又会有其他的、更糟糕的混乱局面等待着他。由于皇帝的仇敌们从未放弃与帝国的外敌联手，内部的斗争就更加令人担忧，在东部和西部边境，已经聚集起来大片乌云，暴风骤雨转眼即将来临。

由于匈牙利牢不可破，甚至没有一次通过和平协议与皇帝共同调整双方的局势，帝国在整个东部的权力地位就显得较为疲软。斯皮季赫涅夫公爵才刚刚获封波西米亚作为其采邑，就开始试图摆脱德意志人的桎梏。他将自己德意志血统的母亲和圣乔治女子修道院的院长赶出了国境；将他父亲所有的规定都加以改动，还出兵攻打在摩拉维亚的兄弟们。直到这几位兄弟及他们的母亲在匈牙利国王那里得到了支持，他才重新与德意志人建立了紧密的联系。更重要的是，与留提曾人的战争也在同一时间打响了，而留提曾人的势力在前不久还似乎即将走向毁灭。看到留提曾人的四个部族最终陷入内斗、自相残杀，德意志人势必会暗自欣喜。雷达里尔人（Redarier）的土地上坐落着他们的圣地拉德加斯特（Radigast），他们因此要求所有的部族都承认他们的最高统治权，但这却遭到了奇尔奇潘人（Zirzipaner）的坚决反对。一场内战就这样爆发了，而奇尔奇潘人在三场战役中都获得了胜利。雷达里尔人在窘迫之中向基督徒寻求援助，而基督徒们也没有拒绝。丹麦国王、萨克森公爵和奥博德力特恩人戈德沙尔克带着一支大军前来支援他们，他们在海滨地区供养了这支军队七个月的时间。奇尔奇潘人屈服于这样一股强大的势力；支付了15000镑赔款，从信仰基督教的王侯们那里买来了和平。戈德沙尔克的力量在文登人中间不断扩大，基督教信仰在留提曾的文登人之中也已经得到了传播。然而，1055年皇帝在意大利逗留期间，事态还是经历了一场剧变。留提曾人重拾了异教信仰，举起武器对抗萨克森人，并气势汹汹地杀到了帝国边境上。边区的将士们迎战袭来的文登人，与他们展开了一场厮杀。这场战役最终以文登人的胜利结束了；许多德意志人在战斗中丧生，或是遭到了敌人的俘虏。5月，当皇帝来到戈斯拉时，他首先必须考虑的，就是萨克森边境的防御以及对抗留提曾人的问题。他将萨克森军队召集起来，把带兵的重任交给了北边区的边疆伯爵威尔汉姆和卡特伦堡（Katelenburg）的迪特里希伯爵。

皇帝本人则决定向西进发，那里的事态也非常严峻。戈德弗里德于1055年与弗兰德的巴尔杜安一起进攻了安特卫普，虽然弗里德里希公爵和洛林民众们击退了他，但他依旧顽固地保持着敌对的态度。最令皇帝忧心的，就是法兰克王国的国王亨利与他的内兄巴尔杜安及戈德弗里德沆瀣一气，因为对于皇帝的干涉，国王是不会欣然接受的；他因此希望能与国王达成共识，于是，便与其约定在两国边境上进行一场会晤。圣灵降临节前，皇帝出发前往洛林，与国王亨利在伊伏瓦会面。法兰西人对皇帝多有怨言，而且其中的一些确实是有理有据的；国王相信，与皇帝开诚布公的时候到了。他认为，像前任国王那样提出对洛林的要求，丝毫不会影响皇帝的地位。他声称自己多次被虚假的诺言欺骗，称之前的皇帝通过阴谋诡计夺走了洛林，要求亨利三世将这块土地归还给自己。皇帝的光辉功绩是世人有目共睹的，对于洛林，他至少拥有与法兰克王国国王同等的权力，但这个嫉妒的邻居现在说的是什么话，提出的又是多么过分的要求啊！皇帝不卑不亢地应对法兰西人险恶的要求；他提出，通过一场对决来获得神的审判，证明自己对洛林的权力。法兰西人曾经自己要求通过决斗进行审判；但现在，他们的国王却不打算等待对决的结果。他趁夜悄悄离开了。

皇帝无畏的表现似乎震慑到了戈德弗里德；因为在这之后不久，他便亲自来到了皇帝面前。6月30日，当皇帝停留在特里尔时，戈德弗里德就在他的宫廷中了。关于他投降的条件没有明确的记载，但皇帝可能答应了对他从宽发落；因为戈德弗里德没有受到惩罚，并且与自己的妻子和继女重聚了。就连在其他方面，皇帝当时也都显得非常温和仁厚，吉卜哈德主教得到了释放，受皇帝的恩赦回到了雷根斯堡。同样的，王室领地伯爵亨利的兄弟康拉德也受到了皇帝的仁慈宽待，其他叛乱者也纷纷得到了宽恕。亨利认为，通过这些缓和的举动，洛林的局势已经稳定下来了，帝国的内部局势也得到了改善，于是，他经由东法兰克和图林根回到了萨克森，于9月初重新回到了戈斯拉。

皇帝带着沉重的心情回到了家乡。他越来越清楚，他已经无法再回到执政初年的那种高度了；他并不是因为感到自己地位安全稳固，才宽恕了叛国逆上的罪行，他同时也认识到，绷紧的缰绳已经无法再束缚住王侯们的势力了。在旅途中，他同样深深感受到各地民众的不满；因为当时的德意志土地经历了诸多沉重的苦难——农作物歉收、物价飞涨以及随之而来的疫病蔓延和大规模的死亡。

阴郁的心情形影不离地追随着皇帝，皇帝也随之越发思念教皇，他已经再三发出邀请，请教皇尽快来到阿尔卑斯山这一边，而教皇也的确这样做了。9月8日，当教皇来到戈斯拉的时候，他的皇帝朋友为他准备了气派的欢迎队伍，几乎所有的帝国王侯都受召前来。然而，一场暴雨破坏了欢迎庆典；教皇无法郑重地按照仪式进程进入大教堂，他和他的随从们都逃也似地寻找避雨的地方。皇帝没能按照自己的意愿迎接伯多禄的继任者，他的喜悦一扫而空。此外，虽然维克托此次又为罗马教区向皇帝提出了新的要求，但他发现，皇帝表现得格外恭顺；因为亨利认为，现在的他比任何时候都更需要教会首脑的帮助。在教皇的陪同下，他在几天之后来到了哈尔茨山区的王室领地波德费尔德，好按照他的习惯在那里一享乡野之趣。但是，他还没有达到目的地，一个新的噩耗就传来了，并重重地压在他的心头。

萨克森军队在渡过易北河之后，就在哈弗尔河（Havel）河口附近的普利茨拉瓦（Prizlawa）被留提曾人包围，并遭到了全数歼灭。边疆伯爵威尔汉姆和迪特里希伯爵在战斗中丢了性命，所有的随行将士几乎都丧生在文登人的剑下，或是在逃亡中溺死在水中。9月10日，萨克森军队彻底战败；这本身就足够悲痛了，但在眼下帝国的危急局势中，就更令人忧惧了。战败的消息使皇帝躺倒在病床上；他出现了严重的发热症状。他的健康早就出现了问题，又在前几天的困苦中不断恶化，再也经受不住新的打击了。医生们回天乏力，他自己也很快感觉到，他离死亡不远了。

皇帝清楚地知道，他在怎样的险境中将这个帝国留给了他的孩子。因此，他要为未来做出谋划，努力将可以解决的问题解决掉，并尝试着处理掉在近些年令他不安的敌对势力。大批宗教和世俗的王侯们会聚到行将就木的皇帝身边，除了教皇和阿奎莱亚的宗主教之外，这些人中还包括雷根斯堡的吉卜哈德主教——不久前他还谋划要夺去这个皇帝侄子的性命。皇帝原谅了他，也原谅所有的仇敌，他免除这些叛君逆上的罪犯应受的惩罚，而没收来的那些财产，一部分直接归还给了原来的拥有者，一部分则委托给了他的妻子；据说，就连戈德弗里德公爵也取回了他被没收的财产。亨利想要以大批的彻底赦免来结束他的执政。接着，他让教皇以及所有在场的主教和王侯们再次确认儿子亨利作为他的继任者，按照惯例，亨利未成年前应当由他的妻子摄政，他便嘱咐她多多仰仗教皇的支持。随后，他当着所有高阶神职人员的面，忏悔了自己的罪孽，得到了赦免，在这之后，他便咽下了最后一口气。那是1056年10月5日，一位皇帝就这样在波德费尔德、在哈尔茨山区的高地上与世长辞了，而他的名字则长久地流传在岁月长河中，在西方的土地上使人们感到敬畏。在建立了丰功伟绩之后，亨利三世英年早逝；他去世时尚未满39岁，但已经执政17年，佩戴皇帝冠冕9年之久。在他执政期间，皇权达到顶峰，也是德意志民族的历史中最值得纪念的时代之一。

为了使逝者的灵魂得到救赎，人们毫不吝啬地行善、举行弥撒并救济布施穷苦人。人们将皇帝的遗体运送到了莱茵河畔，皇后和教皇为这位伟大君王举行了一场与其身份相配的盛大葬礼。10月28日，亨利三世被葬在了尚未完工的施派尔大教堂、他父母的边上。那也是他的诞辰，人们特意选择他从吉瑟拉母腹中诞生的这一天，将他归还给大地母亲。教皇带着小国王从施派尔来到亚琛，在那里通过隆重的仪式将他扶上了查理大帝的宝座。

我们的年鉴中没有描写亨利的死在德意志民众中引起了怎样的反应，就连宫廷诗人对此也缄默不语——看起来，这件事似乎已经超出了语言可以描述的范围。亨利的离开给皇后带来多么沉重的打击，又使她怎样地忧心忡忡，这从她在丈夫死后写给克吕尼修道院院长的一封信中可见一斑。她写道："我的琴只弹出悲痛的音调，如果说您的信为我送来的喜悦和欢呼，那我现在给您的回信则充满了呻吟和悲叹。我的心被痛苦吞噬着，战栗着不敢向您描述全部的不幸，反正那流言蜚语您总会听说的。那么我还是做些恰当的事吧。既然您不愿保留我的君主和丈夫的肉体①，那么我请求您，至少让逝者与您的修道院兄弟们一起受到神的仁慈对待，让您的教子长久地成为他在帝国内的继承人，走上神的道路。此外，如果在他帝国邻近的地区发生动乱，请用您的影响力平息之。"

红衣主教宏伯特当时陪同教皇来到德意志本土，他的叙述证明，底层民众无疑也对皇帝的归天哀痛不已。宏伯特说，一位罗马贵族当时正赶往波德费尔德，要觐见教皇。一天，筋疲力尽的他在一个村子里休息，他醒来时听到有人在大声悲呼，同时在激动地谈论着什么。他听不懂德语，于是询问一名随从其中的缘由，并得知，皇帝的死讯刚刚传来，人们悲痛万分。宏伯特认为，他们的悲痛是真实的，因为在这些贫苦人的眼中，皇帝虽然贪婪而又高高在上，但却一直坚定地维护着国家的和平。亨利去世后，当他讲述这个故事的时候，他又补充道："希望主能够赐予我们一位能够执掌自己和臣下、富人和穷人的王侯，因为这位小国王的统治是不会长久的。"

---

① 阿格涅斯认为克吕尼人的祈祷是无所不能的。修道院院长热情洋溢的信，也就是阿格涅斯回复的那份信，似乎是关于亨利与戈德弗里德的和解的。

我们看到，所有人都担心巨大的动荡即将来临，而且这并不是空穴来风。我们从奥格斯堡年鉴中得知，很快就有许多反对皇子的派系形成了，但是按照年鉴作者的说法，这些派系按照神的旨意纷纷瓦解了。统治者的更替就这样过去了，比人们想象得更加平静。皇帝死前那种安抚的态度已经缓和了派系间的争端；皇后也在危险的处境中表现出智慧和随机应变的灵活；但最重要的是，教皇在这段时期中证明了他杰出的才能，也就是劝服反对者并与之和解的能力。彼得·达米安让领主们对教皇维克托说："皇帝辞世后，我就将整个西方帝国的权力交到你的手中了。"实际上，在强大的皇帝去世后，最高权力的确是落到了教皇手中；只因为这是位德意志教皇，相比罗马的至高权力，他对德意志政权的维持有着更大的兴趣。无论阿格涅斯和教皇除此之外还做了些什么，那都是在国内宗教和世俗王侯的赞同下进行的，皇子的教育也是这些王侯交给皇后本人的。

教皇首先要担心的事是，如何彻底使戈德弗里德和巴尔杜安平静下来，并由此维护洛林的长期和平。12月，在科隆的一场大型会议上，与戈德弗里德的所有争端都得到了解决。他不仅取回了自己继承的财产，也重新获得了波尼法爵留下的丰厚遗产；除此以外，在他争取了许久之后，当时的他似乎已经对下洛林的公爵之位十拿九稳了。弗兰德的老巴尔杜安从国家那里获得的采邑得到了认可，他的儿子保留了对埃诺的所有权。戈德弗里德和弗兰德人称心如意地实现了他们的所有向往。

教皇与皇后及国王一起，从莱茵河畔来到雷根斯堡，他们在那里庆祝了圣诞节，将帝国各地的权贵们召集到一起。在这里的一场大型国家会议上，他们对最重要的事宜做出了安排。空缺出来的克恩顿公爵宝座被授予了康拉德，即王室领地伯爵亨利的兄弟；而同一个人，前不久还因叛国忤逆的罪行受到惩罚，而后又获得赦免。亨利三世在世时就已经将巴伐利亚交给了他的妻子；人们便将这块土地继续留给了她，由于她当时有孕在身，人们决定，如果她诞下的是儿子，这块公爵领地就归这个孩子所有。北边区的空位也在同时，或是在早些时候就已经给了施塔德的乌多伯爵，此人也是王室家族的亲戚；同时他也受命捍卫帝国安全、不受留提曾人侵袭。意大利王国的政权落到了教皇、戈德弗里德公爵及其妻子贝娅特里克斯手中，他们于不久后的1057年来到了意大利；这一次，戈德弗里德是作为帝国的先驱旗手前往阿尔卑斯山另一边的。具体事宜都依法安排，并没有造成大的动荡，但这并不意味着，皇帝的死没有直接导致王侯势力在与帝国势力的角逐中胜出。

教皇毫无疑问成了新秩序的中心，在这样的情况下，他不久后的离世就为帝国带来了更大的厄运。1057年的复活节他是在罗马度过的，意大利的世俗和教会事务都使他忙得不可开交。他与诺曼人签订了和平协议，各地都维持着和平。6月时，他再次离开了罗马，来到了图西亚戈德弗里德公爵那里，他与公爵似乎在为同一个使命而努力，那就是要在意大利维持皇权的威望。红衣主教弗里德里希，即戈德弗里德公爵的兄弟，曾在他之前逃入修道院中，现在，教皇将弗里德里希提拔为卡西诺山修道院的院长，并让他以圣基所恭（St. Chrysogonus）的头衔在特拉斯提弗列任枢机院教士。教皇似乎是打算再次翻越阿尔卑斯山的，但他的时间已经不多了。南方的炎炎夏日使他高烧不退。1057年7月28日，他在阿雷佐英年早逝了；他去世时还不及亨利三世的岁数。他的遗体被葬在了拉韦纳城门前的圣母教堂内。

维克托的死与亨利的辞世一样影响重大。他可能全身心地侍奉圣伯多禄，但他认为，只有与强大的德意志帝国保持最密切的联系，罗马的势力才能够存在。命运神奇的安排让他登上了教会的最高位，同时也几乎将帝国的所有力量都交到了他的手中；敏锐的洞察力、在政务中的审慎、年轻人充沛的精力以及不凡的天赋，都使人们愿意听从他的号令，也是这些品质使他成为登上教皇宝座的绝佳人选，人们对他寄予厚望不是没有原因的。但他的大业才刚刚开始，死亡就袭来了。僧侣们并不十分喜爱这位教皇，由于他们的自由受到了威胁，无论是克吕尼派还是卡西诺山的本笃派都不青睐他。就连希尔德布兰也不敢声称，自己掌握了教皇，虽然在侍奉这位饱经风霜的僧侣方面教皇从未懈怠过。他让希尔德布兰作为教皇使节前往法兰克王国，在他最后的岁月中，希尔德布兰也一直站在他这边。维克托阖上双眼的时候，僧侣们恐怕都松了一口气；红衣主教弗里德里希将教皇的死称作"神的判决"。

在这件出人意料的事件中，没有人比戈德弗里德公爵得益更多了。除了波尼法爵在伦巴底的遗产和图西亚公爵领地之外，他现在又获得了斯波莱托的公爵领地和卡梅里诺边区，这些地方之前都是掌握在教皇手中的。从意大利的一片海域到另一片海域，在亚平宁山脉两侧，他的属地不断扩张，此外，他还是意大利唯一的帝国执政官。整片土地都落到了他的手中；阿尔卑斯山另一边的所有人都切实地感受到了这一点。维克托的死讯一传到罗马，所有人便赶到身处罗马的红衣主教弗里德里希面前，与他商议新教皇的人选。他让人们去找宏伯特，去找希尔德布兰，去找其他克吕尼派的人们，但他们都催促着他自己登上圣伯多禄座席。弗里德里希并没有强硬地反对罗马人的意见；8月2日，他就接受了选举，并在次日作为斯德望十世（Stephan X.）①接受了加冕，并没有等待皇后确认他的当选。谣言传播开来，说新任教皇将会立即将自己的兄弟加冕为皇帝，并在他的帮助下，将令人憎恶的诺曼人赶出意大利。这一谣言并没有事实根据，因为无论是戈德弗里德，还是他的兄弟，都不能这样武断地与德意志帝国一刀两断。8月20日，我们看到两人的亲信，卢卡的安瑟莫主教，来到了特雷布尔皇后的宫廷中，年末时，安瑟莫在希尔德布兰的陪同下再次回到了德意志本土。但是，斯德望的当选依然是对亨利三世帝国权益的公然侵害，是皇帝最高特权的干涉；无论是皇后，还是他自己的兄弟，新任教皇及其盟友都无法寻求到支持。这样一来，本就大权在握的戈德弗里德同时也成了"罗马的先驱旗手"。如果头把交椅等待着他，那么他还会满足于老二的位置吗？踏上王座的那一步并不需要多大的勇气，更何况洛布（Lobbes）年鉴中还将他称为一个"无比勇敢"的人。而且，王座上那个孩子的父亲不正是造成他生命中苦难岁月的人吗？

显然，自维克托去世后，国王在意大利的威望就日渐式微。萨克森的王侯们也开始反对亨利三世的儿子，在他们看来，他严苛的朝政比起专制暴君有过之而无不及。黑斯费尔德的兰伯特说，他们经常集会，抱怨从皇帝那里受到的不公待遇；但他们认为，最好的报复就是趁着国王年幼，将他赶下王座，因为他势必会完全按照其父亲的道路来走。很快，一个大胆的冒险家就在集会中成

---

① 译者注：又译史蒂芬十世、司提反十世、德范十世等。

了舆论引导者们的首领。在普利茨拉瓦牺牲的边疆伯爵威尔汉姆还有一个出身低微、同父异母的兄弟活在人世，他的名字叫奥托，是一个文登女人所生；之前他一直远离家乡，生活在波西米亚，但在他兄弟死后，他便很快回到了德意志，并要求继承他的遗产和北边区，而这一切已经分封给了国王的亲戚施塔德的乌多。奥托的希望落空了，他便求诸于暴力，在萨克森找到了比他自己更加冲动的朋党，只要他与他们齐心协力，他们就答应为他夺取边区，还要为他争取王位。一场叛乱就这样诞生了，而它的最终的目标就是要谋杀年轻的国王。在国王的忠臣们看来，萨克森面临的威胁已经太过巨大，他们恳求皇后带着她的儿子从莱茵地区前往萨克森，防止最糟糕的情况出现。6月29日，皇后来到了梅泽堡，并将萨克森权贵们召集到自己面前。奥托胆大妄为，带着一支人数众多的武装骑兵队伍踏上了前往梅泽堡的道路，但出乎意料的是，他在途中遇到了国王的堂兄弟[①]伯爵布鲁诺和埃克贝特（Ekbert）。两人由于别的原因与奥托有过节，于是便直接带着自己的随从向这个叛徒发动了进攻。双方展开了一场激烈的战斗，布鲁诺和奥托互不相让，他们将彼此从马上摔下，直到受了致命伤之后才肯停歇。埃克贝特也受了重伤，但他继续战斗，通过一场可怕的斗殴为自己兄弟的死报了仇。面对埃克贝特的骑兵队，群龙无首的叛乱者们最终撤退了。萨克森重新获得了平静，梅泽堡集会上的决议以及奥托的惨死都为此做出了重要贡献，还有留提曾人带来的威胁也警告人们必须同仇敌忾。同一年，一支萨克森军队向留提曾人发动进攻，雪洗了普利茨拉瓦战败带来的耻辱；人们深入文登人的腹地，迫使留提曾人呈送人质，并重新开始缴纳贡金。1057年11月7日，边疆伯爵乌多去世了，与他同名的儿子没有受到任何阻碍就继承了边区。

与萨克森一样，法兰克的和平也遭到了破坏。格莱贝格（Gleiberg）的弗里德里希来自于卢森堡家族，他认为可以为所欲为的时候到了，就和他的兄弟们一起暴动起来。然而，皇后在王侯们支持下很快就控制住了他，迫使他投降了。无论是在这里、在德意志北部，还是在意大利，帝国势力的光环依旧继续闪耀着，但即使这样，事实已经清楚地展现出来，皇后只有在王侯们向她伸出

---

① 他们的父亲是利奥多夫，即吉瑟拉在第一段婚姻中所生的儿子。

援助之手的时候，才能行使其政权，而且存在着比她更加强大的势力，而她必须仰仗于这些势力的忠诚。那个曾被屈辱地囚禁在吉比坎施泰因塔楼监狱中的戈德弗里德，现在是整个西方最自由、强大的王侯了；帝国能否继续存在下去、以怎样的形式存在下去，在很大程度上都取决于他。比起那个连权杖都握不住的孩子，比起那个很快就被政权重担压垮的柔弱女子，亨利三世的继承权更多地落在了这个统治欲极强的洛林人手中。

16. 回顾

通过天命的特别安排，三位有着罕见能力的皇帝先后执掌帝国，这几位君王都有着高远的目标，他们追求的唯一目标，就是巩固和扩张帝国的势力。他们所获得的成就，是没有人能够忽视的；德意志人尤其不能遗忘。

奥托时代以其理想之崇高为人喜爱，它按照最理想化的意义来理解皇权；但在人们赋予它的盛名之下，只有一部分是符合现实的。像奥托三世这样一位皇帝，不管理西方，却想要成为整个西方的君主。接着，亨利二世和法兰克人坦诚地认识到，在奥托们给予各个民族的独立地位下，罗马皇权是无法存在的；在他们生活的这个世界中，真实的力量才是最大的保护，他们因而尝试着赋予这个帝国以真实的意义。他们尽自己所能，在西方各民族中做到了这一点。事实上，德意志皇帝从未像十一世纪中叶那样切实地存在过。

在查理大帝的帝国中，除了德意志以外，还有意大利和勃艮第也直接听从他的号令；法兰克王国怀着无能为力的嫉妒之情，还保留自己的独立，然而，一把利斧已经瞄准了它的根茎，要将之砍倒。就连信仰基督教的西班牙也为其国土的自由而颤抖不已，这些土地是他们用鲜血从异教徒那里夺来的。在西方，没有任何一股势力能够长期地与皇权相制衡。而同时，在东方的国家和民族比任何时候都更紧密地联合在一起。一位匈牙利国王不得不承认皇帝作为他的最高邑主；波西米亚人心甘情愿地侍奉皇帝；波兰王国曾一直是皇权势力的巨大威胁，渐渐地在与德意志人联合之下从耻辱地堕落中恢复起来。在北方，丹麦的国王们是帝国忠诚的邑臣；盎格鲁-萨克逊国王为保护皇帝免受叛乱者的侵害，准备好了舰队。在法兰克人高高的皇座周围，西方各国的国王们都以谦卑的姿态簇拥着。再也没有一个"勇敢者"波列斯瓦夫，再也没有一个克努特大帝，能够凭一己之力与德意志君王比肩。而且，皇帝的统治不只是空洞的假象，而是在所有地方都能真切感受到的！勃艮第权贵们的险恶勾当被画上了句号；他们被迫重新认可皇权凌驾于他们之上。意大利可能从未如此真切地体会到，它是德意志帝国的一个行省。在匈牙利，采邑国王由一支巴伐利亚军队和巴伐利亚法律保护着。丹麦人与他的船队则要听从皇帝的号令，贯彻皇帝的意志。

说这些臣服其下的民族感受到这个政权带来的沉重负担，恐怕没有人会质疑。即使在那个时代，人们也懂得民族自由的价值；因为并不是那些欠发展的地区，而只是那些腐化堕落的民族才轻视民族自由的意义。但即使现在，帝国对西方来说终究是一种幸运。它避免新的大规模动荡，维护日耳曼-罗曼世界不至于分崩离析，使它的自由发展成为可能。当时的西方就已经受到一个大型斯拉夫帝国的威胁，除了皇权以外，没有别的方法能够拯救西方。接着，又有谁像德意志的皇帝们那样，在教会深陷耻辱泥沼的时候，奋力重树其尊严呢？克吕尼的奥迪罗若不是有四位皇帝做他的朋友，他的一切努力又哪里能结出果实呢？他一再往来于他们的王室领地中可不是无缘无故的。如果不是亨利三世将伯多禄座席拉出深渊，对教会秩序和宗教生活进行革新，使进一步的发展有了可以依靠的根基，又会是怎样一幅景象啊！

但最关键的，帝国势力对德意志人这个统治的民族来说，是一种福祉。是在皇权统治之下，德意志人才成为一个独立的民族。各宗族间的差异并没有消弭，而是变得更为丰富，并作为一个更加完全的整体相互融合。萨克森人和法兰克人、施瓦本人和巴伐利亚人现在知道了，他们在各自的民族身份之前首先是一个德意志人。德意志人的名称在十世纪时还是个陌生的名词，但在十一世纪已经得到了广泛的使用。并且，这一名称获得了最美好、最响亮的声名；它所描绘的是一个拥有权力的民族，这个民族能够决定事物发展的方向，屹立于世界民族之林。我们应当铭记，曾有这样一个时代，德意志民族在政治上比欧洲的任何一个民族都更坚定地统一在一起，也是在这个时代，德意志民族以领头羊的姿态出现在整个西方。

当时，那些臣服的民族可能将德意志先民们称作是骄傲自大、飞扬跋扈的族群；但要是听一听他们自己文献中的说法，那就全然听不到趾高气扬的傲慢和残酷无情的暴政。后来，德意志人在屈辱的时代常常受到其他民族的放肆侮辱和蔑视；反观他们自己在胜利的巅峰时，则表现得高尚有度得多。然而，他们也并非仁厚宽容的君主，他们也充分利用了自己的统治地位。德意志王侯们进行战争以及维持奢华宫廷的开销，大部分都是从战败者们的贡奉中得来的；数不胜数的财宝从被战胜的国家运往德意志。众所周知，意大利的主教管区是多么富裕，而这之中最富裕者在当时都供养着德意志的教士。拉韦纳和阿奎莱亚的大主教管区几乎始终掌控在德意志人手中。德意志人占据了伯多禄座席十二年之久：其中包括一名萨克森人、一名巴伐利亚人、两名施瓦本人以及一名洛林人。整整二十年，富得流油的卡西诺山总修道院管区都由德意志人掌管着。主教君德卡尔（Gundekar）为我们留下了一份当时埃希施塔特的大教堂牧师名单，这些人后来都成了主教；名单中共有14人，其中9人都成了意大利的主教。德意志人由此获得的不仅是财富和荣光，还有主教头衔赋予他们的重要政治地位，对意大利土地上的子孙们来说，他们的掌权同时也是德意志的直接统治。

诚然，物质上的盈利主要都进了社会高层的口袋里，成了贵族和神职者的福利。在教长们的餐桌上，摆满了精挑细选的美馔珍馐。贵族府邸中的纸醉金迷，必不可缺的奢侈排场，还有不绝于耳的靡靡乐音，在《鲁奥德利布》的残篇中，我们就可以找到对骑士阶层生活的描绘，而这些都是源自于真实生活的。相对应地，那个时代最严重的怨怼则来自贫穷的底层人民。一长串的饥荒年月恰好发生在皇权统治的鼎盛时期，这自然是一种不幸——帝国对外散发奕奕光彩的时候，内部却展现出令人震惊的惨象。毋庸置疑，德意志农民直到现在还深深依附于宗教和世俗的领主，他们的主人赢得越多的财富和权力，他们的处境就越是可怜。

皇帝的胜利为农民带来的益处很少，从中获得长期利益的是德意志的商人。帝国的扩张势必激活了贸易的发展。库尔、康斯特尼茨和罗尔沙赫（Rorschach）当时已经是非常繁荣的贸易市场了。商贸业从那里沿莱茵河向下发展到了沃尔姆斯、美因茨和科隆，使这些城市成为贸易中心，同时也成为人口稠密的城市。科隆的商人们非常富裕，他们不费吹灰之力就能过上无忧无虑的奢侈生活；虽然他们是在富足的城市生活中成长起来的，但他们也有勇气，在干戈中证明自己的男儿气概。早在那时，莱茵地区的贸易业就有相当一部分掌握在犹太人手中。1012年，他们因为在基督徒中传播他们的信仰教义，被赶出了美因茨；但很快他们又回到了这里。主教鲁迪格（Rüdiger）想要发展施派尔的商贸业，除了将犹太人引到这里，他想不出更好的办法了，于是，他在城市中赋予了他们极高的特权。在瓦尔河河畔，蒂尔是个富足的商贸城市，许多商品都是从这里流向英格兰的。那里的商人是一群粗野又残暴的人，沉迷于酒池肉林之中，尽是些臭名昭著的骗子；他们不按情理行事，而是按照自己的想法肆意妄为，并且声称这是皇帝赋予他们的特权。另一条贸易之路从古时就贯穿德意志东部；这条路上的贸易往来也越发兴旺。人们通过布伦纳山口运来的商品，经由奥格斯堡送到雷根斯堡，这是当时最重要的贸易地点之一，无论是通向德意志北部还是东部各地，这里都是一个繁忙的交通枢纽。萨克森的城市贸易也毫不逊色，一部分是北方的斯堪的纳维亚，另一部分则针对文登地区。从一份源于1038年由皇帝颁发的证明文书中，我们可以看到，在奎德林堡、马格德堡和戈斯拉已经形成了有组织的商贸行业协会。是在商贸繁荣起来之后，德意志城市才有了欣欣向荣的生命力，城市居民们才发展出独特的、自信的个性。没过多久，德意志城市也赢得了其政治地位，而这是之前它们所欠缺的。帝国的整体局势在极大程度上促进了城市的繁荣，而皇帝本人也为之创造了有利条件。班贝格就是借助于亨利二世的扶持，从无到有发展起来的；施派尔曾沦落为一个不起眼的村庄，是康拉德二世将它从落魄中扶助起来的；戈斯拉能在很长一段时间内享有重要的地位，尤其要感谢亨利三世。德意志市民阶层首屈一指的政治作为就是对提升皇权的地位，我们不能仅仅将之视为一种偶然。

　　德意志的财富不断增长，对所拥有土地的安全感不断提升，这些都同时表现在当时那些宏伟的建筑物上。与康拉德二世及其子在施派尔和戈斯拉行进的整体建造工程相比，奥托时代建造的那些建筑都显得简陋寒酸了。人们修建这些建筑不是为了一时之需，而是为了使之永恒留存，这些工程都按照计划进行，往往需要数十年之久。新的理念几乎还未从建筑中体现出来；人们有时会模仿亚琛大教堂的穹顶，但大多时候都按照奥托时代的样式来修建有许多廊柱的大教堂。但是，人们的建筑工程开始变得越来越奢华、规模越来越庞大、气势越来越恢弘了。这些建筑在我们今天看来还叹为观止，论规模少有出其右者，可想而知，这些杰作给当时的人们带来了怎样的震撼。十世纪较大型的建筑几乎全部都位于萨克森的土地上；而到了十一世纪，在整个莱茵中游和下游地区，在美因河流域，在施瓦本和巴伐利亚的一些地方，都分布了恢弘的建筑景观。富有的神职者们与皇帝们竞相修建楼宇。十一世纪中期，真实的建筑热情在主教们心中燃起。在木制教堂的地方存在的地方，他们建起了石制教堂；他们的宫邸规模越来越大、越来越奢华；他们用牢固的城墙和塔楼巩固他们的城市。科隆人贝泽林成为不莱梅-汉堡的大主教之后，他便命人拆除了旧的主教座堂，按照科隆大教堂的模板重建了一座新的座堂。建筑工程尚未完工，他便去世了，他的继任者阿达尔贝特很快就有了别的计划；现在，主教座堂要按照贝内文托大教堂的样式来建造，由于石材缺乏，工程进度缓慢，他便下令拆除城墙，将城墙上的石块用来修建教堂。在别的地方也是同样的情况；尤其是维尔茨堡的神职人员们，拆除和新建仿佛是他们与生俱来的。1022年，当维尔茨堡大教堂牧师亨利贝特作为主教来到埃希施塔特时，人们都惊讶于他对大兴土木的热衷；他对眼前那些低矮又紧密的建筑不满，便命人将之全部拆除，建起更宏伟的楼宇。他兴建新的教堂和修道院、新的宫邸、新的堡垒要塞。而他继任者的行为与他如出一辙，甚至还更胜于他。一位同时代的人的记录告诉我们，主教们对奢华的追求为贫穷的人们带来了怎样的痛苦。他们必须不断地服徭役，施肥、耕种和其他农活都因此而耽误了，然而，他们的佃金还是没有免除一点。在穷苦人辛勤的汗水浇灌下，一座又一座华丽的教堂在德意志各州建起来了；这些教堂中的一大批都由利奥九世在巡游的过程中接受了他的祝圣。

对奢华的向往势必带来艺术的发展，而科学同样也随着帝国的强盛得到了促进。单是这点都足以让人保持与意大利的直接联系，因为那里是古文明留下最丰厚宝藏的地方。但在人们的目光紧盯着古典的土地不放的同时，他们同时也越来越多地环视周围。人们登上了一座山峰，他们能够从山巅纵览西方世界的远景。如果有人认真阅读梅泽堡的提特玛尔和不莱梅的亚当所写的文字，就会感到惊讶，自奥托大帝时代以来，德意志人的视野向北面和东面拓展了多少。仅仅这一点，就不可能不对德意志人整体科学教育产生影响，而在其他方面，也有事实显示德意志人的精神生活在进步，虽然这种发展与奥托时代那样的伟大开端不可同日而语。

不可否认，那个时代对学术研究的热情已经怠惰了。许多方面的因素导致它不再像之前那样受到宫廷的扶持。康拉德二世无比重视科学的意义，亨利二世和亨利三世都接受过良好的教育，但他们为自己选择了其他的使命，而没有以促进学术研究为己任。在其他方面也缺少像前代那样的推动力。宗教和精神生活之间的联系比人们所期望的更加紧密。奥托王朝的宗教布道，同时也是一种对科学文化的传播；在传教事业废弛之后，对学术研究神圣的热情也消逝了，学术生活越来越多地成了手工业式的行当。

在奥托们的统治下，贵族们开始对科学文化展现出兴趣；但现在，在德意志的年轻领主们已经与意大利贵族的孩子们产生了差距，因为他们不识字。后世称赞萨克森的王室领地伯爵弗里德里希教育程度高，只因为他能够自己阅读并回复信件。科学文化成了教会独有的财富，而神职者与世俗世界本就存在的鸿沟也因此日渐加深。贵族认为自己拥有特权，可以免除所有教育，恢复到祖先那种恶俗的生活方式。在另外一方面也证明，人们对学术的兴趣是非常有限的。在十世纪，身居高位的女性们对高等文化的维护做出了杰出贡献。也是在那时，一位巴伐利亚王侯之女用希腊语为圣加伦修道院的院长授课；一位甘德斯海姆女子修道院的院长，她用拉丁语为院中的修女们讲解韵律学；还有玛蒂尔德王后，她教授自己的侍女阅读赞美诗。就这样，在一个广阔的圈子中，学识成了女子的饰物——修女们用拉丁语撰写诗句，聪明的侍女为孩子们授课；美因茨大主教巴尔多还是个孩子的时候，就是从他的老保姆本妮迪克塔（Benedicta）那里学习了识字和阅读赞美诗。这样一个时代过去了，在那之后我们可能听说过放荡的修女，但再也找不到吟诗作赋的修女了。库妮古德皇后和吉瑟拉皇后都是接受过高等教育的女性，但她们所接受的教育都源自于奥托时代。阿格涅斯皇后也受到过学识的润泽，但她也并非在德意志，而是在卢瓦尔河岸边接受的教育。

毫无疑问，在奥托王朝的统治下，德意志是西方世界所有学术追求的中心；法兰西和意大利杰出的学者们会聚到皇帝的宫廷中，他们天才的光芒充满了德意志地区。而这样的场景已经不复存在了。图尔的贝伦加尔、兰弗朗克、彼得·达米安，他们是十一世纪最闪耀的思想家，但他们与德意志宫廷少有或完全没有交集。学术研究在意大利和法兰克王国各自发展，不可否认的是，那里的发展比德意志要迅速得多。那些演说家的学派一直在意大利维持，也正是在当时，从中发展出了一种自由的、与生活需求息息相关的学术氛围，前景光明。在伦巴底，人们尤其热衷于市民权益的学术研究，而在德意志的人们则对传统律法有兴趣，而布克哈德的著作在那里几乎成了个案。与此同时，医学研究也兴起了；它从萨莱诺的修道院中迅速传播到了整个意大利和法兰克王国。德意志人很少或根本没有受到影响；他们似乎把行医治病的事情都交给了犹太人，至少康拉德二世的御医就是个犹太人。但是，对当时的学术生活产生最深刻影响的就是贝伦加尔和兰弗朗克之间的在辩证法和神学上的争论；通过他们，法兰克王国重新成为了整个西方神学研究的中心。这场争论在洛林的学校中，即在列日，引起了巨大的反响，但是，就连他们也丝毫没有对当时德意志的学术生活产生更深刻的影响。

德意志人的学术研究缺乏创新胆量；它始终走在曾经开辟的老路上，但是，在这条道路上却也毫无疑问得到了推进。德意志的修道院学校——由神职者为神职者建立的学校中以其繁荣著称，而这并不是毫无理由的。即使在外国，这些学校也有很高的声望；外国的学生们闻名而来，还有人从这里物色教师，好让他们前往异国授课。听说，甚至连米兰的神职者也在德意志进行学术研究。众所周知，巴黎的圣日南斐法（St. Genovefa）修道院学校后来获得了怎样的声望；但十一世纪初，在那里授课的还是一位列日的僧侣，那是某位叫乌巴德（Hubald）的僧侣，他后来去到了布拉格。使学术生活重新在罗马受到尊敬的，是一位德意志教皇；而使学术研究在卡西诺山再次焕发生命力的，是一位德意志院长。

在德意志学校中，几乎所有分支学科都按照其从罗马教会流传下来的方式得到了促进；德意志的科学文化就主要是以这种途径保留下来的。人们用拉丁语写作，文风大多清晰纯粹，没有辞藻的堆砌，语言上甚至还有些贫乏。我们拥有出自那个时代的文集，其中包括多重注释，除了卫教士们为教义辩护的文字之外，还有集合了教会法规的相关材料；关于道德哲学的论文也是不可或缺的。人们按照尤西比乌斯（Eusbius）和哲罗姆（Hieronymus）的模板编撰史书，其源流可追溯到基督教时代的开端。天文学和数学的研究至少没有没落，虽然教授算术的课程非常稀少；在埃希施塔特修道院学校中，教师只是为学生们朗读一本算术课本，而且他要准确无误地读完一页，就已经是件稀罕事了。对音乐的研习当时也从意大利开始重获生机，由于音乐对祭典仪式极为重要，人们便不遗余力地推动它的发展。在一些修道院学校中，人们习得了撰写拉丁语诗句的高超技巧；那个时代的六音部诗歌并非毫无瑕疵，但行文流畅，不乏魅力。比较十世纪和十一世纪的著作，就必定会发现其在形式上的进步，虽然德意志的文学在内容上基本没有新的收获。

　　当时最吸引人们注意、被人竭力效仿的就是罗马的新拉丁语文学了，但从推广普及的思想出发，相关的研究也没有落下。就连独居陋室中的僧侣，帝国的强大也激发了他们的民族热情。人们要是翻阅一下那个时代大部头的修道院年鉴，就会理解的；因为其中记录的不只是当地的或是省内的事件——帝国的大利益最是牵动着年鉴作者的心，引导着他们文字的方向。从中已经展现得足够清晰，民族思想已经得到了长足的发展。因此，人们在吟诗作赋时喜欢援引历史资料或是德意志传说，而不是从希腊和罗马的神话中寻找灵感，这就不足为奇了；德意志人终于做到了，将自己的语言重新作为书写语言来尊敬。正是圣加仑的诺特克打破了当时德意志叙述文学的陈规，并由此受到德意志人的崇敬。为了教学，他将圣经及多本通用教科书中的一些段落翻译成母语，并尝试着用德语进行讲解。接着，为了使人们对信仰保持虔诚，也出现了德语的著作。福尔达的僧侣维利兰（Williram）在班贝格当过教师，后来成了埃贝尔斯堡修道院的院长，他是科隆大主教亨利贝特的近亲，曾作为拉丁语诗人而著称，但他能取得更高的声望，是由于他影响了德语叙述性文学；1040年前后，他翻译了《雅歌》^①并为其做了注释。在他当时的文字中，还有德语和拉丁语的混用，在我们看来丝毫无法激发阅读的兴趣，但在他那个时代却是一种创新，而这部作品也受到人们的赞叹，不仅常常被誊抄，而且在1057年时就被翻译成了荷兰语。我们还找到了，第一份用德语写就的布道文的残篇以及一份忏悔词，也源自于那个时代，同样的还有一份德语祷文，其作者是巴伐利亚僧侣奥特隆（Othlon）。自查理大帝时代之后，这些教材和祈祷书第一次展现出德意志叙述文学的勃勃生机；它们同时也展示了德意志民族文学引人瞩目的进步。^②

无论人们的目光望向何处，皇权统治在各地都是一股团结的、保护的、对整体利益有利的力量——为了德意志的福祉和世界的和平，人们除了期待这一势力的巩固，还能怎么做呢？然而，在亨利三世去世之后，它的前景便晦暗了起来。

德意志王侯如果与皇帝联合起来，世界上便没有任何力量能够对帝国构成威胁了。然而，皇帝们最危险、最强大的敌人恰恰就在他最重要的邑臣之中；在他们的"忠臣"心中充满了不忠和背叛；没有什么誓言像邑臣誓言这样被轻易打破，由它所建立的纽带已经完全失去了约束力。从亨利二世时代开始，王侯们就始终与皇帝针锋相对，他们一会儿公开以武力相拼，一会儿通过阴谋诡计破坏皇权的根基。他们的抱怨和控诉不能说是毫无缘由的。法兰克皇帝的确向他们施加了极大的压力；毕竟他们也有自己的权利，他们也代表着国家的真实利益，在国家中也有着固定的地位。但是，他们与皇帝斗争的方式并不因此而变得理智。他们刻意阻碍帝国的扩张，而不是促进其发展，他们毫无顾忌地肆意妄为，只为了打击皇帝不断增强的势力；为了自己阶层的利益，他们将德意志民族的利益践踏在脚下。康拉德二世认为，有这样不安分的王侯，一个强大的帝国是无法长久生存下去的；因此，他着手摧毁帝国旧有的组织结构，好在全新的基础上建立一个能够代代相传的帝国。但是，他自己却没能为之打下坚实的地基，而他的儿子又缺少父亲那样的洞察力和决心，无法按照父亲的想法继承这一大业。就这样，原本应当成为对抗王侯势力武器的世袭采邑，现在

---

① 译者注：《圣经·旧约》中《诗歌智慧书》的第五卷。
② 在这里，一份源自1070年的德语证明文书作为个别现象也值得一提。

反而成为皇权的沉重枷锁。事实很快就证明了，皇权势力虽然有足够的力量打击外敌，却在消灭德意志王侯势力上无能为力。个别王侯可能被战胜，被降服，被歼灭；但王侯势力本身的意义和力量却永远无法被取缔、被击溃。难道有谁比曾经的亨利三世更加光荣伟大吗？然而，他最后的岁月却终究是在与德意志王侯不间断的争斗中度过的，并且他最终都无法真正以胜者自居。所以，他是在权力巅峰告别人世的——人们也只好放弃了这种说法。

在至今为止经历的所有风浪中，皇权统治都存活下来，那主要是因为皇帝个人的能力。不存在一个稳定的机构，不存在毋庸置疑的正义，也不存在成文的、被认可的法律，皇帝权力没有立足之处，没有可依之法。一个由孩子领导的政府、一个由异国女子为代表的政府，人们又能期待它有什么作为呢？人们可能会在当时回想起奥托三世的时代，但人们没有考虑到，这时的冲突比那时更根深蒂固、更尖锐、更难以克服。不仅是皇帝一方的追求更加明确了，王侯势力本身也变得越发强大，并进一步紧盯自己的私利。

至今为止，在对抗世俗王侯的过程中，帝国一直将教会作为自己最忠诚的盟友。可以说，皇帝是与主教们共同执掌朝政的。在他们下面，有帝国的总理议事厅；其中的理事们是皇帝最重要的参谋，是宫廷的使者；皇帝不愿将军队交给公爵们的时候，他们就带兵打仗；曾有一段时间，施瓦本公爵领地以及后来的巴伐利亚公爵领地就是由他们管理的；亨利三世的司库大臣就是一位主教。可以肯定的是，高阶神职者为帝国做出了最大的贡献，然而，他们的贡献也并非无私忘我的。主教们的影响力、权力和尊荣都极高。他们已经不满足于只拥有自己所在城市的伯爵领地了，而是尝试着将整个辖区的土地都占为己有。维尔茨堡主教就成功地做到了这一点：他在东法兰克拥有一个公爵领地。不莱梅的阿达尔贝特也在萨克森争取过一个类似的公爵领地，而且他还错误地以为离自己的目标不远了。在这样的情况下，神职者怎么会不想方设法保住他们的既得大权呢？皇帝们并非一直对教会的财产和特权有所忌惮；主教们无法保护自己免受皇帝的干涉。此外，他们与公爵、伯爵们一样是帝国的王侯，他们的对外利益与后者并无太大差异，所以他们有朝一日向公爵、伯爵伸出橄榄枝，联合起来共同斗争，实现他们共同的要求，也不是没有可能的。这时，在科隆的大主教座席上已经出现了一位亚诺，而他心中的目标确实与皇权势力的追求截然不同。主教们的忠心开始动摇后，谁来支持王座上的孩子呢？谁又将获得帝国的权力呢？

小亨利的政权被各方的威胁所包围。然而，当受惠于其父而重新崛起的教皇势力也变得越来越傲慢和狂妄，当它冷酷地切断帝国与教会之间的联盟，使环绕在王座周围的神圣光环渐渐暗淡，当它成为叛乱者的保护伞——如果这样，那么还没等他长大成人，父辈为他留下的强大帝国就已经被击垮、被夺走、被消灭了。在他漫长而痛苦的执政生涯中，他的使命就是要拯救皇室的威名。

图书在版编目(CIP)数据

德意志皇帝史. 卷二 / (德) 威廉·吉塞布莱希特著; 邱瑞晶译. — 长春：吉林出版集团股份有限公司, 2020.4

ISBN 978-7-5581-8323-2

Ⅰ. ①德… Ⅱ. ①威… ②邱… Ⅲ. ①德意志帝国—历史 Ⅳ. ①K516.42

中国版本图书馆CIP数据核字(2020)第047891号

德意志皇帝史 卷二

著　　者	[德]威廉·吉塞布莱希特
译　　者	邱瑞晶
出　　品	吉林出版集团·北京汉阅传播
总 策 划	崔文辉
策划编辑	齐　琳
责任编辑	曲珊珊
封面设计	观止堂_未　氓
开　　本	710mm×1000mm　1/16
字　　数	420千
印　　张	28
版　　次	2020年6月第1版
印　　次	2020年6月第1次印刷

出　　版	吉林出版集团股份有限公司
发　　行	北京吉版图书有限责任公司
地　　址	北京市西城区椿树园15－18号底商A222
	邮编：100052
电　　话	总编办：010－63109269
	发行部：010－63104979
官方微信	Han-read
邮　　箱	beijingjiban@126.com
印　　刷	三河市元兴印务有限公司

ISBN 978-7-5581-8323-2　　　　定价：128.00元